Fifteen Lectures on the History
of Chinese Historical Thought

十五讲 中国史学思想史

汪高鑫◎著

北京师范大学出版集团
BEIJING NORMAL UNIVERSITY PUBLISHING GROUP
北京师范大学出版社

目　录

绪　论

从学术发展史来说，中国史学思想史与中国史学史相伴而生，有着悠久的历史；从学科分类来说，中国史学思想史是中国史学史的一个分支，属于新兴的学科。中国史学思想史的研究，即是要从"思想"的高度来探究中国史学的发展，找寻出中国史学发展的各种思想因素。以下试对中国史学思想史的研究对象、发展历程与研究现状等问题作出具体说明。

一、中国史学思想史的研究对象

中国史学思想史的研究对象主要包括三个方面，一是关于客观历史的认识，二是关于史学本身的认识，三是关于影响史学思想诸要素的认识。对客观历史的认识是指历史观，其认识主体主要是史学家和思想家；对史学本身的认识是指史学观，其认识主体主要是史学家。历史观与史学观二者之间密不可分，历史观是灵魂，直接影响着史学观；史学观则是历史观的具体体现。对于影响史学思想诸要素的认识之"诸要素"，包括时代政治、时代哲学思潮、史学本身的发展以及构成史学思想诸要素之间的相互影响等，这是我们考察史学思想不可或缺的重要维度。

在中国史学思想史上，史学家、思想家对客观历史的认识，主要是考察历史过程和历史动因，按照李大钊《史观》一文的说法，即是或"以历史行程的价值的本位为准",或"以历史进展的动因为准"。① 对于二者的不同回答,表现出了史学家、思想家们不同的历史观点。其中关于历史过程的认识有历史进化论、历史倒退论、历史循环论、历史停滞论、历史螺旋式发展论,等等,这些历史过程论并没有真正揭示历史变易的本质。只有历史唯物主义把历史过程看作为"社会经济形态发展的自然过程",从而揭示了历史运动的真实过程,因而是"唯一的科学的历史观"。关于历史动因问题的认识,则有神意史观、英雄史观、经济史观、文化史观、种族优越论、地理环境论,等等,这些历史动力论也都无法揭示历史发展的真正动力所在。马克思主义唯物史观明确认为,物质生产的发展,生产力和生产关系的矛盾运动,才是历史发展的根本动力。

值得注意的是,史学家、思想家的历史观往往不是单一纯粹的,也不是固定不变的。因此,我们对历史上史学家、思想家的史学思想需要有一个全面的认识。

史学家对史学本身的认识,主要包括史学功能和史学方法两个方面。一是对史学功能的认识。为何要研究历史,也就是史学的功能究竟是什么?这是史学家首先需要面对和回答的问题。史学的功能对于社会与个人而言,有着不同的体现。作为一种社会意识形态,史学必须要经世致用,服务于社会,像传统史学所提出的借鉴、垂训、资治、教化、明道、经世等,便是对史学社会功能的具体要求。与此同时,史学对于个人则有畜德功能。《周易·大畜》象辞说:"君子以多识前言往行,以畜其德。"即是通过学习历史以积累起德性。这里的"畜德",我们不能简单地理解为道德,"这个德,包含的内容很多。道德、品德、学问、知识都在内"②。因此,这个"德",我们可以理解为人的素质。二是对史

---

① 李大钊:《史观》,见《李大钊全集》第 4 卷,320 页,北京,人民出版社,2013。

② 白寿彝:《关于史学工作在教育上的作用和史学遗产的整理——1981 年 10 月 14 日在武汉师范学院讲话》,见《白寿彝史学论集》,229 页,北京,北京师范大学出版社,1994。

学方法的认识。史学家关于史学方法的认识，主要体现在史料收集与整理、历史编纂与历史文学等诸多方面。史学家对这些问题发表不同的见解，进行思想总结，作出有益的尝试，从而推动史学方法的改进和史学研究的提高。

史学思想的发展从来都不是孤立进行的，它要受到诸多因素的影响和制约。一是时代政治的影响。思想上层建筑往往受制于政治上层建筑，这是唯物主义的一个基本观点。因此，一定时代的政治制度、政治斗争和政治思潮，必然会对一定时代的史学思想起着重要影响。如果离开时代政治去探讨时代史学思想，史学思想的内涵与实质将不会得到科学的说明。二是时代哲学思潮的影响。一定时代哲学的发展水平，会直接影响到人们对于历史的认识与解释，影响到史学研究方法的运用。同时，史学思想中包含的历史观，本身就是时代哲学的组成部分。此外，自然科学的发展，它的某些理论也往往通过上升为哲学理论，再对史学思想发生影响。三是史学思想史本身发展的影响。一定时代史学思想的产生，往往是通过继承、总结和发展前人史学思想的结果，撇开前人的史学思想，无视史学思想本身的发展历史，史学思想的发展也就失去了理论源头或基础。四是构成史学思想诸要素之间的相互影响。一般来说，在史学思想中，历史观往往是起着主导和核心的作用。但是，它又必须借助于史学家的史学观反映出来。具体来说，便是需要通过史料的收集工作、一定的编纂形式和适当的语言文字等，将史学家对客观历史的认识很好地表述出来。

二、中国史学思想史的发展历程

在对于中国史学思想的认知问题上，东西方存在着较大的差异。西方思维认知关注的是"从'对象意识'走上概念化的逻辑思辨"，而中国则

"注重义理性的觉悟思维"。① 正是这种差异性，使得西方史家往往认为只有他们的历史论著有历史观和历史意识，而中国只是一个没有史学思想的历史大国。究其原因，是因为他们不了解中国的四部文化与史学的关系，看不到中国史籍中有"经""子"，"经""子"之中又有"史"；也不了解中国史籍理论表述的特殊形式——"寓论断于叙事之中"，因而也看不到中国史籍中凝聚的丰富的历史观点和史学思想。实际上，中国不但是一个历史文献极其丰富的国家，而且也是一个史学思想丰富深邃的国度。

中国史学思想史的发展历程，至少可以追溯到孔子作《春秋》。孟子说："晋之《乘》、楚之《梼杌》、鲁之《春秋》，一也。其事则齐桓、晋文，其文则史，孔子曰：'其义则丘窃取之矣。'"②孔子作《春秋》所"窃取"之"义"，即是他所要表达的一种社会政治理想。孔子通过书乱世之史，以为天下后世立定义法、作出劝诫，从而建立起新的有序的王道社会理想。因此，《春秋》之义即是孔子所表达的史学思想。司马迁作《史记》，提出"究天人之际，通古今之变，成一家之言"的撰述旨趣，即是他关于史学思想的集中论述。所谓"究天人之际"，即是要视天人为一个整体，通过探究天人关系，在承认天对于历史发展具有作用的同时，高扬人的价值，充分肯定人事对于历史发展的重要作用；所谓"通古今之变"，旨在原始察终，将历史当作一个过程来加以考察，以把握历史发展变化的各种因果关系，揭示历史兴衰之理；所谓"成一家之言"，当然是指史家之言，即从编纂形式到编纂内容都要体现出史家匠心独具的创新意识。司马迁关于史学的思想认识，有学者视其为"中国民族三大历史思维"③，这是一个颇有见地的认识。司马迁的史学思想，对于传统史学的发展产生了深远的影响。

在传统史学思想发展史上，对史学思想作出集中阐发的当属史学理

---

① 高清海：《中国传统哲学的思维特质及其价值》，载《中国社会科学》，2002(1)。

② 《孟子》，新编诸子集成本，619 页，北京，中华书局，2018。

③ 吴怀祺：《中国史学思想通论·历史思维论卷》，169 页，福州，福建人民出版社，2011。

论家刘知幾和章学诚。刘知幾的《史通》，是中国古代第一部史学理论著作。该书从史书内容、撰述方法、体裁体例、文字表述、撰述原则、史学功能和史家修养等诸多方面，表达了他对传统史学的系统认识。如他论史书内容，《书事》篇说"记言之所网罗，书事之所总括"；论撰述方法，《采撰》篇说"征求异说，采摭群言，然后能成一家"；论体裁体例，《序例》篇说"夫史之有例，犹国之有法"，《六家》篇说"诸史之作，不恒有体"；论文字表述，《叙事》篇说"文约而事丰，此述作之尤美者"；论撰述原则，以"直书"和"曲笔"区分史家品格；论史学功能，《史官建置》篇说"乃生人之要务，为国家之要道"；论史家修养，提出才学识"三长"说。章学诚的史学理论著作《文史通义》，讨论的史学思想更广泛，思辨性、哲理性也更强。该书在刘知幾史学思想的基础上，对传统史学作出了进一步的探讨。如通过系统阐发"六经皆史"说，为经世致用史学思想提供了理论依据；有别于刘知幾重"史法"，强调"史义"的重要性；在刘知幾才学识"三长"论的基础上，凸显"史德"对于史家修养的重要性；在历史编纂思想上，强调"一家著述"与通史撰述，以"撰述"和"记注"定史书类别；重视方志学的理论建构，等等，这些都推进了传统史学思想的发展。

近代前期中国史学思想的发展，与近代社会的变迁紧密相连。鸦片战争后，随着外国资本主义的侵略和中华民族危机的不断加深，史学紧紧围绕着救亡图存的时代主题，呈现出爱国主义史学思潮。在这一思潮指引下，重视外国史地和边疆史地研究、宣传资产阶级改良思想和革命思想的史学研究先后涌现。20 世纪初，出现了"新史学"思潮，视"历史者，叙进化之现象也"，把近代进化思想推向新的高度，同时历史研究对象逐渐从帝王将相转向"文化史"研究。20 世纪 20 年代初，在西方实证思维和中国传统考据双重影响下，诞生了主张以考据为治史主要手段、以"求真"为史学主要目的的"新历史考证学"思潮，一定程度上促进了中国史学的近代化。五四运动后，马克思主义的传入，中国马克思主义史家开始运用唯物史观来解释中国历史、认识中国社会，中国史学思想的发展出现了前所未有的变化。中华人民共和国成立后，马克思主义史学的主导地位得以确立。在唯物史观这一迄今为止最为先进的史学思想的指导下，中国史学科获得前所未有的发展，呈现出新的生机。

三、中国史学思想史的研究现状

将史学思想史作为一门独立的学科提出来，并且对其作出初步论述的，当数李大钊。1920 年，李大钊编印《史学思想史讲义》，并分别在北京大学、朝阳大学、女子师范大学、师范大学和中国大学等学校讲授了史学思想史课程。李大钊的《史学思想史讲义》一共有十一个论题，分别为《史观》《今与古》《鲍丹的历史思想》《鲁雷的历史思想》《孟德斯鸠的历史思想》《韦柯及其历史思想》《孔道西的历史思想》《桑西门的历史思想》《马克思的历史哲学与理恺尔的历史哲学》《唯物史观在现代史学上的价值》和《唯物史观在现代社会学上的价值》。李大钊关于史学思想史的研究有两个显著特点，一是重视历史观在史学思想中的地位，二是重视考察西方史学思想。白寿彝先生认为："李大钊同志著《史学思想史》，这是属于史学史范围，阐述历史观的第一部专著。"[①]

1959 年，侯外庐先生主编的《中国思想通史》最终完成，这既是中国思想史研究的一件大事，也是中国史学思想史研究的一件大事。在这部思想通史巨著中，作者对中国史学史上的著名史家如司马迁、刘向、班固、杜佑、刘知幾、司马光、郑樵、马端临、黄宗羲、顾炎武、王夫之和章学诚等人的史学思想，都有专章或专节的论述；对一些思想家如董仲舒、王充等人的史学思想也有一定的论述，从而第一次将较为系统的史学思想史纳入中国思想通史之中，使之成为中国思想发展史的重要组成部分。

---

① 白寿彝：《中国史学史》第 1 册，167 页，上海，上海人民出版社，1986。

　　在 20 世纪老一辈史学家、思想家当中，对中国史学思想史学科研究贡献最大的还数白寿彝先生。白寿彝先生从 20 世纪 40 年代初开始，就致力于中国史学史学科的研究工作。在他的早期论著当中，已经对史学思想史作了初步论述，其中以侯外庐先生主编的《中国思想通史》中的《刘知幾的进步的史学思想》和《元代马端临的进步的史学思想》两文为代表，它们其实已经对史学思想史研究的具体内涵作了论述，对史学思想史的研究方法作了示范。从 20 世纪 60 年代开始，白寿彝先生先后发表了一系列论文，主要有《谈史学遗产》（1961 年）和四篇《谈史学遗产答客问》（1981 年、1982 年）等，出版了《中国史学史》第一册（1986 年），对作为史学史分支学科——史学思想史的若干基本理论问题作出了进一步明确论述，主要包括史学思想史研究的对象和意义，史学思想史与史学史的关系，史学思想史与史学史其他分支学科如历史文献学、历史编纂学、历史文学之间的关系等。

　　进入 20 世纪 90 年代，中国史学思想史的学科研究也随之进入了一个新的发展时期。具体表现：一是中国史学思想史的研究受到了普遍的关注，研究成果不断涌现，直接以"中国史学思想史研究"为题的学术专著也开始问世；二是重视对于中国史学思想史学科的基本理论问题的阐述，学科建设意识得到加强；三是开始编写出版中国史学思想史及其相关教材，重视中国史学思想史的教学。在新时期中国史学思想史研究的学者当中，吴怀祺先生的贡献无疑是最大的。他先后撰写出版了学术专著《宋代史学思想史》（1992 年）、《中国史学思想史》（1996 年）、《史学理论与史学史研究》（2006 年）、《中国史学思想会通·总论卷》和《中国史学思想通论·历史思维论卷》（2011 年）等，主编出版了十卷本《中国史学思想通史》（2002 年至 2005 年）、六卷本《中国史学思想通论》（2011年）和十六卷本《中国史学思想会通》（2018 年），编写出版了普通高等教育"十一五"国家级规划教材《中国史学思想史》（2007 年）。这一系列关于中国史学思想史研究的著作与教材，构建了中国史学思想史学科研究的思想体系，奠定了中国史学思想史学科研究的基础，大大推进了新时期中国史学思想史的研究。

毫无疑问，中国史学思想史这门学科，自 1920 年李大钊编印《史学思想史讲义》以来，经过几代学者的努力，如今已经构成了一个科学的体系。

第一讲 "五经"的历史观与史学观

"五经"指《周易》《尚书》《诗经》《礼经》和《春秋》这五部上古三代经典①，由于它是春秋战国诸子学说共同的源头，有的学者又将它们称为"元典"。"五经"作为"先王之陈迹"②和"先王之政典"③，具有亦经亦史的性质。其中《尚书》和《春秋》属于史书，《周易》《诗经》和"三礼"④虽非严格意义上的史书，却都具有史料价值，以及丰富的历史观。"五经"中的天人观念、通变思想等历史观，以及以史为鉴与以史为法等史学观，对于中国传统史学的发展产生了深远的影响。

一、天人合一思维与天命王权史观

天人观是历史观的重要内涵。"五经"元典重视天人关系，其中以《周易》《尚书》和《诗经》的论述最为集中。《周易》经传的天人观体现为一种天人合一的思维，即视天人为一个整体，人法天地，圣人成能；《尚书》的天人观体现了尊天与敬德的两面性，前者视天为有意志的至上神，

---

① "五经"与"六经"提法的不同，主要涉及《乐经》的存亡问题。周予同说："《乐经》的有无，今古文学的主张完全不同。依今文学说，《乐》本无经，乐即在《诗》与《礼》之中。依古文学说，《乐》本有经，因秦焚书而亡失。"见朱维铮编：《周予同经学史论著选集》，209页，上海，上海人民出版社，1983。

② 《庄子·天运》，新编诸子集成本，536页，北京，中华书局，2018。

③ 章学诚：《文史通义校注》卷一《易教上》，叶瑛校注，1页，北京，中华书局，1994。

④ 《礼经》或《礼》，指《仪礼》。《仪礼》之传为《礼记》，《周礼》则是主记制度的典籍。阐发《礼经》或《礼》的历史观，通常以此三书为对象。三书合称"三礼"，始于东汉郑玄。"三礼"的历史观，主要体现在《周礼》和《礼记》中。

后者则肯定君王修德对于维护王权的重要性；《诗经》的天人观也有两面性，一方面质疑天命，另一方面又宣扬天命王权史观。

《周易》经传虽然没有提出"天人合一"的命题，却通篇体现了天人合一的思维。这种天人合一的思维并非一种神意史观，而是关于宇宙万物构成与运行法则中天人关系的表述。具体而言有如下表现。第一，《周易》卦画构成原理体现了天人一体性。《系辞下》说："《易》之为书也，广大悉备。有天道焉，有人道焉，有地道焉，兼三才而两之，故六。六者非它也，三才之道也。"《说卦》也说："昔者圣人之作《易》也，将以顺性命之理，是以立天之道曰阴与阳，立地之道曰柔与刚，立人之道曰仁与义。兼三才而两之，故《易》六画而成卦。分阴分阳，迭用柔刚，故易六位而成章。"从《易传》的叙述可知，《易经》六十四卦，每一卦六爻的符号体系，其中上二爻是天位，下二爻是地位，中二爻是人位，其实就是天地人"三才"之统一整体的体现。天地人三才共同构成了宇宙万物的整体，也一同遵循着宇宙万物共同的变易法则。

第二，主张人道效仿天地之道。《易传》认为，天地人"三才"既是构成宇宙的整体，又存在着相互区别。张岱年先生说，三才之道"分开来说，天道、地道、人道有一定的区别；总起来说，'一阴一阳之谓道'是普遍性的"[①]。在"有一定的区别"的三才关系当中，人道是处于效仿天地的地位的。《系辞上》说："崇效天，卑法地。"意思是说，人的崇高的智慧是效仿上天，谦卑的礼节是效仿大地。《周易》中的"人"，有大人、君子、圣人、小人、百姓之分，能够效仿天地的人当然是指前三者，因为"《易》为君子谋，不为小人谋"[②]。《易传》对于人法天地的叙述很多，如《乾·文言》记曰："夫大人者，与天地合其德，与日月合其明，与四时合其序，与鬼神合其吉凶，先天而天弗违，后天而奉天时。天且弗违，而况于人乎，况于鬼神乎。"这里的"合"字，是配合、一致的意思，即要求大人要奉天行事，与天一致。如《坎·彖辞》说："天险不可升也，

---

① 张岱年：《中国古典哲学概念范畴要论》，26 页，北京，中国社会科学出版社，1987。
② 张载：《正蒙·大易》，见《张载集》，48 页，北京，中华书局，1978。

地险山川丘陵也。王公设险以守其国，险之时用大矣哉。"这是指王公大人要懂得效仿天地自然之险，从而设险以守卫国家。又如《恒·彖辞》说："日月得天而能久照，四时变化而能久成，圣人久于其道，而天下化成。"这是指圣人应该效仿自然变化，从而恒久地坚持人文化成的正道。

第三，强调发挥人道的主观能动性。《易传》主张人道效仿天地之道，但这种效仿并不是被动的，而是积极主动的。《系辞下》说："天地设位，圣人成能。"意思是说天地确定了一定的秩序，圣人促成天地的造化，即是认为人可以顺应天道，发挥主观能动性，以成就天地生化万物的功能，促成事物的发展和变化。《易传》关于人通过发挥主观能动性以成就事业的论述很多，如《系辞上》肯定圣人作《易》便是"成能"的重要表现："圣人有以见天下之赜，而拟诸其形容，象其物宜，是故谓之象。圣人有以见天下之动，而观其会通，以行其典礼，系辞焉以断其吉凶，是故谓之爻。……拟之而后言，议之而后动，拟议以成其变化。"这段话说的是圣人通过观象、画卦、系辞，来探求纷繁复杂的事物及其变化情况。又如《系辞下》所谓"作《易》者，其有忧患乎？""明于忧患之故"，则体现了圣人因忧患而作《易》的思想。至于《象》《彖》中这方面的论说则更多，如《乾·象辞》"天行健，君子以自强不息"；《坤·象辞》"地势坤，君子以厚德载物"；《贲·象辞》"观乎人文，以化成天下"，等等，不胜枚举。诚如学者所言："《易传》特别重视人的忧患意识，迁善改过意识，与时偕行意识，穷理尽性意识等，都分明是要人以自己特有的价值、能力，来呼应天道。"[1]

《尚书》的尊天思想与上古三代神权政治密切相关。在神权政治时代里，"天""帝"或"上帝"在现实政治中具有至高无上的权威，是有意志的人格神，它不但统管着风雨雷电等天时，而且主宰着征伐、生产、灾荒、建邑等人事，人间君主的王权也来自于天。也就是说，上帝具有自然神与人格神之双重至上神的特点。在这样一种神权政治背景下，自然

---

① 杨庆中：《周易经传研究》，273 页，北京，商务印书馆，2005。

产生了尊天的意识，肯定天的神秘力量、绝对意志或者绝对精神在现实政治建构中的决定性作用。

在《尚书》中，"天"这一概念出现了很多次，除了少数表示天气或自然现象，大部分都代表了一种有意志的至上神，主宰着人间的各种活动。如《皋陶谟》说："天叙有典，敕我五典五惇哉！天秩有礼，自我五礼有庸哉！同寅协恭和衷哉！天命有德，五服五章哉！天讨有罪，五刑五用哉！政事懋哉懋哉！"皋陶将人间"五典"（父义、母慈、兄友、弟恭、子孝）、"五礼"（天子、诸侯、卿大夫、士和庶人五等级）、"五服五章"（五种礼服表彰五等级）、"五刑"（墨、劓、剕、宫、大辟）等，都视作为上天对下民的规定。又如《洪范》篇说："天乃锡禹洪范九畴，彝伦攸叙。"这里所谓"洪范九畴""彝伦"，都是指治理国家的常理，也是上天所赐。同时，人间君主的王权也是天命所归，是上天所授予的。《召诰》篇说，"有夏服天命""有殷受天命"；《多方》篇说，"天惟时求民主，乃大降显休命于成汤""乃惟成汤，克以尔多方简代夏作民主"；《多士》篇说，"有周佑命，将天明威，致王罚，敕命终于帝"。这就是说，无论是夏禹、成汤还是武王，他们之所以能够君临天下，为民之主，都是由天命所决定的。商纣王正是自恃有上帝、天命的保佑而为所欲为，在商朝面临灭亡之际，他还满不在乎地说什么"呜呼！我生不有命在天"①，以为上天会保佑他的政权。同样，历史王朝的更替也是天命使然，三代的革代都是替天行道。如《汤誓》篇记载商汤灭夏桀时说："格尔众庶，悉听朕言，非台小子，敢行称乱！有夏多罪，天命殛之……予畏上帝，不敢不正。"而《牧誓》篇记载武王灭纣时，更是历数纣王种种罪行，说："今商王受惟妇言是用，昏弃厥肆祀弗答，昏弃厥遗王父母弟不迪，乃惟四方之多罪逋逃，是崇是长，是信是使，是以为大夫卿士。俾暴虐于百姓，以奸宄于商邑。今予发惟恭行天之罚。"在此，夏桀、商纣被讨伐是因为他们违背天意，罪孽深重；而汤武革命则是"恭行天之罚"，是替天行道。

---

① 《尚书·西伯戡黎》，《十三经注疏》本，177页，上海，上海古籍出版社，1997。

然而，夏商周政权的相继更替，使得《尚书》不得不对天命转移的现象作出思考，从而提出了尊天敬德的思想，这是对夏商天命观念的重要发展。在《尚书》看来，天命无常却又有常。说天命无常，夏、商、周嬗代的历史事实已经作了证明。也正是依据这样一种历史事实，《尚书》的作者提出了"天命不易""天不可信"的思想。如《大诰》说"天棐忱辞"，《康诰》说"天畏（威）棐忱"，意思都是说天不可信。《君奭》篇则更是直接说"天命不易""天不可信"。这里所谓"天命不易"，不是说天命不可改易，而是说天命不易保持。同时，天命又是有常的。《尚书》认为，天命的转移绝不是随心所欲的，而是"皇天无亲，惟德是辅"①。也就是说，上天是本着一颗公正之心，将天命转移给那些有德的人。如《康诰》篇认为周人之所以能代商，是因为周人有德，"惟乃丕显考文王，克明德慎罚"。《召诰》篇也认为夏、商朝统治者之所以会失去天命，是因为他们"惟不敬厥德，乃早坠厥命"；周人之所以能受天命，是因为"王其德之用"。既然天命会转移给有德的人，君王要想保住天命，就必须要惟德是敬；惟德是敬，无常的天命就会成为有常的天命。

一方面，《诗经》在一定程度上表现出质疑天命的思想。如《小雅·节南山》说："昊天不佣，降此鞠讻。昊天不惠，降此大戾。"这是对上天不公，降祸于民的不满。《小雅·雨无正》也说："浩浩昊天，不骏其德。降丧饥馑，斩伐四国。"这是对上天不充其德，各地民众因此遭受饥荒的不满。像此类对上天的不满，在《诗经》的很多篇章中都有反映。有的诗篇还直接将民众的疾苦与社会人事联系起来，如《小雅·十月之交》说："下民之孽，匪降自天；噂沓背憎，职竞由人。"

另一方面，《诗经》却又大力宣扬天命王权思想。《诗经》的天命王权思想，主要表现为"圣人感生"说。在《诗经》的《商颂·玄鸟》《商颂·长发》与《大雅·生民》《鲁颂·閟宫》等诗篇中，《诗经》的作者为商、周民族始祖的降生都缔造了感天而生的神话传说。如《商颂·玄鸟》与《商颂·长发》说，"天命玄鸟，降而生商""帝立子生商"，认为商族乃天命、

---

① 杨伯峻：《春秋左传注·僖公五年》引《周书》语，338页，北京，中华书局，1981。

上帝所生。而《大雅·生民》则说："厥初生民，时维姜嫄。生民如何？克禋克祀，以弗无子。履帝武敏歆，攸介攸止，载震载夙。载生载育，时维后稷。……诞寘之隘巷，牛羊腓字之。诞寘之平林，会伐平林。诞寘之寒冰，鸟覆翼之。鸟乃去矣，后稷呱矣。"《鲁颂·閟宫》也说："赫赫姜嫄，其德不回，上帝是依。无灾无害，弥月不迟。是生后稷，降之百福。"这两段话记述了姜嫄履迹有孕而生后稷，以及后稷出生后的种种怪异传说。

关于商、周始祖降生的"感生"说，汉代《诗》家、公羊家和《史记》皆持此说。《诗经·大雅·生民》孔颖达疏引许慎《五经异义》佚文："《诗》齐、鲁、韩、《春秋》公羊说：圣人皆无父，感天而生。"孔颖达是将"圣人感生"说当作汉代今文学家们的一种王权理论的。如关于商始祖契的降生神话，《鲁诗》的描述要比《诗经》更为详细。《史记·三代世表》附录褚先生引《诗传》说："汤之先为契，无父而生。契母与姊妹浴于玄丘水，有燕衔卵堕之，契母得，故含之，误吞之，即生契。契生而贤，尧立为司徒，姓之曰子氏。"公羊家董仲舒也肯定《诗经》的"吞卵""履迹"的说法，《春秋繁露·三代改制质文》明确指出："四法之天施符授圣人，王法则性命形乎先祖，大昭乎王君。"而司马迁作《周本纪》《殷本纪》，也是依据《诗经》和汉代今文家的说法，来叙述商、周民族的起源的。毫无疑问，这些说法大大丰富了《诗经》的记载，使得商、周始祖诞生的"感生"说更加丰满了。

《诗经》缔造的"圣人感生"说，既有对圣人与王朝诞生的真实迷信，又有意凸显王权的神圣性。前者属于认识水平问题，后者则是神意史观在作祟。对于《诗经》宣扬的天命王权思想，《史记·三代世表》附记张夫子与褚先生的问答。张夫子问："《诗》言契、后稷皆无父而生。今案诸传记咸言有父，父皆黄帝子也，得无与《诗》谬乎？"褚先生回答说："《诗》言契生于卵、后稷人迹者，欲见其有天命精诚之意耳。鬼神不能自成，须人而生，奈何无父而生乎！一言有父，一言无父，信以传信，疑以传疑，故两言之。尧知契、稷皆贤人，天之所生，故封之契七十里，后十余世至汤，王天下。尧知后稷子孙之后王也，故益封之百里，其后世且千岁，至文王而有天下。"《鲁诗》家褚先生的这番话寓意深长，他认为《诗经》当然知道连鬼神都须人生的道理，之所以要强调圣人无父感天而生，目的就是要突出"天命精诚之意"，突出契、后稷乃"天之所生"。当契与后稷的母亲感天而生下他们时，就已经注定了他们的后人必然会王天下。这里对于《诗经》天命王权思想的解说，自然有《鲁诗》家褚先生自己的理解和发挥。不过，《诗经》宣扬的"圣人感生"说，经过汉代《诗》家、公羊家等今文经学家的大力提倡（其中也包括史家司马迁《史记》的宣扬）之后，已经成为汉代今文经学的一种系统的天命王权理论，对后世的神意史观产生了久远的影响。

二、"通其变"与因革损益历史变易观

所谓通变，即是肯定事物发展的过程性和变易性，体现的是一种古今观。在"五经"中，《周易》《诗经》和"三礼"都具有通变观念。《周易》经传强调"《易》穷则变"，具有浓厚的通变意识；《诗经》具有原始察终、见盛观衰的通变思维；"三礼"强调礼制演变的因革损益特性。

《周易》的通变观念，贯穿于经传各篇之中，内容非常丰富。首先，"变"是《周易》经传的中心观念。《易经》卦爻象普遍体现出变的特点，《系辞下》关于卦爻象的变化作如是说："八卦成列，象在其中矣。因而重之，爻在其中矣。刚柔相推，变在其中矣。系辞焉而命之，动在其中矣。吉凶悔吝者，生乎动者也。"这就清楚地说明，卦爻的本质特征即是变，"爻者，言乎变者也"①，"爻也者，效天下之动者也"②，卦象的变化取决于爻象的变动。卦爻象变化的内在根因，则是阴阳二爻的相互推移，所谓"刚柔相推，变在其中矣"。而所谓相推，则不仅只是阴阳二爻相互推移，也指上下往复之消长，《系辞上》说："刚柔相摩，八卦相荡。

---

① 《周易·系辞上》，《十三经注疏》本，77页，上海，上海古籍出版社，1997。
② 《周易·系辞下》，《十三经注疏》本，78页，上海，上海古籍出版社，1997。

鼓之以雷霆，润之以风雨。日月运行，一寒一暑。"所以司马迁说："《易》著天地阴阳四时五行，故长于变。"①孔颖达也说："夫《易》者，变化之总名，改换之殊称。"②

其次，变易的法则乃为盈虚消长。象辞认为，乾卦六爻即是一个从初爻到上爻的变化发展过程。以人生相对照，初爻"潜龙勿用"，乃隐居未仕，所谓"阳在下"；二爻"见龙在田"，乃入仕为官，开始施展才德，所谓"德施普"；三爻"终日乾乾"，努力事业，不离中道，所谓"反复道"；四爻"或跃在渊"，事业继续进步，所谓"进无咎"；五爻"飞龙在天"，地位高贵，事业大有作为，所谓"大人造"；上爻"亢龙有悔"，事业到达顶点，开始走向反面，所谓"盈不可久"。《周易正义》以象辞解释上爻爻辞说："上居天位，久而亢极，物极则反，故有悔也。"很显然，《周易》揭示了事物发展所存在的一种普遍法则：盈虚消长，或者说物极必反。所以《丰》卦象辞说"日中则昃，月盈则食，天地虚盈，与时消息"，也是要表述这样一种事物发展的规律。正因此，文言解释上爻爻辞说："亢之为言也，知进而不知退，知存而不知亡，知得而不知丧，其唯圣人乎？知进退存亡而不失其正者，其唯圣人乎！"在文言作者看来，只有懂得事物进退、存亡两面特性，从而持守中道的人，才可称作为圣人。

最后，"《易》穷则变，变则通，通则久"的变易价值论。在《易传》作者看来，事物发展到尽头就需要加以改变，从而使事物的发展因此畅通起来，经过变通之后的事物才能够发展得久远。《系辞下》将这一思想概括为"《易》穷则变，变则通，通则久"，这便是《周易》变通思想的最为经典的三阶段论。何谓"变通"？《系辞下》说："是故阖户谓之坤，辟户谓之乾，一阖一辟谓之变，往来不穷谓之通。"这里是以乾坤两卦的性能来解释变与通的，所谓"一阖一辟谓之变"，是指筮法上的二爻互变，亦即事物上的开合互易；所谓"往来不穷谓之通"，则是指对立面的相互推

① 《史记》卷一百三十《太史公自序》，3297页，北京，中华书局，1959。
② 孔颖达：《周易正义·序》，《十三经注疏》本，6页，上海，上海古籍出版社，1997。

移，循环反复，便是通顺。《系辞上》也说："化而裁之谓之变，推而行之谓之通。"所谓"化而裁之"，指阴阳二爻的互变；所谓"推而行之"，指爻象顺畅地上下推移。"变通"价值何在？《系辞上》说："圣人立象以尽意，设卦以尽情伪，系辞焉以尽其言，变而通之以尽利，鼓之舞之以尽神。"这就是说，爻象的变化有变有通，爻象的变通在于显示事物的变化趋势，而目的则是要指导人们趋利避害。《易传》认为，变通之义非常广大，故而《系辞上》说，"广大配天地，变通配四时，阴阳之义配日月，易简之善配至德"，"法象莫大乎天地，变通莫大乎四时，悬象莫大乎日月，崇高莫大乎富贵"，人们"通其变，遂成天地之文；极其数，遂定天下之象"。

《周易》以通变的观念来考察历史的进化过程，彰显了一种历史通变思想。《系辞下》对远古社会进化的过程有一个详尽的描述：

> 古者包牺氏之王天下也，仰则观象于天，俯则观法于地，观鸟兽之文与地之宜，近取诸身，远取诸物，于是始作八卦，以通神明之德，以类万物之情。作结绳而为网罟，以佃以渔，盖取诸《离》。包牺氏没，神农氏作，斲木为耜，揉木为耒，耒耨之利，以教天下，盖取诸《益》。日中为市，致天下之民，聚天下之货，交易而退，各得其所，盖取诸《噬嗑》。神农氏没，黄帝、尧、舜氏作，通其变，使民不倦，神而化之，使民宜之。《易》穷则变，变则通，通则久。是以"自天佑之，吉无不利"。黄帝、尧、舜垂衣裳而天下治，盖取诸《乾》《坤》。刳木为舟，剡木为楫，舟楫之利，以济不通，致远以利天下，盖取诸《涣》。服牛乘马，引重致远，以利天下，盖取诸《随》。重门击柝，以待暴客，盖取诸《豫》。断木为杵，掘地为臼，臼杵之利，万民以济，盖取诸《小过》。弦木为弧，剡木为矢，弧矢之利，以威天下，盖取诸《睽》。上古穴居而野处，后世圣人易之以宫室，上栋下宇，以待风雨，盖取诸《大壮》。古之葬者，厚衣之以薪，葬之中野，不封不树，丧期无数。后世圣人易之以棺椁，盖取诸《大过》。上古结绳而治，后世圣人易之以书契，百

官以治，万民以察，盖取诸《夬》。①

在《易传》的作者看来，远古时代的历史发展，经历了一个从原始渔猎业到原始农业、商业，从穴居野处到宫室的发明，从厚衣野葬到棺椁树封，从结绳见事到文字的产生，一言以蔽之，即是从野蛮到文明、从低级到高级的不断进化或发展的过程。而促成这种进化或发展的根本原因不是别的，正是古代圣贤们的"通其变"。当然，"通其变"绝不是圣贤们的随心所欲，而是以"使民不倦""使民宜之"为其原则的。

《诗经》作为史诗，在以诗歌的形式反映历史过程时，也体现出通变的历史观念。《史记·孔子世家》记载孔子删诗："上采契后稷，中述殷周之盛，至幽厉之缺。"这就很明确地告诉人们，经孔子删裁后的《诗经》，是要体现一种从契、后稷到殷、周之盛再到幽、厉之缺的商、周民族的历史发展全程。从《诗经》叙史的具体方法来看，有一个显著特点，那就是重视原始察终、见盛观衰，这便是一种通变的历史思维。从原始察终来看，如《大雅》篇，就非常关注于周族的终始之变，它不但记述了周族的发祥、创业和兴盛，也反映了周族的衰败；又如《商颂》篇，也对商族的起源、发展与衰亡作了记述，等等。通过原始察终，人们可以从中认识历史发展的盛衰之变，从而更好地总结和吸取历史的经验教训。从见盛观衰来看，如为怨刺周康王而作《关雎》，《鲁诗》认为其中便内蕴了见盛观衰的历史思维。何以见得？据《史记·周本纪》载："康王即位，遍告诸侯，宣告以文武之业以申之，作《康诰》。故成康之际，天下安宁，刑错四十余年不用。"既然成康之时是盛世，为何会出现怨刺康王的《关雎》呢？合理的解释，即是作者的一种见盛观衰意识。实际上，康王时期虽然是盛世，而康王却沉溺女色而晏朝，周朝后期政治衰败的征兆在此时已有所显露。因此，《关雎》所刺，便是诗家见盛观衰历史通变思维的体现。

《周礼》《仪礼》和《礼记》之"三礼"的通变历史观，突出表现在注重从

---

① 《周易·系辞下》，《十三经注疏》本，86～87 页，上海，上海古籍出版社，1997。

历史发展的观点来看待礼制的产生，肯定礼制演变的因革损益特性。[①]
首先，"三礼"从通变的思想出发，肯定礼制是社会历史发展的产物。
《礼记·礼运》把此前的历史分为"先王"和"后圣"两个时代，认为先王时
代是一个没有宫室、饮血茹毛和衣其羽皮的原始落后的时代，因而不可
能有什么礼仪制度。只有进入后圣时代后，随着火的发明和宫室的出
现，也就有了祭祀的"醴酪"；而麻丝衣帛的出现，也使养生送死和敬事
鬼神成为可能。由此来看，礼制的出现，是以社会发展变化和物质不断
进步为前提条件的。《礼运》篇还有一段经典话语，具体讲到了社会的发
展与礼义刑政的建立之间的关系：

> 大道之行也，天下为公。选贤与能，讲信修睦，故人不独亲其
> 亲，不独子其子，使老有所终，壮有所用，幼有所长，矜寡孤独废
> 疾者，皆有所养。男有分，女有归。货恶其弃于地也，不必藏于
> 己；力恶其不出于身也，不必为己。是故谋闭而不兴，盗窃乱贼而
> 不作，故外户而不闭，是谓大同。今大道既隐，天下为家，各亲其
> 亲，各子其子，货力为己。大人世及以为礼，城郭沟池以为固，礼
> 义以为纪；以正君臣，以笃父子，以睦兄弟，以和夫妇，以设制
> 度，以立田里，以贤勇知，以功为己。故谋用是作，而兵由此起。
> 禹、汤、文、武、成王、周公，由此其选也。此六君子者，未有不
> 谨于礼者也。以著其义，以考其信，著有过，刑仁讲让，示民有
> 常。如有不由此者，在执者去，众以为殃，是谓小康。[②]

从"大同"到"小康"，从"大道之行"到"大道既隐"，貌似一种倒退，后人
多以此作为儒家持倒退史观的重要证据。我们这里无意对儒家的历史观
问题作出整体评价，只是就《礼运》篇这段话语作出自己的论定。第一，

---

① 由于"三礼"中的《仪礼》记录的只是社会生活的礼仪，而《周礼》主要叙述的是政治制度
与组织结构之"礼"，它们共同构成了"礼"的基本内容，提供了一套等级礼制模式，却没有对
"礼"的产生、发展、演变及其原因和实质作出历史的考察。因此，这里所论"三礼"的通变历
史思维，虽然保留了《礼经》的基本"礼目"，却主要是依据作为《礼经》的"传"——《礼记》来加
以考察的。

② 《礼记·礼运》，《十三经注疏》本，1414页，上海，上海古籍出版社，1997。

《礼记》肯定礼义刑政是"大道既隐"时代的产物，如果我们承认礼义刑政的出现是社会文明的标志，那么我们就不能简单地将从"大同"到"小康"说成是一种历史的倒退。第二，从"大同"到"小康"，从"大道之行"到"大道既隐"，这是历史发展的一种必然，即使如禹、汤、文、武、成王、周公这些古圣人，也只能顺应这种历史发展趋势，而"谨于礼"，以此成就他们的事业。如果我们否定礼义刑政，也就等于否定了这些古圣王赖以建立事业的基础。

其次，"三礼"肯定礼制的因革损益性。"三礼"认为，时代变动，制度也必须随之而变动；而制度的变动，需要有因有革、有损有益。"三礼"关于礼制需要因革损益的论述，集中见诸《礼记·表记》篇，其曰：

> 子曰："夏道尊命，事鬼敬神而远之，近人而忠焉，先禄而后威，先赏而后罚，亲而不尊，其民之敝，蠢而愚，乔而野，朴而不文。殷人尊神，率民以事神，先鬼而后礼，先罚而后赏，尊而不亲，其民之敝，荡而不静，胜而无耻。周人尊礼尚施，事鬼敬神而远之，近人而忠焉，其赏罚用爵列，亲而不尊，其民之敝，利而巧，文而不惭，贼而蔽。"

> 子曰："虞夏之质，殷周之文，至矣。虞夏之文不胜其质，殷周之质不胜其文。"①

在此，"三礼"借用了孔子的话语来表达自己关于礼义制度的因革损益观点。第一，上古三代以来礼制的变化有因有革、有损有益。如夏代礼制出现了弊端，继起的商代便会对其进行因革损益；商代的礼制出现了弊端，继起的周代就会对其进行因革损益，历史上的礼制便是依此而不断变易和发展的。第二，上古三代礼制因革损益的变易趋势是忠、敬、文循环与质、文互变。这里的"忠"与"质"的含义相近，《荀子·臣道》说"忠信以为质"。"三礼"认为夏代崇"忠"，商代崇"敬"，周代崇"文"；又说虞夏崇质，殷周崇文。忠质之道讲究质朴，而文道注重文致。如果走

---

① 《礼记·表记》，《十三经注疏》本，1642 页，上海，上海古籍出版社，1997。

向极端，都会出现弊端，从而给民众带来不便。而解决礼制弊端的方法又从来不出文、质二途，所谓文敝而质，质敝而文。第三，礼制因革损益的根本目的是为了救"民之敝"，即是要挽救给民众带来不便的政治弊端，彰显出了重民的历史思维。

三、忧患意识与以史为鉴思想

忧患意识是指深深植根于一种高度的社会历史和民族国家的责任感与使命感的悲悯情怀与忧患情结。"五经"普遍具有忧患意识，这与上古三代王权更替以及先王治国之艰辛有着密切的关系。

《周易》的忧患意识非常浓郁，按照《易传》的说法，《易经》的创作即是忧患意识使然。《系辞下》说：

> 《易》之兴也，其于中古乎？作《易》者，其有忧患乎？
>
> 《易》之兴也，其当殷之末世，周之盛德邪？当文王与纣之事邪？是故其辞危。危者使平，易者使倾。其道甚大，百物不废。惧以终始，其要无咎。此之谓《易》之道也。①

《易经》所反映的是商、周之际政治盛衰转换的那段历史，由于国家动荡不安、百姓民不聊生，所以《易经》的文辞充满着惊惧自危的色彩，饱含着一种忧患的意识。《易传》认为，只有具有危机忧患的意识，才能带来平安；而贪图安逸、心生懈怠，就必然会有倾覆的危险，这是万物具有的普遍法则。因此，始终具有一种危机忧患意识，目的就是为了避免出现危险，这是《易经》的法则，当然也就是《易经》为何"辞危"的原因所在。

《易传》对于《易经》忧患意识的理解，集中见诸它对《易经·否》九五爻辞"其亡其亡，系于苞桑"一语的体悟，经文原意是说：快要灭亡了！

---

① 《周易·系辞下》，《十三经注疏》本，89、90页，上海，上海古籍出版社，1997。

快要灭亡了！国家的命运只有系于丛生的桑树枝上，才能安然无恙。从这样一种强烈的忧患意识出发，《系辞下》借用孔子的话，详细阐述了关于居安思危的重要思想：

> 危者，安其位者也；亡者，保其存者也；乱者，有其治者也。是故君子安而不忘危，存而不忘亡，治而不忘乱，是以身安而国家可保也。①

在《易传》的作者看来，能否居安思危，直接决定着个人权位、国家存亡与社会安定。因此，君子要时刻惊惧提醒自己，如同《震·象》所说："君子以恐惧修省。"《伊川易传》解释说："君子畏天之威，则修正其身，思省其过咎而改之，不唯雷震，凡遇惊惧之事，皆当如是。"《易传·系辞下》明确认为，《易》之为书，"其出入以度，外内使知惧，又明于忧患与故"。这就是说，《易经》是通过爻画的对应变化来考察本卦与变卦的相互联系，以此确定吉凶而使人有所惊惧，使人明于忧患和变故的。

对于《易经》忧患意识产生的原因，后世持文王演《易》说者往往归于周文王个人的忧患情结；而文王何以有忧患情结，则又被归于拘于羑里之故。对于这一说法，思想家王夫之提出了不同的看法。他明确认为将《易经》的忧患意识归因于文王被拘羑里是很不妥当的，认为"死生荣辱，君子之所弗患，而况圣人乎?"文王之所以演《易》而有忧患之辞，是因为"文王欲弔伐，则恐失君臣之大义；欲服事，则忧民之毒痛。以健顺行乎时位者难，故忧之"②。也就是说，文王是处在伐商与事商两难之中才心生忧患的，因为如果伐商，则有违君臣之义；而如果事商，则又等于助纣为虐以祸害百姓。文王正是在这样一种忧患意识下作成《易经》，目的是要以此"明得失存亡之理，危辞以示警戒"③。如果说《易经》的忧

---

① 《周易·系辞下》，《十三经注疏》本，88页，上海，上海古籍出版社，1997。
② 王夫之：《周易内传》卷六上《系辞下》，见《船山全书》第1册，602页，长沙，岳麓书社，2011。
③ 王夫之：《周易内传》卷六上《系辞下》，见《船山全书》第2册，612页，长沙，岳麓书社，2011。

患意识乃因文王被拘羑里的传统说法失之于偏，那么王夫之所谓文王处于伐商或者事商两难之境的因果说法也失之于小。我们应该从易道的高度来把握《易》之忧患意识，从商周更替与周初巩固统治的历史大背景去看待《易》之忧患意识。迄今为止，关于《易经》的作者是谁还存在着争议，不过多数学者认为其书非一时一人之作，大致成于西周初年。从商周更替这一时代背景去考察《易》的忧患意识，我们不难看出，它主要是反映了西周在取代商朝之后如何巩固周人的统治，具有一种普遍的忧患意识和恐惧心理，因为商朝的败亡"殷鉴不远"，周人因此而感到恐惧忧心，而成书于这一时期的《易经》，正是对西周初年周人这种普遍社会心理的一种真实写照。因此，《易经》的忧患绝不仅仅只是文王个人之忧，乃是周初社会的一种普遍之忧，其中既有周初君臣对于能否巩固统治之忧，也有普通百姓对于能否安居乐业之忧，是一种关系到国家、民族前途的大忧。成书于战国时期的《易传》不但对于《易经》表现出来的这种忧患意识有着深刻的体悟，而且还从易道的高度强调了"惧以终始"、居安思危的重要性，从而很好地发展了《易经》的这种忧患意识。

《尚书》尤其是其中的《周书》，也表现出强烈的忧患意识，这与"小邦周"取代"大邑商"后的周初政治现实密不可分。《尚书》与《易经》忧患意识产生的背景大致相同，只是《尚书》这类文诰汇编所表现出的忧患意识更为直接和切身罢了。从《尚书》中的《大诰》《康诰》《召诰》和《多士》等篇记载来看，周族取代商朝是以弱代强，因为在这些周初统治者发布的文诰中，周初统治者依然将商朝称为"大国殷""大邦殷"和"大邑商"，而自称为"小邦周""小国"。周初的历史现实是，由于机缘巧合，"小邦周"取代了"大邑商"，这种历史的巨变，促使周初统治者不得不去思考一个十分严峻的现实问题：如何才能保住这个"小邦周"的政权统治呢？正是出于维护新生政权统治的需要，周初统治者将这种忧患意识转换为各种具体的忧国忧民的政治举措，如分封先王之后，减免殷民赋税等。作为周初统治者的文诰汇编，《尚书》也充满着忧患的言辞，并且将这种忧患意识转化为以史为鉴思想。

《诗经》作为一部诗歌总集，在那些变风变雅的诗篇当中，同样饱含着诗人深沉的忧患意识。如在《小雅·十月之交》中，诗人以亲身感受叙述了一个"百川沸腾，山冢崒崩，高岸为谷，深谷为陵"的动荡之世，斥责了权臣皇父之流的自私自利，从而表达了一种诗人忧国忧民的情怀："悠悠我里，亦孔之痗。四方有羡，我独居忧。民莫不逸，我独不敢休。天命不彻，我不敢效，我友自逸。"而诸如《王风·黍离》中的诗句"行迈靡靡，中心如醉。知我者，谓我心忧。不知我者，谓我何求。悠悠苍天，此何人哉？"《魏风·园有桃》中的诗句"心之忧矣，聊以行国。不知我者，谓我士也罔极。彼人是哉，子曰何其？心之忧矣，其谁知之？其谁知之，盖亦勿思！"则更是反映了清醒的诗人对于国家陷入危机之中的深深的痛苦和极度的忧虑。同时，《诗经》深沉的忧患意识，也反映在那些即使是以歌功颂德为宗旨的颂诗当中。如《周颂》的制作，按照《毛诗序》的说法，它是要"美盛德之形容，以其成功告于神明者也"。然而，当我们诵读这些诗篇时，感受到的却是诗人的忧患与惊惧。如《昊天有成命》说"成王不敢康，夙夜基命宥密"；《我将》说"我其夙夜，畏天之威"；《闵予小子》说"维予小子，夙夜敬止"；《敬之》则说"敬之敬之，天维显思，命不易哉。无曰高高在上，陟降厥士，日监在兹。维予小子，不聪敬止"。周初统治者深深感到天命无常的严酷现实，只有畏之敬之，才能保有周朝的统治。

忧患意识作为"五经"的一种历史观，在史学观上的体现则是以史为鉴的思想，这集中反映在《尚书》这部史书当中。所谓以史为鉴的思想，即是通过总结历史盛衰的经验教训，而为现实政治有所借鉴的一种史学思想，是史学经世思想的一种具体体现。

《尚书》重视以史为鉴，这是与夏、商、周政权的相互更替这一政治现实所分不开的。如前所述，夏、商王朝统治者都信从天命，通过宣扬天命王权来进行统治。然而历史的事实却是，夏朝统治数百年后被商朝所灭，商朝统治数百年后又被周朝所灭，既然夏、商王朝都是天命所归，那为何又会相继灭亡呢？这自然会促使周初统治者去认真作出思考，他们需要以夏为鉴、以殷为鉴，从夏、商具体政治治理当中考察其王朝盛衰和天命授受的原因。因此，《尚书》的以史为鉴，具体来讲就是

"夏鉴""殷鉴"。

《尚书》的以夏为鉴、以殷为鉴，《召诰》篇对此作出了清晰的表述：

> 我不可不监于有夏，亦不可不监于有殷。我不敢知曰，有夏服天命，惟有历年；我不敢知曰，不其延。惟不敬厥德，乃早坠厥命。我不敢知曰，有殷受天命，惟有历年；我不敢知曰，不其延。惟不敬厥德，乃早坠厥命。今王嗣受厥命，我亦惟兹二国命，嗣若功。……王其德之用，祈天永命。……上下勤恤，其曰我受天命，丕若有夏历年，式勿替有殷历年。欲王以小民受天永命。①

《召诰》一般认为是召公所作诰词，由周公转达于成王。这段话集中反映了周初统治者重视以史为鉴的思想意识，文中一再言"不敢知曰"，表明周初统治者对于天命的诚惶诚恐；而"惟不敬厥德，乃早坠厥命"，则是他们对于夏、商灭亡的一种清醒的认识；为了"受天永命"，避免重蹈夏、商灭亡的覆辙，召公、周公劝告成王一定要"其德之用""上下勤恤"。因此，"敬德""用德"是《召诰》通过以史为鉴而得出的"受天永命"的历史认识。《尚书》还进一步分析了周之所以能取代商，也是因为周人有德，"惟乃丕显考文王，克明德慎罚，不敢侮鳏寡。庸庸，祗祗，威威，显民，用肇造我区夏"②。意思是说，由于英明的祖先文王崇德慎罚，不敢欺侮那些无依无靠的老少，用可用，敬可敬，威可威，使民明白其道理，上帝才使我小邦周兴盛起来，取代商人的统治。很显然，"小邦周"取代"大邑商"也是"敬德""用德"的结果。值得注意的是，《尚书》的"敬德"，专指"君德"，是对君主提出的一种行为规范，它不包括"民德"在内。道理很简单，在《尚书》的作者看来，"惟王位在德元，小民乃惟刑用于天下"③，百姓的行为规范只能靠"刑"。

那么如何"敬德""用德"呢？《尚书》通过以史为鉴，明确认为其内涵即是"保民"。为此，《尚书》提出了一系列保民的思想。一是要"知小人

---

① 《尚书·召诰》，《十三经注疏》本，213页，上海，上海古籍出版社，1997。
② 《尚书·康诰》，《十三经注疏》本，203页，上海，上海古籍出版社，1997。
③ 《尚书·召诰》，《十三经注疏》本，213页，上海，上海古籍出版社，1997。

之依"和"迪民康"。《无逸》篇载周公说祖甲言："爰知小人之依，能保惠于庶民，不敢侮鳏寡。"这里所谓"知小人之衣"，就是说要知道民众的隐痛和疾苦，从而施惠于民众，体恤于鳏寡，商王祖甲正是因此而能享国长久。又说殷中宗、高宗之所以分别享国七十五年和五十九年，也是因为他们都敬畏天命，"治民祗惧，不敢荒宁"。在分析商朝后期的统治者之所以在位短祚的原因时，该篇明确指出："自是厥后立王，生则逸，生则逸，不知稼穑之艰难，不闻小人之劳，惟耽乐之从。自时厥后，亦罔或克寿。或十年，或七八年，或五六年，或四三年。"在这里，《尚书》对商朝后期的统治者贪图享乐，不闻民众疾苦，"不知稼穑之艰难"，提出了批评，认为这正是他们统治短命的原因所在。"知小人之依"还必须要"迪民康"①，这是一种更为积极进取的态度。在《尚书》看来，知晓稼穑之艰难，了解和关心民众疾苦，这是政治得以善治的前提条件。而要想真正做到保民，还必须要将民众引向安康的道路，让他们过上好的生活，这才是更为重要的。《尚书》认为，商朝的先贤圣哲们都是"用康保民""用康乂民"②的，这种保民政治应该为后世君主所效仿。正是基于对"小民"与政治统治关系的这样一种认识，《尚书》直截了当地指出，所谓夏鉴、殷鉴，其实就是民鉴，所以《酒诰》说"人无于水监(鉴)，当于民监(鉴)"，这是一种清醒和正确的历史认识。

二是强调"君子所其无逸"。语出《无逸》篇。这里的"君子"，当然是指统治者；"所"，是指君子处位为政；"无逸"，是指不能贪图安逸享乐。这是对君主治政在个人道德上提出的要求。《无逸》篇出自周公之手，周公要君子无逸，是要成王不可贪图安逸。他告诫成王说："天降丧于殷，罔爱于殷，惟逸。"这就是说，商王朝之所以会灭亡，就是因为它贪图安逸。所以周公要成王吸取商朝后期的君王"惟耽乐之从"，结果导致国家灭亡的教训，并向他提出要"无淫于观、于逸、于游、于田，以万民为正之供"，即不能放纵于寻欢作乐、安逸勿劳、四处游玩和打

---

① 《尚书·大诰》，《十三经注疏》本，198 页，上海，上海古籍出版社，1997。
② 《尚书·康诰》，《十三经注疏》本，203、205 页，上海，上海古籍出版社，1997。

猎，由此加重人民的负担。《酒诰》篇则认为滥饮是统治者"淫逸"的突出表现，它直接关系到政治的兴衰和国家的存亡。在周公看来，商朝前期的统治之所以强盛，是因为自成汤至帝乙"惟御事厥棐恭，不敢自暇自逸，矧曰其敢崇饮？"他们战战兢兢，不敢自我放纵，更不要说"崇饮"了；商朝最终之所以灭亡，是因为商纣王"惟荒腆于酒，不为自息乃逸"；而周之所以能克殷受命，也在于它"不腆于酒"，"文王诰教小子有政有事：无彝酒"。在以周公为代表的周初统治者看来，只要君主能够做到"无逸"，那他就一定能够勤勉于政事，从而也就可以"以小民受天永命"，永远保住天命不转移。

三是主张用人"惟吉士"。《尚书》的很多篇章都体现了重视用人的思想，在它看来，用人是否得当，直接关系到政治的兴衰和国家的存亡。比如商朝前期的兴盛，就与时君重用人才分不开，"成汤既受命，时则有若伊尹，格于皇天。在太甲，时则有若保衡。在太戊，时则有若伊陟、臣扈，格于上帝；巫咸乂王家。在祖乙，时则有若巫贤。在武丁，时则由若甘盘"①。而夏桀、商纣的暴亡，则是他们不用贤才的结果。如夏桀"弗作往任，是惟暴德，罔后"②，意思是说，夏桀不用过去的任贤之法，而一味推行暴政，结果国亡世绝。又如商纣，他"惟妇言是用，昏弃厥肆祀弗答，昏弃厥遗王父母弟不迪……俾暴虐于百姓，以奸宄于商邑"③，其结果也是自取灭亡。《尚书》在用人上的一个基本观点，是主张重用有美德的人，即所谓的"吉士"（又称"常人"）。《立政》篇说："继自今立政，其勿以憸（佞）人，其惟吉士，用劢相我国家。"问题是如何衡量吉士与佞人，这就必须要通过实际任职与考核才能断定。为此，该篇主张应该让官员们"宅乃事，宅乃牧，宅乃准，兹惟后矣。谋面，用丕训德，则乃宅人，兹乃三宅无义民"。这里的"宅"是"居"的意思，指居其职守。选拔与考核人才，必须要通过这种具体任职的实践来检

---

① 《尚书·君奭》，《十三经注疏》本，223 页，上海，上海古籍出版社，1997。
② 《尚书·立政》，《十三经注疏》本，230 页，上海，上海古籍出版社，1997。
③ 《尚书·牧誓》，《十三经注疏》本，183 页，上海，上海古籍出版社，1997。

验。这里所谓事、牧、准三宅，有人释为天、地、人三种职守。《尚书》主张应该让这些经过实践检验的吉士、贤才"立为长伯"，勉励他们尽心治理国家。

四、以史为法：史学致用理念的发展

所谓以史为法思想，是一种基于历史史实基础上的主观道德评判的史学观。在"五经"当中，如果说《尚书》是以史为鉴思想的代表，那么《春秋》则是以史为法思想的代表。从以史为鉴到以史为法，反映了先秦史学观的发展。刘家和先生说："以史为鉴和以史为法都重视史学的价值，不过《春秋》已经以为'以史为鉴'尚未充分发挥史学的价值，史学家必须在客观史事的基础上作出主观的发挥，然后才能充分体现史学的功用。"①

《春秋》以史为法的思想，主要有两个方面含义，一是彰显史义，二是重视书法。前者即通过历史记述来表达一种社会政治理想，制定一种道德规范，后人称之为"《春秋》之义"；后者则是指运用特定的书法形式来褒贬史事，彰显史义，后人称之为"《春秋》笔法"。因此，前者是目的，后者则是方法。

首先，《春秋》是否讲史义，所言史义的内涵又是什么？孟子最早对此作了揭示，他说：

> 王者之迹熄而《诗》亡，《诗》亡然后《春秋》作。晋之《乘》、楚之《梼杌》、鲁之《春秋》，一也。其事则齐桓、晋文，其文则史，孔子曰："其义则丘窃取之矣。"②

> 世衰道微，邪说暴行有作，臣弑其君者有之，子弑其父者有

① 刘家和：《古代中国与世界——一个古史研究者的思考》，263 页，武汉，武汉出版社，1995。
② 《孟子·离娄下》，新编诸子集成本，617～619 页，北京，中华书局，2018。

之。孔子惧，作《春秋》。《春秋》，天子之事也。是故孔子曰："知
我者其惟《春秋》乎！罪我者其惟《春秋》乎！"……昔者禹抑洪水而天
下平，周公兼夷狄，驱猛兽而百姓宁，孔子成《春秋》而乱臣贼
子惧。①

这两段话分别载于《孟子》之《离娄下》与《滕文公下》。它们所表述的基本
思想，其一是肯定《春秋》之作，旨在借助于对齐桓、晋文之所谓史事的
记述，而赋予其中以史义，因而《春秋》是史事、史文与史义的统一；其
二是具体阐述了《春秋》史义的内容，那就是通过书乱世之史，而使乱臣
贼子感到惧怕，从而发挥史书的教化功能；其三是高度赞扬孔子作《春
秋》的作用，将它与大禹治水、周公兼夷狄等量齐观；其四是孟子认为，
孔子以私家身份修撰鲁国《春秋》，这在当时是一种违反社会传统的做
法，可是面对乱世孔子又不得不然，所以孔子说"知我罪我其惟《春
秋》"，想见其用心良苦。

司马迁对《春秋》之义也颇有体会。在谈到《春秋》的撰述原因、目的
和意义时，司马迁作如是说：

是以孔子明王道，干七十余君，莫能用，故西观周室，论史记
旧闻，兴于鲁而次《春秋》，上记隐，下至哀之获麟，约其辞文，去
其烦重，以制义法，王道备，人事浃。②

余闻董生曰："周道衰废，孔子为鲁司寇，诸侯害之，大夫壅
之。孔子知言之不用，道之不行也，是非二百四十二年之中，以为
天子仪表，贬天子，退诸侯，讨大夫，以达王事而已矣。"子曰：
"我欲载之空言，不如见之于行事之深切著明也。"夫《春秋》，上明
三王之道，下辨人事之纪，别嫌疑，明是非，定犹豫，善善恶恶，
贤贤贱不肖，存亡国，继绝世，补敝起废，王道之大者也。……
《春秋》文成数万，其指数千。万物之散聚皆在《春秋》。《春秋》之

---

① 《孟子·滕文公下》，新编诸子集成本，487~495 页，北京，中华书局，2018。
② 《史记》卷十四《十二诸侯年表》，509 页，北京，中华书局，1959。

中，弑君三十六，亡国五十二，诸侯奔走不得保其社稷者不可胜数。察其所以，皆失其本已。故《易》曰"失之毫厘，差以千里"。故曰"臣弑君，子弑父，非一旦一夕之故也。其渐久矣"。故有国者不可以不知《春秋》，前有谗而弗见，后有贼而不知。为人臣者不可以不知《春秋》，守经事而不知其宜，遭变事而不知其权。为人君父而不通于《春秋》之义者，必蒙首恶之名。为人臣子而不通于《春秋》之义者，必陷篡弑之诛，死罪之名。……故《春秋》者，礼义之大宗也。①

这两段话主要表述了三层含义。其一，指出了孔子之所以要据鲁史而作《春秋》的原因和目的，是由于孔子周游列国，游说诸侯，最终还是"言之不用，道之不行"，只好退而作《春秋》，通过备载二百四十二年王道与人事，从而"以达王事""以制义法"。其二，认为《春秋》为乱世之史，因而其"达王事""制义法"的具体做法或内涵，则是通过书善恶之事，特别注重详明历史上乱臣贼子的无道行为及其产生的原因，以使后世君臣父子都能从中得到劝诫。其三，正由于《春秋》是通过明王道、辨人事而仪表天下后世，是"礼义之大宗"，因此，司马迁认为这是为人君父与为人臣子者都必须要通晓的，否则就会蒙受首恶之名和篡弑之诛。

由上可见，孔子作《春秋》，是希望通过书乱世之史，以为天下后世立定仪法、作出劝诫，从而建立起新的有序的王道社会理想。这便是《春秋》的史义之所在。因此，《春秋》的历史纪实只是手段，而政治教化才是目的。

其次，《春秋》为彰显其史义，运用特定的书法形式来反映和褒贬具体的史事，同时展现出史家的道德规范和是非标准。那么，《春秋》究竟是如何展现其史法旨意的呢？《礼记·经解》将其概括为四个字，叫作"属辞比事"。《孔疏》说："属辞比事，《春秋》教也者。属，合也；比，近也。《春秋》聚合会同之辞，是属辞；比次褒贬之事，是比事也。"这就

---

① 《史记》卷一百三十《太史公自序》，3297～3298 页，北京，中华书局，1959。

是说，《春秋》是要通过遣词造句与比次史事，来对史事、人物进行褒贬与夺，展示其道德规范与是非判断的标准。

对于"《春秋》笔法"的具体内涵，《春秋》经传中皆有论述，《左传》成公十四年将其概括为"微而显，志而悔，婉而成章，尽而不汙，惩恶而劝善"。晋人杜预在《春秋经传集解·序》中对这一概括作了详细阐发。①其大旨一是褒贬善恶，为尊亲贤者讳。其具体书法有"称爵不一"。如春秋时吴、楚国君都自称为王，《春秋》以它们为蛮夷之国而贬称其为"子"；而弱小的宋国因是殷商之后，为中原正统国家，《春秋》便称其为"公"。有"称弑不一"。《春秋》称臣杀君为"弑"，但有时又称"杀"或"及"。如隐公四年曰"卫人杀州吁于濮"，《公羊传》解释说："其称人何？讨贼之辞也。"《穀梁传》解释说："称人以杀，杀有罪也。"有"据鲁亲周"。如《春秋》出于为亲者讳的书法宗旨，对于母邦鲁国弑君之事俱不书。又如温之盟晋文公再招天子与会，《春秋》因不愿损天子之尊和表晋文公之恶，而书曰"天王狩于河阳"。如此等等，足见《春秋》善恶褒贬书法及其用意。

二是尽而不汙，直书其事。《春秋》既讲避讳，又倡直书，二者都是《春秋》笔法的应有之义。不过，孔子所谓直书，是具有两重含义或两重标准的。其一是道义标准，即凡是符合纲常伦理道德的历史记述，即使它与历史真实不相符合，也是直书。如《左传》宣公二年载，孔子曾对晋国史臣董狐书"赵盾弑其君"②的做法大加赞赏，称："董狐，古之良史也，书法不隐。"上述"天王狩于河阳"的书法，在孔子看来也是直书，因为它符合道义。其二是史实标准，这是一种真正意义上的直书。《春秋》

---

① 杜预《春秋经传集解·序》说："一曰微而显，文见于此而起义在彼，称族尊君命、舍族尊夫人、梁亡、城缘陵之类是也。二曰志而晦，约言示制，推以知例，参会不地、与谋曰及之类是也。三曰婉而成章，曲从义训，以示大顺，诸所讳避、璧假许田之类是也。四曰尽而不汙，直书其事，具文见意，丹楹、刻桷、天王求车、齐侯献捷之类是也。五曰惩恶而劝善，求名而亡，欲盖而章，书齐豹盗、三叛人名之类是也。"

② 其实当时历史的真实是赵穿弑其君，赵盾因是晋国正卿而负有道义上的责任，从而代赵穿受过。孔子许董狐以古之良史，称他书法不隐，显然是赞赏董狐以"文"记"事"而直探史"义"的笔法。

旨在劝诫垂训，自然也需要纪实。如鲁隐公元年，《春秋》记"郑伯克段于鄢"，如实反映了郑庄公与其弟段兄弟骨肉之间争权夺利的情况。所记桓公二年"宋督弑其君与夷，及其大夫孔父"一事，其用意是表彰大夫孔父嘉，却也将统治集团的残酷斗争作了描述。《春秋》尤其运用大量篇幅对统治阶级的各种违礼之事作了揭露。正如吴怀祺先生所说，"《春秋》把242年的历史展现在读者面前绝不是在讴歌封建礼义道德，相反地，它把200余年的臣弑君、子弑父的场景淋漓尽致展现给后世的人们。如果不是歪曲《春秋》，那么这部书确实反映了这一段历史的真实。"①

三是编年纪事，简约凝练。编年纪事是一种古老的方法，王国维认为始于殷周时期，但如今所能看到的最早编年体史书只有孔子删定的《春秋》，因而它也就成了后世编年体史书的鼻祖。《春秋》书名本身，就已经显示了时间的纽带作用。作为一部反映春秋时期鲁国国史的史书，该书的记事始于鲁隐公元年（公元前722年），止于鲁哀公十四年（公元前481年），一共记载了鲁国242年的历史。它所采用的记事方法是"以事系日，以日系月，以月系时，以时系年"（《春秋经传集解·序》），同时又以日、月、时、年与鲁国十二公相配，构成两套时间链条。毫无疑问，这种重视依从时序的有条不紊的记事方法，与《尚书》的无序叙事是很不相同的，它反映了历史记述的一种进步。《春秋》编年纪事的显著特点是简约凝练。《春秋》记述鲁国242年历史，只用了18000余字②，平均每年不足100字。对此，有人讥之为断烂朝报，有人美之曰辞约义隐，有人认为是字字寓褒贬，可谓见仁见智。其实，讥之为断烂朝报，是无视了《春秋》的遣词用心和用晦之义；而认为《春秋》字字寓褒贬，又显然是夸大了实事，历代有识史家对此多有批评；称《春秋》辞约义隐，比较符合实际。《春秋》用心遣词，所谓"微而显，志而晦，婉而成章"，

---

① 吴怀祺：《中国史学思想史》，37页，合肥，安徽人民出版社，1996。

② 今本《春秋》约为16500余字，流传中脱漏1400余字。参见杨伯峻：《春秋左传注（修订本）·前言》，25页，北京，中华书局，2016。

确实在一定程度上反映了其叙事特点。不过《春秋》用晦简练确有过当之嫌，所记史实往往给人以"雾里看花"之感；而《春秋》的简洁，也造成了大量史实的遗漏。

综上所述可知，"六经"的历史观与史学观是非常丰富的。在天人观上，讲究天人合一，同时又宣扬天命王权的思想；在古今观上，讲究通变，肯定通变对于历史持续发展的重要性；在致用观上，对国家与社会饱含忧患意识，重视发挥史学的借鉴功能，重视通过彰显史义和褒贬史事以寄寓社会理想。秦汉以后的思想家和史学家们，都不同程度地受到了这些历史观与史学观的影响，他们结合时代特点，运用这些思想观念来认识、思考和解说历史。正是在这种历史观念的传承过程中，逐渐形成了中国传统史学思想的民族性特点。

第二讲　先秦诸子与私家
史著的历史观

　　春秋战国是一个社会大动荡、大变革的时代，同时也是一个思想十分活跃的时期。在这个时期产生的儒、墨、道、法、阴阳、名等诸子百家，对社会政治与历史纷纷发表自己的见解，形成了百家争鸣的局面。历史观的争鸣，便是诸子百家学术思想的一个重要组成部分。这一时期的史学还没有形成为一个家派，但是随着史学在官府局面的打破，私家修史已经开始出现，出现了最早的一批私人撰述，主要有《春秋》《左传》《国语》《战国策》《竹书纪年》和《世本》等。这些私家史书不但在历史编纂上取得了重要成就，而且对历史的认识也有深刻见解。

一、天人关系论

　　天人关系是关于历史动力问题的重要内涵，主要探讨历史发展过程中天与人的作用及其相互关系。在春秋战国诸子与私家历史著述中，对于天人关系都有着普遍的探讨，其中儒家、墨家与道家的天人观最具有代表性。

(一)儒家的天人合一与天道自然论

　　天人合一是指将天与人作为一个整体进行考察，儒家的天人观既肯定天命，又重视人事；在天人关系上淡化天命，彰显人事，由人事而言及天命。而天道自然，则是对天的自然属性的肯定。儒家的天论也肯定天的自然性，而对天道自然思想作出系统阐述的则是荀子。

　　儒家创始人孔子对于天人关系已经作出了最初的表述。在孔子的"天"论中，天的指向具有自然性、主宰性和命运性等不同含义。《论语·阳货》说："子曰：'天何言哉？四时行焉，万物生焉，天何言哉？'"孔子认为天是四时、万物生生不息的本体，四时、万物的运行是天的自然之行，没有人格属性的天也自然不会言语。这是肯定了天的自然性。《述而》篇说："子曰：'天生德于予，桓魋其如予何！'"孔子自认为天生其德，吉无不利，所以无惧桓魋。《子罕》篇说："天之将丧斯文也，后死者不得与于斯文也。天之未丧斯文也，匡人其如予何？"孔子认为既然自己得到斯文，说明上天没有丧失斯文，匡人又怎么能够违天害己呢。《宪问》篇说："子曰：'不怨天，不尤人，下学而上达。知我者，其天乎？'"孔子在此引天为知己者。朱熹认为此语"深味其语意，则见其中自有人不及知而天独知之之妙"。[1] 这些表述，显然都是视天为有意志的主宰者。不过，孔子天论中最为丰富的还是关于命运的论述，只是《论语》中通常是使用"天命"的概念来指代命运之意。如《为政》篇说："五十而知天命。"这里所谓"天命"，皇侃疏曰："谓天为命者，言人禀天气而生，得此穷通，皆由天所命也。"[2]显然是指人禀受天而得的一种命运。《先进》篇说："子曰：'回也其庶乎！屡空。赐不受命，而货殖焉，亿则屡中。'"在孔子看来，子贡不像颜回那样安贫乐道，不能安受天命，却能在货殖上料事多中。《季氏》篇提出君子有"三畏"：天命、大人和圣人之言，首要的即是"畏天命"。何谓天命，何晏《集解》说："顺吉逆凶，天之命也。"[3]朱熹《集注》说："天命者，天所赋之正理也。"[4]这里所谓天命也是指命运，具有不可违逆性，故而正人君子自然会畏惧。在《论语》中，有关命运的论说还很多。

　　相比较于天、天命的作用，孔子更重视人为。在孔子的天论中，还有一种鬼神之天。跟上述天论相比，孔子对于鬼神的态度则有所不同。

　　①　朱熹：《四书章句集注》，新编诸子集成本，158～159 页，北京，中华书局，2018。

　　②　《论语·为政》，新编诸子集成本，94 页，北京，中华书局，2018。

　　③　《论语·季氏》，新编诸子集成本，1490 页，北京，中华书局，2018。

　　④　朱熹：《四书章句集注》，新编诸子集成本，173 页，北京，中华书局，2018。

《述而》篇说："子不语怪、力、乱、神。"这里"神"自然是指鬼神之事。何晏《集解》认为孔子之所以不语鬼神之事，是因为"或无益于教化，或所不忍言"①。朱熹《集注》也说："鬼神造化之迹，虽非不正，然非穷理之至，有未易明者，故亦不轻以语人也。"②正因此，当樊迟问知时，孔子回答说："务民之义，敬鬼神而远之，可谓知矣。"③孔子虽然承认鬼神的存在，并且秉持一种"敬"的态度，但是却"敬而远之"，而专心于"务民之义"，体现的是一种重人事的思想。孔子在政治思想上倡导的仁学、礼学，即是关于如何为人与整齐社会的学问。他主张通过仁爱和礼义规范，以此来建立起一个和谐的社会。孔子打破学在官府的局面创办私学，实行"有教无类"的教育原则，打破族类界限授学；教育态度上"诲人不倦"，循循善诱；教育方法上重视"因材施教"和启发施教；教育目的上以文行忠信"四教"来培养"君子儒"。毫无疑问，这是一种积极进取的育人理念。孔子作《春秋》，是要通过书乱世之史，以使乱臣贼子有所惧，所以司马迁说《春秋》"王道备，人事浃"④。白寿彝先生说："这六个字说出了孔子的历史思想。"⑤这个历史思想便是一种重人事的思想。孔子赞赏历史上为民请命者、奋发有为者。如《微子》篇说"殷有三仁焉"，这是对商纣王时期敢于犯颜直谏、为民请命的大臣微子、箕子和比干三位大臣的称赞；《宪问》篇说："桓公九合诸侯，不以兵车，管仲之力也。如其仁，如其仁。"又说："管仲相桓公，霸诸侯，一匡天下，民到于今受其赐。微管仲，吾其被发左衽矣。"这是对管仲辅佐齐桓公首霸诸侯、一匡天下，捍卫中原华夏文明的赞赏。孔子生当乱世，政治抱负无法实现，他却没有因此而消极避世，而是一贯积极进取。《宪问》篇所记子路与晨门之间的答问，则是体现了孔子"知其不可而为之"的积极的人生态度。

---

① 《论语·述而》，新编诸子集成本，620页，北京，中华书局，2018。
② 朱熹：《四书章句集注》，新编诸子集成本，98页，北京，中华书局，2018。
③ 《论语·雍也》，新编诸子集成本，523页，北京，中华书局，2018。
④ 《史记》卷十四《十二诸侯年表》，509页，北京，中华书局，1959。
⑤ 白寿彝：《中国史学史》第1册，299页，上海，上海人民出版社，1986。

综观孔子的天人关系之论，不但具有浓厚的重人事的思想，而且他的天命论从来都没有离开过人事。白寿彝先生对孔子的天论总结出了以下三个特点：

第一，孔子不对"天"和"命"进行正面的阐述，不说"天"和"命"的威严，而是在说到人事上联系到"天"或"命"。这可以说，宗周初期是从天上说到人间，现在是从人间说到天上。第二，孔子在提到"天"和"命"的时候，主要是在具体事件上，由于感情上的不安和激动而发，不是在理论上有所申述，这似是旧的情绪的暴露，跟理性的认识有所区别。第三，孔子并不认为"命"是不能变更的，只是因为不赞成用他所认为不正常的手段去活动，才强调"受命"。……在天与人的关系上，孔子显然是以人事为主的。①

在白先生看来，孔子的天论并非一种正面阐述和理性认识，只是说到人事时的一种联系，是感情不安的一种生发；孔子认为命运是可以通过正当的人为加以改变的，之所以主张"受命"，是为了杜绝采用不正当的手段"违命"。在此基础上，白先生得出了孔子的天人关系论是"以人事为主"的结论。这样的总结和判断，是符合孔子天人关系论的本质特征的。

孔子之后，先秦儒家代表人物孟子和荀子都有丰富的天人理论。学术界一般认为孟子重视天命，是天人合一论者；荀子强调天道自然，是天人相分论者。这在一定程度上道出了孟荀天人观的差异性。然而这种差异，其实只具有相对意义，因为并不是同一层面上的比较，荀子的天人观中也蕴含了天命论的思想。

首先，从天道自然层面来看。毫无疑问，天道自然是荀子哲学体系的基础，也是荀子天论的核心。《荀子·天论》说："列星随旋，日月递炤，四时代御，阴阳大化，风雨博施，万物各得其和以生，各得其养以成，不见其事而见其功，夫是之谓神；皆知其所以成，莫知其无形，夫是之谓天。"这段话道出了天的自然属性。荀子认为，自然之天与社会之

_____

① 白寿彝：《中国史学史》第 1 册，298～299 页，上海，上海人民出版社，1986。

人存在着不同的职分。天的职分是什么？"不为而求，不求而得，夫是之谓天职。"天彰显的是一种非外在的、属于自然自身力量的作用力。《礼论》篇说："天地合而万物生，阴阳接而变化起。"万物生长、阴阳变化都是天的自然力作用的结果。人也有自己的职分，这就是通过礼乐刑政来治理社会，礼义教化来节制人群，平政爱民来聚集民心。此外，人还可以"制天命而用之"①，即可以利用自然，改造自然，为民造福。天与人的作用是不能相互替代的，天有不以人的意志为转移的客观规律，它"不为尧存，不为桀亡"。同样，人也有天所不能替代的作用，如："强本而节用，则天不能贫；养备而动时，则天不能病；修道而不贰，则天不能祸。"②因此，荀子认为，天人关系的本质是能"明于天人之分"，《天论》篇说："明于天人之分，则可谓至人矣。"值得注意的是，荀子在此提出"天人之分"的概念。学术界往往将"天人之分"解说为"天人相分"，其实这是两个不同的概念。天人之分指的是天与人有不同的职分，也就是分工不同，并没有否定二者之间存在着联系；天人相分则是一个与天人合一相对立的概念，它将天与人对立起来分属完全不同的领域，否定天与人二者之间的联系。将荀子的天人之分解说为天人相分，并不符合其天道自然思想的本义。

从天道自然的层面来看孟子述天论，其实他也是承认天的自然属性的。《孟子·离娄下》说："夫天之高也，星辰之远也，苟求其故，千岁之日至，可坐而致也。"这句话既肯定了天的自然性，又认为其有"故"，即规律性，人们可以通过掌握自然之天的规律性，类推出更多的知识。同时孟子也认为社会之人也有自己的职分，《梁惠王上》篇说："不违农时，谷不可胜食也；数罟不入洿池，鱼鳖不可胜食也；斧斤以时入山林，材木不可胜用也。"由此来看，在天道自然、天人之分的观念上，孟荀的思想是相一致的，只是这并非孟子学说的核心所在。

其次，从天命层面来看。在孟子的天论中，天具有主宰性和命运性

---

① 《荀子·天论》，新编诸子集成本，375 页，北京，中华书局，2018。
② 《荀子·天论》，新编诸子集成本，362～363 页，北京，中华书局，2018。

之不同含义。孟子认为天具有超自然的意志性特征，如《孟子·公孙丑下》说："夫天未欲平治天下。"《万章上》篇也说："天之生此民也，使先知觉后知。"这里所谓天，显然具有主宰性和目的性的特征。然而，"在孟子的天论中减少了天的主宰性的成分"①，却强化了人的作用。如《万章上》篇在回答谁给了舜的天下时，孟子一方面明确认为是"天与之"，他不认可尧禅位于舜之说；另一方面又认为舜之所以能拥有天下，是得到了天和民的共同认可："使之主祭而百神享之，是天受之。使之主事而事治，百姓安之，是民受之也。天与之，人与之，故曰天子不能以天下与人。"这里"天与之"体现了天的主宰性，而"人与之"则体现了人事的作用。孟子还进一步解说了"天与之"是通过人事昭示出来的："尧崩，三年之丧毕，舜避尧之子于南河之南，天下诸侯朝觐者不之尧之子而之舜，讼狱者不之尧之子而之舜，讴歌者不讴歌尧之子而讴歌舜，故曰天也。"很显然，舜为天子表面上看起来是"天与之"，实际上则是人为的结果。孟子还借用了《尚书》的话，肯定了天志与民志的一致性："《泰誓》曰：'天视自我民视，天听自我民听。'"在此，天的意志性其实已经转向为民的意志性了。孟子的天论更多场合表达的则是一种命运，即人力所无法左右的一种力量。《梁惠王下》篇说："君子创业垂统为可继也，若夫成功则天也。"肯定人为可以创业垂统，然最终能否实现则要靠天意，也就是命运。《万章上》篇针对历史上舜、禹、启做了天子，而尧、舜的儿子和伯益却没做成天子，孟子作出了如下解释："舜禹益相去久远，其子之贤不肖，皆天也，非人之所能为也。莫之为而为者，天也。莫之致而至者，命也。"在孟子看来，这一切都是命运使然，是人力所无可奈何的。这里所谓"天"体现的是一种命运使然，显然不具有主宰性。如果结合孟子对尧舜禹时期具体历史过程的叙述，这种能否继位的命运的偶然性，其实也是有其必然性的一面的，因为最终决定能否继位的是人的"贤与不肖"，从而又将其命运论引向了人事论。

　　相比较于孟子，荀子虽然是以天道自然为其天论的基础和核心，却

---

　　①　侯外庐等：《中国思想通史》第 1 卷，395 页，北京，人民出版社，1957。

也并非没有天命的思想。《荀子·修身》说："人有此三行，虽有大过，天其不遂乎!"这里所谓"三行"，指的是"老老""不穷穷"和"行乎冥冥而施乎无报"。荀子说，人如果能尊敬老者，宽厚穷人，施不求报，这样的人不幸犯了大的过错，老天也会保佑他的。《性恶》篇说："天非私曾、骞、孝己而外众人也，然而曾、骞、孝己独厚于孝之实而全于孝之名者，何也? 以綦于礼义故也。天非私齐、鲁之民而外秦人也，然而于父子之义、夫妇之别，不如齐、鲁之孝具敬父者，何也? 以秦人之纵情性、安恣睢、慢于礼义故也。"荀子认为曾参、闵子骞、孝己以及齐鲁之民得到孝道的名声，是他们自觉遵守礼义的缘故，而非上天的有意施与。这里所谓天，当然都具有主宰性。荀子的天论也具有命运的含义，《宥坐》篇说："遇不遇者，时也；死生者，命也。"这里所谓时也、命也，都是对人生际遇的一种无可奈何的感叹。所以荀子接着说："今有其人不遇其时，虽贤，其能行乎? 苟遇其时，何难之有? 故君子博学、深谋、修身、端行以俟其时。"人们主观努力，本身并不能实现自己的目的，只是等待机会。然而，荀子的天命论，却有着重人事思想之内蕴。如天之所以会保佑不幸犯错的人，前提是这样的人具有"三行"；天之所以"私"曾参、闵子骞、孝己和齐鲁之民，是他们固守仁义的结果；人的成功与否虽然依靠命运，然而不博学、深谋、修身和端行，是不会等到命运的降临的。由此来看，荀子的天论并没有离开人论，天命与人事是紧密相联的。

总体来看，孟荀的天人观侧重点各有不同，荀子的天人观以天道自然为基础与核心，天人关系主要是在这样一种层面上展开论述的；孟子的天人观以天命论为主轴，天命具有一定的主宰性与决定性。但是孟荀天人观的共同特点是言天道不离人事，普遍重视人事的作用。

(二)墨子的非命与天志论

墨子的天人观存在着一个悖论，一方面不承认"命"的存在，将"非命"作为其学术十大主张之一；另一方面却又承认天有意志，是宇宙万物和人类社会的主宰者。然而，二者却在"尊人"上达成了一致。墨子非命不"受命"，肯定人为；墨子所谓"天志"代表的是"民志"，天与鬼神对于人的赏罚是依据人的表现而决定的。由此来看，"说墨子尊天，不如说他尊人更合适些"①。诚如侯外庐所说："墨子是主张以斗争方式来改革社会的人（真好天下者），其尊天鬼而非命，在理论上实在是有矛盾的，但如果我们把天命的否定作为内容，把天、鬼的承认作为形式，则他的思想中的优点显然是存在于内容实质中的，而抽空了的神鬼，实际上便成为空话了。"②

墨子否定天命的存在，"非命"是墨子学术的一个重要内涵。《墨子·非命》提出了考察是否有命的存在之"言有三表（亦称三法）"的主张。《非命上》篇说："何谓三表？子墨子言曰：有本之者，有原之者，有用之者。于何本之？上本之于古者圣王之事也。于何原之？下原察百姓耳目之实。于何用之？废以为刑政，观其中国家百姓人民之利。"这就是说，古代圣王之事、百姓耳闻目睹之实情、国家百姓人民之利弊，即是检验是否有命的依据。《非命中》篇对"百姓耳目之实"作了具体的考察：

> 今天下之士君子，或以命为亡。我所以知命之有与亡者，以众人耳目之情知有与亡。有闻之，有见之，谓之有；莫之闻，莫之见，谓之亡。然胡不尝考之百姓之情？自古以及今，生民以来者，亦尝见命之物、闻命之声者乎？则未尝有也。若以百姓为愚不肖，耳目之情不足因而为法。然则胡不尝考之诸侯之传言流语乎？自古以及今，生民以来者，亦尝有闻命之声、见命之体者乎？则未尝有也。③

在此，墨子以自古及今百姓、诸侯所见所闻的事实中得出结论：所谓命，"未尝有也"。

墨子深知，人们如果认命、安民、受命，这将是"天下之大害"，甚至会因此亡国。《非命下》篇说：

---

① 白寿彝：《中国史学史》第1册，303页，上海，上海人民出版社，1986。
② 侯外庐等：《中国思想通史》第1卷，221页，北京，人民出版社，1957。
③ 《墨子·非命中》，新编诸子集成本，406页，北京，中华书局，2018。

今虽毋在乎王公大人，黄若信有命而致行之，则必怠乎听狱治政矣，卿大夫必怠乎治官府矣，农夫必怠乎耕稼树艺矣，妇人怠乎纺绩织纴矣。王公大人怠乎听狱治政，卿大夫怠乎治官府，则我以为天下必乱矣。农夫怠乎耕稼树艺，妇人怠乎纺绩织纴，则我以为天下衣食之财将必不足矣。若以为政乎天下，上以事天鬼，天鬼不使；下以持养百姓，百姓不利，必离散不可得用也。是以入守则不固，出诛则不胜。故虽昔者三代暴王桀纣幽厉之所以共抎其国家，倾覆其社稷者，此也。①

墨子认为，如果王公大人、卿大夫、农夫、妇人都相信命而不去努力本职工作，其结果必然会导致"天下乱"和"财不足"。这样的政治统治，"天鬼不使"，百姓离散，国无固守，征伐必败。三代暴君夏桀、商纣、周幽王、周厉王就是因为安命暴民，才导致"倾覆其社稷"的。

墨子的非命论体现的是一种人为的思想。墨子认为，天命并不能支配人事，人的富贵贫贱不是天生的，而是人自身努力与否的结果。只有那些不肖之人好逸恶劳，才会把贫贱说成是命之使然。《非命中》篇说这些人"内之不能善事其亲戚，外之不能善事其君长，恶恭俭而好简易，贪饮食而惰从事，衣食之财不足，使身至有饥寒冻馁之忧"。但是他们却不承认自己是不肖之人，"从事不疾"，只会把这一切归为命。同样，国家的治乱也不是命定的，而是君主努力与否的结果。《非命下》篇说，三代圣王禹汤文武"出政施教，赏善罚恶"，天下得到大治；而桀纣暴民荒政，天下因此大乱。"存乎桀纣而天下乱，存乎汤武而天下治。天下之治也，汤武之力也；天下之乱也，桀纣之罪也。"很显然，汤武之治是因为"汤武之力"，桀纣之乱是因为"桀纣之罪"，都是人为的结果。《非乐上》篇说："赖其力者生，不赖其力者不生。"在此，墨子强调人为力量的重要性。在墨子看来，生与不生的主动权是掌握在人自己手中的；换言之，命运是掌握在人自己的手中，而不是靠上天的恩赐和安排。这是

① 《墨子·非命下》，新编诸子集成本，418 页，北京，中华书局，2018。

一种积极有为的人生哲学。

宣扬"天志"则是墨子学术的另一个重要内涵。墨子认为上天是有意志的，它不仅主宰着宇宙万物，而且还主宰着人类社会，主宰着君主的统治。他认为三代圣王皆能够将"天之为政于天子"的道理向百姓说清楚，因此那时的人们"莫不犗牛羊，豢犬彘，洁为粢盛酒醴，以祭祀上帝鬼神，而求祈福于天"。统治者顺从天志而治，天下因此得到大治。认为他所处的时代"天子为政于三公、诸侯、士、庶人，天下之士君子固明知之；天之为政于天子，天下百姓未得之明知也"①。人们违背天志，做上天不喜欢的事情，结果天下得不到善治。

那么，天的意志究竟是什么呢？首先是"兼爱天下之人"。墨子认为上天是厚爱民众的，所以它"以历（一作磨）为日月星辰，以昭道之；制为四时春秋冬夏，以纪纲之；雷降雪霜雨露，以长遂五谷麻丝，使民得而财利之；列为山川溪谷，播赋百事；为王公侯伯，以临司民之善否，使之赏贤而罚暴；贼［赋］金木鸟兽，从事乎五谷麻丝，以为民衣食之财。自古及今，未尝不有此也"②。在墨子看来，上天厚爱民众不仅是一贯的，而且也是广泛的，它不仅爱"自古及今"的百姓，而且还兼爱天下的百姓，何以见得呢？《天志下》篇说："自古及今，无有远灵孤夷之国，皆犗豢其牛羊犬彘，洁为粢盛酒醴，以敬祭祀上帝山川鬼神。"而上天对天下民众的祭祀都一并"兼而食之"，由此说明上天是兼爱天下之人的。其次是"欲义而恶不义"。《天志上》篇说："天下有义则生，无义则死；有义则富，无义则贫；有义则治，无义则乱。然则天欲其生而恶其死，欲其富而恶其贫，欲其治而恶其乱。"因此说上天是"欲义而恶不义"的。认为"义"的政治在实践上必须做到"三利"，即"上利于天，中利于鬼，下利于人"。怎样的"义政"才是"三利无所不利"呢？墨子认为："处大国不攻小国，处大家不篡小家，强者不劫弱，贵者不傲贱，多诈者不欺愚。"相反，如果"处大国攻小国，处大家篡小家，强者劫弱，贵者傲

---

① 《墨子·天志上》，新编诸子集成本，288页，北京，中华书局，2018。
② 《墨子·天志中》，新编诸子集成本，299页，北京，中华书局，2018。

贱，多诈欺愚"，这种政治便是"上不利于天，中不利于鬼，下不利于人"的"力政"，这是墨子所坚决反对的。

墨子还进一步论述了"天志"的不可违抗性。如同轮匠有圆规，木匠有方尺一样，墨子以"天志"为"仪法"，来规范统治者的言行举止。在墨子看来，"天子不得次（恣）己而为正，有天正之"①。既然上天厚爱民众，统治者就应该顺天志而爱民；上天"欲义"，统治者就应该顺天志而实行"义政"。《天志下》篇说："天子为善，天能赏之；天子为暴，天能罚之。"意思是说如果统治者顺从天意、天志，有善政，就必然会得到上天的奖赏；相反，如果统治者违背天意、天志，施暴政，就必然会得到上天的惩罚。从历史上看，三代圣王尧、舜、禹、汤、文王、武王等人爱人、利人，顺天之意，结果"天以为从其所爱而爱之，从其所利而利之，于是加其赏焉，使之处上位，立为天子以法也，名之曰圣人"②。不仅如此，他们的事迹还被"书于竹帛，镂之金石，琢之盘盂，传遗后世子孙知之"③。相反，像三代暴王桀、纣、幽、厉之流，不爱民、利人，违背天意，结果得到了上天的惩罚，上天"使之父子离散，国家灭亡，抎失社稷，忧以及其身。是以天下之庶民属而毁之，业万世子孙继嗣，毁之贲不之废也，名之曰失王"④。这便是上天惩罚暴君的见证。墨子认为，统治者的统治是否违背天志、天意，还能从天时吉凶和人事祸福上表现出来。统治者顺从天志、天意进行统治，上天就会"为寒热也节，四时调，阴阳雨露也时，五谷熟，六畜遂，疾灾戾疫凶饥则不至"⑤。相反，如果统治者违背天志、天意进行统治，上天就会"下疾病祸福，霜露不时"⑥。这是上天对统治者示警，希望统治者能及时改弦易辙。

---

① 《墨子·天志下》，新编诸子集成本，313 页，北京，中华书局，2018。
② 《墨子·天志下》，新编诸子集成本，314 页，北京，中华书局，2018。
③ 《墨子·兼爱下》，新编诸子集成本，175 页，北京，中华书局，2018。
④ 《墨子·天志下》，新编诸子集成本，314 页，北京，中华书局，2018。
⑤ 《墨子·天志中》，新编诸子集成本，298 页，北京，中华书局，2018。
⑥ 《墨子·天志下》，新编诸子集成本，313 页，北京，中华书局，2018。

由上可知，墨子所谓"非命"，是要人们不要安于命运，体现的是一种人为的思想；而墨子视"天志"为"民志"，以兼爱、重义为内涵，以厚爱民众为出发点和归宿，则是重人事思想的一种神学表达。

（三）道家的道法自然与无为无不为论

从老子到庄子，道家学说的中心思想即是道法自然，自然主义是道家哲学的基础与核心。道家的天人理论也是在这样一个基础上展开讨论的。

首先，道法自然。《老子》第二十五章说："人法地，地法天，天法道，道法自然。"这里所谓"法"，指的是效法、取法，即人以地为法则，地以天为法则，天以道为法则，道以自然为法则。老子以"道"为学术思想的核心概念，视"道"为天地万物的派生者。然而这个派生万物之"道"，又必须要"法自然"。老子所谓"道法自然"的本质，一方面明示了道生万物但并不主宰万物，故而老子的"道"不具有主宰性；另一方面主张道生万物之后需要遵循"自然"的原则。这里所谓的"自然"不是指大自然或者物质世界，而是一种观念、价值或者状态。关于"道法自然"的思想，《老子》五十一章对此作出了集中阐述：

> 道生之，德畜之，物形之，势成之。是以万物莫不尊道而贵德。道之尊，德之贵，夫莫之命而常自然。故道生之，德畜之，长之育之，成之熟之，养之覆之。生而不有，为而不恃，长而不宰，是谓玄德。①

这段话集中讨论了道德问题，其中道乃创生万物者，而道化于万物即为德。在老子看来，道创生万物，又内在于万物之中；万物为道所生，又秉承了道的本性而独立存在。因此，万物的成长离不开道德的作用。而道的秉性是什么呢？即是"生而不有，为而不恃，长而不宰"，它派生万物，却不主宰万物，不对万物加以干涉，让万物完全顺其自然地自我化育。老子将道所具有的这种秉性称作"玄德"。值得注意的是，老子"道法自然"的思想，其实具有"人法自然"的内蕴。因为在老子的"道法自

---

① 《老子》五十一章，新编诸子集成本，211～213 页，北京，中华书局，2018。

然"思想中，天人是具有统一性的关系的。在老子看来，人、地、天、道是宇宙之间的四种存在，其中道为最高。既然天、地、人皆由道所派生，那么天与人之间在这个世界本源意义上就达到了统一。而"道法自然"，天、地、人自然也必须要效法自然，进而天与人又在自然层面上达到了统一。

庄子继承了老子"道法自然"的思想。与老子一样，庄子也以"道"作为万物的本原。《庄子·知北游》说："夫昭昭生于冥冥，有伦生于无形，精神生于道，形本生于精，而万物以形相生。"这句话的意思是说，明显之物生于晦暗之物，有形之物生于无形之物，道产生精神，精神产生形体，万物皆是从有形之物产生的。这里所谓"道"，即是产生万物的本原。《则阳》篇也说："是故天地者，形之大者也；阴阳者，气之大者也；道者为之功。"这就是说，所谓道，它是天地阴阳共同具有的东西。庄子认为，万物由道而生，万物消亡之后又复归于道。《达生》篇说："合则成体，散则成始。"这个"始"，即是派生万物的道。从庄子的道论可知，作为万物本体的道，从实体上说，其实它并非为一种精神的存在，而是一种气。所以《知北游》篇说："人之生，气之聚也。聚则为生，散则为死。""通天下一气耳。"这样一种气化万物的本体论，否定了"道"的意志性与主宰性，与天命观念作出了区隔。同时，道作为万物的本体，又"不单是从实体上说的，其中也包含规律的意义，就是说道是天地阴阳运动的必由之路"①。《渔父》篇说："且道者，万物之所由也，庶物失之者死，得之者生，为事逆之则败，顺之则成。故道之所在，圣人尊之。"这个"万物之所由"之"道"，它的本质属性即是自然性。从道生万物思想出发，庄子认为天人是一体的。《齐物论》篇说："天地与我并生，而万物与我为一。"天地万物与人都是同生于道，万物与人是为一体的。又说："天地一指也，万物一马也。"认为天地万物只是概念存在不同，其实皆为一种物质存在而已。《齐物论》篇讨论的中心思想即是物我一体，认为万物都是浑然一体的，并且在不断地向其对立面转化，因而没有区

① 任继愈：《中国哲学发展史（先秦）》，401 页，北京，人民出版社，1983。

别。既然天人一体，天道自然，清静无为，人道效仿天道，自然也是以无为为旨归。《列御寇》篇说："天而不人。"这里所谓"天"即自然，"人"指人为。意思是说要顺从自然，人不要对天道自然有任何违逆的行为。《秋水》篇说："天在内，人在外。"《疏》曰："天然之性，韫之内心；人事所顺，涉乎外迹，皆非为也。任之自然，故物莫之害矣。"又说："天人之行，本乎天。"《疏》曰："运真知而行于世，虽涉于物千变万化，而恒以自然为本，居于虚极而不丧其性，动而寂者也。"①这两句话都是在强调人的行为必须要顺从自然，必须以天然本性为根本。《大宗师》篇说："知天之所为，知人之所为，至矣。"认为能够分清楚天与人的所为，这是一种最高的境界；而天道自然，人之所谓也必须是顺从自然。

其次，无为而无不为。老子认为，人与天在"法自然"上得到统一，道法自然，人亦法自然；而"法自然"，即是清静无为以顺应自然的状态。然而，老子所谓无为，绝不是一种无所作为，只是反对不必要、不适当的作为。"'无为'的含义，一是指顺任事物之自然，一是指排除不必要的作为或反对强作妄为。"②这样的无为，其结果是"无不为"。也就是说，"无为"是实现"无不为"的一种行为和方法。在《老子》一书中，有很多关于"无为无不为"的论述。如第三章说"使知者不敢为，则无不治"，第十七章说"成功事遂，百姓皆谓我自然"，第三十七章说"道常无为而无不为"，六十四章说"以辅万物之自然而不敢为"，等等。这里所谓"无不治""成功事遂""无不为"和"辅万物"，其实都是大有作为，只是实现这样大有作为的方法则是"不敢为""自然"和"无为"。"无为而无不为"不只是哲学上的方法论，也是老子的政治思想。老子认为政治统治如果能够按照"无为"的原则，自然就能达到"无不为"的目的。第三十二章说："道常无名。朴虽小，天下莫能臣。王侯若能守，万物将自宾。天地相合，以降甘露，人莫之令而自均。"意思是说王侯如果能遵守道的无为原则来治理天下，那么万物都将会自然归从于他。天地间阴阳之气

---

① 《庄子·秋水》，新编诸子集成本，591、592页，北京，中华书局，2018。
② 陈鼓应、白奚：《老子评传》，89页，南京，南京大学出版社，2001。

相合，就会降下润泽万物的甘露，人们无须指使命令它，就能自然分布均匀。第五十七章说："我无为，人自化；我好静，人自正；我无事，人自富；我无欲，人自朴。"这里"好静""无事""无欲"都是一种无为。在老子看来，统治者如果能做到无为，那么老百姓就能自我化育、遵纪守法、自然富足、自然朴素，社会自然也就能和谐稳定；而这则是一种大有为、无不为了。由此来看，老子的无为其实是顺应自然的有为，而不是不顾自然的妄为，天人关系在"道法自然"的层面上实现了统一。

庄子继承了老子"无为而无不为"的思想。庄子认为，只有通过无为的途径，才能达到无不为的目的。《至乐》篇说："天无为以之清，地无为以之宁，故两无为相合，万物皆化。芒乎芴乎，而无从出乎！芴乎芒乎，而无有象乎！万物职职，皆从无为殖。故曰天地无为而无不为也。"这段话一方面，肯定天地具有无为、自然性，认为天地相交产生的万物也是从芒芴之中无为而生的。换言之，天地万物都普遍具有无为属性，亦即自然属性。另一方面，天地万物又是通过无为、自然而生化，由此彰显出天地万物的"无不为"性。《则阳》篇也说："四时殊气，天不赐也，故岁成；五官殊职，君不私，故国治；文武大人不赐，故德备；万物殊理，道不私，故无名。无名故无为，无为而无不为。"认为上天对于四时、君主对于五官、大人对于文武大臣都是任其自然的，所以才能岁成、国治、文武自有。道是万物所由之公理，正因为道法自然，对万物任其自然，所以万物才能各得其所。因此，自然无为才能成就最终的"无不为"。由此来看，庄子的"无为"论，只是将清静无为、顺应自然作为实现"无不为"的方法和途径，本身并非目的。从"无不为"的目的论来看，庄子的自然观是具有积极有为之意义的。庄子的"无为而无不为"思想体现在政治上，即是主张无为而治。《天地》篇说："君原于德而成于天，故曰，玄古之君天下，无为也，天德而已矣。"庄子认为君主是依靠修德而获得君位的，所以"以德为原，无物不得。得者自得，故得而不谢，所以成天也"①。而君德的内涵即是自然之性，体现在政治治理上

---

① 《庄子·天地》注语，新编诸子集成本，414 页，北京，中华书局，2018。

即是无为而治。庄子认为古圣王推行的就是无为而治，所以他们能成就"天德"。该篇又说："古之畜天下者，无欲而天下足，无为而万物化，渊静而百姓定。"这里说的是君主无为而治的具体做法。所谓无欲，是要统治者不与民争利；所谓渊静，是要统治者与民休息。庄子还进一步认为，君主不但要无为而治，而且要主动担责。《则阳》篇说："古之君人者，以得为在民，以失为在己；以正为在民，以枉为在己；故一形有失其形者，退而自责。"与此同时，庄子主张臣道有为。《在宥》篇说："何谓道？有天道，有人道。无为而尊者，天道也；有为而累者，人道也。主者，天道也；臣者，人道也。"在此，庄子把政治统治之"道"划分为天、人二"道"，天道无为，人道有为，君为天道主无为，臣为人道主有为。由此来看，庄子的"无为而无不为"论的内涵比起老子更为丰富。传统天人理论，在庄子的"无为而无不为"论中得到了发展。

与儒、墨两家天论有所不同，道家的天论是在道法自然的思想体系下展开的。道家主张道生万物而不主宰万物，道法自然，因而道不具有意志性。天与人皆由道所派生，天法道，也与道一样法自然，因而天也不具有主宰性和意志性。于是乎，被儒、墨所弱化的天的主宰性，道家则赋予其自然性。同时，与儒、墨的重人事思想也有不同，道家的重人事理论是以"无为"的面貌出现，而以"无不为"为目的，二者在方法与途径上存在着很大的差异。

(四)《左传》的神意史观与人本思想

在经学史上，《左传》被视为解经著作，为《春秋》"三传"之一。在史学史上，《左传》又是一部记载春秋史事的史书，是我国第一部比较完备的编年体史书。《左传》天人观的显著特点，一方面"多叙鬼神之事"，宣扬神意史观；另一方面又肯定人为作用，强调以人为本。

第一，"多叙鬼神之事"。晋人范宁在《春秋穀梁传注疏》序文中说："左氏艳而富，其失也巫。"唐人杨士勋《疏》曰："巫者，谓多叙鬼神之事，预言祸福之期。"①范宁、杨士勋皆认为《左传》好"巫"、好"叙鬼神

---

① 《春秋穀梁传注疏·序》，《十三经注疏》本，2361 页，上海，上海古籍出版社，1997。

之事"，这并非只是今文经学家的一种门户之见。东汉思想家王充肯定《春秋》"三传"中"独《左氏传》为近得实"，却也认为该书记事"言多怪，颇与孔子不语怪力相违返也"①。清人汪中则对《左传》所叙"鬼神"作了具体分类："左氏所书，不专人事，其别有五：曰天道，曰鬼神，曰灾祥，曰卜筮，曰梦。其失也巫，斯之谓与!"②今人郭预衡也说："《左传》对妖怪鬼神、占卜、报应之事屡屡称道，不厌其烦，和孔子'不语怪力乱神''未能事人，焉能事鬼?''未知生，焉知死?'的观点有所偏离。"③其实，《左传》作为春秋末年战国初年的史籍，"多叙鬼神之事"并不奇怪，它在一定程度上体现了时代好言鬼神的特点。自西周产生尊天敬德保民思想以来，春秋时期人们的天命观念虽然有所减弱，却依然盛行，卜筮风气非常浓厚。《左传》的记述史料主要来自春秋史事的各种传闻，这些人事传闻往往与鬼神之事是纠缠在一起的。因此，《左传》"多叙鬼神"可以被看作是史家纪实的一种体现。同时，《左传》"多叙鬼神"，也是借此表达自己对于天道的一种理解。

综观《左传》的天道观，一是宣扬天命王权。在《左传》的天道观中，天是具有意志性和主宰性的。该书关于天命论的论述很多，如关于晋文公重耳的故事，《左传》的记述便有多处宣扬了天命王权的思想。僖公二十三年，重耳经过卫国，"出于五鹿，乞食于野人，野人与之块。公子怒，欲鞭之。子犯曰：'天赐也。'稽首，受而载之"。重耳的随臣狐偃认为，野人给的土块是上天要赐予重耳土地啊，应该拜受才对。这一年重耳经过楚国，楚国大臣想杀掉重耳，楚君不同意，认为"天将兴之，谁能废之。违天必有大咎"。肯定重耳将来必能成就一番大业，而礼送他到了秦国。僖公二十八年记楚君言曰："晋侯在外十九年，而果得晋国。……天之所置，其可废乎?"认为晋文公能够重回晋国做国君是上天的安排。《左传》关于晋文公的数条材料都宣扬了一个思想：晋文公拥有

---

① 《论衡·案书》，新编诸子集成本，1352 页，北京，中华书局，2018。
② 汪中：《述学》内篇二《〈左氏春秋〉释疑》，120 页，北京，中华书局，2014。
③ 郭预衡：《中国古代文学史》，73 页，上海，上海古籍出版社，1998。

晋国是天命所归。《左传》诸如此类宣扬天命王权思想的记述还很多，比如宣公三年记述楚王觊觎周鼎之事，周王使者王孙满回复楚人说："周德虽衰，天命未改。鼎之轻重，未可问也。"襄公二十三年记曲沃大夫胥午言："天之所废，谁能兴之？"认为天意不可违，人事成败取决于天。又如昭公二十三年记曰："周之亡也，其三川震。今西王之大臣亦震，天弃之矣。"认为当年周幽王时泾、渭、洛三川地震，预示西周灭亡。如今王子朝的大臣南宫极因地震而死，这是上天要抛弃王子朝啊。值得注意的是，《左传》中有些关于天命的言论，其实是讲命运，表示对于人力的一种无可奈何，只能等待天命，或者只能安于天命。如成公十三年曰："民受天地之中以生，所谓命也。是以有动作礼义威仪之则，以定命也。"又昭公二十七年记曰："吾谁敢怨？哀事生死，以待天命。"这里所谓"命"，当作命运之意。

二是好作神鬼预言。《左传》"多叙鬼神之事"，而鬼神之事的叙述往往又是与各类预言相结合的。在《左传》所采用的预言形式中，有卜筮预言、鬼神预言、星象预言、梦境预言等多种形式。如《左传》写田氏代齐的故事，便采用了卜筮预言的书写形式："初，懿氏卜妻敬仲。其妻占之，曰：吉。是谓'凤凰于飞，和鸣锵锵。有妫之后，将育有姜。五世其昌，并于正卿。八世之后，莫之于京。'"说的是陈国大夫懿氏将女儿嫁给齐国陈完而占卜吉凶之事，占卜的结果夫妻必能和好，而且陈家五世之后会出正卿，八世之后势力坐大到掌控朝政。后来的历史也是这样发展的，五世陈无宇位列正卿，八世陈恒杀齐简公控制朝政，"齐至陈恒，篡夺之势已成"①。显然，占卜者不可能真能如此准确地预言八代之后的事情，这样的历史书写，无非是为了宣扬田氏代齐（也叫田陈篡齐）乃上天旨意。实际上，通过占卜预言是《左传》叙事的重要方法。僖公十年记述了晋国已死太子申生与晋国大夫狐突的一段对话：申生"告之曰：'夷吾无礼，余得请于帝矣。将以晋畀秦，秦将祀余。'对曰：'臣闻之，神不歆非类，民不祀非族。君祀无乃殄乎？且民何罪？失刑乏

---

① 杨伯峻：《春秋左传注（修订本）》，241 页，北京，中华书局，2016。

祀，君其图之。'君曰：'诺。吾将复请。七日新城西偏，将有巫者而见我焉。'许之，遂不见。及期而往，告之曰：'帝许我罚有罪矣，敝于韩。'"这里的记述自然是采用了鬼神预言的形式。死者申生不满于晋惠公夷吾的无礼，而请求上帝来惩治他。本来是直接让秦国灭掉晋国，在狐突的劝说下重新请示上帝，告知狐突七日之后自己会附体于新城的巫者，让他告诉狐突新的惩治夷吾的办法，即让夷吾在韩国境内战败被俘。文中"请于帝""将复请"，说明惩治晋惠公乃上帝的旨意。已经是鬼魂的申生可以准确告知狐突七日之后的事情，自然是一种鬼神预言。至于星象预言、梦境预言的记述也很多，如文公十四年记"有星孛于北斗"，即是预言"宋、齐、晋之君皆将死乱"；昭公十年记"有星出于婺女"，预言"七月戊子，晋君将死"。诸如此类借用星象变化作预言的历史书写很普遍。《左传》借用梦境所作预言也很多见，如成公十年所记"晋侯梦大厉"，《左传》一连记述了三个梦境：第一个梦是晋景公梦见厉鬼斥责他"杀余孙，不义"而请求上帝惩治他，结果因害怕而得"疾病，求医于秦"；秦国医生还没到，晋景公又做了第二个梦，"梦疾为二竖子"居于"肓之上，膏之下"，秦医因为病入膏肓而束手无策；第三个梦是"小臣有晨梦负公以登天"，结果真的成了晋景公的殉葬者。这个故事利用梦境作预言，将梦境一一变为现实，而最初晋景公得病，还是源于厉鬼借用上帝的惩治所致，梦境预言与天命由此得以结合。

第二，人本主义思想。《左传》如此"多叙鬼神之事"，自然体现了其天人观重神意的一面。同时，《左传》又是一部反映春秋人事的史书，自然又是重人事的。纵观《左传》关于人事的记述，彰显了人本主义的思想。所谓"'人本思想'，就是西文中的'humanism'。这个词在汉文中或译为人道主义，或译为人性论等，都是根据上下文的语义而作的具体处理。这个字来源于拉丁文的homo（人），其本义为关心或致力于人的利益（而非神的利益）的思想体系。这种思想的基础要求是，把人看作人而非神或任何其他非人之物，同时以人事而非天心或神意来解释人事"①。

① 刘家和：《〈左传〉中的人本思想与民本思想》，载《历史研究》，1995(6)。

也就是说，人本思想的本质即是重人事，从人事的角度来解说历史。以此观照《左传》，是具有浓厚的重人事的思想的。前述汪中在《〈左氏春秋〉释疑》一文中说："左氏所书，不专人事"，这句话其实是说《左传》虽然"多叙鬼神之事"，而其记述重点还是在人事上。该文还有一句话直接说道："左氏之言天道，未尝废人事也。"这确实道出了《左传》重人事的历史记述特点。

《左传》重人事的思想，主要有以下两方面表现。其一，鬼神"依人而行"。《左传》虽然"多叙鬼神之事"，然而却是以人而非以鬼神为目的的，相反，鬼神往往是"依人而行"。僖公十九年所记宋国大臣司马子鱼针对宋襄公以小国国君作牺牲之事而对其进行劝诫，就体现了这一思想：

> 夏，宋公使邾文公用鄫子于次睢之社，欲以属东夷。司马子鱼曰："古者六畜不相为用，小事不用大牲，而况敢用人乎？祭祀以为人也。民，神之主也。用人，其谁飨之？"[①]

宋襄公为了自己的霸业，竟然要将鄫国国君作为牺牲来祭神。司马子鱼明确告诉宋襄公祭神的目的是为了人而不是神，将人作为牺牲显然是害人之举，而且人是神的奉祭者，以人为牺牲，等于直接伤害了神的祭祀者。因此他接着警告宋襄公说："今一会而虐二国之君，又用诸淫昏之鬼，将以求霸，不亦难乎？"认为这样做是难以获得霸业的。庄公三十二年记载了这样两件事，其一是齐惠王问内史过降神之事，史过回答说："国之将兴，明神降之，监其德也；将亡，神又降之，观其恶也。固有得神以兴，亦有以亡，虞、夏、商、周皆有之。"其二是虢国国君派史嚚去祭神，史嚚对虢国国君说："虢其亡乎！吾闻之：国将兴，听于民；将亡，听于神。神，聪明正直而壹者也，依人而行。"这两位史官都承认有神的存在，但是都认为神只是观察国君的善恶，并不按照自己的主观意志行事，历史上既有得神以兴，也有得神以亡的，因此，说到底神还是"依人而行"的。

---

① 杨伯峻：《春秋左传注（修订本）》，416～417 页，北京，中华书局，2016。

其二，治国需务德尚礼。《左传》非常重视统治者务德的重要性。襄公二十四年，《左传》借用郑国子产的话，道出了"德"对于国家治理的重要性："德，国家之基也。有基无坏，无亦是务乎！有德则乐，乐则能久。"明确将德视作为国家的根基，统治长久的保证。何谓"德"？从《左传》的叙述来看，即是儒家提倡的各种道德规范，如隐公十一年说"恕而行之，德之则也"；庄公二十四年说"俭，德之共也"；僖公三十三年说"敬，德之聚也"；文公元年说"忠，德之正也；信，德之固也；卑让，德之基也"；襄公七年说"恤民为德"，等等。《左传》的历史叙事中，充分体现了敬德的思想。如鲁隐公四年记载，这年春天卫国州吁弑杀卫桓公自立，鲁隐公问其大夫众仲"卫州吁其成乎？"众仲回答说："夫州吁弑其君而虐用其民，于是乎不务令德，而欲以乱成，必不免矣。"果然，这年九月州吁被卫人所杀。这则故事有两层含义：一则州吁弑君虐民，"不务令德"，败亡是必然的，肯定了君德的重要性；二则众仲所作的州吁必败的预言之所以能变为现实，它是以君德为依据的，说明预言并非凭空所作。又如文公七年，晋国大夫郤缺因夺地不归、无德主盟而批评赵宣子说："日卫不睦，故取其地。今已睦矣，可以归之。叛而不讨，何以示威？服而不柔，何以示怀？非威非怀，何以示德？无德，何以主盟？子为正卿，以主诸侯，而不务德，将若之何？"郤缺一连串的责问，主旨是要赵宣子讲信务德，视务德为霸业的根据所在。《左传》也重视礼对于国家治理的重要作用。昭公二十五年说："礼，上下之纪，天地之经纬也，民之所以生也，是以先王尚之。"这句话明确告诉人们，礼是治国纲纪，所以先王会崇尚礼治。《左传》一书对于礼在治国中的作用的论述非常多，如隐公十一年说"礼，经国家，定社稷，序民人，利后嗣者也"；僖公十一年说"礼，国之干也"；襄公二十一年说"礼，政之舆也"；昭公七年说"礼，人之干也"；昭公二十五年说"无礼必亡"，等等，无不强调礼对于治国治民的重要性。《左传》对于人事往往从礼的角度作出评述，如昭公二年借叔向之口评子叔子知礼："叔向曰：'子叔子知礼哉！吾闻之曰："忠信，礼之器也；卑让，礼之宗也。"辞不忘国，忠信也；先国后己，卑让也。'"定公十年记载，齐、鲁国君夹谷相会，鲁国担心齐国会就地召用莱夷之兵扰乱会盟，《左传》引孔子言说："裔不谋夏，夷不乱华，俘不干盟，兵不偪好——于神为不祥，于德为愆义，于人为失礼，君必不然。"指出使用莱夷之兵是谋夏、乱华、干盟的做法，乃失神、失德、失礼的行为。齐国听说之后，只好罢去莱夷之兵。值得注意的是，《左传》在此将神、德与礼并举，体现了神人相通、德礼并重的思想。

综上所述，《左传》的天人观既叙鬼神，又重人事。强调鬼神必须"依人而行"，人是"神之主"，体现了"言天道而归于人事"的思想。同时，《左传》重视宣扬务德尚礼的思想，肯定德与礼对于治国的重要性。

二、历史变易论

面对春秋战国的时代巨变，诸子百家对于历史的变易及其规律纷纷发表自己的看法，形成了各种不同的历史变易观。概言之，主要有朴素进化史观、历史循环史观和复古史观等，虽然观点各不相同，却都是对历史变易及其规律所作出的总结。

(一)朴素进化史观

如前所述，"六经"中的《易传》和《礼记》，其实已经具有了朴素进化的史观。从《易传·系辞下》对远古社会发展过程的描述可知，历史经过包羲氏、神农氏、黄帝、尧、舜等古圣王的文明创制以"通其变"之后，已经得到了不断的发展。像包羲氏"作结绳而为网罟，以佃以渔"，神农氏"耒耨之利，以教天下"，黄帝、尧、舜时代的"舟楫之利，以济不通""臼杵之利，万民以济""弧矢之利，以威天下"，等等，都是古圣王时代具有代表性的文明创制。进而《易传》将上古与后世社会的发展作出了对比叙述："上古穴居而野处，后世圣人易之以宫室"，上古"葬之中野，不封不树……后世圣人易之以棺椁"，"上古结绳而治，后世圣人易之以书契"。由此来看，《易传》关于社会变易的叙述，体现的是一种朴素进化史观。《礼记·礼运》把历史分为"先王"和"后圣"、"大同"与"小康"两个时代。在《礼记》的作者看来，先王时代是一个"未有宫室""未有火化""未有麻丝"的时代，而后圣时代则是一个有着"台榭宫室牖户"、祭祀的"醴酪"以及"治其麻丝，以为布帛"的时代。很显然，从先王到后圣，社会是在向前发展的。该篇又说，大同社会是一个"天下为公"的时代，而小康社会则是一个"天下为家"的时代；大同社会是先王时代，而小康社会则是禹、汤、文、武、周公之后圣时代；大同社会"选贤与能，讲信修睦"，小康社会的后圣们也都是"未有不谨于礼者"，所不同的是，后圣依靠礼义刑政治理天下，他们"以著其义，以考其信，著有过，刑仁讲让，示民有常"，而后圣的礼义刑政，正是社会进化的体现。

战国时期，诸子百家对于社会发展又有了更深的认识。在诸子百家当中，法家和黄老道家的朴素进化史观堪为代表。

法家代表人物韩非，继承了《易传》以来的朴素进化史观，而提出了更为系统、更为明显的历史发展阶段理论，对先秦朴素进化史观作了重要发展。韩非子的朴素进化史观，集中见诸《韩非子·五蠹》，其曰：

> 上古之世，人民少而禽兽众，人民不胜禽兽虫蛇。有圣人作，构木为巢，以避群害，而民悦之，使王天下，号之曰有巢氏。民食果蓏蚌蛤，腥臊恶臭而伤害腹胃，民多疾病。有圣人作，钻燧取火，以化腥臊，而民说之，使王天下，号之曰燧人氏。中古之世，天下大水，而鲧禹决渎。近古之世，桀、纣暴乱，而汤、武征伐。今有构木钻燧于夏后氏之世者，必为鲧禹笑矣；有决渎于殷周之世者，必为汤、武笑矣；然则今有美尧、舜、汤、武、禹道于当今之世者，必为新圣笑矣。是以圣人不期修古，不法常可，论世之事，因为之备。……故曰："事异则备变。"上古竞于道德，中世逐于智谋，当今争于气力。[①]

韩非子这段话集中表述的重要思想如下。其一，历史的发展是必然的，自上古以来的历史已经经历了上古、中古、近古和当今四个发展阶

---

① 《韩非子·五蠹》，新编诸子集成本，483～487页，北京，中华书局，2018。

段。其二，历史的发展是呈现阶段性特点的，从上古的构木为巢、钻燧取火到中古的鲧禹决渎，再到近古的汤、武征伐，历史是在不断地朝着文明的方向发展的。其三，每一个历史阶段都有它的历史使命，也都有"圣人"应运而生，他们为民兴利除害，从而受到人民的拥戴；当今时代也一定有当今的历史使命，也会出现当今的"圣人"，即"新圣"。由于时代的使命不同，后世"圣人"不需要效法前世"圣人"的做法，否则，便是不知变易，而贻笑后人。其四，对古今政治特点进行了概括，认为"上古竞于道德，中世逐于智谋，当今争于气力"。这里不存在政治优劣之分，因为韩非子曾经说过，当今"新圣"如果顺应时代，就可以超过五帝、三王这些"古圣"。

《五蠹》篇还有一段关于尧舜时代之所以会有让天下之事发生的评论，其曰：

> 尧之王天下也，茅茨不翦，采椽不斲；粝粢之食，藜藿之羹；冬日麑裘，夏日葛衣：虽监门之服养不亏于此矣。禹之王天下也，身执耒臿，以为民先；股无胈，胫不生毛：虽臣虏之劳不苦于此矣。以是言之，夫古之让天子者，是去监门之养而离臣虏之劳也，古传天下而不足多也。今之县令，一日身死，子孙累世絜驾，故人重之。是以人之于让也，轻辞古之天子，难去今之县令者，薄厚之实异也。①

在这段话中，韩非子指出了尧禹时代为何会有让天下的所谓禅让制发生，这与君主的势薄权轻、供养简陋、劳作辛苦有密切的关系。尧、禹等君主权势厚薄不如今之县令，吃住都非常简陋，还要服"监门之养"、受"臣虏之劳"，因此这样的君位不会成为人们争夺的目标，禅让制才因此得以推行。而韩非子关于尧禹时代君主状况的叙述，恰恰说明这是一个生产力极其低下的时代。

战国中后期在齐地产生了黄老道家学派，属于老庄道家的支流。该

---

① 《韩非子·五蠹》，新编诸子集成本，484~485 页，北京，中华书局，2018。

派学术思想的基本特点"以虚无为本，以因循为用"①。对诸子百家学说采取兼收并蓄的态度，《汉书·艺文志》将其归于杂家。战国末年秦国丞相吕不韦组织门客编写的《吕氏春秋》，即是体现了该派学术思想的重要著作。《吕氏春秋》同时也是一部政治著作、历史著作，它在古史观上也提出了一些独到的见解。其中的《恃君》篇说：

> 昔太古尝无君矣。其民聚生群处，知母不知父，无亲戚兄弟夫妻男女之别，无上下长幼之道，无进退揖让之礼，无衣服履带宫室畜积之便，无器械舟车城郭险阻之备。②

这段古史之论，肯定了人类历史的太古时代是一个无君、无父、无礼仪制度与文明器物的时代，因而是一个古朴时代。并进而指出，这样一个古朴的社会并不是一个美好的社会，"其民麋鹿禽兽，少者使长，长者畏壮，有力者贤，暴傲者尊，日夜相残，无时休息，以尽其类"③。它是一个人与人相互争斗不休的乱世。作者还对造成太古乱世的原因作了分析，认为是没有君主的结果。《谨听》篇说："乱莫大于无天子，无天子则强者胜弱，众者暴寡，以兵相残，不得休息。"当然，《吕氏春秋》采取的是以古喻今的方式，在作者看来，战国末年的乱世跟太古的乱世造成的原因是一样的，即都是没有君主。为了禁止人与人无休止的相残相斗，为了使人类得以延续下去，就必须要选立君主。故而《恃君览》篇说："为天下长虑，莫如置天子也，为一国长虑莫如置君也。"因此，君主的产生是"出于众"而利于众的，是人类社会得以存在和延续的一种需要，也是社会历史发展与进步的一种表现和必然结果。很显然，《吕氏春秋》的太古之论，蕴含了一种朴素的进化思想。

(二)历史循环史观

先秦诸子时代持历史循环史观的主要代表人物是儒家的孟子和阴阳家邹衍。

---

① 《史记》卷一百三十《太史公自序》，北京，中华书局，1959。
② 《吕氏春秋·恃君览》，新编诸子集成本，544页，北京，中华书局，2018。
③ 《吕氏春秋·恃君览》，新编诸子集成本，546页，北京，中华书局，2018。

　　孟子关于历史变易规律的论述，有两个非常经典的表述，一是"五百年必有王者兴"，二是"天下一治一乱"。《孟子·公孙丑下》说："五百年必有王者兴，其间必有名世者。"在他看来，人类历史变易，以五百年为一周期，每过五百年必然要有圣王出现，以开创太平盛世；在此期间，也必然会出现辅佐圣王的大贤。《尽心下》篇则结合历史对其"五百年必有王者兴"说作了进一步解说："由尧舜至于汤五百有余岁，若禹、皋陶则见而知之，若汤则闻而知之。由汤至于文王五百有余岁，若伊尹、莱朱则见而知之，若文王则闻而知之。由文王至于孔子五百有余岁，若太公望、散宜生则见而知之，若孔子则闻而知之。由孔子而来至于今百有余岁，去圣人之世若此其未远也，近圣人之居若此其甚也，然而无有乎尔，则亦无有乎尔！"这段话叙述了古往今来的历史每隔五百年就有圣人出来的历史史实，以此证明他的"五百年必有王者兴"的说法。其中说到的"见而知之"者，都是各个时期辅佐圣人的人。为何"五百有余岁"而不是整五百岁，因为圣人出来"亦有迟速，不能正五百岁"[1]。至于孟子说的孔子之后"于今百有余岁"之人，当然是指他自己，他认为这是一个圣人之间产生大贤人的时间点，"圣人之间，必有大贤名世者"[2]。那么，历史的变易为什么会出现这种这样一种规律呢？孟子这种带有神秘色彩的历史循环论调，对后世人们的历史观产生了深远影响。

　　孟子的"天下一治一乱"论，集中见诸《滕文公下》篇的论述。该篇结合孟子时代以前上古三代的历史，具体叙述了"一治一乱"的历史循环变易的过程：

　　　　天下之生，久矣一治一乱。当尧之时，水逆行，泛滥于中国，蛇龙居之，民无所定，下者为巢，上者为营窟……使禹治之，禹掘地而注之海，驱蛇龙而放之菹，水由地中行，江淮河汉是也。险阻既远，鸟兽之害人者消，然后人得平土而居之。尧舜既没，圣人之

---

① 《孟子·尽心下》注语，新编诸子集成本，1114 页，北京，中华书局，2018。
② 《孟子·尽心下》注语，新编诸子集成本，1116 页，北京，中华书局，2018。

道衰，暴君代作，坏宫室以为污池，民无所安息；弃田以为园囿，使民不得衣食；邪说暴行又作，园囿污池沛泽多而禽兽至。及纣之身，天下又大乱。周公相武王，诛纣伐奄，三年讨其君，驱飞廉于海隅而戮之，灭国者五十，驱虎豹犀象而远之，天下大悦。……世道衰微，邪说暴行有作，臣弑其君者有之，子弑其父者有之，孔子惧，作《春秋》。《春秋》，天子之事也。……杨墨之道不息，孔子之道不著，是邪说诬民，充塞仁义也。仁义充塞，则率兽食人，人将相食。吾为此惧，闲先圣之道，距杨墨，放淫辞，邪说者不得作。①

在这段叙述中，孟子认为尧舜禹时代通过治水，老百姓得以"平土而居之"，这是一治；之后出现了暴君继起的乱世，一直持续到商纣，这是一乱；周公辅佐武王伐纣建立周朝，天下再度由乱转治，这是一治；西周治世之后出现周末春秋乱世，于是孔子作《春秋》挞伐乱臣贼子，扭转乱世局面，这是一治；孔子之后异端邪说盛行，这是一乱；孟子自谓起来"距杨墨，放淫辞"，期望扭转社会混乱局面，自然也被视为一治。孟子关于上古三代历史变易之"势"的分析，与真实的历史盛衰之变多少有所吻合。然而他对于历史盛衰的论述，目的并非揭示历史盛衰之理，而是描述历史盛衰表象，是为了呈现历史变易的循环性。孟子"天下一治一乱"的历史循环论，同样对后世历史观产生了重要影响。

战国阴阳家的代表人物邹衍，提出了一套更为系统的历史循环变易理论，即五德终始说。由于《汉书·艺文志》著录的《邹子》四十九篇和《邹子终始五德》五十六篇现均已失传，我们这里所论邹衍的五德终始说，主要是依据《吕氏春秋·应同》的记载，这也是我们所能见到的关于邹衍五德终始说的最完整的记录。《应同》篇说：

凡帝王者之将兴也，天必先见祥乎下民。黄帝之时，天先见大蝼大螾，黄帝曰："土气胜"，土气胜，故其色尚黄，其事则土。及

---

① 《孟子·滕文公下》，新编诸子集成本，481~493页，北京，中华书局，2018。

禹之时，天先见草木秋冬不杀，禹曰："木气胜"，木气胜，故其色尚青，其事则木。及汤之时，天先见金刃生于水，汤曰："金气胜"，金气胜，故其色尚白，其事则金。及文王之时，天先见火，赤乌衔丹书集于周社，文王曰："火气胜"，火气胜，故其色尚赤，其事则火。代火者必将水，天且先见水气胜，水气胜，故其尚黑，其事则水。水气至而不知，数备将徙于土。[①]

这段话集中阐述了三个思想。其一，五德相胜。认为自上古黄帝以来至周朝的历史是依循五德相胜之序不断演进的，与土木金火四德相对应的历史王朝则分别为黄帝、夏禹、商汤和周文王四个时期。至于周朝以后的历史演进情况，《吕氏春秋》代邹衍立言道"代火者必将水"，认为接续周朝而建的王朝将是一个以水为德的王朝。不过，《吕氏春秋》并没有明确指出得水德的王朝就是秦，它甚至警告说"水气至而不知，数备将徙于土"。对此，顾颉刚先生的解释是："一，《吕氏春秋》抄录《邹子终始》之文，未加润色。二，那时六国未灭，秦虽灭周，尚未成一统之功……故《吕氏春秋》不即以灭周的秦为水德，亦不为秦寻出水德的符应。"[②]顾氏的推测是有道理的。其二，祥瑞符应。由于天人是有感应的，新的帝王兴起之时，上天必然会降下与之相应的瑞物，这叫作"符应"。如黄帝时的"大螾大蝼"、夏禹时的"草木秋冬不杀"、商汤时的"金刃生于水"和文王时的"赤乌衔丹书集于周社"，这些都是帝王将要兴起时上天为他们所降下的各种符应。其三，治各有宜。新兴的帝王在依据上天的符应改德建朝的同时，还必须要依据自己所禀的德属来建立起与之相应的各项文物制度。也就是说，新朝建立后，首要的任务是要变更前朝的文物制度和旌旗服色，这就叫作"治各有宜"。

从历史观而言，邹衍的五德终始说毫无疑问宣扬的是一种历史循环变易论，在作者看来，历史总是依循着土、木、金、火、水五行相胜之

---

① 《吕氏春秋·应同》，新编诸子集成本，284页，北京，中华书局，2018。

② 顾颉刚：《五德终始说下的政治和历史》，见《古史辨》第5册，421页，上海，上海古籍出版社，1982。

序周而复始地循环反复的，认为"水气至而不知，数备将徙于土"，新的一轮循环又将开始。这种循环的观点虽然能体现出历史的变易，却无法体现出历史的发展。邹衍的五德终始说以固定不变的五行相胜之序来排定历史王朝统序，也是一种机械的命定论。正如顾颉刚先生所说的那样，"五德终始说是一种命定论"，"是一种极具体的天命的律法"①。邹衍的五德终始说宣扬天有意志，天人相互感应，而这种天人感应的具体表征则是符瑞，这无疑又是一种神秘主义的天命观。邹衍所宣扬的历史循环变易论、机械的历史命定论和神秘主义的天人感应论，对于后世的历史思想和政治理论都产生了重要影响。

(三)复古史观

在诸子历史观当中，还有一股复古的论调，主要以老庄道家为代表。

老子寄希望于"小国寡民"的社会，《老子》各章对此都有不少零星的论述，而最为集中的阐述见诸《老子》第八十章，老子说：

> 小国寡人，使民有什伯之器而不用，使人重死而不远徙。虽有舟舆，无所乘之；虽有甲兵，无所陈之。使民复结绳而用之。甘其食，美其服，安其居，乐其俗，邻国相望，鸡犬之声相闻，民至老死不相往来。②

与今本(王弼本)记述有所不同，帛书甲本《老子》作如是说：

> 小邦寡民，使有十百人之器而勿用，使民重死而远徙。有舟车无所乘之；有甲兵无所陈之；使民复结绳而用之。甘其食，美其服，乐其俗，安其居，邻邦相望，鸡狗之声相闻，民至老死不相往来。③

---

① 顾颉刚：《五德终始说下的政治和历史》，见《古史辨》第 5 册，415 页，上海，上海古籍出版社，1982。
② 《老子》八十章，新编诸子集成本，320～323 页，北京，中华书局，2018。
③ 《帛书老子》，新编诸子集成本，446 页，北京，中华书局，2018。

此外还有帛书乙本和北大简本。① 此二版本与帛书甲本的记述，文字基本一样，只是帛书甲本"小邦寡民"，此二版本皆作"小国寡民"。以帛书甲本与今本（王弼本）相比照，有一些文字的不同，其中主要有两点：一是今本"小国寡人"，帛书甲本作"小邦寡民"。显然，这是出于避汉高祖刘邦之讳，亦说明帛书甲本较今本和帛书乙本、北大简本出现更早。二是今本"使民重死而不远徙"，帛书甲本则作"使民重死而远徙"（乙本和北大简本亦如此），少了一个"不"字，然而意思并无不同。这里"远"字当为动词，高明认为是"取离别之义"，意思是"犹言使民重死而离别迁徙，即使民重视生命而避免流动"②。

根据《老子》第八十章关于"小国寡民"（各本作"小国寡民"居多，故统称之）社会的描述，人们普遍认为这是一种复古史观，因为"小国寡民"社会的基本特点是漠视一切物质生产与发明创造，使人们回到"结绳而用""民至老死不相往来"的古朴的社会中去。然而，我们又不能简单地认为老子的"小国寡民"就是要人们重新回到原始古朴的时代去。老子的"小国寡民"社会与原始古朴社会还是有着根本区别的，一则，"小国寡民"毕竟还是有国家、有军队的，不是一种无国家的原始古朴社会。只是国家的统治方式是无为而治，所谓"我无为而民自化，我好静而民自正，我无事而民自富，我无欲而民自朴"③。二则，"小国寡民"社会生产力并不落后，与原始古朴时代完全不同。在"小国寡民"社会里，有"什伯之器"，有舟车。因此，老子并没有摒弃这些先进的文明器具。老子只是担心"人多利器，国家滋昏；人多伎巧，奇物滋起"④。简言之，老子是担心有了这些先进器具，人们会用于国与国、民与民之间的争斗，最后导致社会大乱，文明受到践踏。三则，"小国寡民"社会的人民生活是富足安乐的，跟原始古朴社会的饮毛茹血有着很大的不同。"甘

---

① 帛书乙本，见《帛书老子》，新编诸子集成本，北京，中华书局，2018；北大简本，见北京大学出土文献研究所编：《北京大学藏西汉竹书》二，上海，上海古籍出版社，2012。

② 《帛书老子》，新编诸子集成本，152页，北京，中华书局，2018。

③ 《老子》五十七章，新编诸子集成本，242页，北京，中华书局，2018。

④ 《老子》五十七章，新编诸子集成本，241页，北京，中华书局，2018。

其食，美其服，安其居，乐其俗"，是老子关于"小国寡民"社会人民生活状态的一种设想，这完全就是人间乐土、世外桃源。这种社会理想与原始古朴时代有着霄壤之别，同时也是老子有感于当时乱世时代百姓流离失所所寄寓的一种理想。我们知道，老子生当春秋末世战乱年代，作为周室的史臣，他"历记成败存亡祸福古今之道"，深深感到当时社会的动荡与人民的苦难，都是统治者行为的结果，他的"小国寡民"社会理想，其实就是对现实中广土众民有为政治的反思和对无为政治的向往。

庄子的古史观与老子颇有相似之处，也崇尚"小国寡民"，只是他的复古色彩更为浓厚，理论解说也更为充分。庄子的理想社会称作"至德之世"。所谓"至德"，即至高无上的道德。《周易·系辞上》说："阴阳之义配日月，易简之善配至德。"《论语·泰伯》也说："泰伯其可谓至德也已矣。"皆是指至高无上的道德之意。在庄子看来，具有至高无上道德的社会是一个怎样的社会呢？《庄子》说：

> 夫至德之世，同与禽兽居，族与万物并，恶乎知君子与小人哉！同乎无知，其德不离；同乎无欲，是谓素朴；素朴而民性得矣。①

> 至德之世，不尚贤，不使能，上如枝标，民如野鹿；端正而不知以为义，相爱而不知以为仁，实而不知以为忠，当而不知以为信，蠢动而相使，不以为赐。②

> 当是时也，民结绳而用之，甘其食，美其服，乐其俗，安其居，邻国相望，鸡狗之音相闻，民至老死而不相往来。若此之时，则至治已。③

由上可知，庄子所描绘的"至德之世"具有如下五个特征。第一，保持"素朴"。人们与禽兽并居，与万物一体，无知无欲，敦厚纯真。庄子肯定人类的"素朴"本性，而对约束、桎梏人类自然本性的各种社会关系与

---

① 《庄子·马蹄》，新编诸子集成本，347页，北京，中华书局，2018。
② 《庄子·天地》，新编诸子集成本，454页，北京，中华书局，2018。
③ 《庄子·胠箧》，新编诸子集成本，369页，北京，中华书局，2018。

社会观念一概反对，由此推向极端，对一切人类文明给予全盘否定。第二，人人平等。人们"不尚贤，不使能"，没有高低贵贱之分。庄子蔑视权威，反对儒、墨"尚贤""使能"主张，强调人人"同德"，蕴含了后世民主平等思想的萌芽。第三，有德"不知"。《天地》篇一连用了四个"不知以为"，说明"至德之世"的人们遵守仁义忠信等道德规范，只是"不知"是如此道德规范而已。庄子以此表达了他对诸子所标榜的所谓仁义忠信的不屑一顾。第四，富裕安乐。"甘其食，美其服，乐其俗，安其居"，这是庄子对"至德之世"人们物质生活的描述，由此可见这是一个物质财富丰富，人民无忧无虑，百姓安居乐俗的社会。第五，弃智隔绝。"至德之世"是一个"民结绳而用之"的弃智社会，同时又是一个"邻国相望，鸡狗之音相闻，民至老死而不相往来"的相互隔绝的社会。后两个"至德之世"的特征，庄子直接采用了老子"小国寡民"社会的叙述，体现了"至德之世"的小国寡民性。

庄子结合历史，肯定远古是"至德之世"。《胠箧》篇认为，古圣王容成氏、大庭氏、伯皇氏、中央氏、栗陆氏、骊畜氏、轩辕氏、赫胥氏、尊卢氏、祝融氏、伏羲氏、神农氏的统治，便是"至德之世"，"若此之时，则至治已"。该篇所列多为传说上古人物，由此来看，庄子的"至德之世"主要是存在于遥远的古代。《盗跖》篇认为神农氏的统治是一个"至德之隆"的时代："神农之时，卧则居居，起则于于，民知其母，不知其父，与麋鹿共处，耕而食，织而衣，无有相害之心，此至德之隆也。"从庄子的描述来看，所谓的神农氏之"至德之隆"，只不过还是一个母系氏族社会罢了。庄子认为，随着历史的延续，社会道德不断衰败。《缮性》篇说：

> 逮德下衰，及燧人伏羲始为天下，是故顺而不一。德又下衰，及神农黄帝始为天下，是故安而不顺。德又下衰，及唐虞始为天下，兴治化之流，枭淳散朴，离道以善，险德以行，然后去性而从于心。心与心识知而不足以定天下，然后附之以文，益之以博。文

灭质，博溺心，然后民始惑乱，无以反其性情而复其初。①

从庄子的叙述来看，伴随着历史的不断延续的过程，即是"道"与人性的不断衰退的过程，从最初的"道之所一"②，即"至一"，下而"顺而不一"，下而"安而不顺"，下而"去性从心"，最终至"无以反其性情而复其初"，即是社会道德不断衰退的轨迹。

为什么社会道德会不断衰退？庄子将其归咎于"仁义"和"机心"。"仁义"是儒家道德学说的核心，构建和谐社会的关键所在。然而，庄子却认为提倡仁义是导致社会道德衰退的重要因素。道理很简单，"至德之世"的人们并不知道什么是仁义，他们只是保有淳朴之性，反而行为举止无不体现出仁义道德。后世圣人推行仁义，反而废弃了人的自然本性。庄子进一步指出，后世圣人其实只是假借仁义之名，视仁义为谋私欲的器物，所以《徐无鬼》篇说："爱利出乎仁义，捐仁义者寡，利仁义者众。夫仁义之行，唯且无诚，且假乎禽贪者器。"庄子提出要"攘弃仁义，而天下之德始玄同矣"③。玄者，道也。认为废弃仁义，天下才能"物不丧真，人皆自得，率性全理，故与玄道混同也"④。庄子认为"机心"也是导致社会衰退的重要因素。在老子的"小国寡民"里，"民有什伯之器而不用"，老子担心这些什伯之器会导致"国家滋昏""奇物滋起"。庄子继承了这一思想，《天地》篇说："有机械者必有机事，有机事者必有机心。机心存于胸中，则纯白不备。""纯白"即纯粹素白，指人古朴自然的本性。庄子担心机械的发明和使用会坏了人的本心，会扰乱人们素朴的本性。庄子没有把器械的发明和使用当作文明进步的表现，反而认为这是导致社会道德不断衰退的因素。

如何构建"至德之世"？面对战国天下大乱的社会现实，如何重建远古曾经出现过的理想社会"至德之世"的问题，庄子提出了自己的主张。

---

① 《庄子·缮性》，新编诸子集成本，554~555 页，北京，中华书局，2018。
② 《庄子·徐无鬼》，新编诸子集成本，853 页，北京，中华书局，2018。
③ 《庄子·胠箧》，新编诸子集成本，365 页，北京，中华书局，2018。
④ 《庄子·胠箧》疏语，新编诸子集成本，368 页，北京，中华书局，2018。

上述庄子"至德之世"社会的基本特征，其实已经蕴含了庄子的社会构想。在"至德之世"诸特征中，最本质的特征当是"去知""素朴"，这也是构建"至德之世"的根本所在。如何"去知""素朴"？一是要"齐物"。"齐物"是庄周哲学的重要范畴，它要求去除万物的差异，如物我、生死、是非等等，中心则是放弃"我"的存在，忘记"我"是世界的主体和中心，泯灭"物"与"我"的界限，达到"齐物我"的目的。二是要"外于心知"。庄子认为，人心具有感知能力，从而将万物作出区分，这就无法实现"齐物"的目的。要想去除人心感知能力，就必须要"徇耳目内通而外于心知"①。"耳目内通"，注曰："耳目闭而自然得。"意为停止感官认知活动而专注于内在的精神世界；"心知"即心智，"外于心知"即去除心智。在庄子看来，"徇耳目内通而外于心知"的最高境界便是"坐忘"，按照《大宗师》篇的说法，即是"堕肢体，黜聪明，离形去知，同于大通，此谓坐忘"。这是一种"内不觉其一身，外不识有天地，然后旷然与变化为体而无不通也"②的境界。

三、君民关系论

在诸子与私家史著历史观中，对于君主的历史作用以及君民相互关系的探讨，也是其中的重要内涵之一。对于君主历史作用的认识，主要呈现的是圣王史观；通过对君民关系的认识，而产生了民本思想。

（一）圣王史观

圣王史观普遍存在于春秋战国时期诸子百家以及私家史著当中，因而是一种非常普遍、广泛的历史观。其中，又当以儒家和墨家的思想最具有代表性。

儒家心目中的古圣王是尧、舜、禹、汤、文、武等人，"祖述尧、

---

① 《庄子·人间世》，新编诸子集成本，157 页，北京，中华书局，2018。
② 《庄子·大宗师》注语，新编诸子集成本，292 页，北京，中华书局，2018。

舜，宪章文、武"，这是儒家学派的基本思想特点。孔子在《论语·泰伯》中，对这些圣王作了无限的颂扬，如称赞尧说："大哉尧之为君也！巍巍乎！唯天为大，唯尧则之。荡荡乎！民无能名焉。巍巍乎其有成功也，焕乎其有文章！"对尧所建立的伟大的功业和制定的灿烂的礼乐制度赞叹不已。称赞舜说："舜有臣五人而天下治。"《集解》和《集注》皆谓五臣乃指禹、稷、契、皋陶和伯益，孔子肯定舜善用人才治国。称赞禹说："禹，吾无间然矣。菲饮食而致孝乎鬼神，恶衣服而致美乎黻冕，卑宫室而尽力乎沟洫。禹，吾无间然矣！"认为大禹如此诚敬事神、勤俭治国，实在没有什么可说的了。对于文、武之王，则称赞他们善于重用人才，说："才难，不其难乎？唐、虞之际，于斯为盛。"又赞美文王德行，说："三分天下有其二，以服事殷。周之德，其可谓至德也已矣？"

孟子对于这些圣王，也时极尽虔诚和赞美之能事。在孟子的心目中，古圣王都是为民兴利除害的人。当面对洪水泛滥、野兽出没时，"尧独忧之，举舜而敷治焉。舜使益掌火，益烈山泽而焚之，禽兽逃匿"。大禹为平治水患，"八年于外，三过家门而不入"[1]。在孟子看来，尧、舜、禹都是太古洪荒时代为战胜自然灾害而艰苦奋斗的英雄，是为民请命的圣王。孟子称赞商汤仁者"无敌于天下"，说他的征伐是"诛其君，吊其民，如时雨降，民大悦"，"民之望之，若大旱之望雨也"。称赞武王伐纣，是"救民于水火之中，取其残而已矣"[2]。古圣王还是思贤若渴、礼贤下士的人。如《滕文公上》篇说"尧以不得舜为己忧，舜以不得禹、皋陶为己忧"；《离娄下》篇说商汤"立贤无方"；《万章上》篇说商汤为了得到伊尹这样的人才，"三使往聘"；《公孙丑下》篇说，商汤对待伊尹非常谦逊，"汤之于伊尹，学焉而后臣之"，"不敢召"。孟子赞美商汤对待人才"就之"的态度，认为这是大有作为之君应有的胸怀，"将大有为之君，必有所不召之臣，欲有谋焉则就之"[3]。此外，古圣王也是

---

① 《孟子·滕文公上》，新编诸子集成本，404 页，北京，中华书局，2018。
② 《孟子·滕文公下》，新编诸子集成本，466、467 页，北京，中华书局，2018。
③ 《孟子·公孙丑下》，新编诸子集成本，281 页，北京，中华书局，2018。

喜闻善言、道德高尚的人。《尽心上》篇说："舜之居于深山之中，与木石居，与鹿豕游，其所以异于深山之野人者几希；及闻一善言，见一善行，若决江河，沛然莫之能御也。"赞美舜有一颗积极向善的心。《公孙丑上》篇说："禹闻善言，则拜。大舜有大焉，善与人同，舍己从人，乐取于人以为善。自耕稼陶渔以至为帝，无非取于人者也。"正因此，孟子是"法先圣"的鼓吹者。孟子周游列国，总是以先王之道游说诸侯，《公孙丑下》篇说："我非尧舜之道，不敢以陈于王前。"这里所谓的尧舜之道，也就是他所宣扬的那套仁政学说。《离娄上》篇集中表达了孟子的"法先王"思想，其曰：

> 尧舜之道，不以仁政，不能平治天下。今有仁心仁闻，而民不被其泽，不可法于后世者，不行先王之道也。
>
> 《诗》云："不愆不忘，率由旧章。"遵先王之法而过者，未之有也。
>
> 为高必因丘陵，为下必因川泽；为政不因先王之道者，可谓智乎？
>
> 《诗》云："天之方蹶，无然泄泄。"泄泄犹沓沓也。事君无义，进退无礼，言则非先王之道者，犹沓沓也。
>
> 欲为君尽君道，欲为臣尽臣道，二者皆法尧舜而已矣。
>
> 师文王，大国五年，小国七年，必为政于天下矣。①

在孟子看来，只有"行先王之道""言先王之道""遵先王之法"，效法尧、舜、文王，推行仁政，才能平治天下。孟子"法先王"的本质，是希望通过美化先王来推行自己的仁政理想，显然不是复古史观。

墨家与儒家一样，也主张尊先王，肯定先王政治。墨子心目中的先王，亦即儒家推崇的尧、舜、禹、汤、文王、武王等古圣王。在墨子看来，上天之所以将这些古圣王立为天子，是因为这些古圣王推行的是爱人、利人的政治，"天以为从其所爱而爱之，从其所利而利之，于是加

---

① 《孟子·离娄上》，新编诸子集成本，520～533页，北京，中华书局，2018。

其赏焉，使之处上位，立为天子以法也名之曰圣人"①。不仅如此，这些古圣王的爱人利人事迹还会被"书于竹帛，镂之金石，琢之盘盂，传遗后世子孙"②。当然，古圣王的政治也要成为后世君主为政的楷模。相比较而言，儒家"法先王"，"祖述尧舜，宪章文武"，墨子"法先王"则更尊禹、汤、文、武，《墨子·鲁问》说："昔者三代之圣王禹汤文武，百里之诸侯也，说忠行义，取天下。"之所以出现这样的差异，则是儒家更重道德，而墨家则更重事功使然。《墨子·非命下》说：

> 故昔者三代圣王禹汤文武方为政乎天下之时，曰："必务举孝子而劝之事亲，尊贤良之人而教之为善。"是故出政施教，赏善罚暴。且以为若此，则天下之乱也，将属可得而治也；社稷之危也，将属可得而定也。若以为不然，昔桀之所乱，汤治之；纣之所乱，武王治之。当此之时，世不渝而民不易，上变政而民改俗。存乎桀纣而天下乱，存乎汤武而天下治。天下之治也，汤武之力也；天下之乱也，桀纣之罪也。③

这段话集中表述的一个中心思想，就是"存乎桀纣而天下乱，存乎汤武而天下治"。在墨子看来，同样的一个天下，桀、纣为政就天下乱，而汤、武为政就天下治。因此，天下能否得到治理，关键在于能否有圣王施政。圣王施政天下治，自然是因为圣王之道利于天下。其一，圣王功利天下。《兼爱中》篇称赞大禹治水利及四方天下，"禹之事，吾今行兼矣"；称赞文王治理西土，"不为大国侮小国，不为众庶侮鳏寡，不为暴势夺穑人黍稷狗彘"。其二，圣王兼爱百姓。《七患》篇说："昔之圣王禹汤文武，兼爱天下之百姓，率以尊天事鬼，其利人多，故天福之，使立为天之，天下诸侯皆宾事之。"其三，圣王选贤任能。《尚贤上》篇说："古者圣王之为政，列德而尚贤……尧举舜于服泽之阳，授之政，天下平；禹举益于阴方之中，授之政，九州成；汤举伊尹于庖厨之中，授之

---

① 《墨子·天志下》，新编诸子集成本，314 页，北京，中华书局，2018。
② 《墨子·天志中》，新编诸子集成本，300 页，北京，中华书局，2018。
③ 《墨子·非命下》，新编诸子集成本，416 页，北京，中华书局，2018。

政，其谋得；文王举闳夭泰颠于置网之中，授之政，西土服。"正因此，墨子认为当今政治应该效仿古圣王，以使天下兼相爱，交相利。

综上所述可知，在儒墨等诸子看来，尧、舜、禹、汤、文、武等古圣王都是集道德、事功于一身的圣人。古圣王平治天下，缔造清明盛世，因而是后世君王效仿的楷模。

(二)民本史观

"民本"一词，按照刘家和先生的考证，最早当出自先秦文献《管子·霸言》所谓"夫霸王之所始也，以人为本"，以及《晏子春秋·内篇问下》所记晏子问叔向曰"卑而不失尊，曲而不失正者，以民为本也"，西汉贾谊《新书·大政上》则最早对"民本"思想作了系统阐发。刘家和先生认为："'民本思想'所重视的是君民之间的张力或'拔河'关系，并在这种关系中强调民作为'本'的重要性"，它与"人本思想"一样，"都不是只承认两极中的任何一极，而是从两极间的张力中强调其一极为'本'。"①此论切中肯綮。在思想史上，我们所说的"民本"，是置于君民关系中去论述的，强调君民关系中以民为本的重要性，而不是将君民对立起来从而否定君的作用。民本观念与尊君观念并不矛盾，只是强调尊君的目的在于保民而已。

民本作为一种历史观，最早发端于周初。如前所述，周初统治者面对夏、商王朝"服天命"又失天命的历史事实，深深认识到受制于天命的王权也是可以转移的，因此提出了尊天、敬德、保民的思想，视保民为君德的具体体现，而君德则又是天命王权的根本保证。到了春秋战国时代，私家历史著述和诸子们更加清醒地认识到了民众对于历史变易的重要作用，由此出现了一股重民思潮，我们称之为民本史观，《左传》和孟子堪为这一史观的主要代表。

如前所述，《左传》在天人对应关系中，表现出了"多叙鬼神"而重人事的特点。透过《左传》的重人事论，又表现出了浓厚的民本思想。综观《左传》的民本思想，主要有两方面。第一，"天生民而树之君，以利之

---

① 刘家和：《〈左传〉中的人本思想与民本思想》，载《历史研究》，1995(6)。

也"。这是《左传》论述君民关系所表述的重要思想。在《左传》的作者看来，上天设立君主的目的是为了有利于民。文公十三年记曰：

> 邾文公卜迁于绎。史曰："利于民而不利于君。"邾子曰："苟利
> 于民，孤之利也。天生民而树之君，以利之也。民既利矣，孤必与
> 焉。"左右曰："命可长也，君何弗为？"邾子曰："命在养民。死之短
> 长，时也。民苟利矣，迁也，吉莫如之！"遂迁于绎。①

这段记述说的是邾文公迁都于绎之事。按照占卜来看，迁都利于民而不利于君，甚至危害国君的生命，不迁都则有利于国君，可以延长国君的生命。邾文公认为民有利就是君有利，天立君为的是民利，国君的使命在于养民，便做出了迁都于绎的决定。这段话虽然是邾文公与史官及左右的对话，主要体现的是邾文公的思想，然而《左传》加以记述，自然也体现了作者自己的思想。值得注意的是，紧接着《左传》记曰："五月，邾文公卒。君子曰：'知命。'"邾文公在迁都于绎之后，很快就去世了。《左传》用"知命"二字对邾文公作了评价，肯定邾文公身为国君，知道自己的使命。由此可见，邾文公在迁都之事上所体现出的"利民"思想，也是《左传》作者的思想。

鲁昭公三十二年，昭公经过十余年的流亡生活之后客死乾侯。关于鲁昭公出逃与季氏执掌鲁国国政，孔子作《春秋》，曾以"公在乾侯"例来贬抑的季氏，而《左传》对这件事的看法则持截然不同的态度。它借史墨子答赵简子的话说：

> 天生季氏，以贰鲁侯，为日久矣。民之服焉，不亦宜乎！鲁君
> 世从其失，季氏世修其勤，民忘君矣。虽死于外，其谁矜之？社稷
> 无常奉，君臣无常位，自古以然。故《诗》曰："高岸为谷，深谷为
> 陵。"三后之姓于今为庶。②

---

① 杨伯峻：《春秋左传注（修订本）》，652~653 页，北京，中华书局，2016。
② 杨伯峻：《春秋左传注（修订本）》，1692 页，北京，中华书局，2016。

在《左传》看来，季氏之所以能执掌鲁政，是因为他"世修其勤"，深得民众的拥护；而国君客死他乡，则是其"世从其失"的结果，因而是咎由自取。由此可见，《左传》肯定季氏，其理由就是"民之服焉"。《左传》甚至以"社稷无常奉，君臣无常位"这样的历史事实来说明季氏掌政的合理性。

第二，民心决定国家兴衰与战争成败。《左传》僖公二十七年记载了晋文公与大臣子犯关于用民的一段对话，揭示了晋国能"一战而霸"的原因。其曰：

> 晋侯始入而教其民，二年，欲用之。子犯曰："民未知义，未安其居。"于是乎出定襄王，入务利民，民怀生矣。将用之。子犯曰："民未知信，未宣其用。"于是乎伐原以示之信。民易资者，不求丰焉，明征其辞。公曰："可矣乎？"子犯曰："民未知礼，未生其共。"于是乎大蒐以示之礼，作执秩以正其官。民听不惑，而后用之。出谷戍，释宋围，一战而霸，文之教也。①

这段话记述了晋文公对老百姓进行文教的情况。通过"文之教"，晋国百姓知义、知信、知礼，从而"民听不惑而后用之"，晋国"一战而霸"。而百姓知义、知信、知礼，自然会与晋文公君臣一心，从而为晋文公所用。成公十八年记述了晋悼公重新称霸诸侯的原因：

> 二月乙酉朔，晋悼公即位于朝。始命百官，施舍、已责，逮鳏寡，振废滞，匡乏困，救灾患，禁淫慝，薄赋敛，宥罪戾，节器用，时用民，欲无犯时……凡六官之长，皆民誉也。举不失职，官不易方，爵不逾德，师不陵正，旅不逼师，民无谤言，所以复霸也。②

由上可知，晋悼公之所以能重新称霸诸侯，与他执政后采取的一系列利

---

① 杨伯峻：《春秋左传注（修订本）》，488～489页，北京，中华书局，2016。
② 杨伯峻：《春秋左传注（修订本）》，994～998页，北京，中华书局，2016。

民、便民的措施，从而赢得民心是密切相关的。

鲁庄公十年，齐国大军入侵鲁国，《左传》记载了曹刿与鲁庄公的一段对话：

> 公曰："衣食所安，弗敢专也，必以分人。"对曰："小惠未遍，民弗从也。"公曰："牺牲玉帛，弗敢加也，必以信。"对曰："小信未孚，神弗福也。"公曰："大小之狱，虽不能察，必以情。"对曰："忠之属也，可以一战。战，则请从。"①

这段话的中心思想是说只有取信于民、赢得民心，鲁国才能取得对齐国的战争胜利。如何取信于民、赢得民心？曹刿认为，统治者不能靠衣食分人这样的小恩小惠，也不能靠"牺牲玉帛"来求神保佑，而应该要靠忠于职守，据实断狱，只有这样才能取信于民。

鲁哀公元年，吴王夫差率军讨伐陈国，《左传》记曰：

> 吴师在陈，楚大夫皆惧，曰："阖庐惟能用其民，以败我柏举。今闻其嗣又甚焉，将若之何？"子西曰："二三子恤不相睦，无患吴也。昔阖庐食不二味，居不重席，室不崇坛，器不彤镂，宫室不观，舟车不饰，衣服财用，择不取费。在国，天有灾疠，亲巡孤寡而共其乏困。在军，熟食者分而后敢食，其所尝者，卒乘与焉。勤恤其民，而与之劳逸，是以民不罢劳，死知不旷。吾先大夫子常易之，所以败我也。今闻夫差，次有台榭陂池焉，宿有妃嫱、嫔御焉；一日之行，所欲必成，玩好必从；珍异是聚，观乐是务；视民如仇，而用之日新。夫先自败也已，安能败我？"②

吴国伐楚之事发生在十二年前，当时楚国几乎因此亡国。十二年后吴国军队再次出动，楚国大臣们感到恐惧实属自然。然而，大臣子西却认为吴国不可能打败楚国，他的理由是当年败楚的吴王阖庐是一位"勤恤其

---

① 杨伯峻：《春秋左传注（修订本）》，198～199 页，北京，中华书局，2016。
② 杨伯峻：《春秋左传注（修订本）》，1795～1796 页，北京，中华书局，2016。

民"的贤君，所以能得到民众效死力；如今的吴王夫差则只是一个"视民如仇"的昏君，不可能得到民众的支持。在子西看来，民心才是战争胜败的决定因素。《左传》详细记述子西的这段分析，也是借此表达自己的这一思想。

孟子的民本史观内涵丰富，其荦荦大者主要如下。第一，"民为贵，社稷次之，君为轻"。这是孟子民本史观的经典表述。在孟子看来，民众、国家、君主三者之间，民众是根本，国家在其次，而君主为最末。《尽心下》篇说：

> 民为贵，社稷次之，君为轻。是故得乎丘民而为天子，得乎天子为诸侯，得乎诸侯为大夫。诸侯危社稷，则变置。牺牲既成，粢盛既絜，祭祀以时，然而旱干水溢，则变置社稷。①

孟子认为，天子"得乎丘民"，诸侯"得乎天子"，大夫"得乎诸侯"，天子、诸侯、大夫的权力依次是由民众、天子和诸侯来决定的。认为诸侯与社稷不是固定不变的，诸侯如果危害了社稷，社稷如果"旱干水溢"不断，便可以对诸侯、社稷进行"变置"。这段话虽然没有提到天子是否可以"变置"，但是孟子是肯定汤武革命的。孟子认为，既然君主的地位来自于民，其首要的任务也就是要保民。如果不能保民，反而残害民众，也就失去了做君主的基础。在《梁惠王下》篇中，孟子与齐宣王讨论了"臣弑其君"的问题："齐宣王问曰：'汤放桀，武王伐纣，有诸?'孟子对曰：'于传有之。'曰：'臣弑其君，可乎?'曰：'贼仁者谓之贼，贼义者谓之残，残贼之人，谓之一夫。闻诛一夫纣矣，未闻弑君也。'"这段话说得很清楚，像桀、纣这样残害民众的人已经不是什么君主了，而只是"一夫"，汤武革命只是诛杀暴君"一夫"，并非弑君。在孟子眼中，桀、纣之所以不被视为君主，就是因为他们残害仁义，暴虐人民，从而失去民众。孟子民贵君轻论的实质并不是否定君主，而是要君主做到以民为本，认为只有这样，才能从根本上巩固君主的统治。

---

① 《孟子·尽心下》，新编诸子集成本，1049页，北京，中华书局，2018。

第二，得民心者得天下。"得乎丘民"才能成为天子，而"得乎丘民"即是要"得其心"，只有民心所向，君主才能无敌于天下。《离娄上》篇说：

> 桀纣之失天下也，失其民也。失其民者，失其心也。得天下有道，得其民，斯得天下矣。得其民有道，得其心，斯得民矣。得其心有道，所欲与之聚之，所恶勿施，尔也。①

孟子认为，桀纣之所以失天下，是因为失去民心。因此，要想得天下，就得得民；要想得民，就得得民心；要想得民心，就得满足民众之"欲"。孟子引用孔子的话，指出"暴其民"者的下场或者"身弑国亡"，或者"身危国削"，"暴其民，甚则身弑国亡，不甚则身危国削。名之曰幽厉，虽孝子慈孙，百世不能改也"。这里所说的"甚则身弑国亡"，当然指的是夏桀、商纣之流；而"不甚则身危国削"，指的是周厉王、周幽王。这些历史上的暴君，因为不仁爱民众，由此失去民心，结果则或者直接失去天下，或者招致国家虚弱。

第三，战争的胜败取决于"人和"。孟子是反对战争的，他曾对梁惠王说"不嗜杀人者能一之"②，意思是说不杀人成性就能统一天下；又说"善战者，服上刑"③。但是，孟子又主张汤武革命这样的除暴战争。孟子认为，战争的胜败取决于天、地、人三种因素，而在这三者间，"天时不如地利，地利不如人和"。"人和"是战争胜利的决定因素。能使"人和"的统治者，一定是"得道"者。所以他说："得道者多助，失道者寡助。寡助之至，亲戚畔之；多助之至，天下顺之。以天下之所顺，攻亲戚之所畔，故君子有不战，战必胜矣。"④孟子所谓的"人和""得道"的统治，就是一种仁政统治。在孟子看来，施行仁政的统治者，一定是战无不胜的。《梁惠王上》篇记述梁惠王请教孟子晋国在他的统治下兵败地失

---

① 《孟子·离娄上》，新编诸子集成本，541 页，北京，中华书局，2018。
② 《孟子·梁惠王上》，新编诸子集成本，78 页，北京，中华书局，2018。
③ 《孟子·离娄上》，新编诸子集成本，555 页，北京，中华书局，2018。
④ 《孟子·公孙丑下》，新编诸子集成本，275 页，北京，中华书局，2018。

的原因，孟子回答说：

> 王如施仁政于民，省刑罚，薄税敛，深耕易耨，壮者以暇日，修其孝弟忠信，入以事其父兄，出以事其长上，可使制梃以挞秦、楚之坚甲利兵矣。彼夺其民时，使不得耕耨，以养其父母；父母冻饿，兄弟妻子离散。彼陷溺其民，王往而征之，夫谁与王敌？故曰：仁者无敌。①

孟子这段话从两方面说明了"仁者无敌"的道理："施仁政于民"者，一定能挞伐敌人的坚甲利兵；而"溺其民"者，则必败无疑。

第四，"有恒产者有恒心"。孟子从"民为贵"的思想出发，肯定统治者要想得民心以得天下，那就必须要推行仁政，而仁政核心是要制民之产，让民众有一份固定的产业。《滕文公上》篇说：

> 民之为道也，有恒产者有恒心，无恒产者无恒心；苟无恒心，放辟邪侈，无不为已，及陷乎罪，然后从而刑之，是罔民也。焉有仁人在位，罔民而可为也！是故贤君必恭俭礼下，取于民有制。②

这段话表达了三重含义，其一，治民之道在于使民有恒产。这里的恒产主要是指土地，孟子主张效仿三代圣王推行的井田制。井田制下民之"恒产"究竟是一个怎样的标准？其基本标准是"仰足以事父母，俯足以畜妻子，乐岁终身饱，凶年免于死亡"③。中等标准是"五十者可以衣帛""七十者衣帛食肉"④，"五十非帛不暖，七十非肉不饱"⑤。最高标准则是"使有菽粟如水火"⑥。其二，民"有恒产者有恒心，无恒产者无恒心"，无"恒心"就必然会"放辟邪侈"，从而走向犯罪的道路。孟子认为，由于统治者不给百姓以"恒产"，结果导致百姓犯罪，这是统治者的"罔

---

① 《孟子·梁惠王上》，新编诸子集成本，71～73 页，北京，中华书局，2018。
② 《孟子·滕文公上》，新编诸子集成本，359 页，北京，中华书局，2018。
③ 《孟子·梁惠王上》，新编诸子集成本，103 页，北京，中华书局，2018。
④ 《孟子·梁惠王上》，新编诸子集成本，60、63 页，北京，中华书局，2018。
⑤ 《孟子·尽心上》，新编诸子集成本，981 页，北京，中华书局，2018。
⑥ 《孟子·尽心上》，新编诸子集成本，983 页，北京，中华书局，2018。

民"，是统治者欺骗陷害了百姓。其三，贤君"取于民有制"。即征收百姓赋税必须有节制，中心思想是要"薄其税敛"①。那么，怎样的税制才是"取于民有制"？孟子主张实行三代的"什一税"。《滕文公上》篇说："夏后氏五十而贡，殷人七十而助，周人百亩而彻，其实皆什一也。"在孟子看来，什一税是最理想的税制。当有人提出可否实行二十税一时，孟子断然加以否定，《告子下》篇说："欲轻之于尧舜之道者，大貉小貉也；欲重之于尧舜之道者，大桀小桀也。"认为轻于什一税是夷狄国家的做法，不符合华夏国家的需求。孟子的"恒产""恒心"与"取于民有制"论，也就是他的仁政理想论，或者说是保民论。

---

① 《孟子·尽心上》，新编诸子集成本，982 页，北京，中华书局，2018。

第三讲　易学视域下的
汉代史学思想

　　汉代是中国古代易学的重要发展时期，一方面，易学的主要范畴与观念形成于此时；另一方面，易学开始形成了义理与象数两派。汉代易学的发展，对以司马迁《史记》、班固《汉书》和荀悦《汉纪》为代表的汉代史学产生了重要影响。司马迁、荀悦有易学家学渊源，班固博通"六经"，深谙易学。他们在历史记述中频繁地引用《周易》，以易解史成为历史叙述的重要方式，而他们的易学认识也成为汉易成果的重要组成部分。后者属于汉代易学研究范围，前者则成为汉代史学思想的主要特点之一。

一、司马迁《史记》的以易解史

　　司马迁的父亲司马谈"受《易》于杨何"[①]。杨何乃汉初易学大师田何的再传弟子，汉武帝初立五经博士时的《易经》博士。田何、王同、杨何一系义理易学不但是西汉前期易学的主流学派，而且也是易学的正宗所在。司马谈是杨何易学的传人，杨何易学自然也就成为司马迁的家学，对于司马迁的学术思想有着重要的影响。《史记》重视引述《周易》来解说历史，易学是司马迁史学的哲理基础。

---

　　① 《汉书》卷六十二《司马迁传》，2709 页，北京，中华书局，1962。

(一)"《易》与天地准"与"究天人之际"

"究天人之际"是司马迁《史记》的撰述旨趣之一，反映了司马迁的天人观念。然从易学视角而言，司马迁天人观的哲理基础则是《周易》的天人整体思维。《易传》说："《易》与天地准，故能弥纶天地之道。仰以观于天文，俯以察于地理，是故知幽明之故。"[①]"准"乃等同，"与天地准"即是与天地一样广大，所以《周易》能包容天地间的一切道理。又说："古者包牺氏之王天下也，仰则观象于天，俯则观法于地，观鸟兽之文与地之宜，近取诸身，远取诸物，于是始作八卦，以通神明之德，以类万物之情。"这是说伏羲氏作八卦，是仰观俯察天地自然的结果。前一段话说的是《易》包天地万物，后一段话说的是《易》源于天地万物，它们共同体现了一种天人关联的整体思维。

司马迁的"究天人之际"思想的提出，既有时代与史官职守的因素，也有易学的因素。从时代因素来讲，当时的统治者迫切需要搞清楚天人之间究竟存在着怎样的关联。汉武帝在给贤良学士们的策问中就说："天人之道，何所本始？吉凶之效，安所期焉？禹、汤水旱，厥咎何由？仁、义、礼、知四者之宜，当安设施？属统垂业，物鬼变化，天命之符，废兴何如？"[②]汉武帝一连发出五个疑问，可见天人关系是一个颇为使人困扰的问题。董仲舒的《天人三策》正是针对汉武帝"垂问乎天人之应"而作，他从公羊家的立场对天人关系作出了自己的解答。而作为史学家的司马迁，自然也需要针对这一现实理论问题作出自己的回答。同时，司马迁关注天人问题，也与史官职守有一定的关系。司马迁出生在一个史官世家，中国古代史官的职责除去记时书事，还有观测天象与制定历法，这也很容易使其接受这种天人一体的思维方式，史官往往善于从四时、天象的往复变动中悟出社会人事的变化，同时将天道与人事联系起来解说社会各种现象。

当然，司马迁天人观的哲理基础还是《周易》之天人关联的整体思

---

① 《周易·系辞上》，《十三经注疏》本，77 页，上海，上海古籍出版社，1997。

② 《汉书》卷五十八《公孙弘传》，2614 页，北京，中华书局，1962。

维。如前所述，《周易》天人关联的整体思维，在易卦、易经、易传当中都有充分的体现。《周易》"兼三才而两之，故《易》六画而成卦"①的卦画构成原理，就已经体现了天人整体的思维。"三才"指天地人，"六画"即"六爻"，其中上二爻是天位，下二爻是地位，中二爻是人位。由此可见，一卦一世界，含包天地人。天地人作为一个整体，他们之间的相互关系是"推天道以明人事"②。如《系辞下》所言："崇效天，卑法地。"意指崇高智慧效仿上天，谦卑美德效仿大地。当然，人道效仿天道并非被动的，而是积极、主动的。所谓"天地设位，圣人成能"③，促成天地造化的是人。"《易传》特别重视人的忧患意识，迁善改过意识，与时偕行意识，穷理尽性意识等，都分明是要人以自己特有的价值、能力，来呼应天道。"④在《史记》中，司马迁曾经将《周易》与《春秋》作比："《春秋》推见至隐，《易》本隐之以显。"⑤他认为，《春秋》立足于人事，主要是通过史实的记述来反映其中隐含的微言大义；而《周易》本于天道，是依据普遍的思想原理来推导出具体实践所应该遵循的规律和准则。⑥《易》道"隐之以显"的思维特点，体现的即是天人关联的整体思维，它启发了司马迁对于天人关系的重视与探究。

司马迁的"究天人之际"，一是体现在《史记》的编纂结构上。《史记》的基本体例有本纪、表、书、世家、列传五个部分，《太史公自序》对此作如是说："网罗天下放失旧闻，王迹所兴，原始察终，见盛观衰，论考之行事，略推三代，录秦汉，上记轩辕，下至于兹，著十二本纪，既科条之矣。并时异世，年差不明，作十表。礼乐损益，律历改易，兵权山川鬼神，天人之际，承敝通变，作八书。二十八宿环北辰，三十辐共一毂，运行无穷，辅拂股肱之臣配焉，忠信行道，以奉主上，作三十世

---

① 《周易·说卦》，《十三经注疏》本，94页，上海，上海古籍出版社，1997。
② 纪昀总纂：《四库全书总目提要》卷一《易类一》序文，50页，石家庄，河北人民出版社，2000。
③ 《周易·系辞下》，《十三经注疏》本，91页，上海，上海古籍出版社，1997。
④ 杨庆中：《周易经传研究》，273页，北京，商务印书馆，2005。
⑤ 《史记》卷一百一十七《司马相如列传》，3073页，北京，中华书局，1959。
⑥ 张涛、袁江玉：《汉代的易学与史学》，载《南都学坛》，2007(1)。

家。扶义俶傥，不令己失时，立功名于天下，作七十列传。"《史记》"五体"结构显然是以天人理路进行设计的，其中的十二本纪、三十世家、七十列传是从人事而言的，却也离不开天，司马迁论"三十世家"，便直接与天象进行了比附。而八书写制度沿革，则关乎"天人之际"，与人有关联。

二是体现在《史记》的天人观上。《史记》的天人观明显具有二重性特点，既肯定天命，更讲究人为。《周易》的天主要体现了物质性，《史记》的"天"论，其内涵既有物质性，又有主宰性。司马迁具有朴素唯物主义思想，《史记》重视天象变化、自然变迁，强调顺应自然规律，肯定社会经济对于国家盛衰的重要作用，提出"礼生于有而废于无"①的观点，等等，这些都体现了物质性一面。同时，《史记》宣扬天有意志，天命王权。司马迁接受了西汉今文经学"圣人感生"说，《史记》的《殷本纪》《周本纪》和《秦本纪》记述的简狄吞卵生契、姜嫄履迹生弃和女修吞卵生大业的故事，《高祖本纪》记述的"赤帝子传说"，旨在宣扬圣人天生。《史记》宣扬"祖黄帝"的思想，还开启了汉代"圣人同祖"说的先声。这种"圣王同祖"说宣扬报德，"黄帝策天命而治天下，德泽深后世，故其子孙皆复立为天子，是天之报有德也"②，同样是一种天命王权思想。

然而，《史记》更重视人为的历史作用。这种人为，一方面要遵循天地自然法则，以自身的行为积极地呼应天道。司马迁希望统治者"日变修德，月变省刑，星变结和"③，即是要根据日月星的变化来加强修德、减少刑罚、结和人心。另一方面要发挥主观能动性，积极有为。司马迁认为夏、商、周、秦之兴，是"以德若彼，用力如此"④的结果，而非天意。同样，王朝的灭亡也是人为所致。如夏朝的灭亡，在于"桀不务德

---

① 《史记》卷一百二十九《货殖列传》，3255 页，北京，中华书局，1959。
② 《史记》卷十三《三代世表》，505 页，北京，中华书局，1959。
③ 《史记》卷二十七《天官书》，1351 页，北京，中华书局，1959。
④ 《史记》卷十六《秦楚之际月表》，759 页，北京，中华书局，1959。

而武伤百姓"①；商朝的灭亡，在于商纣王胡作非为，"淫乱不止"②；西周的衰败，在于周厉王的"暴虐侈傲"③和周幽王的荒淫；秦朝二世而亡，在于"仁义不施"④。《史记》非常重视个人的奋发有为，在本纪、世家和列传中记述了许许多多积极有为者，他们中间有杰出的政治家、军事家、理财家、外交家、思想家、文学家、医学家等，充分肯定他们的历史作用。

（二）变易思维与"通古今之变"

《周易》最显著的思维特征是变易思维。《系辞上》说："爻者，言乎变者也"；孔颖达说："易者，变化之总名，改换之殊称。自天地开辟，阴阳运行，寒暑迭来，日月更出，孚萌庶类，亭毒群品，新新不停，生生相续，莫非资变化之力，换代之功。"⑤司马迁也说："《易》著天地阴阳四时五行，故长于变。"⑥《周易》的变易思维主要呈现出两个维度：一是变易的普遍性和永恒性。《丰·象辞》说："日中则昃，月盈则食，天地盈虚，与时消息，而况于人乎？况于鬼神乎？"世间没有事物是不变的。二是万物恃变才能久存。《恒·象辞》说"日月得天而能久照，四时变化而能久成，圣人久于其道而天下化成"，世界万物都是在持续不断的变化中获得永恒的。《系辞下》说"《易》穷则变，变则通，通则久"，这是《周易》变易思想最为经典的表述。

《周易》的变易思维，直接启发了司马迁"通古今之变"。首先，他受《周易》"《易》穷则变"思维启发，提出"承敝通变"的历史变易观。《易传》的"《易》穷则变"思维，无疑是司马迁"承敝通变"思想的哲理基础。《太史公自序》论作"八书"旨趣，提出了"承敝通变"的思想。在比较了秦、汉建国之后的改制情况后，司马迁说："周秦之间，可谓文敝矣。秦政

---

①　《史记》卷二《夏本纪》，88 页，北京，中华书局，1959。
②　《史记》卷三《殷本纪》，108 页，北京，中华书局，1959。
③　《史记》卷四《周本纪》，142 页，北京，中华书局，1959。
④　《史记》卷六《秦始皇本纪》，282 页，北京，中华书局，1959。
⑤　孔颖达：《周易正义》，2 页，北京，九州出版社，2004。
⑥　《史记》卷一百三十《太史公自序》，3297 页，北京，中华书局，1959。

不改，反酷刑法，岂不缪乎？故汉兴，承敝易变，使人不倦，得天统矣。"①认为秦朝继周而建，却没有针对周朝制度的种种弊端进行变易，相反，却实行严刑酷法，这是导致秦朝迅速败亡的原因所在；汉朝继秦而建，却能够一反秦的严刑酷法，而实行与民休息的治国政策，从而使政权得到了稳定。"《易》穷则变"之"变"，主要是指一种变革，但也不排除在特殊情况下需要进行革命。《革》卦彖辞说："天地革而四时成，汤武革命，顺乎天而应乎人。革之时大矣哉!"《易传》所宣扬的这一革命的思想，司马迁同样也作了继承，最典型的例子莫过于列陈胜入世家，将陈胜首义与汤武革命和孔子作《春秋》相提并论。《太史公自序》说："桀、纣失其道而汤、武作，周失其道而《春秋》作。秦失其政，而陈涉发迹，诸侯作难，风起云蒸，卒亡秦族。天下之端，自涉发难。"将陈胜当作秦汉之际社会大变革时期的重要历史人物加以称颂并载入史册。此外，《史记》还重视对于变革历史的记述。《史记》记述三千余年的历史，而记述内容主要集中于周初、战国、秦汉之际和武帝建元后四个主要变革历史时期。当然，重视记述变革之史，自然也重视记述和评论变革家们的事迹。《平准书》说"汤武承敝易变，使民不倦，各兢兢所以为治，而稍陵迟衰微"；《商君列传》说商鞅之法"行之十年，秦民大悦，道不拾遗，山无盗贼，家给人足。民勇于公战，怯于私斗，乡邑大治"；《管晏列传》说"管仲既任政相齐，以区区之齐在海滨，通货积财，富国强兵"，"其为政也，善因祸而为福，转败而为功"，"齐桓公以霸，九合诸侯，一匡天下，管仲之谋也"。《史记》对历史上著名改革家如李悝、吴起、赵武灵王等人的变革业绩都作了详细记述。

其次，受《周易》"原始要终"思维启发，提出"原始察终，见盛观衰"的变易方法论。《太史公自序》说："网罗天下放失旧闻，王迹所兴，原始察终，见盛观衰。"很显然，"原始察终，见盛观衰"是司马迁"通古今之变"的方法论。其中"原始察终"的思想无疑是来自《易传》的思维，而"见盛观衰"的思想则是对《易传》变易思维方法的发展。

---

① 《史记》卷八《高祖本纪》，394页，北京，中华书局，1959。

《系辞下》说："《易》之为书也，原始要终，以为质也。"又说："惧以终始，其要无咎，此之谓《易》之道也。"这里所谓"原始要终"，即是要人们观察万物必须要具有从始到终的贯通意识。在《易传》的作者看来，只有"原始要终"，才能真正了解事物的发展变化过程，从而把握事物发展及其变化的规律；只有慎重地对待终始，才能做到"无咎"。受《易传》"原始要终"思想的影响，《史记》提出了"原始察终"的思想，并且贯彻到具体的历史记述当中。《史记》"五体"总体上体现了"原始察终"的思想，其中十二本纪是考察三千余年王迹兴衰，大致反映了一个从德政到力政又到德政的变易历史；十表通过历史阶段划分，体现历史发展大势，如《三代世表》反映五帝三王积善累德而得天下的历史，《十二诸侯年表》反映王权衰微、诸侯更替称霸的历史，《六国年表》反映"陪臣秉政，强国相王"的历史，《秦楚之际月表》反映秦汉之际剧烈变革的历史，汉兴以来诸表反映"诸侯废立分削"、海内混为一统的历史；八书因残缺不全，难以看出司马迁完整的"原始察终"思想，不过从《平准书》对于汉兴以来社会经济变易的考察，体现了"原始察终"的思想；三十世家和七十列传则主要叙述了各类历史人物的生平事迹。《史记》的具体历史评述也体现了"原始察终"的思想，如《六国年表序》认为秦虽多暴短祚，"然世异变，成功大"，应该要察其终始；《高祖功臣侯者年表》和《惠景间侯者年表》的序文说明作此二表的目的是"谨其终始，表其文""咸表终始，当世仁义成功之著者也"；《天官书》认为"终始古今，深观时变，察其精粗，则天官备矣"；《平准书》提出"一质一文，终始之变"的思想；等等。由此可见，"原始察终"是贯穿《史记》全书的重要思想。

《周易》中的"物极必反"思维，其实就是一种盛衰之变的思想。《丰》卦象辞所谓"日中则昃，月盈则食"，《乾》卦象辞所谓"亢龙有悔，盈不可久也"，都是表达了物极必反的含义。司马迁的"见盛观衰"思想，既汲取了《周易》物极必反的思维，肯定历史变易是一种盛衰之变；又在此基础上进一步提出历史盛衰之变的盛衰互包性特点，当事物发展到兴盛时期，需要注意察觉其向衰败的方向转变的可能性，这是对《周易》物极必反思维的发展。司马迁认为，历史的变易过程，其实就是一个盛衰变动的过程。合观《五帝本纪》和夏、商、周三王《本纪》，其实表述的就是上古圣王盛德政治的兴衰过程；结合《秦本纪》与《秦始皇本纪》，我们便可看出秦是怎样由割据一方的弱小诸侯到一统天下再到二世而亡的全过程；《十二诸侯年表》则概述了各诸侯势力此消彼长、更替称霸的全体过程；等等。那么，如何避免历史变易由盛转衰？司马迁认为必须要具有见盛观衰的意识，对盛世王朝"见盛观衰"，可以说是《史记》历史叙述的一个重要特点。之所以要"见盛观衰"，就是要及时发现盛世政治的弊政，从而及时加以革除，防微杜渐，使良好的历史发展态势得以保持和延续。《史记》揭露盛世之弊，倡导政治改革，即是这种"见盛观衰"思想的反映，也是史家历史忧患意识的体现。

(三)"一致百虑"与"成一家之言"

《周易》的"一致百虑"思维，原文出自《系辞下》，其曰："《易》曰：'憧憧往来，朋从尔思。'子曰：'天下何思何虑？天下同归而殊途，一致而百虑。'"说的是孔子在解释咸卦九四爻爻辞"憧憧往来，朋从尔思"时所作的发挥和阐释。意思是说，目的虽然相同，却有各种考虑。孔颖达随文疏曰："一致而百虑者，所致虽一，虑必有百。言虑虽百种，必归于一致也。"朱熹则解释说："'天下何思何虑'一句，便是先打破那个'思'字，却说'同归殊途，一致百虑'。"[1]诸家解释大意相同。"一致百虑"思维，表达了《易传》作者心目中一条应然的学术发展规律，即追求学术发展不能用一种学术思想去消灭另外一种学术思想，或者是用一种思想替代其他各家各派的思想。它所传递出的信息是，《易传》的作者在特定的历史背景之下试图弥纶天地之道、包容百家学说的一种学术观和理想的学术追求。《周易》一书本身就是一部囊括宇宙万物的书，这样的特点也有利于它对各种学说的兼收并蓄。《易传》认为《周易》为一切义理之源，所有的学术都应该在它的视野之中。从实践的成果来看，《易传》的确是总结了多个学派的理论成果，并利用《易经》的形式系统、框架结构，建立了一个兼容并蓄的思想体系。

---

[1] 黎靖德编：《朱子语类》卷七十六，1746 页，长沙，岳麓书社，1997。

司马迁父亲司马谈作《论六家要指》，开篇即说："《易大传》：'天下一致而百虑，同归而殊途。'夫阴阳、儒、墨、名、法、道德，此务为治者也，直所从言之异路，有省不省耳。"①首先肯定了"一致百虑"是《易传》的一种思维，并以"一致百虑"的思想来评述先秦诸子学术，肯定诸子各家的学术价值和存在的合理性。值得注意的是，司马谈以《易传》"一致百虑"思维肯定先秦六家学术的同时，也隐含了自己希望效仿《周易》，通过兼容并蓄诸家学术而成其一家之言的学术抱负，诚如白寿彝先生所言，司马谈评论六家学术，"恐怕应该说是司马谈要吸收各家之长，而自成一家之言的企图，至少可以说是潜意识的企图"②。从《论六家要指》的思想内涵而言，司马谈"企图"成就的一家言，应该是以黄老道家思想为根基，同时兼收并蓄诸家思想的一家言。

由《易传》"一致百虑"思维，到司马谈受此启发而产生的成其一家之言的"企图"或者说是"潜意识的企图"，再到司马迁的"成一家之言"，存在着一种理论思维的内在理路。司马迁"成一家之言"思想的提出，既是受到《易传》"一致百虑"思维的启发，也是以司马谈《论六家要指》思想为基础，是对司马谈"企图"形成其一家之言思想的发展。

首先，"厥协六经异传，整齐百家杂语"。语出《史记·太史公自序》。这是司马迁融通、综合先秦学术，在此基础上学术思想"成一家之言"的具体方法；而这种对于先秦学术的融通思想既是受到《周易》"一致百虑"思维的启发，也是受到司马谈兼收并蓄学术思想的影响。与司马谈以黄老道家思想囊括一切学术思想不同，司马迁生活在"独尊儒术"的时代，从小受到过良好的儒家思想的熏陶，具有浓厚的崇经意识。《史记》虽然是史书，却重视"六经"的史料价值，"折中于夫子"③"考信于六艺"④成为《史记》历史取材和是非判断的标准。司马迁之所以要"厥协六经异传"，是因为"六经"经、传在流传的过程当中，出现了"经和传已常

---

① 《史记》卷一百三十《太史公自序》，3288～3289 页，北京，中华书局，1959。
② 白寿彝：《说"成一家之言"》，见《中国史学史论集》，104 页，北京，中华书局，1999。
③ 《史记》卷四十七《孔子世家》，1947 页，北京，中华书局，1959。
④ 《史记》卷六十一《伯夷列传》，2121 页，北京，中华书局，1959。

相牴牾，经和经又自相牴牾"①的现象，这就必须要加以"厥协"，统一说法，这是统一学术思想的需要，也是历史撰述的需要。《史记》"厥协六经异传"的基本原则有二：一是"六经"异传对历史事实的评述只有一家观点，则信从；虽有多家论述但观点一致，则综合加以采纳。二是"六经"异传对历史事实评述不一，则取一家之说。司马迁师承今文学家董仲舒，故《史记》采纳今文家的观点较多。但是，司马迁又是一位大史学家，他重视于历史事实，故往往又能根据自己的理解而选取别家说法。

"整齐百家杂语"，则是对先秦诸子学说所进行的统一工作。《史记》对三代及其以前的历史记载，主要取材于"六经"经传；而关于春秋战国至秦汉的历史记载，则是经书与史书、诸子书并重。顾颉刚说："经传的材料不够用，他毕竟要登用诸子百家之言，又要采取传说，这里边矛盾冲突之处不知有多少。"②正因此，司马迁才要"整齐百家杂语"。"整齐百家杂语"的原则，是继承了《论六家要指》的学术融通思想。《太史公自序》全文征引司马谈《论六家要指》，说明该文关于先秦六家的认识，得到了司马迁的认可与推崇。《史记》受《论六家要指》的影响，一是创立了一系列关于先秦诸子百家的人物传记，如《孔子世家》《仲尼弟子列传》《孟子荀卿列传》《老子韩非列传》《孙子吴起列传》《商君列传》《屈原贾生列传》和《儒林列传》等；二是并对先秦及汉初百家之学作了比较中肯的评述，与司马谈不同，司马迁推崇儒学和孔子，肯定儒家的仁义治国与以民为本的思想，甚至以儒家孔子作为历史评判的是非标准，给予了儒家以崇高的地位。

其次，成就史家"一家言"。司马迁不但要在学术思想上以儒家思想融通诸子学术而"成一家之言"，更要在历史学上成就史家的"一家言"。白寿彝先生认为，司马迁"'成一家之言'，是在史学领域里第一次提出

---

① 顾颉刚：《战国秦汉间人的造伪与辨伪》，见《古史辨》第 7 册（上编），49 页，上海，上海古籍出版社，1982。

② 顾颉刚：《战国秦汉间人的造伪与辨伪》，见《古史辨》第 7 册（上编），49～50 页，上海，上海古籍出版社，1982。

了'家'的概念"①。综观司马迁的史家"一家言",主要包含三层含义:一是创立纪传体通史,在历史编纂上"成一家之言"。《史记》纪传体通史体裁的创立,是对先秦历史编纂的继承与发展的结果。但是,这种继承与发展,是经过匠心独运之后的再创造。相较于先秦历史编纂,《史记》的五种体例本纪、世家、列传、书、表的记述对象更为明确,体例更加严明;同时,"五体"之间的相互配合更加合理,更能清晰而全面地对历史作出反映。而且《史记》记述了上下三千余年历史,包含各民族的历史,是第一次真正意义上对中国统一多民族国家历史所作的系统反映,具有无比恢宏的气势,这是之前的历史撰述从未有过的。二是究天人、通古今,在研究对象上"成一家之言"。《报任安书》提出撰述《史记》的旨趣,是"欲以究天人之际,通古今之变,成一家之言"②。"究天人之际",即是将天人联结为一个整体,属于历史研究的空间范围;"通古今之变",即是将古今联结成为一个整体,属于历史研究的时间范围。二者共同构成了历史研究的对象,这是司马迁在历史思维上的"成一家之言"。吴怀祺先生将《史记》的撰述旨趣称为"中国民族三大历史思维"③。三是求真与稽理相结合,在研究方法上"成一家之言"。《史记》求真的方法主要是"网罗天下放失旧闻,考之行事"。前者旨在充分占有史料,司马迁采用的史料既有"六经"异传、百家杂语和汉初百年间"莫不毕集于太史公"的天下遗文故事等文字资料,更有巡游各地所见所闻的各种自然资料、口碑资料等;后者强调考实史料,像"折中于夫子""考信于六艺"以及"疑者传疑""疑者缺焉"等,都是具体的考史方法。在司马迁看来,只有这样,才能撰写成信史。史学求真的目的,还是为了"稽其成败兴坏之理",这是历史研究的根本目的。《史记》对于历史成败与兴衰问题,提出了很多真知灼见。如在统治方式上,提倡德治,反对暴政,《陈涉世家》《孝武本纪》等篇,都体现了司马迁反暴政、反酷政的思想,

---

①　白寿彝:《说"成一家之言"》,见《中国史学史论集》,99页,北京,中华书局,1999。

②　《汉书》卷六十二《司马迁传》,2735页,北京,中华书局,1962。

③　吴怀祺:《中国史学思想通论·总论卷/历史思维卷》,169页,福州,福建人民出版社,2011。

而《平准书》《循吏列传》等篇，则反映了其重民、安民的思想；在社会发展观上，肯定"富者，人之情性"，提出"礼生于有而废于无"的思想；①在人才观上，提出"存亡在所任"②的观点，肯定人才对于国家治理的重要作用。

综上所述，有着易学家学渊源的司马迁，不但在《太史公自序》中标榜其撰述《史记》是要"正《易传》"，而且《史记》通篇都体现了司马迁重视以《易》解史的思想。司马迁的"究天人之际，通古今之变，成一家之言"三大历史思维，都与《周易》的思想密不可分，司马迁关于历史的解说，常常也以《易》理为依据。毫无疑问，《史记》蕴含的易学思想，是西汉易学的重要组成部分，继承和发展了汉初义理易学。

二、班固《汉书》的以易解史

班固作为封建正统史家的代表，他撰述《汉书》，"综其行事，旁贯《五经》"，自觉以儒家思想作指导。而在儒家"六经"中，《周易》在班固心目中占有独特的地位。他以"六经"为诸子之源，而视《周易》为"六经"之首，诚如吴怀祺先生所言："《易》的尊崇地位的确立，班固是立了功的。"③正因此，《汉书》重视以易解史，成为汉代史学以易解史的重要代表。

(一)"一致百虑"与"通万方之略"

如前所述，《易传》的"一致百虑"思维对于西汉史家司马迁的"成一家之言"有重要影响。司马迁即是通过"厥协六经异传，整齐百家杂语"，融通、综合先秦学术思想，在此基础上而成就史家"一家言"的。同样，班固史学也在这个层面上受到了易学这一思维的启发和影响。然而，司

---

① 《史记》卷一百二十九《货殖列传》，3255 页，北京，中华书局，1959。
② 《史记》卷五十《楚元王世家》，1990 页，北京，中华书局，1959。
③ 吴怀祺：《易学与史学》，55 页，北京，中国书店，2004。

马迁与班固受"一致百虑"思维的启发，表现在对诸子学说的理解与评判上还是有着细微差别的。司马迁主要从创立自己的"一家言"角度来对各家主张进行评价，侧重于学术创新的意义；而班固则主要是强调在易学的统领下，各家学术相互之间的意义和对于易学整合的意义，所侧重于学术总结的维度。

班固认为，从各家学说的学术涵盖领域来讲，它们都是"各引一端，崇其所善"①，在学术视野方面都有局限性，如果只取用其中一家，肯定会有片面性。然而，诸子学术又是"相反相成"的，"其言虽殊，辟犹水火，相灭亦相生也。仁之与义，敬之与和，相反而皆相成也。《易》曰：'天下同归而殊途，一致而百虑。'"②班固依据《周易》的原理，肯定各家学术虽然观点看法不一样，但各有长短，如果"使其人遭明王圣主，得其所折中，皆股肱之材已"③。班固在实际治学实践中，也秉持着这种"折中"主义的态度。他"博贯载籍，九流百家之言，无不穷究。所学无常师，不为章句，举大义而已"④。在经学立场上虽然属于古文经学派，却高度重视今文家董仲舒的经学思想，《汉书》为董仲舒做专传，详载其《天人三策》；《汉书》的《五行志》有关天人感应之论，详载了今文家董仲舒、刘向以及今文孟京之易等的思想；所编纂的《白虎通》，也包含了大量今文经学和谶纬之学的内容。由此来看，班固治学秉持一种兼容并包的态度。

"一致百虑"是否意味着人们都必须学习和掌握所有的学术？班固的答案是否定的。他针对学术环境中的一些不良现象批评道："博学者又不思多闻阙疑之义，而务碎义逃难，便辞巧说，破坏形体……后进弥以驰逐，故幼童而守一艺，白首而后能言；安其所习，毁所不见，终以自蔽。此学者之大患也。"⑤为解决这样一类问题，班固主张按照《周易》

---

① 《汉书》卷三十《艺文志》，1746 页，北京，中华书局，1962。
② 《汉书》卷三十《艺文志》，1746 页，北京，中华书局，1962。
③ 《汉书》卷三十《艺文志》，1746 页，北京，中华书局，1962。
④ 《后汉书》卷四十上《班彪列传上》，1330 页，北京，中华书局，1965。
⑤ 《汉书》卷三十《艺文志》，1723 页，北京，中华书局，1962。

"一致百虑"思维，紧紧抓住"一致"这个共性。认为各家学说都属于"百虑"，要以"一致"为纲，掌握所有不同的知识系统（即"百虑"），通过"舍短取长，则可以通万方之略矣"①。

在班固的眼中，要达到这样一种理想境界，就需抓住两个至关重要的关节点：首先是在各家学派相互之间的关系中，准确把握儒家和其他各派的关系。他认为，各家各派之间虽然是"相反相成"的关系，但在地位上并不是一样的。他把诸子看作是儒家"六经"的"支"与"流裔"，"今异家者各推所长，穷知究虑，以明其指，虽有蔽短，合其要归，亦《六经》之支与流裔"②。而儒家学说则是诸子学术之源，从"一致"这个"要归"的标准来说，儒家学说是所有知识系统的主干。因而，知晓和掌握儒家的知识系统，也就等于在大体上了解了诸子各派的学术。在这一维度上，儒家学说就相当于"一致"，而除儒家外的其他各家学术就相当于"百虑"。班固对于儒家的极度重视，源于汉代儒学独尊地位的确定，他虽然提出兼容并包，却又认可儒学的崇高地位。

其次是在儒家学说体系内部的关系定位和处理上，主要体现在"六经"之间。班固认为："六艺之文：《乐》以和神，仁之表也；《诗》以正言，义之用也；《礼》以明体，明者著见，故无训也；《书》以广听，知之术也；《春秋》以断事，信之符也。五者，盖五常之道，相须而备，而《易》为之原。故曰'《易》不可见，则乾坤或几乎息矣'，言与天地为终始也。"③《易》在知识含量上弥纶天地，无所不包；在学术旨趣上涉及宇宙人生之道。在"六经"当中，《易》便是那个"一致"，为其他"五经"的本源；而其他"五经"则是"百虑"，"相须而备"。在《汉书·艺文志》各类书籍序录中，班固通常都是以易理来论其源流的，如论《书》，"《易》曰'河出图，洛出书，圣人则之'"；论《礼》，"《易》曰：'有夫妇父子君臣上下，礼义有所错'"；论《乐》，"《易》曰：'先王作乐崇德，殷荐之上帝，

---

① 《汉书》卷三十《艺文志》，1746 页，北京，中华书局，1962。
② 《汉书》卷三十《艺文志》，1746 页，北京，中华书局，1962。
③ 《汉书》卷三十《艺文志》，1723 页，北京，中华书局，1962。

以享祖考'";① 等等。另外，《易》居"六经"之首。《汉书·艺文志》将《易》类书籍置于诸子、诗赋、兵书、术数和方技之首，贯彻了《易》为"六经"之首的思想。《汉书·儒林传》有一段关于汉代经学传承的叙述，基本内容抄自《史记·儒林列传》，其曰："汉兴，言《易》自淄川田生；言《书》自济南伏生；言《诗》，于鲁则申培公，于齐则辕固生，燕则韩太傅；言《礼》则鲁高堂生；言《春秋》，于齐则胡毋生，于赵则董仲舒。"② 与《史记·儒林列传》相比照，这一叙述的主要变化是"六经"叙述的顺序。《史记》按照《诗》《书》《礼》《易》《春秋》排列，而《汉书》则改为以《易》为首。在接下来介绍各种经典学术传授系统时，《汉书》不但首先叙述了《易》的传授过程，而且详细程度超过对于其他经典的介绍。这些都充分体现了以《易》为"六经"之首的思想。

综上所述，《汉书》依据《周易》"一致百虑"思维，一方面，肯定诸子百家学说（即所谓"百虑"）各有所长，相反相成，应该本着"舍短取长"的态度兼收并蓄，只有这样才能"通万方之略"；另一方面，"通万方之略"必须确定儒家"六经"之于诸子、《周易》之于儒家"六经"的"一致"地位，即是要确定儒家为诸子之源、《周易》为"六经"之首的学术地位。这是《汉书》对中国学术发展史的一个总体认识。

（二）"易之别传"与神意史观

易学对于传统史学的影响，其中一个重要方面是历史观。吴怀祺先生说："易学的丰富的辩证的联系思维培育出古代史学家对自然、对社会历史认识的独特视角，使他们的历史观具有了哲理特性。"③这一论断符合古代易史关系的实际。众所周知，我国传统史学在两汉时期取得了辉煌成就。其中一个重要原因，就是得益于易学在这一时期的迅速发展，为史学的发展提供了丰富的理论源泉。同时，易学之于史家历史观的影响也需要辩证地看待，由于易学本身的理论建构带有一定的时代局

---

① 《汉书》卷三十《艺文志》，1706、1710、1711 页，北京，中华书局，1962。
② 《汉书》卷八十八《儒林志》，3593 页，北京，中华书局，1962。
③ 吴怀祺：《易学与史学·自序》，北京，中国书店，2004。

限性，这也会相应地投射到史学领域，在传统史学中有所体现。

《汉书》和《史记》一样，都受到了《周易》的深刻影响，但由于所处时代氛围和文化环境的不同，具体情形也不尽相同。在司马迁时期，真正具有鲜明特色的汉易还处于酝酿阶段，当时能够对其他学术产生影响的主要是先秦发展起来的易学。而到了班固生活的时代，汉易不但已经成型，具备了细密精微的理论架构，而且影响力渗透到各个领域，所以他所受的易学影响就带有双重性，既有先秦发展起来的易学的影响，又有汉易的影响，而且后者的影响更大。从先秦到汉初，易学的主流是"主义理、切人事，不言阴阳术数"①。司马迁撰述《史记》，主要是受这种特征的易学文化的影响。而到了西汉中后期，《周易》中天命、神意这一部分内容被刻意地凸显出来，并结合当时较为流行的天人感应、天命王权、阴阳灾变等观念，形成了一种新型的易学形态，清代经学家皮锡瑞称之为"易之别传"②。班固在撰述《汉书》时，从易学文化氛围角度来看，主要是受到这一易学的影响，其中典型的有孟京易学和易纬易学等，《汉书·五行志》中就引用京房《易》170余条，足见其影响力之大。正是在这一意义上，可以说班固在《汉书》中是把《易》之"别传"当作为《易》之"正传"了。

这样的易学理论资源和指导思想，对《汉书》神意史观的形成起到了重要作用。这种神意史观的主要特点，是以外于人事的神秘力量作为支配人类社会历史发展的决定因素。其中的核心就是奖善罚恶，但是它的显现又是间接和含蓄的，会通过某种媒介或某种暗示来实现自己的决定作用，最为常用的方式就是阴阳灾变。在《汉书》中，班固把孟喜易学中的卦气说、京房易学中的五行说和阴阳二气说糅合在一起，还把《周易·说卦》中的卦象说与五行、五事、五常结合起来，以此解说自然灾异与人事祸福之间的必然联系。这一特点在《五行志》中体现得尤为明显：

---

① 皮锡瑞：《经学通论》，16页，北京，中华书局，1954。
② 皮锡瑞：《经学通论》，18页，北京，中华书局，1954。

　　孝武时，夏侯始昌通《五经》，善推《五行传》，以传族子夏侯胜，下及许商，皆以教所贤弟子。其传与刘向同，唯刘歆传独异。貌之不恭，是谓不肃。肃，敬也……于《易》，《巽》为鸡，鸡有冠距文武之貌。不为威仪，貌气毁，故有鸡祸。一曰，水岁鸡多死及为怪，亦是也……于《易》，《震》在东方，为春为木也；《兑》在西方，为秋为金也；《离》在南方，为夏为火也；《坎》在北方，为冬为水也。春与秋，日夜分，寒暑平，是以金木之气易以相变，故貌伤则致秋阴常雨，言伤则致春阳常旱也。至于冬夏，日夜相反，寒暑殊绝，水火之气不得相并，故视伤常奥，听伤常寒者，其气然也……刘歆貌传曰有鳞虫之孽，羊祸，鼻痏……于《易》《兑》为羊，木为金所病，故致羊祸，与常雨同应。此说非是。春与秋，气阴阳相敌，木病金盛，故能相并，唯此一事耳。祸与妖痏祥眚同类，不得独异。①

在此，班固把汉代以《易》论灾异的各家各派都列出来，以此大力宣扬天人感应、天变灾异的思想。

　　在这样的历史观左右之下，《汉书》对于历史的梳理和解读充满了天命和神意的味道。《汉书·律历志》基本上是以三统、四时与大衍之数作为一个整体的理论系统，来撰述它所认为的《系辞》中所说的由伏羲氏、神农氏至黄帝、尧、舜的古代历史进程的，并且把整个春秋242年的历史都解读成是天意支配的历史。《汉书》之所以用汉易的神秘主义思想为指导来叙述西汉社会历史，其落脚点则是与现实政治紧密联系在一起的，其实际用意是为了证明汉朝是承天命、得天统的政权。《汉书》叙述古史系统，以庖牺氏为木德、炎帝为火德、黄帝为土德、少昊为金德、颛顼为水德、唐尧又为火德，最终的目的是要落实到汉朝因火德而兴上，所谓"伐秦继周，木生火，故为火德。天下号曰'汉'"②。从而为"汉承尧运，德祚已盛，断蛇著符，旗帜上赤，协于火德，自然之应，

────────────

　　① 《汉书》卷二十七中之上《五行志》，1353～1354 页，北京，中华书局，1962。
　　② 《汉书》卷二十一下《律历志》，1023 页，北京，中华书局，1962。

得天统矣"①奠定了理论与历史的基础。

由于自然界的现象本身在客观上与人类社会领域的人事变动并不存在必然性的联系，所以《汉书》以神权史观为指导对人类社会历史变动的解说，就带有很强的主观随意性，其结果往往会造成各种说辞之间出现歧义或者相互矛盾。正因此，唐代史评家刘知幾在《史通·汉书五行志错误》中，曾对《汉书·五行志》宣扬的天人感应、阴阳灾变等进行过尖锐的批评：该志"所定多目，凡二十种。但其失既众，不可殚论。故每目之中，或时举一事。庶触类而长，他皆可知。又案斯志之作也，本欲明吉凶，释休咎，惩恶劝善，以戒将来。至如春秋已还，汉代而往，其间日蚀、地震、石陨、山崩、雨雹、雨鱼、大旱、大水、犬豕为祸，桃李冬花，多直叙其灾，而不言其应。此乃鲁史之《春秋》《汉书》之帝纪耳，何用复编之于此志哉！……亦有穿凿成文，强生异义。如蜮之为惑，麋之为迷，陨五石者齐五子之征，溃七山者汉七国之象，叔服会葬，郊伯来奔，亢阳所以成妖，郑易许田，鲁谋莱国，食苗所以为祸。诸如此比，其类弘多。徒有解释，无足观采"。从实际的情况来看，刘知幾这个批评是有一定道理的。但是，如果我们考虑到西汉中后期至东汉前期儒学神意化倾向不断强化的现实状况，《汉书·五行志》依据"易之别传"大肆宣扬天变灾异的神意史观，也就不足为奇了。而从思想史的角度而言，汉代的天人感应论在本质上是"言天道而归于人道"，属于神道设教，因而是有一定的积极因素的。

（三）天人一体与社会和谐

天人一体是《周易》的主要思维之一。在《易传》看来，宇宙万物虽然"广大悉备"，却可以划分为天、地、人"三才"。"三才"各分两面，所谓"立天之道曰阴与阳，立地之道曰柔与刚，立人之道曰仁与义"。"三才"两两对应，"六画而成卦"。每一卦独自成为一个系统，六十四卦共同构成一个大系统。在《周易》的物质与符号世界中，天、地、人"三才"一

---

① 《汉书》卷一下《高帝纪》，82页，北京，中华书局，1962。

体，所谓"天地设位，圣人成能"①。而圣人促成天地造化的前提则是要效仿天道行事，即《系辞上》所谓"崇效天，卑法地"。《易传》中有很多关于人法天地的叙述，如《乾·文言》说："夫大人者，与天地合其德，与日月合其明，与四时合其序，与鬼神合其吉凶，先天而天弗违，后天而奉天时。"即是要求大人要奉天行事，与天一致。《坎·象辞》说："天险不可升，地险山川丘陵也。王公设险以守其国，险之时用大矣哉。"这是指王公大人要懂得效仿天地自然之险，从而设险以守卫国家。《恒·象辞》说："日月得天而能久照，四时变化而能久成，圣人久于其道，而天下化成。"这是指圣人应该效仿自然变化，从而恒久地坚持人文化成的正道。《易传》人法天地的思想，从本质而言即是天人和谐的思想。

以孟京易学为代表的汉代象数易学，继承了《周易》的天人一体思维，对天人关系作出了新的阐发。汉易通过图和数作为媒介，演绎了世界变化的原理与规律，在所关涉的因素中，包含了自然与人类社会各个领域，并且把自然和人类社会视同为联系紧密的一个整体来看待。这样，汉易便以自己的方式展示了天人一体思维。像孟喜易学的卦气说，就是以六十四卦与一年的四时、十二月、二十四节气以及七十二候相配合，从而构成一个宏观的大系统。此外，它又以君、公、侯、卿、大夫与十二辟卦相配。这样，就把自然界与人类社会密切联系在了一起。京房易学则是用编排八宫卦图式的方法把自然变化作为一个大的系统，并且将自然变化与社会等级礼制紧密相联。

《汉书》以易学天人一体思维为依据，以历史学的形式对天人关系作出了新的探讨，表达了对于社会和谐的向往与追求。首先，"列人事而因以天时"。《四库全书总目提要》说："《易》之为书，推天道以明人事者也。"②此语道出了《易》的本质所在。汉代孟京易学尤其重视把所构建的自然与社会系统中的运行法则，看作是人所必须遵守的先验的存在。《汉书》在天人关系上，明确认为人事需要顺应天道。《律历志上》说：

---

① 《周易·系辞下》，《十三经注疏》本，91页，上海，上海古籍出版社，1997。
② 纪昀总纂：《四库全书总目提要》，50页，石家庄，河北人民出版社，2000。

　　夫历《春秋》者，天时也，列人事而因以天时。传曰："民受天地之中以生，所谓命也。是故有礼谊动作威仪之则以定命也，能者养以之福，不能者败以取祸。"故列十二公二百四十二年之事，以阴阳之中制其礼。故春为阳中，万物以生；秋为阴中，万物以成。是以事举其中，礼取其和，历数以闰正天地之中，以作事厚生，皆所以定命也。《易》金火相革之卦曰"汤武革命，顺乎天而应乎人"，又曰"治历明时"，所以和人道也。①

班固明确认为，"列人事而因以天时"，这是孔子作《春秋》的旨趣，也符合《易》的精神。这里所引"汤武革命，顺乎天而应乎人"和"治历明时"，分别出自《革卦》的《彖辞》与《象辞》，前者以汤武革命之事发论，肯定其乃顺天应人之举，所以取得成功；后者字面含义是整治历法以明四时之序，意为治理国事需要取象历法。二者其实都是强调人事需要取法天道，也只有取法天道才能成功。

　　其次，"财成辅相天地之宜"。人道仿效、顺从天道是促成人事的先决条件。如何仿效、顺从天道？《汉书》以《易传》为依据，提出了"财成辅相天地之宜"的思想，《货殖传》对此作了集中叙述：

　　于是辩其土地川泽丘陵衍沃原隰之宜，教民种树畜养；五谷六畜及至鱼鳖鸟兽萑蒲材干器械之资，所以养生送终之具，靡不皆育。育之以时，而用之有节。中木未落，斧斤不入于山林；豺獭未祭，置网不布于野泽；鹰隼未击，矰弋不施于徯隧。既顺时而取物，然犹山不茬蘖，泽不伐夭，蝝鱼麛卵，咸有常禁。所以顺时宣气，蕃阜庶物，蓄足功用，如此之备也。然后四民因其土宜，各任智力，夙兴夜寐，以治其业，相与通功易事，交利而俱赡，非有征发期会，而远近咸足。故《易》曰"后以财成辅相天地之宜，以左右民"，"备物致用，立成器以为天下利，莫大乎圣人"，此之谓也。②

---

①　《汉书》卷二十一上《律历志》，979～980页，北京，中华书局，1962。
②　《汉书》卷九十一《货殖传》，3679页，北京，中华书局，1962。

这段话集中阐发了万物的养育与节用问题，主张要顺应自然节气，养育积蓄万物，以足备功用。这里"后以财成辅相天地之宜，以左右民"一语出自《泰卦·象辞》，原文是"后以财成天地之道，辅相天地之宜，以左右民"。"后"指圣人君主，"财"通"裁"，大意是讲如何调整和节制天下万物与社会需求之间的关系。"备物致用，立成器以为天下利，莫大乎圣人"一语出自《系辞上》，孔颖达随文疏曰："谓备天下之物，招致天下所用，建立成就天下之器以为天下之利。"论述了物与用、器与利的关系，相互平衡才能成就天人之间的和谐。

最后，人与人之间的和谐。《汉书》不但强调天人、物我的和谐，而且重视人与人之间的和谐。其一，"上下序而民志定"，肯定上下、尊卑秩序的建立是达成社会和谐的基础。《货殖传》说："昔先王之制，自天子公侯卿大夫士至于皂隶抱关击柝者，其爵禄奉养宫室车服棺椁祭祀死生之制各有差品，小不得僭大，贱不得逾贵。夫然，故上下序而民志定。""上下序而民志定"一语原于《履卦·象辞》，原文是"上天下泽，'履'。君子以辩上下，定民志"。意思是说，只有辨明上下秩序，百姓才能安定其志。《汉书》据此肯定上下、尊卑秩序的建立对于社会和谐的重要性。其二，人主需"德配天地"，以德治民，以德服远。《公孙弘传》说：

> 臣闻之，气同则从，声比则应。今人主和德于上，百姓和合于下，故心和则气和，气和则形和，形和则声和，声和则天地之和应矣。故阴阳和，风雨时，甘露降，五谷登，六畜蕃，嘉禾兴，朱草生，山不童，泽不涸，此和之至也。故形和则无疾，无疾则不夭，故父不丧子，兄不哭弟。德配天地，明并日月，则麟凤至，龟龙在郊，河出图，洛出书，远方之君莫不说义，奉币而来朝，此和之极也。[1]

这段话强调"和"必有应，天降祥瑞是社会和谐的表现，而万邦来朝则是

---

[1]　《汉书》卷五十八《公孙弘传》，2616 页，北京，中华书局，1962。

这种社会和谐的极致状态。社会和谐的前提则是君王"合德于上""德配天地"。《汉书》强调君德的思想依然来自《易传》。所谓"德配天地，明并日月"，语出《乾卦·文言》，原文说："夫'大人'者，与天地合其德，与日月合其明，与四时合其序，与鬼神合其吉凶，先天而天弗违，后天而奉天时。"这里所谓"大人"，当然是指统治者。《汉书》以《易》为据，希望统治者德配天地，从而实现社会和谐、万邦和谐的理想。

(四)忧患意识与史鉴理念

忧患意识是《周易》的重要思想之一。《易传》充满了忧患意识。"《易》之兴也，其于中古乎？作《易》者，其有忧患乎？"①这是从作《易》者的意图来论述忧患意识的。"《易》之兴也，其当殷之末世，周之盛德邪？当文王与纣之事邪？"②这是从《易》阐述的时代历史背景来论述忧患意识的。"是故其辞危。危者使平，易者使倾。其道甚大，百物不废。惧以终始，其要无咎。此之谓《易》之道也。"③这是从卦爻辞的特征和忧患意识的作用角度来进行论述的。君子如何才能具有忧患意识以保国运长久？《易传》认为应该要做到"安而不忘危，存而不忘亡，治而不忘乱"④。此外，《易经》对于这种忧患意识也有明确表达，如《否卦》九五爻辞曰"其亡其亡，系于苞桑"，这是告诫统治者要时时自警将有灭亡的危险，才可以像系于丛生的桑树枝一样安然无恙。

《周易》的忧患意识对于传统史学的影响，集中体现在以史为鉴的理念上。《易传》对于《周易》功能的定位是"彰往而察来"。彰往察来是《周易》内在的忧患意识的一种外在体现，作《易》者希望通过对过往历史的考察，而为未来历史发展作出预判，这与传统史学以史为鉴思想是相一致的。传统史学的核心价值，就是通过对人类社会以往过程的记述和评说，来为未来的发展趋势作出准确的预测，并在此基础上来调整和纠正人们的行为。易学与传统史学都存在一个如何总结过往历史的经验和教

---

① 《周易·系辞下》，《十三经注疏》本，89页，上海，上海古籍出版社，1997。
② 《周易·系辞下》，《十三经注疏》本，90页，上海，上海古籍出版社，1997。
③ 《周易·系辞下》，《十三经注疏》本，89页，上海，上海古籍出版社，1997。
④ 《周易·系辞下》，《十三经注疏》本，88页，上海，上海古籍出版社，1997。

训，从而保持社会良性发展的问题，这在易学就是一个忧患问题；而在史学，就是一个历史借鉴问题。

《汉书》非常重视《周易》的忧患意识，《楚元王传》记载了刘向上疏成帝的话："臣闻《易》曰：'安不忘危，存不忘亡，是以身安而国家可保也'。故贤圣之君，博观终始，穷极事情，而是非分明。"《陈汤传》也说："且安不忘危，盛必虑衰，今国家素无文帝累年节俭富饶之畜，又无武帝荐延枭俊禽敌之臣，独有一陈汤耳！假使异世不及陛下，尚望国家追录其功，封表其墓，以劝后进也。"这里所谓"安不忘危，存不忘亡，是以身安而国家可保也"一语，原文出自《系辞下》，只是较原文少了一句"治而不忘乱"。从以上两条文献的表述能够看出来，《汉书》每论及忧患意识，始终彰显的是居安思危的思想；而从史学角度而言，则是要"博观终始，穷极事情"。

我们从秉承历史借鉴意识的角度来看待《汉书》，对《汉书》的"断汉为史"就会有新的认识。《汉书》"断汉为史"的主要目的之一是为了"宣汉"。出于"宣汉"的目的，班固需要论证西汉政权的合理合法性，由此大力宣扬了"汉绍尧运""膺受天命"的神意思想。同时详细论载西汉一朝明君贤臣的历史事迹，系统反映西汉一朝的制度演变，努力彰显西汉一朝的大一统功业。毫无疑问，班固"宣"西汉的目的自然是为了"宣"东汉，是以此奠定东汉政权的法理基础。班固撰述《汉书》的另一个重要目的，则是为巩固东汉政权寻求历史经验教训，也就是历史借鉴。历史借鉴的有效性通常需要满足两个条件：第一，借鉴的历史与当下的政治相似度越高，所达到的效果就会越好；第二，得出的历史经验和教训必须是建立在丰富的史料基础上的。西汉因为与东汉相较不远，满足这两个条件自然更具有便利性。正因此，学者认为，司马迁的通史撰述便会出现"录取较远历史相关资料的相对缺失"，而班固"断汉为史"则"在一定程度上克服史料匮乏的问题"，从而更好地"奠定了史家对历史经验认识和运用的基础"①。应该说，从历史借鉴的角度而言，班固"断汉为史"

---

① 陈金海：《略论〈汉书〉的"以史为鉴"思想》，载《陕西理工学院学报》，2013(1)。

作《汉书》，是有时代联系性与资料丰富性之考虑的。

当然，《汉书》的忧患意识和以史为鉴思想，与班固的直书观也是密不可分的。以史为鉴所借鉴的历史必须是真实的历史，而真实的历史不仅需要充实可靠的史料，也需要史家主观上对于直书的追求；而史家直书观的形成，又是与史家的历史忧患意识不可分割的。《汉书》直书精神最直接、也是最为重要的一种体现，就是"宣汉"而不为汉讳。众所周知，西汉文景之治是清明统治，而《汉书》对文景时期的政治却多有批评。《贾山传》记述了贾山所作《至言》对汉文帝居功荒政的批评："今功业方就，名闻方昭，四方乡风，今从豪俊之臣，方正之士，直与之日日猎射，击兔伐狐，以伤大业，绝天下之望，臣窃悼之。《诗》曰：'靡不有初，鲜克有终。'"《贾谊传》借贾谊之口，指出汉文帝的统治如同寝于未燃之时的积薪之上，形势岌岌可危。《路温舒传》借路温舒之口说："今治狱吏则不然，上下相驱，以刻为明；深者获公名，平者多后患。"对景帝时期出现的冤狱情况提出批评。文景统治是西汉盛世，班固对其弊政直书不隐，这无疑彰显了史家的忧患意识，体现了史家"安不忘危，盛必虑衰"的思想。而对于西汉后期的政治腐败，《汉书》的揭露自然更不留情。如《贡禹传》揭露了汉元帝时期老百姓大饥而死、统治者却"厩马食粟"，麻木不仁；《鲍宣传》通过载录鲍宣"民有七亡、七死"论，对西汉后期腐败政治进行抨击，并由此得出结论："民有七亡而无一得，欲望国安，诚难；民有七死而无一生，欲望刑措，诚难。"《汉书》的不为汉讳，无疑彰显了史家的忧患意识和以史为鉴思想。

综上所述，班固《汉书》对于诸子学术的理解与价值判断、神意史观的宣扬、和谐社会的追求以及史鉴理念的形成，无不与易学的影响分不开。《汉书》的易学思想渊源，有来自先秦"主义理、切人事"的易学和西汉好言灾异的象数易学两个方面，这些易学思维成为《汉书》解说历史的重要理论依据。

三、荀悦《汉纪》的以易解史

　　荀悦《汉纪》是依照《左传》的体例改编班固《汉书》而成，为我国第一部编年体断代史。荀悦精于易学，《汉纪》体现了以易解史的特点：一方面受汉代象数易学好言灾异的影响，重视宣扬天命史观；另一方面又突破汉易，不专言灾异，而重视人事；同时以《易》的彰往察来思想为依据，宣扬"综往昭来，永监后昆"的综往鉴来理念。

(一)天命史观的易学哲理基础

　　荀悦身处汉末政局衰败、群雄割据的乱世时代，《汉纪》的撰述目的，即是要通过宣扬天命皇权、汉统永存，以此打消割据势力觊觎皇位的非分之想。因此，《汉纪》重视宣扬天命史观，一方面出于服务于现实政治的需要，借此论证刘汉皇权的合法性；另一方面从本体的高度来谈论天人关系，宣扬天人感应论和尽心"任天命"的思想。《汉纪》宣扬天命史观与荀悦的易学思想分不开，从一定程度而言，《汉纪》的天命史观是以易学为哲理基础的。

　　首先，"汉为尧后"说及其易理依据。《汉纪》开篇有一大段论述汉家发迹史的话语，集中对"汉为尧后"说作了系统宣扬。引文一开始就明确"汉为尧后而得火德"，肯定刘汉建立是"自然之应，得天统矣"，也就是天命所归。接着便对自伏羲以来的中国历代王朝的德属，按照刘歆的五德相生理论进行了具体叙述，以此再次明确刘邦灭秦建汉的火德正统地位。[①]　很显然，宣扬"汉为尧后"，确定汉朝合法地位，是《汉纪》采纳刘歆五德相生说的主要原因，也是《汉纪》承继班固神意史观而确定其撰述旨趣的根本所在。

　　《汉纪》宣扬"汉为尧后"说，往往以易理为依据，这与荀悦的易学背景密不可分。荀悦是荀子十三世孙、东汉易学大师荀爽的侄儿，家学渊

---

　　① 　参见荀悦：《汉纪·高祖纪》卷一，见《两汉纪》上，1～2页，北京，中华书局，2002。

源深厚。荀爽易学在东汉有一定的学术地位，《汉纪》说："孝桓帝时，故南郡太守马融著《易解》，颇生异说。及臣悦叔父故司徒爽著《易传》，据爻象承应阴阳变化之义，以十篇之文解说经意。由是兖、豫之言《易》者咸传荀氏学，而马氏亦颇行于世。"[1]由此来看，西汉末年的荀爽易学是与马融易学齐名的易学流派。荀悦的主要学术成就在于史学，而不在易学，但是他的史学明显受到汉易特别是其叔父荀爽易学的影响，学者认为"他解史还是看得出汉易卦气说的痕迹，也反映出他叔父荀爽易学对他的影响"[2]。

《汉纪》开篇宣扬的"汉为尧后"说，明显打上了易学的烙印。一则，由刘歆依据五德相生而缔造的以伏羲为历史开端的古史系统，是以《周易》为其依据的。刘歆说："《易》曰：'炮牺氏之王天下也。'言炮牺继天而王，为百王先，首德始于木，故为帝太昊。"[3]这里炮牺即是伏羲，太昊乃是伏羲王天下之号。在刘歆看来，《周易》关于历史发展的描述，即是以伏羲为开端的，伏羲氏通过察天观地作八卦，"以通神明之德，以类万物之情"[4]，从而有了文明历史。由此刘歆叙述的五德相生的帝王系统，自然也是以伏羲作为历史开端、帝王之始的。《汉纪》全盘接受刘歆以伏羲为历史开端的古史系统，既有对历史的认知，也有对《易》的认知。二则，刘歆五德相生说以木德为始，依据的是《说卦》"帝出乎震"的说法。《汉书·郊祀志赞》说："刘向父子以为帝出于《震》，故包羲氏始受木德，其后以母传子，终而复始，自神农、黄帝下历三代而汉得火德焉。"为何刘向、刘歆父子认为"帝出于《震》"，这是采用了《周易·说卦》的思想。《说卦》说："帝出乎震""万物出乎震，震，东方也"。按照《易传》的说法，天地万物从春开始，在方位中为东方，在八卦中为震卦，在五行中为木。与此相对应，在帝王系统中则"帝出乎震"，木德伏羲氏继天而王，文明创制，为历史开端。刘歆五德说采纳《说卦》的说法，以

---

① 荀悦：《汉纪·成帝纪》卷二十五，见《两汉纪》上，438 页，北京，中华书局，2002。
② 吴怀祺：《易学与史学》，88 页，北京，中国书店，2004。
③ 《汉书》卷二十一下《律历志》，1011～1012 页，北京，中华书局，1962。
④ 《周易·系辞下》，《十三经注疏》本，86 页，上海，上海古籍出版社，1997。

确定伏羲的人文始祖地位。《汉纪·高祖纪》中"以为《易》称'帝出乎震',故太皞始出于震,为木德,号曰伏羲氏"之语,当然是荀悦借刘歆之口所作出的表达,同时也说明他完全接受刘歆以《说卦》为依据,来确定木德伏羲为百王先的思想。

其次,尽心"任天命"及其易理依据。荀悦的天人观继承了董仲舒的天人感应思想。荀悦说:"凡三光精气变异,此皆阴阳之精也。其本在地,而上发于天也。政失于此,则变见于彼,由影之象形,响之应声。是以明王见之而悟,勅身正己,省其咎,谢其过,则祸除而福生,自然之应也。"①这段话跟董仲舒宣扬的天人感应论如出一辙。在荀悦看来,天人之间是可以相互感应的,荒政必然带来天变,统治者应该从天变的警示中得到警醒。

为了消除人们对于灾祥之报说的疑惑,荀悦提出了"天人三势"论:"夫事物之性,有自然而成者,有待人事而成者,有失人事不成者,有虽加人事终身不可成者,是谓三势。凡此三势,物无不然。"②然而荀悦用以证明"天人三势"论的论据,只是两个比喻。他以疾病的三种情形来比喻"天人三势",这显然是混淆了疾病现象与历史现象之间的本质区别;他以人性三品来比喻"天人三势",却无视了人性三品说本身就是一种封建品级意识。然而,荀悦正是依据这种苍白无力的论证,不但用以证明他的"天人三势"论,而且还据此而郑重宣告:"是以推此以及天道,则亦如之。灾祥之应无所谬矣。"③荀悦以"天人三势"论来为时人对于灾祥之报说之疑惑进行答疑解惑,这种天命理论的表现形式是新颖别致的,而其理论依据则是苍白无力的,实际上并不能真正起到答疑解惑的作用。白寿彝先生认为荀悦的"天人三势"论"在理论上固然是抬高了天的统治地位,实际上却是来了一个掩耳盗铃,自己也未尝不知道并不能

---

① 荀悦:《汉纪·高后纪》卷六,见《两汉纪》上,85页,北京,中华书局,2002。
② 荀悦:《汉纪·高后纪》卷六,见《两汉纪》上,85页,北京,中华书局,2002。
③ 荀悦:《汉纪·高后纪》卷六,见《两汉纪》上,86页,北京,中华书局,2002。

解决问题，却装着没有看见"①。此语无疑是击中了"天人三势"论的虚弱本质。

既然天地万物存在着"三势"，乃人力无法左右，那么在"三势"面前，人究竟应该如何作为？荀悦说："凡三势之数，深不可识，故君子尽心力焉，以任天命。"②这就是说，人在"三势"面前，只能是尽人事而任天命，因为最终决定结果的是天，而非人。

荀悦宣扬尽心"任天命"思想的哲理基础依然是易学。荀悦说："《易》曰：'有天道焉，有地道焉，有人道焉。'言其异也。兼三才而两之，言其同也。故天人之道，有同有异。据其所以异而责其所以同，则成矣；守其所以同而求其所以异，则弊矣。"③如前所述，《周易》具有系统的天人合一思想，《系辞下》以天地人"三才"涵盖万物，《说卦》以为"兼三才而两之，故《易》六画而成卦"。由此可见《易传》对于天人关系的认识。荀悦关于天人关系的理论依据，便是来自于《易传》。在荀悦看来，《易传》关于天地人"三才"的划分，是从天人的差异性上去说的；而"兼三才而两之"，则是从天人的一体性、相同性上去说的。这就是说，天人之间存在着相分又合一的关系。"据其所以异而责其所以同，则成矣"，即是说人如果能依循天道行事，就能取得成功；反之，"守其所以同而求其所以异，则弊矣"，即是说过于"求异"，一味人为，无视天道，结果则必然会弊端丛生。实事求是地说，如果将所谓的天道理解成为自然规律，荀悦的说法无疑是正确的。但如果联系到荀悦的"天人三势"论，他的天道论又呈现出一种不可知论，所谓"三势之数，深不可识"，显然是一种神秘主义。面对"深不可识"的天道，人们只能"尽心力"。荀悦认为《说卦》所谓"穷理尽性以至于命"，表达的就是这个意思。也就是说，在天人关系上，人为的作用只能是"尽心力焉，以任天命"④。

---

① 白寿彝：《司马迁与班固》，见《白寿彝史学论集》，756 页，北京，北京师范大学出版社，1994。

② 荀悦：《汉纪·高后纪》卷六，见《两汉纪》上，85 页，北京，中华书局，2002。

③ 荀悦：《汉纪·高后纪》卷六，见《两汉纪》上，86 页，北京，中华书局，2002。

④ 荀悦：《汉纪·高后纪》卷六，见《两汉纪》上，86 页，北京，中华书局，2002。

（二）突破汉易的重人事思想

汉末易学出现重要转型，以言灾异为特征的象数易学逐渐向义理易学转向。荀悦以易解史，虽然重视对于天命史观的宣扬，然而又重视言明事理。吴怀祺先生认为，荀悦以易解史"不专在说灾异宣扬天命观，更多的解说能体现出重人事的思想"①。

上述荀悦尽心"任天命"的天人观，如果剔除其中的神秘主义因素，是大致符合《易传》思想的。《系辞上》所谓"崇效天，卑法地"，《系辞下》所谓"天地设位，圣人成能"的思想，在确定天的主导性、决定性作用的前提下，是具有重人事的思想的。不过《易传》所谓"圣人成能"，强调成就天地造化之人是圣人，而非一般普通之人。《易传》对伏羲、神农、黄帝、尧、舜等古圣人的文明创制与社会教化作了详细叙述和充分肯定，如《系辞下》篇讲述的远古社会进化的历史，实际上便是一部古圣人创制与教化的历史。《周易》对一般民众的重要性也有一定的认识，只是这种认识的出发点不是认为他们能够对国家社会发展起到主导的引领作用，而只是把他们作为衡量圣人行为结果的重要标准，视其为一个被动的群体，这与我们现在所谓重视人民群众历史地位之性质是截然不同的。

受到易学这种天人观、历史观的影响，荀悦以易解史，一方面充分肯定人对于历史发展的重要作用，另一方面又宣扬君主决定论。荀悦对于人为的作用是有充分认识的。《汉纪》开篇提出的"立典有五志"论，即为"达道义""彰法式""通古今""著功勋"和"表贤能"②。这里所谓"达道义""彰法式"与"通古今"，其主体都是历史的人与事。"达道义"要求历史撰述要以儒家纲常伦理道德为旨归，肯定历史人物道德的垂范价值；"彰法式"要求历史撰述要维护和宣扬封建王朝已经立定的法规制度，要多记"祖宗功勋，先帝事业，国家纲纪"③；"通古今"要求历史撰述要详

---

① 吴怀祺：《易学与史学》，89 页，北京，中国书店，2004。
② 荀悦：《汉纪·高祖纪》卷一，见《两汉纪》上，1 页，北京，中华书局，2002。
③ 荀悦：《汉纪·自序》，见《两汉纪》上，北京，中华书局，2002。

载封建王朝治乱兴衰的整个过程，通过考察封建人事与政治的得失成败，而为当今的封建统治提供历史鉴戒。至于"著功勋"和"表贤能"，则更是直接通过历史撰述，来表彰统治阶级当中的代表性人物。在《汉纪·自序》中，荀悦将历史记述对象概括为"祖宗功勋、先帝事业、国家纲纪、天地灾异、功臣名贤、奇策善言、殊德异行、法式之典"，所有这些，无不与历史人物的作为有密切关系。也就是说，荀悦认为历史撰述的中心应该是历史人物，这等于肯定了历史发展中人的重要作用。由肯定人的作用，荀悦进而对西汉用人政策不当提出批评。一般来说，盛世重用人才，而衰世不能用贤。而荀悦认为，即使是盛世的统治者要真正做到知贤、用贤，其实也是很困难的。荀悦对文帝朝的用人之失评论道："以孝文之明也，本朝之治，百僚之贤，而贾谊见逐，张释之十年不见省用，冯唐白首屈于郎署，岂不惜哉！夫以绛侯之忠，功存社稷，而犹见疑，不亦痛乎！"①在荀悦看来，像文帝这样的明君都难以知人善任，何况其他远在文帝之下的君主呢？

　　当然，在历史发展的人的因素当中，最根本的还是君王。《汉纪》的"帝纪赞"皆抄袭《汉书》旧文，唯有《高祖纪赞》是荀悦所作。在此赞语中，荀悦一方面宣扬天命史观，另一方面也表达了对于汉高祖刘邦人为作用的肯定。他对汉高祖起于布衣而建立起帝王之业表示由衷的赞叹，认为这是自书籍所载以来前无古人的事业。在具体分析汉高祖之所以能"致功如此"的原因时，荀悦一方面认为这是"历数所授，神祇所相""有神人之助"；另一方面也如实肯定与高祖本人素质密不可分，所谓"雄俊之才，宽明之略""以德建业"等语，即是对汉高祖人为作用的肯定。

　　《汉纪》在很多具体人事与制度的评论中，也非常重视以易学思想为依据。如对于汉高祖建汉的评述，《汉纪》就引述"《易》曰：'汤、武革命，顺乎天而应乎人。'"②《周易》此语出自《革卦》彖辞。所谓"顺天应人"，即是在承认天命的前提下，来肯定刘邦的人为作用。再如昌邑王

---

① 荀悦：《汉纪·文帝纪》卷八，见《两汉纪》上，119页，北京，中华书局，2002。
② 荀悦：《汉纪·高祖纪》卷四，见《两汉纪》上，57～58页，北京，中华书局，2002。

刘贺被废，《汉纪》也是引《易》作出评述的。昌邑王刘贺曾被授予天命，但因为其自身的不良行为，按照天道福善祸淫的原则，导致丧失天命，故而荀悦评述道："昌邑之废，岂不哀哉！《书》曰'殷王纣自绝于天'，《易》曰'斯其所取灾'，言自取之也。"①"斯其所取灾"一语出自《旅卦》初六爻辞。在荀悦看来，昌邑王虽然得到天命，却因自己的行为违逆了天道，结果还是招致被废的命运，这在作《易》者看来是自己"取灾"，也就是咎由自取。

在评述封建纲常伦理道德时，《汉纪》也体现了以易解史的特点。汉家尚公主之制，通常是"使男事女，夫屈于妇"。针对这一制度，荀悦评论道："尚公主之制，人道之大伦也。昔尧（厘）降二女于妫汭，嫔于虞。《易》曰：'帝乙归妹，以祉元吉。'《春秋》称王姬归于齐，古之违礼也。男替女凌，则淫暴之变生矣。礼自上降，则昏乱于下者众矣。三纲之首，可不慎乎！夫成大化者必稽古立中，务以正其本也。"②荀悦认为，尚公主是人伦大礼，必须合乎古礼古制，他给出的理论依据便是《周易》和《春秋》。《周易》"帝乙归妹，以祉元吉"一语出自《泰卦》六五爻辞，意思是说帝乙嫁出自己的妹妹，以此得福，大吉。历史上商纣王的父亲帝乙正是通过将自己的妹妹嫁给周文王，由此缓和了与周族的关系，所以大吉。荀悦以古说今，认为汉代尚公主制度之"男替女凌"的做法，违反古礼，逆阴阳之义，不符合纲常伦理。汉惠帝四年十月，在吕后的授意下，汉惠帝立其姐鲁元公主的女儿张氏为皇后。对于这样一种婚配，荀悦评述道："夫妇之际，人道之大伦也。《诗》称：'刑于寡妻，至于兄弟，以御于家邦。'《易》称：'正家道，家道正而天下大定矣。'姊子而为后，昏于礼而黩于人情，非所以示天下，作民则也。群臣莫敢谏，过哉！"③荀悦认为汉惠帝立他的姐姐鲁元公主的女儿张氏为皇后的做法，既违反礼制，也有悖于人情，不是为民表率之作为。所引《周易》之语，

---

① 荀悦：《汉纪·昭帝纪》卷十六，见《两汉纪》上，287 页，北京，中华书局，2002。

② 荀悦：《汉纪·宣帝纪》卷十七，见《两汉纪》上，303～304 页，北京，中华书局，2002。

③ 荀悦：《汉纪·惠帝纪》卷五，见《两汉纪》上，64 页，北京，中华书局，2002。

出自《家人卦》象辞，原话是"正家而天下定矣"。荀悦引《易》说的目的，是强调家庭伦理对于国家治理的重要性。

针对历代以及汉代诸侯之制，荀悦也结合《周易》发表了自己的看法。众所周知，汉代前期统御诸侯之制，采取的是郡国并行体制。一方面"汉承秦制"，继续在全国范围内实行郡县制度；另一方面又杂设封国于其间。荀悦对此评论道：

> 诸侯之制，所由来尚矣。《易》曰：'先王建万国，亲诸侯。'孔子作《春秋》为后世法，讥世卿不改世侯。昔者圣王之有天下，非所以自为，所以为民也，不得专其权利，与天下同之，唯义而已，无所私焉。封建诸侯，各世其位，欲使亲民如子，爱国如家，于是为置贤卿大夫，考绩黜陟，使有分土而无分民，而王者总其一统，以御其政……故民主两利，上下俱便，是则先王之所以能永有其世也……至其末流，诸侯强大，更相侵伐，周室卑微，祸乱用作。秦承其弊，不能正其制以求其中，而遂废诸侯，改为郡县，以一威权，以专天下……汉兴，承周、秦之弊，故兼而用之。六王、七国之难作者，诚失之于强大，非诸侯治国之咎。其后遂皆郡县治民，而绝诸侯之权矣，当时之制，未必百王之法也。[①]

在这段话中，荀悦对治国体制是实行郡县还是实行分封作出了自己的评判：肯定分封，否定郡县。在荀悦看来，分封的好处是圣王"与天下同之"，能体现亲民、公而无私，而前提则是"王者总其一统"，三代实行的就是这种体制。而郡县体制则是一种威权政治，以天下为私，秦实行的即是这种体制。汉代实行郡国并行体制，导致六王、七国之乱，问题不是出在诸侯治国，而在于皇权过弱；后来削藩实行郡县，只是一种权宜之制，并非"百王之法"。荀悦倡导分封、反对郡县之论，一方面是史家对历史的一种自觉认识，另一方面又是以易学为依据的。"先王建万国，亲诸侯"一语，出自《比卦》象辞，是《易》对于如何统理、协和万邦

---

① 荀悦：《汉纪·惠帝纪》卷五，见《两汉纪》上，72～73页，北京，中华书局，2002。

所表达出的一种政治观，同时也成为《汉纪》肯定分封体制的理论依据。

很显然，上述荀悦结合《周易》关于历史人与事的评述，已经脱离了汉易喜言灾异的传统，表现出明显的即事明理的解易特点。诚如学者所言，荀悦"对《易》的解说和汉代的孟、京之易有很大的不同"①。这种重视对于义理的探讨，既是荀悦易学重义理的表现，也是其历史认识重人事特点的体现。

(三)"综往昭来，永监后昆"的易理依据

"综往昭来，永监后昆"②是荀悦的历史目的论。荀悦认为，历史研究即是要通过"通古今"以"综往昭来"，总结过往历史的经验教训而为后世作借鉴。因此，"通古今"是前提，而"综往昭来，永监后昆"则是目的。荀悦的这一史学思想，同样是与易学思想相通的，《易》的"通其变"和"彰往而察来"思想，即是这一历史目的论的理论依据。

首先，"通其变"与《汉纪》的"通古今"思想。"通变"是《周易》的中心观念。在《周易》看来，无论是自然界还是人类社会，变动和转化都是普遍存在的，比如日往月来、四季更迭、寒暑循环、人事得失、国家治乱等等，无不如此。从自然界来讲，万物盈虚消长是普遍的、永恒的，所谓"阖户谓之坤，辟户谓之乾。一阖一闭谓之变，往来不穷谓之通"③。从社会历史而言，远古以来的社会进化，都是古圣王"通其变，使民不倦"④的结果。

《周易》的通变思想对于荀悦《汉纪》的古今观有重要影响，《汉纪》的"立典有五志"论中，其第三"志"即是"通古今"⑤。《汉纪》虽然是断代编年体，却以"通古今"作为主要撰述旨趣之一。《汉纪》的叙事，往往具有贯通意识。如上文关于汉代"诸侯之制"的评述，《汉纪》并没有就汉代而论汉代，而是对三代以来的诸侯之制进行了系统论述。其关于封建与郡

---

① 吴怀祺：《易学与史学》，90 页，北京，中国书店，2004。
② 荀悦：《汉纪·平帝纪》卷三十，见《两汉纪》上，547 页，北京，中华书局，2002。
③ 《周易·系辞上》，《十三经注疏》本，82 页，上海，上海古籍出版社，1997。
④ 《周易·系辞下》，《十三经注疏》本，86 页，上海，上海古籍出版社，1997。
⑤ 荀悦：《汉纪·高祖纪》卷一，见《两汉纪》上，1 页，北京，中华书局，2002。

县的认识，即是贯通古今历史发展变化的结果，体现了"通古今"的思想。当然，"通古今"不但是为了形成对历史的整体看法，而且还有"监前之弊"的作用，所谓"监前之弊，变而通之"。① 也就是说，"通古今"是为了更好地总结历史经验教训以改革前朝弊政的需要。如荀悦认为，三代推行分封制度，前期之所以成功，是因为王者一统、诸侯虚弱的政治格局，周代后期之所以失败，是因为周室衰落、诸侯强大。面对这样一种历史变化，秦朝接续周朝而建，却"不能正其制以求其中，而遂废诸侯，改为郡县"，结果导致败亡，这是"承弊"却不知道"救弊"所致。② 当然，《汉纪》也在贯通意识指导下，具体论述了西汉历史上通过改革弊政、重新实现国家长治久安的不少事例，从而从正反两面说明通其变以革除弊政对于促进社会发展的重要作用。

其次，"《易》彰往而察来"与《汉纪》的综往鉴来思想。《周易》所讲的"彰往而察来"③，即是指彰著往昔的变故而察辨将来的事态。韩康伯注曰："易无往不彰，无来不察，而微以之显，幽以之阐。"④孔颖达疏："往事必载，是彰往也。来事豫占，是察来也。"⑤这些《易》注者都高度肯定了易学的这一功能。而钱澄之引吴幼清的话说："彰往，即藏往也，谓明于天之道，而彰明以往之理；察来，即知来也，谓察于民之故而觉未来之事"⑥，则是揭示了"往"和"来"之间的密切联系，肯定历史知识的价值和作用。其实，《易》本卜筮之书，不管通过什么样的形式进行占卜，也不管所得的是什么样的卦象，实际上，在逻辑思维不太发达的古代学术氛围中，人们在具体根据所卜得的卦象进行解卦时，所依赖的主要还是一些与所占卜事项有关联性的以往的经验性知识，在此基础上对正在实施或即将实施的行为的结局进行预测。在这一意义上，《周易》其

---

① 荀悦：《汉纪·惠帝纪》卷五，见《两汉纪》上，73页，北京，中华书局，2002。
② 荀悦：《汉纪·惠帝纪》卷五，见《两汉纪》上，73页，北京，中华书局，2002。
③ 《周易·系辞下》，《十三经注疏》本，89页，上海，上海古籍出版社，1997。
④ 王弼：《周易注》，楼宇烈校释，369页，北京，中华书局，2011。
⑤ 孔颖达：《周易正义》，311页，北京，北京大学出版社，1999。
⑥ 钱澄之：《田间易学》，682页，合肥，黄山书社，1998。

实就是对以往各种占卜情况的一种记录。从另一视角看，这本身就是对远古时期人类历史活动的记录。如果将卜筮的视角进行宏观性的扩展，《周易》所卜筮的不是某一个人、某一件事，而是一个群体或一个民族、一个国家；而对于群体、民族或国家前途的关注，则是历史学的应有使命。《周易》的彰往察来，从个人来看，即是要"多识前言往行，以畜其德"①。这里所谓"前言往行"，即是指过往历史；"以畜其德"，则是通过学习历史知识、总结历史经验，扩展眼界、提高品德修养和处理事务的能力，以更好把握现在，判断未来。从群体来看，这种关于历史的认识，对于治家、治国都有非常重要的意义。"积善之家，必有余庆；积不善之家，必有余殃。臣弑其君，子弑其父，非一朝一夕之故，其所由来者渐矣。由辩之不早辩也。"②只有认真学习历史知识，吸取历史经验教训，"早辩"之，就能够避免此类事件的发生。

《周易》的彰往察来思想对荀悦有重要影响，《汉纪》以"综往昭来，永监后昆"为历史撰述目的，便是受到易学这一思想影响的结果。《平帝纪》赞语说："《易》称'多识前言往行，以畜其德'。《诗》云'古训是式'。中兴已前一时之事，明主贤臣，规模法则，得失之轨，亦足以鉴矣。撰《汉书》百篇，以综往事，庶几来者亦有鉴乎此。"在此荀悦以《易》《诗》为据，肯定班固《汉书》综往鉴来的撰述旨趣，而在随后的史论中，荀悦明确指出了《汉纪》"综往昭来，永监后昆"的撰述旨趣。

这里所谓"综往昭来"，"综往"即是探究和认识过往的历史；"昭来"则是为未来发展作出正确的预判。很显然，正确把握过往历史是作出未来准确预判的先决条件，这就为我们的历史认识提出了真实性的要求。《汉纪》崇尚"言必核其真，然后信之；物必核其真，然后用之；事必核其真，然后修之"③的作史态度，秉承了传统史学的直书精神。如在《汉纪》中，荀悦对西汉赋税繁重、民力凋敝的真实情况作了揭露。荀悦认

---

①　《周易·大畜·象辞》，《十三经注疏》本，40 页，上海，上海古籍出版社，1997。

②　《周易·坤·文言》，《十三经注疏》本，19 页，上海，上海古籍出版社，1997。

③　荀悦：《汉纪·元帝纪》卷二十二，见《两汉纪》上，387 页，北京，中华书局，2002。

为，西汉政府"百一而税"政策只是反映了西汉国家赋税的减轻，却并不表示老百姓的负担因此也减轻了，广占土地的豪富们甚至对老百姓科以重赋。故而荀悦说："豪强富人占田逾侈，输其赋太半。官收百一之税，民收太半之赋。官家之惠优于三代，豪强之暴酷于亡秦。是上惠不通，威福分于豪强也。"①再如前文关于汉文帝用人政策的批评，也是其直书精神的具体体现。值得注意的是，《汉纪》还重视对于历史认识真实性的检验，而"在检验历史认识正确与否的标准问题上，荀悦继承王充关于'效验'的思想，要求人们的主观认识必须与客观事实相参验，认为'真实'是认识与事功的根本所在，强调以'真实'作为检验认识的标准"②。

所谓"永监后昆"，则是指以史为鉴问题。人们总结历史经验教训，目的是为了给时人与后人以历史启示，以资借鉴，这既是历史撰述的目的论，也是历史撰述的价值论。《汉纪》开篇即说："昔在上圣，唯建皇极，经纬天地，观象立法，乃作书契，以通宇宙，扬于王庭，厥用大焉。先王以光演大业，肆于时夏，亦唯翼翼，以监厥后，永世作典。"③这里所谓上圣"乃作书契"、先王"永世作典"，旨在"以监厥后"，为后世作垂范。在《汉纪·自序》中，荀悦对于《汉纪》编纂立意作了说明，其曰："凡《汉纪》有法式焉，有监戒焉；有废乱焉，有持平焉；有兵略焉，有政化焉；有休祥焉，有灾异焉。"将"监戒"作为历史撰述的重要旨趣和取材原则。《平帝纪》赞语中所谓"一时之事，明主贤臣，规模法则，得失之轨，亦足以鉴矣"，"《汉书》百篇，以综往事，庶几来者亦有鉴乎此"等语，也都是在谈历史借鉴问题。同样是在这篇赞语中，荀悦还详细叙述了《汉纪》的撰述动机："惟汉四百二十有六载，皇帝拨乱反正，统武兴文，永惟祖宗之洪业，思光启于万嗣，阐综大猷，命立国典，以及群籍，于是乃作考旧，通连体要，以述《汉纪》。"这里"启于万嗣"，表达了荀悦希望汉朝盛业能够永传于后的愿望；而作《汉纪》，所属意的即

---

① 荀悦：《汉纪·文帝纪》卷八，见《两汉纪》上，114页，北京，中华书局，2002。
② 庞天佑：《论荀悦的历史认识论》，载《史学月刊》，2005(2)。
③ 荀悦：《汉纪·高祖纪》卷一，见《两汉纪》上，1页，北京，中华书局，2002。

是历史对于后世的价值。

综上所述，荀悦《汉纪》的以易解史，主要体现在宣扬天命史观、重人事思想和综往鉴来的史学目的论三个方面。荀悦宣扬天命史观的哲理基础是《周易》的天道理论，其重人事思想是突破汉易好言灾异、转向义理易学讲究事理的体现，而综往鉴来的史学目的论则是以《易》的"通其变""彰往而察来"以及"多识前言往行，以畜其德"等思想为理论依据的。

第四讲 "究天人之际"：
传统史学的整体思维

"究天人之际"是传统史学的重要历史思维之一。中国古代史家探究人类历史，往往会将天与人作为一个不可分割的整体来思考，探究其关系。西汉史家司马迁以"究天人之际"作为《史记》的撰述旨趣之一，由此成为传统史学的天人整体思维模式之肇端。然而从理论渊源来讲，先秦"五经"、诸子、私家史著的历史观以及汉代的天人理论，已经蕴含了这样一种整体思维，这些早期的天人思维对于司马迁"究天人之际"思维的形成都有重要的影响。司马迁之后传统史学的发展，也一直延续了这样一种天人整体思维特点，从汉代宣扬天人感应论，到魏晋重视名教与自然之辨，再到宋明强调天理与人欲之分，成为不同历史阶段传统史学天人整体思维的重要表现形式，反映了传统史学天人整体思维演变的基本过程。

一、天人整体思维的理论渊源

中国古代学术思想所谓天与人，其中的人有个体与群体之分和君臣民之别，通常用来指代君主；而天的内涵则非常丰富，冯友兰先生将其分为"五义"："曰物质之天，即与地相对之天；曰主宰之天，即所谓皇天上帝，有人格的天、帝；曰运命之天，乃指人生中吾人所无奈何者，如孟子所谓"若夫成功则天也"之天是也；曰自然之天，乃指自然之运行，如《荀子·天论》所说之天是也；曰义理之天，乃谓宇宙之最高原理，如《中庸》所说"天命之谓性"之天是也"①。庞朴先生将冯氏天论进一步归纳为三种："物质的天（天空、大自然），精神的天（主宰、至上神），以及本然的天（本然意义上的物质……以及本然意义上的气质）。它们分别为形而下的、形而上的和形而中的。"②人们关于传统史学天人整体思维的阐述，便是在这样一种语境下展开的。

在司马迁之前，天人整体思维已经非常流行。早在夏商神权政治时代，就已经萌生了天人整体思维。在这样一种天人整体思维中，"天"具有绝对的主宰性、超意志性，是人格化的神；人完全居于从属地位，人间王权来自于天，王权的行使必须体现天的意志，所谓"替天行道"。到了"五经"元典时代，天人整体思维得到了进一步的发展。作为"五经"之首的《周易》，所体现的"兼三才而两之，故易六画而成卦"③的卦画构成原理，就已经体现了天人整体的思维；《易传》倡导的"崇效天，卑法地"④和"天地设位，圣人成能"⑤的主张，则是对天人关系所作的具体阐述。"五经"中的《尚书》和《诗经》也明显具有天人整体思维特点，《尚书》提出尊天、敬德、保民的主张，《诗经》宣扬天命王权的同时，又质疑上天"不骏其德"，它们都是将天人作为一个整体来进行思考的。到了春秋战国时代，诸子百家与私家史著对于天人关系展开了普遍的讨论，其中儒家的天人合一与天道自然论、墨家的非命说与天志论、道家的道法自然与无为论，以及《左传》的神意史观与人本思想等，即是这一时期天人整体思维的代表。这些早期的天人整体思维，对于司马迁"究天人之际"撰史旨趣的提出和天人整体思维的形成，无疑都是有着重要影响的。由于在前一、二讲中，我们已经对这些早期的天人整体思维进行了论述，故此不再赘言。

除去上述早期的天人整体思维之外，对司马迁"究天人之际"整体思

---

① 冯友兰：《中国哲学史》，55页，北京，中华书局，1961。
② 庞朴：《天人之学述论》，见陈明主编：《原道》第二辑，北京，团结出版社，1995。
③ 《周易·说卦》，《十三经注疏》本，94页，上海，上海古籍出版社，1997。
④ 《周易·系辞上》，《十三经注疏》本，79页，上海，上海古籍出版社，1997。
⑤ 《周易·系辞下》，《十三经注疏》本，91页，上海，上海古籍出版社，1997。

维产生重要影响的，主要还有从春秋战国直至西汉武帝时期盛行的天人感应思潮。其中诸子的灾祥说标志着天人感应思潮的萌生，此后邹衍的五德终始说、汉初的天人感应思想，特别是董仲舒的天人感应论，则是这股天人感应思潮的代表性思想。

首先是春秋战国天人感应思想的萌生。天人感应论是一种探讨天人关系的学说，春秋战国时期的诸子百家已经在三代天命论的基础上对此作出了最初表述。《周易·乾卦》释"飞龙在天，利见大人"，就引孔子语曰："同声相应，同气相求。水流湿，火就燥，云从龙，风从虎，圣人作而万物睹。本乎天者亲上，本乎地者亲下，则各从其类也。"在这里，儒家创始人孔子已经明确提出了"同声相应，同气相求"的同类感应论。《春秋》一书集中体现了孔子重灾异的思想。通观《春秋》所记 242 年史事，其中灾异之事多达 122 条。这固然是史家纪实手法的一种体现，同时也是孔子畏天命思想的一种体现，所以《论语·八佾》说："获罪于天，无所祷也。"因此，《春秋》所记的灾异是与人事紧密相连的。司马迁就直截了当地说董仲舒是"以《春秋》灾异之变推阴阳所以错行"①。儒家重要文献《中庸》也说，"国家将兴，必有祯祥；国家将亡，必有妖孽"，把天布祥降灾与国家治乱兴亡联系到一起。墨子重言天志，其天志论的重要内容之一就是灾祥论。墨子认为天志不可违，人若顺从天志，天就会"为寒热也节，四时调，阴阳雨露也时，五谷熟，六畜遂，疾灾戾疫凶饥则不至"②。相反，若违逆天志，天就会"下疾病祸福，霜露不时"③。当然，《春秋》《中庸》和《墨子》等的灾祥思想还不能直接等同于天人感应论，但是，讲灾祥就必然以承认人事上感于天为其前提，因此，说灾祥思想隐含有天人感应的思想是不为过的。同时，这种灾祥思想还直接为后来天人感应理论的形成提供了素材。

其次是邹衍的五德终始说。五德终始说的本质，是依据天人感应的

---

① 《史记》卷一百二十一《儒林列传》，3128 页，北京，中华书局，1959。
② 《墨子·天志中》，新编诸子集成本，298 页，北京，中华书局，2018。
③ 《墨子·天志下》，新编诸子集成本，313 页，北京，中华书局，2018。

原理，通过天降祥瑞来对人间王权更替作出预示的一种天命王权学说。五德终始说源自先秦早已流行的五行生克学说。从文献记载来看，最早明确提出"五行"概念的是《尚书·洪范》，该篇提出的箕子陈治国"九筹"之法，其中第一条即是五行。通常意义上讲五行，是将其视为先秦的一种物质构成学说，"五行是一个将整个宇宙都包含在内的庞大系统。金、木、水、火、土既可以代表时间、季节、方位，也可以代表天干地支、八卦、五音十二律以及身体器官。它甚至可以代表任何东西。人们发现了五行之间的深刻关系后，出现了一种倾向，想把自然、社会中的一切东西都纳入到这个系统中去"[1]。因此，五行说已经具有天人合一的思维特点。五行作为一个系统或者整体，其内部五种元素之间存在着相生相克的关系。其中五行相生依次为木生火，火生土，土生金，金生水，水又生木，开始新的循环；五行相克则依次是火克金，水克火，土克水，木克土，金又克木，开始新的循环。

从五行到五德，是从一种物质学说（包含社会因素）发展成为一种具有神意化的历史学说。邹衍的五德终始说，是肯定历史王朝按照五行相胜之序实现德属转移更替的。邹衍认为他之前的历史王朝依次经历了黄帝土德、大禹木德、商汤金德和文王火德四个时期。在人间王朝更替的过程中，上天必然会降下祥瑞之物以昭示在先，如黄帝得土德之兆是"天先见大蚓大蝼"，大禹得木德之兆是"天先见草木秋冬不杀"，商汤得金德之兆是"天先见金刃生于水"，文王得火德之兆是"赤乌衔丹书集于周社"。新朝秉德建立后，必须变更一切旌旗服色和文物制度，如黄帝土德"其色尚黄，其事则土"，大禹木德"其色尚青，其事则木"，商汤金德"其色尚白，其事则金"，文王火德"其色尚赤，其事则火"。[2] 由此可见，五德终始说通过解说王权更替，宣扬了天人感应和天命王权思想。

综观邹衍的五德终始说，其所阐发的天人感应思想主要体现在三个方面。一是肯定同类相召。在邹衍看来，天人属于同类，同类之间存在

---

① 庞朴：《中国文化十一讲》，60 页，北京，中华书局，2008。
② 参见《吕氏春秋·应同》，新编诸子集成本，284 页，北京，中华书局，2018。

着感应，所谓"类固相召，气同则合，声比则应"①。二是指出天人相召的表现形式是上天通过降下祥瑞，以对人间作出回应，所谓"凡帝王者之将兴也，天必先见祥乎下民"②。三是认为黄帝以来的历史反映了天人相召、相互感应的必然性和规律性。

再次是汉初天人感应思想。西汉初年，学者们对于神秘的物类相召、天人感应学说更是乐此不疲，精心探究。思想家陆贾就讲天人感应。陆贾认为天降灾异是君主"恶政"所致，他说："恶政生恶气，恶气生灾异。螟虫之类，随气而生；虹蜺之属，因政而见。治道失于下，则天文变于上；恶政流于民，则螟虫生于野。"③陆贾的说法比起《中庸》有了发展，他肯定恶政在先，灾异在后，因果关系是很明确的。这一时期人们还试图对天人之所以能相互感应的原因作出解说。如西汉前期成书的《黄帝内经》就认为，天人能相互感应是因为天人是相类的。《灵枢·邪客》说："天有日月，人有两目；地有九州，人有九窍；天有风雨，人有喜怒；天有雷电，人有音律；天有四时，人有四肢；天有五音，人有五脏；天有六律，人有六腑。岁有三百六十五日，人有三百六十节。"《淮南鸿烈·精神训》也说，人"头之圆也象天，足之方也象地。天有四时五行九解三百六十六日，人亦有四支五脏九窍三百六十六节。天有风雨寒暑，人亦有取与喜怒。故胆为云，肺为气，肝为风，肾为雨，脾为雷，以与天地相参也，而心为之主。是故耳目者，日月也；血气者，风雨也"。值得注意的是，《淮南鸿烈》还对天人感应的方法作了解说，认为是"以阴阳之气相动也"。也就是说，阴阳之气是天人感应的中介物。《泰族训》篇说："圣人者怀天心，声然能动化天下者也。故精诚感于内，行气动于天，则景星见，黄龙下，祥凤至，醴泉出，嘉谷生。"

由上可知，西汉初年以前的学者已经对物类相召、天人感应、天人相类、以气相动诸多问题进行了论说。但从总体来看，这些解说还不够

---

① 《吕氏春秋·应同》，新编诸子集成本，285 页，北京，中华书局，2018。
② 《吕氏春秋·应同》，新编诸子集成本，284 页，北京，中华书局，2018。
③ 陆贾：《新语》卷下《明诚》，新编诸子集成本，173 页，北京，中华书局，2018。

系统，多为流于一种对表象的描述。他们都还是将物类相感看作是一种神秘难知的东西，认为是玄妙而不能论解的，正如《淮南鸿烈·览冥训》所说的那样，"夫物类之相应，玄妙深微，知不能论，辩不能解"。

最后是董仲舒的天人感应论。天人感应论作为一种系统的神学理论体系，应该说是由董仲舒在前人学说的基础上构建起来的。董仲舒是西汉杰出的思想家，天人观念是其学说思想的重要组成部分。汉武帝时代的思想界普遍重视天人关系，将其视为"大道之要，至论之极"，这从汉武帝的策问便看得很清楚。我们知道，董仲舒的天人感应论主要见诸"天人三策"，此对策乃针对汉武帝"垂问乎天人之应"而作①。与董仲舒同时代另一个儒家标志性的人物公孙弘，也是通过对策获得超拔的，当时汉武帝策问他的论题则是"天人之道，何所本始？吉凶之效，安所期焉？禹、汤水旱，厥咎何由？仁、义、礼、知四者之宜，当安设施？属统垂业，物鬼变化，天命之符，废兴何如？"②从《汉书》的记载来看，当时汉武帝以天人进行策问的还远不止这两次。很显然，天人关系是当时思想界需要作出回答的重要问题。在众多的天人理论中，董仲舒的天人感应论无疑是西汉天人理论的代表。纵观董仲舒的天人感应论，其要点有三。

第一，人副天数说。此说旨在解决天人感应的前提条件。董仲舒从形体、性情、道德、政事等方面阐发了他的人副天数理论，如天人形体同类："天以终岁之数，成人之身，故小节三百六十六，副日数也；大节十二分，副月数也；内有五藏，副五行之数也；外有四肢，副四时数也；乍视乍瞑，副昼夜也……"③天人性情同类："喜怒之祸，哀乐之义，不独在人，亦在于天，而春夏之阳，秋冬之阴，不独在天，亦在于人。"④

---

① 参见《汉书》卷五十六《董仲舒传》，2495 页，北京，中华书局，1962。
② 《汉书》卷五十八《公孙弘传》，2614 页，北京，中华书局，1962。
③ 董仲舒：《春秋繁露》卷十三《人副天数》，新编诸子集成本，350 页，北京，中华书局，2018。
④ 董仲舒：《春秋繁露》卷十一《天辨在人》，新编诸子集成本，327 页，北京，中华书局，2018。

天人道德同类："君臣、父子、夫妇之义，皆取诸阴阳之道。君为阳，臣为阴；父为阳，子为阴；夫为阳，妻为阴。……王道之三纲，可求于天。"①天人政时同类："圣人副天之所行以为政，故以庆副暖而当春，以赏副暑而当夏，以罚副清而当秋，以刑副寒而当冬。"②一言以蔽之，天人同类。也正因此，天人之间便有了相互感应的可能。

第二，天命王权。董仲舒所谓天人感应之"人"，通常是指君主，天人感应的实质就是上天与君主之间的感应。而上天与君主之所以能相互感应，是因为君主不但形体受自于天，而且王权也是来自于天。为了宣扬君权天授的思想，董仲舒还大力宣扬"圣人无父，感天而生"说，认为上天赋予圣人肉体之时，便已经注定了他的后人必然会成为君主，所谓"四法之天施符授圣人，王法则性命形乎先祖，大昭乎王君"③。在董仲舒看来，君主必须受命于天，"天之所大奉使之王者，必有非人力所能致而自至者，此受命之符也"④。君主之所以称作"天子"，即是体现了这种授命之意。董仲舒说，何谓天子？"德侔天地者，皇天右而子之，号称天子"，因此"天子受命于天"。⑤ 董仲舒认为，从历史上看，历代君主都是从上天那里得到授命然后才得以称王的，如"汤受命而王""文王受命而王"⑥，后继者皆是如此。

第三，天人谴告说。天人谴告的方式是天变灾祥。汉武帝试策时发出"三代受命，其符安在？灾异之变，何缘而起"的疑问，董仲舒对此作答道："天下之人同心归之，若归父母，故天瑞应诚而至。《书》曰'白鱼

---

① 董仲舒：《春秋繁露》卷十二《基义》，新编诸子集成本，342～344 页，北京，中华书局，2018。

② 董仲舒：《春秋繁露》卷十三《四时之副》，新编诸子集成本，346 页，北京，中华书局，2018。

③ 董仲舒：《春秋繁露》卷七《三代改制质文》，新编诸子集成本，207 页，北京，中华书局，2018。

④ 《汉书》卷五十六《董仲舒传》，2500 页，北京，中华书局，1962。

⑤ 董仲舒：《春秋繁露》卷十五《顺命》，新编诸子集成本，404、406 页，北京，中华书局，2018。

⑥ 董仲舒：《春秋繁露》卷七《三代改制质文》，新编诸子集成本，183～184 页，北京，中华书局，2018。

入于王舟，有火复于王屋，流为鸟'，此盖受命之符也。周公曰'复哉复哉'，孔子曰'德不孤，必有邻'，皆积善累德之效也。及至后世，淫佚衰微，不能统理群生，诸侯背畔，残贼良民以争壤土，废德教而任刑罚。刑罚不中，则生邪气；邪气积于下，怨恶畜于上。上下不和，则阴阳缪盭而妖孽生矣。此灾异所缘而起也。"①这段话集中说明了一个道理：德政可以招致天降祥瑞，而荒政必然致使天变灾异。所以董仲舒说："国家之失乃始萌芽，而天出灾害以谴告之；谴告之而不知变，乃见怪异以惊骇之；惊骇之尚不知畏恐，其殃咎乃至。以此见天意之仁而不欲陷人也。"②《汉书》本传也说："国家将有失道之败，而天乃先出灾害以谴告之，不知自省，又出怪异以警惧之，尚不知变，而伤败乃至。以次见天心之仁爱人君而欲止其乱也。"很显然，董仲舒的灾异说，其实就是一种谴告说，是上天降下灾异，以此对人间的君主进行谴告。

董仲舒天人感应论的实质是"言天道而归于人道"，乃神道设教，旨在通过有意志的"天"来对人道作出规范或约束。因此，言天道是手段，归于人道才是目的。纵观董仲舒的天人感应论，可以概括为"屈民而伸君，屈君而伸天"，或者说是"以人随君，以君随天"③。"屈民而伸君"的目的，是通过宣扬君权天授，以此肯定君权的合法性与神圣性，使君权受到万民的景仰，自然也就达到"屈民"的目的；而"屈君而伸天"，则是出于限制君权的需要，因为王权的过于强化，又必然会导致君主的为所欲为，而天变灾异、天人谴告之说，便是董仲舒用来限制王权的重要学说。当然，"天志"在董仲舒的学说中往往又被解说成"民志"。董仲舒说："天之生民，非为王也，而天立王以为民也。故其德足以安乐民者，天予之；其恶足以贼害民者，天夺之。"④因此，只有那些安乐民众的

---

① 《汉书》卷五十六《董仲舒传》，2500 页，北京，中华书局，1962。
② 董仲舒：《春秋繁露》卷八《必仁且智》，新编诸子集成本，254 页，北京，中华书局，2018。
③ 董仲舒：《春秋繁露》卷一《玉杯》，新编诸子集成本，29 页，北京，中华书局，2018。
④ 董仲舒：《春秋繁露》卷七《尧舜不擅移、汤武不专杀》，新编诸子集成本，216 页，北京，中华书局，2018。

人，天才会授予他王权；而对于那些贼害民众的君主，天则会收回对他的授命。由此可以说，董仲舒的天人感应论，既是君决定论，又是天决定论，还是民决定论。君、天、民三者的相互制约，构成一个天人和谐、上下和谐的系统。

二、司马迁的"究天人之际"思维

传统史学天人整体思维形成的标志，是司马迁"究天人之际"撰史旨趣的提出。司马迁"究天人之际"思维的形成，显然是受到了自三代以来天人观念和天人感应论的影响。司马迁作《史记》"考信于六艺"[①]，以"正《易传》，继《春秋》，本《诗》《书》《礼》《乐》"为旨趣，"五经"对于司马迁史学有着深刻的影响。司马迁提出"成一家之言"的思想，是希望在诸子百家之外独立成就"史家"的"一家言"，这样的史学抱负源自对于诸子学说包括其天人观作出总结的结果。司马迁作《史记》，《左传》是其历史撰述的重要材料来源，《左传》包括天人观在内的史学思想对于司马迁有重要影响。邹衍的五德终始说对于司马迁的天人观念有重要影响。司马迁是持汉为土德说的代表人物之一，《汉书·郊祀志赞》说："至于孝文，始以夏郊，而张仓据水德，公孙臣、贾谊更以为土德，卒不能明。孝文之世，文章为盛，太初改制，而兒宽、司马迁等犹从臣、谊之言，服色数度，遂顺黄德。"《史记》重视以五德相胜来解说王权更替，阐发天命王权思想。汉初天人感应思潮特别是董仲舒的天人感应论，则直接促成了司马迁"究天人之际"思维的形成。董仲舒为汉武帝时期的一代大儒、公羊学宗师，其天人感应论作为时代天人观念的代表，对时代学术思想具有普遍影响。司马迁是在汉武帝推崇儒学的时代氛围中成长起来的杰出史学家和思想家，又曾直接"闻之董生"[②]，时代的天人观念与学术渊源

---

① 《史记》卷六十一《伯夷列传》，2121 页，北京，中华书局，1959。
② 《史记》卷一百三十《太史公自序》，3297 页，北京，中华书局，1959。

关系，自然会促使司马迁去关注天人问题，从而在《史记》的撰述中自觉以"究天人之际"作为撰史的旨趣。当然，司马迁关注天人问题，也与史官职守有一定的关系。司马迁出生在一个史官世家，中国古代史官的职责除去记时书事，还有观测天象与制定历法，这也很容易使其接受这种天人一体的思维方式，史官往往善于从四时、天象的往复变动中悟出社会人事的变化，同时将天道与人事联系起来解说社会各种现象。

综观司马迁《史记》的"究天人之际"，既肯定人事对于历史发展的重要作用，又重视从天的角度去认识和评述历史，关注天人之间的相互关系，彰显其天人整体的思维特点。

首先，《史记》以天人理路来构建史书的编纂体系。《史记》全书由十二本纪、十表、八书、三十世家和七十列传构成，关于其五种体例之各自数理，司马迁作如是说：

> 罔罗天下放失旧闻，王迹所兴，原始察终，见盛观衰，论考之行事，略推三代，录秦汉，上记轩辕，下至于兹，著十二本纪，既科条之矣。并时异世，年差不明，作十表。礼乐损益，律历改易，兵权山川鬼神，天人之际，承敝通变，作八书。二十八宿环北辰，三十辐共一毂，运行无穷，辅拂股肱之臣配焉，忠信行道，以奉主上，作三十世家。扶义俶傥，不令己失时，立功名于天下，作七十列传。①

按照司马迁的说法，五种体例是为了便于记述古往今来的人与事，其中十二本纪是记述"王迹所兴"的过程，三十世家和七十列传是记述历史人物，八书记载礼乐制度沿革，十表则是为了明晰年差。而从五种体例的数理来看，其中八书直接提到了"天人之际"，而三十世家则与天象进行了比附，天人合一思维的意图已经有所明示。

学者们对于司马迁五种体例的来源及其所用之数的内涵，表现出了极大的兴趣。其中关于五种体例的来源，解说的观点差异不大。梁启超

---

① 《史记》卷一百三十《太史公自序》，3319 页，北京，中华书局，1959。

可谓代表，其在《中国历史研究法》一书中说道："本纪以事系年，取则于《春秋》；其八书详记政制，蜕形于《尚书》；其十表稽牒作谱，范于《世本》；其世家列传，既宗雅记，亦采琐语，则《国语》之遗规也。"①范文澜在《正史考略·绪言》中，几乎完全采用了梁启超的说法，只是补充了两处"《左传》"二字。

然而对于五种体例之数理是否蕴含天人整体的思想，学者们则有不同的看法。唐司马贞《补史记序》说："观其本纪十二，象岁星之一周，八书有八篇，法天时之八节，十表放刚柔十日，三十世家比月有三旬，七十列传取悬车之暮齿，百三十篇象闰余而成岁。"②与司马贞同时代的张守节也认为："太史公作《史记》，起黄帝、高阳、高辛、唐尧、虞舜、夏、殷、周、秦，讫于汉武帝天汉四年，合二千四百一十三年。作本纪十二，象岁十二月也。作表十，象天之刚柔十日，以记封建世代终始也。作书八，象一岁八节，以记天地日月山川礼乐也。作世家三十，象一月三十日，三十辐共一毂，以记世禄之家辅弼股肱之臣忠孝得失也。作列传七十，象一行七十二日，言七十者举全数也，余二日象闰余也，以记王侯将相英贤略立功名于天下，可序列也。合百三十篇，象一岁十二月及闰余也。而太史公作此五品，废一不可，以统理天地，劝奖箴诫，为后之楷模也。"③司马贞和张守节都是《史记》著名的注家，他们都认为《史记》五种体例之数的编排具有"废一不可，统理天地"的含义，因而是蕴含了天人合一的思想。当然，也有不赞成此说者。如金人王若虚就直斥司马贞述《史记》五体"妄意穿凿，乃敢如此，不已甚乎！"④清人沈涛也提出"史公作《自序》，惟于三十世家有'二十八宿环北辰，三十辐共一毂'之语，其他篇数，初不自言其例，不知两家之言何所据也"⑤的疑问。今人范文澜在《正史考略·史记》中，通过引述司马贞和张守节的

① 梁启超：《中国历史研究法》，19 页，北京，东方出版社，1996。
② 司马贞：《补史记序》，黄嘉惠刻本《史记》附录。
③ 张守节：《史记正义·论史例》，见《史记》附录，13 页，北京，中华书局，1959。
④ 王若虚：《滹南遗老集》卷三十一《著述辨惑》，四部丛刊本。
⑤ 沈涛：《铜熨斗斋随笔》卷三《史记篇例》，四部丛刊本。

说法之后说："两说不知何本，史公微意，岂其然乎？"表达了对司马、张二氏说法的不认可。然而，迄今为止的驳论，都没有拿出有力的证据来加以否定。考虑到西汉天人整体思潮的流行、史官丰富的天学知识，以及司马迁的《史记》自序和所提出的撰史旨趣，作为《史记》注家的司马贞、张守节如此理解《史记》五种体例蕴含的天人整体思想，应该说是有道理的。

其次，《史记》高扬起人的价值的重人事思想。天人整体合一的前提是天人相分。《周易》的人法天道和"圣人成能"思想，是以人道不同于天道为其前提的；如果二者一致，也就无所谓人对天的效仿和"成能"了。司马迁"究天人之际"，从天人整体的视野去看待历史，首先也是认可了人与天的不同，并且肯定人在历史发展过程中的有为性和能动性。具体来讲，《史记》的重人事思想有以下两方面表现。

第一，从编纂体裁而言，《史记》以纪传体论载历史，彰显了以人为中心、重视记载人事的思想。司马迁作《史记》，创立涵盖本纪、世家、列传、书、表五种体例的纪传体史书体裁，一方面有先秦以来历史撰述的影响，如《世本》包含的帝系、本纪、世家、传、谱、氏姓、居、作诸例，对司马迁《史记》纪传体的创立在体裁、体例上就有直接的影响。另一方面，司马迁创立以人物为中心的纪传体体裁，也与先秦至汉代天人观念的发展是分不开的。三代神权政治的时代，天的意志主导着人的意志；春秋战国秦汉之际是人开始逐渐觉醒的时代，人为的价值越来越被人们所认识。正是在这样的背景下，关注于人，人成为历史记述的中心才成为可能。《史记》是由司马迁的父亲司马谈发凡起例的，在司马谈的历史撰述意识中，就已经将人作为历史记述的中心了。司马谈临终前对司马迁说："自获麟以来四百有余岁，而诸侯相兼，史记放绝。今汉兴，海内一统，明主贤君忠臣死义之士，余为太史而弗论载，废天下之史文，余甚惧焉，汝其念哉！"[①]很显然，司马谈已经将论载"明主贤君忠臣死义之士"作为《史记》的撰述目的之一了。司马迁创立以论载人物为

---

① 《史记》卷一百三十《太史公自序》，3295页，北京，中华书局，1959。

中心的纪传体体裁，显然也是为了服务于这一目的。司马迁撰成的纪传体史书《史记》，其中心体例是记述人物的本纪、世家和列传"三体"（班固以后整齐为本纪和列传二体），其中的"十二本纪"记述"王迹所兴"，主要是历代帝王传记；"三十世家"的记述对象为诸侯王和历代圣贤；"七十列传"的记述对象是"立功名于天下"的将相和杰出人物。至于书、表，前者记述典章制度，后者明晰年差，其间不乏历史人物事迹的记述。所以赵翼说："本纪以序帝王，世家以记侯国，十表以系时事，八书以详制度，列传以志人物，然后一代君臣政事，贤否得失，总汇于一编之中。"①非常清楚地说明了《史记》作为纪传体以记述人物为中心的显著特点。

　　第二，从记述内容而言，《史记》重视人对于历史发展的重要作用。历史是人的历史，人的作用决定着历史的发展，这在今天是一种历史常识，但在《史记》问世之前，并未被人们所普遍认识，神意、天意的意识还非常浓厚。《史记》肯定人的作用，包括小到个人的建功立业，大到对历史发展趋势的重大影响。《史记》论历史发展之势，非常重视人为的作用。如在谈论夏、商、周、秦相继更替这一历史发展大势时，司马迁说："昔虞、夏之兴，积善累功数十年，德洽百姓，摄行政事，考之于天，然后在位。汤、武之王，乃由契、后稷修仁行义十余世。不期而会孟津八百诸侯，犹以为未可，其后乃放弑。秦起襄公，章于文、穆、献、孝之后，稍以蚕食六国，百有余载，至始皇乃能并冠带之伦。以德若彼，用力如此，盖一统若斯之难也。"②在此，司马迁充分肯定了夏、商、周、秦之王天下，都是修仁行义、积德用力的结果，是人为而非天意。同样，司马迁在分析夏、商、周、秦灭亡的原因时，也都认为是人为造成的。如夏桀的灭亡在于"桀不务德而武伤百姓，百姓弗堪"③。商纣的灭亡在于亲小人，远贤臣，自以为"我生不有命在天乎"而胡作非

　　① 赵翼：《廿二史札记校证》卷一《各史例目异同》，王树民校证，3页，北京，中华书局，1984。
　　② 《史记》卷十六《秦楚之际月表》，759页，北京，中华书局，1959。
　　③ 《史记》卷二《夏本纪》，88页，北京，中华书局，1959。

为，"淫乱不止"①。西周的衰败，在于周厉王"暴虐侈傲"②和周幽王的荒淫无度，结果导致犬戎破镐京惨剧的发生。秦朝"以六合为家，崤、函为宫"，结果却二世而亡，原因正如贾谊《过秦论》所言，是"仁义不施而攻守之势异也"③。

《史记》对于个人的奋发有为也给予充分肯定。如《齐太公世家》肯定齐桓公的霸业是通过"修善政"取得的；《越王勾践世家》认为越国之所以最终灭掉强吴、称霸中原，是勾践"苦身焦思"、励精图治的结果；《孔子世家》称赞孔子说："孔子布衣，传十余世，学者宗之。自天子王侯，中国言'六艺'者折中于夫子，可谓至圣矣！"《陈涉世家》将布衣陈涉发迹与汤武革命、孔子作《春秋》相提并论，充分肯定了陈涉在推翻暴秦统治过程中的首创精神。如此等等，不一而足。司马迁对历史上那些将人事的成败归之于天的做法持否定态度。如在《项羽本纪赞》中，他否定项羽"天之亡我"的说法，认为项羽的败亡乃是咎由自取，却至死"尚不觉寤而不自责"；《蒙恬列传》对蒙恬将自己的死因归于绝地脉而违忤天意的说法提出批评，认为他的败亡在于"不以此时强谏，振百姓之急，养老存孤，务修众庶之和，而阿意兴功"。

最后，《史记》重视宣扬天命王权思想。司马迁《史记》中的"天"论，包含有意志、命运、趋势、本然和物质等多重含义。《史记》所谓命运之天，是指人力无法左右的能量来决定着人的成败祸福。如《李将军列传》记述了李广曾问王朔自己难封为侯的原因是"岂吾相不当侯邪？且固命也？"当李广在征讨匈奴的最后一役迷道误期被治罪时，他对部下说："今幸从大将军接单于兵，而大将军又徙广部行回远，而又迷失道，岂非天哉！"司马迁显然是借助于李广之口，间接指出李广难封有命运不济的因素，也就是天意，当然字里行间也蕴含了对汉朝用人及封赏制度不合理的批评。所谓趋势之天，是指历史发展之"势"，亦即必然性。在谈

---

① 《史记》卷三《殷本纪》，107、108 页，北京，中华书局，1959。
② 《史记》卷四《周本纪》，142 页，北京，中华书局，1959。
③ 《史记》卷六《秦始皇本纪》，282 页，北京，中华书局，1959。

及秦亡汉兴的原因时,《高祖本纪》就认为"周秦之间,可谓文敝矣。秦政不改,反酷刑法,岂不谬乎? 故汉兴,承敝易变,使人不倦,得天统矣"。这里所谓"天统",自然有上天眷顾汉兴的含义。所谓本然之天,是指自然规律和人伦道德,《史记》重视顺应自然规律,也非常重视社会伦理道德的建设和社会秩序的维护,并且对物质与道德之间的关系作了探讨,《货殖列传》由此提出了"礼生于有而废于无"的重要观点。《史记》的"天"论,大多则是将其作为一种物质之天来看待的,如关于天象变化、自然变迁及其对于人事的影响的记述等。

当然,《史记》天论中最能彰显天人整体思维的,还是宣扬天有意志,天命王权,肯定意志之天对于人事的影响作用。其主要体现,一是宣扬"圣人感生"说。《史记》的《殷本纪》和《周本纪》在描述商周部族起源时,分别记述了简狄吞卵生契和姜嫄履迹生弃的故事。《秦本纪》和《高祖本纪》则套用了这种"感生"说,说秦的祖先大业乃女修吞卵而生,汉高祖刘邦则是刘母与赤龙交感而生。"感生"说宣扬的是一种天命史观,当天神赋予圣人肉体的同时,也就同时赋予了其治理万民的权力。同时《史记》还宣扬了"圣人同祖"说,《五帝本纪》以黄帝为百王先,"自黄帝至舜、禹,皆同姓而异其国号"。这种"祖黄帝"的思想同样也是一种天命王权思想,"黄帝策天命而治天下,德泽深厚世,故其子孙皆复立为天子,是天之报有德也"[①]。不过,《史记》对这种报德说也有过质疑,如《伯夷列传》就以善人伯夷、叔齐、颜渊和恶人盗跖为例,对"天之报施善人"说加以否定。二是以五德相胜解说王权天授。如前所述,邹衍的五德相胜说是司马迁《史记》天命王权思想的重要来源之一。如《五帝本纪》说黄帝"有土德之瑞,故号黄帝"。《殷本纪》说:"汤乃改正朔,易服色,上白,朝会以昼。"《秦始皇本纪》说:"始皇推终始五德之传,以为周得火德,秦代周德,从所不胜。"司马迁参与修订的《太初历》,最终确定了汉朝的"黄德"。《史记》如此不厌其烦地引述和运用邹衍的五德相胜说,旨在解说自黄帝至汉朝的王权及其变更都是天命所归。

---

① 《史记》卷十三《三代世表》,505 页,北京,中华书局,1959。

综上所述可知，司马迁《史记》的"究天人之际"思想，是要把具有物质性、意志性和伦理性的天与作为群体的人当作一个整体来进行探究，由此来找寻天人之间的关系，确定历史记述与评论的对象，因而具有天人整体的思维特点。与传统天人整体思维相比较，司马迁所谓的"人"更具普遍性和群体性，司马迁所谓的"天"也更具有物质性、自然性；在天人关系当中，既重视天人合一，又强调天人相分，由此充分肯定了人在天人关系中不仅具有能动性，甚至还具有主导性。

三、传统史学天人整体思维的演变

由司马迁"究天人之际"开启的传统史学的天人整体思维，在此后史学发展过程中得到了传承和发展。传统史学天人整体思维的演进虽然纷繁复杂，却也呈现出明显的时代特征，其中两汉的天人感应论，魏晋的名教与自然之辨，宋明的天理与人欲之分，大致反映了历代史学天人整体思维的演进过程，而伴随着这个过程的则是史家天人思维从神意化逐渐走向了哲理化。

首先是汉代的天人感应论。汉代流行的天人感应论主要有两种，一是由董仲舒构建的天人感应论，以天人相类、天变灾祥为基本内容；二是以邹衍和刘歆提出的五德终始说为代表的天人感应论，旨在从感应角度解说历史王朝变易，宣扬天命王权思想。这两种天人感应论所体现的天人整体思维，不但影响了西汉司马迁史学，而且也对东汉班固和荀悦史学有着重要的影响。

班固《汉书》重视宣扬董仲舒的天人感应学说。从经学流派而言，班固属于古文家。然而，他"所学无常师"，"九流百家之言，无不穷究"，[1] 实际上是一位博通今古的学者。正因此，班固推崇今文宗师董

---

① 《后汉书》卷四十上《班彪列传》，1330 页，北京，中华书局，1965。

仲舒，视其学术"为儒者宗"①。而在班固推崇的董学中，以灾祥论为主旨内容的天人感应论，无疑是其中的重要内容之一。《汉书·董仲舒传》与《史记·儒林列传》中的《董仲舒传》相比，有一个重要区别，那就是将集中体现董仲舒天人感应思想的《天人三策》完整地载入到传记当中。之所以如此，显然是班固对《天人三策》宣扬的天人感应思想的高度重视。作为东汉前期的史家，班固充分认识到了这一思想对于西汉武帝以后的政治和学术思想所产生的极其重要的影响。《汉书》宣扬天人感应思想最集中的篇章当属《五行志》，该《志》是班固通过大量记载董仲舒以及刘向和刘歆等人的灾异理论，间杂着表述自己的灾异观点，从而加以编成的。

荀悦作《汉纪》，也重视宣扬灾祥报应说。荀悦认为，人之为善，则必有祥报；而人之为恶，则必有祸报。《申鉴·杂言上》说："云从于龙，风从于虎，凤仪于韶，麟集于孔，应也。出于此，应于彼。善则祥，祥则福；否则眚，眚则咎。故君子应之。"在荀悦看来，人事之善恶与祥祸之报应之间是存在着一种必然联系的。由人事而至国事，荀悦则认为这种灾祥之报主要取决于政治之得；而上天之所以施灾祥之报，则是希望明智的君主能够从中有所感悟。所以他说："政失于此，则变见于彼，由影之象形，响之应声。是以明王见之而悟，敕身正己，省其咎，谢其过，则祸除而福生，自然之应也。"②

东汉盛行的五德终始说是刘歆的相生说，班固、荀悦的天人观念都深受其影响。与邹衍的五德说相比，刘歆的五德说具有以下特点：其一，讲五德相生，以"木火土金水"五行相生之序替代以"土木金火水"五行相胜之序来解说王朝更替的规律；其二，以得木德的伏羲氏为历史开端，取代以得土德的黄帝为历史开端；其三，历史系统更为复杂，依次为木德伏羲氏、火德炎帝、土德黄帝、金德少昊、水德颛顼，木德帝喾、火德帝尧、土德帝舜、金德伯禹、水德成汤，木德周武王、火德汉

① 《汉书》卷二十七上《五行志》，1317页，北京，中华书局，1962。
② 荀悦：《汉纪》卷六《高后纪》，见《两汉纪》上，85页，北京，中华书局，2002。

朝。五德终始说通过解说王权更替，宣扬了天人感应和天命王权思想。

班固《汉书》汲取刘歆五德相生说的具体表现，一是系统记述和宣扬了这一学说。《汉书》的《律历志下》所载刘歆所作《三统历谱·世经》，详细记载了五德相生说的内容。《汉书》的《高帝纪赞》《郊祀志赞》和《五行志》等篇目，也对这一学说多有涉及。二是汲取了刘歆的古史系统。《汉书》虽为断代史，但其中的志和表是贯通的，所体现的古史观即来自刘歆五德说的古史系统。如《古今人表》所列"上上圣人"，即是历代帝王大系，其编排与《世经》篇古史系统完全一致；《百官公卿表》历述伏羲以来历代官制及其演变情况，与刘歆的古史系统完全吻合。三是历史观汲取了刘歆的思想。刘歆五德说确定汉为火德上继周朝木德，进而提出"汉为尧后"说，将水德秦朝视为闰朝，排除在历史统绪之外。班固完全继承了这一思想，《汉书》大力宣扬"汉为尧后"说，《高帝纪赞》第一次详细排列出了刘汉自尧以来的世系；而汉得火德上继周之木德，就自然否定了秦朝的历史统绪。"汉为尧后"与摒秦，不但宣扬了天命王权的思想，而且首次在正史中发轫了王朝正统之争。

荀悦《汉纪》以刘歆五德相生说开篇，大力宣扬"汉为尧后"说。《汉纪》开篇用了五百余言，详细叙述刘歆的五德相生说，其目的显然就是要借此说明刘氏乃古圣王陶唐之后，故而刘邦之所以能建汉，实乃得于天统，而非人力所为。荀悦将"汉为尧后"作为刘邦建汉的理论依据，宣扬的是一种命定论。《汉纪》的"帝纪赞"皆抄袭《汉书》旧文，唯有《高祖纪赞》则是荀悦所作。班固作《高帝纪赞》，旨在宣扬"汉为尧后"的思想；荀悦自撰《高祖纪赞》，也是为了系统表达自己的天命史观，所宣扬的主旨思想即是强调"帝王之作，必有神人之助，非德无以建业，非命无以定众"。《汉纪》以班彪"神器有命"说收尾，与开篇章"汉绍尧运"说相为呼应，体现了其天命皇权思想的一贯到底性。班彪曾作《王命论》，集中宣扬"汉德承尧，有灵命之符，王者兴祚，非诈力所致"[1]的思想。荀悦凸显"神器有命"说，其现实意义在于以此来杜绝东汉末年乱臣贼子们的

---

① 《后汉书》卷四十上《班彪列传》，1324 页，北京，中华书局，1965。

非分之想。

　　魏晋以后，以五德相生说来解说王朝更替，从天人感应的角度来宣扬天命王权思想，已经成为历代正史书写的一种定式。从《三国志》的"黄龙见谯"确定曹魏土德开始，历代正史总是不厌其烦地在开篇章中历数王朝的德属，以此论证王命天授，为王朝政权的合法性提供论证。

　　其次是魏晋的名教与自然之辨。魏晋时期的名教与自然之辨，是伴随着魏晋玄学的兴起而出现的。玄学哲学的思想特征是"用老庄思想解释儒经，并且只把儒经作为一种凭借，重点不在疏通经义，而在发挥注释者自身的见解"[①]，因而玄学的学术主旨是以玄谈替代讲经，以思辨代替章句。这种玄谈、思辨的主题，便是名教与自然的关系，这是关于天人关系的一种表述形式。这里所谓名教，即是维系社会人群的儒家道德规范；而所谓自然，则是指道家所崇尚的天地之性。调和名教与自然的关系，从学术思想主体来讲即是调和儒道的关系，从学术思想本质来讲则是调和人与自然的关系，亦即天人关系。很显然，魏晋时期的名教与自然之辨，是传统天人整体思想的一种新的表述形式。

　　受时代天人观念的影响，名教与自然之辨也成为魏晋南北朝时期史学的重要思想。其中陈寿《三国志》的人物品评、袁宏《后汉纪》的"笃名教"思想，堪为这一时期史学以道法自然为特色的天人整体思维的代表。

　　第一，《三国志》的人物品评。魏晋玄学兴起之后，提倡道家的重精神、天才主张，追求神理、神明的精神境界，才性之辨自然成为清谈的重要品题。魏晋才性之辨的具体内涵，主要包括容貌、才能与精神三个层面。容貌是关于人物外表的描述；才能往往会根据人物的特点，冠以"天才""大才""奇才""俊才""高才"等不同称谓；而精神则是一种神味，往往以"神明开朗""神锋太俊""明慧若神"等作形容。魏晋士人文化重视才性之辨，深深影响了陈寿《三国志》的人物品评。《三国志》品评人物的兴趣极大，涉及所记载的众多历史人物，品评的关注点主要在于人物的

----

　　① 　任继愈主编：《中国哲学发展史（魏晋南北朝）》，621、628页，北京，人民出版社，1988。

局量才识和风度容貌两个方面。在局量才识上，《三国志》一是重视设立人物品目，如称曹操是人杰，刘备是英雄，孙策、孙权是英杰，诸葛亮、周瑜、鲁肃是奇才，等等；二是重视人物分类品评，主要类别有文藻、武艺、谋略、忠烈、刚直、清高、德行、宽厚、政事、儒学、方技等，每类罗列代表性人物；三是通过人物对话与评述，点画出人物的才性。如《蜀书·先主传》记述曹操与刘备论英雄之事，寥寥数语，既表现出了曹操的气势和眼光，也透过刘备的惊恐失态之举反映出了这位"潜龙"的志向。如《蜀书·关张马赵黄传》记述马超归降，关羽寄书诸葛亮问马超人才可与谁比类的一段对话，既刻画出了关羽争强好胜的性格特点，也充分反映出了诸葛亮的机智与风度，等等。这种通过人物对话与评述来点化人物才性，是《三国志》惯用的手法。同时，《三国志》还非常重视从风度容貌去品评人物。如说袁绍"姿貌威容"，刘表"长八尺余，姿貌甚伟"，刘备"身长七尺五寸，垂手下膝，顾自见其耳"，诸葛亮"英霸之器，身长八尺，容貌甚伟，时人异焉"，关羽"髯之绝伦逸群"，孙策"美姿颜"，孙权"形貌奇伟，骨体不恒"，张昭"容貌矜严，有威风"，周瑜"有姿貌"，程普"有容貌计略"，董袭"长八尺，武力过人"，等等。

《三国志》以简洁著称，然而其品评人物可谓是"不厌其烦"。这种人物品评，"带有魏晋清谈的风格，这种突出人物的个性的评价，重视人物的才能、品德、风貌，强调了人事在历史的兴衰中的作用，这在史学思想上是进步的表现"[①]，同时这种人物品评追求道家重精神的特点，蕴含了对于人之本然性的一种追求。因此，《三国志》的人物品评，其实是反映了陈寿的天人合一思维的。

第二，袁宏的"笃名教"思想。东晋史家袁宏著《后汉纪》，明确以"通古今而笃名教"为其旨趣。他的"名教论"，是通过探讨名教与自然的关系来展开论说的。袁宏说：

> 夫君臣父子，名教之本也。然则名教之作，何为者也？盖准天

---

① 吴怀祺：《中国史学思想史》，140 页，合肥，安徽人民出版社，1996。

地之性，求之自然之理，拟议以制其名，因循以弘其教，辩物成器，以通天下之务者也。是以高下莫尚于天地，故贵贱拟斯以辩物；尊卑莫大于父子，故君臣象兹以成器。天地，无穷之道；父子，不易之体。夫以无穷之天地，不易之父子，故尊卑永固而不逾，名教大定而不乱，置之六合，充塞宇宙，自今及古，其名不去者也。未有违夫天地之性而可以序定人伦，失乎自然之理而可以彰明治体者也。①

这段话有两层含义，一是肯定名教之本是讲君臣父子关系；二是强调君臣父子的高下、尊卑关系是"天地之性"和"自然之理"，因而是永恒不变的。袁宏以"天地之性"和"自然之理"来论说名教，强调名教的自然本性，这显然是以道家自然无为的观念来解说传统儒家的名教观，从而打上了玄学家的痕迹。

作为一位颇具史识的玄学家，袁宏学术思想的显著特点是援玄入史、玄儒合一。他在谈论儒、道学术时，就曾说："然则百司弘宣，在于通物之方，则儒家之算，先王教化之道。居极则玄默之以司契，运通则仁爱之以教化。故道明其本，儒言其用，其可知也矣。"②这里所谓"道明其本，儒言其用"，是袁宏关于其玄学思想的经典表述，也是其对于儒道合流学术发展之"势"的认识，同时也是其天人合一思维的玄学式表述形式。

最后是宋明的天理与人欲之辨。天理与人欲之辨，是宋明时期天人之辨的一种重要形式。宋代理学兴起之后，"天理"逐渐成为理学的最高范畴和中心观念。按照程朱理学的理解，天理是宇宙的根本，"未有天地之先，毕竟也只是理"③。天理流行，化育万物，"故人物之生，必得是理，然后有以为健顺仁义礼智之性；必得是气，然后有以为魂魄五脏

---

① 袁宏：《后汉纪》卷二十六《献帝纪》，见《两汉纪》下，509 页，北京，中华书局，2002。
② 袁宏：《后汉纪》卷十二《章帝纪》，见《两汉纪》下，231～232 页，北京，中华书局，2002。
③ 黎靖德编：《朱子语类》卷一，1 页，长沙，岳麓书社，1997。

百骸之身"①。很显然，天理落实到社会历史和百姓日用层面，便成为"仁义礼智"的总和，成为纲常伦理道德。与天理相对应，程朱理学提出"人欲"概念，并将"存天理，灭人欲"作为理学的宗旨，固化了二者的对立。二程就说："灭私欲则天理明矣。"②朱熹也说："人之一心，天理存则人欲亡，人欲胜则天理灭。"③很显然，程朱理学的天理与人欲之辨，所谓天理，即是一种伦理的、本然的天，而存天理、灭人欲，即是要复明人之秉受天理的本性，从而达到"与理为一"的天人合一的境界。这种哲理化的天人之辨，对于宋代以后的传统史学影响很大，天理史观成为历史观的中心观念，"会归一理之纯粹"成为历史撰述与历史评判的重要标准。

从历史撰述角度而言，理学家兼史学家朱熹的《资治通鉴纲目》一书，堪为宣扬天理史观的代表作。在该书《序例》中，朱熹对天人之道及其与历史撰述的关系作如是说："岁周于上而天道明矣，统正于下而人道定矣，大纲概举而鉴戒昭矣，众目毕张而几微著矣。"这就是说，《纲目》一书采用纲目体体裁编纂历史，旨在以此来彰显天道，立定人道。《纲目》撰成之后，书法上义例繁富，思想上正统观念浓厚，诚如他的学生李方子在《纲目后序》中所说的，该书"义正而法严，辞核而旨深，陶铸历史之偏驳，会归一理之纯粹，振麟经之坠绪，垂懿范于将来，盖斯文之能事备矣"。范祖禹的《唐鉴》，则是宋代宣扬天理史观的又一部力作。范祖禹虽然为司马光《资治通鉴·唐纪》长编的撰写者，然而最终为司马光删削而成的《唐纪》却并不符合其唐史观点。范祖禹独自撰成《唐鉴》一书，便是要以此来贯彻他的历史观点。比较《唐鉴》与《唐纪》，可以清楚地看出范祖禹浓厚的天理史观。如关于玄武门之变，司马光《唐纪》虽然对唐太宗作了批评，认为其背弃礼义名分"贻讥千古"，开了以兵继统的恶例，却也肯定高祖夺天下"皆太宗之功"，并说太子李建成没

---

① 朱熹：《大学或问》卷一，见《四书或问》，17页，上海，上海古籍出版社，2001。
② 程颢、程颐：《二程遗书》卷二十四，243页，上海，上海古籍出版社，1992。
③ 黎靖德编：《朱子语类》卷十三，199页，长沙，岳麓书社，1997。

有让国之贤。① 《唐鉴》的评论则明显不同，乃一派理学家口吻。范祖禹认为李建成是"君之贰，父之统"，唐太宗以藩王杀太子"是无君父也"；以弟杀兄是"为弟不弟"，乃"悖天理，灭人伦"之举。② 又如，关于武则天统治二十一年的纪年问题，司马光《唐纪》沿袭《旧唐书》及《新唐书》的做法，为武则天作《本纪》，采用武则天年号系事，亦即承认武则天统治的正统性。范祖禹则视武则天统治为"母后祸乱"，在纪年上援引《春秋》"公在乾侯"例，不但以中宗年号取代武则天年号，而且在纪年之后必书"帝在房州""帝在东宫"。③ 由此可见，《唐鉴》与《唐纪》在历史编纂思想上有着明显的不同。

从历史评判角度而言，以天理还是人欲来分论三代与汉唐，成为天理史观历史评判的一种范式。作为史学家兼理学家，司马光是三代、汉唐分论的代表之一。只是与一般理学家只认为三代是王道政治不同，他称颂三代，却认为三代政治既有王道，也有霸道，只是"王霸无异道"④。而对于汉唐政治，司马光认为总体上是逐渐衰落的。如两汉"虽不能若三代之圣王，然犹尊君卑臣，敦尚名节"，是一个遵守礼法的社会；魏晋以降，社会"风俗日坏""不顾名节"，是一个道德逐渐沦丧的时代；唐代进一步衰落，这个时代的社会"不复论尊卑之序、是非之理"；到了五代，社会已败落到极限，这个时代"天下荡然莫知礼义为何物矣"。⑤ 应该说，司马光对于汉唐历史的评价，采取的是一种道德评价标准，明显打上了理学家的烙印。朱熹的三代、汉唐分论理学色彩更为浓厚。他认为三代是天理流行的盛世，而汉唐是人欲横流的衰世，"三代之礼，至周而备。后世虽有作者亦无以加矣"⑥。三代之后，"千五百

---

① 参见司马光：《资治通鉴》卷一百九十一《唐纪七》，6012～6013 页，北京，中华书局，1956。

② 范祖禹：《唐鉴》卷一，21～22 页，西安，三秦出版社，2003。

③ 范祖禹：《唐鉴》卷四，101～104 页，西安，三秦出版社，2003。

④ 司马光：《资治通鉴》卷二十七《汉纪十九》，881 页，北京，中华书局，1956。

⑤ 均见司马光：《司马文正公传家集》卷二十四《上谨习疏》，文渊阁四库全书本。

⑥ 朱熹：《论孟精义》卷一下，见朱杰人等主编：《朱子全书》第 7 册，95 页，上海，上海古籍出版社，2002。

年之间，正坐如此，所以只是架漏牵补，过了时日。其间虽或不无小康，而尧、舜、三王、周公、孔子所传之道，未尝一日得行于天地之间也"①。对于汉唐建立起来的功业，朱熹以道德为本位，以天理为准绳而给予否定。他说："汉高帝、唐太宗之所为，而察其心果出于义耶，出于利耶？出于邪耶，正耶？若高帝，则私意分数犹未甚炽，然已不可谓之无。太宗之心，则吾恐其无一念之不出于人欲也。……若以其能建立国家、传世久远，便谓其得天理之正，此正是以成败论是非，但取其获禽之多而不羞其诡遇之不出于正也。"②

南宋理宗以后，朱熹理学成为此后及元明清时期的官方学术思想。明代中后期虽然王阳明学说开始勃兴，然而王学提出的"心即理"命题，肯定心具天理、良知，"致良知"的修养功夫即是要灭除私欲，这与程朱理学在理学宗旨上并无二致。也正因此，这一时期的理欲之辨在史学义理化过程中得到了不断强化。如以明理著称的"纲目体"盛行于元明清时期，逐渐形成为历史编纂的一个大系；《春秋》褒贬书法经过宋代史学的提倡，在元明清时期继续得以发扬，成为历史褒贬的基本方法；《唐鉴》以其浓厚的理学色彩，获得了与《资治通鉴》齐名的地位，成为历代统治者的案头书，等等。

与两汉天人感应论重灾异、讲神意，魏晋名教与自然之辨崇道尚玄不同，宋明的理欲之辨神学色彩、道学色彩淡化，伦理色彩、哲理化倾向浓厚，天人合一思维出现了新的转向。当然，在传统史学理欲之辨得到加强的同时，反理学的思潮也在逐渐兴起，人们更加重视于历史发展之"理"的探讨，如王夫之关于"理"与"势"的讨论等；传统史学的正统观念受到批评，更加开放而进步的正统观逐渐形成，如元朝以宋、辽、金"各为正统"的思想、王夫之以"治乱离合"来否定正统之序的思想等；史学的经世致用价值得到重视，实学思潮开始出现，如顾炎武的"引古酬今"观等。如此这些，无不说明理欲之辨的天人观念随着反理学思潮的

---

① 《朱熹集》卷三十六《答陈同甫》，1592 页，成都，四川教育出版社，1996。
② 《朱熹集》卷三十六《答陈同甫》，1592 页，成都，四川教育出版社，1996。

出现，已经开始逐渐受到批判。

综上所述可知，所谓整体思维，即是强调要在整体上把握事物的性质、事物之间的关系及其发展规律。因此，整体的观点，就是综合的、联系的、发展的观点。整体思维是中国古代思维方式的重要特点，它与西方重视分析的思维方式明显不同。季羡林先生从思维角度对东西方两种文化体系的不同作了对比分析，认为"东方综合，西方分析"。并进一步评论说："所谓'分析'，比较科学一点的说法是把事物的整体分解为许多部分，越分越细。这有其优点：比较深入地观察了事物的本质。但也有其缺点：往往只见树木，不见森林。所谓'综合'就是把事物的各个部分联成一气，使之变为一个统一的整体，强调事物的普遍联系，既见树木，又见树林。普遍联系这一点是非常重要的，它完全符合唯物辩证法。"①季先生所谓"综合"，其实也就是"整体"，强调的是整体与联系。中国传统史学的天人整体思维，要求史家在关注历史时，不但要关注人的历史，而且要将天与人作为一个整体来加以关注，探究天与人在历史发展过程中的不同作用以及二者之间的相互关系。自司马迁明确提出"究天人之际"以后，这种天人整体思维已经成为传统史学的一种普遍的思维方式，对于全面认识与系统把握客观历史有着重要的思维价值。

---

① 季羡林：《神州文化集成丛书·序》，北京，新华出版社，1991。

第五讲 "通古今之变"：
传统史学的通变思维

　　"通古今之变"是司马迁撰述《史记》的旨趣之一，也是传统史学的重要历史思维之一。历史通变思维产生于先秦，"五经"中的《周易》《诗经》和"三礼"都具有通变观念，诸子时代法家的朴素进化观、阴阳家的五德终始说等也蕴含了通变的思维。汉初最具代表性的历史通变思维，当属董仲舒的"三统"说。这些历史通变思维对于司马迁的"通古今之变"都产生了重要影响。司马迁之后，中国传统史学普遍重视"通古今之变"，并在史学实践与理论中得到了大力提倡。

一、"《易》穷则变"与司马迁的"承敝易变"思维

　　司马迁"通古今之变"之通变思维的理论渊源，可以追溯到"五经"的历史通变思维。"五经"中的《周易》讲"《易》穷则变，变则通，通则久"，《诗经》讲历史盛衰之变，"三礼"讲制度因革损益，它们都具有丰富的通变思维。这些历史通变思维对于司马迁的"究天人之际"都有重要影响，其中尤以《周易》的通变思维影响最大。

　　司马迁历史变易思想的哲理基础就是《周易》的通变思维。吴怀祺先生认为："易学是司马迁家学渊源之一，也是他的史学基石的组成部分。"[①]司马迁的父亲司马谈曾"受《易》于杨何"，司马迁父子还以"正《易》传"为

---

　　① 吴怀祺：《易学与中国史学》，载《南开学报》，1997(6)。

己任，将此看作扬名于后世的伟大事业。《易》学的本质是讲变易，认为变易是宇宙间的普遍法则。对于《易》之变易思维特征，司马迁是心领神会的。所以，《太史公自序》说："《易》著天地阴阳四时五行，故长于变。"又说："《易》以道化。"《史记》一书很多地方都以《易》的变易思维来解说历史。

《周易》变易思维主要体现于《易传》，《系辞下》将《易传》的变易思想集中表述为"《易》穷则变，变则通，通则久"。这就是说，当事物发展到了尽头之时，就必须要进行变易；变易之后，事物的发展才会畅通无阻；畅通的事物必然会持续较长时间的发展势头。司马迁将《易传》的这一变易思想运用于对社会历史的考察之中，由此而提出了"承敝易变"的历史变革论。在司马迁看来，一个政权的覆灭，必然是这个政权在制度上出现了种种弊端，因此，代之而起的新兴政权，就必须要针对前朝制度的种种弊端进行变易，只有这样，新兴的政权才能得到稳定。基于这一认识，司马迁在《太史公自序》中明确提出了他修作《八书》的旨趣就是为了"承敝通变"。司马迁说："礼乐损益，律历改易，兵权山川鬼神，天人之际，承敝通变，作八书。"在比较了秦、汉建国之后的改制情况后，司马迁说："周秦之间，可谓文敝矣。秦政不改，反酷刑法，岂不缪乎？故汉兴，承敝易变，使人不倦，得天统矣。"[①]司马迁认为，秦朝继周而建，却没有针对周朝制度的种种弊端进行变易，相反，却实行严刑酷法，这是秦朝迅速败亡的原因所在；汉朝继秦而建，却能够针对秦的各种制度弊端进行变易，主要表现在一反秦的严刑酷法，而实行与民休息的治国政策，从而使政权得到了稳定。

"《易》穷则变"之"变"的主体是人，《易传》强调人事在事物变易中的积极作用。《系辞下》说："神农氏没，黄帝、尧、舜氏作，通其变，使民不倦，神而化之，使民宜之。"司马迁对人事在社会历史发展中的重要作用是有深刻认识的，《史记》通篇都体现了重人事的思想。首先，《史记》以纪传体论载历史，体现了以人为中心、重视记载人事的思想。根

---

① 《史记》卷八《高祖本纪》，349 页，北京，中华书局，1959。

据《太史公自序》的记载可知，从司马谈到司马迁，都将论载"明主贤君忠臣死义之士"作为《史记》的撰述目的之一。他们创立以论载人物为中心的纪传体体裁，显然也是为了服务于这一目的的一种需要。司马迁在说明其作世家和列传二体的原因时就说得很清楚："二十八宿环北辰，三十辐共一毂，运行无穷，辅拂股肱之臣配焉，忠信行道，以奉主上，作三十世家。扶义俶傥，不令己失时，立功名于天下，作七十列传。"此外，本纪虽然是全书大纲，其实也是以人物为中心的。其次，《史记》肯定"德"与"力"决定着历史发展的大势。在谈到夏、商、周、秦历史盛衰之变时，司马迁说：

> 昔虞、夏之兴，积善累功数十年，德洽百姓，摄行政事，考之于天，然后在位。汤、武之王，乃由契、后稷修仁行义十余世。不期而会孟津八百诸侯，犹以为未可，其后乃放弑。秦起襄公，章于文、穆、献、孝之后，稍以蚕食六国，百有余载，至始皇乃能并冠带之伦。以德若彼，用力如此，盖一统若斯之难也。[①]

司马迁充分肯定了夏、商、周、秦之王天下，都是修仁行义、积德用力的结果，是人为而非天意。同样，司马迁在分析夏、商、周、秦灭亡的原因时，也都认为是人为造成的，而未将之归于天命。他认为夏桀的灭亡在于"桀不务德而武伤百姓，百姓弗堪"[②]，结果导致众叛亲离，被商汤所灭；认为商纣亲小人，远贤臣，自以为"我生不有命在天乎"而胡作非为，"淫乱不止"[③]，结果被周武王兴兵所灭；认为正是由于周厉王的"暴虐侈傲"和周幽王的荒淫无度，结果导致周朝国势衰弱和犬戎破镐京惨剧的发生，进入东周以后，已是"周室衰微""政由方伯"[④]；认为统一的秦王朝"以六合为家，崤、函为宫"，结果却二世而亡，原因正如贾谊

① 《史记》卷十六《秦楚之际月表》，759 页，北京，中华书局，1959。
② 《史记》卷二《夏本纪》，88 页，北京，中华书局，1959。
③ 《史记》卷三《殷本纪》，107、108 页，北京，中华书局，1959。
④ 《史记》卷四《周本纪》，149 页，北京，中华书局，1959。

《过秦论》所言，是"仁义不施而攻守之势异也"①。

同时，司马迁也赞同《易传》的说法，不但肯定人在创造历史过程中的作用，而且强调人在变革历史过程中所起的重要作用。《史记》重视对于变革历史的记述，而略于和平时期的历史记述。据统计，《史记》关于黄帝以来三千年历史记述总共有五十二万余字，而关于周初、战国、秦汉之际和武帝建元后四个主要变革时期的历史记述，却有四十余万字，由此可见其重视变革历史记述之一斑。张大可先生称这种撰述原则为"详变略渐"②。司马迁重视记述变革之史，当然也重视记述和评论那些变革时代的风云人物——变革家们的事迹。《平准书论赞》说："汤武承敝易变，使民不倦，各兢兢所以为治，而稍凌迟衰微。"在此，司马迁对商汤和周武王建国后，及时改易前朝之敝，从而使民不倦给予了肯定。司马迁虽然对商鞅的刻薄寡恩提出批评，但却充分肯定了商鞅变法对秦国的强盛所起的重要作用。《商君列传》说：商鞅之法"行之十年，秦民大悦，道不拾遗，山无盗贼，家给人足。民勇于公战，怯于私斗，乡邑大治。"《燕召公世家》对燕昭王新政给予肯定。昭王即位于齐国破燕之后，为雪先王之耻，他卑身厚币以招贤，吊死问孤而与百姓同甘苦，结果四方之士争先趋燕，燕国因此而逐渐国富兵强，最终得以破齐雪耻。对于管仲实行改革，成就齐桓公霸业，司马迁同样给予了肯定。《齐太公世家》说管仲与鲍叔牙等人"修齐国政，连五家之兵，设轻重鱼盐之利，以赡贫穷，禄贤能，齐人皆说"。《管晏列传》则说："管仲既任政相齐，以区区之齐在海滨，通货积财，富国强兵"，"其为政也，善因祸而为福，转败而为功"，"齐桓公以霸，九合诸侯，一匡天下，管仲之谋也。"司马迁对越王勾践改革图治以成霸业给予了很高的评价，《越王勾践世家》说："苗裔勾践，苦身焦思，终灭强吴，北观兵中国，以尊周室，号称霸王。勾践可不谓贤哉！"《史记》一书还对历史上其他一些著名改革家如李悝、吴起、赵武灵王等人的变革业绩都作了详细记述。

---

① 《史记》卷六《秦始皇本纪》，282 页，北京，中华书局，1959。

② 张大可：《司马迁评传》，194 页，南京，南京大学出版社，1994。

当然，"《易》穷则变"之"变"，在《易传》的作者看来，主要是指一种自然和社会的变革，但也不排除在特殊情况下需要进行革命。也就是说，当事物的弊端已经无法通过一般的变革加以消除之时，则唯有通过革命的途径加以解决。《革》卦彖辞云：

> 革，水火相息，二女同居，其志不相得，曰革。巳日乃孚，革而信之。文明以说，大亨以正。革而当，其悔乃亡。天地革而四时成，汤武革命，顺乎天而应乎人。革之时大矣哉！①

首先，《易传》在卦象上肯定了革命是势在必行之举；其次，《易传》充分肯定了革命的意义在于"文明以说，大亨以正"，亦即"通其变，使民不倦"之义；最后，《易传》强调革命是自然界和人类社会共同的法则，天地要靠革命而成四时，人类要靠革命而以仁易暴。由此来看，变易也好，革命也好，只是方式方法不同，目的都是为了除去与民不便之敝。对于《易传》所宣扬的这一革命的思想，司马迁同样也作了继承。司马迁不但直接承袭《易传》肯定汤武革命的思想，而且还以这种革命思想作指导，来评述古往今来的历史。最典型的例子莫过于列陈胜入世家，将陈胜首义与汤武革命和孔子作《春秋》相提并论。《太史公自序》说：

> 桀、纣失其道而汤、武作，周失其道而《春秋》作。秦失其政，而陈涉发迹，诸侯作难，风起云蒸，卒亡秦族。天下之端，自涉发难。作《陈涉世家》第十八。②

司马迁肯定陈胜首义之功，当然与《易传》肯定革命的思想对他的影响分不开；而肯定汤武革命又是儒家的重要思想。在司马迁看来，秦朝的统治已是天怒人怨，如同事物已到穷尽之时，只有通过革命的手段，才能使封建统治柳暗花明又一村。而暴虐的秦朝最终被得以推翻，陈胜有首义之功。司马迁是将陈胜当作秦汉之际社会大变革时期的重要历史人物

---

① 《周易·革卦》，《十三经注疏》本，60页，上海，上海古籍出版社，1997。
② 《史记》卷一百三十《太史公自序》，3310～3311页，北京，中华书局，1959。

加以称颂并载入史册的。

二、"五德""三统"说与司马迁的历史变易规律论

春秋战国诸子百家非常重视探究历史变易及其规律,有着丰富的历史通变思想,法家韩非子的朴素进化观、儒家孟子的"一治一乱"历史盛衰观、特别是阴阳家邹衍五德终始说蕴含的历史循环发展观等,即是诸子历史变易观的代表。汉初历史变易思想也很丰富,像陆贾、贾谊关于秦亡汉兴历史盛衰的总结,特别是董仲舒的"三统"说等。这些历史变易思想对司马迁的历史变易观都有重要影响,其中尤以邹衍的五德终始说和董仲舒的"三统"说影响最大。

(一)对五德终始说的汲取

如前所述,邹衍的"五德"说肯定历史王朝的更替是依循土、木、金、火、水相胜之序进行的,水德政权之后又是新的土德政权,历史依次循环反复。然而,新德政权依据相胜的方式取代旧德政权,蕴含了政权更替的革命性特征。同时,新德政权建立之后,需要改变服色与文物制度,而不是对旧德政权文物制度的因袭。由此来看,邹衍的"五德"说既是循环的,又是发展的。严安曾上书汉武帝说:"臣闻《邹子》曰:'政教文质者,所以云救也,当时则用,过则舍之,有易则易之,固守一而不变者,未睹治之至也。'"[①]从中可知,邹衍主张以质文救政教之弊,认为不如此,就不会有治世的出现。而这种补救政教弊端的主张,无疑是隐含了一种历史发展的思想。

自从邹衍创立并系统阐发这一学说后,秦与汉初的学者们普遍倡言"五德",遂使其成为秦汉以来最有影响的一种历史变易学说。作为生活在"五德"说盛行的西汉时期的史学家,司马迁自然也受到了这一学说的影响。《史记》对"五德"说作了大量的汲取,遂使"五德"说成为司马迁历

---

① 《汉书》卷六十四下《严安传》,2809 页,北京,中华书局,1962。

史变易思想的重要内涵之一。

首先，《史记》所构建的五帝、三王古史系统的历史运次采纳了"五德"说的思想。《五帝本纪》说黄帝"有土德之瑞，故号黄帝"，这个土德之瑞，应该就是邹衍所说的"大蚓大蝼"。《殷本纪》说："汤乃改正朔，易服色，上白，朝会以昼。"色尚白，显然是说商为金德。关于周朝德属，根据《周本纪》的记载，在周武王起兵时就已经显现其火德的符瑞："武王渡河，中流，白鱼跃入王舟中，武王俯取以祭。既渡，有火自上复于下，至于王屋，流为乌，其色赤，其声魄也。"这段话讲了两件事，其一是说武王得火德，其瑞应便是赤乌；其二是说武王杀祭白鱼，这里白鱼即指得金德的商纣王，预示着火要灭金建朝。

值得注意的是，关于黄帝以后和商汤、武王以前各帝王的德属，《史记》并没有明确记载。我们认为司马迁是采纳邹衍的说法，并没有另外赋予颛顼、帝喾、帝尧、帝舜四帝的德属，而是以他们共尊黄帝的土德的，因为《五帝本纪》说："自黄帝之舜、禹，皆同姓而异国号。"既然是同姓，就都共同遵守黄帝的土德。至于大禹开创的夏朝，邹衍是给予木德的，而《史记·夏本纪》没有记载其德属，《五帝本纪》先是说"自黄帝之舜、禹，皆同姓而异国号"，按照这句话来理解，如果说颛顼、帝喾、帝尧、帝舜四帝共尊土德的话，似乎大禹也应该是尊土德。但是《五帝本纪》接着又说："帝禹为夏后，而别氏姓姒氏。契为商，姓子氏。弃为周，姓姬氏。"显然又是将夏、商、周并称的，而且《夏本纪》的开篇人物就是大禹。因此，大禹应该不在共尊黄帝土德的帝王行列当中。如果这种说法成立的话，那么我们说《史记》是以黄帝为土德，颛顼、帝喾、帝尧、帝舜四帝共尊土德，商汤为金德，周朝得火德，而大禹在得金德的商汤之前，自然是木德，这也符合邹衍的德属排列。问题是，《史记》没有记载颛顼、帝喾、帝尧、帝舜四帝德属，只是说"自黄帝之舜、禹，皆同姓而异国号"，我们就一定能判定他们都是共尊土德的帝王吗？其实这里还有一个证明的方法，那就是以黄帝土德、商汤金德、武王火德为基点，用五德来对应《史记》所排列的古史系统——五帝、三王，这样的排列顺序应该是：黄帝土德、颛顼木德、帝喾金德、帝尧火德、帝舜水德、大禹土德、商汤木德、武王金德。这种对应排列的结果，使得商汤成了木德、武王成了金德，显然是与《史记》的商汤金德说和武王火德说相矛盾的。由此也可以反证，《史记》确实没有用给予颛顼、帝喾、帝尧、帝舜四帝另外的德属，而是以黄帝等五帝为土德、三代的夏朝为木德、商汤为金德、武王为火德的。这样的德属排列，跟邹衍的德属排列是完全一致的。

其次，《史记》关于秦汉统绪采纳了"五德"说的思想。对于秦朝的德属，《史记·秦始皇本纪》作了详细记述："始皇推终始五德之传，以为周得火德，秦代周德，从所不胜。方今水德之始，改年始，朝贺皆自十月朔。衣服旄旌节旗皆上黑。数以六为纪，符法冠皆六寸。而舆六尺，六尺为步，乘六马。更名河曰德水，以为水德之始。刚毅戾深，事皆决于法，刻削毋仁恩和义，然后合五德之数。"这段话不但明确指出秦朝是个水德政权，而且还依据水德建立起一整套文物制度，具体包括改年号、改历法、尚黑色、以六为度量单位、实行法治等。从《秦始皇本纪》的记载可知，如果说邹衍是五德终始说的理论家的话，那么秦始皇则是实践家，是第一位依据五德终始说建立朝代制度的皇帝。这样做的目的，自然是要说明秦朝统治的合理性。而《史记·秦始皇本纪》详载秦朝德属及其与秦朝制度建设的关系，说明司马迁也认为秦朝是得水德建朝建制的。

关于汉朝的德属问题，按说汉朝继秦而建，应该是以土德代水德，也是新一轮五德的开始。然而实际上，汉初的德属问题却较之远为复杂。汉朝初年刘邦、惠帝时期，由于"庶事草创，唯一叔孙生略定朝廷之仪。若乃正朔、服色、郊望之事，数世犹未章焉"[①]。到了汉文帝时期，开始出现关于汉朝德属的两种说法。据《张丞相列传》载，张苍以秦短祚，认为汉当为水德；《屈原贾生列传》载，贾谊认为汉当为土德；《历书》说公孙臣亦主汉为土德说。持土德说的当然是承认秦朝水德。这是发生在汉文帝时期的一场关于汉朝德属的争论，结果未作定论。对于

---

① 《汉书》卷二十五《郊祀志下》，1270页，北京，中华书局，1962。

汉朝这场德属争论，司马迁是赞同贾谊、公孙臣汉朝为土德说的，《汉书·郊祀志》赞说：

> 孝武之世，文章为盛，太初改制，而兒宽、司马迁等犹从臣、谊之言，服色数度，遂顺黄德。彼以五德之传从所不胜，秦在水德，故谓汉据土而克之。[1]

这段话不但记载了汉武帝时期参与修撰《太初历》的兒宽、司马迁等人是赞成汉朝土德说的，而且也明确指出《太初历》最终确定了汉朝的土德，所谓"遂顺黄德"即是。实际上，汉武帝太初年间的修历，是采用了"三统"说的正朔和"五德"说的服色度数，如《汉书·武帝纪》说，"以正月为岁首，色尚黄，数用五"；《汉书·郊祀志下》也说，"汉改历，以正月为岁首，而色尚黄"。

此外，《史记》宣扬的革命思想也符合"五德"相胜之义。邹衍的"五德"说讲五行相胜、相克，因而是一种主张革命的学说，与西汉末年出现的五行相生之"五德"说主张禅让正相反。司马迁主张革命，如"三王本纪"对历史上桀、纣的残暴进行揭露，肯定汤武革命的正当与合理性；《陈涉世家》列陈胜入"世家"，将陈胜首义与汤武革命和孔子作《春秋》相提并论，等等，对此前文已有论及，不再赘言。

（二）对"三统"说的汲取

"三统"说的创始人究竟是谁，现已无法确知。但从现有资料来看，对这一学说记述最为详尽的，当数董仲舒的《春秋繁露》一书。这一学说认为历史朝代是按照黑统、白统和赤统三统依次循环更替的，凡异姓受命而王，都必须要改正朔、易服色，其中黑统以寅月（一月）为正月，色尚黑；白统以丑月（十二月）为正月，色尚白；赤统以子月（十一月）为正月，色尚赤。新王即位之所以要改制，是要以此来报答天命，同时与前朝区别开来。以"三统三正"来对应历史朝代，董仲舒认为夏朝是黑统，建寅，色尚黑；商朝是白统，建丑，色尚白；周朝是赤统，建子，色尚

---

① 《汉书》卷二十五《郊祀志下》，1270 页，北京，中华书局，1962。

赤。值得注意的是，董仲舒认为周朝之后，《春秋》当为黑统，由于孔子有其德而无其位，只能托于王鲁而作《春秋》，以为汉朝制法，于是汉朝便以黑统上接周朝赤统，其间蕴含了一种摒秦的思想。新王建朝，必须保留前二朝之后，为他们封土建国，这叫着"存三统"（又称"通三统"）。本届三统称作三王，三王之上则有五帝、九皇，共为九代。三统（或称三王）移于下，则五帝、九皇依次上绌。[1] 与"三统"说相为对应、互为表里的则是"三道"说。董仲舒认为，对应夏、商、周的黑、白、赤三统的，便是忠、敬、文三道。如果说"三统"言改制只是"改正朔、易服色"的话，那么"三道"言变易则是肯定道变，是一种深层次的变化。而董仲舒"三统"说的实质，恰恰就在于变道救弊。

司马迁曾"闻董生曰"，董仲舒的经学思想和历史观对于司马迁影响巨大，其中就包括"三统"说对司马迁历史变易思想的影响。《史记》对董仲舒"三统"说的汲取，主要表现在以下四个方面。

首先，"三统"说之"王帝皇民"论与《史记》五帝、三王系统的创立。如上所述，董仲舒的"三统"说认为，历史的发展是由近及远依次按照三王、五帝、九皇、上绌为民，"王帝皇民"作为一个大系统是循环变易的，三王、五帝各自作为一个小系统也是循环的。由于上推第九朝为皇，九皇之上为民，因此，历史朝代帝王系统其实主要是九代。由于董仲舒通常是以周为新王、以三代为"三统"来论三王五帝九皇的，故而他确立的古史帝王系统便是：周、商、夏"三王"——帝舜、帝尧、帝喾、颛顼、黄帝"五帝"——神农"九皇"。当然，这个系统会随着新的王朝不断出现而不断变化，亦即依次循环上绌。[2]

以董仲舒"三统"说的"王帝皇民"论来观照司马迁《史记》的古史观，二者可谓是如出一辙。我们从《史记·十二本纪》的编排可以清楚地看到，司马迁是以《五帝本纪》为开篇章，这"五帝"与董仲舒《春秋繁露·

---

① 参见董仲舒：《春秋繁露》卷七《三代改制质文》，新编诸子集成本，198 页，北京，中华书局，2018。

② 苏舆说："董以三代定三统，故以前云绌。"参见董仲舒：《春秋繁露·三代改制质文》注文，新编诸子集成本，183 页，北京，中华书局，2018。

三代改制质文》以周为新王而叙述的"五帝"是完全一样的，他们分别是黄帝、颛顼、帝喾、帝尧和帝舜。接着，《史记》撰述了夏、商、周三王"本纪"，也称"三代"，这与《三代改制质文》等篇关于夏、商、周或称"三王"，或称"三代"也是一致的。稍有不同的是，《三代改制质文》明确以神农为"九皇"，而《史记》里没有采用"九皇"说，不过《五帝本纪》也明确记载了作为五帝第一帝的黄帝之前是炎帝神农氏，黄帝是因"神农氏世衰"而起的，这里的神农氏被称为炎帝，而不是"九皇"。在《史记》中，秦汉以前的历史，除去《秦本纪》外，便是由《五帝本纪》和"三王本纪"构成的，因此，它们便是《史记》所构造的一个完整的古史系统。对照一下《春秋繁露·三代改制质文》，我们很清楚地看到，其实这也就是董仲舒所叙述的古史系统。由此可知，司马迁与董仲舒的古史观是如此惊人地相一致。

问题是，这种"五帝""三王"论是不是汉武帝时期人们的一种普遍的叙述历史运次的古史观？我们的答案是并不尽然。第一，从远一点的战国后期来说，如前所述，五德终始说的创立者邹衍的古史系统便只有黄帝、大禹、商汤和文王四朝。《吕氏春秋·应同》不但记载了邹衍的五德终始说，而且还接着邹衍的说法，认为"代火者必将水"，说明《吕氏春秋》在历史运次上是赞同邹衍五德终始说的①。相比较于邹衍和《吕氏春秋》，董仲舒和司马迁以五帝、三王为历史运次的古史系统更为丰富，二者相一致的地方，则都是以黄帝为人文始祖与历史开端。第二，从与董仲舒、司马迁同时代的刘安来说，他召集门客编撰的《淮南鸿烈》一书虽然具有丰富的历史变易思想，其关于历史运次的解说，却要比董仲舒、司马迁简单、粗糙得多。如《淮南鸿烈·俶真训》提出了历史五阶段论："混冥"之世、伏羲氏之世、神农与黄帝之世、昆吾与夏后之世和"周室之衰"之世；《览冥训》则将汉以前历史分为六个阶段：往古之时、

---

① 应该指出的是，在《吕氏春秋》不少篇章中已经提到了三皇（未具名）和黄帝、颛顼、帝喾、帝尧、帝舜之五帝，只是在解说历史运次时，仍采用了邹衍的五德说。故而其历史运次说与其对古史的认识并不一致。

虑戏氏之时、黄帝之时、夏桀之时、晚世之时和当今之时。综合《淮南鸿烈》的古史划分，夏以前可知的帝王是伏羲、神农与黄帝三个，跟董仲舒、司马迁的古史系统相比，少了颛顼、帝喾、帝尧、帝舜，增加了传说色彩更为浓厚的伏羲氏。因此，这个古史系统也要简单得多，说明董仲舒与司马迁的古史系统可能并非汉武帝时期人们的一种普遍认识。第三，董仲舒《三代改制质文》只是论述了以周为新王和以《春秋》为新王的古史系统，没有论及神农以前的历史，只是笼统地说九皇上绌"下极其为民"。而司马迁《史记》确实提到了很多传说古帝王，如《封禅书》借管仲之口，说"古者封泰山禅梁父者七十二家"，管仲只记得其中的十二家，他们分别是无怀氏、虑羲、神农、炎帝、黄帝、颛顼、帝喾、尧、舜、禹、汤和周成王。这里所谓管仲对于古史系统的认识，其实是司马迁本人对于古史系统的认识。从中可知，司马迁知晓传说中的古七十二帝王之事，而能称得上号的也就是十二个帝王；而十二个古帝王中，真正被司马迁列入其古史系统的则只有八个，其中炎帝与神农合二为一，作为五帝之前的帝王被写入《史记》，却没有被视为五帝之一，其他则皆未入。由此可见，司马迁之所以采纳董仲舒的三王、五帝古史系统，是经过选择然后确定的。值得注意的是，司马迁在《五帝本纪》的"太史公曰"中，虽然对以五帝为历史开篇的原因作了说明，却并没有提及受董仲舒"三统"说古史观的影响，然而二者古史系统如此的一致，应该不是一种巧合，它与司马迁"闻于董生"肯定是有密切关系的。

司马迁是中国史学开始"成一家之言"的人，《史记》是中国纪传体正史第一部，其在中国史学史上的地位是不言而喻的。也正因此，《史记》受董仲舒"三统"说影响而创立的"五帝""三王"这套古史系统，对于中国史学史的影响非常之大。

其次，"三统"说之"三道"论与《史记》关于三代历史的解说。"三统"说的重要内涵之一是"三道"论。董仲舒认为夏、商、周三王的礼乐制度是按照忠、敬、文"三道"依次变易更替的，这一思想被司马迁所接受。《史记》在评述夏、商、周三代历史时，便是直接采用了"三道"论的说法，认为随着夏、商、周三朝的历史更替，其礼乐制度的改易便依次按照忠、敬、文"三道"之序循序进行。司马迁说：

> 夏之政忠。忠之敝，小人以野，故殷人承之以敬。敬之敝，小人以鬼，故周人承之以文。文之敝，小人以僿，故救僿莫若以忠。三王之道若循环，终而复始。周秦之间，可谓文敝矣。秦政不改，反酷刑法，岂不缪乎？故汉兴，承敝易变，使人不倦，得天统矣。①

在这段话中，司马迁一方面认为夏、商、周制度变易是通过后朝对前朝的损益救弊而按照忠、敬、文秩序进行的，忠、敬、文三王之道的变易是"若循环，终而复始"；另一方面则明确指出当周末出现"文敝"时，接周而建的秦朝不但不知道救周之"文敝"，反而将周代礼乐之"文"推极到刑法之"文"，而汉朝却能"承敝易变，使人不倦"，乃"得天统矣"。

值得注意的是，司马迁在接受董仲舒的"三道"理论来解说自夏以来的历史变易的同时，也继承了董仲舒"三统三道"说中所蕴含的摒秦思想。董仲舒以"五德"说来论秦朝历史，是肯定其历史统绪的，如《尧舜不擅移、汤武不专杀》篇以相胜之理，肯定古今之变是一个"夏无道而殷伐之，殷无道而周伐之，周无道而秦伐之，秦无道而汉伐之"的相克相胜过程；而以"三统"说来论，则又否定了秦朝的历史统绪。司马迁也同董仲舒一样，在采用这两套不同学说解说秦朝历史时，同样出现了这样的矛盾说法。而司马迁摒秦论的理论依据，似乎也是从董仲舒那里来的。从《高祖本纪》的记载可知，司马迁认为，在自夏至汉的历史变易过程中，只有秦的变易因方法荒谬而未果，而继起的汉朝则完成了救周之弊的历史变易。如果我们将这一说法与董仲舒"今汉继大乱之后，若宜少损周之文致，用夏之忠者"②之语相比较便不难看出，其实两种说法是相一致的，都肯定了秦朝不知变道和汉朝在制度上是以忠道接续周朝的文道，因而他们的历史变易论都含有明显的摒秦之义。

---

① 《史记》卷八《高祖本纪》，393～394 页，北京，中华书局，1959。
② 《汉书》卷五十六《董仲舒传》，2519 页，北京，中华书局，1959。

再次，"三统三正"与司马迁主张汉朝当"行夏之时"的历法思想。"三统"改制的一项重要内容是改正朔，所谓"三统三正"。司马迁肯定"三统"循环变易，当然也主张"三正"循环变易。《历书》说："夏正以正月，殷正以十二月，周正以十一月。盖三王之正若循环，穷则反本。"

司马迁曾参与主持汉武帝太初年间的改历活动，这次修定的《太初历》，便是采用了"三统"说的正朔，用夏正，以正月为岁首。虽然《太初历》采用"三统"说的正朔并不能肯定就是司马迁的意见，但据《史记·韩长孺列传》载司马迁言："余与壶遂定律历"，以及《太史公自序》对这次修历活动的高度重视来看，《太初历》应该蕴含了司马迁的历法思想。更为重要的是，司马迁敬仰孔子，而据《论语·卫灵公》载，孔子是主张"行夏之时"的。从这个角度而言，司马迁正是通过《太初历》的修订而实现了孔子"行夏之时"的理想。

《太初历》的行夏之时，也蕴含有摒秦思想。这是因为，既然汉代的历法《太初历》是行夏之时，也就意味着汉正是直接接续周正的，就如同汉代的忠道接续周朝的文道一样。这样一来，秦朝从历法上也就被排除于历史王朝统绪之外了。

最后，"三统"说的更化救弊思想与《史记》的历史发展观。我们知道，董仲舒的"三统"说既是一种循环史观，同时又内蕴有历史发展的思想，这集中表现在"继乱世者其道变"[1]的变道更化救弊上。司马迁在汲取了董仲舒"三统"循环论史观的同时，也承继并着重发展了这一学说蕴含的历史发展思想。司马迁的历史发展观，一是体现在《史记》的撰述原则上。司马迁强调详今略古，《史记》虽然记述了上下三千年的历史，但重点却是记述汉兴以来的历史。据统计，《史记》专述汉史共有六十二个专篇，另有十三篇内容兼及汉史，篇目已超过了全书的半数。由此可见，司马迁是非常重视对现当代历史的研究的。同时，司马迁还强调详变略渐，这是《史记》的又一撰述原则。对此前已详论，不再赘言。二是体现在肯定秦汉大一统功业上。司马迁对秦的暴政是颇有微词的，认为

---

[1] 《汉书》卷五十六《董仲舒传》，2519 页，北京，中华书局，1959。

秦不知"承敝易变"，不以仁义治天下。但从"终始"的眼光来看秦朝，司马迁还是充分肯定了秦的大一统功业。《六国年表》说："秦取天下多暴，然世异变，成功大。"对于汉朝的统一功业，司马迁更是加以热情讴歌。《高祖本纪》说汉朝的建立是"得天统矣"；《平准书》对汉初七十年间推行与民休养生息政策，从而造就文景盛世局面，给予了热情赞颂。三是有较明确的"法后王"思想。这里的"后王"是相对于先王即古圣王而言的，实指近现代的君王。"法后王"，其实就是强调以近现代历史为鉴。《高祖功臣侯者年表》说：

> 居今之世，志古之道，所以自镜也，未必尽同。帝王者各殊礼而异务，要以成功为统纪，岂可绲乎？观所以得尊宠及所以废辱，亦当世得失之林也，何必旧闻？[①]

在此，司马迁一方面强调以历史为借鉴的目的是"要以成功为统纪"，另一方面明确认为历史借鉴"何必旧闻"。《六国年表》也说："然战国之权变亦有可颇采者，何必上古。"认为历史借鉴不一定非要取法于上古。司马迁还解释了为何要"法后王"的原因，《六国年表》说："传曰'法后王'，何也？以其近己而俗变相类，议卑而易行也。"在司马迁看来，"俗变相类"和"易行"就是"法后王"的原因之所在。

三、原始察终、见盛观衰：
司马迁通变思维的方法论

《史记·太史公自序》说："网罗天下放失旧闻，王迹所兴，原始察终，见盛观衰"。由此可见，司马迁"通古今之变"的基本方法是"原始察终，见盛观衰"。所谓"原始察终"，就是要对历史追溯其原始，察究其终结。这种方法要求人们要把历史当作一个整体和过程来加以考察，以

---

① 《史记》卷十八《高祖功臣侯者年表》，878页，北京，中华书局，1959。

把握历史发展变化的各种因果关系。所谓"见盛观衰"，就是要注意考察历史的发展变化是一种盛衰之变，是盛中有衰，衰中有盛，因此要注意历史发展兴盛之时可能会出现的向衰方向的转变。

先说"原始察终"。《史记》撰述的整体构思，充分体现了"原始察终"的原则。十二本纪的撰述主旨是考察王迹的兴衰，它通过对黄帝以来历史发展大势的记述，集中表述了一种德力转换的思想。其中《五帝本纪》和夏、商、周三个本纪主要表述的是先王德政的兴衰；《秦本纪》《秦始皇本纪》和《项羽本纪》则主要表述了诸侯霸政的兴衰；而刘邦以下汉朝诸帝本纪又集中表述了汉朝无为而治的盛德政治。因此，自黄帝以来的政治史，实际上就是一个从德政到力政又到德政的历史。十表与十二本纪是一种经与纬的关系。白寿彝先生认为："《史记》十表是最大限度地集中表达古今之变的。"①十表已比较明确地将历史划分为上古、近古和今世三个阶段和五帝三王、东周、战国、秦汉之际、汉兴以来五个时期，其中《三代世表》表述的是五帝三王如何积善累德而得天下的历史；《十二诸侯年表》表述的是王权衰微、诸侯更替称霸的历史；《六国年表》表述的是"陪臣秉政，强国相王"的历史；《秦楚之际月表》表述的是秦汉之际从陈胜作难到项氏灭秦再到刘邦建汉"五年之间，天下三嬗"的剧烈变革的历史；汉兴以来六表表述的是"诸侯废立分削"、海内混为一统的历史。十表分开来看，各表表述的是一个历史时期的历史变化及其特点；合起来看，则整体反映了自黄帝以来三千年历史发展变化之大势。由上可知，十表重视以阶段来划分历史，而不是以王朝来划分历史，这充分体现了司马迁的"原始察终"的思想。八书记述的是历代制度的演进情况，但由于八书后已残缺不全，故难看出司马迁完整的"原始察终"思想。仅从《平准书》对汉兴以来社会经济的记述可知，司马迁对汉兴以来社会经济变易的考察，是非常重视运用"原始察终"的方法的。《平准书》蕴含了司马迁深刻的"原始察终"思想。世家记述的对象是奉事主上的"辅拂股肱之臣"，主要记诸侯，也包括一些特殊历史人物。因此，世家

---

① 白寿彝：《中国史学史论集》，75 页，北京，中华书局，1999。

与本纪是相匹配的。既然十二本纪重视"原始察终"，与之相配的三十世家当然也重视"原始察终"。从司马迁所记述的三十世家的终始之变来看，集中体现的主题是宣扬大一统思想。《史记》的列传有七十篇，主要是叙述各类历史人物在历史变易过程中所起的作用。

《史记》不但在整体构思上体现了"原始察终"的思想，同时对于具体历史的评述也非常重视运用"原始察终"的方法。如《六国年表序》认为，秦虽多暴短祚，"然世异变，成功大"，对于秦史的评述应该要察其终始。司马迁说："秦取天下多暴，然世异变，成功大。传曰'法后王'，何也？以其近己而俗变相类，议卑而易行也。学者牵于所闻，见秦在帝位日浅，不察其终始，因举而笑之，不敢道，此与以耳食无异。悲夫！"《秦楚之际月表序》则对秦形成一统天下之势的过程作出了整体考察，《序》曰："秦起襄公，章于文、缪，献、孝之后，稍以蚕食六国，百有余载，至始皇乃能并冠带之伦。"此外，在诸篇表、书的序文中，司马迁都反复强调了要用"原始察终"的方法来考察历史。如《高祖功臣侯者年表》和《惠景间侯者年表》的序文说明了司马迁作此二表的目的是"谨其终始，表其文"，"咸表终始，当世仁义成功之著者也"。《天官书》认为："为天数者，必通三五。终始古今，深观时变，察其精粗，则天官备矣。"司马迁在此是以古今为终始，来把握天时变异的规律。《平准书》则说："一质一文，终始之变也。"这是司马迁对终始之变规律所作的表述。

次言"见盛观衰"。司马迁认为，历史的变易不仅是一种终始之变，而且还是一种盛衰之变。因此，要用一种"见盛观衰"的观点或方法来考察历史的变易及其规律。"见盛观衰"有两重含义，一是肯定历史变易是一种盛衰之变；二是要在事物发展的兴盛时期，注意察觉其向衰败的方向转变的可能性，因为事物的盛与衰是相互包含的。司马迁认为，历史的变易过程，其实就是一个盛衰变动的过程。合观《五帝本纪》和夏、商、周三王本纪，其实表述的就是上古圣王盛德政治的兴衰过程。同样，如果将《秦本纪》与《秦始皇本纪》合在一起，我们便很容易看出秦是怎样由割据一方的诸侯到秦始皇的一统天下再到二世而亡的由弱小到强盛再到灭亡的全过程。《十二诸侯年表》集中概述了各诸侯势力此消彼长、更替称霸的全体过程。当然，历史盛衰之变有时是很复杂的，如《殷本纪》所记商王朝的历史，就是一个衰、兴、复衰、复兴的错综复杂的历史发展过程。同样，《史记》所记从春秋到战国的历史发展，也是一个错综复杂的兴衰变易过程。这其中既有早期周王室的不断衰败和诸侯国势力的迅速崛起的盛衰之变，又有稍后各诸侯国势力此消彼长的盛衰之变。当然，后一种盛衰之变的最终结果是秦的一统天下和各诸侯国的被灭。因此，诸侯国之间的盛衰之变，其实又蕴含着一种秦国与各诸侯国之间的盛衰之变。

司马迁不但肯定历史变易是一种盛衰之变，而且通过对古往今来历史盛衰之变的考察，进一步指出了历史盛衰之变不是一种历史变易的偶然表象，而是一种历史变易的必然规律。《平准书》明确指出："是以物盛则衰，时极而转，一质一文，终始之变也。"在司马迁看来，历史终始之变的过程，就是一个盛极而衰、质极而文的过程。《史记》一书所体现的这种"见盛观衰"的思想是一贯到底的。在《秦始皇本纪论赞》中，司马迁借用贾谊《过秦论》之言，对秦朝由极盛而迅速衰败的原因表达了自己的看法，这就是"仁义不施，而攻守之势异也"。在司马迁看来，秦朝以诈力得天下，却不知以仁义守天下的道理，而是继续一意孤行，暴虐天下，其结果则是王朝的迅速覆灭。在此，司马迁一方面认为秦的速兴速亡，固然没有摆脱盛极而衰的历史变易规律；另一方面也明确指出了人为因素的重要作用。假如秦始皇统一天下以后，在统治政策上即刻改弦易辙，就不会出现王朝速兴速亡的情况。在《平准书》论赞中，司马迁以虞、夏以来历史上各种成功的经济政策为例，肯定经济政策对于国家强盛的重要作用。同时指出秦统一后，因不注意调整经济政策，"于是外攘夷狄，内兴功业，海内之士力耕不足粮饷，女子纺织不足衣服。古者尝竭天下之资财以奉其上，犹自以为不足也。无异故云，事势之流，相激使然，曷足怪焉"。在此，司马迁从经济政策的推行上分析了秦朝由盛而衰的原因。《平准书》对于汉朝开国以来历史的评述最能反映司马迁盛中观衰的思想。《平准书》对汉兴以来七十余年间国家繁荣景象作了详细描述和热情讴歌，然而，司马迁却没有陶醉于这种繁荣景象的表象之中，而是透过这种表象，敏锐地觉察到在这种繁荣景象之后已经蕴含着衰败的迹象。故在记述了这种繁荣景象之后，司马迁笔锋一转，写道：

> 当此之时，网疏而民富，役财骄溢，或至兼并豪党之徒，以武断于乡曲。宗室有土公卿大夫以下，争于奢侈，室庐舆服僭于上，无限度。物盛而衰，故其变也。①

司马迁认为，封建经济的发展和繁荣，由此也滋长了社会的奢侈腐化之风，豪党"役财骄溢"，公卿大夫"争于奢侈"、僭越礼制，便是这种奢侈腐化社会风气的具体表现。其实，汉初的贾谊就已经对这种衰败现象有所警觉，他的"定经制""制列等"和"别服章"等礼治主张，都是针对社会淫侈之俗的兴起有感而发的。在司马迁看来，社会奢侈腐化之风的兴起，无疑是社会由盛转衰的一种标志，所以他说："物盛而衰，故其变也。"当然，汉前期社会经济的发展和繁荣，也为封建帝王的好大喜功提供了一种可能性。汉武帝即位后，正是利用了汉初以来积聚的国力而不断兴兵、征伐四夷，从而将汉初以来积攒的财富挥霍一空。所以，《平准书》接着说：

> 自是之后，严助、朱买臣等招来东瓯，事两越，江淮之间萧然烦费矣。唐蒙、司马相如开路西南夷，凿山通道千余里，以广巴蜀，巴蜀之民罢焉。彭吴贾灭朝鲜，置沧海之郡，则燕齐之间靡然发动。及王恢设谋马邑，匈奴绝和亲，侵扰北边，兵连而不解，天下苦其劳，而干戈日滋。行者赍，居者送，中外骚扰而相奉，百姓抚弊以巧法，财赂衰耗而不赡。入物者补官，出货者除罪，选举凌迟，廉耻相冒，武力进用，法严令具。兴利之臣自此始也。②

在司马迁看来，正是由于汉武帝连年征战，劳民伤财，从而使得人民重新被置于苦难深渊之中，封建国家也因此而动荡不安，西汉历史从此开

---

① 《史记》卷三十《平准书》，1420 页，北京，中华书局，1959。
② 《史记》卷三十《平准书》，1420～1421 页，北京，中华书局，1959。

始由盛转衰。

综上所述，司马迁"见盛观衰"的历史变易思想至少给后人留下两点启示。其一，既然物盛而衰是历史变易的必然规律，人们就应该要认识和把握这一变易规律，以期能更好地在事物发展到鼎盛时期，及时地觉察出它已经蕴含着的各种衰败的迹象，从而及时地更张制度，以使事物继续向好的方面发展。其二，历史盛衰之变往往是人为因素促成的。如秦朝的盛极而衰，是秦始皇不施仁义、暴虐天下的结果；西汉武帝后期社会各种衰败迹象的出现，是与汉武帝好大喜功、连年征伐，以致耗尽天下财富分不开的。正因此，司马迁借用贾谊的话奉劝统治者说："是以君子为国，观之上古，验之当世，参以人事，察盛衰之理，审权势之宜，去就有序，变化有时，故旷日长久而社稷安矣。"①

四、传统史学的历史通变思维

《史记》以后的中国古代史学，无论是通史撰述还是断代史撰述，纪传体撰述还是其他史体撰述，都普遍继承了"通古今之变"的传统，虽然具体表述和思想侧重点不尽相同，却都体现了通变的历史思维。以下仅以断代纪传体、编年体、典制体和史评体为例，对传统史学的历史通变思维作出论述。

首先谈断代纪传体。众所周知，司马迁创立的纪传体是通史体例，故而此后以通史体例编纂的纪传体史书，自然承继了司马迁的历史通变思维。然而，在断代纪传体史家中，也不乏具有历史通变思维的，班固便是其中最具代表性的一位。班固所作《汉书》，作为"断汉为史"的断代纪传体史书，其历史记述却能做到断而不断，断中有通。《汉书》的本纪、列传、志、表四种体例都具有贯通意识，其中的表、志体现最为突出，其记述内容都是贯通古今的，体现了历史通变的思维。从《汉书》八

---

① 《史记》卷六《秦始皇本纪》，278 页，北京，中华书局，1959。

表来看，其中的《百官公卿表》记述了伏羲以来至汉代的官职变化情况，同时还对历代官职变化之原因以及变化的影响作了论述；《古今人表》对古今历史人物作了分等与评述，目的是"显善昭恶，劝戒后人"。其他六表虽然是断代而作，却也具有贯通意识，主要体现在各表的序文当中。如《异姓诸侯王表》，序文历数了舜禹禅让、汤武革命、秦并天下的历史过程，指出了"古世相革，皆承圣王之烈，今汉独收孤秦之弊"之王朝更替的不同，从而解说了为何要"据汉受命，谱十八王"的原因。再如《外戚恩泽侯表》，序文一方面说"自古受命及中兴之君，必兴灭继绝，修废举逸，然后天下归仁，四方之政行焉"，肯定了"举逸"的重要性。另一方面又说"传称武王克殷，追存贤圣，至乎不及下车"，说明作此表有仿效武王"追存贤圣"之意。由此来看，八表是具有浓厚的贯通意识的。

《汉书》的十志体现了"下上洽通"①的撰述旨趣。十志的博洽主要体现在典制叙述的全面性，主要围绕着政治、经济和思想文化三个方面的典章制度进行叙述，其中政治典制有《礼乐志》《刑法志》《郊祀志》《地理志》和《沟洫志》，经济典制有《食货志》，思想文化典制有《艺文志》《律历志》《天文志》和《五行志》。十志虽然是关于西汉的典章制度，却明显具有贯通古今的意识，重视在"通"的过程中来了解各种典章制度的兴起与沿革情况。如《律历志》记载了自太昊至东汉的历法运用情况；《礼乐志》通过记载自周至东汉初年礼乐制度的演变，以说明礼乐制度对于教化天下的重要作用；《刑法志》系统介绍了自古至汉刑法制度的具体演变情况；《食货志》记载了自古以来至王莽时期的食、货情况；《郊祀志》主要是记载历代帝王的祭祀等庆典及宗教活动；《天文志》系统记述了先秦至汉代的天象变化和天文学发展的历史；《五行志》详细记载了自古以来天象与人事的参验情况；《地理志》不但对汉代行政区划、户籍人口、风土民情和物产情况作了系统介绍，而且还详细记述了古今地理的沿革情况；《沟洫志》实际上是一部关于夏禹以来的水利兴修的历史；《艺文志》则是一部汉代以前的思想文化史。综上所述可知，《汉书》的十志显然并

---

① 《汉书》卷一百下《叙传》，4235页，北京，中华书局，1962。

不是就汉代典制而写汉代典制，它是把汉代的典章制度放在历代典章制度发展及其沿革的进程中来写的，这样便于人们了解历代典章制度的发展脉络和变易情况，而不是孤立地去看待汉朝的典章制度。

从《汉书》的表、书所体现的贯通思想可知，班固之所以会断而不断、断中有通，是希望将西汉王朝的历史置于中国历史发展整个进程中作出论述，以此揭示中国历史特别是西汉历史的盛衰之变，具有非常浓厚的历史通变思维。

其次谈编年体。与纪传体相类似，编年体的历史撰述有通史撰述，也有断代撰述，却也都体现了通变的思维。编年体最具通变思维的历史撰述，当属司马光的《资治通鉴》。司马光的编年体通史《资治通鉴》，代表了传统史学编年体历史撰述的最高成就。在贯通古今1362年的历史过程中，司马光非常重视以通变的思维来看待历史的盛衰之变。司马光历史通变思维的形成，除去继承传统史学的"通古今之变"思想之外，还直接受到了《周易》通变思维的影响。司马光解说历史治乱兴衰，便是从易道阴阳消长之理入手的。

第一，肯定《易》的阴阳之变特性。司马光认为，《周易》最重要、最基本的思维方式是通变思维。他说，易道的变化其实就是阴阳变化，"易者，阴阳之变也"，"阴阳之交际，变化之本原也"。[1] 宇宙万物的生生不息，其实就是事物内部阴阳交际或矛盾的结果。而阴阳交际为何能导致宇宙万物的生息变化，司马光认为这是"阴阳相殊"，即阴阳的差异性所决定的。司马光认为，阴阳既有相互依赖的一面，"阳非阴则不成，阴非阳则不生，阴阳之道，表里相承"[2]，同时又有相互排斥的一面，即"不齐"性，阳具"刚健"之性，阴具"柔顺"之性，阴阳相须、相互依赖，体现了事物的稳定性；阴阳交际、相互矛盾，则体现了事物的变化。司马光还进一步对阴阳变化规律进行了论述。司马光说："物极则反，天地之常也。"事物的阴阳之变呈一种"物极必反"律，"阴极则阳生"

---

① 司马光：《温公易说》卷六，92页，上海，上海古籍出版社，1989。
② 司马光：《温公易说》卷一，9页，上海，上海古籍出版社，1989。

"阳极则阴生"①，"阳盛则阴微，阴盛则阳微"②，阴阳二者"一往一来，迭为宾主"③。由于天地万物皆以阴阳为体，因此这种阴阳盛衰消长之变是普遍存在于宇宙万物之中的。

第二，肯定历史的治乱兴衰之变。既然阴阳盛衰消长之变是普遍存在于宇宙万物之中的，那么人类历史的发展也会呈现出治乱兴衰的特点。司马光说："阴阳之相生，昼夜之相承，善恶之相倾，治乱之相仍，得失之相乖，吉凶之相反，皆天人自然之理也。"④这里所谓"善恶""治乱""得失""吉凶"，皆是就历史与人事而言的，司马光认为存在着"相倾""相仍""相乖""相反"之转换，皆属于"自然之理"。司马光以易道阴阳之变观照宋代之前的中国历史，作出了自己的历史盛衰之论。总体而言，司马光的历史盛衰论没有逃离宋代理学家美化三代、贬损汉唐的普遍倾向。在司马光看来，上古三代圣王政治不断文明创制，礼乐征伐自天子出，自然是盛世时代；与此相对应，汉唐政治重视功利，道德衰败，是衰世时代。肯定三代，否定汉唐，是司马光历史盛衰观的基本特点。同时，司马光的历史盛衰论又蕴含了一些新的思想，一是肯定从上古到三代历史的发展性。司马光说："上古之民，处于草野，未知农桑，但逐捕禽兽，食其肉，衣其皮。"⑤正是伏羲、神农、黄帝等古圣王相继而出之后，才通过他们不断发明创制，使得人类告别了洪荒时代而进入"礼义教化"时代。二是提出"王霸无异道"思想。司马光认为三代政治存在着王、霸之不同道："昔三代之隆，礼乐、征伐自天子出，则谓之王。天子微弱不能治诸侯，诸侯有能率其与国同讨不庭以尊王室者，则谓之霸。"只是"王霸无异道"，二者并非对立、相反的关系，因为"其所以行之也，皆本仁祖义，任贤使能，赏善罚恶，禁暴诛乱；顾名位有尊卑，德泽有深浅，功业有巨细，政令有广狭耳，非若白黑、甘苦之相反

---

① 司马光：《温公易说》卷六，92 页，上海，上海古籍出版社，1989。
② 司马光：《温公易说》卷五，78 页，上海，上海古籍出版社，1989。
③ 司马光：《温公易说》卷五，67 页，上海，上海古籍出版社，1989。
④ 扬雄：《太玄集注》卷六注语，司马光集注，203 页，北京，中华书局，2018。
⑤ 参见司马光：《稽古录》卷一，1 页，北京，北京师范大学出版社，1988。

也"①。三是认为汉唐的衰败有一个逐渐演变的过程。两汉"虽不能若三代之圣王，然犹尊君卑臣，敦尚名节"，是一个遵守礼法的社会；魏晋以降社会"风俗日坏""不顾名节"，是一个道德逐渐沦丧的时代；唐代进一步衰落，社会"不复论尊卑之序、是非之理"；到了五代，"天下荡然莫知礼义为何物矣"。② 四是肯定宋代乃新盛世的到来。司马光说："盖自宋兴二十年，然后大禹之迹复混而为一，以至于今八十有五年矣。朝廷清明，四方无虞，戎狄顺轨，群生遂性，民有自高曾以来，未尝识战斗之事者。盖自古太平未有若今之久也。"③司马光肯定宋代，其现实意义显然是为了激励宋代统治者有所作为。

综上所述，司马光通过对历史盛衰之理的探讨，肯定历史发展变化是一种治乱兴衰的交替运动变化。这种历史变化观是一种辩证的思维，它的哲理基础是司马光的易学思想。司马光正是以易道观人道，基于物极必反，盛极而衰，衰可复振这样的理据来反观古代以来的历史，从而得出这一历史盛衰交替变化的认识的。

再次谈典制体。杜佑所作《通典》，不但打破了《史记》之后通史撰述长期沉静的局面，而且为古代典章制度史的撰写开辟了一个崭新的局面，影响是很深远的，像后来郑樵的《通志》、马端临的《文献通考》等一系列典章制度史著，都是仿效该书而撰成的。《通典》所开创的典制体撰述新格局，即是取材于历代正史的书志，沿用司马迁开创的通史体例，融会历代典章制度为一炉，由此创立了中国史学史上第一部典章制度体通史。对于《通典》所开创的典章制度通史撰述新格局，后代史家给予了充分的肯定。如《四库全书总目提要》评价说："凡历代沿革，悉为记载，详而不烦，简而有要"，"宋郑樵作《通志》，与马端临作《文献通考》，皆以是书为蓝本。"④清代史评家章学诚则从古代通史撰述的角度对《通典》

---

① 司马光：《资治通鉴》卷二十七《汉纪十九》宣帝甘露元年，881 页，北京，中华书局，1956。
② 司马光：《司马文正公传家集》卷二十四《上谨习疏》，文渊阁四库全书本。
③ 司马光：《稽古录》卷十六，181 页，北京，北京师范大学出版社，1988。
④ 纪昀总纂：《四库全书总目提要》卷八十一《史部·政书类》，2115、2116 页，石家庄，河北人民出版社，2000。

的成就作了评述，他说："梁武帝以迁、固而下断代为书，于是上起三皇，下迄梁代，撰为《通史》一编，欲以包罗众史。史籍标'通'，此滥觞也。嗣是而后，源流渐别：总古今之学术，而纪传一规乎史迁，郑樵《通志》作焉；统前史之书志，而撰述取法乎官礼，杜佑《通典》作焉；合纪传之互文，而编次总括乎荀、袁，司马光《资治通鉴》作焉；汇公私之述作，而铨录略仿乎孔、萧，裴潾《太和通选》作焉。此四子者，或存正史之规，或正编年之的，或以典故为纪纲，或以词章存文献，史部之通，于斯为极盛也。"[1]在此，章学诚一方面对《通典》的编纂特点作了概括："以典故为纪纲"，"统前史之书志，而撰述取法乎官礼"；另一方面对《通典》在通史撰述上的地位给予了肯定，将它与《资治通鉴》《通志》和《太和通选》并称为通史"四子"，是通史"极盛"之作的代表。近代史家梁启超则借李翰的序文，肯定该书"采五经群史，上自黄帝，至于有唐天宝之末。每事以类相从，举其始终历代沿革废置，及当时群士议论得失，靡不条载，附之于事"，盛赞该书"统括史志"而"卓然成一创作"，是"史志著作之一进化"。[2]当然，《通典》"卓然成一创作"还应该包含其中蕴含的变易思想。难能可贵的是，杜佑的变易思想体现出了一种历史发展观。他反对正统儒家美化三皇五帝的所谓太平盛世的说法，而认为当时是生产落后、人民贫困、战争不休的乱世。杜佑说："人之常情，非今是古，其朴质少事，信固可美，而鄙风弊俗，或亦有之。缅惟古之中华，多类今之夷狄。"[3]在杜佑看来，人们心目中的古圣王所谓盛世时代，其实就与今日的夷狄相类似，他们过着的只是一种茹毛饮血、穴居野处的生活。他肯定汉、唐大一统盛世政治远非三代所能比拟，"汉、隋、大唐，海内统一，人户滋殖，三代莫俦"[4]，反对人们褒三代、贬汉唐。同时，杜佑强调制度变易的必要性。杜佑认为，随着历史的发展和时代的变迁，一切不符合客观形势发展需要的旧的礼仪制度都应该要

---

① 章学诚：《文史通义校注》卷四《释通》，叶瑛校注，373页，北京，中华书局，1994。
② 梁启超：《中国历史研究法》，25页，北京，东方出版社，1996。
③ 杜佑：《通典》卷一百八十五，4979页，北京，中华书局，1988。
④ 杜佑：《通典》卷三十一，849页，北京，中华书局，1988。

随之而变更，而不能墨守成规，泥古不化。杜佑说："详观三代制度，或沿或革不同，皆贵适时，并无虚事。"又说："人之常情，非今是古，不详古今之异制，礼数之从宜。"①这就是说，一切制度的设立或变更，都要以是否合乎时宜为依准。在杜佑看来，"立法作程，未有不弊之者"，因此制度变更乃"势"所必然，应该"随时立制，与事变通"②。

郑樵《通志》从全书结构来看属于纪传体通史，而其突出成就则表现在对历代典章制度溯源探流察终的"二十略"上，故而又被视为典制体"三通"之一。该书的《总序》开篇就提出了"会通"的思想："百川异趋，必会于海，然后九州无浸淫之患；万国殊途，必通诸夏，然后八荒无壅滞之忧：会通之义大矣哉！"所谓"会"，是指对各种史料进行综合，这是从横的方面或空间范围说的；所谓"通"，是指史书记载应该时代相续、联结，这是从纵的方面或时间长度说的。因此，所谓会通，就是要求历史记载要尽可能地汇总各种史料，连缀各时代史事。会通的思想既是郑樵评史的基本标准，也是其《通志》一书撰述的指导思想。从评史的角度来看，郑樵在《通志·总序》中通过对孔子以来的历史撰述进行评论，借此系统阐发了他的会通思想。如他评价孔子说："自书契以来，立言者虽多，惟仲尼以天纵之圣，故总《诗》《书》《礼》《乐》而会于一手，然后能同天下之文。"这里所谓"同天下之文"，就是指汇总天下文献。郑樵认为《史记》是会通之作，"司马氏世司典籍，工于制作，故能上稽仲尼之意，会《诗》《书》《左传》《国语》《世本》《战国策》《楚汉春秋》之言，通黄帝、尧、舜至于秦汉之世，勒成一书……使百代而下，史官不能易其法，学者不能舍其书。六经之后，惟有此作"。他反对《汉书》"断汉为史"的做法，认为"断汉为书，是致周、秦不相因，古今成间隔"，它割断了历史的前后联系，使人们无法了解古今之沿革变化。所以他指出："自班固断代为史，无复相因之义；虽有仲尼之圣，亦莫知其损益。"郑樵因此而感叹："司马氏之门户，自此衰矣。""会通之道，自此失矣。"郑樵所撰

---

① 杜佑：《通典》卷五十八，1652 页，北京，中华书局，1988。
② 杜佑：《通典》卷四十，1109 页，北京，中华书局，1988。

《通志》一书，就是一部"会天下之书而修""集天下之书为一书"的通史著作。在这部包罗万象而又贯通古今的历史著作中，郑樵的会通思想得到了很好的贯彻。《通志》全书不仅充分反映了古代社会的历史发展过程，而且还兼叙天文、地理、动物、植物、文学、音韵等学术领域，尽可能地探求各略的来龙去脉，注重溯源、探流、察终，重视从时间与空间上去把握和贯通会通之义。郑樵的会通虽然是汇聚文献以贯通历史，而其目的则是为了"极古今之变"因而他的会通之论是蕴含有"变"的思想的。《通志·总序》不但称颂孔子具有会通思想，而且肯定他既"同天下之文"，又"贯二帝、三王而通为一家"，其最终的目的是为了"极古今之变"。

最后谈史评体。王夫之的《读通鉴论》与《宋论》，是传统史学历史评论总结性的著作。王夫之是一位精通易学的史学家，著有易学著作《周易外传》《周易内传》《周易考异》《周易稗疏》和《周易大象解》等多部，他的历史评论也是以《易》的通变思维为基础的。《周易内传·系辞下》说："读《易》者，所当惟变所适，以善体其屡迁之道。"不但肯定了变易乃《易》道本质属性，而且让读《易》者要"善体"之。《周易大象序》则进一步论述了体察《易》的阴阳之变对于修己、治人的重要性："天下无穷之变，阴阳杂用之几，察乎至小至险至逆，而皆天道之所以察。苟精其义，穷其理，但为一阴一阳所继而成象者，君子无不可用之以静存、动察、修己、治人，拨乱反正之道。"王夫之的历史评论充满着这样一种通变思维。认为总结历史必须要有一种"通识"的眼光，他说："经国之远图，存乎通识。通识者，通乎事之所由始，弊之所由生，害之所由去，利之所由成，可以广恩，可以制宜，可以止奸，可以裕国，而咸无不允，于是乎而有独断。"[1]王夫之所谓"通识"的眼光，也就是司马迁"原始察终"的观点，只有以通识的眼光来总结历史，才能形成"独断"的认识。正是从通变的观点出发，王夫之肯定历史的发展与变革。他说："洪荒无揖

---

① 王夫之：《读通鉴论》卷二十二，657页，北京，中华书局，1975。

让之道，唐虞无吊伐之道，汉唐无今日之道，则今日无他日之道者多矣。"①这就肯定了随着历史的发展，社会制度也会出现相应的变化，人们不可以简单地照搬古人的做法。王夫之还将这种古今之变上升到哲学的高度来加以认识，认为古今不同道是"时"差的结果，"因亦一道也，革亦一道也。其通也，时也"②；历史的变易乃"势"之必然，"乱极而治，非一旦之治也；治极而乱，非一旦之乱也"③。综观王夫之的史论，最为显著的特点，便是以《易》的通变思维来评论历史的变易。

章学诚的《文史通义》，为传统史学理论集大成著作。该书以《易教》上中下三篇开章，其中上篇论说《易》为政典，中篇揭示《易》的变易本质，下篇肯定《易》与其他"六经""殊途同归，一致百虑"。《文史通义》以论说《周易》作为开篇，显然是将其史学理论建立在易学的哲理基础上的。在《易教上》篇中，章学诚提出了三《易》之法与三《易》所本，他说："《周官》太卜掌三《易》之法，夏曰《连山》，殷曰《归藏》，周曰《周易》，各有其象与数，各殊其变与占，不相袭也。然三《易》各有所本，《大传》所谓庖牺、神农与黄帝、尧、舜，是也。由所本而观之，不特三王不相袭，三皇、五帝亦不相沿矣。"这段话从易法改制的角度，肯定了伴随着历史的变化，典章制度也必然随之而变的历史变易规律，进而成为章学诚史学变革论的思想基础。《易教中》开篇即说："孔仲达曰：'夫《易》者，变化之总名，改换之殊称。'先儒之释《易》义，未有明通若孔氏者也。"在章学诚看来，先贤关于《周易》本质属性的解说，只有孔颖达最为明确、透彻。接着章学诚说："得其说而进推之，《易》为王者改制之巨典，事与治历明时相表里，其义昭然若揭矣。"这就是说，正是由于《易》的本质属性是讲变易，故而成为先王改制的"巨典"。从这种《易》的变易特性来解说史学，章学诚肯定史学变革的必要性。如《书教下》论说纪传体的变革，即是以《易》的通变思想为指导的。章学诚以《系辞上》"著之

---

① 王夫之：《周易外传》卷五，见《船山全书》一，1028页，长沙，岳麓书社，2011。
② 王夫之：《宋论》卷一，24页，北京，中华书局，1964。
③ 王夫之：《诗广传》卷四，见《船山全书》三，479页，长沙，岳麓书社，2011。

德圆而神，卦之德方以智"，来论说古今史学撰述类别，认为"撰述欲其圆而神，记注欲其方以智也。夫智以藏往，神以知来……藏往欲其赅备无遗，故体有一定而其德为方；知来欲其抉择去取，故例不拘常而其德为圆"。值得注意的是，章学诚论纪传体是提倡通史撰述的，《文史通义》的《释通》篇对通史撰述的优点和长处进行了理论分析，认为有"六便""二长"，这"六便"是："一曰免重复，二曰均类例，三曰便诠配，四曰平是非，五曰去抵牾，六曰详邻事。"而"二长"则是："一曰具剪裁，二曰立家法。"然而他又不囿于通史与断代之形式，对班固的断代为史作了肯定，对后世纪传体一味仿效、没有创新作了批评。章学诚认为，司马迁、班固作为纪传之祖，《史记》"体圆用神"，《汉书》虽然"体方用智"，"仍有圆且神者"。然而此后的历代纪传体撰述，却只是按照"科举之程式"延续而已，缺乏创新。因此，他以"《易》穷则变"的道理，肯定变革纪传体的必要性："《易》曰：'穷则变，变则通，通则久。'纪传实为三代以后之良法，而演习既久，先王之大经大法，转为末世拘守之纪传所蒙，曷可不思所以变通之道欤？"章学诚关于变革纪传体的论述，其实还蕴含了史学贯通意识。章学诚评述纪传体，是将纪传体千余年的发展史作为考察对象的，因而是在贯通中看到了纪传体变革的必要性的。纵观《文史通义》，这种通变思想是贯穿于章学诚整个史学理论体系当中的。

以上只是以断代纪传体史、编年体、典制体和史评体的代表性史家为例，来说明中国古代史学重视运用通变思维来认识和解说历史与史学。实际上，中国古代史家普遍重视以通变思维来解说历史与史学的发展与变化，这是中国民族史学的重要特点，也是中国古代史学精神的突出表现之一。

第六讲 "成一家之言"：
传统史学的创新思维

　　"成一家之言"语出《太史公自序》与《报任安书》，为司马迁撰述《史记》的旨趣。"成一家之言"的提出，不但展现了司马迁历史研究立志成家的学术抱负，而且蕴含了史学创新的思维。司马迁"成一家之言"的史学创新思维，对传统史学产生了深刻的影响。千百年来，传统史家在史学理论与实践过程中重视"成一家之言"的创新思维，由此推进了传统史学的不断创新与发展。

一、司马迁"成一家之言"释义

　　探究"成一家之言"的本义，必须对"家"的概念作出正确的界定或理解。"家"最早并非用来指称学术。白寿彝先生说："'家'，本来是一个政治概念、经济概念和社会组织单位的概念。把'家'运用到学术领域里，称学术流派为'家'，是经过相当长的过程的。"①这个过程的开始，要从先秦诸子时代说起。在诸子著作中，《荀子·非十二子》《荀子·解蔽》《韩非子·显学》和《吕氏春秋·不二》都涉及对于先秦诸子学术的分类评述。如《非十二子》篇依据学者学术思想的某些共同点，将十二子学术分为六对：它嚣、魏牟—陈仲、史鰌—墨翟、宋钘—慎到、田骈—惠施、邓析—子思、孟轲；《解蔽》篇说："墨子蔽于用而不知文，宋子蔽

---

　　① 白寿彝：《中国史学史论集》，99 页，北京，中华书局，1999。

于欲而不知得，慎子蔽于法而不知贤，申子蔽于势而不知知，惠子蔽于辞而不知实，庄子蔽于天而不知人。"《显学》篇说"世之显学，儒、墨也"，又说"儒分为八，墨离为三"。《不二》篇说："老聃贵柔，孔子贵仁，墨翟贵廉，关尹贵清，子列子贵虚，陈骈贵齐，阳生贵己，孙膑贵势，王廖贵先，兒良贵后。"这些论述虽然有了学术分类的思想，却都只是以人名标立学派，没有明确提出"家"的概念。在先秦诸子著作中，最先提出"家"的概念的，当属《庄子·天下》。该篇将古往今来的学术发展分为古之道术、"六经"之学、百家之学三个阶段，在评述百家之学的过程中，提出了"百家之学""百家众技""百家往而不返"，这是学术史上以"家"分别学术流派的开始。然而该篇的具体百家学术评述，仍然还是以人名标立，而没有给这些学派冠以具体家名。正如梁启超所说："庄荀以下论列诸子，皆对一人或其学风相同之二三人以立言。"①

在中国学术史上第一次以阴阳、儒、墨、名、法、道德"六家"对先秦以来学术思想进行了分类的，当属司马谈的《论六家要指》。从此以后，诸子百家的学术有了各自的家名。梁启超对此给予了高度的评价，他说："其鳃括一时代学术之全部而综合分析之，用科学的分类法，厘为若干派，而比较评骘，自司马谈始也。"同时认为以这六家来概括先秦以来的学术思想是很全面的："此六家者，实足以代表当时思想界六大势力圈。"②值得注意的是，司马谈关于"六家"学术思想的评论，全盘认可兼容并包诸家学术、"动合无形，赡足万物的"道家（有别于老庄道家），而认为其他五家学术思想皆有优长和不足，这实际上已经为自己的学术主张贴上了道家的标签，隐含了道家"一家言"之意。

在学术主张上明确提出"成一家之言"的是司马迁。对于司马迁所要成就的"家"究竟有何所指，学术界一直有着不同的看法，主要有以下几种观点：

---

① 梁启超：《司马谈〈论六家要指〉书后》，见《饮冰室合集·专集》第 18 册，9210 页，北京，中华书局，2015。

② 梁启超：《司马谈〈论六家要指〉书后》，见《饮冰室合集·专集》第 18 册，9210～9211 页，北京，中华书局，2015。

一是私家说。《五杂俎》说："《史记》者，子长仿《春秋》而为之，乃私家之书，藏之名山，而非悬之国门者也。故取舍任情，笔削如意，它人不能赞一词焉。"①肯定《史记》为私家之书，所以能任情取舍、笔削，成一家之言。有学者认为，司马迁在被刑以后，"已经清醒地意识到，他的著述要成为官书，已经完全无望，他的以古史家的秉实纪史的原则，也决不可能见容于汉王朝钦定的国教和传统的观念，于是他退而负责地、严正地用'一家之言'这一词义来表明他所持的'颇识去就之分'，只'欲以文采表于后世'的创作态度"②，也强调司马迁的著述是相对于"官书"之言的私家之言。说《史记》为私家之书当然是正确的，却非"成一家之言"之"家"的本义，"家"被运用到学术研究领域，显然不是指具体研究方式，而是表示一种学术派别。

二是一子说。梁启超认为，司马迁著述《史记》的根本目的，"乃在发表司马氏'一家之言'，与荀卿著《荀子》、董生著《春秋繁露》，性质正同。不过其'一家之言'乃借史的形式以发表耳"③，肯定司马迁的"一家之言"其实便是"一子之言"，只是借助了史的形式罢了。一些学者则将司马迁学术思想直接等同于儒家或者道家。如班固说司马迁"论大道则先黄老而后六经"④，视司马迁为道家；王鸣盛认为司马迁作《儒林传》，"力表武帝之能尊儒"，肯定田蚡"始绌黄老刑名百家之言，而延儒者"、公孙弘"以《春秋》，白衣为三公，而天下学士靡然乡风"，"深许"这些尊儒活动，指出班固所谓"先黄老，后《六经》，非子长本意明矣"⑤，显然是将司马迁视为儒家。实际上，如果只是俯拾或阐发先秦诸子思想，司马迁是绝不可能自成一个家派的。

三是史家中之一家说。有些学者认为，司马迁"成一家之言"，主要

---

① 谢肇淛：《五杂俎》卷十三《子部一》，文渊阁四库全书本。
② 吴忠匡：《司马迁"成一家之言"说》，载《人文杂志》，1998(4)。
③ 梁启超：《要籍解题及其读法·史记》，见《饮冰室合集·专集》第15册，8408页，北京，中华书局，2015。
④ 《汉书》卷六十二《司马迁传》，2738页，北京，中华书局，1962。
⑤ 王鸣盛：《十七史商榷》卷六《儒林传》，61页，上海，上海古籍出版社，2013。

是体现在史书编著体例的创新，因此只是在史学各种家派中另创一家。① 肯定司马迁在史书编纂体例上的创新，这无疑是正确的。但认为司马迁自成一家只是史家中的一家，则不妥当。一则，将"成一家之言"局限在史书编著体例范围内，缺乏从思想高度去把握"成一家之言"；二则，先秦并无作为家派的史家，"司马迁以前，历史学方面谈不到成'家'或成'派'"②。也正因此，《论六家要指》并没有标列出"史家"名目。既然司马迁以前没有史家家派的存在，也就谈不上司马迁要立志成为史家中之一家了。

四是史家说。白寿彝先生认为，司马迁"成一家之言"，"是在史学领域里第一次提出了'家'的概念"。又说："在史学领域里提出'家'的概念，并在实践上实现了'成一家之言'，这在司马迁个人，是超越前人的成就，在史学的发展上，标志着我国史学已经规模具备地成长起来了。"③张大可认为："从学术上说，司马迁自成一家就是一个历史家。"④高振铎认为，司马迁是"西汉时期出现的史家，这是产生六家的先秦所根本没有的一家"⑤。我们认为，上述学者的论断，是符合司马迁"成一家之言"之"家"的本义的，司马迁所要自成的一家，无疑就是史家，是先秦尚未产生的一个学术家派。

那么，史家说的依据究竟何在？首先，司马迁的家世叙述具有以史名家的内蕴。在《太史公自序》中，司马迁对司马氏家族自颛顼以来的家世作了详细叙述，其中"世典周史"是让司马谈、司马迁父子最引以为傲的家族荣耀。司马谈临终前，嘱咐了司马迁两件事，一是希望司马迁能够继承家族"典史"事业。司马谈说："余先周室之太史也。自上世尝显功名于虞夏，典天官事。后世中衰，绝于予乎？汝复为太史，则续吾祖矣。"在司马氏祖上，近世祖司马错、司马靳都是秦国赫赫有名的战将，

---

① 参见罗文博：《论史记的成一家之言》，载《阜阳师院学报》，1983(4)。

② 白寿彝：《〈史记〉新论》，51页，北京，求实出版社，1981。

③ 白寿彝：《中国史学史论集》，99、107页，北京，中华书局，1999。

④ 张大可、俞樟华等：《司马迁一家言》，18页，西安，陕西人民教育出版社，1995。

⑤ 高振铎：《司马迁的"成一家之言"新解》，载《贵州社会科学》，1985(5)。

然而在司马谈看来，这个家族最引以为傲的还是"世典周史"，失去史职就意味着"中衰"。他希望司马迁做了太史令之后，能够远绍祖先的史官事业。二是希望司马迁能够完成他的历史撰述未竟事业。《史记》一书，早在司马谈在世时就已着手撰述。今人考证，该书除《论六家要指》之外，尚有不少篇章是成就于司马谈之手的。只可惜司马谈身前没有完成"所欲论著"，他在临终前叮嘱司马迁继任太史令后，"无忘吾所欲论著矣"①。司马迁非常理解父亲对自己的期盼之情，故而俯首流涕道："小子不敏，请悉论先人所次旧闻，弗敢阙。"②表达了要继续完成父亲未竟事业的志愿。司马氏父子重视家族史职传承，重视"所欲论著"，诚如白寿彝先生所言："他们父子有一种共同的思想感情，就是要把家族的'家'跟作为学派的'家'统一起来。"③

其次，司马迁以论载历史为己任。先秦史学虽然没有形成家派，但并不等于没有史学，没有史书，只是自秦火以后诸侯史记多已放绝。对此，《史记·六国年表序》说："秦既得志，烧天下《诗》《书》，诸侯史记尤甚，为其有所刺讥也。《诗》《书》所以复见者，多藏人家；而史记独藏周室，以故灭。惜哉！惜哉！"司马迁对因秦火而使先秦史记放绝表现出了极大的惋惜之情。同时，西汉建立以后，积极推行休养生息政策，造就了文景之治，到汉武帝前期，西汉王朝达到了鼎盛时期。作为这一时期的史官，司马谈、司马迁父子都将论载这一辉煌时代"明主贤君忠臣死义之士"作为自己的神圣使命。司马谈临终前给司马迁的嘱咐中说："自获麟以来四百有余岁，而诸侯相兼，史记放绝。今汉兴，海内一统，明主贤君忠臣死义之士，余为太史而弗论载，废天下之史文，余甚惧焉，汝其念哉！"④表达了自己未能完成《史记》撰述的无限遗憾和诚惶诚恐之情。司马迁也是将不能备载历代君臣功德业绩和废弃父亲遗言，看作是自己的一种莫大的罪过，他说："废时圣盛德不载，灭功臣世家贤

---

① 《史记》卷一百三十《太史公自序》，3295 页，北京，中华书局，1959。
② 《史记》卷一百三十《太史公自序》，3295 页，北京，中华书局，1959。
③ 白寿彝：《中国史学史论集》，104 页，北京，中华书局，1999。
④ 《史记》卷一百三十《太史公自序》，3295 页，北京，中华书局，1959。

大夫之业不述，堕先人所言，罪莫大焉。"①由此可见，论载历史，留存史文，无疑是司马迁父子的共同心愿，他们对此具有一种强烈的历史使命感和高度的历史责任感。

最后，司马迁著史是为了以史言志。司马迁创作《史记》的志趣是多方面的。从学术思想角度而言，其志向无疑是想借助《史记》的创作，以"厥协六经异传，整齐百家杂语"②。也就是要统一"六经"思想，统一天下学术。在《史记·太史公自序》中，司马迁明确表达了这一治史抱负，他说："先人有言：'自周公卒五百岁而有孔子。孔子卒后至于今五百岁，有能绍明世，正《易》传，继《春秋》，本《诗》《书》《礼》《乐》之际？'意在斯乎！意在斯乎！小子何敢让焉。"在此，司马迁俨然以汉代孔子自居，他决心要效法孔子，来统一天下学术。从经世致用角度而言，司马迁著史，显然是出于治世的需要。司马迁认为，孔子删定的"六经"，都是治世之书。在《滑稽列传》中，他借用孔子的话说："夫子曰：'《六艺》于治一也。《礼》以节人，《乐》以发和，《书》以道事，《诗》以达意，《易》以神化，《春秋》以义。'"在《太史公自序》中，他进一步阐明了"六经"各自在治世中的具体作用及其原因，他说："《易》著天地阴阳四时五行，故长于变；《礼》经记人伦，故长于行；《书》记先王之事，故长于政；《诗》记山川溪谷禽兽草木牝牡雌雄，故长于风；《乐》乐所以立，故长于和；《春秋》辨是非，故长于治人。"当然，在"六经"当中，他认为《春秋》的治世功能最强，"拨乱世反之正，莫近于《春秋》……故有国者不可以不知《春秋》"。肯定《春秋》等"六经"的治世作用，自然表明了《史记》也是以经世为务的，因为它是一部继《春秋》之作，统括"六经"之作。在《报任安书》中，司马迁明确表达了自己撰述《史记》的目的是为了要"究天人之际，通古今之变""稽其成败兴坏之理"。这就非常清楚地表明了司马迁治史，从根本上讲还是出于治世的需要。

确定了司马迁"成一家之言"之"家"的本义，从而在这个基础上再来

---

① 《史记》卷一百三十《太史公自序》，3299页，北京，中华书局，1959。
② 《史记》卷一百三十《太史公自序》，3319～3320页，北京，中华书局，1959。

探讨司马迁"成一家之言"的含义。作为史家的司马迁，他所要成就的史家之"言"究竟是什么？有学者认为："《史记》的'成一家之言'是它在编著体例上的创新，是许多史家中的一家之言。"①我们认为这样来理解司马迁的"成一家之言"有失偏颇："创纪传体可以说是'成一家之言'的一端，似尚未能尽其义。"②要搞清楚司马迁"成一家之言"的含义，应该回溯到司马迁论"成一家之言"的具体语境中去。司马迁说"成一家之言"，文献记载有两处，一是《报任安书》所言"究天人之际，通古今之变，成一家之言"；二是《太史公自序》叙述本纪、世家、列传、书、表五种体例撰述旨趣之后，所言"以拾遗补艺，成一家之言，厥协六经异传，整齐百家杂语"。白寿彝先生认为，前者"是就《史记》的指导思想来说的"，后者则"是指《史记》的体裁和取材说的"。③ 其实在《报任安书》引文之前还有一句话，叫"网罗天下放失旧闻，考之行事，稽其成败兴坏之理"，《太史公自序》论本纪撰述旨趣中也有一句类似的话，叫"网罗天下放失旧闻，王迹所兴，原始察终，见盛观衰，论考之行事"。如果我们综合两处的说法，司马迁的"成一家之言"的本义应该包含历史撰述指导思想、历史撰述境界观、历史编纂体裁和会通学术思想四个方面。

二、"成一家之言"与司马迁的史学创新思维

从历史思维而言，司马迁的"成一家之言"即是一种史学创新思维。创新求变是中华民族的优秀传统，《大学》说："苟日新，日日新，又日新。"这是强调事物只有通过日日创新，才能有持久、有发展。传统史学的发展，也是在不断创新中得以实现的。司马迁"成一家之言"的提出，即是在史学领域里立志创新的具体表现。从司马迁"成一家之言"本义的

---

① 参见罗文博：《论史记的成一家之言》，载《阜阳师院学报》，1983(4)。

② 白寿彝：《中国史学史论集》，99 页，北京，中华书局，1999。

③ 白寿彝：《中国史学史论集》，105、106 页，北京，中华书局，1999。

解说可知，其蕴含的史学创新思维，主要表现在历史编纂指导思想、历史撰述境界观、纪传体通史体裁的创立以及会通"六经"与诸子学术思想四个方面。

首先，历史编纂指导思想的创新。史家撰述历史都有其指导思想，即所谓撰述旨趣，或称"史义"。在司马迁之前问世的史书当中，像《尚书》所汇集的文诰，蕴含了丰富的以史为鉴的思想；孔子作《春秋》，则是为了"制义法""达王事"①，体现了以史为法的思想。同样，司马迁作《史记》，也有其撰述指导思想，这就是"究天人之际，通古今之变"。吴怀祺先生说："史学成为大宗，在于有独到的思维形态。《史记》形成中国民族三大思维，这就是司马迁在《报任少卿书》中所说的，'亦欲以究天人之际，通古今之变，成一家之言'"②。这里所言"独到的思维形态""中国民族三大思维"，显然主要是就《史记》指导思想的创新而言的。司马迁也是立志要通过"究天人之际，通古今之变"而"成一家之言"的。司马迁用天人一系的整体思维和贯通古今的盛衰思维作为《史记》撰述的指导思想，无疑是前无古人的做法，是历史撰述指导思想的重大创新。这样的历史撰述指导思想，从时空关系而论，"究天人之际"指的是历史撰述的空间范围，"通古今之变"指的是历史撰述的时间跨度。合而言之，它们便是历史记载的全部对象。从理论思维而论，"究天人之际"体现的是一种哲学观，而"通古今之变"则体现的是一种历史观。因此，"究天人之际，通古今之变"既是一种历史方法论，也是一种历史认识论。

具体而言，司马迁的"究天人之际"，最突出的特点是重人事，强调人为对社会历史发展的重要作用。如司马迁论夏、商、周、秦相继更替的历史大势，就充分肯定了夏、商、周、秦之王天下，都是修仁行义、积德用力的结果，是人为而非天意③。司马迁对那些奋发有为者，总是不惜笔墨，大加颂扬。如《陈涉世家》将布衣陈涉发迹与汤武革命、孔子

---

① 《史记》卷一百三十《太史公自序》，3297页，北京，中华书局，1959。

② 吴怀祺：《中国史学思想通论·总论卷/历史思维卷》，169页，福州，福建人民出版社，2011。

③ 参见《史记》卷十六《秦楚之际月表序》，759页，北京，中华书局，1959。

作《春秋》相提并论，充分肯定了陈涉在推翻暴秦统治过程中的首创之功；《越王勾践世家》称赞"苗裔勾践，苦身焦思，终灭强吴，北观兵中国，以尊周室，号称霸王。勾践可不谓贤哉！盖有禹之遗烈焉"；《孔子世家》称赞"孔子布衣，传十余世，学者宗之。自天子王侯，中国言'六艺'者折中于夫子，可谓至圣矣！"当然，司马迁同时又是一个天命论者。《史记》宣扬了"圣人感生"的天命史观，如"三代本纪"和《秦本纪》的"吞卵履迹"说，《高祖本纪》中的"赤帝子传说"等；《史记》也记述了不少迷信的说法，如《五帝本纪》中的颛顼帝"依鬼神以制义"等。对此，我们应该理解为是一种时代的局限性。

司马迁的"通古今之变"，旨在探究历史的变化及其规律。《平准书》说："物盛则衰，时极而转。一质一文，终始之变也。"《太史公自序》说："原始察终，见盛观衰""承敝易变"。在司马迁看来，盛衰之变、质文互变和承敝易变，即是历史发展变化的基本规律，"通古今之变"必须以此作为关节点。司马迁重视以盛衰之变来把握历史发展变化，如《秦本纪》与《秦始皇本纪》记述了秦如何从一个边地诸侯国到一统天下，再由盛极而迅速衰亡的变化过程；《十二诸侯年表》记述了周王室的衰败和各诸侯国的崛起，以及各诸侯国势力的此消彼长，等等。司马迁认为历史发展呈现出质文互变规律，《高祖本纪》说："夏之政忠。忠之敝，小人以野，故殷人承之以敬。敬之敝，小人以鬼，故周人承之以文。文之敝，小人以僿，故救僿莫若以忠。三王之道若循环，终而复始。"肯定三代历史的发展是质文互变、终而复始的变化过程。司马迁强调承敝易变的重要性，《高祖本纪》说："周秦之间，可谓文敝矣。秦政不改，反酷刑法，岂不缪乎？故汉兴，承敝易变，使人不倦，得天统矣。"揭示了秦亡汉兴的根因在于是否懂得承敝易变的道理。

其次，历史撰述三层境界说。如何进行历史撰述，这是古往今来的一个重要史学理论问题。史学家们由于各自的史学素养和史学认识存在着多寡和深浅的不同，因而对于历史撰述境界的感悟也不会相同。司马迁出于对论载历史的深刻领悟，提出了历史撰述三层境界说。第一层境界是"网罗天下放失旧闻"。这是从历史撰述之史料收集而言的。白寿彝先生认为，司马迁的"成一家之言"也包含了取材："其中有史事的材料，有思想的材料，《史记》对各家的材料，加以取舍、提高，这是'成一家之言'的又一个重要方面。"①取材的前提是充分地占有材料。司马迁写作《史记》，非常重视历史资料的收集工作。班彪、班固父子虽然从学术思想上批评《史记》先黄老而后"六经"，却一致肯定《史记》取材广博。班彪说《史记》"务欲以多闻广载为功"②；班固也说《史记》"其涉猎者广博，贯穿经传，驰骋古今上下，数千载间，斯以勤矣"③。从司马迁作《史记》所收集的各种历史资料来看，其中既有"六经"异传、百家杂语和汉初百年间"莫不毕集于太史公"的天下遗文故事等文字资料，更有司马迁巡游各地所见所闻的各种实物、口碑、诗歌、俚谚、图像等资料，如《史记·淮阴侯列传》便是主要依靠口碑资料而写成的名篇佳作。

第二层境界是"考之行事"。网罗的"旧闻"并不都能当作可信的资料加以使用，还必须要"考之行事"。也就是说，史家必须要对已占有的历史资料进行考实，以期去揭示一个个个体的历史真相。而只有对一个个个体的历史真相加以揭示，才能最终达到对整体历史或历史全程真相的揭示，从而求得对整体历史过程的真实认识。当然，材料考实的过程，也是材料选取的过程。因此，"考之行事"是比"网罗天下放失旧闻"更高一层的境界。《史记》的编撰是非常重视考实史事的。司马迁考史的基本原则是"考信于六艺"④"折中于夫子"⑤，而对真假难辨的史事则"疑者传疑"⑥"疑者缺焉"⑦。如《史记》记载传说的五帝之事，便是以孔子的著作和有关文献记载以及自己巡游各地的见闻相验证的。《五帝本纪》云："学者多称五帝，尚矣。然《尚书》独载尧以来，而百家言黄帝，其文不雅驯，荐绅先生难言之。孔子所传宰予问《五帝德》及《帝系姓》，儒者或

---

① 白寿彝：《中国史学史论集》，106 页，北京，中华书局，1999。
② 《后汉书》卷四十上《班彪列传》，1325 页，北京，中华书局，1965。
③ 《汉书》卷六十二《司马迁传》，2737 页，北京，中华书局，1962。
④ 《史记》卷六十一《伯夷列传》，2121 页，北京，中华书局，1959。
⑤ 《史记》卷四十七《孔子世家》，1947 页，北京，中华书局，1959。
⑥ 《史记》卷十三《三代世表》，487 页，北京，中华书局，1959。
⑦ 《史记》卷六十七《仲尼弟子列传》，2226 页，北京，中华书局，1959。

不传。余尝西至空桐，北过涿鹿，东渐于海，南浮江淮矣，至长老皆各往往称黄帝、尧、舜之处，风教固殊焉，总之不离古文者近是。"《史记·老子韩非列传》对老子和老莱子究竟是两人还是同一人分辨不清，固其记载则持"疑者传疑"的态度，而并书二人。对于无法确信的史事，《史记》则采取"疑者缺焉"的态度，《仲尼弟子列传》说："余以弟子名姓文字悉取《论语》弟子问，并次为篇，疑者缺焉。"

上述历史编撰之二层境界，其中心旨意即是求真。司马迁非常重视历史的求真，从而使撰成的《史记》一书得以有实录之称。司马迁以求真为历史研究之境界，是值得肯定的。

第三层境界是"稽其成败兴坏之理"。司马迁认为，历史研究的终极目的不只是去发现历史真相，更是去求得其中的"成败兴坏之理"，这是历史撰述的最高境界。白寿彝先生也说，司马迁"不把历史看成一堆杂乱无章的东西，认为其中有成败兴坏的道理，并打算去探求历史发展的规律"[1]。司马迁从探究历史兴坏之理出发，而得出历史发展规律性的认识主要有三点：一是主张理民以静。这是司马迁对历史成败兴坏所表达的一种政治观。司马迁的政治观深受家学的影响，而赞成黄老治国之术。他认为理民以静的根本点是统治者无为而治、顺民而治，《平准书》对汉初推行与民休息政策而取得的显赫成绩给予充分肯定，对汉武帝执行的一系列多事扰民举动提出批评。司马迁将是否理民以静作为评判官吏好坏的标准，肯定"奉职循理"的循吏，否定威严治民的酷吏；称赞曹参"与休息无为"，《汲郑列传》称汲黯"治务在无为而已"。应该说，司马迁理民以静的政治观，既是一种家学渊源，又是对历代治乱兴衰的总结，特别是对汉初几十年历史进行深刻反思的结果，现实寓意是很强的。

二是肯定"富者，人之情性"。司马迁认为，追逐财富是人的一种自然本性，"富者，人之情性，所不学而俱欲者也"[2]，肯定财富对于个人

---

① 白寿彝：《〈史记〉新论》，47页，北京，求实出版社，1981。
② 《史记》卷一百二十九《货殖列传》，3271页，北京，中华书局，1959。

立世、社会道德乃至政治成败的重要作用。从个人立世而言，人在社会上之所以有贵贱之分，是由其拥有的财富之多寡来决定的，"凡编户人民，富相什则卑下之，伯则畏惮之，千则役，万则仆，物之理也"①。从社会道德而言，社会道德是建构在物质财富基础之上的。司马迁肯定管仲"仓廪实而知礼节，衣食足而知荣辱"的说法，并进一步提出了"礼生于有而废于无"的命题。②他甚至认为若"无岩处奇士之行，而长贫贱，好语仁义，亦足羞也"③。公开指出那些口谈仁义而不力行致富的人是可羞的。从政治成败而言，社会财富对国家强盛所起的决定性作用。《平准书》肯定齐"成霸名"、魏"为强君"，在于发展生产，积聚财富；《货殖列传》认为越王勾践之所以能报仇雪耻，称霸中原，是因为勾践用范蠡、计然富国之策；《河渠书》将秦国强大的原因主要归结为两条，其一是商鞅变法，奖励耕战；其二是开凿郑国渠，"于是关中为沃野，无凶年"。司马迁强调财富的重要性，却明确反对统治者与民争利。《货殖列传》说："善者因之，其次利道之，其次教诲之，其次整齐之，最下者与之争。"

三是"存亡在所任"。司马迁认为，人才的任用与否，直接关系到国家的兴衰存亡。他曾对《中庸》"国之将兴，必有祯祥；国家将亡，必有妖孽"加以改造，说："国家将兴，必有祯祥，君子用而小人退。国之将亡，贤人隐，乱臣贵……'安危在出令，存亡在所任'，诚哉是言也！"④将《中庸》的天人感应的祥瑞灾异说赋予了人才进退这一实际政治内容，肯定了国家的福祸存亡，取决于人才的任用与否，这无疑是唯物的和进步的。司马迁以史为证，对于人才的任用与否与政治兴亡的关系作了进一步阐释。他认为三代盛世的造就，依靠的就是人才，"尧虽贤，兴事业不成，得禹而九州宁"⑤。春秋诸侯霸业的建立，也是依靠人才的结

---

① 《史记》卷一百二十九《货殖列传》，3274页，北京，中华书局，1959。
② 《史记》卷一百二十九《货殖列传》，3255页，北京，中华书局，1959。
③ 《史记》卷一百二十九《货殖列传》，3272页，北京，中华书局，1959。
④ 《史记》卷五十《楚元王世家》，1990页，北京，中华书局，1959。
⑤ 《史记》卷一百一十《匈奴列传》，2919页，北京，中华书局，1959。

果，如"齐桓公以霸，九合诸侯，一匡天下，管仲之谋也"①，范蠡"与勾践深谋二十余年，竟灭吴"②。秦的富强以及最终除灭六国，一统天下，与重用人才是分不开的，像政治家商鞅、李斯等，外交家张仪、范雎等，军事家白起、王翦、蒙恬等，都是一时不可多得的人才。《高祖本纪》记述了刘邦与群臣讨论他之所以有天下，而项羽之所以失天下的原因，认为自己能重用张良、萧何、韩信"三杰"，而项羽"有一范增而不能用"。在《刘敬叔孙通列传》赞语中，司马迁特别强调人的才智不可能专有，帝王不能凭借一己之智来治理国家，因此，重用人才，集思广益是政治治理所必需的。他说："语曰'千金之裘，非一狐之腋也；台榭之榱，非一木之枝也；三代之际，非一士之智也。'信哉！"

再次，纪传体通史体裁的创立。学术界普遍认为，司马迁作《史记》，创立了纪传体通史体裁。很显然，纪传体通史体裁的创立，是司马迁历史编纂体裁上的"成一家之言"，是一种体裁创新。司马迁创立的纪传体通史体裁，具有两个显著特点。其一，通史撰述。《史记》的记述内容上起黄帝，下迄汉武帝，前后三千年历史。司马迁之所以要写作通史，显然是与其"通古今之变"的史学思想密不可分的。为了探究历史的治乱兴衰，"稽其成败兴坏之理"，就必须要以"原始察终，见盛观衰"的思维来认识历史、撰述历史，这便是司马迁进行通史写作的原因所在。而《史记》通史撰述的意义却是深远的，一则提出了中华民族起源一元说。司马迁认为，华夏族与四夷民族是同宗共祖，四夷民族是由华夏民族派生的。《史记·五帝本纪》说："于是舜归而言于帝（尧），请流共工于幽陵，以变北狄；放驩兜于崇山，以变南蛮；迁三苗于三危，以变西戎；殛鲧于羽山，以变东夷。"二则构建了中国统一多民族国家。《史记》既是第一部中国通史，也是第一部中国全史，它记述了涵盖汉朝时期中国境内各民族的历史，因而是中国史学史上第一次构建起了中国多民族国家的历史。三则构建了中国历史王朝统绪。《史记》通过《五帝本纪》

---

① 《史记》卷六十二《管晏列传》，2131 页，北京，中华书局，1959。
② 《史记》卷四十一《越王勾践世家》，1751 页，北京，中华书局，1959。

"三王本纪"《秦本纪》《秦始皇本纪》《高祖本纪》等，由此确定了中国历史的五帝—三王—秦汉历史王朝统绪，奠定了中国历史治统认同的基础。毫无疑问，《史记》的通史撰述是一个伟大的创举。在《史记》之前，虽然先秦时期就已经有了通史撰述，如《竹书纪年》和《世本》，只是前者长期埋没，后者久佚，且都属于创制起始阶段，内容不完备，影响很有限。至于其他史书，则皆非通史性质。诚如梁启超所言："从前的史，或属于一件事的关系文书——如《尚书》；或属于各地方的记载——如《国语》《战国策》；或属于一时代的记载——如《春秋》及《左传》。《史记》则举其时所及知之人类全体自有文化以来数千年之总活动冶为一炉。自此始认识历史为整个浑一的，为永久相续的。非至秦汉统一后，且文化发展至相当程度，则此观念不能发生。而太史公实应运而生，《史记》实为中国通史之创始者。"①此论甚是。

其二，五体配合。《史记》被称作纪传体史书，人物传记无疑是全书的主要部分。然而，作为纪传体的《史记》，实际包含了本纪、世家、列传、书、表五种体例。这五种体例合而言之，它们是融为一体的；分而言之，却又能自成体系，故而白寿彝先生认为"纪传体的本身，就是一种综合体"②。从历史编纂学史来看，先秦有些史书就已经具有了综合体的特点。比如《尚书》，白寿彝先生认为"《尚书》就已经是一部多体裁的书。书中，如《金縢》《顾命》，都是纪事本末体，《禹贡》是地志，《尧典》则近于本纪"，又说"《国语》的情形也是这样，既记言，又记事，还记一事的始末及历史发展的趋势"③。只是二书乃后人所编，尚非原作者有意为之。在先秦史著中，战国末年问世的《世本》则是一部颇具综合体特点的史书。该书包含了帝系、本纪、世家、传、谱、氏姓、居、作等多种体例，表明先秦史书的历史编撰体例已由单一逐渐向综合发展。

之所以说纪传体史书《史记》具有综合体的特点，是因为它所包含的

---

① 梁启超：《要籍解题及其读法·史记》，见《饮冰室合集·专集》第15册，8409～8410页，北京，中华书局，1989。
② 白寿彝主编：《中国通史》第1卷，302页，上海，上海人民出版社，1989。
③ 白寿彝主编：《中国通史》第1卷，302页，上海，上海人民出版社，1989。

五种体例，各自具有不同的史体特点。其中的本纪记载帝王事迹，为编年体；列传写历史人物，世家记诸侯、贵族的历史，大致属于人物传记；书记典章制度，为典制体；表为明晰复杂史事，属于史表体。正是通过这样一种编纂结构，"《史记》把多种体裁综合起来，形成一个相互配合的整体，能从多方面反映社会生活，构成一个时代的全史，并且容量很大，有很大的伸缩性"①。如果追根溯源，《史记》五体大多都非司马迁始创；换言之，《史记》的五种体例多有所本。如本纪，刘知幾认为："昔汲冢竹书是曰《纪年》，《吕氏春秋》肇立纪号。"②所谓"肇立纪号"，是指该书有十二纪。赵翼说："古有《禹本纪》《尚书》《世纪》等书，迁用其体以叙述帝王。"③范文澜也说："本纪十二，实效法《春秋》十二公而作。"④如世家，赵翼认为："古来本有世家一体，迁用之以记王侯诸国。"⑤如列传，范文澜认为："晋太康中，汲冢得《穆天子传》一卷，是战国史官固有专为一人作传之例矣。《伯夷列传》有其传曰，是古有伯夷叔齐传。"⑥不过也有学者对此有不同看法，刘知幾就说："夫纪传之兴，肇于《史》《汉》。"⑦赵翼也说："古书凡记事立论及解经者，皆谓之传，非专记一人事迹也。其专记一人为一传者，则自迁始。"⑧都肯定了《史记》对传记体有开创之功。如书，范文澜认为"八书"之名本于《尚

① 白寿彝主编：《中国通史》第 1 卷，303 页，上海，上海人民出版社，1989。

② 刘知幾：《史通通释》卷二《本纪》，浦起龙通释，33 页，上海，上海古籍出版社，2009。

③ 赵翼：《廿二史札记校证》卷一《各史列目异同》，王树民校证，3 页，北京，中华书局，1984。

④ 范文澜：《正史考略·史记》，见《范文澜全集》第 2 卷，16 页，石家庄，河北教育出版社，2002。

⑤ 赵翼：《廿二史札记校证》卷一《各史例目异同》，王树民校证，3 页，北京，中华书局，1984。

⑥ 范文澜：《正史考略·史记》，见《范文澜全集》第 2 卷，20 页，石家庄，河北教育出版社，2002。

⑦ 刘知幾：《史通通释》卷二《列传》，浦起龙通释，41 页，上海，上海古籍出版社，2009。

⑧ 赵翼：《廿二史札记校证》卷一《各史例目异同》，王树民校证，5 页，北京，中华书局，1984。

书》，主要是取自《尧典》和《禹贡》。① 不过赵翼却认为"八书乃史迁所创，以记朝章国典"②。如表，赵翼认为司马迁"十表"仿于"周之谱谍"。③ 范文澜赞同赵翼"表"之义例当起于周代的观点。④ 上述关于《史记》五种体例的来源，虽然看法有一些分歧，但大多认为是皆有所本的，这应该是一个事实。

说《史记》五体大致皆有所本，并没有否定其在历史编纂体裁上的创新之功。一则，《史记》编纂体裁的创新是以综合各种史书编纂体裁为基础的。史书体裁的创新并不是、也不可能凭空而来，而是、也只能是对已有历史编纂进行总结、借鉴、发展而来。《史记》记述上起黄帝、下迄汉武帝上下三千年历史，时间跨度大，空间范围广。既综罗百代，又脉络清晰，自然不是一件易事。司马迁在充分汲取了先秦史书历史编纂所取得的成果的基础上，别出心裁，匠心独具，打破旧有史书的体例格局，其通史纪传的编纂方法无疑是一个创举。二则，做到五体相互配合是《史记》体裁创新的具体体现。白寿彝先生说："这五种体裁都是过去曾经有过的。但有意识地使它们互相配合并在一部书里形成一个完整的体系，这是《史记》的创举。"⑤ 白先生所谓创举，自然包含了创新的意蕴。对于司马迁以五种体例相互配合而创立的纪传体史书体裁，历代学者都给予了高度评价。刘知幾说："纪以包举大端，传以委曲细事，表以谱列年爵，志以总括遗漏，逮于天文、地理、国典、朝章，显隐必该，洪纤靡失，此其所以为长也。"⑥ 充分肯定了纪传体史书包容量大的

---

① 范文澜：《正史考略·史记》，见《范文澜全集》第2卷，18页，石家庄，河北教育出版社，2002。
② 赵翼：《廿二史札记校证》卷一《各史例目异同》，王树民校证，5页，北京，中华书局，1984。
③ 赵翼：《廿二史札记校证》卷一《各史例目异同》，王树民校证，4页，北京，中华书局，1984。
④ 范文澜：《正史考略·史记》，见《范文澜全集》第2卷，17页，石家庄，河北教育出版社，2002。
⑤ 白寿彝：《中国史学史论集》，63页，北京，中华书局，1999。
⑥ 刘知幾：《史通通释》卷二《二体》，浦起龙通释，25页，上海，上海古籍出版社，2009。

特点。王鸣盛说:"司马迁创立本纪、表、书、世家、列传体例,后之作史者递相祖述,莫能出其范围。"①赵翼则说:"司马迁参酌古今,发凡起例,创为全史。本纪以序帝王,世家以纪侯国,十表以系时事,八书以详制度,列传以志人物,然后一代君臣政事,贤否得失,总汇于一编之中。自此例一定,历代作史者遂不能出其范围,信史家之极则也。"②王、赵二氏都对司马迁创立纪传体给予了极高的评价。当然,任何一种史书体裁都不可能是尽善尽美的,司马迁创立的纪传体史书体裁也是如此。刘知幾在肯定纪传体的同时,也指出其所存在的不足,一是"若乃同为一事,分在数篇,断续相离,前后屡出";二是"编次同类,不求年月,后生而擢居首帙,先辈而抑归末章"③。

最后,会通"六经"与诸子学说思想。即是综合"六经"与诸子学说,贯通"六经"与诸子思想。《太史公自序》说:"拾遗补艺,成一家之言,厥协六经异传,整齐百家杂语,藏之名山,副在京师,俟后世圣人君子。"这里所谓"厥协六经异传,整齐百家杂语",即是司马迁"成一家之言"创新思维在学术总结上的体现。《史记》通过"厥协六经异传,整齐百家杂语",从而会通"六经"与诸子学说。

"厥协六经异传",即是调和"六经"及其诸传,会通经传的说法。在《史记》一书中,司马迁多处谈到了对"六经"的理解,如《太史公自序》说:

> 《易》著天地阴阳四时五行,故长于变;《礼》经纪人伦,故长于行;《书》记先王之事,故长于政;《诗》记山川溪谷禽兽草木牝牡雌雄,故长于风;《乐》乐所以立,故长于和;《春秋》辨是非,故长于治人。④

---

① 王鸣盛:《十七史商榷》卷一《史记创立体例》,6页,上海,上海古籍出版社,2013。
② 赵翼:《廿二史札记校证》卷一《各史例目异同》,王树民校证,3页,北京,中华书局,1984。
③ 刘知幾:《史通通释》卷二《二体》,浦起龙通释,25页,上海,上海古籍出版社,2009。
④ 《史记》卷一百三十《太史公自序》,3297页,北京,中华书局,1959。

在司马迁看来，"六经"总体旨趣在于治道，是上古三代历史的重要载体，因此是后人论载历史的重要史料。同时，司马迁非常敬仰孔子，既然"六经"是经过孔子整理过的，自然又是最值得信任的史料。《孔子世家》论赞提出"折中于夫子"，《伯夷列传》则提出"考信于六艺"，它们所表述的意思是一致的，那就是论载历史必须以"六经"（汉人所言"六经"包含经、传）作为取材标准和是非标准。《史记》论载历史是很重视"考信于六艺"的。如《五帝本纪》多取材于《尚书》《礼记》，三代《本纪》多取材于《尚书》和《诗经》，春秋战国历史多取材于《春秋》经传和《礼记》。一般地说，《史记》对三代及其以前的历史记载，主要是取材于"六经"经传；而关于春秋战国至秦汉的历史记载，则是经书与史书、诸子书并重。

既然论载历史"考信于六艺"，司马迁为何还要"厥协六经异传"？主要原因是经传在流传的过程当中出现了歧义，甚至出现相互牴牾的现象。正如顾颉刚所说："所谓《六艺》，是包括经和传而言的，然而这些文字来路非一，时代又非一，经和传已常相牴牾，经和经又自相牴牾。"[①]既然出现分歧甚至牴牾，那就必须要加以"厥协"，统一说法，这是统一学术思想的需要。《史记》一书又是如何"厥协六经异传"的呢？司马迁奉行的基本原则如下。其一，"六经异传"对历史事实的评述虽有多家论述，但观点一致，则综合加以采纳。如对商、周始祖契和后稷事迹的评述，只有《诗传》和公羊家有论载，《史记》自然信从之。又如关于"汤武革命"问题，《周易·革卦》，《尚书》的《汤誓》《泰誓》和《牧誓》诸篇，《诗经》的《商颂》和《大雅》诸篇，《春秋繁露》的《尧舜不擅移、汤武不专杀》篇等都对此作了肯定。《史记·太史公自序》因此而写道："桀、纣失其道而汤、武作。"其二，"六经"经传对历史事实评述不一，则取一家之说。由于学术家传、师承不一，对历史事实的评述自然也不一致。司马迁师承今文学家董仲舒，故《史记》采纳今文家的观点较多。但是，司马迁又是一位大史学家，他重视历史事实。故往往又能根据自己的理

---

① 顾颉刚：《战国秦汉间人的造伪与辨伪》，见《古史辨》第 7 册（上编），49 页，上海，上海古籍出版社，1982。

解而选取别家说法。如关于"赵盾弑君"之事，《春秋繁露·玉杯》认为"臣不讨贼，故加之弑君"，"所以示天下废臣子之节"。《左传·宣公二年》记载此事时，借用孔子的话说道："赵宣子，古之良大夫也，为法受恶。惜也，越境乃免。"《史记·晋世家》记载此事时，司马迁没有采用其师董仲舒的说法，而是仿照《左传》的做法，借用了孔子之语来作评述。

"整齐百家杂语"，即是对"百家杂语"加以斧正和整齐，以会通诸子说法。前已述及，《史记》关于春秋战国以后历史的论载，除采纳经传的说法外，尚有史书与诸子书。与经传相比，诸子百家关于历史的评述更是异说纷呈。顾颉刚说："经传的材料不够用，他毕竟要登用诸子百家之言，又要采取传说，这里边矛盾冲突之处不知有多少。"[1]正因此，司马迁才要"整齐百家杂语"。

那么，"整齐百家杂语"的原则又是什么呢？我们知道，司马迁的父亲司马谈是汉初黄老道家代表人物，而黄老道家的学术宗旨是主张兼收并蓄的。司马迁从小受到家学的熏陶，故而他"整齐百家杂语"不是搞一言堂，而是兼收并蓄各家思想，然后进行理论锻造，这个原则集中体现于《论六家要指》一文中。《论六家要指》为司马谈所作，但体现了司马谈、司马迁父子的共同思想，东汉史家班彪、班固父子就是直接将此文当作司马迁之言来对其思想加以评论的。《论六家要指》连续使用了"不可失""不可易""不可废""不可改"和"不可不察"五个关键词语，来表达司马谈父子对阴阳、儒、墨、法和名家的一个基本态度。《史记》一书不但以《论六家要指》为指导，创立了一系列学术史传记，而且也是据此对各家学术进行评述的。

---

① 顾颉刚：《战国秦汉间人的造伪与辨伪》，见《古史辨》第 7 册（上编），49～50 页，上海，上海古籍出版社，1982。

三、传统史学"成一家之言"的创新思维

司马迁以后的中国传统史学，都普遍重视"成一家之言"的史学创新思维。史家们纷纷对史学方法论、史学目的论、史家修养论和历史编撰论等历史学的理论与方法发表看法，并在史学实践中不断创新，由此彰显自己的"一家之言"。

第一，史学方法论的创新意识。史家能否做到"成一家之言"，首先必须具有史学创新的意识。在传统史学的发展过程中，史家重视学术的独创性，强调自得之学，普遍具有创新意识，其中郑樵、李贽、黄宗羲和章学诚最具有代表性。

郑樵史学创新意识，一则表现在"会通"思想上。传统史学重视通变，郑樵的会通不但强调贯通史事以"极古今之变"，而且重视汇聚文献以"同天下之文"，[①] 在撰述思想上具有独创性。二则强调"独断之学"。"会天下之书"而进行历史撰述，不等于因袭陈说，恰恰相反，历史撰述必须要有独断之学。郑樵批评班固史学"无独断之学，惟依缘他人以成门户"[②]，认为班固《汉书》关于武帝之前材料取自《史记》，自昭帝至平帝的历史记载"资于贾逵、刘歆"，而最终的完成则得力于班昭。[③]《汉书》最出彩的篇章《艺文志》，也是出自刘歆的《七略》。[④] 郑樵对班氏的批评并不符合客观实际，但其中却体现了"独断之学"的意识。三则重视实践。郑樵注意到了传统学问由书斋出的局限与弊端，非常重视从实践中求真知。所作《通志·昆虫草木略》，即是书斋学问与田野知识"参合"的结果；为了撰写《天文略》，常常手持《步天歌》观察星象，"长诵一句，

---

① 郑樵：《通志·总序》，北京，中华书局，1987。
② 郑樵：《通志·校雠略·编书不明分类论》，志835页，北京，中华书局，1987。
③ 参见郑樵：《通志·总序》，北京，中华书局，1987。
④ 参见郑樵：《通志·校雠略·编书不明分类论》，志835页，北京，中华书局，1987。

凝目一星"①。诚如《通志·昆虫草木略序》说："结茅夹漈山中，与田夫野老往来，与夜鹤晓猿杂处，不问飞潜动植，皆欲穷究性情。"像郑樵这样重视实践，从实践中求得真知的治学精神，在中国古代学术发展史和史学史上可谓是凤毛麟角。

李贽的历史评论重视"一切断于己意"，强调评价历史要通过理智的判断来避免盲目信从。所作《藏书》对于历史人物的划分与评价，表现出了与正统观念不同的思想。一则，分类定品，寓人物评价于人物分类之中。《藏书·世纪列传总目后论》对于影响历史发展的人物作了具体划分，除去圣贤之外，尚有大臣、名臣、儒臣、武臣、贼臣、亲臣、近臣和外臣八类，每类又分若干门。通过各类专名的设置，其实已经表达了作者对于每类人物的评判。二则，断以己意，是前人所未能是，非前人所未能非。这是李贽历史人物评价又一个鲜明的特点。李贽说："夫是非之争也，如岁时然，昼夜更迭，不相一也。昨日是而近日非矣，今日非而后日又是矣。"②在此，李贽提出了历史人物之是非"无定质"，因而对于历史人物的评判也"无定论"的观点。如称赞秦始皇为"千古一帝"、陈胜为"匹夫首创"，肯定理财富国的历史人物，甚至突破"忠臣不事二主"的道德框框，等等。梅国桢在《藏书·序言》中对李贽的创新意识作如是说，该书"取汉以来至金元君臣名士，撮其行事，分类定品，一切断以己意，不必合于儒者相沿之是非，知其与世不相入，而曰吾姑书之而姑藏之，以俟夫千百世之下有知我者而已"。

黄宗羲提倡自得之学。黄宗羲在《明儒学案·凡例》中说："学问之道，以各人自用得着为真。凡倚门傍户，依样葫芦者，非流俗之士，则经生之业也。此编所列，有一偏之见，有相反之论。学者于其不同处，正宜着眼理会，所谓一本而万殊也。"并说《明儒学案》的编纂，"皆从全集纂要钩玄，未尝袭前人之旧本也"。黄宗羲所言，表述了两层意思，

---

① 郑樵：《通志·天文略序》，志525页，北京，中华书局，1987。
② 李贽：《藏书·世纪列传总目前论》，见《李贽文集》第2卷，北京，社会科学文献出版社，2000。

其一是说做学问不应该"倚门傍户，依样葫芦"，而应该有自得之学、独断之学，哪怕是"一偏之见"，或是"相反之论"，只要是自己的心得，便是真学术、真学问。其二是告示人们，他的《明儒学案》，便是从提倡自得之学的思想出发，进行史料收集、去取与史书的编纂的，因此，凡是"倚门傍户，依样葫芦"之学，则一概不取；凡是自得之学，即使是"一偏之见"，或是"相反之论"，也都加以论述。

章学诚也倡导学术要"独断一心"。章学诚说："史之大原，本乎《春秋》。《春秋》之义，昭乎笔削。笔削之义，不仅事之始末，文成规矩已也。以夫子'义则窃取'之旨观之，固将纲纪天人，推明大道。所以通古今之变，而成一家之言者，必有详人之所略，异人之所同，重人之所轻，而忽人之所谨，绳墨之所不可得而拘，类例之所不可得而泥，而后微茫杪忽之际，有以独断于一心。"①在章学诚看来，《春秋》笔削之义不只是"事之始末，文成规矩"，更有"独断于一心"而"成一家之言"。他批评唐以后官修正史"不知《春秋》之家学"，缺乏独断之学，使得"史文等于科举之程式，胥吏之文移，而不可稍有变通矣"②。他推崇郑樵史学的别识心裁，称其"独取三千年来，遗文故册，运以别识心裁，盖承通史家风，而自为经纬，成一家之言也"。对后人误解乃至攻击郑樵独断之学提出批评："学者少见多怪，不究其发凡起例，绝识旷论，所以斟酌群言，为史学要删；而徒摘其援据之疏略，裁剪之未定者，纷纷攻击，势若不共戴天。"③

第二，史学目的论的创新思维。史家撰述历史，自然都有自己的目的。在史家的历史撰述目的论中，蕴含了史家的创新意识，班固、杜佑和司马光堪为代表。班固著《汉书》，明确提出以"宣汉"为其撰述目的，突出了史学为王朝政治服务的创新意识。《汉书·叙传》明确阐明了班固

---

① 章学诚：《文史通义校注》卷五《答客问上》，叶瑛校注，470页，北京，中华书局，1994。
② 章学诚：《文史通义校注》卷五《答客问上》，叶瑛校注，471页，北京，中华书局，1994。
③ 章学诚：《文史通义校注》卷五《申郑》，叶瑛校注，463页，北京，中华书局，1994。

作史的目的："固以为唐虞三代,《诗》《书》所及,世有典谟,故虽尧舜之盛,必有典谟之篇,然后扬名于后世,冠德于百王,故曰'巍巍乎其有成功,焕乎其有文章也!'"在班固看来,"尧舜之盛,必有典谟之篇",盛世功业要想"扬名于后世,冠德于百王",必须借助于历史撰述。班固认为汉朝即是一个超迈任何前代的盛世王朝,自然应该有历史撰述记述下汉朝的丰功伟绩,以此确立起汉朝的重要历史地位。然而,以往的历史撰述却未能肩负起"宣汉"的历史重任,所以他要"探纂前记,缀辑所闻,以述《汉书》",以史家特有的历史自觉去肩负起"宣汉"的历史重任。

杜佑与司马光都是政治家兼史学家,他们各自撰述的《通典》与《资治通鉴》,都表现出了浓厚的以史资政的撰述旨趣。应该说以史资政是中国史学源远流长的优良传统,孔子为挞伐乱世、整饬纲常作《春秋》,就已经体现了资政意识。然而,作为一种自觉意识,由史家自己作为撰述旨趣而提出,杜佑和司马光是较早具有代表性的史家。杜佑在《通典》开篇序文中标明该书的撰述旨趣:"佑少常读书,而性且蒙固,不达术数之艺,不好章句之学。所纂《通典》,实采群言,征诸人事,将施有政。"①这就明确向人们宣誓,他"不达术数之艺,不好章句之学",之所以要撰述《通典》,就是要通过"征诸人事",以期"将施有政"。可以说,在以往的史家中,像杜佑这样由史家本人明确表示要将历史撰述与政治统治相结合,还是不曾有过的。司马光《资治通鉴》的以史资政撰述旨趣,集中体现在选材上。司马光在《进资治通鉴表》中说:"每患迁、固以来,文字繁多,自布衣之士读之不遍,况于人主日有万机,何暇周览?臣常不自揆,欲删削冗长,举撮机要,专取关国家兴衰,系生民休戚,善可为法,恶可为戒者,为编年一书。"②《资治通鉴》的撰写,即是突出"国家兴衰"和"生民休戚"两大主题,详细叙述历史发展的治乱兴衰,重视记载国计民生大事。

第三,史家修养论的创新思维。在传统史学的发展,在很大程度上

---

① 杜佑:《通典》卷一序文,北京,中华书局,1988。
② 司马光:《进书表》,见《资治通鉴》,9607 页,北京,中华书局,1956。

取决于史家的修养。传统史学关于史家修养论的形成与发展过程，即是不断创新的过程。其中刘知幾、胡应麟和章学诚的史家修养论各自成一家，堪为代表。在刘知幾之前，南朝史评家刘勰就在《文心雕龙·史传》中提出了关于史家修养的"素心"说，即要求史家在著史时，本着一种客观、公正、无私的态度。刘知幾则提出了著名的"三长"说。《旧唐书·刘子玄传》记载了礼部尚书郑惟忠曾经问刘知幾"自古以来，文士多而史才少，何也？"刘知幾答以"史才须有三长，世无其人，故史才少也"，接着刘知幾对才、学、识之史家"三长"及其相互关系作了阐述。刘知幾所谓史才，是指驾驭文献资料以及史书编纂与文字表述等的能力；史学，是指各种文献知识与编纂知识等；史识，是指史家的胆识、器识，既是"好是正直，善恶必书"，认为这是史识的"善无可加，所向无敌者"的最高境界。"史才三长"说是中国古代史学最早提出的史家全面修养论。明代史评家胡应麟著《史学占毕》，提出了关于史家修养的公心、直笔之"二善"说，强调了史家品质修养的重要性。胡应麟认为，刘知幾的才、学、识"三长"论并不足以概括史家的全部修养，史家除去具备"三长"外，还应具有公心、直笔之"二善"。"二善"说成为清代章学诚"史德"说的前导。章学诚的《文史通义》专立《史德》一篇，对这一史家修养理论作了系统阐发。章学诚认为，作为良史，除去具备才、学、识"三长"外，还应该具有"史德"。所谓史德，即"著书者之心术"。如何摆正心术？章学诚提出的标准是"当慎辨于天人之际，尽其天而不益以人"，即是强调治史要忠于客观事实，而不掺杂着自己的主观偏见。章学诚"史德"论的提出，进一步完善了中国古代史学史家修养论。关于传统史学的史家修养论，后有专篇讲述，此不赘言。

第四，史书编纂的创新思维。在传统史学的编纂实践过程中，随着社会的发展和历史记述的需要，不断会涌现出一些新的史书体裁，其中以杜佑《通典》创立的典制体、朱熹《资治通鉴纲目》创立的纲目体、袁枢《通鉴纪事本末》创立的纪事本末体和黄宗羲《明儒学案》创立的学案体最具代表性。新的史书体裁的不断涌现，既体现了史家的创新思维，也是史家创新思维的结晶。

杜佑《通典》在史书体裁上的创新，体现在典制体通史的创立上。关于《通典》的典制体体裁创新，《旧唐书·杜佑传》认为是取法于盛唐学者刘秩《政典》而来。然而，《政典》仅有三十五卷，《通典》则多达二百卷；《政典》"撰分门书"，然而分门书写典制是历代纪传体书志的一贯做法；《政典》"取《周礼》六官所职"，以职官为中心，《通典》虽然也"取法官礼"，却是以制度为中心。由此来看，《通典》受《政典》影响是实，却不可过分夸大这一影响。应该说，《通典》的典制通史撰述，主要还是受到历代纪传体史书书志的影响更大。前述章学诚所言"统前史之书志"，梁启超所谓"统括史志"，都肯定了纪传体书志对于《通典》编纂的影响。不过，纪传体的志只是作为纪传体体裁的一种体例，一个组成部分，而《通典》则是典制体专书；纪传体的志有通史撰述，更多的则是断代撰述，而《通典》则是通史撰述。由此来看，二者规模不能同日而语，编纂也颇为不同，所以梁启超称其"卓然成一创作"，肯定其编纂体裁的创新。

朱熹由理学兼及史学，出于明理的需要，改编司马光《资治通鉴》而成《资治通鉴纲目》，却创立了纲目体新史书体裁。按照《通鉴纲目序》所说，该书的体例是"表岁以首年，因年以著统，大书以提要，分注以备言"，"纲"为史事提纲，"目"为"纲"的具体叙述。黄宗羲称赞该史体的特点和好处是"纲举而不繁，目张而不紊，国家之理乱，君臣之得失，如指诸掌"[1]。显然，这是一种叙事简洁而明晰的史体。近代史家梁启超也对纲目体予以很高的评价，他说："此法很容易，很自由，提纲处写断案，低一格作注解。在文章上不必多下功夫，实为简单省事的方法。做得好，可以把自己研究的成果，畅所欲言，比前法（指《通鉴》编年纪事）方便多了。虽文章之美，不如前法，而伸缩自如，改动较易，又为前法所不及。"[2]梁启超对于纲目体的评价是作文容易、叙事自由，

---

① 黄宗羲：《宋元学案》卷四十九《晦翁学案下》，见《黄宗羲全集》第 4 册，917 页，杭州，浙江古籍出版社，2012。

② 梁启超：《中国历史研究法》，178 页，北京，东方出版社，1996。

又能畅所欲言。

袁枢改编司马光《资治通鉴》而成《通鉴纪事本末》，创立了纪事本末体新体裁。纪事本末新史体的主要特点，一是选事设目自由，灵活度大；二是叙事明晰，具有故事化；三是叙事首尾详备，突出了事件的完整性。当然，也存在着保存史料不够和事件孤立叙述的缺陷。对于袁枢创立纪事本末体及其在编纂上的成就，《四库全书总目提要》给予了很高的评价："自汉以来，不过纪传、编年两法，乘除互用。然纪传之法，或一事而复见数篇，宾主莫辨；编年之法，或一事而隔越数卷，首尾难稽。枢乃自出新意，因司马光《资治通鉴》区别门目，以类排纂，每事各详起讫，自为标题。每篇各编年月，自为首尾……数千年事迹，经纬明晰，节目详具。前后始末，一览了然。遂使纪传、编年通贯为一，实前之所未见也。"①指出了传统纪传体与编年体在叙事上的不足，认为《通鉴纪事本末》"使纪传编年通为一贯"，详明事之首尾始末，这是历史叙事前所未有的突破。清代史评家章学诚也说，袁枢创立的纪事本末体，"文省于纪传，事豁于编年"②，是兼有二体之长，又克服了二体之短。梁启超则称赞该史体"于吾侪之理想的新史最为相近，抑亦旧史界进化之极轨也"③。

黄宗羲《明儒学案》所创立的学案体，开创了学术史研究新格局。学案体滥觞于朱熹的《伊洛渊源录》，该书以北宋二程（颢、颐）为中心，具体叙述了二程"洛学"及其师承和学派学术发展情况。然而，该书只是反映了北宋理学学派当中的洛学发展情况，并非对北宋一代学术的整体反映，只能是发端了学案体。真正开创学案体史书编纂体裁的，当属黄宗羲的《明儒学案》，该书对有明一代学术史作了系统反映，是传统史学第一部体例完备的学案体史书。《明儒学案》的编纂体例，由序、传记和资料选辑三部分组成，其中的序，其叙述的内容包括学派的学术变迁、师

---

① 纪昀总纂：《四库全书总目提要》卷四十九《史部·纪事本末类·通鉴纪事本末》，1338～1339 页，石家庄，河北人民出版社，2000。

② 章学诚：《文史通义校注》卷一《书教下》，叶瑛校注，51 页，北京，中华书局，1994。

③ 梁启超：《中国历史研究法》，24 页，北京，东方出版社，1996。

承关系、学术地位及学派影响等，旨在理清学派的渊源与脉络；"传记"部分，重在叙述学派各案主的学术及其宗旨，旨在明了各案主的学术思想与治学方法；资料选辑部分，包括学派各案主的论著和语录等，主要是围绕着案主的学术宗旨去纂要钩玄其史料，从而更加明了案主的学术精神。

综上所述可知，中国传统史学从史学方法论、史学目的论、史家修养论以及历史编纂学等诸多方面，都体现了一种创新思维。实际上中国传统史学的创新思维贯穿着史学发展的始终，体现在史学的各个方面，这也是中国传统史学能够不断发展、并且取得辉煌成就的内在动力和根本原因。

第七讲　求真与求道：传统史学的二重性思维

传统史学的求真，包含着史实之真与道义之真两重属性。史实之真，旨在还原历史本来面目；而道义之真，则是基于一种道德判断，只是符合当时时代的政治伦理。追求史实之真与道义之真，都是传统史学的根本要求。通过追求史实之真，可以从历史的真实中去认真总结经验教训，以为现实政治有所借鉴；追求道义之真，则可以通过宣扬天命王权来论证王朝政权统治的合理、合法性，可以充分发挥历史学的道德教化功能。正因此，传统史学的求真从来都具有这二重性思维特征。可以说："史学的二重性是中国传统史学的基本属性，是解喻民族史学思想的一个切入点。"[1]

一、追求史实之真

追求史实之真，即是要还原历史的本来面目。在中国古代史学发展史上，史学家是始终致力于追求史实之真的。他们希望通过还原历史的本来面目，从中吸取经验教训，以服务于现实政治统治。

(一)先秦史学的求真意识

中国有文字记录的历史开始于殷商时代。《尚书·多士》说"惟殷先

---

　　① 吴怀祺：《中国史学思想通论·总论卷/历史思维卷》，37 页，福州，福建人民出版社，2011。

人，有册有典"，这种册、典文字今天所见的也就是甲骨文①，它是我国已知的最早的成熟文字，也是我国历史记载的真正开始。甲骨卜辞旨在卜问，是人神之间的一种通讯，虽然与通常意义上的历史书写还有一定的距离，却是我们了解商朝史实的重要凭借。一则甲骨文包含的明确的时间与世袭观念，是我们了解殷商王朝历史的基础。侯外庐说："殷代世系称号可以说是意识生产的最有特征的符号。""时间观念的发现是人类最初的意识生产。"②这里的意识当然是指历史意识。二则甲骨问事，立足的是现实，关心的是未来，因此，它要对真实世界中的生产、生活以及部落之间的交往与战争作出记载。三则甲骨问事是人神交流，自然赋予了其文字记录以高度的严肃性乃至神圣性，从而在一定程度上保证了其具有真实性。正是由于甲骨文关于商周历史的"真实"记录，才使其成为我们今天了解殷商历史的重要史料。

到了周代，已经建立起了较为完备的史官记事制度。据《周礼·春官》记载，周王室的史官主要有大史、小史、内史、外史、御史之分，其中大史"掌建邦之六典"；小史"掌邦国之志"；内史除了"掌王之八柄之法，以诏王治"外，还"掌书王命"；外史"掌书外令，掌四方之志"，"若以书使于四方，则书其令"；御史"掌邦国都鄙及万民之治令"，"掌赞书"。另，《礼记·玉藻》有"动则左史书之，言则右史书之"，《汉书·艺文志》也有"左史记言，右史记事"等说法，说明周王室史官建置较为齐全且记事分工明确应是不争的事实。诸侯之国也各有史官负责记事，如晋国的董狐、史墨，齐国的太史氏、南史氏，楚国的左史倚相等。这种各有所司的史官建置，体现了周人对历史记载的全面性和真实可靠性的重视，是史学求真意识的体现。

更为重要的是，直书已经成为当时史官记事普遍尊奉的原则，或者

---

① 傅修延认为商周常用文字是简牍文字，而不是甲骨文字，只是由于竹木简容易腐朽，而甲骨坚硬耐久，才使甲骨文得以被后人发现，而简牍至今未有发现，这种说法是有一定道理的。参见傅修延：《先秦叙事研究——关于中国叙事传统的形成》，39 页，北京，东方出版社，1999。

② 侯外庐：《中国思想通史》第 1 卷，59、61 页，北京，人民出版社，1957。

说是"当时史官所应当共同遵守的法度"①。据史料记载，春秋史官对于与国君有关的历史事件，无论善恶都要如实记载，做到"君举必书"②，"君作而顺则故之，逆则亦书其逆也"③。《左传》所记载的"太史简"的故事，就是春秋史官崇尚并践行这种秉笔直书原则的典型。齐太史四兄弟和南史氏宁可被杀头，也要将"崔杼弑其君"的史实记录下来，明确反映了春秋史官对历史记载真实性的高度重视。

周代史官对于直书的高度崇尚，首先是与史官起源的神圣性有关。史官起源于巫，原为神职。学界对此多有论述。如李泽厚说："'史'即是'巫'，是'巫'的承续"，是巫的"理性化的新阶段。"④戴君仁认为："巫和史本是一类人，可能最早只是一种人，巫之能书者，则别谓之史。"⑤许兆昌则认为："后代史官所由发展而来的第一个源头，就是巫。"⑥因此，作为"史"，其最初记事的目的，当也与神职有关——巫是要沟通天人的，自然要将人间的一些重大事情，如祭祀、狩猎、战争之类，专门记下来以向"天"汇报（这种"汇报"用鲁迅先生的话来说，就是"将记载酋长和他治下的大事的册子，烧给上帝看"⑦）。自然，这种带有神学目性的记事必须要求最大的忠实。在后世的史官记事中，神学的目的虽渐渐淡去，但记事须"直书"的求真思想却因为现实的原因保留下来并得到了强化，成为一种史学传统。

其次，与对历史知识的鉴戒作用的重视有关。对于历史的鉴戒作用，西周初年的人就已经有较明确的认识。如，《易·大畜·象传》曰："君子以多识前言往行以畜其德。"认为历史知识对于人们道德、品行和

---

① 白寿彝：《中国史学史》第 1 册，357 页，上海，上海人民出版社，1986。

② 杨伯峻：《春秋左传注（修订本）》，246 页，北京，中华书局，2016。

③ 《国语·鲁语上》，韦昭注本，102 页，上海，上海古籍出版社，2015。

④ 李泽厚：《历史本体论·己卯五说》，170 页，北京，生活·读书·新知三联书店，2006。

⑤ 戴君仁：《释"史"》，28 页，见杜维运、黄进兴编：《中国史学史论文选集》，台北，华世出版社，1976。

⑥ 许兆昌：《周代史官文化》，23 页，长春，吉林大学出版社，2001。

⑦ 鲁迅：《门外杂谈》，88 页，见《鲁迅全集》第六卷《且介亭杂文》，北京，人民文学出版社，1981。

见解、器识的提高都有启迪和作用。又如，《诗经·大雅·文王》曰：
"殷之未丧师，克配上帝，宜鉴于殷，骏命不易。"认为应当以殷商的历
史为借鉴，知道天命的难保。再如，《尚书·召诰》亦曰："我不可不鉴
于有夏，亦不可不鉴于有殷"，强调了以夏商历史为借鉴的重要性，等
等。然而，要做到以史为鉴，就必须保证历史记载的真实性——虚假的
历史知识是没有任何借鉴价值的。而周代史官多与现实的军政事务保持
着天然的联系，有的甚至还直接担任君主的老师或军政顾问，因此在重
视以史为鉴的思想前提下，必然会对历史记载的真实性予以高度的
重视。

最后，也与史官职守的专门化、世袭化有关。早期史官的职务较为
复杂，但大约从商代晚期开始，随着国家事务的日益复杂，国家形态也
不断进化，职官体制的内部分工日益专门化，一些史官亦开始专门司掌
"作册"（记事）的职责了。而迟至西周初年，记事已经成为当时史官的专
门或者主要的职守。"史"字在商周的变迁，似乎能够反映出了这种史官
职守变化的轨迹——在殷商甲骨文中，"史""事""吏""使"本是一字，都
可以写作"𠂤"或"𠂤"，意义相同、相通。而在周代的记载中，"事""吏"
"使"等字都有了固定的写法，与"史"基本区分开来①。另外，在先秦时
期，史官职务与其他各类官职一样，是"世守其职"的，实行世袭性的职
业传承。司马迁所谓"司马氏世典周史"，就是这种情况。因此，先秦史
官职守的这种专门化、世袭化的特征，在求真无论是就神学目的还是现
实目的而言已经成为对史官记事的要求的情况下，必然会强化史官记事
时的求真意识，从而形成以直书为尚的优良传统。

周代史官这种崇尚直书的传统，对孔子修《春秋》有很大影响。孔子
据鲁史旧文所删定的《春秋》在记载齐弑君之事时，便是采用了太史简的
书法："夏五月乙亥，齐崔杼弑其君光。"（襄公二十五年）《春秋》叙事时
也基本能够做到"尽而不污，直书其事"②。《春秋》叙事虽然讲究"据鲁

---

① 许兆昌：《史官源流考》，《吉林大学社会科学学报》，1997(1)。
② 杜预：《春秋经传集解·序》，四部丛刊本。

亲周"和"为尊亲贤者讳"等书法，但即使是对于周天子、鲁公以及为孔子所称许的齐桓公等人，《春秋》往往也能如实记录他们的违礼行径，并不加以回护，如"天王使家父来求车"（桓公十五年）、"丹桓宫楹"（庄公二十三年）、"刻桓宫桷"（庄公二十四年）、"齐侯来献戎捷"（庄公三十一年）之类皆是如此。《春秋》的求真，还表现在对文献的实证上。孔子治学非常注意文献考实，他说："夏礼，吾能言之，杞不足征也；殷礼，吾能言之，宋不足征也。文献不足故也。足，则吾能征之矣。"①因此，在修《春秋》时，孔子也能够重视文献征实："孔子明王道，干七十余君，莫能用，故西观周室，论史记旧闻，兴于鲁而次春秋，上记隐，下至哀之获麟，约其辞文，去其烦重，以制义法，王道备，人事浃。"②

《春秋》正是在依据鲁国国史的基础上，参考了列国国史而修成的。也正因此，《春秋》所记，大多能得到《左传》从史事方面的解说和印证。此外，孔子修《春秋》还注意"存疑"。孔子认为："君子于其所不知，盖阙如也。"③对于有疑问的地方，则"阙疑"④。与这种思想相一致，《春秋》记事也注重"存疑"。如桓公五年记"五年春，正月甲戌、己丑，陈侯鲍卒"，《穀梁传》对此解释说："鲍卒，何为以二日卒之？《春秋》之义，信以传信，疑以传疑。"⑤又如，桓公十四年记"夏五，郑伯使其弟语来盟"，这里的"夏五"两字，按《穀梁传》的说法也是"传疑"。顾炎武也指出，孔子修《春秋》，当"国史""策书"的记载"或有不备"时，"得据其所见以补之"，而对于"传闻""所传闻"，则能够"参互以求其信，信则书之，疑则阙之，此其所以为异辞也"⑥。

不过，与《春秋》相比，先秦时期另一部重要史籍——《左传》，应该说具有更鲜明的直书特点。《春秋》记事过于简略，且讲究用讳，以致其

---

①　《论语·八佾》，新编诸子集成本，207页，北京，中华书局，2018。

②　《史记》卷十四《十二诸侯年表序》，509页，北京，中华书局，1959。

③　《论语·子路》，新编诸子集成本，1150页，北京，中华书局，2018。

④　《论语·为政》，新编诸子集成本，149页，北京，中华书局，2018。

⑤　《穀梁传·桓公五年》，《十三经注疏》本，2374页，上海，上海古籍出版社，1997。

⑥　顾炎武：《日知录》卷四《所见异辞》条，见《顾炎武全集》第18册，209页，上海，上海古籍出版社，2011。

义难明。而《左传》则不同，它记事不仅首尾完具、经过清楚，而且直书不讳，"尽而不污"。如《春秋》隐公元年记"夏五月，郑伯克段于鄢"，叙事过简，使人读之了无头绪。而《左传》则从"初，郑武公娶于申，曰武姜，生庄公及共叔段"开始叙述，直到"君子曰：'颍考叔，纯孝也，爱其母，施及庄公。《诗》曰'孝子不匮，永锡尔类。'其是之谓乎！"结尾，用了相当长的篇幅，将事情的起因、过程、结果和影响交代清楚。又如，《春秋》僖公二十八年记"冬，公会晋侯、齐侯、宋公、蔡侯、郑伯、陈子、莒子、邾人、秦人于温。天王狩于河阳"，是为周天子受晋侯之召避讳，而《左传》则毫不隐讳地直书其事："是会也，晋侯召王，以诸侯见，且使王狩。"从而很好地反映了春秋初期周天子权威坠地而"政由方伯"的历史实际。因此，若离开了《左传》而单凭《春秋》的记载，人们很难了解历史的真相。刘知幾称《左传》为"实录"，说它使"善恶毕彰，真伪尽露"，并有"向使孔经独用，《左传》不作，则当代行事，安得而详者哉"的感叹，[①] 实在是评价《左传》记事求真的至当之论。

(二)汉代史学的实录精神

两汉时期，以司马迁《史记》和班固《汉书》为代表，对先秦史官和《春秋》经传的直书传统作了很好地继承，班固《汉书》还首次明确提出了"实录"的思想。东汉末年荀悦的《汉纪》，也是一部具有实录精神的史著。

西汉司马迁著《史记》，非常重视对历史真相的反映。首先，重视史料收集。司马迁继承孔子文献征实的求真精神，非常重视对文献资料的收集和利用。用他自己的话来说，其《史记》撰述的材料运用，可谓是"网罗天下放失旧闻"。司马迁的太史令身份，为其文献资料收集工作提供了很好的便利条件。据《太史公自序》载，太史令司马迁掌管着"绌史记石室金匮之书"和汉代开国以来百年间的"天下遗文古事"，这些书籍可以说是包括了当时几乎所有的儒家经传、诸子百家之书、史书以及汉

---

① 刘知幾：《史通通释》卷十四《申左》，浦起龙通释，393 页，上海，上海古籍出版社，2009。

代文献。我们从《史记》的记载也可以看出，司马迁为撰述《史记》，参阅了大量的文献资料。如《五帝本纪赞》的"余观《春秋》《国语》"，《殷本纪赞》的"采于《诗》《书》"，《三代世表序》的"余读《谍记》，稽其历谱"，《十二诸侯年表序》的"太史公读《春秋历谱谍》"，《六国年表序》的"太史公读《秦记》"，《吴太伯世家赞》的"余读《春秋古文》"，《管晏列传赞》的"吾读管氏《牧民》《山高》《乘马》《轻重》《九府》及《晏子春秋》"，《司马穰苴列传赞》的"余读《司马兵法》"，《孟子荀卿列传赞》的"余读《孟子》书"，《商君列传赞》的"余尝读商君《开塞》《耕战》书"，《屈原贾生列传赞》的"余读《离骚》《天问》《招魂》《哀郢》"，《郦生陆贾列传》的"余读陆生《新语》书"，《高祖功臣侯者年表序》的"余读高祖功臣"，《惠景间侯者年表序》的"太史公读《列封》"，《儒林列传》的"余读《功令》"，《扁鹊仓公列传》所载仓公所对医案，等等。据张大可统计："载于《史记》书中的司马迁所见书，总计一〇二种，其中六经及训解书二十三种，诸子百家书五十二种，古今历史书及汉室档案二十种，文学书七种。"[①]除了传世文献资料外，司马迁还通过游历各地，实地调查、收集了大量自然和口碑资料。如《五帝本纪赞》说："余尝西至空峒，北过逐鹿，东渐于海，南浮江淮矣，至长老皆各往往称黄帝、尧、舜之处，风教固殊焉。"《周本纪赞》说："学者皆称周伐纣，居洛邑，综其实不然。武王营之，成王使召公卜居……周复都丰、镐。至犬戎败幽王，周乃东徙于洛邑。"《魏世家赞》说："吾适故大梁之墟，墟中人曰：'秦之破梁，引河沟而灌大梁，三月城坏，王请降，遂灭魏。'说者皆曰魏以不用信陵君故，国削弱至于亡，余以为不然。"《淮阴侯列传赞》说："吾如淮阴，淮阴人为余言，韩信虽为布衣时，其志与众异。其母死，贫无以葬，然乃行营高敞之地，令其旁可置万家。余视其母冢，良然。"《项羽本纪赞》载："吾闻之周生曰'舜目盖重瞳子'，又闻项羽亦重瞳子。"《樊郦滕灌列传》说："余与他（指樊哙）广通，为言高祖功臣之兴时若此云。"《韩长孺列传赞》说："余与壶遂定律历，观韩长孺之义，壶遂之深中隐厚。世之言梁多长者，不虚哉！"《游

---

① 张大可：《史记研究》，21 页，兰州，甘肃人民出版社，1985。

侠列传赞》说："吾视郭解，状貌不及中人，言语不足采者。然天下无贤与不肖，知与不知，皆慕其声，言侠者皆引以为名。"如此等等，不一而足。此外，《史记》还运用了很多诗歌俚谚、文物图像等材料。对于《史记》取材，后世史家多持肯定态度。如班彪说："司马迁采《左氏》《国语》，删《世本》《战国策》……务以多阅广载为功，论议浅而不笃。"[①]班固也说《史记》"涉猎者广博，贯穿经传，驰骋古今上下，数千载间，斯以勤矣"[②]。

其次，重视史料考辨。在司马迁看来，网罗的"旧闻"并不都能当作可信的资料加以使用，还必须要"考之行事"。如《五帝本纪赞》通过对涉及五帝历史的各种史料的考察，最终是"择其言尤雅者"而撰之；"三代本纪"各篇的"太史公曰"中，对夏、商帝王的姓氏、大禹葬会稽、周天子是否"居洛邑"等诸多史实问题，都进行了认真考证。这种考辨工作主要涉及对儒家经传的"厥协"和诸子百家材料的"整齐"，同时也涉及民间传说材料的辨正，如《刺客列传》说："世言荆轲，其称太子丹之命，天雨粟、马生角之类，太过。又言荆轲伤秦王，皆非也。"考辨的主要原则是"折中于夫子"[③]"考信于六艺"[④]，但也重视实地调查材料进行印证。如《史记》记载传说中的五帝之事，便是以孔子著作和有关文献以及司马迁自己巡游各地的见闻相互验证的。对于真假难辨的史事，司马迁则按照孔子的做法，"疑者传疑""疑者厥焉"。对于《史记》的"考之行事"，可参照第六讲，此不赘言。

最后，历史记述"善恶必书"。《史记》反对秦的暴政，却对秦统一之功给予充分肯定。关于秦朝历史的功过，后世多持否定态度，斥责秦以暴政二世而亡。汉代学者往往不愿意以汉朝接续秦朝历史统绪，如经学家刘歆宣扬五行相生之五德终始说，以汉之火德上接周之木德，而视秦朝为"闰朝"；班固著《汉书》，继承了刘歆的思想，以"宣汉""摒秦"为己

---

① 《后汉书》卷四十上《班彪列传》，1325 页，北京，中华书局，1965。
② 《汉书》卷六十二《司马迁传》，2737 页，北京，中华书局，1962。
③ 《史记》卷四十七《孔子世家》，1947 页，北京，中华书局，1959。
④ 《史记》卷六十一《伯夷列传》，2121 页，北京，中华书局，1959。

任。司马迁反对秦的暴政，《秦始皇本纪》全文载录贾谊的《过秦论》，其实就是借汉初思想家的"过秦"之论，发表自己关于秦朝灭亡的见解，其反暴政思想是旗帜鲜明的。然而，司马迁又能对秦的统一之功给予充分肯定，认为"世异变，成功大"①。认为历史上古圣王得天下靠的是"德"，而秦朝的统一靠的是"力"，二者虽有着高下之分，却都是需要付出长期而艰辛的努力的，都来之不易。所以他说："秦起襄公，章于文、穆、献、孝之后，稍以蚕食六国，百有余载，至始皇乃能并冠带之伦。……用力如此，盖一统若斯之难也。"②《史记》中关于具体历史人物与历史事件的"善恶必书"则更是非常普遍。如《项羽本纪》既欣赏项羽豪迈不群的英雄气概，也指出了他残忍好杀、刚愎自用、缺乏政治头脑的人性与政治弱点；《高祖本纪》赞赏刘邦好谋能听，规模宏远，是不可多得的政治家，却又能让我们看到其贪财好色、卑怯自私、不讲诚信的另一面；《武帝本纪》及相关传记给我们描绘了一个雄才大略的君主，却也如实指出汉武帝的好大喜功和贪生迷信；《越王勾践世家》肯定勾践忍辱负重，"有禹之余烈"，却对其背信弃义、残害忠良提出批评……等等。

正是司马迁的努力求真，使《史记》获得了实录的美誉。早在西汉末年，思想家扬雄就以《实录》相称许："或问《周官》，曰立事；《左氏》，曰品藻；太史迁，曰实录。"③班固更是称赞《史记》说："然自刘向、扬雄博极群书，皆称迁有良史之材，服其善序事理，辨而不华，质而不俚，其文直，其事核，不虚美，不隐恶，故谓之实录。"④班固的这番话既是对司马迁的史才和求真精神的肯定，也是对《史记》的实录特征的经典概括：第一，叙事条理清楚，或者说所叙之事的前因后果及经过清楚（"善序事理"）；第二，史文明白、质朴而且表述准确（"辨而不华，质而不俚"、"文直"）；第三，所叙之事真实可靠（"事核"）；第四，记事全面客观，做到善恶必书，各从其实（"不虚美，不隐恶"）。而值得注意的

---

① 《史记》卷十五《六国年表》，686 页，北京，中华书局，1959。
② 《史记》卷十六《秦楚之际月表》，759 页，北京，中华书局，1959。
③ 扬雄：《法言·重黎》，新编诸子集成本，413 页，北京，中华书局，2018。
④ 《汉书》卷六十二《司马迁传》，2738 页，北京，中华书局，1962。

是，班固所概括的《史记》这四点实录特征，尤其是"文直""事核""不虚美，不隐恶"等，实际上常被看作实录的基本内涵，并且成为后世史家极力追求的叙事求真的至高境界，《史记》也因此成为"实录"的典范，是传统史学追求实录的标杆。

班固的《汉书》虽以"宣汉"为主旨，却也具有追求实录的精神。首先，重视史料核实。班固对史料的可信性高度重视。《汉书》对于武帝以前的汉代史实基本上以《史记》为依据。对此后人曾批评其"尽窃迁书"①，其实这恰恰反映了班固忠于史事的撰述态度，因为在他看来，《史记》乃实录之作，记载这段历史，自然要以《史记》为依据。对于《史记》所不载的材料，《汉书》在使用时则非常审慎，采用必须有充分证据，否则就予以"阙疑"。如关于"冯商称张汤之先与留侯同祖"，由于"司马迁不言，故阙焉"②。又如汉武帝时期的大臣东方朔以滑稽著称，《史记》本传称"后世好事者因取奇言怪语附著之"，言下之意关于东方朔的故事后人多有附会。因此，班固言及东方朔之事颇为留心。经过考证比照，他得出结论："凡刘向所录朔书具是矣。世所传他事皆非也。"③由此可见，班固对待史料的态度是极其严谨的。

其次，直书不隐，不为汉讳。《汉书》"宣汉"，却不为汉讳。《汉书》记事，对汉代统治的许多阴暗面都作了如实揭露。如，《食货志》载董仲舒上言，指出汉代土地兼并非常严重，"富者田连阡陌，贫者无立锥之地"。《哀帝纪》说"诸侯王、列侯、公主及吏二千石及豪富民"等"田宅无限"，而百姓却"重困不足"。《王贡两龚鲍传》详细了记载贡禹的上元帝奏言，借贡禹之口指出，自汉武帝开始，诸帝"争为奢侈，转转益甚"，宫中之费"不可胜计""厩马食粟将万匹"，百姓却"大饥饿死""人至相食"。不仅如此，汉武及其后诸帝"取女皆大过度"，而上行则下效，"诸侯妻妾或至数百人，豪富吏民畜歌者至数十人"，导致"内多怨女，外多

---

① 郑樵：《通志·总序》，北京，中华书局，1987。
② 《汉书》卷五十九《张汤传》，2657 页，北京，中华书局，1962。
③ 《汉书》卷六十五《东方朔传》，2873 页，北京，中华书局，1962。

旷夫"。《景十三王》记载江都易王刘建"专为淫虐"，不仅一贯肆意淫乱且任意草菅人命，"凡杀不辜三十五人"。而广川王刘去也是行为"悖虐"之徒，"凡杀无辜十六人"，且杀人手段极其残忍，"燔烧亨煮，生割剥人"，无所不用其极。诸如此类的例子，《汉书》中还有不少，此不枚举。难能可贵的是，班固对"文景盛世"时期的弊政也能不为其讳。如《贾邹枚路传》借贾山之口，批评汉文帝居功荒政："今从豪俊之臣，方正之士，直与之日日猎射，击兔伐狐，以伤大业，绝天下之望"；《贾谊传》将汉文帝时期的政局比喻作如同寝于未燃之时的积薪之上："夫抱火厝之积薪之下而寝其上，火未及燃，因谓之安，方今之势，何以异此！"所录贾谊《陈政事疏》，甚至直言当时的国势已是"可为痛哭者一，可为流涕者二，可为长太息者六，若其它背理而伤道者，难偏以疏举"。文景以宽刑著称，然而班固对这一时期滥施刑法的情况也多有揭露。《贾邹枚路传》借路温舒之口，对景帝时期出现的冤狱情况提出批评："今治狱吏则不然，上下相驱，以刻为明；深者获公名，平者多后患。故治狱之吏皆欲人死，非憎人也，自安之道在人之死。是以死人之血流离于市，被刑之徒比肩而立，大辟之计岁以万计，此仁圣之所以伤也。"这段话将景帝之时用刑之酷暴露无遗。

最后，"上下洽通"，记述丰富。这也是直书的一种要求。班固撰述《汉书》所奉行的一个基本原则，便是"综其行事，旁贯《五经》，上下洽通"①。这里所谓"上下洽通"，是指记事既要博洽，又要贯通。从记述要求而言，既指史事完整，也括体例整齐。如前所述，《汉书》关于汉武帝以前的史实，基本照抄司马迁《史记》，却也作了一些有价值的史料补充。其中有新增加的篇目，如《惠帝纪》以及王陵、吴芮、蒯通、伍被、贾山、东方朔、李陵、苏武等传，特别是《董仲舒传》和《张骞传》的设立意义不同寻常，前者凸显了董仲舒儒学在汉代的历史地位，特别是其中照录的董仲舒的"天人三策"，这是汉代儒学纲领性的文献；后者的设立，则突出了张骞通西域的历史意义。其他补充记述内容的篇目则更

---

① 《汉书》卷一百下《叙传》，4235 页，北京，中华书局，1962。

多，如在汉初帝王本纪中，补充了大量有关社会经济和重要事件、政令的材料；很多人物传记都补充了不少具体历史史实，这样的例子不胜枚举。《汉书》的民族史撰述，虽然在篇目上由原来《史记》的六篇减为三篇，内容却更为充实，体例也更为整齐。内容的充实表现在各民族史传的史料得到很大程度的补充，如《西南夷传》的史料增加将近一半，《匈奴传》的内容增加五分之三，其结果是不但保存了大量民族史资料，而且也使各民族史的发展脉络更加清晰完整；体例的完整主要体现在《西域传》，它是由《史记》的《大宛列传》改写而来，如果说《大宛列传》由于兼记今天新疆与中亚西亚各国史实，民族史传体例还不够完备的话，那么《西域传》顾名思义，则可以算作纯粹的民族史传，它记载了今天新疆境内各民族的风土人情，以及汉、匈奴与西域的交流与战争情况，当然也兼记有中亚西亚的历史。《汉书》的体例整齐，最主要还是表现在改《史记》八书为十志，在整齐体例的同时，扩大了典章制度史的记述范围。具体来讲，《汉书》新增加的志有《刑法志》《地理志》《艺文志》和《五行志》。从内容来看，《刑法志》和《地理志》属于政治典制，《刑法志》着重对政治治理中仁德与刑法之间的关系进行了探讨；《地理志》叙述了古今的地理沿革和西汉一代的行政区划、户籍人口、风土民情以及各地物产情况。《艺文志》和《五行志》属于思想文化典制，《艺文志》的创立，对于中国古代历史文献学的发展，对于人们辨章学术、考镜源流，都是居功至伟的；而《五行志》则主要记载自古以来天象与人事的参验情况，依据是董仲舒、刘向、刘歆等人的天人感应说。此外，《汉书》的《食货志》是由《史记》的《平准书》演变而来，内容则作了很大补充。《食货志》以《洪范》为指导思想，将作为国计民生主体的"食"和"货"分为上下两篇来加以记述，其中的"食"主要记述农业，而"货"则主要记述手工业及社会经贸情况。《食货志》的撰写奉行详近略远的原则，对于西汉一代的农业和手工业经济状况、经贸活动和经济思想都作了详细的叙述，其中还收录了反映汉人经济思想的不少重要文献，如贾谊的《论积贮书》《谏除盗铸钱令》，晁错的《论贵粟疏》和董仲舒的《限民名田议》等。《食货志》的史料价值极高，是一篇蕴含丰富经济思想的经济史著名文献。

　　总之，班固《汉书》的求真实践，与司马迁的直笔相比，虽然在某些方面有所不及，但仍不愧为实录之作，这是其能够与《史记》并称于世的重要原因之一。

　　东汉末年，荀悦受汉献帝之诏，改编班固纪传体《汉书》为编年体《汉纪》。《汉纪》共三十卷，在以"达道义""彰法式""通古今""著功勋""表贤能"为历史撰述的取材范围和基本旨趣的同时，也非常重视秉笔直书，敢于暴露封建统治的阴暗面。如《汉纪》指出，西汉初年虽然实行了亘古鲜有的轻徭薄赋的税收政策——"百一而税"，但由于豪强富人"占田逾侈"，且要百姓"输其赋太半"，因此，虽然"官家之惠优于三代"，但百姓的负担反而是"酷于亡秦"①。又如，《汉纪》虽高度肯定汉武功业，认为其"规恢万世之业，安固后嗣之基……兴事创制，无所不施，先王之风，灿然复存矣"，但对其统治的种种弊端也作了直言揭露："奢侈无限，穷兵极武，百姓空竭，万民疲敝。当此之时，天下骚动，海内无聊，而孝文之业衰矣。"②"当武帝之世，赋役烦众，民力凋弊，加以好神仙之术，迂诞妖怪之人；四方并集，皆虚而无实，故无形而言者至矣。"③《汉纪》对西汉明君汉文帝的用人政策提出批评，《文帝纪》明确指出："以孝文之明也，本朝之治百僚之贤，而贾谊见逐，张释之十年不见省用，冯唐白首屈于郎署，岂不惜哉！夫以绛侯之忠，公存社稷，而犹见疑，不亦痛乎！"《汉纪》对在西汉王朝特别是后期黑暗统治下正直之臣的为官之难、处境之险作了深刻的揭示。如成帝河平四年，丞相王商因议水事与大司马、大将军王凤意见不一，而被后者诬陷致死。《成帝纪》借此事作了一番评论，字里行间，对在专制统治下的忠直之臣所遭受的迫害作了淋漓尽致的揭露：他们不被见容于时世，只好隐身深藏以避祸；隐身深藏犹难以自免，又只好佯装愚狂以避祸；甚至死了还有惧

---

① 荀悦：《汉纪》卷八《文帝纪二》，见《两汉纪》上册，114 页，北京，中华书局，2002。

② 荀悦：《汉纪》卷二十三《元帝纪下》，见《两汉纪》上册，407 页，北京，中华书局，2002。

③ 荀悦：《汉纪》卷十三《武帝纪四》，见《两汉纪》上册，227 页，北京，中华书局，2002。

怕，还只好入海、蹈河而死。荀悦在此对专制制度的残忍作了深刻的揭露，同时寄予了自己对这些正直之士的无限同情。考虑到如下三种因素：其一，《汉纪》是受汉献帝之命而作；其二，《汉纪》作于汉室衰微之时；其三，荀悦的政治立场是"拥戴汉室"或者说"拥护汉室，还是不愿意看到汉室灭亡的"①。我们认为，《汉纪》如此不加避讳地直书汉王朝统治中的阴暗面，荀悦"不虚美，不隐恶"的"实录"精神的确是难能可贵的。

(三)魏晋南北朝隋唐史学求真理念的发展

到了魏晋南北朝隋唐时期，传统史学的"求真"理念有了进一步的发展，形成一套较为成熟的求真理论和方法。

首先，重视文献史料的汇集与考辨。魏晋南北朝隋唐时期，一些史家由于不满前史的史料疏略，因此往往以史注的形式对前史进行史料的补充和考辨，如裴松之的《三国志注》、刘孝标的《世说新语注》、郦道元的《水经注》和李善的《文选注》等即是如此。其中尤其以南朝宋人裴松之的《三国志注》最为典型。在《上三国志注表》中，裴松之虽指出陈寿的《三国志》"铨叙可观，事多审正。诚游览之苑囿，近世之嘉史"，但也认为它"失在于略，时有所脱漏"。因此，"奉旨详寻，务在周悉"。在"上搜旧闻，傍摭遗逸"的基础上，对于"其寿所不载，事宜存录者，则罔不毕取以补其阙。或同说一事而辞有乖杂，或出事本异，疑不能判，并皆抄内以备异闻。若乃纰缪显然，言不附理，则随违矫正以惩其妄。其时事当否及寿之小失，颇以愚意有所论辩"②。这里所谓"补其阙"，就是对史料的补充；而"备异闻""惩其妄"和"有所论辩"，则是对相关史实的存异、存疑和考辨。也正因此，裴注不仅保存了三国时期大量重要的文献史料，而且"开补阙体史注之新风，创史注式史学批评之方式"③，体现出强烈的史学求真精神，对传统历史编撰学的发展有深刻的影响。刘

---

① 白寿彝：《中国史学史论集》，125～127页，北京，中华书局，1999。
② 裴松之：《上三国志注表》，见《三国志》，1471页，北京，中华书局，1959。
③ 白云：《中国史学思想通论·历史编纂学卷》，314页，福州，福建人民出版社，2011。

孝标注《世说新语》、郦道元注《水经》和李善注《文选》，同样重视对文献史料的广征博引和考辨。《世说新语注》采撷的文献达四百六七十种，其中"经史别传三百余种，诸子百家四十余种，别集廿余种，诗赋杂文七十余种，释道三十余种"①，而"其纠正义庆之纰缪，尤为精核"②。《水经注》所引书达四百三十七种之多，此外还收录了大量汉魏时期的碑刻资料，具有很高的文献史料价值。③ 李善注《文选》所征引的群书共有二十三类，多达一千六百八十九种。④ 此外，这一时期的一些史家自注之书同样也重视史料的汇集，如杨衒之的《洛阳伽蓝记》和王劭的《齐志》等，将一些不宜放在正文中的史料，以小字夹注形式（即子注）放在书中，很好地起到了汇集、补充史料的作用。

实际上，魏晋南北朝隋唐时期的史学不仅在实践上重视史料的汇集和考辨，而且对史料汇集与考辨的重要性作出了理论解说。南朝梁人刘勰在《文心雕龙·史传》中就认为，历史撰述在"追述"年代久远的历史时"代远多伪"，因此主张"文疑则阙，贵信史也"。也就是说，为了保证史书的可信度，对于那些无法确证的材料，就存而不书或存而不论。刘勰严厉批评那些"弃同即异，穿凿傍说，旧史所无，我书独传"的行为，认为这种不做史料汇集与考辨的行为是"讹滥之本源，而述远之巨蠹也"⑤。唐代刘知幾一方面认为历史撰述要广泛采撷文献史料，只有"征求异说，采撷群言"，才能"成一家，传诸不朽"；另一方面，他又对范晔《后汉书》和唐修《晋书》等记载虚妄之事持强烈批评态度，说范晔记载王侨凫履、左慈羊鸣等事是"朱紫不别，秽莫大焉"，而《晋书》载神鬼怪物之事则是"务多为美，聚博为功，虽取说于小人，终见嗤于君子矣"。

---

① 叶德辉：《世说新语注引用书目》，参见刘义庆：《世说新语》，王先谦校印，上海，上海古籍出版社，1982。

② 纪昀总纂：《四库全书总目提要》卷一百四十《子部·小说家类一·世说新语》，3562页，石家庄，河北人民出版社，2000。

③ 参见中国历史大辞典·史学史卷编纂委员会：《中国历史大辞典·史学史卷》"水经注"条，83页，上海，上海辞书出版社，1983。

④ 参见中国青年出版社编：《中国古典文学名著题解》，126页，北京，中国青年出版社，1990。

⑤ 刘勰：《文心雕龙·史传》，王志彬译注，193页，北京，中华书局，2012。

在他看来，对于广泛采撷来的文献史料，作者应该持谨慎的态度，要"恶道听途说之违理，街谈巷议之损实"，"异辞疑事，学者宜善思之"①。

其次，强调史文表述准确恰当。裴松之强烈反对史文表述的"虚妄"，主张历史叙事应做到文实相称，"凡记言之体，当使若出其口。辞胜违实，固君子所不取，况复不胜而徒长虚妄哉?"②对于当时史书中存在的润色、窜改史事现象，裴松之提出了严厉批评，认为这样做"于失实也，不亦弥远乎!"③刘知幾高度推崇《左传》史文的"烦省合理"④。在他看来，史文表述应该准确恰当，做到"欲简而且详，疏而不漏"⑤，"疏而不遗，俭而无阙"⑥。既不能"妄载"，也不能"阙书"，妄载就会"苦于椹芜"，阙书就会"伤于简略"。⑦ 此外，刘知幾还继承班固的思想，认为历史叙事"当辩而不华，质而不俚，其文直，其事核，若斯而已可也"⑧。强烈反对"假托古词，翻易今语"以及"虚引古事，妄足庸音"的行为，指责前者是"润色之滥"，后者是"苟矜其学，必辨而非当者"，他认为这些"或虚加练饰，轻事雕彩；或体兼赋颂，词类俳优"的史文表述，是"文非文，史非史，譬夫龟兹造室，杂以汉仪，而刻鹄不成，反类于鹜者也"⑨。

最后，推崇秉笔直书。刘勰认为史家写史不能"任情失正"，而应秉

---

① 刘知幾：《史通通释》卷五《采撰》，浦起龙通释，106～109 页，上海，上海古籍出版社，2009。

② 《三国志》卷二十二《魏书·陈群传附陈泰传》注，642 页，北京，中华书局，1959。

③ 《三国志》卷一《魏书·武帝纪注》，19 页，北京，中华书局，1959。

④ 刘知幾：《史通通释》卷二《载言》，浦起龙通释，30 页，上海，上海古籍出版社，2009。

⑤ 刘知幾：《史通通释》卷八《书事》，浦起龙通释，217 页，上海，上海古籍出版社，2009。

⑥ 刘知幾：《史通通释》卷六《叙事》，浦起龙通释，162 页，上海，上海古籍出版社，2009。

⑦ 刘知幾：《史通通释》卷九《烦省》，浦起龙通释，246 页，上海，上海古籍出版社，2009。

⑧ 刘知幾：《史通通释》卷七《鉴识》，浦起龙通释，191 页，上海，上海古籍出版社，2009。

⑨ 刘知幾：《史通通释》卷六《叙事》，浦起龙通释，167 页，上海，上海古籍出版社，2009。

持"素心"，效法春秋史官的秉笔直书，以公正的态度"按实而书"，做到"析理居正"，"述远"不"诬矫"，"记近"不"回邪"。①西魏北周的史官柳虬则在总结春秋史官记事笔法的基础上，明确提出了"直笔"的概念："故南史抗节，表崔杼之罪；董狐书法，明赵盾之愆。是知直笔于朝，其来久矣。"他反对当时"史官密书善恶"的记事制度，认为史官记事应当"皆当朝显言其状，然后付之史阁"，做到"是非明著，得失无隐"②。刘知幾的《史通》一书专辟《直书》篇，并通过《曲笔》《史官建置》等篇目的设立，对直书问题作出了较为系统的理论探讨。其一，刘知幾对历史撰述为何会产生直书与曲笔的原因进行了分析，认为既有社会因素，也有史家个人品质因素。就社会因素来讲，《直书》篇开篇即说："夫人禀五常，士兼百行，邪正有别，曲直不同。"既然社会上本来就有小人与君子之分，直书与曲笔也就成为一种必然的社会现象。同时修史往往是一种官方行为，能否直书也要取决于统治者的权势和好恶，也就是有政治因素的作用。就史家个人品质因素而言，有些史家之所以能做到直书不隐，是因为这些史家看重气节，能舍身殉名，如《直书》篇所列的历史上南史、董狐、韦昭、崔皓等人就是这类人物。相反，有些人作史是为了阿时媚主，或"假人之美，藉为私惠"，或"诬人之恶，持报己仇"③，这些人写成的史书当然只能是曲史、污史了。其二，刘知幾本人的历史撰述态度非常明确，那就是主张直书，反对曲笔。他从史学的功用角度对此作了阐发。《直书》篇说："盖史之为用，记功司过，彰善瘅恶，得失一朝，荣辱千载。"既然历史撰述是一项担负着"彰善瘅恶"使命的神圣的事业，直接关系到历史人物的命运，作为书写历史的史家，当然要秉笔直书，这是史家应有的历史职责。其三，如何直书？刘知幾的回答是"善

① 刘勰：《文心雕龙·史传》，王志彬译注，193页，北京，中华书局，2012。
② 《周书》卷三十八《柳虬传》，681页，北京，中华书局，1971。
③ 刘知幾：《史通通释》卷七《曲笔》，浦起龙通释，183页，上海，上海古籍出版社，2009。

恶必书，斯为实录"①。言简意赅地表达了他的直书观。为了做到善恶必书，史家应该有一种"烈士殉名，壮夫重气。宁为兰摧玉折，不为瓦砾长存"②的气概；同时要有"爱而知其丑，憎而知其善"③的理智。

(四)宋元明清史学实证风气的兴盛

宋元明清时期，传统史学的求真在继承汉唐以来的实录、直书思想的基础上有了新的发展，形成了一种较为普遍的重视史实考证的学术风气。

这一时期传统史学虽因理学在意识形态领域的主导地位而出现义理化的发展趋势，但并没有因此变得所谓空疏不实。恰恰相反，由于理学发展所带来的人们理性思维能力的提高，史学求真思想反而有了更高程度的发展，注重考证成为这一时期历史编纂的一个基本特征。北宋的欧阳修、司马光、吴缜，南宋的郑樵、朱熹，宋元之际的胡三省、马端临，明清之际的顾炎武，清代乾嘉时期的赵翼、钱大昕、王鸣盛等，皆为长于考证的史学名家。

欧阳修治学虽以"知古明道"为目的，但却也是宋代疑古思潮中"先驱、开风气的人物"④。在欧阳修看来，传说之事久远难明，学者治学应该效法孔子，"不穷远以为能，而阙其不知，慎所传以惑世也"⑤。而对于古书中记载的传说，他主张以儒家经典为依据进行考辨，"经之所书，予所信也；经所不言，予不知也"⑥。这样一种考证思路，在今天看来，尽管仍然是以孔子之是非为是非，有其局限性，但在当时却无疑

---

① 刘知幾：《史通通释》卷十四《惑经》，浦起龙通释，374 页，上海，上海古籍出版社，2009。

② 刘知幾：《史通通释》卷七《直书》，浦起龙通释，180 页，上海，上海古籍出版社，2009。

③ 刘知幾：《史通通释》卷十四《惑经》，浦起龙通释，374 页，上海，上海古籍出版社，2009。

④ 吴怀祺：《中国史学史》第四卷《五代辽宋金元时期》，60 页，上海，上海人民出版社，2006。

⑤ 欧阳修：《居士集》卷四十六《帝王世次图序》，见《欧阳修全集》上，300 页，北京，中国书店，1986。

⑥ 欧阳修：《居士集》卷十八《春秋论上》，见《欧阳修全集》上，131～132 页，北京，中国书店，1986。

具有疑古求信的启发意义。更为值得注意的是，在具体的治史实践中，欧阳修还收集并运用金石资料以证史传的"阙缪"，著成《集古录》，体现出其治学的"征实"风格，并从而开启了金石考史的学术路径，对后世产生极大影响。正是欧阳修学术的这种注重"考证"的求真风格，使其所著《新五代史》获得乾嘉考史名家赵翼的"良史"之誉："欧史博采群言，旁参互证，则真伪见而是非得其真，故所书事实，所纪日月，多有与旧史不合者，卷帙虽不及薛史之半，而订正之功倍之，文直事核，所以称良史也。"[①]

　　司马光在主持编撰《资治通鉴》时，极为注意对史料在博采的基础上进行考订。《资治通鉴》的编撰大致经历了编写《丛目》、修撰《长编》，到最后定稿三个阶段，在此过程中，司马光总结出了一套较为成熟有效的史料收集和考订方法，为传统史学求真理论和方法的发展作出了很大贡献。《丛目》的编写，即是将史事按照年月的顺序标明事目，在每一事目下，注明正史、杂史"并诸家传记小说以至诸人文集"中记载该事的篇卷，"但稍与其事相涉者，即注之，过多不害"。而修《长编》时，则应将"事目下所记该新旧纪志传及杂史小说文集，尽检出一阅"。其中对于事同文异者，"择一明白详备者录之"；对于彼此互有详略者，则在参考各方的基础上"自用文辞修正之"；而对于"彼此年月事迹有相违戾不同者，则请选择一证据分明、情理近于得实者修入正文，余者注于其下"，并说明"所以取此舍彼之意"；若无法考其虚实是非，则两存之。[②]值得一提的是，司马光本人就曾依据这种方法，"参考群书，评其同异，俾归一途，为《考异》三十卷"[③]。司马光的考异法远远超过了前人的成就，其考异法的最大特点，如《四库全书总目提要》所说："修史之家，未有自撰一书，明所以去取之故者，有之，实自光始。"司马光自撰《通鉴考异》三十卷，为我国第一部自撰考史专著。司马光治史态度非常严谨，

---

　　① 赵翼：《廿二史札记校证》卷二十一《欧史不专据薛史旧本》，王树民校证，460页，北京，中华书局，1984。

　　② 司马光：《传家集》卷六十三《答范梦得》，文渊阁四库全书本。

　　③ 司马光：《进书表》，见《资治通鉴》，9607～9608页，北京，中华书局，1956。

所以比较重视正史、实录等官修史书，同时又能变通，认为"实录、正史未必皆有据，杂史小说未必皆无凭"①。而一切史料去取的唯一依据在于考实，因此《通鉴》不但收集资料广，辨析尤其精。张须《通鉴学》一书将司马光《通鉴考异》的考异方法概括为六类：参取众书而从长者、两存者、两弃者、两疑而节取其要者、存疑者、兼存或说于《考异》中者。司马光本人还制定了一个考异公式："先注所舍者云某书云云，今按某书证验云云，或无征验，则以事理推之云云，今从某书为定；若无以考其虚实是非者，则云今两从之。"②司马光考异法对后世史家影响很大，李焘、李心传、毕沅等人都沿用了这一考异法，清代一系列考史著作的问世，也无不受到《通鉴》考异法的影响。《资治通鉴考异》一书，体现出司马光史料工作中对求真的高度自觉，"为后世的史料学工作开了一个好的风气"③。

吴缜是一位具有强烈求真精神而长于考史的北宋史家，他认为一部史书要称得上"信史"，就要做到"必也编次、事实、详略、取舍、褒贬、文采莫不适当，稽诸前人而不谬，传之后世而无疑，粲然如日星之明，符节之合，使后学观之而莫感轻议"。其中，"事实""褒贬"和"文采"是为史的三要素，而以"事实"最为重要："史之为要，一曰事实，二曰褒贬，三曰文采。有是事而如是书，斯为事实。因事实而寓惩劝，斯谓褒贬。事实、褒贬既得矣，必资以文采以行之，夫然后成史。至于事得其实矣，而褒贬、文采则缺焉，虽未能成书，犹不失为史之意；若乃事实不明，而徒以褒贬、文采为事，则是既不成书，而又失为史之意矣。"④正是由于对事实的高度重视，吴缜"生平力学，博通古今，多求前史之谬误而参订之"⑤，《新唐书纠缪》和《五代史纂误》就是其考史的两部力

---

① 司马光：《传家集》卷六十三《答范梦得》，文渊阁四库全书本。
② 司马光：《传家集》卷六十三《答范梦得》，文渊阁四库全书本。
③ 吴怀祺：《中国史学史》第四卷《五代辽宋金元时期》，87页，上海，上海人民出版社，2006。
④ 吴缜：《新唐书纠缪》序，四部丛刊本。
⑤ 南宋吴元美为《新唐书纠缪》和《五代史纂误》所作的"跋后"，见《新唐书纠缪》注。

作。在吴缜看来，欧阳修和宋祁二人虽都是当世名儒，修撰《新唐书》时也"杂采诸家异说"，但由于二人"各据所闻，商略不同"，致使《新唐书》"帝纪表志"（欧修）与"列传"（宋修）在事迹的详略和先后方面"不免或有差误"①。这种不盲从学术权威的求真态度是值得肯定的。

郑樵以提倡实学而著称。郑樵史学的求真、求实，首先表现在重视文献的考订和辨伪上。其具体表现，一是奉行"传信存疑"原则。对过往史事中有疑难问题的事，都加上按语考辨订误。如关于三王之事，按语说："三皇五帝三王之事盖已久已，臣之所志，在于传信，其有传疑者，则降而书，以备记载云。"②二是重视使用文献的互校方法。如考武王伐商年代，他说："《泰誓》之序曰：十有一年，武王伐商。其书曰：十有三年，大会于孟津。《洪范》亦曰：十有三祀，王访于箕子。则知武王伐商在十三年。有《泰誓序》之讹，以三为一，致后之说者纷纷也。"③三是强调"索象"的功夫，即是重视对实物图谱的研究，以之同文献相佐证。郑樵说："图载象，谱载系，为图所以周知远近，为谱所以洞察古今。"④认为金石等实物经久不变，是考订文献的最好的佐证。其次重视实地调查，强调实践出真知。如他常常感叹历代写天文志的史官，居然自己还不识星象。他为了学天文、写《通志·天文略》，常常是手持《步天歌》观察星象，"长诵一句，凝目一星"⑤，注重将书本知识的学习与实际考察相结合。又如他为了掌握动植物的实际知识，常常是亲自到田间向老农求教，进入深山密林观察动物的习性，《通志·昆虫草木略序》说，郑樵"结茅夹漈山中，与田夫野老往来，与夜鹤晓猿杂处，不问飞潜动植，皆欲穷究性情"。最后是对虚妄之学的批判。郑樵从提倡实学的角度，对当时流行的义理之学与辞章之学都予以批评。他斥责辞章之学是无事生非、平添疑乱；义理之学是"空谷寻声"，空疏无物。郑樵还

---

① 吴缜：《进〈新唐书纠谬〉表》，见《新唐书纠谬》表，四部丛刊本。
② 郑樵：《通志》卷一《三皇纪》按语，志 31 页，北京，中华书局，1987。
③ 郑樵：《通志》卷三《三王纪下》按语，志 48 页，北京，中华书局，1987。
④ 郑樵：《通志·年谱序》，志 405 页，北京，中华书局，1987。
⑤ 郑樵：《通志·天文略序》，志 525 页，北京，中华书局，1987。

特别对史学上的灾祥说与褒贬说提出批评，斥其为虚妄之学。《通志·灾祥略序》回顾了宣传灾祥之说的历史，认为是刘向撰《洪范五行传》于前，诸史之《志》随之于后，指出这种以时事吉凶与五行灾祥相配的做法是一种"欺天之学"。明确指出灾祥只是一种自然现象，与人事之间并没有必然的关联。该篇还对《春秋》任情褒贬笔法给予批判，斥之为"欺人之学"。在他看来，所谓《春秋》褒贬书法并非孔子本意，而是"三传"以来后世之人的附会。在与友人书信中，郑樵明确指出：《春秋》只是"纪实事"，如实反映历史，因而它"主在法制，不在褒贬"①。其实郑樵所谓《春秋》"不在褒贬"，旨在反对历史撰述的任情褒贬的做法，这应该被看作是郑樵崇尚实学的一种体现。

朱熹是理学宗师，又是文献大家，其疑古辨伪的卓越成就，体现了史家的求真考实精神。首先，注重从文字、文体着眼来考辨史料的真伪。最典型的例子，莫过于对《尚书》的考释。他对古文《尚书》表示怀疑，说："今文乃伏生口传，古文乃壁中之书。《禹谟》《说命》《高宗肜日》《西伯戡黎》《泰誓》等篇，凡易读者皆古文。况又是科斗书，以伏生《书》字文考之，方读得。岂有数百年壁中之物，安得不讹损一字？又却是伏生记得者难读，此尤可疑。今人作全书解，必不是。"②并从文章风格上判定古文《尚书》的序文并非西汉人孔安国所作："《书序》恐不是孔安国做。汉文粗枝大叶，今《书序》细腻，只似六朝时文字。"③认为古文《尚书》的《孔安国传》也是后人所作，"《尚书》孔安国传，此恐是魏晋间人所作"，其"文字善困，不类西汉人文章，亦非后汉之文"。④《朱子语类》第78卷记录下了大量朱熹对《尚书》疑而辨之的言论，他只是怕推翻了经书，才没有对《尚书》的很多疑问深究下去。其次，注重用第一手和权威性的资料来考辨史料的真伪。朱熹认为，考辨文王之事，当以《尚书》《诗经》为重要依据，因为它们是现存的关于文王之事的最古老的资

---

① 郑樵：《夹漈遗稿》卷二《寄方礼部书》，文渊阁四库全书本。
② 黎靖德编：《朱子语类》卷七十八，1776 页，长沙，岳麓书社，1997。
③ 黎靖德编：《朱子语类》卷七十八，1782 页，长沙，岳麓书社，1997。
④ 黎靖德编：《朱子语类》卷七十八，1782 页，长沙，岳麓书社，1997。

料。他根据这些资料考证出周文王是早有革商之念和准备的，不然的话，"只当商之季，七颠八倒，上下崩颓，忽于岐山下突出许多人，也是谁当得？"①显然与传统说法相悖。又如孔子杀少正卯之事，权威资料应该是《论语》和《左传》。朱熹说："少正卯之事，《论语》所不载，子思、孟子所不言，虽以《左氏春秋》内外传之诬且驳，而犹不道也，乃独荀况言之。是必齐鲁陋儒，愤圣人之失职，故为此说以夸其权耳。"②再次，注重从义理着手来论断史料的真伪。朱熹认为，从义理角度看，《左传》的记载很多是不可信的，如"赵盾一事，后人费万千说话与之脱，其实此事甚分明。如司马昭之弑高贵乡公……后来三晋既得政，撰造掩覆，仅有不可得而掩者矣"③。弑君当然是违反纲常伦理的，赵氏后人得政后，自然要给予掩饰，这就造成了历史记载的不真实。同时，也可从中看出《左传》的成书时间当在三家分晋之后，因为只有赵盾后人建国掌政后，才有条件和可能对其前人不光彩的历史进行掩饰。最后，从是否有悖于情理来考辨史料的真伪。有些史料，在朱熹看来，显然是有悖于情理的。如大禹治水，朱熹以情理论断，认为此说不可靠："尧之水最可疑，禹治之，尤不可晓。胡安定说不可信。掘地注海之事，亦不知如何掘。盖尧甚以为儆，必不是未有江河而然。……常疑恐只是治黄河费许多力。"④对《尚书·禹贡》的一些记载提出疑问，在《九江彭蠡辨》《答程泰之》《答董叔重》等文中，反复辩难《禹贡》之不可信。朱熹据此疑辨史料的例证还很多。应该说朱熹的很多考史辨伪方法，以及对许多重要史籍的质疑，对后来考据学的发展无疑是有着重要的启迪和影响作用的。

胡三省的《音注资治通鉴》(亦称《新注资治通鉴》)，不但是宋元之际《通鉴》学最突出的成果，而且也是中国史学史上一部考史力作。在《资治通鉴》众家注书当中可谓独树一帜，故有"《通鉴》胡注"之称。该书通过校勘、辨误、考订、音训等文献学手法，从记事、地名、建置、制

---

① 黎靖德编：《朱子语类》卷五十一，1098 页，长沙，岳麓书社，1997。
② 《朱熹集》卷六十七，3520～3521 页，成都，四川教育出版社，1996。
③ 黎靖德编：《朱子语类》卷一百三十七，2950 页，长沙，岳麓书社，1997。
④ 黎靖德编：《朱子语类》卷五十五，1178 页，长沙，岳麓书社，1997。

度、音读等多重角度，对《资治通鉴》作了一个全面的学术梳理。诚如胡注自序所言："凡纪事之本末，地名之异同，州县之建置离合，制度之沿革损益，悉疏其所以然。"这样一个"悉疏其所以然"，正是《通鉴》胡注的成就和价值之所在。当然，《通鉴》胡注的考史价值，不仅体现在对于《资治通鉴》一书的地理与制度等方面的学术本身的考释，也反映在胡三省实事求是的考史态度上。在胡注自序中，胡三省以历代《汉书》注为例，批评颜师古讥诋前代注释《汉书》诸家学者，而对自己的注书则"自谓穷波讨源，构会甄释，无复遗恨"，表现出一种过分的自信的态度。他非常理性地指出："人苦不自觉，前注之失，吾知之；吾注之失，吾不能知也。"肯定学术是不断发展的，后人总有超过前人的地方。《通鉴》胡注虽然得到了后人的充分肯定，胡三省却依然清醒地认识到自己学术的不足，认为没有达到古人"文约而义见"的境界。自序说："古人注书，文约而义见。今吾所注，博则博矣，反之于约，犹未能焉。"这虽然是一种自谦，却也是一种理性客观地看待学术的态度。

马端临的考史精神，具体体现在《文献通考》的编纂原则上。该书顾名思义，将文、献、注三原则贯穿于全书的编纂之中。其具体做法则是：

> 凡叙事，则本之经史，而参之以历代会要，以及百家传记之书。信而有证者从之，乖异传疑者不录，所谓"文"也。凡论事，则先取当时臣僚之奏疏，次及近代诸儒之评论，以至名流之燕谈，稗官之纪录。凡一语一言，可以订典故之得失，证史传之是非者，则采而录之，所谓"献"也。其载诸史传之纪录而可疑者，稽诸先儒之论辨而未当者，研精覃思，悠然有得，则注己意，附其后焉。①

这里所谓"文"，是指叙事，重在广泛收集史料，包括经史、会要以及百家传记，而其去取原则则是"信而有证者从之，乖异传疑者不录"，旨在保证《文献通考》史料的翔实性。所谓"献"，是指论事，要尽收当时臣

---

① 马端临：《文献通考·序》，北京，中华书局，2011。

僚、近代诸儒以及名流、稗官的议论。所谓"注"，则是史家马端临自己的议论和见解，都是马端临对"纪录之可疑者"和"论辩之未当者"经过自己的"研精覃思"之后的心得。《文献通考》在编纂上所采取的文、献、注三个原则，不失为马端临的一个重要创造，体现了其重视考证的历史撰述态度。

顾炎武是明清之际实学思潮的代表人物之一，同时也是开乾嘉历史考证先风之人。综观顾炎武的历史考证思想，首先表现在对宋明理学空疏学风的批判上。顾炎武认为，学术研究应该从小学入手，从而求得训诂名物的真意。他说："愚以为读九经自考文始，考文自知音始，以至于诸子百家之书，亦莫不然。"[1]顾炎武身体力行，他的很多著作都是用考据的方法写成的，《日知录》《天下郡国利病书》则是其中最杰出的代表。其次强调学术要考镜源流。注重考镜源流，这是顾炎武治学的一大特点。潘耒在《日知录序》中对顾炎武的这一治学风格称赞说："综贯百家，上下千载，详考其得失之故，而断之于心，笔之于书，朝章、国典、民风、土俗，元元本本，无不洞悉。""凡经义史学、官方吏治、财赋典礼、舆地艺文之属，一一疏通其源流，考证其谬误。"最后注重广求证据。实学就得讲证据，靠材料说话。顾炎武治学，从不凭道听途说，反对作杜撰之文。他说："今之所谓时文，既非经传，复非子史，展转相承，皆杜撰无根之语。"[2]为了避免作这种"无根之语"之"时文"，顾炎武主张学术研究要力求使用第一手资料。如他的《日知录》，就大量使用了明代历朝实录。他还重视搜求金石文字资料，他认为金石文字是最不易篡改的，因而也是最为可信的。同时主张引文要注明出处，"今但令士子作文，自注出处，无根之语，不得入文"[3]。从史料的真实性出发，

---

① 顾炎武：《亭林文集》卷四《答李子德书》，见《顾炎武全集》第21册，127页，上海，上海古籍出版社，2011。

② 顾炎武：《日知录》卷十六《经义论策》，见《顾炎武全集》第18册，645页，上海，上海古籍出版社，2011。

③ 顾炎武：《日知录》卷十六《经义论策》，见《顾炎武全集》第18册，645页注文，上海，上海古籍出版社，2011。

顾炎武还提倡抄书，认为抄书就是靠资料说话，这是最可信的。他曾经提出一个观点："著书不如钞书。"①此外，顾炎武还特别重视调查研究。在顾炎武看来，学问不是靠坐禅顿悟得来的，而是将前人的记载与亲身的调查研究相结合的结晶。其《天下郡国利病书》便是在抗清斗争失败以后，弃家北上巡游，访察祖国的山川地势和关津险隘，遍访老病退卒，广交名流才士，然后将这些调查研究得来的知识与书本知识相对照而写成的。

王鸣盛、钱大昕和赵翼，是清代乾嘉考据学背景下涌现出的三位杰出的考史大家，他们的考史著作分别为《十七史商榷》《廿二史考异》和《廿二史札记》，被称为乾嘉三大考史名著。乾嘉考据学是以尊汉求是为旗帜的，从学术研究来讲，其在名物考证、章句注疏、声韵训诂和校勘辑佚等方面，为整理古文献作出了重要贡献；而从学术思想来讲，正是乾嘉汉学的兴起，引领人们对宋学的怀疑之风，才最终导致了宋明空疏理学的衰落。在三大考史家中，王鸣盛和钱大昕都是乾嘉汉学的代表人物，属于吴派主要学者，他们的治学路数都是由经学而入史学；赵翼虽然也属于汉学中人，然治学路数则是由文入史，这也使得赵氏史学的经学气味较淡。正是由于相同的汉学背景，三位史家治史都以考史著称于世，而在考史中，又都以重视正史，肯定正史的史料价值，反对使用正史以外的材料进行考史为共同特点。王鸣盛的《十七史商榷》，其商榷的对象，包括《史记》以来的十七部正史；而所商榷的内容，则如该书自序所言，主要包括"改讹文，补脱文，去衍文，又举其中典制事迹，诠解蒙滞，审核舛驳"。其中的文字校勘是全书的重点，也是王氏擅长的地方。而典章制度的考证，由于旧注仅前四史有，王氏对十七史的系统考证，尤显其史学价值。钱大昕的《廿二史考异》，实为其一生考史之结晶。《廿二史考异序》对该书的编纂历程有一个详细说明："余弱冠时好乙部（史部）书，通籍以后，尤专斯业，自《史》《汉》讫《金》《元》，作者廿

---

① 顾炎武：《抄书自序》，见《顾炎武全集》第 21 册，79 页，上海，上海古籍出版社，2011。

有二家，反复校勘，虽寒暑疾疢，未尝少辍，偶有所得，写于别纸。丁亥岁，乞假归里，稍编次之，岁有增益，卷帙滋多。戊戌，设教钟山，讲肆之暇，复加讨论。"从中可见该书成书之不易，用力之勤勉。该书的主要内容，包括文字校勘、典制考释和名物训诂等方面。由于涉猎正史广博，为该书的考异带来了相当大的困难，诚如自序所言："廿二家之书，文字烦多，义例纷纠。舆地则今夕异名，侨置殊所；职官则沿革迭代，冗要逐时。欲其条理贯串，了如指掌，良非易事。"尽管如此，钱氏还是以其坚韧的毅力和深厚的考史功底，取得了极大的成功。赵翼的《廿二史札记》，按照其在自序中的说法，是自己闲暇之时"札记别纸，积久遂多"而成。该书名为二十二史，其实是二十四史，是按照时人的习惯，没有将《旧唐书》和《旧五代史》算入其中。该书考史的方法是"以史证史"，自序说是"就正史纪传表志中，参互校勘"。而所考正史的内容，虽然是以历史事件与人物评论为主，显示其与前二书考史特点的不同，却也依然重视对于各正史史料取舍与史实真伪的考证。其中涉及史料取舍的篇目如《汉书移置史记文》《南史删宋书最多》《薛史全采各朝实录》等；而涉及史实真伪的篇目更多，几乎对各部正史都有举例，都作了考证、辨伪、纠讹和校补等工作。应该说，《廿二史札记》的考史成就，完全可以与前二史相媲美。

综上所述可知，一部中国古代史学发展史，也是史家们不断追求史实之真的历史。尽管在中国古代史学发展的不同时期，史家们追求事实之真的实践程度或有不同，理论方法也有所差异，彰显的特点也并不相同，但这种求真的理念却是一贯到底和矢志不渝的。

二、追求道义之真

所谓道义之真，概言之，一是要从神意的角度去论证王朝统治的正当性，二是要自觉地维护纲常伦理道德。追求道义是中国古代政治伦理的头等大事，也是史家进行历史编纂的最高要求。在中国古代史家的历史观念中，只有自觉维护这种道义，才是从根本上坚持了直书。

(一)关于王权合法性的神意解说

王权是政治统治的基础和根本，只有合乎法理的王权，才能建立起有效的统治；而王权的合法与否，需要靠思想家、史学家作出论证。中国古代史家不但热衷于论证王权的合法性，而且总是喜欢从神意的角度作出说明。在他们看来，王权是一种神器，而"神器有命"，是人力所无法企及的。

先秦具有亦经亦史特点的"五经"元典，就包含了丰富的天命王权思想，其中尤以《尚书》和《诗经》最具代表。《尚书》肯定王权来自天命，历史王朝的建立是天命所归。如《召诰》篇说"有夏服天命，惟有历年""有殷受天命，惟有历年"；《多方》篇说"天惟时求民主，乃大降显休命于成汤"；《多士》篇则说"有周佑命，将天明威，致王罚，敕命终于帝"。这就是说，夏、商的建立，成汤、武王的君临天下，为民之主，都是由天命所决定的。同样，历史王朝的更替也是天命使然。如《汤誓》篇记载商汤灭夏桀时说："格尔众庶，悉听朕言，非台小子，敢行称乱！有夏多罪，天命殛之。"而《牧誓》篇记载武王灭纣时，更是历数纣王种种罪行，最后将自己的灭商行为说成是"惟恭行天之罚"，替天行道。当然，与夏、商统治者那样一味迷信天命，而不重视修德相比较，《尚书》的作者(指周初统治者)看到了天命是可以转移的，对天命能够保持一种敬畏之心，深怕西周的统治也像夏、商那样"惟不敬厥德，乃早坠厥命"，故而《召诰》篇一再奉劝周初统治者要以夏、商的败亡为鉴，通过"其德之用""上下勤恤"，实行以保民为目的的德政，从而永保天命。

《诗经》的天命王权思想集中表现为"圣人感生"说。在《诗经》的《商颂·玄鸟》《商颂·长发》《大雅·生民》与《鲁颂·閟宫》等诗篇中，《诗经》的作者为商、周始祖的降生都缔造了天生的神话传说。如《商颂·玄鸟》说"天命玄鸟，降而生商"，《商颂·长发》说"帝立子生商"，认为商族乃天命、上帝所生。而《大雅·生民》则说："厥初生民，时维姜嫄。生民如何？克禋克祀，以弗无子。履帝武敏歆，攸介攸止，载震载夙。载生载育，时维后稷……诞寘之隘巷，牛羊腓字之。诞寘之平林，会伐平林。诞真之寒冰，鸟覆翼之。鸟乃去矣，后稷呱矣。"《鲁颂·闷宫》也说："赫赫姜嫄，其德不回，上帝是依。无灾无害，弥月不迟。是生后稷，降之百福。"这两段话记述了姜嫄履迹有孕而生周族始祖后稷，以及后稷出生后的种种怪异传说。《诗经》这种神话传说的缔造，一方面是对圣人与王朝诞生的真实迷信，另一方面也是有意凸显王权的神圣性。前者属于认识水平问题，后者则是神意史观在作祟。何以见得？这从《史记·三代世表》附录张夫子与褚先生的问答即知。张夫子问："《诗》言契、后稷皆无父而生。今案诸传记咸言有父，父皆黄帝子也，得无与《诗》谬乎？"褚先生回答说："《诗》言契生于卵、后稷人迹者，欲见其有天命精诚之意耳。鬼神不能自成，须人而生，奈何无父而生乎！"鲁诗家褚先生的这番话寓意深长，他认为诗家当然知道连鬼神都须人生的道理，之所以要强调契、后稷乃"天之所生"，目的就是要突出"天命精诚之意"，当上天赋予契与后稷的身体时，就已经注定了他们的后人必然会王天下。

两汉是经学兴盛时期，无论是处于官学地位的今文经学还是古文经学，其实都是一种神学化的经学，注重宣扬天命王权思想是它们的共同特点。只是具体的天命王权观念有所不同，今文经学宣扬"圣人感生"说，古文经学则宣扬"圣王同祖"说。前者代表人物有公羊家董仲舒、诗家褚少孙等，他们认为天生圣人之时，就已经注定其子孙会王天下，如商汤之于始祖契、文王之于始祖后稷故事。[①] 后者以西汉末年古文经学家刘歆为代表，肯定伏羲是百王之祖，后世圣王都与其一脉相承；而伏羲"继天而王"，其王权来自于天。[②] 汉代神学化的经学作为官方意识形态，自然会对这一时期史学与史学思想产生重要影响，司马迁、班彪、班固和荀悦等史家的天命观，都明显打上了时代经学天命王权思想的烙印。

司马迁史学深受董仲舒今文经学的影响，故而也重视借助今文学家的"感生"说来宣扬天命王权思想。如《史记》的《殷本纪》和《周本纪》在描

---

① 《诗经·大雅·生民》孔颖达疏引许慎《五经异义》佚文说："《诗》齐、鲁、韩，《春秋》公羊说：圣人皆无父，感天而生。"关于董仲舒与褚少孙"圣人感生"说的基本观点，参见董仲舒《春秋繁露·三代改制质文》和《史记·三代世表》附录褚先生引《诗传》说。

② 参见《汉书·律历志》所引《世经》，北京，中华书局，1962。

述商、周部族起源时，就完全接受了《诗经》和汉代诗家、公羊家等今文学家的说法，也认为商的始祖契是他的母亲简狄吞卵有孕而生："殷契，母曰简狄，有娀氏之女，为帝喾次妃。三人行浴，见玄鸟堕其卵，简狄取吞之，因孕，生契。"周的始祖后稷则是其母姜原履大人迹有孕而生："周后稷，名弃。其母有邰氏女，曰姜原。姜原为帝喾元妃。姜原出野，见巨人迹，心忻然说，欲践之，践之而身动如孕者。居期而生子，以为不祥，弃之隘巷，马牛过者皆辟不践；徙置之林中，适会山林多人，迁之；而弃渠中冰上，飞鸟以其翼覆荐之。姜原以为神，遂收养长之。初欲弃之，因名曰弃。"而在《秦本纪》和《高祖本纪》关于秦人始祖和汉高祖刘邦出生的记载，司马迁则套用了这一说法。如《秦本纪》说："秦之先，帝颛顼之苗裔孙曰女修。女修织，玄鸟陨卵，女修吞之，生子大业。"关于秦始祖感生说，由于汉代今文学家有摒秦倾向，所以他们不会为嬴秦制造感天而生的神话；司马迁之所以认可秦的感生说，是在肯定秦的统一之功的前提下，视秦为其缔造的五帝、三王、秦汉政治统绪的重要一环。《高祖本纪》关于刘邦出生则作如是说："高祖，沛丰邑中阳里人，姓刘氏，字季。父曰太公，母曰刘媪。其先刘媪尝息大泽之陂，梦与神遇。是时雷电晦冥，太公往视，则见蛟龙于其上，已而有身，遂产高祖。"与商、周、秦始祖的"圣人感生"不同，刘邦本人就是汉朝开国帝王，是"圣王感生"；与商、周、秦始祖感生的吞卵、履迹不同，刘邦乃刘母与蛟龙直接相交而生。

不过，《史记》的感生说并不彻底。《五帝本纪》就明确记载黄帝乃少典之子，并且详明了黄帝之后的帝王都是黄帝的后代，"自黄帝至舜、禹，皆同姓而异其国号"。对于商、周，《史记·三代世表》也排出了具体世系，如商朝世系是"黄帝生玄嚣，玄嚣生蟜极，蟜极生高辛，高辛生卨（契），卨为殷祖"；周朝世系是"黄帝生玄嚣，玄嚣生蟜极，蟜极生高辛，高辛生后稷，为周祖"。对于这种"无父""有父"的矛盾说法，鲁诗学者褚少孙的解释是"信以传信，疑以传疑，故两言之"[①]。司马迁宣

---

① 《史记》卷十三《三代世表》，505 页，北京，中华书局，1959。

扬"感生"说是一种天命王权思想，而他提出"共祖"说同样蕴含了一种"报德"的天命思想，正如褚少孙所说："黄帝策天命而治天下，德泽深后世，故其子孙皆复立为天子，是天之报有德也。"①

班彪生当两汉之际的乱世，却表现出了坚定的拥护刘汉正统、反对地方割据的政治立场；而这又与班彪具有的浓厚的天命王权思想密不可分。当王莽败亡后群雄并起之时，班彪避难于天水，为割据天水的隗嚣所器重。然而，班彪不但没有为隗嚣割据出谋划策，反而从神意角度规劝隗嚣归附刘秀，他的理由是："汉德承尧，有灵命之符，王者兴祚，非诈力所至。"②为此，他专门作了一篇《王命论》，系统宣扬了"神器有命"的思想。班彪说："刘氏承尧之祚，氏族之世，著乎《春秋》。唐据火德，而汉绍之，始起沛泽，则神母夜号，以章赤帝之符……世俗见高祖兴于布衣，不达其故，以为时遭暴乱剑，游说之士至比天下于逐鹿，幸捷而得之，不知神器有命，不可以智力求也。"③在班彪看来，汉绍尧运已是著明于《春秋》，而刘邦斩蛇，"神母夜号"，则是汉兴之符应。班彪曾将高祖兴汉的原因具体归纳为五条："一曰帝尧之苗裔，二曰体貌多奇异，三曰神武有征应，四曰宽明而仁恕，五曰知人善任使。"④这里所列汉兴五原因，其中前三条都是从神意角度立论的。

东汉初年，为了使失而复得的刘汉政权得以巩固，史学家们需要从神意角度对刘汉政权的合理性作出解说。班固作《汉书》，正是立足于东汉初年现实政治的需要，而对西汉历史进行阐述，从根本上对刘汉政治统绪的合法性作出解说。考虑到刘邦起于闾巷、"无土而王"的历史现实，《汉书》的天命王权思想集中表现在对"汉为尧后"说的宣扬上。"汉为尧后"说兴起于西汉后期，当时是为了服务于王莽代汉政治的需要，通过宣扬汉为尧后，希望汉家能像其祖先唐尧一样让天下于贤人，而将汉家统治让位于王莽，刘歆是这一学说的系统阐发者。班固接受了刘歆

---

① 《史记》卷十三《三代世表》，505 页，北京，中华书局，1959。
② 《后汉书》卷四十上《班彪列传》，1324 页，北京，中华书局，1965。
③ 《汉书》卷一百上《叙传》，4208 页，北京，中华书局，1962。
④ 《汉书》卷一百上《叙传》，4211 页，北京，中华书局，1962。

的"汉为尧后"说，却是为了说明刘氏乃圣王之后，所以建汉乃天命所归，二者的旨趣可以说是有霄壤之别的。为了增加汉为圣王尧后的可信性，《汉书·高帝纪赞》考出了一个具体而又系统的汉绍尧运的刘氏家族世系。这个刘汉世系排列的主要依据是来自于《左传》。《左传》涉及刘氏世系的记载主要有三处：其一是文公十三年记述刘氏先人士会逃往秦国后又被骗回晋国，其留在秦国的部分家眷改为刘氏的情况，主要是交待了刘氏的来历；其二是襄公二十四年，主要记载了士会之孙范宣子历数自己"自虞以上，为陶唐氏"的世系情况；其三是昭公二十九年，主要是借晋史蔡墨答魏献子的话，而叙述了自刘氏先人刘累到成为范氏的过程。《高帝纪赞》只是对《左传》三处记载作了一番糅合，又外加了刘向之说，补上了士会留秦一支从秦迁至魏再迁至丰的整个过程，而高祖正是出自该支。班固依据《左传》相关刘氏世系材料来宣扬"汉为尧后"说，其落脚点还在于说明"汉承尧运，德祚已盛，断蛇著符，旗帜上赤，协于火德，自然之应，得天统矣"这样一个天命王权诞生的必然性。其实关于刘邦祖父以上家世情况，最早记录汉史的《史记》并没有记录。之所以没有记录，当然是无法考证。《汉书》依据《左传》的说法而排列出的刘汉世系，其实是并不可信的。首先，《左传》是先秦文献，其关于刘氏世系的排列，并不能说明刘邦一支的出处；其次，《左传》是由宣扬"汉为尧后"说的刘歆整理并加以提倡的文献，难免会带有汉人的痕迹[①]。其三是《左传》关于刘氏世系的材料具有唯一性特点。东汉古文经师贾逵说："《五经》家皆无以证图谶明刘氏为尧后者，而《左氏》独有明文。"这种唯一性也是其不被信服的原因所在。

荀悦《汉纪》是通过改编班固《汉书》而成，又同为神学盛行的东汉时代的史家，加上所处汉末时代汉统将绝的政治现实，故而《汉纪》以宣扬刘歆"汉为尧后"说开篇，以班彪"神器有命"说结尾，全篇贯穿了天命王权思想。《汉纪》开篇详细叙述了刘歆的新五德终始说，因此其"汉为尧

---

① 参见拙著《中国史学思想通史·秦汉卷》第 8 章《班固史学的二重性特征》，合肥，黄山书社，2002。

后"说是俯拾了刘歆的思想。当然也与班固一样，荀悦宣扬"汉为尧后"
是为了说明刘汉乃天命所归。《汉纪》的"帝纪赞"皆抄袭《汉书》旧文，唯
有《高祖纪赞》则是荀悦所作，他是要通过作此赞语，来系统表达自己的
天命史观。《高祖纪赞》说："高祖起于布衣之中，奋剑而取天下，不由
唐虞之禅，不阶汤武之王，龙行虎变，率从风云，征乱伐暴，廓清帝
宇，八载之间，海内克定，遂何天之衢，登建皇极！上古以来，书籍所
载，未尝有也。非雄俊之才，宽明之略，历数所授，神祇所相，安能致
功如此！夫帝王之作，必有神人之助，非德无以建业，非命无以定众。"
这段话虽然肯定高祖建汉有才德明略等因素，而最根本的还是"历数所
授，神祇所相"，"有神人之助"。《汉纪》的末尾详载了班彪的《王命论》，
宣扬班彪的"神器有命"说，其现实寓意是很深刻的。实际上荀悦所处的
东汉末年，与班彪当年所处的两汉之际的政治形势有相同之处，班彪以
"神器有命"劝说当年的割据势力归顺刘秀；荀悦则是借此以杜绝那些窥
视天下神器的割据势力们的非分之想。而这种以"神器有命"说收尾，与
开篇章"汉绍尧运"说正相呼应。

　　魏晋南北朝隋唐史学的天命观念，主要汲取了两汉天人感应思
想[1]，多从符命说的角度来宣扬天命王权思想，以陈寿《三国志》、范晔
《后汉书》和刘知幾《史通》为代表。

　　陈寿耳闻曹氏代汉、目睹司马氏代曹，对于这种政局的变动，往往
将其归之于天命使然。《魏书·武帝纪》记载曹操破袁绍之事时，认为这
种预兆在五十年前就出现了："初，桓帝时有黄星见于楚、宋之分。辽
东殷馗善天文，言后五十岁当有真人起于梁、沛之间，其锋不可当。至
是凡五十年而公破绍，天下莫敌矣。"这里所谓黄星，按照五德终始说，
即属土德出现的符瑞或征兆。很显然，曹操败袁绍，只是其以土德取代
刘汉火德过程中的一个重要事件而已。《魏书·文帝纪》记载曹丕称帝，
也是以这种符命说来作铺垫和张本的。陈寿说："初，汉熹平五年，黄
龙见谯。光禄大夫桥玄问太史令单飏：'此何祥也？'飏曰：'其国后当有

---

　　① 该学说的系统构建者为董仲舒，对两汉乃至此后中国的经学和史学都有重要影响。

王者兴，不及五十年亦当复见。天事恒象，此其应也。'内黄殷登默而记之。至四十五年，登尚在。（延康元年）三月，黄龙见谯。登闻之曰：'单飏之言其验兹乎！'……冬十月……汉帝以众望在魏，乃召群公卿士告祠高庙。使兼御史大夫张音持节奉玺绶禅位。"这里所谓黄龙与上文黄星一样，也是象征土德；而黄龙出现地谯，是曹操的家乡。谯地出现黄龙，当然是曹魏代汉的一种征兆或符命。《三国志》记载蜀、吴称帝和西晋代魏时，也是以其天命论为依据的。如记蜀称帝，在两道劝进书中列举了符瑞图谶十几项，以示天命所归；记吴称帝，则以吴中童谣为证；记晋代魏，《三少帝纪》则说"天禄永终，历数在晋"。

　　《后汉书》的作者范晔，一方面对怪异持否定态度，《方术列传》认为各种方术"斯道隐远，玄奥难原，古圣人不语怪神，罕言性命"，并说方术怪异之论是"纯盗虚名，无益于用"，只是有人"希之以成名"的工具；甚至公开反佛，倡言死者神灭的无鬼论。范晔的反佛态度是坚决的，《西域传·论》公开批评佛教是"好大不经，奇谲无已"，并对佛教所宣扬的灵魂不灭、因果报应等说教都一一加以否定。《宋书·范晔传》也记载说："晔常谓死者神灭，欲著《无鬼论》。"这里所谓"鬼"，主要是指佛，是佛鬼；他的无鬼论，其实就是无佛论。他在受刑前曾对人说："寄语何仆射（指何尚之），天下绝无佛鬼。若有灵，自当相报。"另一方面，范晔又是一个天命论者。《后汉书》的天命王权思想，集中反映在《光武帝纪》一文中。该篇分析光武中兴的原因时，在肯定刘秀的个人素质和人为作用的同时，终将还是归因于天命。如在叙述刘秀定谋起兵前，特意记载了宛人李通等人"以图谶说光武"一事，其谶语是这样写的："刘氏复起，李氏为辅。"刘秀即是根据这个谶语而与李通等人起事于宛的。刘秀登基前，他当年在长安太学的同学强华从关中捧来一个匣子，里面装着《赤伏符》，上面写道："刘秀发兵捕不道，四夷云集龙斗野，四七之际火为主。"这是一个预示着刘汉火德再兴的谶语，刘秀有了这个神符，也就有恃无恐地当上了皇帝。在本纪的末尾论赞中，范晔大谈刘秀出生时及起兵后的各种怪异现象。由此范晔总结说："王者受命，信有符乎？不然，何以能乘时龙而御天哉！"

　　唐代刘知幾是位史学评论家，所著《史通》是我国第一部史学评论专著。在该书中，刘知幾一方面对董仲舒、刘向、刘歆、班固等人的五行灾异说提出批评，反对将鬼神、图谶等入史。另一方面却又明确主张将"旌怪异"作为历史编纂的重要内容之一；而所谓怪异，即是"幽明感应，祸福萌兆"①，亦即天人感应之类的东西。《史通》一书有不少谈论天人感应的内容，如《书志》篇说："梓慎之占星象，赵达之明风角，单颺识魏祚于黄龙，董养征晋乱于苍鸟，斯皆肇彰先觉，取验将来，言必有中，语无虚发。苟志诸竹帛，其谁曰不然。"在刘知幾看来，梓慎、赵达、单颺、董养等人推算预言吉凶，"肇彰先觉，取验将来，言必有中，语无虚发"，是应该被载录史册的。《书事》篇也说："若吞燕卵而商生，启龙漦而周灭，厉坏门以祸晋，鬼谋社而亡曹，江使返璧于秦皇，圯桥授书于汉相，此则事关军国，理涉兴亡，有而书之，以彰灵验，可也。"这里所举的一些有关商、周、晋、秦、汉诸多感生、怪异故事，刘知幾认为既然涉及的都是军国兴亡大事，也应该要秉承"有而书之，以彰灵验"的态度。在刘知幾看来，"夫祥瑞者，所以发挥盛德，幽赞明王"。也就是说，史书载录祥瑞符应，是符合维护王权政治的需要的。

　　宋代以后迄于明清，随着理学的兴起，并逐渐成为时代的主流思潮，传统儒学也发生了重要变化。与汉代以来经学化的儒学重视宣扬感生说、符命说或灾异说不同，宋明理学虽然没有否定天命，却很少谈论天命，不赞成用灾异学说去牵强附会地解说历史，而是注重站在天理的高度来分析历史与解说历史，用天理的标准来评价历史事件与历史人物。说明随着时代的发展，传统儒家学说已经逐渐向哲理化方向发展。这样一种时代思潮，必然要反映到宋代以后的史家及其历史撰述当中，天人感应理论受到了明显冷落甚至批判。

　　宋代史学对天人感应说的否定和批判主要集中在灾祥学说上，以司马光和郑樵为代表。司马光著《资治通鉴》，对于诸如充斥于旧史中的灾

---

　　① 　刘知幾：《史通通释》卷八《书事》，浦起龙通释，213 页，上海，上海古籍出版社，2009。

异、符瑞、图谶、占卜之类事情，一般皆不予以著录。王应麟在《困学纪闻·考史》中就明确指出："《通鉴》不书符瑞，高帝赤帝子之事，失于删削。"在司马光看来，这些事情皆起源于阴阳家，"阴阳之书，使人拘而多畏"①，故而他"疾阴阳家立邪说以惑众，为世患"②。当然，《通鉴》中也有一些天文现象如地震、日食、彗星等的记载，但绝不强附时事，把天象与人事分开。

郑樵也将批判的矛头对准灾祥之说，他说："说《洪范》者，皆谓箕子本于《河图》《洛书》，以明五行之旨。刘向创释其传于前，诸史因之而为志于后，析天下灾祥之变，而推之于金、木、水、火、土之域，乃以时事之吉而曲为之配，此之谓为欺天之学。"③在此，郑樵回顾了宣传灾祥之说的历史，认为是刘向撰《洪范五行传》于前，诸史之《志》随之于后，明确指出这种以时事吉凶与五行灾祥相配的做法是一种"欺天之学"。《通志·灾祥略序》还针对刘歆以来的五德终始说宣扬的汉为火德上继周之木德之说，认为它们的德属与实际所得的瑞应就有矛盾，郑樵说："周得木德，而有赤乌之祥；汉为火德，而有黄龙之瑞。此理又如何邪？"其实，郑樵并不否定灾祥的存在，只是认为它是一种自然现象，与人类的吉凶祸福并没有联系。所以他说："天地之间，灾祥万种，人间祸福，冥不可知。奈何以一虫之妖，一气之戾，而一一质之，以为祸福之应，其愚甚矣！"又说"国不可以灾祥论兴衰""家不可以变怪轮休咎"。④ 这就清楚地表明，灾祥不能作为人间祸福的符应，也与家、国兴衰没有任何关系。正是从这种批判灾祥迷信思想出发，郑樵在所作《灾祥略》序文中郑重宣称，他所作的《灾祥略》只是"专以纪实迹，削去五行相应之说，所以绝其妖"；所作的《天文略》也只是"识垂象以授民时之意，而杜绝其妖妄之源焉"。在此郑樵不但明示其作二《略》之志，而且直斥五行灾祥为"妖妄"。

---

① 司马光：《传家集》卷二十七《言山林择地札子》，文渊阁四库全书本。
② 司马光：《传家集》卷六十五《葬论》，文渊阁四库全书本。
③ 郑樵：《通志·灾祥略序》，志853页，北京，中华书局，1987。
④ 郑樵：《通志·灾祥略序》，志853页，北京，中华书局，1987。

应该说，自宋代以后的传统史学，总体上都对天人感应学说冷淡了，不少人还秉持一种批判的态度。但是，我们并不能因此就得出宋代以后的史学没有天命王权思想了。毫无疑问，宋元明清的史学，天命王权思想依然存在，只是相比较而言要淡化得多，更多的只是流于一种形式。如在宋代以后的正史当中，我们依然还能看到关于王朝建立，史家总是通过宣扬五德终始说，以解说各朝秉承的德属，为王朝的建立披上神学的外衣。只是这样的说法，越到后来越自相矛盾，以至于最终无法自圆其说，只好作罢。又如对于王朝的建立者，正史总是不厌其烦地对他们进行神化。如《宋史·太祖本纪》和《明史·太祖本纪》分别记载了宋太祖赵匡胤和明太祖朱元璋出生时的异象和长大后的奇异，前者记赵匡胤曰："后唐天成二年，生于洛阳夹马营，赤光绕室，异香经宿不散，体有金色，三日不变。既长，容貌雄伟，器度豁如，识者知其非常人也。"后者记朱元璋的母亲陈氏"方娠，梦神授药一丸，置掌中有光，吞之寤，口余香气。及产，红光满室。自是，夜数有光起。邻里望见，惊以为火，辄奔救，至则无有。比长，姿貌雄杰，奇骨贯顶。志意廓然，人莫能测"。而《元史·太祖本纪》记载了铁木真十世祖孛端叉儿降生，则采用了汉代人大力宣扬的"感生"说。史载孛端叉儿的母亲阿兰"寡居，夜寝帐中，梦白光自天窗中入，化为金色神人，来趋卧榻。阿兰惊觉，遂有娠，产一子，即孛端叉儿也。孛端叉儿状貌奇异，沉默寡言，家人谓之疵。独阿兰语人曰'此儿非疵，后世子孙必有大贵者。'"诸如此类，可见宋元明清史家宣扬天命王权，已经是流于一种程式，却依然是无法或缺的。

(二)对于纲常伦理道德的自觉维护

以儒家为主要代表所宣扬的纲常伦理道德，导源于周礼，经过春秋战国时期以儒家为主要代表的诸子的系统阐发，遂成为维系中国传统社会等级秩序的重要保证。这种上升到国家和政治层面的最高伦理，自然会影响到传统史学与史学思想，并在历史编纂中被自觉地加以维护，成为史家的直书标准和最高道德要求。

春秋时期晋国的"董狐笔"，堪为这种奉道德为直书的典型书法。据

《左传》宣公二年载，晋国的将军赵穿射杀晋灵公，大史董狐书曰"赵盾弑其君"，并公示于朝。赵盾不接受这样的书写，认为不符合实际。董狐则回答说："子为正卿，亡不越竟，反不讨贼，非子而谁？"赵盾只好接受。孔子据此评论道："董狐，古之良史也，书法不隐。赵宣子（即赵盾），古之良大夫，为法受恶。惜也，越竟乃免。"如果按照史实之真的标准，其实董狐这样的书法并非直书，然而它却符合道义之真的标准，毕竟赵盾作为正卿，按照当时的礼制，他是负有道义上的责任的，所以孔子说他是"为法受恶"。

孔子作《春秋》，旨在通过褒贬书法，来阐发其史义。而这种史义的具体内涵，就是纲常伦理道德。孟子对于孔子《春秋》之义心领神会，《孟子·滕文公下》说："世衰道微，邪说暴行有作，臣弑其君者有之，子弑其父者有之。孔子惧，作《春秋》。《春秋》，天子之事也。是故孔子曰：'知我者其惟《春秋》乎！罪我者其惟《春秋》乎！'……昔者禹抑洪水而天下平，周公兼夷狄，驱猛兽而百姓宁，孔子成《春秋》而乱臣贼子惧。"孟子告诉人们，孔子生当纲常沦丧的乱世，之所以要作《春秋》，是希望通过书乱世之史，鞭伐乱臣贼子的罪行，以使乱臣贼子感到惧怕，从而发挥史书的警世、教化作用。由于孔子时代史书官修，孔子以私家身份修撰鲁国《春秋》，这在当时是一种违反社会传统的做法，可是面对乱世孔子又不得不然，所以孔子才说"知我罪我其惟《春秋》"，想见其用心良苦。司马迁对于孔子所阐发的《春秋》之义也是颇有体会的，《史记·太史公自序》说："夫《春秋》，上明三王之道，下辨人事之纪，别嫌疑，明是非，定犹豫，善善恶恶，贤贤贱不肖，存亡国，继绝世，补敝起废，王道之大者也。……故有国者不可以不知《春秋》，前有谗而弗见，后有贼而不知。为人臣者不可以不知《春秋》，守经事而不知其宜，遭变事而不知其权。为人君父而不通于《春秋》之义者，必蒙首恶之名。为人臣子而不通于《春秋》之义者，必陷篡弑之诛，死罪之名……故《春秋》者，礼义之大宗也。"这里一句"礼义之大宗也"，可谓一言以蔽之，道出了孔子《春秋》重在弘扬纲常伦理道德的撰史旨趣。

汉代是"儒术独尊"的时代，随着经学的兴起，儒家思想正统地位的确立，重视宣扬纲常伦理道德成为时代学术思想的主要特点。班固《汉书》和荀悦《汉纪》，便是这一时期正统史学的代表。

《汉书》的正统，集中表现在以儒家经学为挂帅，以儒家圣人的是非为是非上。这从班固对司马迁史学的评价，便可见其一斑。如前所述，班固对司马迁追求史实之真给予肯定，称其《史记》为实录之作。然而，班固从封建正统主义出发，对司马迁《史记》所表现出的史学思想却提出批评，而重申了其父班彪所谓的"史公三失"论："是非颇缪于圣人，论大道则先黄老而后六经，序游侠则退处士而进奸雄，述货殖则崇势利而羞贱贫，此其所蔽也。"①这里所谓"三失"，主要是"论大道则先黄老而后六经"，其他两条都是由此而派生出来的。我们认为，班固批评司马迁"是非颇缪于圣人"，显然是用儒学神圣化时代的正统观去衡量的，如果从司马迁时代去评价其是非观，就很难得出这样的结论。因为司马迁是推崇孔子的，他撰述《史记》，就是以"继《春秋》"为己任的，《史记》不但重视对孔子及儒家人物的记载，《史记》的撰述原则也是"折中于夫子"②"考信于六艺"③的。当然，司马迁也受到过其父司马谈黄老思想的熏陶，而重视兼收并蓄诸家思想；司马迁尊崇儒术，却绝不同意罢黜百家，甚至以"成一家之言"作为自己为学的目标。而这就决定了司马迁的儒学思想不可能是那么纯粹、唯一的，它与班固以绝对化的儒学来陶铸历史的正统主义史学自然相距甚远。综观《汉书》的是非观、大道观，自然处处以儒家正统思想为指导。《汉书》的撰述原则，诚如班固所说，是"综其行事，旁贯《五经》，上下洽通"④。

改编《汉书》而成的荀悦的《汉纪》，也继承了班固的正统主义史学思想，在历史编纂上重视宣扬纲常伦理道德。《汉纪》开宗明义，提出"立典有五志"论，阐发了关于史书取材的基本观点。其曰："夫立典有五志焉：一曰达道义，二曰彰法式，三曰通古今，四曰著功勋，五曰表贤

---

①　《汉书》卷六十二《司马迁传》，2737～2738 页，北京，中华书局，1962。

②　《史记》卷四十七《孔子世家》，1947 页，北京，中华书局，1959。

③　《史记》卷六十一《伯夷列传序》，2121 页，北京，中华书局，1959。

④　《汉书》卷一百下《叙传》，4235 页，北京，中华书局，1962。

能。于是天人之际、事物之宜粲然显著，罔不能备矣。"这里首要一条就是"达道义"，即是要求历史撰述要以儒家纲常伦理道德为旨归。荀悦说："仁义之大体在于三纲六纪"，"施之当时则为道德，垂之后世则为典经"。①

魏晋南北朝时期出现了儒学玄化倾向，玄学家们致力于探讨名教和自然的关系问题。这里所谓名教，即是指儒家学术思想；所谓自然，则是指道家学说思想。玄学即是要调和儒、道之间的关系。在这样一种玄学背景下，魏晋南北朝的史学也表现出了重视名教、探讨名教与自然的关系之特点，陈寿的《三国志》和袁宏的《后汉纪》堪为代表。

陈寿作《三国志》，不但所面临的三国历史复杂，陈寿本人的身份也复杂，他先后为蜀汉、曹魏和晋朝的史臣，而汉魏关系、蜀魏关系、魏晋关系在封建正统观念下，都是史家非常难以处理的问题。因此，《三国志》出于维护纲常名教的需要，在反映这些史实时，往往不得不有所隐讳、有所袒护。如汉献帝本来是被迫禅位于曹丕的，《魏书·文帝纪》却说："汉帝以众望在魏，乃召群公卿士，告祠高庙，使兼御史大夫张音持节奉玺绶禅位。"如魏齐王芳被废，事实上是司马师的主意，《魏书·齐王芳纪》对此不予记载，而只说是太后下令，以齐王芳无道不孝而被废。又如对司马氏政敌曹爽、何晏等人，《魏书》对他们则给予丑化，而且何晏作为一代学者，《三国志》竟然没有给他立传。如此曲笔隐辞，陈寿确有迫不得已之苦衷，他是西晋大臣，如果否定汉禅位于曹魏，就等于否定了曹魏禅位于司马氏，这样晋政权建立的依据就不存在了；他不贬损司马氏政敌，西晋统治者当然不答应，他的《三国志》也就不可能得以问世。正是因为《三国志》能自觉维护纲常名教，《晋书》本传才称赞该书"辞多劝戒，明乎得失，有益风化"。

袁宏作《后汉纪》，明确以"通古今而笃名教"②为其撰述旨趣。他所

---

① 荀悦：《汉纪·成帝纪》卷二十五，见《两汉纪》上册，437 页，北京，中华书局，2002。

② 袁宏：《后汉纪·自序》，见《两汉纪》下册，北京，中华书局，2002。

理解的名教，自然是指君臣父子等级秩序。袁宏从"笃名教"角度，对自《左传》以来的历代史书进行评论，认为这些史书对于"名教之本，帝王高义，韫而未叙"。他作《后汉纪》，便是要"因前代遗事，略举义教所归，庶以弘敷王道"①。也就是说要以宣扬名教为己任。袁宏是位具有玄学思想的史家，援玄入史、玄儒合一，是其学术思想与方法的基本特点。他在谈论儒、道学术时，提出了"道明其本，儒言其用"这一经典表述："然则百司弘宣，在于通物之方，则儒家之算，先王教化之道。居极则玄默之以司契，运通则仁爱之以教化。故道明其本，儒言其用，其可知也矣。"②正是从这种儒道关系论出发，袁宏阐发了自己对于名教的带有玄学思想倾向的理解："夫君臣父子，名教之本也。然则名教之作，何为者也？盖准天地之性，求之自然之理，拟议以制其名，因循以弘其教，辩物成器，以通天下之务者也。是以高下莫尚于天地，故贵贱拟斯以辩物；尊卑莫大于父子，故君臣象兹以成器。天地，无穷之道；父子，不易之体。夫以无穷之天地，不易之父子，故尊卑永固而不逾，名教大定而不乱，置之六合，充塞宇宙，自今及古，其名不去者也。未有违夫天地之性而可以序定人伦，失乎自然之理而可以彰明治体者也。"③这就将君臣父子等级秩序上升到"自然之理""天地之性"的高度，《后汉纪》全篇都彰显了这样一种玄学名教观念。

　　唐代刘知幾作《史通》，对中国过往的史学与史学思想进行了系统评述。在他的史学理论中，推崇直书，反对曲笔是一贯到底的。然而，在史实之真与道义之真，亦即客观史实与纲常伦理二者的关系问题上，刘知幾的直书观也明显表现出了重视名教思想的特点。《史通·曲笔》在谈论直书与名教的关系时作如是说："肇有人伦，是称家国。父父子子，君君臣臣，亲疏既辨，等差有别。盖'子为父隐，直在其中'，《论语》之

---

①　袁宏：《后汉纪·自序》，见《两汉纪》下册，北京，中华书局，2002。
②　袁宏：《后汉纪》卷十二《章帝纪》，见《两汉纪》下册，231～232 页，北京，中华书局，2002。
③　袁宏：《后汉纪》卷二十六《献帝纪》，见《两汉纪》下册，509 页，北京，中华书局，2002。

顺也。略外别内，掩恶扬善，《春秋》之义也。自兹已降，率由旧章。史氏有事涉君亲，必言多隐讳，虽直道不足，而名教存焉。"在刘知幾看来，家国的根本在于人伦，重视纲常名教是天经地义的，也是《论语》之教导、《春秋》之大义。虽然历史编纂为君、父避讳有"直道不足"之嫌，但却维护了纲常名教这一人伦大本，因而是合理的。

宋代是中国理学兴起的时期，而理学兴起的机缘，便是唐末五代纲常坠地的历史现实，理学的主旨就是要扶植纲常、整饬人心、重建社会伦理秩序。在这样的背景下，宋代史学普遍重视宣扬纲常伦理道德，欧阳修、司马光、范祖禹、朱熹便是其中的代表。

欧阳修作《新五代史》，旨在仿效《春秋》褒贬书法以书乱世之史。《新五代史》书法的显著特点，是每每皆以"呜呼"发论。欧阳修在解释采用这一书法的原因时说："昔孔子作《春秋》，因乱世而立治法；余为本纪，以治法而正乱君，发论必以'呜呼'，曰：此乱世之书也！"[①]同时，欧阳修还以道德标准对人物进行分门别类，创立一些新的传名。如南方十国政权被列为《世家》，少数部族建立的政权及外国传被列为《四夷附录》；创立的新的传名如《义儿传》《伶官传》《宦者传》《唐六臣传》《死节传》《死事传》和《一行传》等。欧阳修正是通过这些分类与传名区分，以及史文中的用字差异，来贯彻他的褒贬书法的。

司马光作《资治通鉴》，开篇章就阐明了"礼为纪纲"的思想。他说："臣闻天子之职莫大于礼，礼莫大于分，分莫大于名。何谓礼？纪纲是也。何谓分？君、臣是也。何谓名？公、侯、卿、大夫是也。夫以四海之广，兆民之众，受制于人，虽有绝伦之力，高世之智，莫不奔走而服役者，岂非以礼为之纪纲哉！"[②]司马光还进一步论述了礼在小到修身，大到治国平天下中的作用，他说："礼之为物大矣！用之于身，则动静有法而百行备焉；用之于家，则内外有别而九族睦焉；用之于乡，则长幼有伦而俗化美焉；用之于国，则君臣有叙而政治成焉；用之于天下，

---

① 马端临：《文献通考》卷十九《经籍考》，5585 页，北京，中华书局，1991。
② 司马光：《资治通鉴》卷一《周纪一》，2 页，北京，中华书局，1956。

则诸侯顺服而纪纲正焉。"①基于此种认识，司马光认为，评判历史，必须要以礼制名分作为基本标准。如他评论中唐以后的藩镇割据，就完全将此归咎于"治军无礼"。他说："古者治军必本于礼，故晋文公城濮之战，见其师少长有礼，知其可用。今唐治军不顾礼，使士卒得以陵偏裨，偏裨得以陵将帅，则将帅之陵天子，自然之势也。"②对于"玄武门之变"，一方面，《通鉴》认为事变的发生有当时形势所迫的原因，而且肯定了李世民辅佐唐高祖夺天下之功。另一方面，司马光又从礼制名分角度，对唐太宗"蹀血禁门"、杀兄取位作了两点批评：一是背弃礼义名分，"贻讥千古"；二是作为"创业垂统"之君，不能为子孙"仪刑"，却开了唐朝君主以兵继统的恶例。③

范祖禹是司马光《资治通鉴》"唐纪"长编的撰述者，然而其史学思想却与司马光有所不同，司马光虽然强调儒家礼制名分，却不拘泥于天理；范祖禹作史，则要陶铸历史于一理，理学色彩更为浓厚。《唐鉴》一书，即是不满于《资治通鉴》的正统观而作。如同为对"玄武门之变"的评论，范祖禹则完全是一派理学家的口吻。他认为李建成作为太子，是"君之贰，父之统"，唐太宗以藩王杀太子，是"无君父也"；以弟杀兄，是"为弟不弟"。直斥唐太宗"悖天理，灭人伦"，认为以此手段得天下，"不若亡之愈也"④。又如关于武周历史的书写，司马光《资治通鉴》沿袭司马迁为吕后作本纪，《旧唐书》《新唐书》为武则天作本纪的传统，直接用武则天年号纪年系事。范祖禹则从理学角度，将武周的二十一年统治看作"母后祸乱"时期。《唐鉴》书写这段历史，其纪年方式则完全援引《春秋》"公在乾侯"例，以此申明褒贬之义。具体做法是将仅存二月之久的中宗嗣圣年号作为这二十一年的纪年，而不用武则天的年号；且仿效《春秋》"公在乾侯"例，而在纪年之后书"帝在房州""帝在东宫"之类。综观《唐鉴》一书，其叙史、论史，处处皆以天理的标准。也正因此，《唐

---

① 司马光：《资治通鉴》卷十一《汉纪三》，375~376 页，北京，中华书局，1956。
② 司马光：《资治通鉴》卷二百二十《唐纪三十六》，7066 页，北京，中华书局，1956。
③ 参见司马光：《资治通鉴》卷一百九十一《唐纪七》，6013 页，北京，中华书局，1956。
④ 范祖禹：《唐鉴》卷一，21~22 页，西安，三秦出版社，2003。

鉴》的正统观念为此后历代统治者所推崇，成为封建帝王的案头书，范祖禹也因此博取了"唐鉴公"的称号。

朱熹的《资治通鉴纲目》也是一部以重视道德评判而著称的史著。《通鉴纲目》最初的写作动机，是有感于司马光《资治通鉴》"与《春秋》惩劝之法"，"有未尽用者"，它要补《通鉴》这方面的不足，从而复兴《春秋》已失传的统绪。正如朱熹的学生李方子所说的，《资治通鉴纲目》的"大经大法"，是"一本于圣人之述作"，旨在"使明君贤辅有以昭其功，乱臣贼子无所逃其罪。而凡古今难制之变，难断之疑，皆得参验稽决，以合于天理之正，人心之安"。他对《通鉴纲目》"会归一理之纯粹"作了高度的评价，说《纲目》是"义正而法严，辞核而旨深，陶铸历史之偏驳，会归一理之纯粹，振麟经之坠绪，垂懿范于将来，盖斯文之能事备矣"①。朱熹本人在其《资治通鉴纲目自序》中，也明确提出要从天理的高度来认识历史。他说："岁周于上而天道明矣，统正于下而人道定矣，大纲概举而鉴戒昭矣，众目毕张而几微著矣。"为了"会归一理之纯粹"，《通鉴纲目》在义例和书法上继承了《春秋》的传统，并且将《春秋》义例和书法发展到无以复加的程度，其褒贬与夺也随着其理学正宗地位的确立而成为后世史书书法的准绳。概言之，《通鉴纲目》的书法精神主要表现为重视辨正闰、明顺逆、严篡弑之诛和褒奖尊者、贤者与死节者。

明清时期，一方面，理学继续作为官方统治思想大行其道，对人们的思想控制愈益严重；另一方面，也出现了像李贽这样的所谓的思想异端分子，敢于是前人所未能是，非前人所不敢非，甚至提出人之是非"无定质"的观点。李贽说："夫天生一人，自有一人之用，不待取给于孔子而后足也。若必待取足于孔子，则千古以前无孔子，终不得为人乎？"②这显然是在用一种真理的相对性，来反对现实中以孔子的是非为是非的绝对化价值观念。尽管这样，李贽的本意也是为了强调学术要

---

① 李方子：《资治通鉴纲目后序》，见朱熹：《资治通鉴纲目》，文渊阁四库全书本。
② 李贽：《焚书》卷一《答耿中丞》，见《李贽文集》第1卷，15页，北京，社会科学文献出版社，2000。

"一切断于己意"的独立思考的精神，而并没有从根本上否定儒家纲常伦理道德。明清时代的史学，依然非常看重对纲常伦理的维护，史学评论家章学诚的"史德"说，便具有代表性。

章学诚作《文史通义》，高举"史德"旗号，主张"欲为良史者，当慎辨于天人之际，尽其天而不益以人也。尽其天而不益以人，虽未能至，苟允知之，亦足以称著述者之心术矣"①。这里章学诚所谓"史德"，虽然主要是强调史家要能辨明主客观的关系，要忠于客观事实，而不掺杂着自己的主观偏见，也就是追求史实之真。同时他希望著史者能端正心术，其实也包含了人伦道德的因素。章学诚还以史为例，肯定史学维护纲常名教的重要性，《史德》篇说："《骚》与《史》，皆深于《诗》者也。言婉多风，皆不背于名教，而梏于文者不辨也。"在此章学诚肯定《史记》并非"谤书"，而是恪守名教之作，这说明章氏是视宣扬名教为直书的应有之义的。在章学诚看来，历史撰述之所以有益于风教，就在于它能够"传述忠孝节义"，使"纲常赖以扶持，世教赖以撑住"。②《文史通义》的很多篇章如《妇学》《诗话》等，都是以宣扬纲常名教为旨趣的。如他说："妇学之篇，所以救颓风，维世教，饬伦纪，别人禽，盖有所不得已而为之，非好辨也。"③由此可见，章学诚对史学扶持名教重要性的认识之一斑。

综上所述可知，史学重视对王权作出神意性解释，自觉维护纲常伦理道德，在古代史家看来，既是彰显道义的需要，又是史学直书的根本要求，因而也是传统史学一贯到底的一种自觉追求。

---

① 章学诚：《文史通义校注》卷三《史德》，叶瑛校注，220页，北京，中华书局，1994。

② 章学诚：《文史通义校注》卷八《答甄秀才论修志第一书》，叶瑛校注，821页，北京，中华书局，1994。

③ 章学诚：《文史通义校注》卷五《妇学篇书后》，叶瑛校注，554页，北京，中华书局，1994。

第八讲　史鉴与资政：传统史学的
经世致用理念

　　史学的本质属性是求真，而史学的根本目的是致用。《易·大畜·象传》的"君子以多识前言往行以畜其德"，《易·系辞下》的"彰往而察来"，《礼记·经解》的"疏通知远"，司马迁的"述往事，思来者"①，以及章学诚的"记注欲往事之不忘，撰述欲来者之兴起"②等，都明确将"往事"与"来者"相联系，强调"往事"对于"来者"的重要作用，亦即强调史学的经世致用价值。传统史学的经世致用，史鉴与资政是其中两个重要方面，前者重在汲取教训以提供政治借鉴，后者旨在总结经验以提供治国依据。

一、传统史学的史鉴理念

　　传统史学的以史为鉴，即是通过总结历史盛衰与王朝兴亡，以为现实政治统治提供借鉴。传统史学的史鉴理念肇端于《尚书》的"殷鉴"思想，吴怀祺先生认为，"在中国史学思想上，最早关于历史盛衰的见解，最早有系统的作品是《尚书》"，"《尚书》最重要的史学思想是历史盛衰总结的意识，突出的是'稽古''殷鉴'思想"③。在《尚书》的"殷鉴"思想之

---

　　① 《汉书》卷六十二《司马迁传》，2735 页，北京，中华书局，1962。
　　② 章学诚：《文史通义校注》卷一《书教下》，叶瑛校注，49 页，北京，中华书局，1994。
　　③ 吴怀祺：《中国史学思想史》，35 页，商务印书馆，2016。

后，传统史学史鉴理念则以汉初的"过秦"思潮和唐初的"隋鉴"思想最具代表性。

(一)《尚书》的"殷鉴"思想

《尚书》"殷鉴"思想的具体表现，首先是重视王朝兴亡总结。西周初年统治者重视夏、商特别是商王朝兴亡的总结，与周、商力量对比悬殊有着密切的关系。周取代商之后的早年，仍然称殷商为"大国殷""大邦殷"①"天邑商"②，而自称"小邦周"③"小国"④。"小邦周"因为历史的机缘巧合而取代了"大邦殷"，却要面临着如何稳定统治的问题；而以史为鉴，即是希望从历史的总结中得到借鉴，以免重蹈旧王朝败亡的覆辙。当然，周初重视王朝兴亡总结，也与"服天命"的夏、商为何一再失去天命有着密切的关系。受天命而王的夏、商，最终都失去了上天的眷顾而灭亡了，这种历史巨变自然会促使西周统治者对于天命转移问题作出思考；而思考天命转移，就必须要对夏、商的兴亡进行历史总结。

那么，《尚书》是如何总结王朝兴亡的呢？《酒诰》篇对此作出了清晰的表述：

> 我闻惟曰："在昔殷先哲王，迪畏天，显小民，经德秉哲，自成汤咸至于帝乙，成王畏相。惟御事厥棐有恭，不敢自暇自逸，矧曰其敢崇饮？越在外服，侯、甸、男、卫、邦伯，越在内服，百僚、庶尹、惟亚、惟服、宗工，越百姓里居，罔敢湎于酒。不惟不敢，亦不暇。惟助成王德显，越尹人祇辟。"

> 我闻亦惟曰："在今后嗣王酣身，厥命罔显于民，祇保越怨不易。诞惟厥纵淫泆于非彝，用燕丧威仪，民罔不盡伤心。惟荒腆于酒，不惟自息乃逸，厥心疾很，不克畏死。辜在商邑，越殷国灭无罹。弗惟德馨香祀，登闻于天，诞惟民怨。庶群自酒，腥闻在上，

---

① 《尚书·召诰》,《十三经注疏》本, 212 页, 上海, 上海古籍出版社, 1997。
② 《尚书·多士》,《十三经注疏》本, 220 页, 上海, 上海古籍出版社, 1997。
③ 《尚书·大诰》,《十三经注疏》本, 199 页, 上海, 上海古籍出版社, 1997。
④ 《尚书·多士》,《十三经注疏》本, 219 页, 上海, 上海古籍出版社, 1997。

故天降丧于殷，罔爱于殷，惟逸。天非虐，惟民自速辜。"①

这段话集中讨论了商王朝的兴亡问题。诰文以对比的手法，对商朝"先哲王"和"后嗣王"的统治作了论述，肯定先哲王"迪畏天，显小民，经德秉哲"，自成汤至帝乙都勤于政事，不敢安闲逸乐，何况聚众饮酒呢？官员们也都不敢"湎于酒"，尽心辅助国君以彰显君德。而后嗣王商纣却"惟荒腆于酒"，淫乱游乐不止，结果导致上天"降丧于殷，罔爱于殷"，这都是商纣王一味淫乐的结果。《酒诰》关于殷商兴亡的论述，是以"先哲王"之兴和"后嗣王"之亡的正反两方面的经验教训，作为周初统治者的历史借鉴，"殷鉴"色彩非常浓厚。

《召诰》篇则进一步指出，夏桀商纣的败亡是他们"惟不敬厥德"的结果。该篇文诰说：

我不可不监于有夏，亦不可不监于有殷。我不敢知曰，有夏服天命，惟有历年；我不敢知曰，不其延。惟不敬厥德，乃早坠厥命。我不敢知曰，有殷受天命，惟有历年；我不敢知曰，不其延。惟不敬厥德，乃早坠厥命。②

这段话肯定了夏商的王权都是来自于天命，所谓"有夏服天命""有殷服天命"，然而它们最终都没有保住天命，而是"早坠厥命"，根本原因在于"不敬厥德"。这就是说，夏商政权虽然兴于天命，却是亡于失德。

其次是提出敬德保民主张。既然得天命而王的夏商王朝最终都因为"不敬厥德"而失去天命，那么，敬德自然也就成为保住天命的重要条件，这是《尚书》从夏商兴亡历史总结中得出的经验教训。《尚书》的很多篇章都对敬德作了强调，如《康诰》篇说："惟乃丕显考文王，克明德慎罚，不敢侮鳏寡。庸庸，祗祗，威威，显民，用肇造我区夏。"意思是说，由于英明的祖先文王崇德慎罚，不敢欺侮那些无依无靠的老少，用可用，敬可敬，威可威，使民明白其道理，上帝才使我小邦周兴盛起

---

① 《尚书·酒诰》，《十三经注疏》本，206～207 页，上海，上海古籍出版社，1997。
② 《尚书·召诰》，《十三经注疏》本，213 页，上海，上海古籍出版社，1997。

来，取代商人的统治。《梓材》篇说："王惟德用，和怿先后迷民，用怿先王受命。已若兹监，惟曰欲至于万年惟王，子子孙孙永保民。"这是讲以德治理殷民的问题，希望周王以德政和悦、教导殷民，以完成先王所受的使命，以永保殷民。《召诰》篇则说："王其德之用，祈天永命。""其惟王位在德元，小民乃惟刑用于天下，越王显。上下勤恤，其曰我受天命，丕若有夏历年，式勿替有殷历年。欲王以小民受天永命。"这是希望周王能够施行德政，持守君德，上下勤恤，从而祈求天命永在。

《尚书》所谓敬德，是以保民为其内容的；而保民，则是《尚书》总结夏商兴亡历史而得出的又一个重要的经验教训。《酒诰》篇说："古人有言曰：'人无于水监，当于民监。'今惟殷坠厥命，我其可不大监抚于时！"周人从商朝的灭亡当中总结出了"以人为鉴"的思想，这是《尚书》史鉴思想最直接的表达，也是最重要的体现。《尚书》非常重视保民，《康诰》篇说：

> 王曰："呜呼！封，汝念哉！今民将在祗遹乃文考，绍闻衣德言。往敷求于殷先哲王，用保乂民。汝丕远惟商耇成人，宅心知训。别求闻由古先哲王，用康保民。弘于天，若德裕乃身，不废在王命！"

> 王曰："呜呼！小子封，恫瘝乃身，敬哉！天畏棐忱，民情大可见，小人难保。往尽乃心，无康好逸豫，乃其乂民。我闻曰：'怨不在大，亦不在小。惠不惠，懋不懋。'已！汝惟小子，乃服惟弘王，应保殷民，亦惟助王宅天命，作新民。"[①]

这段话是康叔到封地上任之前周公对他的训诫。周公希望康叔治理封地的殷民，要了解殷商遗民的心态，懂得怎样统治会让他们顺从，要让封地上的臣民能体会到自己的恩德。告诫他治理国家会遭受磨难，必须小心谨慎，尽心尽力，而不能贪图享乐。勉励他协助周王保护、改造殷民，以实现上天对周的授命。训诫文辞的中心思想，就是要康王能够协

---

① 《尚书·康诰》，《十三经注疏》本，203 页，上海，上海古籍出版社，1997。

助周王好好地统治封地的殷民。《尚书》的很多篇章都彰显了保民的思想，如《皋陶谟》篇说："天聪明，自我民聪明。天明畏，自我民明威。达于上下，敬哉有土！"意思是说上天的视听是依从于臣民的视听，上天的赏罚是依从于臣民的赏罚。天意和民意是相通的，君王一定要谨慎治民。《微子》篇说："今殷民乃攘窃神祇之牺牷牲用以容，将食无灾。降监殷民，用乂雠敛，召敌雠不怠。罪合于一，多瘠罔诏。"这是说由于商纣王的残暴统治，导致民怨很大，臣民的痛苦无处申诉。《梓材》篇也说："王启监，厥乱为民。曰：'无胥戕，无胥虐，至于敬寡，至于属妇，合由以容。'王其效邦君越御事，厥命曷以？引养引恬。"认为周王众建诸侯的目的是为了教化人民，而不是相互残害与暴虐，周王所要教导的，便是要"长养百姓，长安百姓"。

（二）汉初的"过秦"思潮

西汉初年，中国历史经历了秦亡汉兴的巨变。一方面，秦的速兴速亡原因究竟何在，自然会引起西汉初年整个统治集团的深思，促使他们去认真总结秦的兴亡历史。另一方面，新兴的刘汉政权面临着内忧外患的严峻局面。内忧，一则经过长年战争，社会满目疮痍，经济残破不堪，"自天子不能具钧驷，而将相或乘牛车，齐民无藏盖"[①]；二则王国势力逐渐坐大，越来越构成对于中央集权的威胁。外患，则主要来自北方强大的匈奴势力对于汉朝边陲的不断侵扰，严重威胁了刘汉政权的统治。于是乎，以陆贾、贾谊为代表的一批西汉初年的政治家、思想家和史学家，开始以"过秦"为主题，通过总结秦朝兴亡的经验教训，以为新兴的刘汉政权的巩固提供思想理论。

陆贾是西汉初年的思想家、史学家，著有《新语》和《楚汉春秋》，其中《新语》既是政论著作，也是历史著作，乃奉刘邦之命而作；《楚汉春秋》则是一部记载楚汉之际史实的历史著作。陆贾关于秦的兴亡总结的思想，主要表现在以下三个方面。

首先，"逆取顺守"。陆贾的"逆取顺守"思想是在同刘邦论辩"居马

---

① 《史记》卷三十《平准书》，1417页，北京，中华书局，1959。

上得之，宁可以马上治之"时所提出的统治天下之术。刘汉政权建立初期，陆贾经常以儒家"六经"劝导刘邦，结果遭到刘邦的责骂，说："乃公居马上而得之，安事《诗》《书》!"陆贾也针锋相对道："居马上得之，宁可以马上治之乎？且汤、武逆取而以顺守之，文武并用，长久之术也。"①在此，陆贾提出了"逆取顺守"的治国之术。这里所谓"逆取"，是指一种力政或霸道，即是要通过武力夺取政权；所谓"顺守"，则是指一种王道政治，即"逆取"天下后，必须要推行儒家仁德政治。陆贾还以史为证，肯定"逆取"天下是商汤、周武取天下所采取的做法。陆贾说："若汤、武之君，伊、吕之臣，因天时而行罚，顺阴阳而运动，上瞻天文，下察人心，以寡服众，以弱制强，革车三百，甲卒三千，征敌破众，以报大仇，讨逆乱之君，绝烦浊之原，天下和平，家给人足，正夫行仁，商贾行信，齐天地，致鬼神。"②这里肯定汤武"讨逆乱之君"而取得政权，应该有继承先秦儒家一贯宣扬汤武革命思想的因素，蕴含有反暴政的思想。然而结合陆贾与刘邦的对答，主要还是对"逆取"本身的一种肯定。牛运震《史记评注》对于陆贾"逆取顺守"思想给予充分肯定，认为"'逆取顺守'四字，道理极深，似涉权术家言，实三代以后有天下者不易之道也"③。

其次，秦朝"逆守"而亡。既然陆贾肯定"逆取"天下的合理性，自然也不会否定秦朝"逆取"天下。陆贾认为秦的败亡是不懂得"逆取顺守"的道理，在统一天下之后不是去采取王道政治以"顺守"天下，而是继续以"逆取"天下的办法来进行统治。他说：

> 秦始皇设刑罚，为车裂之诛，以敛奸邪，筑长城于戎境，以备胡、越，征大吞小，威震天下，将帅横行，以服外国，蒙恬讨乱于外，李斯治法于内，事逾烦天下逾乱，法逾滋而天下逾炽，兵马益

① 《史记》卷九十七《郦生陆贾列传》，2699 页，北京，中华书局，1959。
② 陆贾：《新语》卷上《慎微》，新编诸子集成本，107～108 页，北京，中华书局，2018。
③ 转引自陆贾：《新语》附录四《史记汉书陆贾传合注》注文，新编诸子集成本，269 页，北京，中华书局，2018。

设而敌人逾多。秦非不欲治也，然失之者，乃举措太众、刑罚太极故也。①

在这段话中，陆贾认为秦的"逆守"主要表现在对内以严刑酷法治国，对外修筑长城、大兴兵役以讨乱。用陆贾自己的话来说，即是"举措太众、刑罚太极"。这八个字道出了秦朝二世而亡的原因所在。众所周知，秦朝是经过长年战争、统一六国而建立起来的，建国之后迫切需要推行与民休息的王道政治，以此养育、恢复民力，发展生产，以巩固新兴政权的统治。然而秦朝却反其道而行之，继续推行力政、暴政，结果导致政权迅速败亡，这是不懂得文武并用、一张一弛的道理。陆贾认为历史上有很多统治者都不懂得"顺守"之术，其结果往往是重者亡国，轻者身死国乱。如晋厉公、齐庄公、楚灵王、宋襄公之流皆是如此，他们"乘大国之权，杖众民之威，军师横出，陵轹诸侯，外骄敌国，内刻百姓，邻国之仇结于外，群臣之怨积于内，而欲建金石之统，继不绝之世，岂不难哉？"结果"金石之统"不但没有建成，倒是自己死于非命，"宋襄公死于泓之战，三君弑于臣之手"。所以陆贾告诫后人说："三君强其威而失其国，急其刑而自贼，斯乃去事之戒，来事之师也。"②

最后，治国"以仁义为本"。那么，陆贾所主张的"顺守"天下的王道政治的具体内涵究竟是什么？从根本上说，即是以仁义为治国之本。在陆贾与刘邦的答问中，陆贾明确告诉刘邦说："乡使秦已并天下，行仁义，法先王，陛下安得而有之？"③这就是说，"行仁义"是"顺守"天下的方法。陆贾说："治以道德为上，行以仁义为本。"④又说："君子握道而治，居德而行，席仁而坐，杖义而强。"⑤在陆贾看来，统治者治理国家，必须讲究道德仁义，这是治政之本。那么，实现"以仁义为本"政治的具体途径是什么？一是要无为而治。在陆贾看来，秦朝统治过于有

① 陆贾：《新语》卷上《无为》，新编诸子集成本，71页，北京，中华书局，2018。
② 陆贾：《新语》卷下《至德》，新编诸子集成本，136页，北京，中华书局，2018。
③ 《史记》卷九十七《郦生陆贾列传》，2699页，北京，中华书局，1959。
④ 陆贾：《新语》卷下《本行》，新编诸子集成本，159页，北京，中华书局，2018。
⑤ 陆贾：《新语》卷上《道基》，新编诸子集成本，32页，北京，中华书局，2018。

为，结果"事逾烦天下逾乱，法逾滋而天下逾炽，兵马益设而敌人逾多"。因此，"顺守"天下应该无为而治。陆贾说：

> 道莫大于无为，行莫大于谨敬。何以言之？昔舜治天下也，弹五弦之琴，歌《南风》之诗，寂若无治国之意，漠若无忧天下之心，然而天下大治。周公制作礼乐，郊天地，望山川，师旅不设，刑格法悬，而四海之内，奉供来臻，越裳之君，重译来朝。故无为者乃有为也。①

陆贾以古圣王无为而治的历史，来证明"道莫大于无为"的主张。二是要怀德于民。陆贾说："天地之性，万物之类，怀德者众归之，恃刑者民畏之，归之则充其侧，畏之则去其域。故设刑者不厌轻，为得者不厌重，行罚者不患薄，布赏者不患厚，所以亲近而致远也。"②认为统治者只有怀德于民，民众才会归顺于他；而重设刑罚，民众则必然会离他而去。三是不与民争利。陆贾说："夫释农桑之事，入山海，采珠玑，捕豹翠，消筋力，散布泉，以极耳目之好，快淫侈之心，岂不谬哉？"③在陆贾看来，统治者与民争利是极其荒谬的。他告诫统治者说："故圣人卑宫室而高道德，恶衣服而勤仁义，不损其行，以好其容，不亏其德，以饰其身，国不兴不事之功，家不藏不用之器，所以稀力役而省贡献也。"④四是要"以圣贤为杖"。陆贾把仁义比作君主之"巢"，而将圣贤视为君主之"杖"，他说："圣人居高处上，则以仁义为巢，乘危履轻，则以圣贤为杖，故高而不坠，危而不仆。"⑤指出秦朝政治却与之相背离，"秦以刑罚为巢，故有覆巢破卵之患；以李斯、赵高为杖，故有顿仆跌伤之祸，何者？所任者非也"⑥。

　　贾谊关于秦之兴亡的历史总结，集中见诸收录《新书》中的三篇《过

---

① 陆贾：《新语》卷上《无为》，新编诸子集成本，68页，北京，中华书局，2018。
② 陆贾：《新语》卷下《至德》，新编诸子集成本，131页，北京，中华书局，2018。
③ 陆贾：《新语》卷下《本行》，新编诸子集成本，167页，北京，中华书局，2018。
④ 陆贾：《新语》卷下《本行》，新编诸子集成本，167页，北京，中华书局，2018。
⑤ 陆贾：《新语》卷上《辅政》，新编诸子集成本，58页，北京，中华书局，2018。
⑥ 陆贾：《新语》卷上《辅政》，新编诸子集成本，59页，北京，中华书局，2018。

秦论》，相关论述还大量散见于所上奏疏和《新书》其他篇目当中。贾谊"过秦"论的历史视角分为"攻"与"守"两个阶段，具体分析其兴亡之因；"过秦"论的目的则是为西汉的政治统治提供历史借鉴，并在此基础上提出具体的治国理论。因此，攻守之论的中心和落脚点在于如何"守"。

首先，"攻守势异"：秦亡历史总结。贾谊三篇《过秦论》是汉初"过秦"思潮的代表作，司马迁不但在《史记·秦始皇本纪》中加以全文收录①，而且在《陈涉世家》中以《过秦论》上篇收尾，可见其对此论的高度重视与充分认同。

《过秦论》上篇集中探讨秦的兴亡之因。该篇认为秦作为春秋时期西垂边地的一个普通诸侯国，是从秦孝公时期开始崛起的。认为当时秦的崛起主要取决于"据崤函之固，拥雍州之地"的"地势"，"席卷天下、囊括四海之意，并吞八荒"的"心志"，以及任用商鞅变法奖励耕战、国富兵强的"形势"。到秦王嬴政时期，秦完成了"以六合为家，崤函为宫"的大统一。然而，统一天下仅十余年，就"一夫作难而七庙毁，身死人手"。为何会如此地不堪一击呢？贾谊得出的结论是："仁义不施，而攻守之势异也。"

《过秦论》中篇具体分析秦始皇、秦二世之过。秦始皇"不信功臣，不亲士民，废王道而立私爱，焚文书而酷刑法，先诈力而后仁义，以暴虐为天下始"。秦二世继位之后，不但没有顺应天下希望变易政治的民心，以"正先帝之过"，反而"重以无道"："更始作阿房之宫；繁刑严诛，吏治刻深，赏罚不当，赋敛无度，天下多事，吏不能纪，百姓困穷而主不能收恤；然后奸伪并起，而上下相遁，蒙罪者众，刑僇相望于道，而天下苦之。"

《过秦论》下篇论述了子婴最终亡国的必然性。这个必然性就是"三主之惑，终身不悟"。始皇之惑，在于不懂得"攻守势异"，以严刑酷法治国，导致国家虚弱；二世继起，却不知更改，反而"暴虐以重祸"，进

---

① 《史记·秦始皇本纪》收录的三篇贾谊的《过秦论》，顺序是下篇在前，上、中篇依次在后。学者一般认为上、中二篇为后人补入，仅备一说。

一步把国家推向了危险的境地；子婴个人既不备"庸主之才"，又得不到"中佐"，"孤立无亲，危弱无辅"，最终导致了国家的覆灭。所以贾谊说"三主失道，而忠臣不谏，智士不谋也"，这便是秦朝所面临的危局，国家危亡也就成为必然。

三篇《过秦论》关于秦的兴亡，集中阐发的中心思想便是"攻守势异"四个字，这跟前辈陆贾所总结的"逆取顺守"四个字的含义大致相同，说明汉初"过秦"之论的历史总结已经形成为一种共识。在贾谊看来，夺取政权需要依靠霸道、力政，顺守天下则需要依靠仁义治国，这是因为形势的不同而采取的不同的治国之术。秦王朝的灭亡，即是不懂得以仁义治国对于守天下的重要性，却反其道而行之，最终只能导致覆灭的下场。《过秦论》具体分析了为何守天下需要施以仁义的原因。一则，百姓期盼国家统一，是希望能结束战争，能够安定生活。在贾谊看来，这就是当时的民情，就是当时的国势。二则，秦王朝的实际做法可谓逆势而行，完全违背了人民的意愿。"秦虽离战国而王天下，其道不易，其政不改"①。其结果则是刚刚脱离战火之苦的百姓，又重新承受着秦王朝严刑酷法和繁重赋役的暴虐。

其次，仁义治国："顺守"天下之论。贾谊的"过秦"是为"兴汉"张本的，故而其攻守之论的落脚处还在于"守"。如果说"攻守势异"是对秦亡的历史总结，那么，仁义治国则是"顺守"天下之论。贾谊所作《新书》以及诸篇奏疏，主要体现了这一思想。

其一，仁义治国的本质是以民为本。贾谊说：

> 闻之于政也，民无不为本也。国以为本，君以为本，吏以为本。故国以民为安危，君以民为威侮，吏以民为贵贱。此之谓民无不为本也。闻之于政也，民无不为命也。国以为命，君以为命，吏以为命。故国以民为存亡，君以民为盲明，吏以民为贤不肖。此之谓民无不为命也。闻之于政也，民无不为功也。故国以为功，君以

---

① 贾谊：《新书·过秦中》，见《贾谊集校注》，王洲明、徐超校注，11 页，北京，人民文学出版社，1996。

为功，吏以为功。国以民为兴坏，君以民为强弱，吏以民为能不能。此之谓民无不为功也。闻之于政也，民无不为力也。故国以为力，君以为力，吏以为力。①

这段话表达了两层含义：一是以民为本的主体是国家、君主和官吏，整个统治集团都必须要具有以民为本的意识；二是不但要以民为本，还要以民为命、以民为功和以民为力，统治集团要充分认识到民对于国家的重要性。如何以民为本？一是要有仁爱之心。贾谊以史为证，肯定仁爱民众是获取民心的关键所在。如商汤撤网而猎，撤去三面之网仅留一面，"德及禽兽"，百姓听闻之后纷纷拥护他的统治；楚昭王有赐食饥民的"当房之德"，才有了后来吴国攻打楚都郢时，楚国百姓与吴国军队进行殊死战斗，帮助楚昭王得以复位的回报。② 二是要有富民之策。贾谊的富民主张有二：重本轻末与"积贮"。贾谊认为，"以末予民，民大贫；以本予民，民大富"③。积贮就是蓄积粮食，以备灾荒。三是要有慎刑之政。贾谊说："诛赏之慎焉，故与其杀不辜也，宁失于有罪也。"④当然，慎刑罚并不是要废除法治。相反，法治是仁治的一种补充，二者为"芒刃"与"斤斧"的关系。⑤

其二，仁义治国需要重视礼治。贾谊认为"行仁义"与重礼治是并行不悖、相辅相成的。一方面，礼本身就体现着仁。《礼》篇说："礼：天子爱天下，诸侯爱境内，大夫爱官属，士庶各爱其家。""故礼，国有饥人，人主不飧；国有冻人，人主不裘；报囚之日，人主不举乐。……故

---

① 贾谊：《新书·大政上》，见《贾谊集校注》，王洲明、徐超校注，332页，北京，人民文学出版社，1996。

② 贾谊：《新书·谕诚》，见《贾谊集校注》，王洲明、徐超校注，276页，北京，人民文学出版社，1996。

③ 贾谊：《新书·瑰玮》，见《贾谊集校注》，王洲明、徐超校注，100页，北京，人民文学出版社，1996。

④ 贾谊：《新书·大政上》，见《贾谊集校注》，王洲明、徐超校注，335页，北京，人民文学出版社，1996。

⑤ 贾谊：《新书·制不定》，见《贾谊集校注》，王洲明、徐超校注，66页，北京，人民文学出版社，1996。

礼者，自行之义，养民之道也。受计之礼，主所亲拜者二：闻生民之数则拜之，闻登谷则拜之。"在贾谊看来，礼的本质即是仁，是仁爱百姓。另一方面，仁需要通过礼的规范得以实现。礼体现仁的精神，但是礼与仁又分属不同的道德范畴，仁治往往需要通过礼治才能得以实现，"道德仁义，非礼不成"①，故而礼治又有其相对的独立性。如果说仁义的重点在于民生，那么礼治的重点在于秩序。如果没有礼治，仁治也就无从谈起。

纵观贾谊礼治思想的主要内涵，一是重视从历史正反两面的经验教训来肯定礼治的重要性。贾谊说："三代之礼：天子春朝朝日，秋暮夕月，所以明有敬也；春秋入学，坐国老，执酱而亲馈之，所以明有孝也；行以鸾和，步中《采荠》，趋中《肆夏》，所以明有度也；其于禽兽也，见其生不忍其死，闻其声不尝其肉，故远庖厨，所以长恩且明有仁也。"②三代敬、孝、度、仁道德风尚的养成，是三代重视礼治的结果。认为秦的败亡不仅在于"仁义不施"，而且在于"违礼义"。《俗激》篇说："秦灭四维不张，故君臣乖而相攘，上下乱僭而无差，父子六亲殃戮而失其宜，奸人并起，万民离畔，凡十三岁而社稷为墟。"《保傅》篇认为秦的风俗一贯"固非贵辞让也，所上者告讦也；固非贵礼义也，所上者刑罚也"。二是认为礼治的内涵主要体现在君臣尊卑与整饬风俗两方面。贾谊强调君尊臣卑，认为"主主臣臣，礼之正也"，"尊卑、大小、强弱有位，礼之数也"。③ 在贾谊看来，礼的作用就是要确立等级秩序，而首要的便是君尊臣卑的等级秩序，这是确保社会统治稳定的关键。当然，君尊臣卑，也要注意"体貌群臣而厉其节"④。而社会风俗的好与坏，直接关系到一个国家的稳定。贾谊说："夫邪俗日长，民怡然席于

---

① 贾谊：《新书·礼》，见《贾谊集校注》，王洲明、徐超校注，213页，北京，人民文学出版社，1996。

② 贾谊：《新书·保傅》，见《贾谊集校注》，王洲明、徐超校注，191页，北京，人民文学出版社，1996。

③ 贾谊：《新书·礼》，见《贾谊集校注》，王洲明、徐超校注，215页，北京，人民文学出版社，1996。

④ 《汉书》卷四十八《贾谊传》，3255页，北京，中华书局，1962。

无廉丑，行义非循也。……管子曰：'四维：一曰礼，二曰义，三曰廉，四曰丑。'‘四维不张，国乃灭亡。'"①在贾谊看来，如果民众不讲礼义廉丑，整个社会就会出现君不君、臣不臣、父不父、子不子的局面，最终将会导致国家的灭亡。

(三)唐初的"隋鉴"思想

唐朝初年，经历隋朝的历史兴亡巨变，统治集团普遍重视以史为鉴。早在唐武德四年，起居舍人令狐德棻就向唐高祖提出了撰写前代史的建议。令狐德棻说："窃见近代已来，多无正史，梁、陈及齐，尤有文籍。至周、隋遭大业离乱，多有遗阙。当今耳目犹接，尚有可凭，如更十数年后，恐事迹湮没。陛下既受禅于隋，复承周氏历数，国家二祖功业，并在周时。如文史不存，何以贻鉴今古？如臣愚见，并请修之。"②在此，令狐德棻从保存史料和记录皇室功业的角度提出了修撰前朝历史的必要性，而保存文史的根本目的则是为了"贻鉴今古"，体现了以史为鉴的思想。令狐德棻的建议被唐高祖所采纳。第二年，高祖正式下达《命萧瑀等修六代史诏》。这篇诏书提出了修史的目的："惩恶劝善，多识前古，贻鉴将来"；修史的分工：萧禹等修"北魏史"、陈述达等修"北周史"、封德彝等修"隋史"、崔善等修"梁史"、裴矩等修"北齐史"、窦琎等修"陈史"；以及修史的要求："务加详核，博采旧闻，义在不刊，书法无隐。"③这次修史尽管没有取得具体成果，但是，唐高祖《命萧瑀等修六代史诏》的颁布，不但体现了唐初统治者撰述前代历史的一种恢宏气魄，更充分反映了唐初统治者急需借鉴前朝史事以巩固新兴政权的迫切心情。

唐太宗即位后，贞观君臣深知"以古为镜"的道理，他们常常谈古论今，讨论历史的兴衰成败，特别注重对于隋朝灭亡原因的探讨。贞观三

---

① 贾谊：《新书·俗激》，见《贾谊集校注》，王洲明、徐超校注，87 页，北京，人民文学出版社，1996。

② 《旧唐书》卷七十三《令狐德棻传》，2597 页，北京，中华书局，1975。

③ 均见《唐大诏令集》卷八十一《命萧瑀等修六代史诏》，467 页，北京，中华书局，2008。

年，唐太宗复命修六代史。史臣们认为魏收和魏澹二家《魏书》已经详备，无须重修。唐太宗采纳了史臣们的建议，决定修撰梁、陈、北齐、北周和隋五个朝代的历史。就在这一年，唐太宗决定设立史馆，专门从事修史工作，由宰相监修。对此，《旧唐书·职官志二》是这样说的："历代史官隶秘书省著作局，皆著作郎掌修国史，武德因隋旧制。贞观三年闰十二月，始移史馆于禁中，在门下省北，宰相监修国史。自是著作郎始罢史职。"贞观年间史馆制度的建立，充分体现了唐太宗对于修史工作的高度重视。贞观十年，"五代史"撰写成功。唐太宗由衷地感到高兴，对史臣们进行了一番勉励。他说：

> 朕睹前代史书，彰善瘅恶，足为将来之戒。秦始皇奢淫无度，志存隐恶，焚书坑儒，用缄谈者之口。隋炀帝虽好文儒，尤疾学者，前世史籍，竟无所成，数代之事，殆将泯绝。朕意则不然，将欲览前王之得失，为在身之龟镜。公辈以数年之间勒成五代之史，深副朕怀，极可嘉尚！①

这段话集中阐述了唐太宗关于史学与政治之关系的认识：肯定阅览史籍的目的是为了"彰善瘅恶，足为将来之戒"；认为秦始皇、隋炀帝的灭亡，与他们对待史学的态度有关，秦始皇"志存隐恶，焚书坑儒，用缄谈者之口"，而隋炀帝则对"前世史籍，竟无所成"；表示自己要"览前王之得失，为在身之龟镜"，以史为鉴。

唐修"五代史"具有鲜明的史鉴特色。"五代史"的作者都是目睹隋唐之际历史剧变的史臣，有的还是前朝旧臣，因此，他们不但对过去这段历史非常了解，而且也深深懂得当今统治者诏令他们修史的政治用心，故而都非常重视通过史笔去真实地载录下这段历史，以为当今统治者有所借鉴。综观"五代史"的史鉴思想，主要体现在两个方面。其一，重视亡国之论。五代都是短祚王朝，史臣们非常重视探讨五代兴亡史。传统

---

① 王钦若等编：《册府元龟》卷五百五十四《国史部·恩奖》，6657 页，北京，中华书局，1960。

史学探讨历史盛衰，往往都从天人关系着眼，体现了二重性特点。"五代史"也不例外，其历史记述与历史评论也对天命论作了一定程度的宣扬。然而，出于强烈的史鉴意识，"五代史"体现了重人事的思想。通过对于五代历史的总结，得出了历史兴亡在人不在天的认识。如《北齐书》就认为北齐的灭亡，是北齐的统治者"乱政淫刑"的必然结果，"齐氏之败亡，盖亦由人，匪唯天道也"①。《隋书》在论述隋朝败亡的原因时，则以大量历史事实为证，肯定是隋炀帝推行暴政所致，并引《左传》"吉凶由人，妖不妄作"说："观隋室之存亡，斯言信而有征矣！"②

其二，强调"水能覆舟"。"水能覆舟"一语出自《荀子·王制》，贞观诸臣常引用此语进谏，唐太宗也常以此语诲谕太子。③ 在"五代史"的作者看来，国家灭亡亡在失民；而统治者之所以会失去民众，则是暴虐民众所致。如北齐后主之亡，是因为他"视人如草芥，从恶如顺流"④；南齐的败亡，是末代统治者"掊克聚敛，侵愁细民"⑤所致；隋炀帝暴政的一个突出表现，就是"肆其淫放，虐用其民，视亿兆如草芥"⑥。"五代史"通过大量篇幅记载农民起义，来凸显"水能覆舟"的道理，其中尤以《隋书》最为突出。据统计，在《隋书》的五十五卷当中，竟有二十卷内容述及农民起义情况，可见其分量之重。而且《隋书》记载农民起义，重视揭示农民起义爆发的原因，如书翟让起义，就特意记载了李密以"直掩兴洛仓，发粟以赈穷乏，远近孰不归附"⑦之策献于翟让之事，其实这就将农民因饥荒而起义的原因点出来了。又如《炀帝纪》认为隋末"盗贼蜂起"的原因在于隋炀帝推行暴政，并对暴政的具体表现一一作了揭示。

在"五代史"中，尤以《隋书》的史鉴意识最为强烈。唐朝由隋朝而

① 《北齐书》卷八《后主幼主纪》，117页，北京，中华书局，1972。
② 《隋书》卷四《炀帝纪》，96页，北京，中华书局，1973。
③ 分别参见吴兢：《贞观政要》卷三《君臣鉴戒》，126页；卷四《教戒太子诸王》，198页，上海，上海古籍出版社，2016。
④ 《北齐书》卷八《后主幼主纪》，116页，北京，中华书局，1972。
⑤ 《梁书》卷五十三《良吏传序》，765页，北京，中华书局，1973。
⑥ 《隋书》卷七十后论，1636页，北京，中华书局，1973。
⑦ 《隋书》卷七十《李密传》，1627页，北京，中华书局，1973。

来，故而"五代史"的史鉴意识其中体现在"以隋为鉴"上。《隋书》的主修官是著名谏官魏徵，唐太宗这一任命体现了对于以隋为鉴的高度重视。"五代史"的史鉴思想主要通过史论形式加以表述，而《隋书》最重史论，其中每篇纪传都有史论，少则近百字，多则数百字，最长者多达一千余字。《隋书》高度重视对于农民起义的记述，是要借此阐述"水能覆舟"的道理。由此可见，从记述形式到内容，《隋书》都充分体现了以隋为鉴的思想。"以隋为鉴"四字出自《新唐书·魏徵传》，为魏徵进谏唐太宗之语："臣愿当今之动静，以隋为鉴，则存亡治乱可得而知。"那么，《隋书》从亡隋得到的历史借鉴是什么？《隋书》运用历史比较的方法，通过对秦和隋这两个大一统却短命的封建王朝历史的比较，而得出结论："隋之得失存亡，大较与秦相类。始皇并吞六国，高祖统一九州，二世虐用威刑，炀帝肆行猜毒，皆祸起于群盗，而身殒于匹夫。"[①]在《隋书》的作者看来，秦始皇与隋文帝都建立了大一统的国家，而秦二世与隋炀帝都以严刑酷法治国，其结果则都被人民起义推翻而成为短命的王朝。这就是说，隋朝的灭亡是因为隋炀帝承继了秦朝的暴政所致。《隋书》在《炀帝纪》后论中对隋炀帝的暴政作了具体叙述：

> （炀帝）负其富强之资，思逞无厌之欲……恃才矜己，傲狠明德，内怀险躁，外示凝简，盛冠服以饰其奸，除谏官以掩其过。淫荒无度，法令滋章，教绝四维，刑参五虐，锄诛骨肉，屠剿忠良，受赏者莫见其功，为戮者不知其罪。骄怒之兵屡动，土木之功不息……人不堪命。乃急令暴条以扰之，严刑峻法以临之，甲兵威武以董之，自是海内骚然，无聊生矣。[②]

综上所述可知，隋炀帝确实是一个荒淫无度、大兴土木、滥用酷刑、赏罚不公和穷兵黩武的暴君。《隋书》的这段论述，应该说是揭示了隋朝灭亡的真实原因所在。

---

① 《隋书》卷七十后论，1636 页，北京，中华书局，1973。
② 《隋书》卷四《炀帝纪下》，95~96 页，北京，中华书局，1973。

二、传统史学的资政理念

传统史学的以史资政，即是通过历史总结，为现实政治提供治国理政的历史依据。传统史学的资政形式多种多样，有通过神话王权来为王权政治的合法性提供论证，有通过彰善瘅恶以维护纲常名教，这些资政思想在第七讲中已经论及，此不赘述。以下着重从将施有政、颂扬功德和正统之辨三个方面，对传统史学重视资政的理念作出阐述。

（一）将施有政

"将施有政"一语出自杜佑《通典·自序》，其曰："所纂《通典》，实采群言，征诸人事，将施有政。"在传统史学中，通过历史总结，为现实政治提供治国思想与方法，这是以史资政最为普遍的一种形式，也是史家的一种学术自觉。杜佑《通典》的"将施有政"、司马光《资治通鉴》的"资治"意识、顾炎武史学的"引古筹今"，即是传统史学这一理念的代表。

杜佑是中晚唐政治家兼史学家。所作《通典》成书于唐贞元十七年，这个时期的唐王朝，经过安史之乱之后，已经由盛转衰，藩镇割据、朋党相争、宦官专权、农民起义，天下处于分崩离析的状态。《通典》的撰述，即是希望探究历代典章制度沿革，以为唐朝制度改革找寻出路。正因此，杜佑在《自序》中开宗明义，要以"征诸人事，将施有政"作为撰述旨趣。对于《通典》的这一撰述旨趣，时人颇以为然。如李翰就自认为"颇详其旨趣"，他在为《通典》所作的《序》文中说："今《通典》之作，昭昭乎其警学者之群迷欤！以为君子致用在乎经邦，经邦在乎立事，立事在乎师古，师古在乎随时。必参古今之宜，穷始终之要，始可以度其古，终可以行于今，问而辨之，端如贯珠，举而行之，审如中鹄。夫然，故施于文学，可为通儒；施于政事，可建皇极。"①李翰认为，《通典》所谓"师古"是为了"随时"，"随时"是为了"立事"，"立事"在于"经

---

① 李翰：《通典序》，见杜佑：《通典》，北京，中华书局，1988。

邦"，这就将其历史撰述与经邦致用之间的关系作了精辟的论述，说明李翰对于《通典》确实是深领其旨的。《通典》关于国家制度建设，有着非常清晰的认识，《自序》对此作了集中反映：

> 夫理道之先在乎行教化，教化之本在乎足衣食。《易》称聚人曰财。《洪范》八政，一曰食，二曰货。《管子》曰："仓廪实知礼节，衣食足知荣辱。"夫子曰："既富而教。"斯之谓矣。夫行教化在乎设职官，设职官在乎审官才，审官才在乎精选举。制礼以端其俗，立乐以和其心，此先哲王致治之大方也。故职官设然后兴礼乐焉，教化坠然后用刑罚焉，列州郡俾分领焉，置边防遏戎狄焉。是以食货为之首，选举次之，职官又次之，礼又次之，乐又次之，刑又次之，州郡又次之，边防末之。或览之者庶知篇第之旨也。①

"杜佑的这篇序文，清晰地勾画出了当时封建社会的经济、政治结构和与之相适应的思想观念以及它们的相互关系。"②在杜佑看来，理道须以"教化"为先，而以"足衣食"为本，"食货"是人类赖以生存的基础，也是道德建立与社会进步的前提条件。在此基础上，再制订出各种制度。杜佑制度建设的整体架构，是食货之经济基础，选举、职官、礼、乐、兵、刑之上层建筑，以及州郡之地方建制和边防等。至于历代正史记述的律历、天文、五行、祥瑞、舆服等方面典制，因与政治治理没有直接关系，《通典》则未予采录。杜佑"以食货为之首"的制度史撰述旨趣，其理论渊源既是来自《周易》《尚书·洪范》《管子》以及孔子的思想，"杜佑的高明之处是把它们汇集起来作为首先必须研究社会经济制度的理论根据，这是他继承前人而又超出前人的地方"③，也与历代正史"食货志"的影响分不开，《通典》一书即是"统括史志"而"卓然成一创作"④，更与其面临的唐朝政局休戚相关，安史之乱之后的唐中后期政治形势，落入

---

① 杜佑：《通典·自序》，北京，中华书局，1988。
② 白寿彝：《中国史学史教本》，158页，北京，北京师范大学出版社，2000。
③ 白寿彝：《中国史学史教本》，158页，北京，北京师范大学出版社，2000。
④ 梁启超：《中国历史研究法》，25页，北京，东方出版社，1996。

了一个恶性循环圈，由于"甲兵不息"而使国家财政开支日益繁重，由此统治者不得不加重人民的负担；而统治者的"厚敛"，却又必然导致社会矛盾的进一步激化。因此，如何整顿经济、改善财政，便成为迫在眉睫的问题。也就是说，"以食货为之首"的制度史撰述思想，其实是现实政治的一种需要。从根本上讲，杜佑"以食货为之首"的制度是撰述旨趣，是其史学经世致用思想的具体体现。

司马光著《资治通鉴》，直接以"资治"为名，其强调史学的政治效用意识更为强烈。司马光历仕宋仁宗、英宗、神宗和哲宗四朝，是北宋著名的政治家。司马光所处的时代，北宋政治可谓危机四伏。北宋开国确定的政治体制，逐渐形成了"冗官""冗兵""冗费"之"三冗"现象，结果导致国家积贫积弱和社会危机；北宋的"守内虚外"政策，也因消极防御政策而导致国防危机。范仲淹"庆历新政"和王安石"熙宁变法"，皆以失败和夭折而告终，内外困局依然无法打破。司马光历来被看作是王安石的政敌、熙宁变法的反对派。元丰八年，新即位的宋哲宗起用司马光辅政，罢废了王安石新法。其实司马光反对王安石变法，只是不赞成王安石的激进做法，《宋史》本传说他的政治主张是"安民无扰，使之自富，处之有道，用之有节"，这是一种谨慎、稳重的态度。不过晚年尽废新法，则有意气用事之嫌。作为政治家兼史学家的司马光，其撰写《资治通鉴》，自然有服务现实政治统治的强烈政治用意。在《进〈资治通鉴〉表》中，司马光说到《资治通鉴》的撰写目的是："鉴前世之兴衰，考当今之得失，嘉善矜恶，取是舍非，足以懋稽古之盛德，跻无前之至治。"即是要让人们"鉴"以往历史的治乱兴衰，而"考当今之得失"，经过"嘉""矜""取""舍"一番功夫后，最终达到以史为用、以史资政的目的。正是出于资政的需要，司马光在史书选材上集中突出了两大主题——"国家兴衰"和"生民休戚"："每患迁、固以来，文字繁多，自布衣之士读之不遍，况于人主日有万机，何暇周览？臣常不自揆，欲删削冗长，举撮机要，专取关国家兴衰，系生民休戚，善可为法，恶可为戒者，为编年一书。"①

---

① 司马光：《进〈资治通鉴〉表》，见《资治通鉴》，9607 页，北京，中华书局，1956。

《资治通鉴》之所以要突出两大主题，是该书作为帝王教科书的性质所决定的，因此也更加突出了《资治通鉴》的资政色彩。对于《资治通鉴》的资政作用，元代史家胡三省在《新注〈资治通鉴〉序》中作了这样的评价："为人君而不知《通鉴》，则欲治而不知自治之源，恶乱而不知防乱之术；为人臣而不知《通鉴》，则上无以事君，下无以治民；为人子而不知《通鉴》，则谋身必至于辱先，作事不足以垂后；乃如用兵行师，创法立制，而不知迹古人之所以得，鉴古人之所以失，则求胜而败，图利而害，此必然者也。"胡三省认为《资治通鉴》是一部为人君、为人臣、为人子者不可不读之书，是"用兵行师""创法立制"者不可不读之书，显然是基于《资治通鉴》本身所具有的经世致用特点而言的。司马光的资政意识，突出体现在他的君王论与礼治论之中。司马光认为，人君的素质直接决定着历史兴衰。首先是君德。"夫治乱安危存亡之本原，皆在人君之心。仁、明、武，所出于内者也。用人、赏功、罚罪，所施于外者也。"①这就是说，人君只有具备仁、明、武"三德"，才能够很好地发外为用于用人、赏功、罚罪"三政"。何谓仁、明、武"三德"？"以正人为武，安人为智，利人为仁"②。其次是君才。司马光从"才"的角度将历史上的君主分为五等：创业、守成、陵夷、中兴和乱亡。其中创业之君是"智勇冠于一时者"，守成之君是"中才能自修者"，陵夷之君是"中才不自修者"，中兴之君是"才过人而善自强者"，乱亡之君是"下愚不可移者"。③很显然，君才同样对国家治乱兴衰起着决定性的作用。所以司马光说："夫道有失得，故政有治乱。德有高下，故功有小大。才有美恶，故世有兴衰。"④司马光也充分肯定礼义制度对于政治治理的重要作用。《资治通鉴》开篇就明确提出了"礼为纪纲"的思想，认为正是依靠这种不可逾越的纲常等级关系，封建政治才能得到有效的推行。他说："礼之为物大矣！用之于身，则动静有法而百行备焉；用之于家，则内外有别而

---

① 司马光：《司马温公文集》卷四十六《进修心治国之要札子状》，四部丛刊本。
② 司马光：《温公易说》卷一，16 页，上海，上海古籍出版社，1987。
③ 司马光：《稽古录》卷十六，179～180 页，北京，北京师范大学，1988。
④ 司马光：《稽古录》卷十六，180 页，北京，北京师范大学，1988。

九族睦焉;用之于乡,则长幼有伦而俗化美焉;用之于国,则君臣有叙而政治成焉;用之于天下,则诸侯顺服而纪纲正焉。"①由此可见,礼从小到修身齐家、大到治国平天下,都有着非常重要的作用。

顾炎武是清初实学思潮的代表人物,以为为学应以经世致用为目的,代表作有《日知录》《天下郡国利病书》等。明清易鼎的历史巨变,引起了清初学者的深刻反思,他们开始抛弃空谈心性的理学,倡导经世致用之实学,实学思潮应运而生。顾炎武一生"行奇学博",早年曾参加抗清斗争,后来北上巡游各地实地考察。顾炎武治学,基本思想是"文须有益于天下",以经世致用为根本旨趣。顾炎武说:"文之不可绝于天地间者,曰明道也,纪政事也,察民隐也,乐道人之善也。若此者有益于天下,有益于将来,多一篇,多一篇之益矣。若夫怪力乱神之事,无稽之言,剿袭之说,谀佞之文,若此者有损于己,无益于人,多一篇,多一篇之损矣。"②又说:"君子之为学,以明道也,以救世也。徒以诗文而已,所谓'雕虫篆刻',亦何益哉!"③从这样一种学术主张出发,顾炎武治史,则以"引古筹今"为旨趣。他说:"夫史书之作,鉴往所以训今"④,"引古筹今,亦吾儒经世之用"⑤。这里所谓"鉴往训今"与"引古筹今",说的都是古与今的关系。顾炎武认为历史治乱兴衰的关键是人心风俗、教化纪纲,而只有通过读史,"目击世趋,方知治乱之关必在人心风俗,而所以转移人心,整顿风俗,则教化纪纲为不可阙矣。百年必世养之而不足,一朝一夕败之而有余"⑥。顾炎武通过对"世趋"即历

① 司马光:《资治通鉴》卷十一《汉纪三》高帝七年,375～376 页,北京,中华书局,1956。
② 顾炎武:《日知录》卷十九《文须有益于天下》,见《顾炎武全集》第 19 册,739 页,上海,上海古籍出版社,2011。
③ 顾炎武:《亭林文集》卷四《与人书》,见《顾炎武全集》第 21 册,148 页,上海,上海古籍出版社,2011。
④ 顾炎武:《亭林文集》卷六《答徐甥公肃书》,见《顾炎武全集》第 21 册,201 页,上海,上海古籍出版社,2011。
⑤ 顾炎武:《亭林文集》卷四《与人书》,见《顾炎武全集》第 21 册,141 页,上海,上海古籍出版社,2011。
⑥ 顾炎武:《亭林文集》卷四《与人书》,见《顾炎武全集》第 21 册,141～142 页,上海,上海古籍出版社,2011。

史发展之"势"的认识，得出了结论：历史治乱兴衰的关键是人心风俗，人心风俗的关键则是教化纪纲，而教化纪纲保之难却败之易。从"引古筹今"出发，顾炎武建议在科举考试中增设史学科目，认为"若能依此法举之，十年之间，可得通达政体之士，未必无益于国家也"①，明确认为史学可以造就"通达政体之士"。《日知录》是凝聚了顾炎武一生心血的史学名著，其撰述目的就是为了"明学术，正人心，拨乱世以兴太平之事"②。该书涉猎极其广博，包括上下古今、经史百家，大凡一切有益于经世致用的各方面学术知识，都作了论述，通过探究利弊，以期达到"规切时弊"的目的。《天下郡国利病书》则是一部集中反映了顾炎武经世致用思想的历史地理著作。在该书的《序》文中，顾炎武具体交代了他撰述此书的旨趣："感四国之多虞，耻经生之寡术，于是历览二十一史以及天下郡县志书、一代名公文集及章奏文册之类，有得即录，共成四十余帙。一为舆地之记，一为利病之书。"在此，"感四国之多虞，耻经生之寡术"，充分表达了顾炎武经世济国的抱负。该书由地理而论"利病"，记述的地理包括自然环境、政区划分和戍守形势等。与一般的史地书不同，《天下郡国利病书》重视记述经济状况，而且涉及的方面很广，主要包括土地、赋税、徭役、户口、水利、屯田、漕渠、仓廒、粮额、马政、盐政、草场、方物等，其中尤以土地、赋役和水利最为关注，着墨最多。毫无疑问，《天下郡国利病书》以历史的视角，由地理而经济、由经济而政治，蕴含了丰富而深刻的经世致用的思想。

(二)颂扬功德

颂扬功德，这也是传统史学资政理念的一种表现形式。在中国古代史学发展史上，封建帝王和史家们往往利用史学来为其王朝政治纪功颂德，以此服务于现实政权。秦始皇的刻石颂功、班固史学的"宣汉"思想即是其中的代表。

---

① 顾炎武：《日知录》卷十六《史学》，见《顾炎武全集》第 18 册，657 页，上海，上海古籍出版社，2011。

② 顾炎武：《亭林文集》卷二《初刻日知录自序》，见《顾炎武全集》第 21 册，76 页，上海，上海古籍出版社，2011。

秦始皇对于历史学的功用有着充分的认识，秦朝的水德制度、郡县制度和封禅制度等的建立，在一定程度上都是借鉴以往历史的结果，这是利用历史学；同时，秦始皇又害怕人们"道古以害今"，通过焚书以毁灭史籍。在对历史学的利用中，刻石颂功是其中的一项重要内容。刻石是秦朝的一种特殊的历史纪录。秦始皇称帝总共才只有十二年时间，他却先后五次巡游天下，七次刻石纪功颂德，这在历代帝王当中可谓是绝无仅有的。频繁地巡游刻石纪功颂德，无疑是反映了秦始皇对"颂今"工作的高度重视。他要以这种特殊的历史纪录方式，来为后人留下一篇篇歌颂始皇帝、美化秦政的史文。因此说，刻石于名山胜地，这种历史记录形式体现了秦始皇的一种强烈的历史意识。而碑文的内容不仅在一定程度上体现了秦始皇的治国思想，而且也反映了秦始皇的历史思想。

秦始皇七次刻石所表述的基本内容有如下三个方面。其一是颂扬一统。秦始皇对他统一六国的功业自视很高，这在更名号一事中已有体现。秦臣认为秦始皇使海内一统，功过五帝，所以上"泰皇"尊号，秦始皇则"去'泰'，著'皇'，采上古'帝'位号，号曰'皇帝'"①。很显然，在秦始皇君臣看来，秦的统一是亘古未有的功业，必须在尊号上作出体现。在刻石中，颂扬大一统自然是其中的一项重要内容。如琅琊刻石云："六合之内，皇帝之土。西涉流沙，南尽北户。东有东海，北过大夏。人迹所至，无不臣者。功盖五帝，泽及牛马。"②之罘东观刻石云："武威旁畅，振动四极，禽灭六王。"③碣石刻石云："皇帝奋威，德并诸侯，初一泰平。"④会稽刻石云："皇帝修烈，平一宇内，德惠修长。"⑤从这些刻石所云可知，秦始皇对他所完成的统一大业是感到无比自豪的，认为这是一个前无古人的功业。其二是"作制明法"。如泰山刻石云：

① 《史记》卷六《秦始皇本纪》，236 页，北京，中华书局，1959。
② 《史记》卷六《秦始皇本纪》，245 页，北京，中华书局，1959。
③ 《史记》卷六《秦始皇本纪》，250 页，北京，中华书局，1959。
④ 《史记》卷六《秦始皇本纪》，252 页，北京，中华书局，1959。
⑤ 《史记》卷六《秦始皇本纪》，261 页，北京，中华书局，1959。

"皇帝临位，作制明法，臣下休饬。"①琅琊刻石云："端平法度，万物之纪。"②之罘刻石云："大圣作治，建定法度，显著纪纲……普施明法，经纬天下，永为仪则。"③会稽刻石云："秦圣临国，始定刑名，显陈旧章。初平法式，审别职任，以立恒常。"④刻石所言之"法"，既包括国家法令，也指各项制度。秦始皇强调法的绝对权威，其实就是树立自己的绝对权威，因为秦朝的法是根据秦始皇的意志来制定的。秦始皇希望通过"作制明法"，以为万世"永为仪则"。其三是"行同伦"。如泰山刻石云："贵贱分明，男女礼顺，慎遵职事。昭隔内外，靡不清静，施于后嗣。"⑤琅琊刻石云："以明人事，合同父子。圣智仁义，显白道理……尊卑贵贱，不逾次行。奸邪不容，皆务贞良……远迩辟隐，专务肃庄。端直敦忠，事业有常……六亲相保，终无寇贼。"⑥会稽刻石云："遂登会稽，宣省习俗，黔首斋庄……饰省宣义，有子而嫁，倍死不贞。防隔内外，禁止淫泆，男女洁诚。夫为寄豭，杀之无罪，男秉义程。妻为逃嫁，子不得母，咸化廉清。大治濯俗，天下承风，蒙被修经。黔首修洁，人乐同则，嘉保太平。"⑦从以上刻石所宣扬的"行同伦"思想来看，秦始皇重视以法治国，但他并不否认人伦规范对社会治理的作用。只是秦始皇过分注重法治，致使人伦规范不够彰显而已。

由上可知，秦始皇刻石"颂今"，既有对秦所建立的大一统功业的颂扬，也有对秦朝所确定的治国制度与伦理规范的充分自信，秦始皇希望将他所确定的秦朝的各项制度与规范作为世代必须遵行的"仪则"。

班固是正统史学的代表，《汉书》以"宣汉"为撰述旨趣。其实，"宣汉"是汉朝史学的共同特点，从司马谈、司马迁父子"宣汉德"与"颂功臣"，到荀悦的"著功勋"与"表贤能"，无不凸显了史学的这一功能。

---

① 《史记》卷六《秦始皇本纪》，243 页，北京，中华书局，1959。
② 《史记》卷六《秦始皇本纪》，245 页，北京，中华书局，1959。
③ 《史记》卷六《秦始皇本纪》，249 页，北京，中华书局，1959。
④ 《史记》卷六《秦始皇本纪》，261 页，北京，中华书局，1959。
⑤ 《史记》卷六《秦始皇本纪》，243 页，北京，中华书局，1959。
⑥ 《史记》卷六《秦始皇本纪》，245 页，北京，中华书局，1959。
⑦ 《史记》卷六《秦始皇本纪》，261～262 页，北京，中华书局，1959。

　　司马谈治史就具有明显的"宣汉德"和"颂功臣"的思想。他在临终遗言中说："自获麟以来四百有余岁，而诸侯相兼，史记放绝。今汉兴，海内一统，明主贤君忠臣死义之士，余为太史而弗论载，废天下之史文，余甚惧焉，汝其念哉！"①他以未能通过史文颂扬"海内一统，明主贤君忠臣死义之士"而深感遗憾。司马迁与乃父一样，也有"宣汉德"和"颂功臣"的思想。在谈到撰述《史记》的动机时，司马迁作如是说："汉兴以来，至明天子，获符瑞，封禅，改正朔，易服色，受命于穆清，泽流罔极，海外殊俗，重译款塞，请来献见者，不可胜道。臣下百官力颂圣德，犹不能宣尽其意。且士贤能而不用，有国者之耻；主上明圣而德不布闻，有司之过也。且余尝掌其官，废明圣盛德不载，灭功臣世家贤大夫之业不述，堕先人所言，罪莫大焉。"这段话不但表达了"颂圣德"的愿望，而且也表露了对不能"颂汉德"的担忧。荀悦作《汉纪》，在开篇所提出的"立典有五志论"中，就包含了"著功勋"与"表贤能"，即是通过历史人物事迹的撰述，以颂扬他们的功德。在《汉纪·序》中，荀悦具体叙述了《汉纪》的撰述内容，包括"祖宗功勋，先帝事业，国家纲纪，天地灾异，功臣名贤，奇策善方，殊德异行，法式之典"。

　　班固史学则直接以"宣汉"相标榜。班固的"宣汉"，首先是从史学目的论出发的。《汉书·叙传》说："固以为唐虞三代，《诗》《书》所及，世有典籍，故虽尧舜之盛，必有典谟之篇，然后扬名于后世，冠德于百王，故曰'巍巍乎其有成功，焕乎其有文章也！'"班固明确认为，成功有赖于文章，圣王的功德，必须有赖于史籍的记载，才可以传之后世。儒家心目中的尧、舜盛世，便是依靠"典谟之篇"，才使他们的功德"扬名于后世，冠德于百王"的。依此，汉朝功德的流传，也必须要依赖于史臣的载记。其次是从"汉绍尧运"的角度立论的。《汉书》接受了刘歆的五德终始说，而对"汉为尧后"说进行了大力宣扬。在班固看来，刘汉是古圣王尧的后代，这是汉朝基业得以建立的根本保证，也是汉朝获取功德的前提。可是以前的历史撰述却没有很好地完成载录汉史的任务，这便

---

① 《史记》卷一百三十《太史公自序》，3295页，北京，中华书局，1959。

是他撰述《汉书》的原因所在。所以《叙传》说："汉绍尧运，以建帝业，至于六世，史臣乃追述功德，私作本纪，编于百王之末，厕于秦、项之列。太初以后，阙而不录，故探纂前记，缀辑所闻，以述《汉书》。"再次通过"摒秦"以彰显汉朝的历史地位。由于"摒秦"是正统观念的体现，将在下文中具体论述，此不赘言。最后则是基于对汉朝盛世的历史评价。随着汉王朝大一统政权的建立和扩大，生活在汉王朝的人们对历史上各朝代历史地位的评判开始发生变化。在他们的心目中，汉朝才是历史上最为强盛的王朝，思想家王充堪为代表，他撰述《论衡》一书，在《宣汉》《须颂》《恢国》《齐世》《超奇》《案书》《别通》和《讲瑞》等篇章中，公开宣扬"汉盛于周"的观点。班固非常赞同王充"汉盛于周"的评判，常作诗赋颂扬大汉之德。对此王充也是引为同调的，《论衡·须颂》就说："汉德丰广，日光海外也。知者知之，不知者不知汉盛也。汉家著书，多上及殷、周，诸子并作，皆论他事，无褒颂之言，《论衡》有之。又《诗》颂国①名《周颂》，杜抚、（班）固所上《汉颂》，相依类也。"

以上主要是以秦始皇刻石颂功和班固"宣汉"为例，论述传统史学歌功颂德的撰述旨趣，而实际上这样一种史学功能，是存在于中国传统史学的整个发展过程中的。当然，不同历史时期，史学对于这一功能的发挥也不尽相同。一般来说，盛世王朝时期史学的这一功能往往被得以重视，而危机四伏的衰世则不太彰显。

（三）正统之辨

正统之辨，即是政权合法性之辨。在中国史学发展史上，传统史学普遍重视对于历史王朝正统与否的评判。而正统之辨的本质，往往是为本朝争正统，明显打上时代政治烙印，并且成为服务现实政权统治的一种形式。

中国传统史学的正统观念，肇端于两汉时期。这一时期史学的正统观念，集中体现在"摒秦"论上。众所周知，秦朝是继周而建的大一统王

---

① 此处"颂国"当作"颂周"，参见王充：《论衡》卷二十《须颂》注，新编诸子集成本，992页，北京，中华书局，2018。

朝，然而在汉代史家看来，秦因暴政而速亡，因此不应该被排入到历史
王朝统绪之中，上接周朝的应是汉朝。

最早提出"摒秦"论的是西汉经学家董仲舒。董仲舒提出"三统"历史
学说，以夏朝为黑统、商朝为白统、周朝为赤统，"三统"循环变易。周
朝之下，董仲舒以《春秋》为黑统。然而孔子有其德而无其位，只能托于
王鲁而作《春秋》，以当一王之法。这一王之法是专门为汉朝制订的，故
而《春秋》的黑统制度，也就是汉朝以黑统制度。董仲舒说："今汉继大
乱之后，若以少损周之文致，用夏之忠者。"①夏为黑统，汉用夏政，自
然也就是黑统。这样一来，处于周、汉之间的秦朝就自然被排除于三统
循环之外了。不过董仲舒的摒秦论并不彻底，在《春秋繁露·尧舜不擅
移、汤武不专杀》论及"有道伐无道"时，董仲舒又说："夏无道而殷伐
之，殷无道而周伐之，周无道而秦伐之，秦无道而汉伐之。"由此来看，
董仲舒又是将秦朝排入自夏至汉的王朝统绪之内的。

司马迁在《史记》中所构建的五帝—三王—秦汉历史统绪，是肯定秦
朝的历史统绪的。作为汉朝土德说的代表，司马迁在德属循环上也是肯
定汉朝以土德代替秦朝之水德的。然而，司马迁又受到董仲舒"三统"说
的影响，其关于历史王朝更替的理论又隐含有"摒秦"之意。如《史记·
高祖本纪》便是依据董仲舒的"三统"说来评述夏、商、周三王之道的历
史变易的：

> 夏之政忠。忠之敝，小人以野，故殷人承之以敬。敬之敝，小
> 人以鬼，故周人承之以文。文之敝，小人以僿，故救僿莫若以忠。
> 三王之道若循环，终而复始。周秦之间，可谓文敝矣。秦政不改，
> 反酷刑法，岂不缪乎？故汉兴，承敝易变，使人不倦，得天
> 统矣。②

在司马迁看来，夏、商、周的制度变易，是通过后朝对前朝的损益救弊

---

① 《汉书》卷五十六《董仲舒传》，2519 页，北京，中华书局，1962。
② 《史记》卷八《高祖本纪》，393～394 页，北京，中华书局，1959。

而按照忠、敬、文秩序进行的，忠、敬、文三王之道的变易是"若循环，终而复始"。司马迁明确认为秦朝不知变易，而汉朝"承敝易变，使人不倦"，乃"得天统矣"。这就从制度循环变易的角度否定了秦朝的历史统绪。

与司马迁的隐含之意不同，班固的"摒秦"思想则是直接而彻底的。班固在接受刘歆五德相生说的同时，也接受了其"摒秦"的思想。据《汉书·律历志》所记，刘歆在《三统历谱·世经》中提出的五德终始说中就宣扬了"摒秦"思想，其基本观点是认为秦得水德，"在周、汉木火之间"，因而不得其序，属于闰朝。历史上的共工和帝挚也都属于这种情况，其中共工水德处于木德伏羲与火德炎帝之间，帝挚水德处于木德帝喾与火德帝尧之间，因而皆不得其序。班固《汉书》在记述刘歆《三统历谱·世经》宣扬的"摒秦"论的同时，自然也接受了这种思想，并且在《汉书》中作了贯彻。如在《古今人表》中，建朝帝王都被列入上上圣人中，唯独秦朝建立者千古一帝秦始皇则被列入中下等；《高帝纪赞》和《郊祀志赞》等篇，都明确宣扬了汉为火德上继周之木德的思想，将秦朝排除出历史统绪之外。而班固在所作的《典引》篇所勾勒的自伏羲至刘汉的王朝统系中，也明确认为"股肱既周，天乃归功元首，将授汉刘"①，直接将汉朝上继周朝。毫无疑问，《汉书》在正史当中，开创了以"五德"言正闰的先河。

汉代史学的"摒秦"思潮，旨在否定秦朝历史统绪的同时，以彰显汉朝的历史地位。在汉代史家看来，汉朝不应该接续暴政短祚的秦，而应该上接有八百年基业的周朝。所以司马迁肯定了汉朝"承敝易变"，是真正肩负起革除周之文弊的王朝，故许之以"得天统"；班固也认为"汉盛于周"，不应该"厕于秦项之列"②。

魏晋南北朝时期的政治特点是国家分裂和民族矛盾尖锐，反映在这一时期史学的正统观念上，主要围绕着分裂政权三国和南北对峙政权南

---

① 《后汉书》卷四十下《班彪列传》，1376 页，北京，中华书局，1965。
② 《汉书》卷一百下《叙传》，4235 页，北京，中华书局，1962。

北朝孰为正统的正统之辨上。

　　魏、蜀、吴三国政权何为正统，作为三国政权自身，自然都是以正统自居，而贬斥他国为僭伪政权，尤其魏蜀之间的正统之争更为激烈。反映在历史撰述上，以何国为正统，直接会影响到对三国政权合法性的认定上。陈寿编纂《三国志》，对三国正统问题在编纂体例上采取了帝魏而传蜀、吴的做法。《三国志》只给魏主作帝纪，以统揽三国全局史事，而给蜀、吴二主作传。首先，以曹魏土德上继汉朝火德来确定其正统地位。《魏书·文帝纪》以"黄龙见谯"异象记曹丕称帝之事：

　　　　初，汉熹平五年，黄龙见谯，光禄大夫桥玄问太史令单飏："此何祥也？"飏曰："其国后当有王者兴，不及五十年亦当复见。天事恒象，此其应也。"内黄殷登默而记之。至四十五年，登尚在。（延康元年）三月，黄龙见谯。登闻之曰："单飏之言其验兹乎！"
　　　　冬十月……汉帝以众望在魏，乃召群公卿士告祠高庙。使兼御史大夫张音持节奉玺绶禅位。①

这里所谓黄龙，即是土德象征；谯是曹丕的家乡，黄龙自然就是曹魏代汉的符命。其次，通过纪年书法不同体现正统与否。《三国志》在魏蜀吴三书中各以本国年号纪年，旨在反映分裂时期的历史事实；同时又注意到以魏国纪年贯穿三书，《魏书》中对蜀、吴君主的继位称帝皆无其本国年号记载，而在《蜀书》《吴书》中蜀、吴君主继位则必记曹魏之年号，这样既给人以整体、全局的观念，又能体现曹魏乃正统所在。再次，通过称谓不同体现正统与否。如曹操，《魏书》称太祖，在他二书中称曹公；刘备，《蜀书》称先主，他二书称名；孙权，则一概称名。曹魏君主的死称"崩"，蜀汉君主的死则称"殂"，孙吴君主的死则称"薨"。《三国志》帝魏传蜀、吴的做法，与三国鼎立时期曹魏所处的主导地位有一定的关系，因而是历史真实的一种反映。最后，是为确定西晋政权正统地位的需要。陈寿作为西晋史臣，必须为西晋政权争正统，而只有帝魏，才使

---

　　①　《三国志》卷二《魏书·文帝纪》，58、61～62页，北京，中华书局，1959。

禅位于曹魏的西晋政权有了合法性。诚如《四库全书总目提要》所言：
"寿则身为晋武之臣，而晋武承魏之统，伪魏是伪晋矣，其能行于当代
哉？"①赵翼也说："正统在魏，则晋之承魏为正统，自不待言。此陈寿
仕于晋，不得不尊晋也。"②

　　陈寿帝魏传蜀、吴的三国正统做法颇遭后人议论，褒之贬之皆有。
东晋习凿齿对陈寿以曹魏为正统的做法颇不以为然。所撰《汉晋春秋》一
书，"起汉光武，终于晋愍帝。于三国之时，蜀以宗室为正，魏武虽受
汉禅晋，尚为篡逆，至文帝平蜀，乃为汉亡而晋始兴焉"。这段话有两
层含义，一则关于三国正统以蜀汉为正统，以曹魏为篡逆；二则以晋
直接上承刘汉统绪。临终上疏又曰："臣每谓皇晋宜越魏继汉，不应以
魏后为三恪。"③重申晋承汉统主张。曾作《晋承汉统论》一篇，对晋承汉
统详加申述。习凿齿与陈寿关于三国的正统观截然不同，然而为本朝争
正统的目的却是一致的。诚如《四库全书总目提要》所说的："盖凿齿时
晋已南渡，其事有类乎蜀，为偏安者争正统，此孚于当代之论者也。"④
此后中国史学史上关于三国正统之争，其实都是出于为本朝争正统的
需要。

　　南北朝时期，出现了北方少数民族政权与南方汉族政权对峙的局
面。伴随着夷夏之争与政权对立，正统之争也格外激烈，《宋书》《南齐
书》和《魏书》对此作了反映。首先，以夷夏争正统。沈约《宋书》创设《索
虏传》，以记北魏兴衰及南北战争等史事。该传开篇就说："索头虏，姓
拓跋氏，其先汉将李陵后也。陵降匈奴，有数百千种，各立名号，索头
（补上"亦"）其一也。"萧子显的《南齐书》也专设了《魏虏传》，以记载北魏
史事。该传开篇认为："魏虏，匈奴种也，姓拓跋氏。晋永嘉六年，并

　　① 纪昀总纂：《四库全书总目提要》卷四十五《史部·正史·三国志》，1245 页，石家庄，
河北人民出版社，2000。
　　② 赵翼：《廿二史札记校证》卷六《三国志书法》，王树民校证，122 页，北京，中华书
局，1984。
　　③ 《晋书》卷八十二《习凿齿传》，2154 页，北京，中华书局，1974。
　　④ 纪昀总纂：《四库全书总目提要》卷四十五《史部·正史·三国志》，1245 页，石家庄，
河北人民出版社，2000。

州刺史刘琨为屠各胡刘聪所攻，索头猗卢遣子曰利孙将兵救琨于太原，猗卢入居代郡，亦谓鲜卑。披发左衽，故呼为索头。"从中可知，南朝史家从传统的夷夏观念出发，通过借用过往中原汉人对北方胡人的蔑称，旨在贬损北方少数民族政权。在他们看来，南朝虽偏安江左，却是正统所在，乃礼义文化之邦；"魏朝甚盛，犹曰五胡。正朔相承，当在江左"①。与此相对立，北齐魏收的《魏书》，明确认为"魏所受汉传国玺"②，肯定北魏政权乃中原正统所在。且与南朝史家有异曲同工之妙，魏收也创设了《岛夷列传》，以"岛夷刘裕""岛夷萧道成""岛夷萧衍"来记述宋、齐、梁三个王朝史事。"岛夷"一词出自《尚书·禹贡》，原指居住在东南沿海及岛屿上的远古部族。魏收以此来蔑称南朝，斥南方汉族政权为"僭伪"，显然是要树立北魏政权的正统性。

其次，正统之争的中原认同意识。北朝与南朝争正统，其中一个重要理由，便是其占据中原正统之地。《魏书·礼志一》明确认为："帝王之作，百代可知，运代相承，书传可验。虽祚命有长短，德政有优劣，至于受终严祖，殷荐上帝，其致一也。故敢述其前载，举其大略。臣闻居尊据极，允应明命者，莫不以中原为正统，神州为帝宅。"而南方汉族政权继续推行自东晋以来侨置州郡的政策，这一做法的目的自然不仅仅只是对中土的怀念之情和希望据有中土之地的心理安慰，更有不忘中原为华夏民族的正统地域，标榜僻处江南的南朝仍然是"中国"正统所在之意蕴。很显然，南北方政权都是以"中原"作为"中国"的地域标志的，而占据中原自然也就成为是否得正统的重要标志。

宋代史学关于正统的讨论最为激烈，正统思想也最为丰富。梁启超认为，中国正统之辨"昉于晋而盛于宋"③。宋代正统论最具特点之处，是关于"大居正"与"大一统"之论，即是从道德与事功两方面来确定正统

---

① 杨衒之：《洛阳伽蓝记校注》卷二引梁朝陈庆之语，范祥雍校注，117~118 页，上海，上海古籍出版社，1958。
② 《魏书》卷四下《世祖太武帝纪》，101 页，北京，中华书局，1974。
③ 梁启超：《新史学·论正统》，见《饮冰室合集·文集》第 4 册，771 页，北京，中华书局，2015。

与否的标准。

北宋欧阳修是最早从理论上阐发正统论的史家，所作《正统论》第一次对正统观念作出了系统的理论论述。在《正统论》上篇，欧阳修开篇即提出了确定正统的两个标准："《传》曰：君子大居正，又曰：王者大一统。正者，所以正天下之不正也；统者，所以合天下之不一也。"①这里所谓"大居正"，即是从道德角度确定正统与否；而"大一统"，则是从事功角度来确定正统与否。在欧阳修看来，历史上尧舜禹与三王时代，由于"或以至公，或以大义，皆得天下之正，合天下于一"，所以那个时候人们不会去讨论正统问题。后世僭伪、盗窃时作，才有了所谓正统之论，而总体情形不过两类，一是"有居其正而不能合天下于一者"，一是"有合天下于一而不能居其正者"。② 欧阳修认为，凡正统，必须"居天下之正，合天下于一"③，否则皆非正统。欧阳修的正统观兼具道德与事功，既与宋代理学思潮重视纲常名分和《春秋》大一统思想的影响有密切关系，也与现实政治重视教化与期望国家统一分不开。自欧阳修的正统论提出之后，宋代史家与学者纷纷发表自己的正统论，正统之辨盛极一时。其中司马光和朱熹的正统观最具代表性，相比较而言，司马光更重正统的大一统标准，而朱熹则更重正统的道德标准。

司马光论正统，主要凸显的是大一统的标准。司马光说："臣愚诚不足以识前代之正闰，窃以为苟不能使九州合为一统，皆有天子之名而无其实者也。虽华夷仁暴、大小强弱，或时不同，要皆与古之列国无异，岂得独尊奖一国谓之正统，而其余皆为僭伪哉！"他特别对那些将北朝"运历年纪，皆弃而不数"的做法提出批评，认为这是"私己之偏辞，非大公之通论也"。④ 司马光的这段话，集中阐发了三个思想。其一，

---

① 欧阳修：《居士集》卷十六《正统论上》，见《欧阳修全集》，116 页，北京，中国书店，1986。

② 欧阳修：《居士集》卷十六《正统论上》，见《欧阳修全集》，117 页，北京，中国书店，1986。

③ 欧阳修：《居士集》卷十六《正统论下》，见《欧阳修全集》，116 页，北京，中国书店，1986。

④ 司马光：《资治通鉴》卷六十九《魏纪一》，2186～2187 页，北京，中华书局，1956。

提出以能否使"使九州合为一统"作为正统王朝的标准，认为只有大一统王朝的天子才是名副其实的天子。其二，认为分裂时期的并存政权虽然有"华夷仁暴、小大强弱"的不同，其实与古代的列国是同一种类型的，因此不能只"独尊奖一国"，而斥责他国为僭伪。其三，指出不数北朝运历年纪是一种狭隘的民族观念，这不是一种"大公之通论"。司马光以大一统作为正统的标准，现实政治寓意非常明显，他是希望北宋王朝奋发有为，成为一个真正的大一统的正统封建王朝。同时，司马光不斤斤计较于夷夏之别，不主张以夷夏来作为正闰与否的评判标准，这是对传统夷夏观的一种突破。

南宋史家朱熹也以是否"天下为一"，作为衡量正统的标准。朱熹说，"只天下为一，诸侯觐觐狱讼皆归，便是得正统"；反之，国家分裂，诸国并立，"不能相君臣，皆不得正统"①。根据这一标准，被朱熹确定为正统的王朝，自周以降至五代，有周、秦、汉、晋、隋、唐六朝，而其余如三国、东晋、十六国、南北朝、五代十国等分裂时期的政权都不得正统。然而，与司马光相比，朱熹正统论的道德色彩更为浓厚。朱熹将不得正统的王朝区分为无统和僭伪两类，明显打上道德烙印。依照《资治通鉴纲目·凡例》，所谓无统政权，主要有六种情形，即列国、建国、不成君、远方小国、正统之始和正统之余；而僭伪一例的划定，则显然具有贬损和挞伐之意。朱熹认为，僭伪可分为篡贼和僭国两类，前者指"篡位干统而不及传世者"，如王莽、吕后、武后等；后者是指篡位、据土并且能够传世的，如汉之魏、吴，晋之汉、赵、诸燕、二魏、二秦、成汉、诸凉、代、夏等。与正统相对称，僭伪又叫"伪统""窃统"。朱熹认为，史家对僭伪政权应该口诛笔伐，在史书笔法上要尽贬损、挞伐之能事。值得注意的是朱熹关于三国蜀汉正统问题的评述。按照《凡例·统系》所言，"汉晋之间"为无统，那么包括蜀汉在内的三国政权都属于无统之列。然而在《朱子语类》中，朱熹又以蜀汉为正统，他说："温公《通鉴》以魏为主"，"某所作《纲目》以蜀为主"。"问《纲目》主

---

① 黎靖德编：《朱子语类》卷一百零五，2371、2372页，长沙，岳麓书社，1997。

意。曰：主在正统。问：何以主在正统？曰：三国当以蜀汉为正。"①朱熹从"天下为一"标准出发，视蜀汉为无统；而从顺逆出发，则又许蜀汉以正统。如果说朱熹"天下为一"的正统标准，体现了偏安政权希望恢复中原、实现国家统一的愿望；明示顺逆、扶植纲常的道德标准，是其作为理学集大成者出于宣扬理学的需要，那么以蜀汉为正统的思想，则明显具有为南宋偏安政权争正统的意味，诚如《四库全书总目提要》所言："宋太祖篡立近于魏，而北汉、南唐迹近于蜀，故北宋诸儒皆有所避而不伪魏。高宗以后偏安江左近于蜀，而中原魏地全入于金。故南宋诸儒乃纷纷起而帝蜀。"②

　　王夫之所作《读通鉴论》有四篇《叙论》，主要是发表对于历史发展大势的理解，其中《叙论一》即是发表对于历史上正统问题的看法。王夫之论正统，却是对历史上的正统论持否定态度。他说："论之不及正统者，何也？曰：正统之说，不知其所自昉也。自汉之亡，曹氏、司马氏乘之以窃天下，而为之名曰禅。于是为之说曰：'必有所承以为统，而后可以为天子。'义不相授受，而强相缀系以掩篡夺之迹；抑假邹衍五德之邪说与刘歆历家之绪论，文其诐辞；要岂事理之实然哉？"③这段话揭示了历代正统论的实质"强相缀系以掩篡夺之迹"，或者只是假借五德相胜、相生之推演，与事理并不相符合。王夫之认为："夫统者，合而不离、续而不绝之谓也。"④历史的发展却是有治乱离合的更替，没有一以贯之的统系，更没有什么正统。他认为天下有王者"以义正名而合之"的时候，如三代、汉唐；有离而不合的时候，如三国、十六国、五代；有绝而不续的时候，如蒙古入主中原，汉族的统治就绝续了。由此可见，"天下之生，一治一乱，当其治，无不正者以相干，而何有于正？当其

---

① 黎靖德编：《朱子语类》卷一百零五，2372 页，长沙，岳麓书社，1997。
② 纪昀总纂：《四库全书总目提要》卷四十五《史部·正史·三国志》，1245 页，石家庄，河北人民出版社，2000。
③ 王夫之：《读通鉴论》卷末《叙论一》，949 页，北京，中华书局，1975。
④ 王夫之：《读通鉴论》卷末《叙论一》，950 页，北京，中华书局，1975。

乱，既不正矣，而又孰为正？有离有绝，故无统也，而又何正何不正邪?"①在王夫之看来，政治统治的正与不正在于人，而历史的治乱兴衰在于天，所谓正统之论，只是"臣子私其君"而已。所以他认为，只有天下统一、百姓安居乐业，这样的君主才能"大造于天人者不可忘，则与天下尊之，而合人心之大顺"②，才能得到人民的拥护。王夫之视少数民族入主中原为绝统，与满族入主中原的政治现实有密切的关系，具有反清思想。同时这一正统观又具有不主一尊的民主意识，这与他在政治上反对封建专制，认为"天下非一姓之私"的观点是相一致的。

---

① 王夫之：《读通鉴论》卷末《叙论一》，950页，北京，中华书局，1975。
② 王夫之：《读通鉴论》卷二十二，671页，北京，中华书局，1975。

第九讲　传统历史编纂学的
理论与实践

传统历史编纂学的具体内涵非常丰富，包括史书的体裁与体例、编撰分类、撰述旨趣、编撰方法、史书笔法、语言表述等，而最基本的内涵则是史书的体裁、体例与分类问题。白寿彝先生说："我国的历史编纂学，多讲史体和史例。"又说："历史编纂学中，有很多问题，而体例问题和编著的区别问题，是其中两个比较重要的问题。"[①] 这里所谓编著的区别问题，即是关于历史编撰的基本分类问题。白先生的《谈史书的编撰》答客问一文，也是围绕着史书的体裁、体例与编著等问题展开讨论的。[②] 因此，这里讨论的传统历史编纂学的理论与实践，即是围绕着体裁、体例和分类等史书编撰基本问题展开论述。

一、历史编纂的丰富多样性

中国是一个具有重史传统的国家。在几千年史学发展过程中，产生了许许多多、各式各样的史书编纂体裁，体现了传统史学历史编纂的丰富性与多样性的特点。唐朝初年编纂的《隋书·经籍志》，著录的史书体裁就已经有十三大类，它们分别是：正史、古史、杂史、霸史、起居

---

① 白寿彝：《中国史学史》第1册，23、27页，上海，上海人民出版社，1986。
② 白寿彝：《谈史书的编撰》，见《中国史学史论集》，北京，中华书局，1999；另见《白寿彝史学论集》，北京，北京师范大学出版社，1994。

注、旧事、职官、仪注、刑法、杂传、地理、谱系、簿录。清朝乾隆年间编纂的《四库全书总目提要》，著录的史书体裁则有 15 大类，分别是：正史、编年、纪事本末、别史、杂史、诏令奏议、传记、史钞、载记、时令、地理、职官、政书、目录、史评。从史部目录著录的史书类别来看，传统史学的历史编纂在唐初以前就已经丰富多彩，清代则最终定型。在众多的史书编撰体裁当中，所起的作用和产生的影响也是各不相同的。

首先，纪传、编年与纪事本末"史书三体"居于主导地位。在传统史书编撰体裁中，纪传体、编年体和纪事本末体被称为"史书三体"（亦称"史籍三体""史学三体"）。采用这三种史书体裁编撰的史书，在传统史籍当中，占据绝对主导性地位。

纪传体史书又称"正史"[①]。纪传体的创立者是司马迁，所撰《史记》是中国第一部纪传体通史。纪传体正史的主要作品即是"二十四史"，包括《史记》《汉书》《三国志》《后汉书》《晋书》《宋书》《南齐书》《梁书》《陈书》《魏书》《北齐书》《周书》《南史》《北史》《隋书》《旧唐书》《新唐书》《旧五代史》《新五代史》《宋史》《辽史》《金史》《元史》和《明史》。纪传体正史还有"二十六史"之说，即是将"二十四史"加上民国初年柯劭忞的《新元史》和《清史稿》[②]。在"二十六史"中，《史记》《南史》和《北史》属于通史纪传，其他皆为断代纪传。"二十六史"记述了上自黄帝、下迄清朝上下数千年的中国历史，形成了中国历史记述的一个史书大系，居于中国历史编纂的正宗地位。

---

① "正史"一词，始见于南朝梁阮孝绪的《正史削繁》。《隋书·经籍志》将《史记》《汉书》等以帝王传记为纲的纪传体史书列为"正史"，居史部首位。唐代刘知幾以正史与杂述并举，将《尚书》《春秋》等也称作"正史"。《明史·艺文志》以纪传、编年二体，并称为"正史"。清乾隆年间编纂《四库全书》，确定《史记》至《明史》的二十四部纪传体史书为"正史"，即"二十四史"，"正史"遂为官修纪传体史书的专称。参见《实用古汉语大词典》，1240 页，郑州，河南人民出版社，1995。

② 1920 年柯劭忞撰成《新元史》，北洋政府令其列入正史，纪传体正史因此有了"二十五史"之称。1914 年北洋政府设立清史馆，仿照正史体例编纂清史，1927 年撰成《清史稿》，因其正史体例和史料丰富，加上清朝历史没有其他纪传体正史记述，由此形成纪传体正史"二十六史"。

纪传体史书包含四种基本体例，分别为本纪、列传、志、表。 其中本纪主要采取编年形式记述帝王世系、事迹，同时系统反映政治、经济、文化大事。按照司马迁创立本纪体例的旨趣，是要"网罗天下放失旧闻，王迹所兴，原始察终，见盛观衰"[2]。因此，本纪实为全书大纲，旨在体现历史发展的总体进程。列传部分，以人物传记为主，也包含其他内容。从"二十四史"来看，主要有三种类型：一是专传，记述重要历史人物事迹，即司马迁所谓"扶义俶傥，不令己失时，立功名于天下"[3]的各类历史人物传记；二是类传，旨在反映时代各类历史人物，如外戚、宦官、循吏、酷吏、忠义、孝友、儒学、文苑、方技、列女、隐逸等，从中可以了解时代社会风尚；三是四夷传（也作"四裔传"），分别记述各少数民族，以及邻近国家事迹。志的部分，《史记》称作"书"，主要是分门别类记述各个时代的典章制度，涉及礼乐、律历、天文、地理、刑法、祭祀、财政等关乎政治、经济、文化等各方面的典章制度的内容。表的部分，主要是将历史记述不清楚的内容，通过"旁行斜上"的方格表的形式来表示，按照司马迁的说法，是为了解决"并时异世，年差不明"[4]的问题，它的价值在于"既保存了史实，又节省篇幅，而且头绪清楚"[5]。值得注意的是，"二十四史"（或"二十六史"）并非每一部史书都具备这四种体例，有一些纪传体正史没有表，甚至表、志皆无，但本纪、列传必须具备。从纪传体正史诸体例可知，纪传体体裁的最大特点，就是历史记述的包容量大，有各类历史人物、历史重大事件、各种典章制度、民族关系、对外交往等，可以尽可能地对所记述的历史作出全面、系统的反映。

---

① 司马迁《史记》首创纪传体，包含本纪、世家、列传、书、表五种体例。班固作《汉书》，将纪传体体例整齐划一为本纪、列传、志、表四种体例，从此成为定制。

② 《史记》卷一百三十《太史公自序》，3319 页，北京，中华书局，1959。

③ 《史记》卷一百三十《太史公自序》，3319 页，北京，中华书局，1959。

④ 《史记》卷一百三十《太史公自序》，3319 页，北京，中华书局，1959。

⑤ 张志哲：《中国史籍概论》，95 页，南京，江苏古籍出版社，1988。

　　编年体是传统史学最古老的史书体裁。由于"秦火"的缘故①，孔子编修的《春秋》成为现存的第一部编年体史书。《春秋》作为编年体的基本特点是"属辞比事"。《礼记·经解》说："属辞比事，《春秋》教也。"即是重视遣词造句与排比史事，像"约其辞文，去其烦重"②，采用"寓褒贬、别善恶"的《春秋》笔法，即是体现了前者；而"以事系日，以日系月，以月系时，以时系年"③的编年叙事，则是体现了后者。现存第一部比较完备的编年体史书，则是《左传》。《左传》也被看作是解说《春秋经》的著作，与《公羊传》《穀梁传》合称为《春秋》"三传"。实际上，它又是一部以《春秋》为大纲，博采当时各类史籍而编成的内容丰富、体例完备的编年体史书。

　　汉末荀悦的《汉纪》和东晋袁宏的《后汉纪》，是继《左传》之后颇有成就的两部编年体史书。这两部编年体史书分量相当，各为三十卷；都重视议论，"荀悦曰"与"袁宏曰"占有很大比重。人们往往将它们相提并论，合称为"两汉纪"。同时，两书又各有其特点，一是撰述动机不同，《汉纪》是荀悦受汉献帝之命而撰写的一部帝王读本，《后汉纪》则是袁宏为后人提供的一部简明东汉史；二是撰述方法不同，《汉纪》是依《左传》体例改班固《汉书》而成，而《后汉纪》则是在范晔《后汉书》问世之前众采诸家后汉史著而成；三是撰述旨趣不同，《汉纪》以达道义、章法式、通古今、著功勋和表贤能之"五志"为指导思想，《后汉纪》则以"通古今而笃名教"为撰述目的。

　　司马光《资治通鉴》则代表了传统史学编年叙事的最高成就。自《通鉴》问世之后，后世补撰、改编、续作、注释、仿制、评论之作蜂起，蔚然大观。其代表作补撰者有刘恕的《通鉴外纪》、金履祥的《通鉴前编》，改编者有朱熹的《资治通鉴纲目》、袁枢的《通鉴纪事本末》，续作者有李焘的《续资治通鉴长编》、毕沅的《续资治通鉴》，注释者有胡三省

---

① 秦朝为禁私学，秦始皇采纳了李斯提出的"史官非秦记皆烧之"的焚书主张。这些被焚烧的周代诸侯国国史，应该主要都是官修编年体史书。

② 《史记》卷十四《十二诸侯年表序》，509 页，北京，中华书局，1959。

③ 杜预：《春秋经传集解·序》，上海，上海人民出版社，1988。

的《资治通鉴音注》，仿制者有清代乾隆官修的《通鉴辑览》，评论者有王夫之的《读通鉴论》，等等。其中朱熹的《资治通鉴纲目》和袁枢的《通鉴纪事本末》，分别创立了纲目体和纪事本末体之新的史书体裁，李焘的《续资治通鉴长编》、胡三省的《资治通鉴音注》和王夫之的《读通鉴论》，都堪称史学名著。近代以来，人们对于《资治通鉴》及其影响下成就的各种著作的研究，已成为一种专门之学——《通鉴》学，近人张须所著《通鉴学》即其代表。

与纪传体和编年体相比，纪事本末体是"史书三体"中最晚出者。南宋袁枢改编司马光《资治通鉴》而成《通鉴纪事本末》，创立了纪事本末体史书体裁。纪事本末体史书体裁的基本特点，诚如《宋史·袁枢传》所言，乃是据《资治通鉴》"区别其事而贯通之"。纪事本末体的主要优点可以概括为：一是选事设目自由，灵活度大；二是叙事明晰，具有故事化；三是叙事首尾详备，突出了事件的完整性。当然，纪事本末体也有保存史料不够和事件孤立叙述的缺陷，之所以保存史料不足，是因为很多史事是难以用标题列目叙述的；而标题叙事，只能是一个个孤立事件的罗列。对此，曾将这一史体称作"旧史界进化之极轨也"的梁启超，也如实指出：纪事本末体"仅以一事为起讫，事与事之间不生联络；且社会活动状态，原不仅在区区数件大事，纪事纵极精善，犹是得肉遗血，得骨遗髓也"①。

纪事本末体创立之后，由于叙事优点突出，不但得到了时人与后人的普遍赞誉，而且其叙事方法也得到了后世普遍仿效，仿作、续作不断涌现，逐渐形成了一个庞大的纪事本末体书系。总体来看，这些纪事本末体史书主要有三类：一是断代纪事本末，如陈邦瞻的《宋史纪事本末》和《元史纪事本末》、张鉴的《西夏纪事本末》、李有棠的《辽史纪事本末》和《金史纪事本末》、谷应泰的《明史纪事本末》、黄寿鸿的《清史纪事本末》等；二是不分朝代的纪事本末，如高士奇的《左传纪事本末》、李铭模的《续资治通鉴纪事本末》等；三是专史纪事本末，如杨陆荣的《三藩

---

① 梁启超：《中国历史研究法》，41页，北京，东方出版社，1996。

纪事本末》、沈云的《台湾郑氏始末记》、钱名世的《四藩始末》等。

其次，其他各类史书体裁各具特色。在"史书三体"之外，传统历史编撰因其记述内容的不同，还有众多的体裁形式。相比较而言，其中的典制体、纲目体、学案体、史评体和地理志体更有影响。

典制体的创立者是唐代史学家杜佑。杜佑所作《通典》，分门别类各种典章制度，创立了典章制度体通史体裁。对于《通典》的体裁渊源，《旧唐书》本传认为是取法于盛唐学者刘秩的《政典》："佑得其书，寻味厥旨，以为条目未尽，因而广之，加以《开元礼乐》，书成二百卷，号曰《通典》。"实际上，杜佑《通典》主要是通过"统括史志"而来的。章学诚就说："统前史之书志，而撰述取法乎官礼，杜佑《通典》作焉。"① 梁启超也认为杜佑的《通典》是"统括史志"而"卓然成一创作"的典制体史书，是"史志著作之一进化"。② 《通典》之后的典制体史书主要代表作，有与《通典》合称为"三通"的郑樵《通志》和马端临《文献通考》；有清朝编纂的"六通"，即《续通典》《续通志》《续文献通考》之"续三通"，《清通典》《清通志》《清文献通考》之"清三通"。以上九部典章制度体通史，加上晚清民国史家刘锦藻编撰的《清朝续文献通考》，共同构成传统史学典制体史书的"十通"。"十通"形成传统史学典制体史书的一个大系，系统反映了历代典章制度及其沿革情况。

纲目体的创立者是南宋史家朱熹。朱熹改编司马光《资治通鉴》而成《资治通鉴纲目》，由此创立纲目体史书体裁。朱熹之所以要以纲目体的形式改编编年体史书《资治通鉴》，原因有二：一是不满于司马光的正统观。朱熹认为司马光《资治通鉴》在正闰、改元等方面取《春秋》"之义"做得很不够，需要"修正处极多"，于是"欲起意成书"。③ 二是不满于《资治通鉴》过于冗长。司马光撰写编年体史书《资治通鉴》的起意，是"每患迁、固以来，文字繁多"。为了解决日理万机的帝王无法"周览"的难题，

---

① 章学诚：《文史通义校注》卷四《释通》，叶瑛校注，373 页，北京，中华书局，1994。
② 梁启超：《中国历史研究法》，25 页，北京，东方出版社，1996。
③ 黎靖德编：《朱子语类》卷一百零五，2372 页，长沙，岳麓书社，1997。

而"专取关国家兴衰，系生民休戚"者编为一书。①　然而在朱熹看来，《通鉴》的叙事仍然不够明朗和直接，不符合明理的需要。于是，他将取《春秋》之义和法《春秋》用字规则有机地结合起来，编纂了纲目体史书《资治通鉴纲目》，创立了纲目体。纲目体体裁的叙事方法是"表岁以首年，因年以著统，大书以提要，分注以备言"②。通过"纲举目张"的形式条理史事，其中"纲"为史事提纲，"目"为"纲"的解说。这种史书体裁的编纂价值是"纲举而不繁，目张而不紊，国家之理乱，君臣之得失，如指诸掌"③，是一种叙事简洁、义理明晰的史体，成为宋代义理史学的代表。由于理学在宋理宗以后成为中国封建社会后期的正统思想，朱熹是理学的集大成者，《资治通鉴纲目》是明理的典范之作，自《资治通鉴纲目》问世之后，后世续作、仿作、改作不断涌现，商辂的《续资治通鉴纲目》、南轩的《纲目前编》、吴乘权的《纲鉴易知录》、乾隆年间敕撰的《历代通鉴辑览》等，皆属于此类体裁的撰述，由此形成了纲目体史书的一个大系。

学案体的创立者是明末清初的黄宗羲。黄宗羲著《明儒学案》，系统记述有明一代学术思想史，创立了学案体史书体裁。从史书体裁渊源来讲，记述学术史的传统可以追溯到先秦，《庄子·天下》《荀子·非十二子》《韩非子·显学》即是最早的记述学术史的专篇。秦汉以后，学术史的记述已经出现于不同史书体裁当中，如纪传体史书中的"儒林列传""文苑列传"和"艺文志"等，即是学术史专篇；目录学著作阮孝绪的《七录》、晁公武的《郡斋读书志》、陈振孙的《直斋书录解题》等，也具有明显的学术史性质；儒家著作朱熹的《伊洛渊源录》，是关于反映北宋理学一派的学术史著作；甚至佛教著作如僧祐的《出三藏记集》、释智升的《开元释教录》、释志磐的《佛祖统纪》等，也属于学术史性质的著作。然而，奠定学案体史书体制的当属黄宗羲的《明儒学案》，这是中国古代学

---

① 司马光：《进资治通鉴表》，见《资治通鉴》，9607 页，北京，中华书局，1956。
② 朱熹：《资治通鉴纲目·序》，文渊阁四库全书本。
③ 黄宗羲：《宋元学案》卷四十九《晦翁学案下》，见《黄宗羲全集》第 4 册，917 页，杭州，浙江古籍出版社，2012。

术史上第一部体例完备的、严格意义上的学术史著作。该书共列学案十九篇，叙明代学者二百余人。所作学案，由三个部分组成：一是"序"，叙述学派学术变迁、师承关系、学术地位及学派影响等，旨在厘清学派的渊源与脉络；二是"传记"，叙述各学派各案主的学术及其宗旨，旨在明了各案主的学术思想与治学方法；三是资料选辑，包括学派各案主的论著和语录等，主要围绕着案主的学术宗旨去纂要钩玄其史料，从而更加明了案主的学术精神。全书脉络清晰，结构严谨，系统反映了有明一代学术发展史。黄宗羲晚年还着手撰写《宋元学案》，未能完稿，仅成卷首《序录》和学案十七卷。黄宗羲去世后，其子黄百家续撰学案十余个，未完而卒。此后的纂辑工作主要出自全祖望之手。《宋元学案》的体例比《明儒学案》更为完备，一是黄宗羲仿照《史记·太史公自序》的体例作了一篇《序录》，起到发凡起例的作用；二是每一学案增设一表，之后载录时人或后人评论。《明儒学案》与《宋元学案》的问世，使得学案体成为继传统纪传体、编年体、纪事本末体、典制体之后又一影响较大的史书体裁。此后清人江藩的《汉学师承记》《宋学渊源记》，唐鉴的《国朝学案小识》以及民国时期署名徐世昌编撰的《清儒学案》等，都是此类学案体著作。

史评体的专著始于唐代刘知几的《史通》。史评体的记述对象，梁启超认为有二：批评史迹者，批评史书者。[①] 也就是说，包括历史评论和史学评论。从历史评论而言，大致有三类，一是历史记述中附于评论。此类历史评论出现最早，《左传》的"君子曰"、《史记》的"太史公曰"便已经开其端，后世纪传体、编年体等史书都继承了这一做法。二是历史评论专篇。通过专文评论历史，像贾谊的《过秦论》、陆机的《辨亡论》，皆属此类。三是历史评论专书。这类著作不少，主要兴起于宋代以后，《四库全书总目提要》"史评"类著录了不少这方面的著作，代表性的著作有吕祖谦的《东莱博议》、李贽的《藏书》和《续藏书》、王夫之的《读通鉴论》和《宋论》等。其中尤以王夫之的《宋论》和《读通鉴论》最具代表性，

---

① 梁启超：《中国历史研究法》，28 页，北京，东方出版社，1996。

二书的价值不在于保存史料，而在于对重要历史事件提出很多颇为独到的看法，体现了作者敢于向正统观念挑战的勇气。从史学评论而言，最早的史学评论专篇当属刘勰的《文心雕龙·史传》。刘勰把释经之"传"与史学评论相结合，以经学为指导，对中国史学史上近二十位史家的史著作了系统评论，系统展示了自己的史学思想。刘勰之后，刘知幾的《史通》不但是第一部史学评论专著，也是第一部史评体史著，对于传统史学的发展产生了重要影响。刘知幾之后的郑樵、胡应麟和章学诚等，都对史学评论作出了重要建树。梁启超说："史学所赖以建设也自有史学以来二千年间，得三人焉：在唐则刘知幾，其学说在《史通》；在宋则郑樵，其学说在《通志总序》及《艺文略》《校雠略》《图谱略》；在清则章学诚，其学说在《文史通义》。"①

地理志体史书一般包含两类，一为地理书，二为方志书。《四库全书总目提要》说："古之地志，载方域、山川、风俗、物产而已，其书今不可见。然《禹贡》、《周礼·职方氏》，其大较矣。《元和郡县志》颇涉古迹，盖用《山海经》例。《太平寰宇记》增以人物，又偶及艺文，于是为州县志书之滥觞。元明以后，体例相沿。"②认为地理书产生很早，主要是"载方域、山川、风俗、物产"，《禹贡》《周礼·职方氏》《山海经》《元和郡县志》皆属此类书，而《太平寰宇记》因为增加了人物、艺文，由此滥觞了州县志书。张志哲也说："地理志一般包括两个方面，一为地理书，古时叫作图经，专记山川、疆域、物产、人口的，像《尚书·禹贡》《周书·职方》《山海经》及正史中的《地理志》即是；二是方志书，除记山川、疆域、物产、人口外，还记有建置沿革、人物故事、古迹名胜、民情风俗、文献著作等，像挚虞的《畿服经》等即是。"又说："中国古代纯粹的地理书极少，绝大部分都带有历史性质，因此地理志总放在史部。"③在传统史籍中，地理志类书籍类别很多，其中有综合性的地理志书，如

---

① 梁启超：《中国历史研究法》，28 页，北京，东方出版社，1996。

② 纪昀总纂：《四库全书总目提要》卷六十八《史部二十四·地理类一》，1813 页，石家庄，河北人民出版社，2000。

③ 张志哲：《中国史籍概论》，551 页，南京，江苏古籍出版社，1988。

《元和郡县志》《太平寰宇记》《元丰九域志》《舆地广记》《方舆胜览》《大明一统志》《大元一统志》《大清一统志》等；有地方性的地理志书，包括州郡府志和各省通志，如《华阳国志》《长安志》《吴郡志》《新安志》《浙江通志》等；有记述风俗的地理志书，如《蛮书》《东京梦华录》《真腊风土记》《岛夷志略》等；有凸显经世的地理志书，如顾炎武的《天下郡国利病书》、顾祖禹的《读史方舆纪要》等。

二、历史编纂的发展变化性

史书编撰体裁是一定的，运用一定的史书体裁进行具体的历史编撰却是灵活的。也就是说，史家在运用特定史书体裁进行历史编撰的过程中，往往会突破固有体裁的成例，灵活运用史书体裁，使得一定史书体裁的历史编撰呈现出综合性的特点。同时，史书编撰体裁又是不断发展的，往往会从最初的不完善到后来的逐渐完善。

首先，史书体裁的变化性特点。传统史学各种史书体裁的运用，都存在着变化性的特点。往往在一种特定的史书体裁运用过程中，会出现破例现象。以下以"史书三体"纪传体、编年体、纪事本末体为例，对此作出说明。

纪传体史书体裁的历史记述范围非常广泛，有人物、史事、典制等。也正因此，它"不是一种单一的体裁，而是一种综合的体裁"[1]。其一，从体裁结构来看。纪传体史书体裁主要包含四种体例：本纪、列传、志、表，有些纪传体史书还有世家、载记体例，加上史论，实际上是诸种体例的综合。其中，"本纪，基本是编年体，也有关于帝王本人的事迹。列传，是各方面代表人物的传记。世家，是诸侯和贵族的历史。载记是割据政权的历史。书志是关于典章制度和有关社会文化生活

---

① 白寿彝：《谈史书的编撰》，见《中国史学史论集》，493页，北京，中华书局，1999；另见《白寿彝史学论集》，523页，北京，北京师范大学出版社，1994。

各方面的历史。表，是用表的形式来表达错综复杂的社会情况。史论，是关于历史人物和历史事件的议论"①。由此来看，纪传体史书正是通过这些不同的体例，来对客观历史作出系统的反映的。从纪传体的角度而言，本纪、世家、列传、书志、表以及史论都是其中的具体体例。如果游离出纪传体而言，这一个个的具体体例，其实也就是一个个具体体裁。说纪传体其实是一种综合体，就是因为这种体裁内含了若干类体裁。

其二，从具体体例来看。纪传体史书不但从纪传体体裁角度而言是一种综合体，而且从一个个具体体例（或者说体裁）而言也具有综合的特点。如纪传部分，其实就是记言和记事相结合的结果。记事的体裁起源很早，最早的口传历史就具有记事的特点，甲骨文、"六经"中都有大量的记事；记言的史书最早当属《尚书》，此后的《国语》《战国策》等，都属于记言体裁。编年体史书《左传》已经将记事与记言糅合在一起。司马迁在撰写《史记》、创立纪传体史书体裁的过程中，不但汲取了过往史著内容，而且也汲取了过往史著的编撰体裁，综合记事与记言即是其中之一。白寿彝先生说："《史记》里最大量的篇幅都是把记事、记言综合在一起。记事和记言相结合，如果以人物为中心，就成为人物的传记。纪传体以大量的人物传记为中心的内容，是记言和记事相结合的必然产物。"②如果单独就列传而论，纪传体史书中的列传体例所记载的内容，包含人物专传、人物合传，还有杂传，也是形式多种多样。书志是纪传体史书的重要体例，其实也是专门记述典章制度的一种体裁。纪传体书志关于典章制度的记述，就涉及各类制度史，包括礼乐志、经济史志、地理志、法制史志、学术史志，这些制度史志其实都可以被看成是具体的史书体裁，纪传体中的书志体例，其实是将这些体裁进行了综合，相互配合，从而形成一个有机整体。

---

① 白寿彝：《谈史书的编撰》，见《中国史学史论集》，494～495 页，北京，中华书局，1999；另见《白寿彝史学论集》，524 页，北京，北京师范大学出版社，1994。

② 白寿彝：《谈史书的编撰》，见《中国史学史论集》，494 页，北京，中华书局，1999；另见《白寿彝史学论集》，524 页，北京，北京师范大学出版社，1994。

编年体史书体裁特点是以事系年，按照时间先后顺序记述历史。然而在使用编年体进行具体历史撰述过程中，往往也会兼采其他史书体裁撰述方法。现存第一部较完备的编年体史书《左传》，就已经充分展现了这一特点。一是言事综合。如上所述，纪传体继承了历史编撰言事综合的传统，而最早体现言事综合的史书当属编年体史书《左传》。《春秋》还只是记年月日和事目，非常简单。到了《左传》，不但重视记事，而且善写辞令，将记言与记事综合在一起。这一做法，为后世编年体史书和其他史书体裁的历史记述所继承。二是纳纪事本末于编年之中。重视纪事本末，在《左传》编年纪事中的具体事例很多。如记述鲁隐公元年"郑伯克段于鄢"一事，《左传》用了近七百字，从"初，郑武公娶于申，曰武姜"追述开始，一直写到郑庄公与其母姜氏和好如初，君子称赞颍考叔纯孝为止，将郑庄公、姜氏、共叔段之间发生的故事作了详细叙述。又如鲁僖公二十八年晋楚城濮之战，《左传》依次叙述了战前双方对于战争形势的估计，晋文公为准备对付楚国而稳住曹、卫二国的举动，晋文公为报流亡时期所受楚君之惠而兑现当初许诺下的"退避三舍"的诺言，晋国的战役部署，以及最终败楚的整个过程。这种重视事之始末的叙述方法，属于纪事本末体的做法，它在相当程度上弥补了编年纪事的不足。三是重视史论。编年体史书自《左传》的"君子曰"开始，具有重视历史评论的传统。像《汉纪》的"荀悦曰"、《后汉纪》的"袁宏曰"、《资治通鉴》的"臣光曰"等等，都是编年体史书作者所发表的对于所记述的历史的看法。这些历史评论有边叙事边评论，有先叙事后评论，形式不拘一格。相比较于纪传体史书卷尾简略的史论，编年体史书史论的分量要大得多，体现了编年体史书作者对于历史评论的高度重视。此外，《左传》还采用了其他一些叙述手法，比如人物传记体。最典型的例子，就是对于晋公子重耳流亡经历的记述。《左传》记述重耳逃亡生涯，是从鲁僖公五年"晋人伐诸蒲城"讲起的，随后对重耳近二十年的逃亡生涯作了详细叙述。这已经是一个小型的人物传记，属于人物传记体。

纪事本末体史书虽然是通过区分事目，进而详明事之始末为体裁特征，而详明事之始末，通常必须要按照年月来排比史事，这就必然会运用到编年纪事的史书体裁。袁枢改编司马光《资治通鉴》之编年体而创立纪事本末体，变纪年为中心为纪事为中心。《通鉴纪事本末》起于"三家分晋"，止于"（周）世宗征淮南"，共分239个事目，加上附目66个，总共记述305件大事。这些大的历史事件，袁枢是按照朝代和时间的先后顺序进行编排的。如前所述，编年体史书会用到纪事本末体，以便尽可能地使纪事能详明事之始末，同样，纪事本末体也必须会用到编年体，按照时间顺序条理清楚史事始末。这在一定程度上揭示了为何袁枢完全取材于编年体史书《资治通鉴》，却能成就纪事本末体史书《通鉴纪事本末》的内在原因。朱熹在评价袁枢《通鉴纪事本末》一书时，就从体裁上肯定了该书具有"错综"的特点。所谓"错综"，按照朱熹的说法，"错者，杂而互之也；综者，条而理之也"[①]，认为袁枢作此书，"于以错综温公（司马光）之书"[②]。实际上，编年体与纪事本末体的本质区别在于：编年体编年以纪事，中心在编年；而纪事本末体则是纪事以编年，中心在纪事。正因此，两种体裁之间天然地存在着相互包含的因素。

纪事本末体除重视运用编年纪事之外，也还综合了其他一些史书体裁。清人马骕编撰的《绎史》，可以被看作是纪事本末体史书充分运用各种史书体裁进行历史撰述的典范之作。白寿彝先生称赞说："清初的马骕是近三百年探索新综合体的第一人。"[③]《绎史》一书凝结了马骕一生的心血。该书共一百六十卷，纂录上古至秦末事，叙事方法是"仿袁枢《纪事本末》之例，每一事各立标题，详其始末"[④]，《四库全书总目提要》将其归于纪事本末体史书之列。然而，《绎史》的体裁运用，却充分体现了综合体的特点。该书除去基本形式为纪事本末体之外，其中包含了编年体、纪传体、人物传记体、典制体、学案体、史论体等史书体裁的运用。马骕在《绎史·征言》中自述其撰述旨趣时作如是说："纪事则详其

---

① 《朱熹集》卷五十四《答王伯礼》，2730页，成都，四川教育出版社，1996。

② 《朱熹集》卷八十一《跋通鉴纪事本末》，4171页，成都，四川教育出版社，1996。

③ 白寿彝主编：《中国通史》第一卷《导论》，305页，上海，上海人民出版社，1989。

④ 纪昀总纂：《四库全书总目提要》卷四十九《史部五·纪事本末类》，1354页，石家庄，河北人民出版社，2000。

颠末，纪人则备其始终。十有二代之间，君臣之迹，理乱之由，名、法、儒、墨之殊途，纵横分合之异势，了然具焉。"白寿彝先生也说："马骕是将纪传体、纪事本末体、学案体、典制体等，熔炼成为综合的体裁。"①

综上所述可知，传统史学的历史撰述，在采用一种主要史书体裁的同时，往往会"综合""错综"其他的史书体裁，由此体现出史书体裁的变化性特点。之所以如此，诚如白寿彝先生所说的："历史现象是复杂的，单一的体裁如果用于表达复杂的历史进程，显然是不够的。"②

其次，史书体裁的发展性特点。传统史学的历史编撰，其体裁运用除去具有变化性的特点之外，还具有发展性的特点。任何一种史书体裁自创立之后，通常都会经历一个不断发展、不断完善的过程。以下以纪传体、编年体和典制体为例。

纪传体的史书体裁创立于司马迁作《史记》。《史记》作为第一部纪传体史书，其体裁特点有二。其一，五体构成。《史记》作为纪传体史书，其基本结构包括十二本纪、三十世家、七十列传、八书和十表。关于"五体"的撰述旨趣，司马迁在《太史公自序》中有详细说明。白寿彝先生从题材运用、记述内容和编撰学史等角度，对《史记》的五体编撰情况作出了详细说明："本纪主要是用编年的形式，提絜一代的大事。表是用谱牒的形式，厘清错综的史事。书是综合论述的形式，也有一些纪事本末的形式，论述典章制度。世家兼用编年和纪传的形式，记载诸侯、勋贵和有突出成就、能世其家的人物。列传是人物传记，而有专传、合传和杂传等的不同形式。这五种体裁都是过去曾经有过的。但有意识地使它们互相配合在一部书里形成一个完整的体系，这是《史记》的创举。"③对于《史记》的纪传体创立之功，清人赵翼也称赞说："自此例一定，历

① 白寿彝主编：《中国通史》第一卷《导论》，305 页，上海，上海人民出版社，1989。
② 白寿彝：《谈史书的编撰》，见《中国史学史论集》，495 页，北京，中华书局，1999；另见《白寿彝史学论集》，525 页，北京，北京师范大学出版社，1994。
③ 白寿彝：《司马迁》，见《中国史学史论集》，63 页，北京，中华书局，1999。

代作史者遂不能出其范围，信史家之极则也。"①司马迁的《史记》通过五体相互配合，最大限度地反映了历史的全貌，成为中国历史上第一部名副其实的中华全史。其二，通史纪传。《史记》记述内容上起黄帝，下迄汉武帝，上下三千年，是中国历史上第一部真正意义上的通史撰述。通过通史纪传，《史记》不但对中国历史作出了全面的反映，而且也作出了系统的反映。

班固所作《汉书》，是继司马迁《史记》之后第二部纪传体史书。相较于《史记》，《汉书》的历史编撰有两个明显的不同，一是改《史记》通史纪传为断代纪传，创立断代纪传体；二是整齐体例，将《史记》五体改为四体。先从断代纪传而言。《汉书》顾名思义，反映的是汉朝历史，确切地说是西汉历史。班固为何要"断汉为史"？究其原因，主要是出于"宣汉"的需要。在班固看来，盛世历史需要史书载录，"虽尧舜之盛，必有典谟之篇，然后扬名于后世，冠德于百王，故曰'巍巍乎其有成功，焕乎其有文章也！'"②而"汉盛于周"，是历史上最强盛的王朝，应该需要一部史书来载录下王朝的伟大功德。然而记述汉史的《史记》采用通史纪传的方法，将汉王朝"编于百王之末，厕于秦、项之列"③。《史记》之后自褚少孙至班彪十余家《史记》续作，也都没有将有汉一代的历史单独成史。在班固看来，这些历史撰述都没有充分认识到汉朝重要的历史地位。班固"断汉为史"著述《汉书》，目的是要最大限度地、最为全面地记载西汉大一统盛世的历史，以史学家特有的历史自觉去肩负起宣汉的历史重任。然而，这种断代为史的做法却是历史编撰的一大创造，它对以后纪传体史书的撰写产生了重大影响。正如刘知幾所说："如《汉书》者，究西都之首末，穷刘氏之废兴，包举一代，撰成一书，自尔迄今，无改

---

① 赵翼：《廿二史札记校证》卷一《各史例目异同》，王树民校正，3 页，北京，中华书局，1984。

② 《汉书》卷一百下《叙传》，4235 页，北京，中华书局，1962。

③ 《汉书》卷一百下《叙传》，4235 页，北京，中华书局，1962。

斯道。"①值得注意的是，《汉书》的"断汉为史"，却又是断而不断、断中有通，其中的表和志体现最为突出。如《异姓诸侯王表》记载了自虞夏以来至汉初异姓诸侯王的兴衰过程；《诸侯王表》记载了周至汉诸侯王的兴衰变化情况；《百官公卿表》记载了自伏羲、神农、黄帝以来直到汉代的官职变化情况；《古今人表》记述的是伏羲至汉代各式人物；《律历志》记载了自太昊至东汉的历法运用情况；《礼乐志》记载了周至东汉初年礼乐制度的演变；《刑法志》记载了自古至汉刑法制度的具体演变情况；《食货志》记载了自古以来至王莽时期的食、货情况；《郊祀志》记载了历代帝王的祭祀等庆典及宗教活动；《天文志》记载了先秦至汉代的天象变化和天文学发展的历史；《五行志》记载了自古以来天象与人事的参验情况；《地理志》记载了古今地理的沿革情况；《沟洫志》实际上是一部关于夏禹以来的水利兴修的历史；《艺文志》则是一部汉代以前的思想文化史。由此可见，班固在"断汉为史"的同时，也注意从贯通中看历史变化。

再从整齐体例而言。班固对司马迁创立的纪传体的改进，还表现在对纪传体内部体例的整齐划一上。具体做法是：改书为志，并世家入列传，将纪传体整齐划一为纪、传、志和表四种体例；针对《史记》纪、传和书之间界限不够明晰的缺陷，而严明相互间的界限，以传载具体史事，以纪撮史事之大要，以志专记典章制度。此外，还有对标目和篇章排列上的整齐划一。而上述体例的整齐划一，就使得《汉书》对有汉一代史事的记载显得更为明晰化、条理化，从而更便于服务宣汉这一撰史宗旨。

自从班固创立断代纪传体以后，后世纪传体史书的编撰，诚如刘知幾所言，是"无改斯道"，本纪、列传、志、表之"四体"成为纪传体史书的基本体例，断代为史也成为主要撰述方式。当然，从此后纪传体正史的撰述来看，也会有一些新变化、新发展。如前所述，有些纪传体正史

---

① 刘知幾：《史通通释》卷一《六家》，浦起龙通释，20～21 页，上海，上海古籍出版社，2009。

四种体例并不完备，《南史》《北史》成为继《史记》之后仅有的纪传体通史撰述等。此外，具体体例也有发展，如《后汉书》对于类传和史论的发展，《魏书》《晋书》等采用载记体例记述割据政权的历史，等等。但是，断代纪传体撰述的基本格局没有变化。

编年体史书的编撰也有一个发展过程。最早的编年体史书《春秋》只记年月日和事目，犹如流水账，作为史书体裁，还很不完善。跟《春秋》相比，"《左传》则有言有行，有直述有概述，有追叙有附录，并有分析有评论"①，其编年纪事已经称得上是比较完备了。前述《左传》的言事综合、纳纪事本末于编年之中以及重视史论等史体变化性特点，其实也是其发展编年纪事的体现。然而，《左传》作为一部编年体史书，体例过于庞杂，尤其是对于无年月可考或不便分散于年月之下的史事无法作出叙述，正因此，《左传》也没有能将编年史的规模建立起来。

到了荀悦《汉纪》、袁宏《后汉纪》先继问世后，编年纪事在《左传》的基础上又有了发展。《两汉纪》在编年叙事上的发展，主要表现在两个方面。其一，连类列举，人事相兼。《两汉纪》叙事，因记一事而兼记同类之事、有关之事，因记一人而兼及同类之人、有关之人；而且因事记人、因人记事，常常因记一事一人而类记许多事和人。这种做法，大大扩充了编年史的记叙范围，减少了编年史因年月所限记载范围的不足，此法对后世影响很大。其二，用编年体记述一个王朝的历史。过去《春秋》和《左传》编年纪事，都只是记述一个时代，自《汉书》开创纪传体史书断代为史局面以后，荀悦开始将此法运用于编年纪事之中，《汉纪》由此成为第一部断代编年体史书，编年体也因此而与纪传体得以并立，形成了"班、荀二体，角力争先"②的局面。

编年体史书体裁的大发展，无疑是司马光的《资治通鉴》。自荀悦《汉纪》和袁宏《后汉纪》问世以后，编年叙述长期沉寂。司马光《资治通

---

① 张志哲：《中国史籍概论》，54～55页，南京，江苏古籍出版社，1988。

② 刘知幾：《史通通释》卷二《二体》，浦起龙通释，26页，上海，上海古籍出版社，2009。

鉴》问世以后，才彻底改变了这种局面。《资治通鉴》对于编年纪事的发展，主要体现在三个方面。其一，完善编年纪事。具体做法是：以正史本纪为经，以传为纬，将志的内容编入相当之年，又充分运用追叙、补叙、并叙、带叙等方法，如追叙法是先叙述事之由来，次叙及事件本身；补叙法是以时叙事，补充交代事件后果；并叙法是叙及一事，兼叙与所叙之事相关之事；带叙法是记人物首先必须交代人物的籍贯、世系，记王公大臣的官爵与封谥要附记于其薨卒之时，记重要人物要于拜官、到任或免卒之时叙述其生平事迹，带叙的目的是为了增强人物生平事件的完整性。《资治通鉴》的这些具体做法，较好地做到了将传统纪传体、编年体的优点尽量荟萃为一炉。其二，自撰自考。《四库全书总目提要》说："修史之家，未有自撰一书，明所以去取之故者。有之，实自光始。"①司马光自著《资治通鉴》，又自撰《通鉴考异》三十卷，为我国第一部自撰考史专著。司马光治史态度非常严谨，所以比较重视正史、实录等官修史书，同时又能变通，认为"实录、正史未必皆有据，杂史小说未必皆无凭"，而一切史料去取的唯一依据在于考实。因此《通鉴》不但收集资料广，辨析尤其精，由此确保了《资治通鉴》的史料价值。司马光考异法对后世编年史家影响很大，李焘、立心传、毕沅等人都沿用了这一考异法，清代一系列考史著作的问世，也无不受到《通鉴》考异法的影响。其三，目录索引。司马光编撰《通鉴目录》，可以被看作《资治通鉴》的姊妹篇。《通鉴目录》的编撰，其实相当于对正史中表的一种演化。该《目录》的做法是分列三格，上格纪年，中标事目，下注卷数，就好比是《资治通鉴》的索引。《目录》的制作，使得《资治通鉴》纪事更为明晰、完整，是编年纪事的新突破与新发展。正是由于《资治通鉴》在编年叙事上所取得的重大成就，使得传统的久已沉寂的编年体史书体裁焕发出了新的青春的活力，成为此后最具影响的历史撰述。

典制体史书体裁的发展，以《通典》《通志》和《文献通考》之"三通"最

---

① 纪昀总纂：《四库全书总目提要》卷四十七《史部三·编年类》，1296 页，石家庄，河北人民出版社，2000。

具代表。杜佑《通典》作为第一部典志体通史，其主要编撰特点有三：一是分门起例的资政特色。杜佑《通典》以"征诸人事，将施有政"①为撰述旨趣，在叙述门类上除去了一些与政治治理没有直接关系的传统史志，如律历、天文、五行、祥瑞、舆服等，而突出了"以食货为之首"，并且增加了与政治治理密切相关的选举、兵和边防等类，从而使典制门类的设置更加突出了"将施有政"和经邦致用的撰述特点。杜佑在《食货典》开篇序文中对其典制叙述作如是说："理道之先在乎行教化，教化之本在乎足衣食……是以食货为之首，选举次之，职官又次之，礼又次之，乐又次之，刑又次之，州郡又次之，边防末之。"二是统括史志，融会贯通。统括史志，是肯定《通典》对于历史纪传体正史史志的继承。前已述及，《通典》的编撰体例在很大程度上受到历代纪传体正史史志的影响。所不同的是，纪传体史志只是纪传体史书的一个组成部分，而《通典》则是叙述典章制度的专书；纪传体志书大多为断代而作，而《通典》则是融会贯通的通史撰述。三是议论体例别具一格。重视典章制度评论，是《通典》的显著特点。《通典》的议论主要有两种类型，一种是录"群士论议"，一种是作者本人评论。"群士论议"又有三种表述形式：一是在有关卷后集中记述"群士论议"，二是在同卷正文中记述制度沿革而杂录"群士论议"，三是在同卷中以正文记制度沿革而以注文录"群士论议"附后。作者本人评论的主要形式有序、论、说、议、评等，借此以发表自己的政治见解，同时也起到了对正文内容的提纲挈领的作用。

郑樵《通志》，其实是一部纪、传、表（谱）、志俱全的纪传体大通史。然而，《通志》通常又被作为典制体"三通"之一，成为典制体的代表作。之所以如此，主要是《通志》中记述典章制度的"二十略"成就巨大，不但发展了典制体，而且对此后典制体史书的编撰有着重要的影响。"二十略"对于典制体的发展，主要体现在三个方面。一是扩大典制记述范围。相较于传统纪传体正史的书志，或者典志体通史杜佑的《通典》，郑樵所作"二十略"的记述门类都要大得多。其中的《氏族略》《六书略》

---

① 杜佑：《通典·自序》，北京，中华书局，1988。

《七音略》《都邑略》《谥略》《校雠略》《图谱略》《金石略》《灾祥略》和《昆虫草木略》十个"略"为郑樵新创，《天文略》《地理略》《乐略》《艺文略》四个"略"赋予了新的内涵，《礼略》《器服略》《职官略》《选举略》《刑法略》和《食货略》六个"略"基本承袭旧的史志。"二十略"的创立，大大拓展了典章制度史的记述范围和历史研究领域。二是重视史学批评。梁启超在谈到中国史学批评史时，认为主要的三人，即刘知幾、郑樵和章学诚。对于郑樵的史学批评，梁启超作如是说："在宋则郑樵，其学说在《通志·总序》及《艺文略》《校雠略》《图谱略》。"①由此可见，梁启超所谓郑樵的史学批评，除去《总序》，就是"二十略"了，可见"二十略"在传统史学批评史上的重要地位。三是类例思想。所谓类例，即是在明晰学术源流的基础上对学术作出分类。"二十略"的创立，本身就是学术分类思想的体现。"二十略"中的每一"略"，也都贯彻了类例的思想。如《艺文略》不但采用十二分类法，而且实行类、家、种三级分类；又如《昆虫草木略》将动植物分成草、蔬、稻粱、木、果、虫鱼、禽、兽诸类，每类又细分若干种，种下又细分成若干小类，等等。按照郑樵的说法，"类例既分，学术自明"②。类例思想是对"辨章学术，考镜源流"传统学术思想的继承和发展。

马端临《文献通考》是继《通典》《通志》之后又一部典章体通史力作。如果说郑樵《通志·二十略》主要是仿历代纪传体正史书志而扩之，那么马端临《文献通考》则主要是仿杜佑《通典》而扩之。《文献通考》之于《通典》的"扩"，表现在两个方面。一是内容的扩，其历史记述自上古下迄宋宁宗嘉定末年，在《通典》的基础上将典章制度史往后续写了570年；二是门类的扩，改《通典》九门为二十四门。《文献通考》对于典制体的发展，主要表现在三个方面。一是整齐类例。杜佑《通典》为了贯彻"将施有政"的原则，对与治道关系不密切的典制门类未加记述。《文献通考》

---

① 梁启超：《中国历史研究法》，28页，北京，东方出版社，1996。
② 郑樵：《通志》卷七十一《校雠略·编次必谨类例论》，志831页，北京，中华书局，1987。

的整齐类例，一方面是扩大典章制度门类的记述，像经籍、帝系、封建、象纬和物异五个门类即是新增设的典制；另一方面则是对《通典》已有的典制门类进行离析，在《文献通考》的二十四个门类中，其中有十九个门类是离析《通典》门类而成的。在《文献通考·序》中，马端临对为何要离析原来门类，以及新增门类的原因，都有具体的说明。二是重视食货。杜佑《通典》首列食货，这表明他对社会经济的重视。郑樵《二十略》则将"食货"一门移至"选举""刑法"之后，表明他对社会经济的重视程度不如杜佑。《文献通考》不但继承了《通典》"食货为之首"的思想，而且将《通典》"食货"一门离析为田赋、钱币、户口、职役、征榷、市籴、土贡和国用八门，占全书二十四"考"的三分之一，比起《通典》的分量大大增加了（《通典》中的"礼典"占全书卷数一半），说明马端临重视社会经济之一斑。三是提出文献注编纂三原则。《文献通考》全书结构包括文、献、注三个部分，文指叙事，献指论事，注为史家自评。这种编撰方法灵活、自由，是对典志体史书编撰方法的重要发展。

　　"三通"代表了典志体史书撰述的最高成就。"三通"各具特点，从中可以看到典志体通史撰述的发展变化情况。

三、历史编纂的理论自觉性

　　传统历史编纂不但具有丰富多样性和发展变化性，而且还具有理论自觉性。就史书编撰体裁而言，刘勰《文心雕龙·史传》、刘知幾《史通》、胡应麟《史书占毕》和章学诚《文史通义》都有过系统的理论阐述，体现了传统历史编纂的理论自觉意识。

（一）刘勰《史传》篇论史书编纂体裁

　　中国传统史学论史书编撰，最早作出系统的理论阐发者当属南朝史评家刘勰，《文心雕龙·史传》既是中国传统史学理论第一个专篇，也是系统论述史书编撰体裁的第一个专篇。《史传》篇通过讲述传统史体的发展过程，对历代史书体裁作了评论。该篇指出，《尚书》和《春秋》是中国传统史学最早最具代表性的史书体裁，其中"言经则《尚书》，事经则《春秋》也"，《尚书》为记言体经典，《春秋》为记事体经典。该篇对二体的产生与发展过程作了叙述，认为唐虞夏商流行的是记言体，所谓"唐、虞流于典谟，商、夏被于诰誓"；而编年系事则产生于周初，起因是"洎周命维新，姬公定法，绅三正以班历，贯四时以联事"。肯定孔子作《春秋》，旨在"举得失以表黜陟，征存亡以标劝戒"，认为左丘明深得孔子《春秋》微言大义，通过阐发《春秋》所记史事，而创立了"传体"，即为经书作传之体。在此，刘勰将编年体从周初初创，到孔子赋予史义，再到左丘明"原始要终"推究史事的全过程作了叙述。

刘勰认为司马迁创立纪传体是"取式《吕览》"，即是仿效《吕氏春秋》的。对于司马迁所创纪传体内含的五种体例，《史传》如此评述道："纪纲之号，亦宏称也。故本纪以述皇王，列传以总侯伯，八书以辅政体，十表以谱年爵，虽殊古式，而得事序焉。"不但对"五体"的记述对象作了说明，而且肯定这种不同于"古式"的新的史书编撰体裁，却能够将历史事件条理清楚。《史传》没有对班固《汉书》整齐纪传体体例之功作出评述，但对其《十志》的撰述成就给予了充分肯定，认为"其十志该富，赞序弘丽，儒雅彬彬，信有遗味"。不过，刘勰对《史记》《汉书》为吕后作纪提出批评，认为是"违经失实"。《史传》篇给出的理由却是"庖牺以来，未闻女帝者也。汉运所值，难为后法。'牝鸡无晨'，武王首誓；妇无与国，齐桓著盟；宣后乱秦，吕氏危汉。岂为政事难假，亦名号宜慎矣"。很显然，刘勰的批评，是以宗经征圣的正统主义思想[①]为出发点的。对于东汉以降至南朝以前各种史书体裁的编撰，刘勰有肯定也有批评。如反映东汉的史书中，认为袁山松《后汉书》、张莹《后汉南记》"偏驳不伦"，薛莹《后汉记》、谢承《后汉书》"疏谬少信"；而肯定司马彪《续汉书》"详实"，华峤《后汉书》"准当"。反映三国的史书，大多"激抗难征，

---

① 刘勰《文心雕龙》作为兼具史论的文论著作，以"征圣""宗经"相标榜。该书以《原道》开篇，论述"文"的本原；再以《征圣》《宗经》二篇接续，表达作者"论文必征于圣，窥圣必宗于经"的撰述旨趣。

或疏阔寡要"，只有陈寿《三国志》"文质辨恰"。反映晋代的史书，有些史著未完稿，不过干宝的《晋纪》"审正得序"，孙盛的《晋阳秋》"以约举为能"。刘勰特别赞许邓粲《晋纪》重视立定体例的编撰价值，认为该书在撰述体例上"摆落汉、魏，宪章殷、周，虽湘州曲学，亦有心典谟"。

刘勰在综述历史编撰发展史的过程中，提出了自己对于历史编撰体裁运用与创新的看法，对传统史书编撰体裁作出了最早的理论阐发，对于唐代史评家刘知幾的史书编撰思想产生了重要影响。

(二)《史通》论史书编撰体裁

首先，提出正史"六家二体"说。这里所谓"六家"，是关于史籍的分类；而"二体"，则是关于史体的分类。《史通》以《六家》《二体》两篇冠盖全书，说明"六家二体"说在刘知幾的史学理论中占有崇高的地位。先说"六家"。刘知幾说："古往今来，质文递变，诸史之作，不恒厥体。权而为论，其流有六：一曰《尚书》家，二曰《春秋》家，三曰《左传》家，四曰《国语》家，五曰《史记》家，六曰《汉书》家。"①刘知幾所谓"六家"之论，显然与司马谈《论六家要指》中所谓"六家"的含义是不同的。刘知幾的"六家"论，是要区分史籍类别，追溯史籍源流；而司马谈的"六家"论，则是论述学术发展大势，是论学本源流。因此，二者"家"的内涵是不相同的。就刘知幾"六家"论的具体内容而言，其中的《尚书》家与《春秋》家，刘知幾借用《礼记·经解》的话，认为前者旨在"疏通知远"，后者要在"属辞比事"；《左传》家和《国语》家旨在述说经义，《国语》家是于《左传》之外"稽其逸文，纂其别说"以释经义；《史记》家"鸠集国史，采访家人，上起黄帝，下穷汉武，纪传以统君臣，书表以谱年爵"，创立了纪传体；《汉书》家的特点是包举一代，后世正史"无改斯道"。②

次论"二体"。刘知幾的"六家"说是综合了史书体裁和史书内容而言的。当他纯粹从史书的编撰形式即史书体裁来论说时，又提出了"二体"

---

① 刘知幾：《史通通释》卷一《六家》，浦起龙通释，1 页，上海，上海古籍出版社，2009。

② 刘知幾：《史通通释》卷一《六家》，浦起龙通释，21 页，上海，上海古籍出版社，2009。

说。刘知幾在对"六家"作出论述之后，进而总结道："考兹六家，商榷千载，盖史之流品，亦穷之于此矣。而朴散淳销，时移世异，《尚书》等四家，其体旧废，所可祖述者，唯《左氏》及《汉书》二家而已。"这就是说，"六家"当中，真正流传于世者，唯有《左氏》及《汉书》二家，即是指《左传》之编年体和《汉书》之断代纪传体。不过，在《二体》篇中，刘知幾又以《左传》和《史记》作为编年体和纪传体的代表，其曰："既而丘明传《春秋》，子长著《史记》，载笔之体，于斯备矣。"纪传体以《史记》为代表还是以《汉书》为代表，其含义是不同的，前者是通史纪传，后者是断代纪传。刘知幾的"二体"究竟何所指？《二体》篇又说："班、荀二体，角力相争，欲废其一，固亦难矣。后来作者，不出二途。"这是肯定史书编纂不出之班固断代纪传和荀悦断代编年"二途"。以此来看，刘知幾所谓二体，笼统地说是编年体和纪传体，具体而言当指断代的编年体和纪传体。

刘知幾的"六家二体"说得到了后代学者的认可，清人浦起龙就说："《史通》开章提出四个字立柱棒，曰'六家'，曰'二体'。此四字刘氏创发之，千古史局不能越。"①刘知幾的"六家二体"说，不失为中国古代历史编纂理论的"一家言"。

其次，提出杂史"十流"说。刘知幾的"六家二体"说，基本上反映了唐代之前中国史学的主要流派与史书体裁。与此同时，刘知幾也注意到近世史书编撰的发展与变化问题。《杂述》篇说："爰及近古，斯道渐烦，史氏流别，殊途并骛，榷而为论，其流有十焉：一曰偏记，二曰小录，三曰逸事，四曰琐言，五曰郡书，六曰家史，七曰别传，八曰杂记，九曰地理书，十曰都邑簿。"刘知幾认为，史书之"六家""二体"在演变过程中，到了近世，主要是在魏晋南北朝时期，又出现了"十流"。刘知幾关于史籍的分类，存在着正史、杂史之分，他视"六家""二体"之主流体裁编撰的史书为正史，而对于近世史书"十流"的出现，他一方面认为这是

---

① 浦起龙：《史通通释举要》，见刘知幾：《史通通释》，浦起龙通释，上海，上海古籍出版社，2009。

"斯道渐烦"的表现，将它们归于"杂史"类；另一方面又能用变易的眼光来看待史体的变化，能够将史书之"家""类"与"流"相结合来观察史学的演变，肯定随着"时移世异"，一些史体会被废弃，而一些新的流派又必然会产生，《尚书》等四家的废弃和近世"十流"的产生，便说明了这一点。结合刘知幾的六家、二体、十流论，其中体现了一种通识的意识。

最后，评论史书"二体"优劣。在《二体》篇中，刘知幾对纪传体的优劣作了评述："纪以包举大端，传以委曲细事，表以谱列年爵，志以总括遗漏，逮于天文、地理、国典、朝章，显隐必该，洪纤靡失。此其所以为长也。若乃同为一事，分在数篇，断续相离，前后屡出，于《高纪》则云语在《项传》，于《项传》则云事具《高纪》。又编次同类，不求年月，后生而擢居首帙，先辈而抑归末章，遂使汉之贾谊将楚屈原同列，鲁之曹沫与燕荆轲并编。此其所以为短也。"这段话肯定纪传体史书纪、传、表、志相结合，"显隐必该，洪纤靡失"，具有包容量大的优点。同时指出该体存在着两个缺点：一是叙事割裂、重复，二是编次不讲年月，前辈后生错列。同时，刘知幾还对纪传体中的通史纪传与断代纪传分别作了评述，认为通史纪传"疆宇辽阔，年月遐长……事罕异闻，而语饶重出。此采录之烦者也"。相比而言，断代纪传则能"包举一代，撰成一书，言皆精练，事甚赅密，故学者寻讨，易为其功。自迩迄今，无改斯道"[①]。

《二体》篇同时也对编年体作了评述："系日月而为次，列时岁以相续，中国外夷，同年共世，莫不备载其事，形于目前。理尽一言，语无重出。此其所以为长也。至于贤士贞女，高才俊德，事当冲要者，必盱衡而备言；迹在沈冥者，不枉道而详说。如绛县之老，杞梁之妻，或以酬晋卿而获记，或以对齐君而见录。其有贤如柳惠，仁若颜回，终不得彰其名氏，显其言行。故论其细也，则纤芥无遗；语其粗也，则丘山是弃。此其所以为短也。"这段话肯定编年纪事只要是"同年共世"之事，都

---

① 刘知幾：《史通通释》卷一《六家》，浦起龙通释，20～21 页，上海，上海古籍出版社，2009。

可以"备载其事",这是编年体的长处。编年纪事的短处则是,如果事涉"冲要",即有关国政,则能"纤芥无遗";反之,如果事迹"沈冥",即与国事无关,往往会"丘山是弃"。

(三)胡应麟《史书占毕》论史书编纂体裁

明代史评家胡应麟的《史书占毕》一书,是继刘知幾《史通》之后中国传统史学又一部史学理论著作。该书关于史书编撰体裁问题,也多有评论。胡应麟说:"《左传》《史记》《汉书》《后汉》《三国》,其文之以代降也,若历阶而下也。晋、魏、齐、梁靡冗,不称史矣,而有李延寿之六朝焉;唐、宋、辽、金僻滥,不称史矣,而有欧阳氏之五代焉。"[①]这段话是胡应麟对《左传》以下历代史书编撰的一个总体评价,主要是以纪传体史书为主。总体认为先秦汉魏史书编撰呈"历阶而下"趋势;至于两晋至宋辽金的历史编撰,只有李延寿的《南史》《北史》和欧阳修的《新五代史》可以称道,其他史书皆"不称史矣"。胡应麟的这个评价,反映了他对历代纪传体史书编撰的基本看法。当然,史书编撰质量如何取决的因素很多,其中最主要的是史家的素养。胡应麟也是由此出发展开对史家修养问题的论说的。但是这个评价的本身,也反映了胡应麟对历代纪传体编撰的基本认识。

评价纪传体史书,自然离不开对于马班的评论。胡应麟认为,纪传体"史之体制迁实创之,而其义例纤细班始备也,然雄伟跌宕之气衰焉",既肯定司马迁对于纪传体的开创之功,也承认班固对于纪传体的整齐体例之功。却又认为班固整齐体例的同时,失去了《史记》叙事表现出的"雄伟跌宕之气"。尽管如此,"自汉以后,历代史臣壹规班氏",肯定此后历代纪传体编撰皆以断代纪传为规制。胡应麟回顾了历代史家的马班优劣论,认为《史》《汉》二书,魏、晋以还纷无定说,为班左袒盖十七焉。唐自韩、柳始一颂子长,孟坚稍诎。至宋郑渔仲、刘会孟又抑

---

① 胡应麟:《少室山房笔丛》卷十三《史书占毕一》,127 页,上海,上海书店出版社,2009。

扬过甚，不足凭也。至明，诸论隅差得其衷"①。这段话的主旨思想一是肯定历代史家以传承班固断代之法者居多，断代纪传体是汉代以后纪传体撰述的主流；二是认为宋人郑樵等过于扬马抑班之论"不足凭"。胡应麟还从史书体例层面对马班作出比较论述。他肯定班固《汉书》历史编撰效仿司马迁《史记》的做法，说："孟坚之推太史，至矣；其驳太史，公矣。前人制作，瑜而掩之，私也；瑕而匿之，亦私也。"肯定《史记》《汉书》记述项羽事迹采用不同体例"各有当焉"："史迁列羽纪也，班氏列羽传也，各有当焉。迁通史前代，虽秦、楚弗容贬也；班独史当代，虽唐、虞不得详也。"②胡应麟对于马班的评论大体是公允的。

胡应麟还特别对纪传体史书的志表问题作出评论，提出不以有无表志定纪传史之优劣的主张。关于纪传体史书志、表的地位问题，宋代史家郑樵在《通志·总序》中有一个论述："江淹有言：'修史之难，无出于志。'诚以志者，宪章之所系，非老于典故者，不能为也。不必纪载，纪则以年包事，传则以事系人，儒学之士皆能为之。惟有志难，其次莫如表。所以，范晔、陈寿之徒，能为纪传而不敢作表志。"郑樵所言，要在强调纪传体史书志、表难作。胡应麟明确表示不赞成郑樵的说法，认为郑樵之论是"乡社老人动止供笑之论"。③ 其理由是纪传体史书重在纪传，而非志表，志表只是"闰余"；至于范晔、陈寿不作表志，是"咸有他故"。胡应麟还举例驳斥道："若以表志有无为史之优劣，则沈约、魏收史宋、魏，固皆有之，而李延寿《南北史》之无表志者，一出而沈、魏咸废何耶？且唐而后宋、辽、金、元，表志咸备，而其文益下又何耶？"④应该说，胡应麟上述某些说法有一定的道理。但是，他认为纪传体史书的志表不重要，则是不对的；他以一些史书有志表反而不如一些

---

① 胡应麟：《少室山房笔丛》卷十三《史书占毕一》，131页，上海，上海书店出版社，2009。

② 胡应麟：《少室山房笔丛》卷十三《史书占毕一》，134页，上海，上海书店出版社，2009。

③ 胡应麟：《少室山房集》卷一百零四《读通志略》，文渊阁四库全书本。

④ 胡应麟：《少室山房集》卷一百零一《读隋书》，文渊阁四库全书本。

未作志表的史书著名，这种说法也丝毫不能说明问题，因为他所举例的这些不太著名的史书，其纪传部分也并不出色，并不是因为它有志表的缘故。何况纪传体史书志表难作是公认的事实，它确实能衡量出一个史家史才的高下。

(四)《文史通义》论史书编撰体裁

首先，寓独断之学于通史撰述之中。章学诚提倡通史撰述，《文史通义》的《释通》篇以"六便""二长"对通史撰述作了肯定，这"六便"是"一曰免重复，二曰均类例，三曰便诠配，四曰平是非，五曰去抵牾，六曰详邻事"，而"二长"则是"一曰具剪裁，二曰立家法"。然而，通史撰述必须要有别识心裁，能自成一家。在章学诚的心目中，过往的通史撰述值得称道的有四家："总古今之学术，而纪传一规乎史迁，郑樵《通志》作焉。统前史之书志，而撰述取法乎官《礼》，杜佑《通典》作焉。合纪传之互文，而编次总括乎荀(悦)、袁(宏)，司马光《资治通鉴》作焉。汇公私之述作，而铨录略仿乎孔(逭)、萧(统)，裴潾《太和通选》作焉。"①四家当中，章学诚最推崇郑樵。《文史通义》专辟《申郑》一篇，不但对人们非议郑樵进行辩护，说"学者少见多怪，不究其发凡起例，绝识旷论，所以斟酌群言，为史学要删；而徒摘其援据之疏略，裁剪之未定者，纷纷攻击，势若不共戴天"。而且对郑樵一反当时以词采为文、考据为学的风气，而别识心裁、发凡起例，给予了充分的肯定，说"郑樵生千载而后，慨然有见于古人著述之源，而知著作之旨，不徒以词采为文，考据为学也……而独取三千年来遗文故册，运以别识心裁，盖承通史家风，而自为经纬，成一家言者也"。从章学诚对郑樵学术思想的评述中可以看出，章学诚所提倡的通史撰述，不但要"通古今之变"，而且要发凡起例、别识心裁。也就是说，通史撰述不是简单地将各朝代的历史拼凑在一起，而是要寓独断之学其中，只有这样，才能承继起通史家风。

其次，以"撰述""记注"定史书二类。史籍分类早已有之，然而以往

---

① 章学诚：《文史通义校注》卷四《释通》，叶瑛校注，373 页，北京，中华书局，1994。

的史籍分类，多是依据史体而定。章学诚则别出心裁，按照史籍的内容与功用进行分类，由此别出"撰述"与"记注"两类，或称"著述"和"比类"，前者是一种历史著述，后者则是史料汇编。章学诚以过往史书为例，对史书之"撰述"与"记注"作了说明。他说："古人一事必具数家之学，著述（即撰述）与比类（即记注）两家，其大要也。班氏撰《汉书》，为一家著述矣，刘歆、贾护之《汉记》，其比类也；司马撰《通鉴》，为一家著述矣，二刘、范氏之《长编》，其比类也。"这就是说，撰述是贯彻"史义"于其中的，而记注只是一种资料汇编。为了进一步论述"撰述"与"记注"的不同特点，章学诚又以"圆神"和"方智"作比，《书教下》说："撰述欲其圆而神，记注欲其方以智也。夫智以藏往，神以知来，记注欲往事之不忘，撰述欲来者之兴起，故记注藏往似智，而撰述知来拟神也。藏往欲其赅备无遗，故体有一定而其德为方；知来欲其抉择去取，故例不拘常而其德为圆。"在这段话中，章学诚以"圆神"和"方智"作比"撰述"与"记注"，说明了二类史书的不同特点：从功用来说，"撰述"用以知来，而"记注"用以藏往；从编纂特点来说，"撰述"不拘常例，而"记注"则"赅备无遗"；从难易而言，"撰述"要有观点、有分析、有组织，因而较难，而"记注"则主要史资料的整理与汇编，相对较易。当然，"撰述""记注"与"圆而神""方以智"之分类的性质是有所不同的，"记注和撰述，是对历史记载之最大的分类，是从性质方面说的。圆而神和方以智，是从历史记载的成就或应有的要求说的"①。同时，"撰述"与"记注"二者之间又是相互依存的，前者以后者为基础。章学诚将二者的关系形象地作了比喻，他说："著述譬之韩信用兵，而比类譬之萧何转饷。"②也正因此，章学诚不但对"撰述"提出了很高的要求，而且对"记注"也提出了具体要求，在他看来，"撰述"需独断，"记注"需考索，"独断之学，非

---

　　① 白寿彝：《谈史书的编撰》，见白寿彝：《中国史学史论集》，北京，中华书局，1999；另见《白寿彝史学论集》，北京，北京师范大学出版社，1994。

　　② 章学诚：《章学诚遗书》卷九《报黄大俞先生》，77页，北京，文物出版社，1985。

是不为取裁；考索之功，非是不为按据"①。具体而言，章学承认为"记注"之作，需要"详略去取，精于条理""辨同考异，慎于覈核""钩玄提要，达于大体"②；而"撰述"则需要在"记注"的基础上别出心裁，变通独断，贯通史义，而成一种创作。

再次，关于"史书三体"的评述。章学诚肯定史书体裁的演变是历史编纂学进步的体现。他说："历法久则必差，推步后而愈密，前人所以论司天也。而史学亦复类此。"又说："《尚书》一变而为左氏之《春秋》，《尚书》无成法，而左氏有定例以经纬也。左氏一变而为史迁之纪传，左氏依年月，而迁书分类例以搜逸也。迁书一变而为班氏之断代，迁书通变化，而班氏守绳墨以示包括也。"③这就将《尚书》以来至班固作《汉书》，历代史书体裁的发展变化作了具体论述，突出了史书体裁变化的规律及其特点。章学诚对传统史学纪传、编年和纪事本末之"史书三体"进行了系统评述。对于纪传体，章学诚说："纪传之书，类例易求而大势难贯。而知幾谓一事分书，或著事详某传，或标互见某篇，不胜繁琐，以为弊也。不知马班创例，已不能周，后史相沿，皆其显而易见者耳。"④这里一句"类例易求而大势难贯"，已经把纪传体的优缺点都作了概括。章学诚赞成刘知幾关于纪传体的批评，在他看来，当初马、班创立纪传体时，它就不是一种周全的史体，而后世者纪传体史书作者只知效仿，不知变通。对于编年体，章学诚说："编年之史，能径而不能曲，凡人与事之有年可纪有事相值者，虽细如芥子必书；其无年可纪与无事相值者，虽巨如泰山不得载也。"⑤也就是说，由于受到按年月记事的体例所限，编年体多有遗漏史实的弊端。也正因此，章学诚认为这就是后起之纪传体胜过编年体的原因。就编年与纪传二体来说，章学诚是倾向

① 章学诚：《文史通义校注》卷五《答客问中》，叶瑛校注，477页，北京，中华书局，1994。

② 章学诚：《章学诚遗书》卷九《报黄大俞先生》，77页，北京，文物出版社，1985。

③ 章学诚：《文史通义校注》卷一《书教下》，叶瑛校注，50、49页，北京，中华书局，1994。

④ 章学诚：《章学诚遗书》卷七《史篇别录例议》，65页，北京，文物出版社，1985。

⑤ 章学诚：《章学诚遗书》卷七《史篇别录例议》，66页，北京，文物出版社，1985。

于纪传体的，他认为司马迁创立纪传体"实为三代以后之良法"，只可惜后代继者不知通变，遂将它变成一种科举之程式。① 对于纪事本末体，章学诚最为赞赏。认为袁枢创立这一新史体，有化腐朽为神奇之功，实为历史编纂开创了一条新的途径。他说："本末之为体也，因事命篇，不为常格，非深知古今大体，天下经纶，不能网罗隐括，无遗无滥。"认为这种体裁的优点是"文省于纪传，事豁于编年，决断去取，体圆用神，斯真《尚书》之遗也"②。

最后，提出关于新史体的构想。章学诚的新史体构想主要包含三个部分：本纪、传、图表。本纪是按照年代编写大事纪要。章学诚作本纪，是仿效司马迁《史记》以"本纪为经，而诸体为纬"的做法。③ 传以"因事命篇"，即是说要按照纪事本末体的做法做传。在章学诚看来，只有因事命篇、不为常例所拘，才能够记事无遗无滥。至于因事命篇的具体做法，则可以是"或考典章制作，或叙人事终始，或究一人之行，或合同类之事，或录一时之言，或著一代之文"④。图表是章学诚新史体中的重要组成部分。章学诚认为："图象为无言之史，谱牒为无文之书，相辅而行，虽阙一而不可者也。"⑤章学诚对于自己构画的这一新史体是颇为自信的，他自我评价说，此体"较之左氏翼经，可无局于年月后先之累；较之迁史之分列，可无歧出互见之烦。文省而事益加明，例简而义益加精"⑥。章氏自我评价是否准确、客观姑且不论，具有创新意识则是事实。

---

① 章学诚：《文史通义校注》卷一《书教下》，叶瑛校注，50 页，北京，中华书局，1994。
② 章学诚：《文史通义校注》卷一《书教下》，叶瑛校注，51～52 页，北京，中华书局，1994。
③ 章学诚：《文史通义校注》卷七《永清县志舆地图序例》，叶瑛校注，731 页，北京，中华书局，1994。
④ 章学诚：《文史通义校注》卷一《书教下》，叶瑛校注，52 页，北京，中华书局，1994。
⑤ 章学诚：《文史通义校注》卷六《和州志舆地图序例》，叶瑛校注，635 页，北京，中华书局，1994。
⑥ 章学诚：《文史通义校注》卷一《书教下》，叶瑛校注，52～53 页，北京，中华书局，1994。

第十讲　"才学识德"：传统史学的史家修养论

史家修养如何，影响到对于客观历史的认识，决定着史著价值的高低。正因此，中国古代史学重视史家修养，并在长期的史学实践过程中形成了丰富的史家修养理论。纵观中国古代史家修养理论的发展过程，先秦秦汉为滥觞时期，其所提出的"良史"论与论载历史的使命感，为此后史家修养理论奠定了基础；晋唐为形成时期，其中刘勰的"素心"说为中国古代史家修养论作出了初步总结，刘知幾提出的才、学、识"三长"论标志着中国古代史家修养理论的形成；明清为总结时期，从胡应麟的"公心""直笔"之"二善"说，到章学诚"尽其天而不益以人""明辨心术"的"史德"论，中国古代史家修养理论得到了全面总结。

一、刘勰的"素心"说：史家修养理论的初步总结

在南朝刘勰提出"素心"说，对中国古代史家修养理论作出初步总结之前，史家修养理论已经经历了一个漫长的发展过程，从先秦时期的滥觞，中经汉晋时期的发展，之后才有了南朝时期刘勰的初步总结。从史学理论发展的本身来看，刘勰"素心"说的提出，是对先秦以来有关史家修养理论的继承和发展，并最终形成的一种系统的理论论述。

(一)南朝以前史家修养理论的演进过程

关注史家修养的意识，追根溯源，是伴随着古代史官制度的建立而开始萌生的。在先秦史学中，最能体现史家素质的典型事例，莫过于

"董狐笔"和"太史简"。根据《左传》记载，两件事情分别发生于宣公二年的晋国和襄公二十五年的齐国。前者说的是晋灵公被赵穿所杀，晋国大史董狐以赵盾身为正卿，"亡不越竟，反不讨贼"，从而负有道义责任为由，书"赵盾弑其君"以示于朝；后者说的是齐国权臣崔杼弑君，齐太史为书写下"崔杼弑其君"的真实历史，兄弟数人前赴后继、献身史职的故事。对于董狐的书法，孔子的评价是"董狐，古之良史，书法不隐"①。而齐太史自然也是被人们视作良史的典范。如果说董狐和齐太史的写史实践体现了古代良史的素养，那么孔子则是第一次在史家修养理论上提出了"良史"这个概念和标准，孔子的"良史"说无疑是对忠于职守、不畏权贵之史官精神的一种认可。

其实孔子本人的史学实践也彰显了一种良史精神。按照《孟子·离娄下》的说法，孔子作《春秋》，"其事则齐桓、晋文，其文则史，孔子曰：'其义则丘窃取之矣。'"这既是在谈《春秋》的制作情况，也是在评史家修养问题。在孟子看来，史学包含了史事、史文和史义三个要素，从史家素质要求来说，史事要求史家如实直书，史文反映史家表述能力，史义体现史家历史见识。其中的《春秋》之义，《孟子·滕文公下》有进一步评说，孟子认为，孔子作《春秋》，是要通过书乱世之史以使"乱臣贼子惧"，进而达到整肃政治、挽救世风之目的，这便是《春秋》所蕴含的"史义"。司马迁也说孔子作《春秋》，是"以为天子仪表，贬天子，退诸侯，讨大夫，以达王事而已矣"②。因此，孔子因史事、史文而求得史义，是彰显了史家的一种历史自觉和高度的社会责任感。

汉代司马迁著《史记》，提出要成史家"一家言"。而要实现这一目标，当然会对史家素质提出要求。首先，史家必须具有强烈的使命感。在《太史公自序》中，司马迁通过回答壶遂为何作《史记》的原因时，具体论述了他的作史缘由：

余闻之先人曰："伏羲至纯厚，作《易》八卦。尧舜之盛，《尚

---

① 杨伯峻：《春秋左传注（修订本）·宣公二年》，724 页，北京，中华书局，2016。
② 《史记》卷一百三十《太史公自序》，3297 页，北京，中华书局，1959。

书》载之，礼乐作焉。汤武之隆，诗人歌之。《春秋》采善贬恶，推三代之德，褒周室，非独刺讥而已也。"汉兴以来，至明天子，获符瑞，封禅，改正朔，易服色，受命于穆清，泽流罔极，海外殊俗，重译款塞，请来献见者，不可胜道。臣下百官力诵圣德，犹不能宣尽其意。且士贤能而不用，有国者之耻。主上明圣而德不布闻，有司之过也。且余尝掌其官，废明圣盛德不载，灭功臣世家贤大夫之业不述，堕先人所言，罪莫大焉。①

这段话不但依据史实论述了论载历史，留存史文的重要性，而且明确了他写作《史记》的必要性：于公，记述汉兴以来明君贤臣事迹乃太史令职责所在；于私，写作汉史是父亲司马谈的遗愿，不能"堕先人所言"。由此来看，撰述历史不但是作为太史令的司马迁父子的共同愿望，而且也反映了他们对此所具有的强烈的历史使命感和高度的历史责任感。其次，史家必须具有全面的素养。司马迁要"成一家之言"，历史撰述当然不只是要载录明君贤臣事迹，《史记》的撰述旨趣是要"究天人之际，通古今之变"，"稽其成败兴坏之理"。这样一种撰述旨趣，对于史家个人修养提出了很高的要求，体现了史家的一种理论自觉。诚如学者所言："虽然他没有明确提出史家才、学、识、德的概念，但这些都体现在他的认识和实践之中。"②

史家班彪、班固父子在论述司马迁史学时，提出了他们关于"良史"的标准和要求。班彪的"良史"论，主要是从历史编纂角度而言的，他肯定司马迁"善述序事理，辨而不华，质而不野，文质相称，盖良史之才也"③。班固对于司马迁史学的评论更为全面和具体。首先，班固称赞司马迁治学勤奋，学识渊博。班固认为，《史记》之所以能陶铸上下数千年历史于一炉，是与司马迁治学勤奋，学识渊博分不开的。他说司马迁

---

① 《史记》卷一百三十《太史公自序》，3299 页，北京，中华书局，1959。
② 许凌云：《儒家伦理与中国史学》，249 页，济南，齐鲁书社，2004。
③ 《后汉书》卷四十上《班彪列传》，1325 页，北京，中华书局，1965。

"涉猎者广博，贯穿经传，驰骋古今，上下数千载间，斯以勤矣"①。其次，班固对《史记》的史料价值给予充分肯定。由于司马迁"博物恰闻"，故而《史记》的撰述网罗宏富。《汉书》本传说："司马迁据《左氏》《国语》，采《世本》《战国策》，述《楚汉春秋》，接其后事，讫于〔天〕汉。"这就是说，司马迁之前的重要典籍，都成为司马迁撰写《史记》的重要参考资料。最后，班固明确称赞《史记》为"实录"之作。班固说："然自刘向、扬雄博极群书，皆称迁有良史之材，服其善序事理，辨而不华，质而不俚，其文直，其事核，不虚美，不隐恶，故谓之实录。"②如果按照刘知幾才、学、识"三长"的史家修养标准来看，这里所谓"涉猎者广博"和"博极群书"，指的是史学；"善序事理，辨而不华，质而不俚，其文直，其事核"，指的是史才；"不虚美，不隐恶"的实录精神，则如同刘知幾"据事直书"的史识论，也包含了史德思想。班固虽然没有提出才、学、识概念，然而他对司马迁史学的评价，显然已经涵盖了这些史家修养标准。

魏晋南北朝时期，史学理论伴随着史学的多途性发展而不断发展，史家修养理论也在不断得到丰富。据《晋书》本传载，晋人张辅曾著《班马优劣论》，对司马迁和班固史学作了对比评述，其曰：

> 迁之著述，辞约而事举，叙三千年事唯五十万言；班固叙二百年事乃八十万言，烦省不同，不如迁一也。良史述事，善足以奖劝，恶足以监诫，人道之常。中流小事，亦无取焉，而班皆书之，不如二也。毁贬晁错，伤忠臣之道，不如三也。迁既造创，固又因循，难易益不同矣。又迁为苏秦、张仪、范雎、蔡泽作传，逞辞流离，亦足以明其大才。故述辩士则辞藻华靡，叙实录则隐核名检，此所以迁称良史也。③

这段评论曾经引起过后世关于班马优劣的大讨论。如果从史家修养理论而言，它涉及"良史"的标准问题。在张辅的眼中，所谓良史，应该具备的

---

① 《汉书》卷六十二《司马迁传》，2737 页，北京，中华书局，1962。
② 《汉书》卷六十二《司马迁传》，2738 页，北京，中华书局，1962。
③ 《晋书》卷六十《张辅列传》，1640 页，北京，中华书局，1974。

素质一是辞约事举，二是言足劝诫，三是造创体裁，四是逞辞流离，五是隐核名检。这些素质涉及史家的叙事能力、表述能力、编纂能力、求道精神与实录精神等诸多方面。晋史家干宝对史学也多有批评，刘知幾《史通·烦省》说干宝著《史义》，"历诋诸家，而独归美《左传》，云：'丘明能以三十卷之约，括囊二百四十年之事，靡有孑遗。斯盖立言之高标，著作之良模也。'"在此，干宝主要从言简意赅的角度对史家史文叙述作了要求，涉及的是史才问题。

南朝史家范晔著《后汉书》，该书中华书局标点本后附具有自序性质的《狱中与诸甥侄书》一文，集中反映了范晔关于史家修养的一些重要思想。在该文中，范晔首先对之前历史撰述进行了评论："详观古今著作及评论，殆少可意者。班氏最有高名，既任情无例，不可甲乙辨。后赞，于理近，无所得，唯志可推耳。"在此，范晔对班固《汉书》的撰述表示不满，对其史例、论赞提出批评，这其实也就是从史才与史识上予以了否定。随后，他对自己《后汉书》撰成的各篇序、论、赞表示非常满意："吾杂传论皆有精意深旨，既有裁味，故约其词句。至于《循吏》以下及六夷诸序论，笔势纵放，实天下之奇作。其中合者，往往不减《过秦篇》。尝共比方班氏所作，非但不愧之而已。……赞自是吾文之杰思，殆无一字空设，奇变不穷，同含异体。"这里我们姑且不论范晔的自我评价是否完全中肯，但起码说明范晔对于史家的史识是高度重视的，他要通过这些序、论、赞，来阐发自己的"精意深旨"，发表自己对于历史的看法。同时范晔也重视历史事实的叙述，并从历史叙事角度对于班固《汉书》作了肯定："若固之序事，不激诡，不抑抗，赡而不秽，详而有体，使读之者亹亹而不猒，信哉其能成名也。"①认为自己的《后汉书》与班固的《汉书》相比，"博赡可不及之，整理未必愧也"。范晔所谓班固《汉书》的"博赡"，自己《后汉书》的"整理"，其实都是史家的一种素养。此外，范晔《后汉书》对于义例多有发明创新，体现了其高超的史才。范晔说："纪传例为举其大略耳，诸细意甚多。"范晔的"纪传例"已不存在，

---

① 《后汉书》卷四十下《班彪列传》，1386 页，北京，中华书局，1965。

但从《后汉书》的体例运用，还是可以管窥一二的。如《后汉书》的本纪部分开创了《皇后纪》和附记的义例，其中附记义例适用于那些无事迹可记的幼帝，而《皇后纪》则如实反映了东汉一朝诸多母后专权的历史事实。《后汉书》的主干部分是列传，而列传最为显著的编写特色是注重以类相从。从众多类传的设立来看，《后汉书》的类传总共有十个，而其中的《党锢》《宦者》《文苑》《独行》《方术》《逸民》和《列女》共七个类传，都是其独创的。《狱中与诸甥侄书》虽然文字不长，却充分体现了范晔作为史家的一种自觉的修养意识。

(二)刘勰的"素心"说

中国古代史学批评不断发展，终于在南朝梁时诞生了第一个史学评论专篇——刘勰的《文心雕龙·史传》。刘勰，字彦和，祖籍东莞郡莒县(今山东莒县)，世居京口(今江苏镇江)，大约生活于宋明帝泰始初年到梁武帝中大通四年，一生经历了宋、齐、梁三朝，《梁书》和《南史》皆有其传。所撰《文心雕龙》五十篇，虽"未为时流所称"，却"自重其文"，并且得到了当时文坛领袖沈约的认可，认为该书"深得文理，常陈诸几案"①。《文心雕龙》其实是一部文论著作，世有"论文则《文心雕龙》，评史则《史通》"②之说。然而其中的《史传》篇，则是评史专篇，论及近20位史家的著作，对此前中国史学发展史第一次作出了系统评论。《文心雕龙》的其他篇章虽为文论，却又是融史论于文论之中的，也有史学评论的内容，而且文论的基本理论一样也适用于史论。

史家修养作为史学评论的重要问题，自然也引起了刘勰的高度重视。《史传》篇关于史家修养理论有个经典表述，即是"析理居正，唯素心③

---

① 《梁书》卷五十《刘勰列传》，712页，北京，中华书局，1973。
② 王惟俭：《史通序》，见刘知幾：《史通通释·别本序三首》，浦起龙通释，上海，上海古籍出版社，2009。
③ 关于"素心"一词，历代注本有取"素心"与"素臣"两种不同的说法，其中持"素心"说者以范文澜《文心雕龙注》、周振甫《文心雕龙注释》和杨明照《文心雕龙校注拾遗补正》等为代表；持"素臣"说者以金毓黻《〈文心雕龙·史传篇〉疏证》、陆侃如《文心雕龙译注》和赵仲邑《文心雕龙注》为代表。彭忠德先生曾撰《刘勰的"素心"与"素臣"说辨析》，载《史学史研究》，2006(3)一文，从版本、时代用语和上下文意三个方面对此进行考证，得出"素心"真、"素臣"非的结论，有说服力。本文取"素心"之说。

乎！"何谓"素心"？范文澜的解释是："素心，犹言公心耳。"①周振甫也说："犹公心，言心无偏私。"②刘忠德则认为"素心"乃指"本心"，"没有先人之见"③。解释不尽相同，前二者强调公心，道德色彩较浓；后者则更强调客观性，具有理性色彩。不过这种强调客观的理性态度，与清代章学诚所谓"尽其天而不益以人"的"史德"说已经比较接近。应该说这两种对于"素心"的不同理解都有道理，也都大致符合刘勰"素心"说的原意。如此理解，我们认为"素心"即是从史德上对史家修养所提出的要求，即要求史家在著史时，要本着一种客观、公正、无私的态度。只有这样，才能做到"析理居正"。而所谓"析理居正"，金毓黻先生则引用《史传》篇的原话作了解释：所谓"析理"，指的是"贯乎百氏，被之千载，表征盛衰，殷鉴兴废"；所谓"居正"，则是指"使一代之制，共日月而长存；王霸之迹，并天地而久大"④。由此综合刘勰的"析理居正"，应该包含依"理"修史和据"事"直书两层含义，即要求史家在道德修养的基础上，对于历史撰述需要做到理性分析与文直事核。

综观《史传》篇及《文心雕龙》其他相关篇章的叙述，刘勰所谓的"素心"以"析理居正"的思想，主要表现在如下两个方面。

首先是宗经征圣。宗经征圣是刘勰文论的核心理论，也是刘勰史家修养理论的立论基础。《文心雕龙》开篇三文《原道》《征圣》《宗经》，实为全书开篇明义，为其文论、史论奠定基调。其中的《原道》篇肯定"道沿圣以垂文，圣因文而明道"，明确了道、圣、文之间的关系。《征圣》篇的核心思想是强调文需以圣人为师，所谓"征之周、孔，则文有师矣"，并且具体阐述了圣人为文的基本原则、基本方法以及"征圣立言"的重要性。《宗经》篇则强调"论文必征于圣，窥圣必宗于经"，肯定明了圣人之意，需要以经为宗。而所谓"经"，从经文而言，是指《易》《书》《诗》《礼》

---

① 范文澜：《文心雕龙注》，306 页，北京，人民出版社，1958。
② 周振甫：《文心雕龙注释》，181 页，北京，人民文学出版社，1981。
③ 刘忠德：《刘勰的"素心"与"素臣"说辨析》，载《史学史研究》，2006(3)。
④ 金毓黻：《〈文心雕龙·史传篇〉疏证》，载《中华文史论丛》，1979(1)。

《春秋》之"五经"；从经义而言，则是指"恒久之至道，不刊之鸿教也"。文能宗经、仿经，才能体现出"六义"：情深而不诡，风清而不杂，事信而不诞，义贞而不回，体约而不芜，文丽而不淫。《文心雕龙》开篇三文，其实是讲了道、圣、经三者的关系，认为文以道为准，道为经所载，经由圣人述。三文集中表述的思想，即是宗经征圣。宗经征圣不仅是《文心雕龙》开篇三文的主旨思想，也是贯穿全书的主旨思想。《史传》作为史学评论专篇，同样也以宗经征圣为指导思想，所谓"立义选言，宜依经以树则；劝诫予夺，必附圣以居宗"。这就是说，确定史书的宗旨，选用史书的言辞，都应该按照经典的规范树立原则；史书的劝勉鉴戒，必须以圣人的思想为主宰。刘勰的宗经征圣论，其实就是对史家修养所提出的思想要求。

《史传》篇依照宗经征圣的思想，对历代史学与史学思想作出评论，从中也可以看出其对史家素养所作出的要求。其一，《史传》肯定"六经"乃史学之源。《史传》篇认为，《尚书》与《春秋》分别属于"言经"和"事经"，尧舜时代的历史靠《尚书》中的"典谟"流传下来，夏商时代的历史则记载于《尚书》的"诰誓"之中；《春秋》因鲁史而修成，通过褒贬予夺，"征存亡以标劝诫"；由于《春秋》具有"睿旨幽隐，经文婉约"之特点，只有同时代的左丘明能理解其微言大义，通过推究史实过程而成"传体"史书《左传》，其"转受经旨，以授于后，实圣文之羽翮，记籍之冠冕也"。毫无疑问，唐代刘知幾的史籍流派六家划分说，将《尚书》《春秋》《左传》三部经传作为前三家，应该是受到了刘勰经史观念的影响的。

其二，《史传》从宗经征圣角度对历代史家、史著作了批评。从史学角度而言，刘勰对马班汉史多有肯定，对东汉以后的史书则少有称道，其中可称者，东汉史有"司马彪之详实，华峤之准当"，三国史"唯陈寿《三国志》"，晋史"干宝述《纪》，以审正得序；孙盛《阳秋》，以约举为能"。然而按照宗经征圣的标准，刘勰对司马迁、班固史书作了不同评价，他批评司马迁《史记》有"爱奇反经之尤"，而肯定班固《汉书》为"宗经矩圣之典"。同时，对于马、班以及东汉张衡等人所立"本纪"，则认为普遍违背了宗经征圣的原则，刘勰批评说：

> 及孝惠委机，吕后摄政，班、史立纪，违经失实，何则？庖牺
> 以来，未闻女帝者也……岂唯政事难假，亦名号宜慎矣。张衡司
> 史，而惑同迁、固，元帝王后，欲为立纪，谬亦甚矣。①

既然宗经征圣是史家进行历史撰述必须作出的要求，自然也就成为史家素质的必备要素。史家进行历史撰述，必须自觉地以宗经征圣为基本原则，在宗经征圣的思想指导下去认识历史、撰述历史。

其次是直书其事。史学认识是一种三级思维，需要认识主体通过借助于史料而达到对于客体的认识。刘勰对于历史学的认识特点是心领神会的，所以《史传》说："居今识古，其载籍乎！"既然历史认识需要依靠前人留下的历史记载，那么要想让后人对过往的历史有一个正确的认识，首先需要作史者能够给后人留下信史，也就是要求史家作史应该直书其事。因此，直书其事既是历史记述的基本要求，也是史家应有的作史态度和必备素质。

综观刘勰的直书观，明显具有二重性特点。一方面，强调作史需要直书其事。刘勰肯定历史书写直书其事的重要性，《史传》说："原夫载籍之作，必贯乎百氏，被之千载，表征盛衰，殷鉴兴废。使一代之制，共日月而长久；王霸之迹，并天地而久大。"既然历史书籍的写作是为了"殷鉴兴废"，为了留存"一代之制"和"王霸之迹"，因此，史家必须留下真实的信史，才能实现这一作史目的。所以《史传》说："文非泛论，按实而书。"刘勰对一些史书的直书其事做法给予肯定，如他肯定"直归南、董"，赞扬"董狐笔"与"太史简"的直书精神，称赞司马迁《史记》的"实录无隐之旨"。另一方面，也对汉晋一些史书直书不足提出批评，如虽然肯定司马迁《史记》的直书做法，却也指出其有"爱奇反经之尤"；袁山松《后汉书》和张莹《后汉南记》"偏驳不伦"；薛莹《后汉记》、谢承《后汉书》"疏谬少信"；孙盛《魏氏阳秋》、鱼豢《魏略》以及虞溥《江表传》、张勃《吴录》之类，"或激抗难征，或疏阔寡要"。刘勰对历代史家难以做到直

---

① 刘勰：《文心雕龙·史传》，王志彬译注，185~186 页，北京，中华书局，2012。

书其事的原因作了分析，认为无外乎主客观两种因素。从客观上讲，一是书古代历史综合诠配史料工作不易。《史传》说："岁远则同异难密，事积则起讫易疏，斯固总会之为难也。或有同归一事，而数人分功，两记则失于复重，偏举则病于不周，此又铨配之未易也。"二是书当代历史难免又会受到权势利害等因素的影响。《史传》说："至于记编同时，时同多诡，虽定、哀微辞，而世情利害。勋荣之家，虽庸夫而尽饰；违败之士，虽令德而常嗤埋。"从主观因素来讲，则与史家素质和偏好有关。通常情况下，史书反映的史事往往"代远多伪"。是何原因？刘勰说："俗皆爱奇，莫顾理实。传闻而欲伟其事，录远而欲详其迹。于是弃同即异，穿凿傍说，旧史所无，我书则博，此讹滥之本源，而述远之巨蠹也。"

如何才能做到直书其事呢？刘勰提出了一些具体的方法。其一，要博采、多闻，精审史料。在刘勰看来，"综学在博，取事贵约，校练务精，捃理须核"①。这里所谓"博"，当然是对史学知识的一种要求，而后三句是关于史料的处理能力问题，刘勰主张选取史事要简要、核选材料要精当、摘取事理需核实。刘勰对汉代史官职掌史料的做法予以肯定："在汉之初，史职为盛。郡国文计，先集太史之府，欲其详悉于体国也。必阅石室，启金匮，抽裂帛，检残竹，欲其博练于稽古也。"这里所谓"博练稽古"，即是要全面而精炼地考察古代历史。其二，"善恶偕书"，不徇私情。《史传》说"世历斯编，善恶偕书""文非泛论，按实而书"，认为历史编纂必须做到将善与恶一同记述到史书中去。对于奸恶之事，史家应该用于直书，明确指出"奸慝惩戒，实良史之直笔，农夫见莠，其必锄也。若斯之科，亦万代一准焉"，视"奸慝惩戒"为良史直笔的体现和万世遵守的法则。由于"史之为任，乃弥纶一代，负海内之责，而赢是非之尤"，不但责任重大，而且还会受到各种是非责难，所以史家的工作"莫此之劳"，最为辛苦。也正因此，史家更应该要直书其事，才能使其历史记载真实而有价值，才能够肩负起历史的责任，否则的话，"若任情失正，文其殆哉！"其三，是具有处理史料与史实的能力。

---

① 刘勰：《文心雕龙·事类》，王志彬译注，432 页，北京，中华书局，2012。

史家能否做到直书其事，在一定程度上也与其史才、史识有关。《史传》说："寻繁领杂之术，务信弃奇之要，明白头讫之序，品酌事例之条，晓其大纲，则众理可贯。"这就是说，寻绎史料、事件头绪，务求信实而抛弃奇文异说，梳理清楚首尾头绪，品评斟酌事件得失，这些都是史家应该具备的能力。

另一方面，刘勰又在宗经征圣思想指导下，提倡"尊贤隐讳"论。"尊贤隐讳"是孔子《春秋》大力提倡的一种书法形式，也就是所谓的《春秋》笔法，它为历史书写赋予了一种道德要求。刘勰《文心雕龙》通篇贯彻的中心思想就是宗经征圣，自然信奉孔子的《春秋》笔法。在刘勰看来，历史撰述的重要目的是为了"彰善瘅恶，树之风声"①。因此，它需要通过对历史史实的褒贬予夺，来达到彰善瘅恶的目的。《史传》说："若乃尊贤隐讳，固尼父之圣旨，盖纤瑕不能玷瑾瑜也。"在刘勰看来，贤者是人中楷模，他们所犯的一些小的过失瑕不掩瑜，史家应该自觉地去维护贤者的形象，为他们的小瑕疵进行隐讳。反之，如果是大恶之人，那就应该拿起史笔，直书他们的奸慝之行，刘勰称赞这样的书法乃"实良史之直笔"。如何理解刘勰在主张直书其事的同时，又提倡"尊贤隐讳"这种现象，吴怀祺先生对此作了很好地说明："一方面要直笔，做到书法不隐；另一方面又提倡为圣人贤者讳，圣贤者有缺点也要为之隐。但这表明所谓的直笔，总是有一定的界限。直笔和为圣贤'讳'，统一在'宗经'这个前提之下。"②其实刘勰这样一种直笔论，也是传统史家的一种普遍的直书观，或者说是传统史学一种普遍的史家素质修养论。

综上所述，刘勰的"素心"说，包含了宗经征圣和直书其事两个方面。史家只有具备这样的修养，作史才能真正做到"析理居正"。如果说宗经征圣以及在此思想指导下所提出的"尊贤隐讳"论是刘勰关于史家思想修养的基本要求的话，那么直书其事所体现的刘勰的直书观，实际上已经包含了后来刘知幾所说的才、学、识史家修养三要素，其中所谓

---

① 刘勰：《文心雕龙·史传》，王志彬译注，180 页，北京，中华书局，2012。
② 吴怀祺：《中国史学思想史》，207 页，北京，商务印书馆，2007。

"综学在博"，即是史学修养；所谓"博练稽古"，则包含史学与史才；所谓"取事贵约，校练务精，捃理须核"，乃处理史料的具体能力；所谓"按实而书""善恶偕总"，则是一种史识修养。毫无疑问，刘勰的"素心说"对刘知幾"三长论"的提出是有直接影响的，它"不愧为中国史家思想修养的先声"①。

二、刘知幾的"三长"论：史家修养理论的形成

南朝梁人刘勰"素心"说的提出，推进了传统史学关于史家修养理论的发展。到了唐初，一方面以唐初三篇帝王诏令、《隋书·经籍志》和《晋书》为代表，官方史学高度重视史家修养问题，作了很多理论阐发；另一方面则是刘知幾才学识"三长"论的提出，标志着传统史学史家修养理论的正式形成。

（一）初唐史家修养理论的继续发展

初唐高祖、太宗和高宗三朝帝王，都先后下达过修史或选择史官诏书，其中就蕴涵了关于史家修养的理论。唐武德四年，起居舍人令狐德棻就向唐高祖提出撰写梁、陈、北齐、北周及隋等前代史的建议，并明确指出"如文史不存，何以贻鉴今古？"②唐高祖采纳了令狐德棻的建议，于次年正式下达《命萧瑀等修六代史诏》。在这篇诏书中，唐高祖首先提出了历史撰述的目的："司典序言，史官纪事，考论得失，究尽变通，所以裁成义类，惩恶劝善，多识前古，贻鉴将来。"这里"惩恶劝善"和"贻鉴将来"，是要求史家撰史要发挥扶植纲常和历史借鉴的功用，因而是从道德和社会责任角度对史家素质作出的要求；"多识前古"，则是从历史知识素养角度对史家所提出的要求。接着诏书在叙述历代史书撰述情况，并对"六代史"撰述进行分工之后，对"六代史"的纂修提出了要

---

① 刘忠德：《刘勰的"素心"与"素臣"说辨析》，载《史学史研究》，2006(3)。
② 《旧唐书》卷七十三《令狐德棻传》，2597 页，北京，中华书局，1975。

求："务加详核，博采旧闻，义在不刊，书法无隐。"①这里的"务加详核"，主要体现的是史才素养；"博采旧闻"，体现的是史学知识素养；"书法无隐"，则是反映史学的求真，也就是刘知幾所谓的史识素养。

贞观二十年，唐太宗下达《修晋书诏》。这篇诏书一方面指出了历史编纂的目的和对史书编纂本身的要求："彰善瘅恶，激一代之清芬；褒吉惩凶，备百王之令典。"而要达到此目的与要求，必须首先是史家自身素养的一种要求。另一方面，诏书对为何要重修《晋书》作了说明：过往晋史撰述"但十有八家，虽存记注，而才非良史，事亏实录"②。在唐太宗看来，过去十八家《晋书》仅仅只是保存历史资料的"记注"而已，修史者不具有良史的史才和史德，致使所修之史"烦而寡要""事亏实录"。太宗从史才与史德两方面对过去的晋史撰述者表示不满，反过来也就是对唐朝重修《晋书》之史官素质的要求。

总章三年，唐高宗有感于史官滥竽充数者居多，特颁布《简择史官诏》，这是一个专门关于史官选拔的诏书，其内容主要反映了唐高宗对于国史修撰人员选拔的高度重视，和对所选史官素质的严格要求。该诏书明确指出：

> 修撰国史，义在典实，自非操履贞白，业量该通，谠正有闻，方堪此任。所以承前纵居史官，必就中简择，灼然为众所推者，方令著述。如闻近日以来，但居此职，即知修撰，非唯编辑疏舛，亦恐泄漏史事。自今以后，宜遣史司于史官内，简择堪任修史人，录名进内。自余虽居史职，不得辄令闻见所修史籍及未行用国史等事。③

该诏书内涵丰富，基本思想包括以下方面。其一，提出对国史修撰的要求——典雅而真实；其二，基于此，对修撰国史的史官素质提出要

---

① 宋敏求编：《唐大诏令集》卷八十一《命萧瑀等修六代史诏》，467页，北京，中华书局，2008。
② 宋敏求编：《唐大诏令集》卷八十一《修晋书诏》，467页，北京，中华书局，2008。
③ 宋敏求编：《唐大诏令集》卷八十一《简择史官诏》，467页，北京，中华书局，2008。

求——"操履贞白，业量该通，说正有闻"；其三，选择的史官必须是德才兼备、"堪任修史"之人；其四，如果不是按照这样的标准重新选拔出来的史官，即使依然担任史职，却不能参与国史修撰工作，也不能接触尚未刊行的国史书籍。唐高宗下达的诏书，即是对史官选拔和国史修撰所做出的规定，也是对史官的素质从才、学、识、德上所提出的全面要求，为史官的择取立定了标准。

《隋书》是唐修"五代史"之一，其中《经籍志二》的史部后序，对史家修养问题作了论述：

> 夫史官者，必求博闻强识，疏通知远之士……是故前言往行，无不识也；天文地理，无不察也；人事之纪，无不达也……书美以彰善，记恶以垂戒，范围神化，昭明令德，穷圣人之至赜，详一代之亹亹。[①]

这里所谓"博闻强识"和"疏通知远"，语出《礼记》的《曲礼》《经解》二文，《隋书》的作者将此作为对史家修养的总体要求。其中"博闻强识"，是要求史家具有丰富的史学知识修养；"疏通知远"，则是要求史家具有通古今之变和鉴往知来的能力与见识。所谓"识"前言往行，"察"天文地理，"达"人事之纪，则是这两方面要求的具体体现。而"书美"与"记恶"等语，则是对史家历史撰述的具体要求。在《隋志》后序所提出的史家修养论中，突出了史家的"疏通知远"能力，这是对以往史家修养理论的发展。正是由于史家素质要求很高，而高素质的史家又不常有，所以《隋志》才说司马迁之后的史学"多鄙浅，不足相继"；《隋志》后序也说："魏、晋已来，其道逾替。南、董之位，以禄贵游，政、骏之司，罕因才授。"其结果则是："一代之记，至数十家，传说不同，闻见舛驳，理失中庸，辞乖体要。"由此可见，史家素养对于史学的发展影响巨大。其实《隋志》这里所述魏晋以来至唐初史官才非所任、素质低下现象，也就是上述唐高宗颁布《简择史官诏》，重视诏选出德才兼备的史官之时代

---

① 《隋书》卷三十三《经籍志二》，992 页，北京，中华书局，1973。

背景。

《晋书》是唐太宗时期下诏修纂而成。该书第八十二卷为当代主要史家陈寿、虞溥、司马彪、王隐、虞预、孙盛、干宝、邓粲、谢沈、习凿齿、徐广等人的类传，作者分别对他们的史学作了评述，如称赞陈寿"时人称其善叙事，有良史之才"；司马彪"博览群籍"，所作《续汉书》"通综上下，旁贯庶事"；虞预的《晋书》乃"借隐（王隐）所著书窃写之"；孙盛"笃学不倦"，所作《晋阳秋》"词直而理正，咸称良史焉"；干宝著《晋纪》，"其书简略，直而能婉，咸称良史"；习凿齿著《汉晋春秋》，倡正统之义，"明天心不可以势力强也"，等等。该卷的结尾"史臣曰"，则对当代史家、史著作了系统评论：

> 丘明既没，班马迭兴，奋鸿笔于西京，骋直词于东观。自斯已降，分明竞爽，可以继明先典者，陈寿得之乎！江汉英灵，信有之矣。允源（虞溥）将率之子，笃志典坟；绍统（司马彪）戚藩之胤，研机载籍：咸能综辑遗文，垂诸不朽，岂必克传门业，方擅箕裘者哉！处叔（王隐）区区，励精著述，混淆芜舛，良不足观。叔宁（虞预）寡闻，穿窬王氏，虽勒成一家，未足多尚。令升（干宝）、安国（孙盛）有良史之才，而所著之书惜非正典。悠悠晋室，斯文将坠。邓粲、谢沈祖述前史，葺宇重轩之下，施床连榻之上，奇词异义，罕见称焉。习氏（习凿齿）、徐公（徐广）俱云笔削，彰善瘅恶，以为惩劝。①

从这段关于晋代史家的评论可知，《晋书》的作者最推崇陈寿，肯定其最能"继明先典"；对其他史家的评论褒贬不一。这些评论，大体符合实际。值得注意的是，结合类传，《晋书》的评论对象虽然是史家与史著，却蕴含了关于史家素质的论述，如陈寿之所以最受推崇，是因为其具有"善叙事"的史才；司马彪《续汉书》之所以"能综辑遗文"，在于其"博览群书"，史学知识渊博；干宝、孙盛具有"良史之才"，所以他们的史著

---

① 《晋书》卷八十二"史臣曰"，2159 页，北京，中华书局，1974。

能"直而能婉""词直而理正"；习凿齿、徐广重视史著的教化作用，体现了史家的社会责任感与重道德倾向。总之，《晋书》的史学评论，其实也是从才、学、识等角度进行的。正是通过这些评论，体现了《晋书》作者对于史家修养的全面要求。

(二)刘知幾的史家"三长"论

唐代史学理论家刘知幾提出才、学、识"三长"史家修养论，标志着中国古代史家修养理论的形成。从理论渊源来讲，先秦以来特别是刘勰《史传》篇、初唐帝王诏令与《隋志》中蕴含的史家修养思想，给予了刘知幾史家"三长"论的形成以直接的影响。

如前所述，刘勰《史传》篇中提出的"素心"说，为史家修养理论作了初步总结。而《史传》作为史学理论专篇，对于刘知幾《史通》这部史学理论专著的问世是有着直接影响的。《史通》从谋篇布局、具体叙述到史学思想，都深受《史传》的影响，对此，以往的学者已经作过充分论述。[①]刘勰《史传》篇关于史家修养的"素心"说，其实已经蕴含了才学识德等史家修养思想，它为刘知幾的"三长"论奠定了理论基础。唐高宗颁布《简择史官诏》与刘知幾开始以著作郎兼修国史前后相差三十二年，诏书以及之前《隋志》所反映的魏晋以来至唐初的史官任用情况，刘知幾作为东观史臣是有切身体会的，《史通》一书中对此多有批评。也正因此，自然会加深刘知幾对《简择史官诏》与《隋志》关于史官修养问题的认识和重视。《史通·史官建置》全文收入了《简择史官诏》，只是文字有所出入，就足以说明刘知幾对于这篇诏书的高度重视和认可。

刘知幾论述才、学、识"三长"的具体文字不见于《史通》，而载于新

---

① 如金毓黻《〈文心雕龙·史传篇〉疏证》指出：《史通》的谋篇布局完全按照《史传》"寻繁领杂之术，务信弃奇之要，明白头讫之序，品酌事例之条"思想而来，其中《采撰》《探赜》《补注》诸篇，皆以论'寻繁领杂之术'"；"《浮词》《直书》《曲笔》《摸拟》诸篇，皆以论'务信弃奇之要'"；"《断限》《编次》《叙事》《序传》《烦省》诸篇，皆以论'明白头讫之序'"；"《六家》《二体》《本纪》《世家》《列传》《表历》《书志》《论赞》《序例》诸篇，皆以论'品酌事例之条'"。参见金毓黻：《〈文心雕龙·史传篇〉疏证》，载《中华文史论丛》，1979(1)。蒋祖怡《刘知几〈史通〉与刘勰〈文心雕龙〉》则说："《史通》中论'史'的观点，基本上本于《文心雕龙·史传篇》。"参见蒋祖怡：《文心雕龙论丛》，268页，上海，上海古籍出版社，1985。

旧《唐书》本传和《唐会要》，尤以《旧唐书》本传的记载最详，但是史家
"三长"修养思想却是被贯彻到《史通》对于史家、史书、史事等的各种评
述当中的。因此，要想了解刘知幾的史家"三长"思想，必须结合《史通》
的相关论述，才能得到全面的认识。《旧唐书·刘子玄传》载：

> 礼部尚书郑惟忠尝问子玄曰："自古已来，文士多而史才少，
> 何也？"对曰："史才需有三长，世无其人，故史才少也。三长：谓
> 才也，学也，识也。夫有学而无才，亦犹有良田百顷，黄金满簏而
> 使愚者营生，终不能至于货殖者矣。如有才而无学，亦犹思兼匠
> 石、巧若公输，而家无楩柟斧斤，终不果成其宫室者矣。犹须好是
> 正直，善恶必书，使骄主贼臣，所以知惧，此则为虎傅翼，善无可
> 加，所向无敌者矣。脱苟非其才，不可叨居史任。自夐古已来，能
> 应斯目者，罕见其人。"时人以为知言。①

这段话从郑惟忠与刘知幾的问答开始，他们讨论的是"自古以来文
士多而史才少"的问题，由此引出刘知幾的史家需兼备才、学、识"三
长"论。魏晋以来，出现文士普遍担当史职的情况，对此现象刘知幾颇
不以为然。他认为文与史之间是存在着区别的："昔尼父有言：'文胜质
则史'。盖史者当时之文也，然朴散淳销，时移世异，文之与史，较然
异辙。"然而世人并不知晓这个道理，以至于近世以来史官"凡所拜授，
必推文士。遂使握管怀铅，多无铨综之识；连章累牍，罕逢微婉之言"，
"所撰者，盖不过偏记、杂说、小卷、短书而已，犹且乖滥踳驳，一至
于斯"。如果"刊勒一家，弥纶一代，使其始末圆备，表里无咎，盖亦难
矣"②。正因此，刘知幾认为文士是不能担当史职的，治史需具有专门
才能，这个"史才"便是他所提出的才、学、识"三长"。而所谓史才，是
指驾驭文献资料以及史书编纂与文字表述等的能力；所谓史学，是指各
种文献知识与编纂知识等。而对"犹须好是正直，善恶必书，使骄主贼

---

① 《旧唐书》卷一百零二《刘子玄传》，3173 页，北京，中华书局，1975。
② 刘知幾：《史通通释》卷九《核才》，浦起龙通释，232～233 页，上海，上海古籍出版
社，2009。

臣所以知惧"这句话的意旨学者颇有争议，或认为其仅是对"才"和"学"的补充，或认为指的就是"史识"。实际上所谓"好是正直，善恶必书"，主要是直书，体现的是史家品德问题，刘知幾在此显然是将之等同于史识了。文中还对三者之间的关系作了论述。

从《史通》的具体论述可知，刘知幾的史家"三长"论思想内涵非常丰富。先说史识。刘知幾所谓史识，按照与郑惟忠问答的说法，即是"好是正直，善恶必书"。其一，刘知幾对史家为何要"善恶必书"作了论述。《直书》篇说："盖史之为用，记功司过，彰善瘅恶，得失一朝，荣辱千载。苟违斯法，岂曰能官！"在刘知幾看，历史撰述是一项担负着"彰善瘅恶"使命的神圣的事业，由于它具有"得失一朝，荣辱千载"的巨大影响，直接关系到历史人物的命运和历史事件的评价，作为史家当然需要秉笔直书，这是史家应尽的历史职责。其二，刘知幾对史书存在直书与曲笔之分的原因作了分析。认为既有社会人性因素，《直书》篇说："夫人禀五常，士兼百行，邪正有别，曲直不同"；也有社会环境因素，政治压力、人情世故等，都会影响史家的直书；还有史家个人品行因素，有些史家看重名节，"宁为兰摧玉折，不作瓦砾长存"①，有些史家则为了阿时媚主，或"假人之美，藉为私惠"，或"诬人之恶，持报己仇"②。其三，刘知幾主张直书，反对曲笔。《惑经》篇说："良史以实录直书为贵""善恶必书，斯为实录"，认为只有"善恶必书"才是实录，而只有实录才称得上是良史。《曲笔》篇则将肆意曲笔者视为"记言之奸贼，载笔之凶人"。不过刘知幾对出于维护纲常名教的需要而作出的隐讳不但不认为是曲笔，反而加以提倡。《曲笔》篇明确认为"盖'子为父隐，直在其中'，《论语》之顺也；略外别内，掩恶扬善，《春秋》之义也"。

值得注意的是，刘知幾所谓史识，除去"善恶必书"，突出史家的史德之外，还应该指史家关于客观历史的主体认识力，以及史家对于历史

---

① 刘知幾：《史通通释》卷七《直书》，浦起龙通释，180 页，上海，上海古籍出版社，2009。

② 刘知幾：《史通通释》卷七《曲笔》，浦起龙通释，183 页，上海，上海古籍出版社，2009。

资料、历史编纂的见识力等。如《鉴识》篇就提到了主体认识与客观历史之间的关系问题，其曰：

> 夫人识有通塞，神有晦明，毁誉以之不同，爱憎由其各异。盖三王之受谤也，值鲁连而获申；五霸之擅名也，逢孔宣而见诋。斯则物有恒准，而鉴无定识，欲求铨核得中，其唯千载一遇乎？况史传为文，渊浩广博，学者苟不能探赜索隐，致远钩深，乌足以辨其利害，明其善恶。①

这段话集中说明一点，那就是客观事物虽然有一定的准则，但是"识有通塞"而"鉴无定识"，从而使人们对事物的看法会各自不同，由此要想对客观事物或历史"辨其利害，明其善恶"，以"铨核得中"，那只能是"千载一遇"，实际上是很难做到的。这里谈的就是对客观事物与历史的主体认识问题。至于采择史料与历史编纂，主要属于史才问题，却也能体现史家的史识于其中。

次说史学。《杂述》篇明确主张，史家应该要"博闻旧事，多识其物"。如何"博闻旧事"，刘知幾一方面主张史家应该多读杂史，多取异说。刘知幾认为，史家应在编年、纪传正史之外，多读百家诸子、私存撰录以及偏纪、小录、逸事、琐言、郡书、家史、别传、杂书、地理书、都邑簿等别录杂史。如果"不窥别录，不讨异书，专治周、孔之章句，直守迁、固之纪传"②，肯定是不能做到博闻多识的。这些偏记小录史料价值虽不能和正史相提并论，但也有"当代雅言，事无邪僻"③和"记即日当时之事，求诸国史，最为实录"④等诸多可信资料，可以和正

① 刘知幾：《史通通释》卷七《鉴识》，浦起龙通释，189页，上海，上海古籍出版社，2009。
② 刘知幾：《史通通释》卷十《杂述》，浦起龙通释，257页，上海，上海古籍出版社，2009。
③ 刘知幾：《史通通释》卷五《采撰》，浦起龙通释，106页，上海，上海古籍出版社，2009。
④ 刘知幾：《史通通释》卷十《杂述》，浦起龙通释，255页，上海，上海古籍出版社，2009。

史相互参证，以补其不足。同时主张史料搜集要多取异说。刘知幾认
为，史料搜集是"盖珍裘以众腋成温，广厦以群材合构"的工作，"自古
探穴藏山之士，怀铅握椠之客，何尝不征求异说，采摭群言，然后能成
一家，传诸不朽。观夫丘明受《经》立《传》，广包诸国，盖当时有《周志》
《晋乘》《楚杌》等篇，遂乃聚而编之，混成一录。向使专凭鲁策，独询孔
氏，何以能殚见洽闻，若斯之博也？马迁《史记》，采《世本》《国语》《战
国策》《楚汉春秋》。至班固《汉书》，则全同太史。自太初已后，又杂引
刘氏《新序》《说苑》《七略》之辞"①。在刘知幾看来，左丘明、司马迁和
班固正是通过广博见闻，多方搜求史料，才得以"擅名千载"的。

另一方面，所谓的"博闻旧事"也并不是"务多为美，聚博为功"②，
而应该对搜集的史料有所鉴别，择善而用。在《采撰》篇中，刘知幾对历
代正史博采不当多有批评。如认为范晔《后汉书》有博采不当之误，该书
选取《风俗通》《抱朴子》之异说，实乃"朱紫不别，秽莫大焉"；认为沈约
作史，"好诬先代，于晋则故造奇说，在宋则多出谤言"；魏收的《魏书》
则"党附北朝，尤苦南国，承其诡妄，重以加诸"；唐初新撰《晋史》更是
"所载或恢谐小辩，或神鬼怪物。其事非圣，扬雄所不观；其言乱神，
宣尼所不语"，乃"干（宝）、邓（粲）之所粪除，王（隐）、虞（预）之所糠
秕"的杂书材料。至于其他杂史记述，这种情况则更加严重。它们或者
"讹言难信，传闻多失"，或者"后来穿凿，喜出异同"，或者"道听途说
之违理，街谈巷议之损实"，不一而足。正因此，刘知幾无不感慨地说：
"学者博闻，盖在择之而已。"③

再说史才。上述刘知幾所论史料"择善"问题，其实也是个史才问题。
虽然能否做到择善与史家的博学与见识力都有关，也与史家的才能分不

---

① 刘知幾：《史通通释》卷五《采撰》，浦起龙通释，106 页，上海，上海古籍出版社，
2009。

② 刘知幾：《史通通释》卷五《采撰》，浦起龙通释，108 页，上海，上海古籍出版社，
2009。

③ 刘知幾：《史通通释》卷十《杂述》，浦起龙通释，257 页，上海，上海古籍出版社，
2009。

开。除此之外，刘知幾所论史才，还包括史书编纂和文字表述等能力。

　　史书的编纂，当然是史家史才的体现。《史通》涉及史书编纂的篇章最多，内容分量最重，足见其对史书编纂问题的重视。其一，对史籍源流与史书体裁、体例的评述。刘知幾认为，历来史籍源流，不出《尚书》《春秋》《左传》《国语》《史记》《汉书》"六家"范围。从体裁而论，则唯有编年、纪传"二体"而已，"后来作者，不出二途"①。与史体相比，刘知幾对史例尤为重视。《序例》篇说："夫史之有例，犹国之有法。国无法，则上下靡定；史无例，则是非莫准。"刘知幾对唐代以前史家撰史常常为例不纯提出批评。《本纪》篇批评司马迁《史记》本纪体例"区域既定，而疆理不分"；陈寿《三国志》"假权汉年，编作《魏纪》，亦犹《两汉书》首列秦、莽之正朔也"；陆机作《晋书》，"列纪三祖，直序其事，竟不编年"；《魏》《齐》二史，"于诸帝篇，或杂载臣下，或兼言他事，巨细毕书，洪纤备录，全为传体"。其二，重视史书编纂的变通之义。刘知幾说："盖闻三王各异礼，五帝不同乐，故《传》称因俗，《易》贵随时。"②对于史家来说，随着时代的变化，史书的编纂要随时而变，"前史之所未安，后史之所宜革"③。他虽然以"六家""二体"冠盖历代史籍源流与体裁，却也承认史书流别的发展变化，《杂述》篇说："爰及近古，斯道渐烦，史氏流别，殊途并骛，权而为论，其流有十焉。"这"十流"也就是魏晋南北朝时期涌现出的大量"杂史"类别。对于史书体例的发展变化，他也能够变通地加以看待。如肯定《左传》"不尊古法，言之与事，同在传中。然而言、事相兼，烦省合理"④；班固《汉书》取消世家体例是"厘革前非"⑤；

---

　　① 刘知幾：《史通通释》卷二《二体》，浦起龙通释，26 页，上海，上海古籍出版社，2009。

　　② 刘知幾：《史通通释》卷五《因习》，浦起龙通释，126 页，上海，上海古籍出版社，2009。

　　③ 刘知幾：《史通通释》卷二《载言》，浦起龙通释，32 页，上海，上海古籍出版社，2009。

　　④ 刘知幾：《史通通释》卷二《载言》，浦起龙通释，30 页，上海，上海古籍出版社，2009。

　　⑤ 刘知幾：《史通通释》卷二《世家》，浦起龙通释，38 页，上海，上海古籍出版社，2009。

《晋书》"始以十六国主持，载记表名，可谓择善而行，巧于师古者矣"①。赞赏班固以来对于书志的改进与补充："《五行》《艺文》，班（固）补子长（司马迁）之阙；《百官》《舆服》，谢（承）拾孟坚（班固）之遗。王隐后来，加以《瑞异》；魏收晚进，弘以《释老》"，认为这些突破都是"出乎胸臆，求诸历代，不过一二者焉"②。

文字表述也是史家才能的重要体现。《史通》标立《叙事》《言语》《浮词》《烦省》等篇，对此进行了系统评述。刘知幾的基本观点，一是主张简要、用晦。历史记录从本质而言就是叙事，所以《叙事》篇说："夫史之称美者，以叙事为先。"如何叙事？刘知幾明确指出："叙事之工者，以简要为主。"简的标准是"文约而事丰"。《书事》篇也说："简而且赅，疏而不漏。"同时，简要还需"用晦"，"晦也者，省字约文，事溢于句外"，"夫能略小存大，举重明轻，一言而巨细咸该，片语而洪纤靡漏，此皆用晦之道也"③。二是强调烦省得当。刘知幾强调"叙事以简要为工"，但又认为简与烦不是绝对的，"论史之烦省者，但当求其事有妄载，言有缺书，斯则可矣。必量世事之厚薄，限篇第以多少，理则不然"④。这就是说，妄载史事之烦应该剔出，而"言有缺书"也需要避免。史文的烦与省，取决于"世事之厚薄"，该"厚"的就需要烦写，切忌"限事量篇"的做法。当然，那些"至于本事之外，时寄抑扬"⑤的浮词是必须要去除的。把握烦省的另一个原则，则是"远略近详"⑥，这也是司马迁以来作通史者之传统。

---

① 刘知幾：《史通通释》卷四《题目》，浦起龙通释，86 页，上海，上海古籍出版社，2009。

② 刘知幾：《史通通释》卷三《书志》，浦起龙通释，52 页，上海，上海古籍出版社，2009。

③ 刘知幾：《史通通释》卷六《叙事》，浦起龙通释，161 页，上海，上海古籍出版社，2009。

④ 刘知幾：《史通通释》卷九《烦省》，浦起龙通释，246 页，上海，上海古籍出版社，2009。

⑤ 刘知幾：《史通通释》卷六《浮词》，浦起龙通释，147 页，上海，上海古籍出版社，2009。

⑥ 刘知幾：《史通通释》卷九《烦省》，浦起龙通释，244 页，上海，上海古籍出版社，2009。

刘知幾的"三长"论虽然其中的每项内容前人都有所论及，但是刘知幾却是第一次明确提出了才、学、识"三长"的概念，将其作为史家素养的一种全面要求，并对才、学、识"三长"的具体内涵以及之间的相互关系作了详细论述。刘知幾以才学识去衡量史家是否具有史才，立定史家修养的标准，这就把中国古代史家修养理论提到了一个更高、更自觉的境界，标志着中国古代史家修养理论的形成。同时，"三长"论的提出与系统阐释，对于中国古代历史学的发展和历史批评的深入，也都具有重要的影响。

三、胡应麟的"二善"说：史家修养理论的重要一环

明代史学颇受后人诟病，诚如张岱所批判的那样，"第见有明一代，国史失诬，家史失谀，野史失臆，故以二百八十年代总成一诬妄之世界"①。史学多有失范，使其失去了本有的求真学术特质。这种发展状况，在明朝后期引起有识之士的批判，从而形成一股维护史学严肃性和客观性的史学思潮，胡应麟便是这股思潮的积极参与者。四库馆臣在为胡应麟《少室山房笔丛》所撰写的提要中，认为他"独研索旧文，参校疑义，以成是编。虽利钝互陈，而可资考证者亦不少。朱彝尊称其不失读书种子，诚公论也"。《少室山房笔丛》即是其读书笔记结集而成，关于史家修养问题的论述，表述最为集中者，当在其乙部《史书占毕》六卷。"占毕"即读书之义，"史书占毕"也即是胡应麟读史时的心得体会。公心、直笔"二善"说等史家修养理论的提出，便是其在读书的过程中对当时史家失范进行理性思考的产物。

作为史学评论家，胡应麟非常重视史家素养问题，认为"举其人而史之得失、文之高下了然矣"②，史著的良莠取决于撰述之人的品质。

---

① 张岱：《琅嬛文集》卷一《石匮书自序》，长沙，岳麓书社，1985。
② 胡应麟：《少室山房笔丛》卷十三《史书占毕一》，127页，上海，上海书店出版社，2009。

胡应麟将过往的历史撰述按作者的品质分为五类，即"圣人之史"，以《尚书》和《春秋》为代表；"贤人之史"，以《礼记》和《左传》为代表；"文人之史"，以《史记》和《汉书》为代表；"小人之史"，以《三国志》和《魏书》为代表；"北人之史"，以《宋史》《辽史》和《金史》为代表。从认识论方面来说，历史认识的发生来自于认识主体，历史认识的结果即是主体通过对历史事实进行思维加工处理后的产物；而从编纂学方面来说，史家个人对事实的判断和价值判断又是史著不可或缺的。因此，史学活动的这种特点，史家主体个人品质在其中所起作用是不言而喻的。从这种意义上说，胡应麟以史家的品质来区分史著高下的观点具有一定合理因素。但胡应麟本人受到程朱理学的"经细史粗"等尊经观念影响颇深，"圣人""贤人""文人""小人""北人"（即夷狄）也多以正统理学而非史学要求为划分标准。如他认为"《尚书》，史之善善者也；《春秋》，史之恶恶者也。《尚书》弗诛桀、纣乎？然以明放伐也，犹之乎善善也。《春秋》弗进桓文乎？然以防乱贼也，犹之乎恶恶也。刘知幾以马、班为善善，南、董为恶恶，细矣"。又如"《春秋》以字为褒贬者也，《左传》以词为褒贬者也，马、班以事为褒贬者也，以事者繁于词，文人能之；以词者显于字，君子能之；以字者微而彰、简而核，非大圣大贤弗能也。故左之后有荀、袁，班之后有晔、寿，《春秋》之后，微紫阳其孰缵之"[①]。这种用理学的尊经崇圣标准来划分史家、史著的优劣不能不带有很大的局限性。

从重视史家道德品质的认识出发，胡应麟认为刘知幾关于史家修养的才、学、识"三长"论并不全面，并不足以概括史家修养的全部，他结合过往的史学发展史对此作了论述：

> 才、学、识三长足尽史乎？未也。有公心焉、直笔焉。五者兼之，仲尼是也。董狐、南史制作亡征，维公与直庶几尽矣。秦汉而下，三长不乏，二善靡闻。左、马恢恢，差无异说；班《书》、陈

---

① 胡应麟：《少室山房笔丛》卷十三《史书占毕一》，128 页，上海，上海书店出版社，2009。

《志》，金粟交关；沈《传》、裴《略》，家门互异。史乎，史乎！①

在胡应麟看来，史家除去具备才、学、识"三长"外，还应具有公心、直笔之"二善"。胡应麟认为历史上只有孔子"五者兼之"，董狐和南史能具备"二善"，左丘明和司马迁基本上能做到"二善"，至于班固以下诸人则"三长不乏，二善靡闻"，他们撰史多从私心出发，撰成的史书难免有曲笔之嫌。事实上，胡应麟对于刘知幾的史家"三长"论的认识并不准确。如前所述，刘知幾"史识"的一项重要内容就是直书不隐，而且《史通》还专门辟有《直书》《曲笔》等诸篇，也多谈史家品质问题。至于所提到"秦汉而下，三长不乏，二善靡闻"，应该说也不准确。说秦汉以下的史家"三长不乏"，实数夸大其词，因为史家兼备"三长"实属不易。而认为"二善靡闻"，也不符合实际，因为直书不隐一直是史家所应遵守的法度而被人们大力提倡，直书理论也源远流长，秦汉以下不少史著的撰述也都是本着直书不隐态度的。如史家陈寿，胡应麟不但认为他不具有"二善"，而且将所作《三国志》也被列入"小人之史"当中，胡应麟的依据就是陈寿"借米而方传"，而实际上《晋书》这条记载已被后人考证为子虚乌有之事，《三国志》也被后人公认为基本上是直书不隐的。而公心方面，如前文所述，应该说刘勰的"素心"说就是一种公心，刘知幾也特别强调要做到"善恶必书"，史家应该像明镜照物、虚空传响一样述事，要有"爱而知其丑，憎而知其善"的理性态度来著史，其本身就蕴含有一种公心的因素。刘知幾之后的李翱也明确提出"用仲尼褒贬之心，取天下公是公非以为本"②。元朝修辽、金、宋三史时，揭傒斯为总裁官，在回答丞相"修史以何为本"的问题时也说："用人为本，有学问文章而不知史事者，不可与；有学问文章知史事而心术不正者，不可与。用人之道，又当以心术为本也。"③揭傒斯提出修史的关键在于用人，而所用之

---

① 胡应麟：《少室山房笔丛》卷十三《史书占毕一》，127～128 页，上海，上海书店出版社，2009。

② 李翱：《李文公集》卷六《答皇甫湜书》，四部丛刊本。

③ 《元史》卷一百八十一《揭傒斯传》，4186 页，北京，中华书局，1976。

人除了"有学问文章"和"知史事"外，最根本、最核心的要求是"心术正"。心术具体所指为何，如何能为之，揭傒斯虽未详论，但从其本人毅然以"笔削自任，凡政事得失、人材贤否，一律以是非之公"的作史实践来看，心术之正当是要求史家修史出于一种"公心"。揭傒斯所谓心术的内涵和章学诚的"著书者之心术"的心术有一定的差异，却与胡应麟的公心论相契合。但是，刘知幾的史家修养论毕竟没有将史家品质问题独立提出来，刘勰的"素心说"、李翱的"取仲尼褒贬之心"与揭傒斯的心术说阐述的也不够明确。从这个意义上讲，胡应麟明确提出史家修养的"二善"说还是具有一定理论意义的。当然，其理论贡献还在于他对公心、直笔二者之间的关系进行了更为具体的阐发。

公心、直笔"二善"之间存在何种关系呢？胡应麟对此又作了进一步分析：

> 直则公，公则直，胡以别也？而或有不尽符焉。张汤、杜周之酷，附见他传，公矣，而笔不能无曲也；裴松、沈璞之文相讦一时，直矣，而心不能无私也。[①]

"胡以别也"，说明在大多数情况下公心、直笔是两个相辅相成、联系紧密的范畴，公心是直笔的内在基础，直笔是公心的外在表现。然而，在有些情况下"或有不尽符焉"，具公心未必能直笔，而能直笔又未必是出于公心。胡应麟特别举例来说明这种情况，他说司马迁在《史记·酷吏列传》中并未直书"张汤、杜周之酷"，而将他们残酷事迹"附见他传"即属于此种情况。在《史记》中，张汤的一些残酷事迹附见于《汲郑列传》中，通过汲黯对张汤"数质责"曲折地揭露他的种种酷行，这就是后人所称道的司马迁"互见法"。"互见法"的运用作用是多方面的，李笠认为是"避讳和嫉恶，不敢明言是非，不忍隐蔽其事，故互见焉"[②]。苏洵认为是人难免"功十而过一者也，苟列一以疵十，后之庸人必曰：'智如廉

---

① 胡应麟：《少室山房笔丛》卷十三《史书占毕一》，128 页，上海，上海书店出版社，2009。

② 李笠：《史记订补》，1924 年瑞安李氏刻本。

颇，辩如郦食其，忠如周勃，贤如董仲舒，而十功不能赎一过。'则将苦其难而怠矣。是故本传晦之，而他传发之，则其与善也，不亦隐而彰乎!"①无论是李笠还是苏洵的说法，都肯定司马迁运用"互见法"的目的并非是有意曲笔使历史记载失实。从现代眼光来看，这也恰是司马迁在当时的情况下所能做到的不虚美、不隐恶的高明之举。不过在胡应麟看来，司马迁主观上虽具公心，但张汤、杜周之酷，如不直接在其本传中直书其事，予以揭露，而采用"附见他传"的做法，就会减轻对其批判而有曲笔之嫌。在此，胡应麟提出了一个隐讳写史的限度问题，那就是如果过多在其本传彰显其善或恶，即使他传补充之，在客观效果上就会流于虚美、隐恶的倾向，史家公心也可能得不到彰显。

而"直矣，而心不能无私也"，胡应麟特举了沈约与裴子野二人作史的例子。《南史·裴松之传附曾孙子野传》载："初，子野曾祖松之，宋元嘉中受诏续修何承天宋史，未成而卒，子野常欲继成先业。及齐永明末，沈约所撰《宋书》称'松之已后无闻焉。'子野更撰为《宋略》二十卷，其叙事评论多善，而云'戮淮南太守沈璞，以其不从义师故也。'约惧，徒跣谢之，请两释焉。"沈约撰《宋书》对裴氏虽有微词，但此时裴子野年岁尚轻，无闻于当时则是事实。沈璞为沈约之父，因其奉迎宋孝武帝迟缓，被处死罪。对于此事，沈约在《宋书》中予以曲笔掩饰。而裴子野在所撰《宋略》中记载道："戮淮南太守沈璞，以其不从义师故也。"按当时义例与书法，则当属直笔。但这在胡应麟看来，裴子野和沈约虽是直书事实，然二人出发点是出于一己之私，直书其事反而成为他们"相讦一时"的工具。胡应麟从裴松之、沈璞之文中看出，未具公心的直笔虽非失实，但其效果也可能与曲笔无异。

一般以为，直笔即能反映出历史真事实，而曲笔则相反。因此，史家只要努力行直笔而克服曲笔写史即可。然而事实并未如此，史家撰史不可能穷尽历史人物、事件的全部细节，必然包含着史家主观上、有目

---

① 苏洵：《嘉祐集笺注》卷八《史论》下，曾枣庄、金成礼笺注，232页，上海，上海古籍出版社，1993。

的的对其中部分事实进行择取。直书何事、如何直书，史家拥有极大的选择余地，其个人的好恶、观点、利害关系等问题在此又凸显出来。如不对史家主体性有所约束的话，史家就会有目的地书写其中有利于己的历史事实，而回避掉其中不利的部分，从而造成事实的真相不彰。美国学者詹姆斯·洛温在《老师的谎言——美国历史教科书中的错误》一书中，对美国历史教科书做法的批判可以为此作一注脚。洛温认为美国历史教科书的编写者出于塑造美国政府正面形象，或为了宣传爱国主义等目的，其中就有一种采用直书"真事实"的方法。但仅书写历史事实中的能反映其正面形象的部分，却对其他的负面的部分采取回避、掩盖的办法。这样就能够与采用作伪、造假的方法一样，起到塑造正面形象的骗人效果。张耕华先生将这种作史的方法称之为"用真实包裹着的历史谎言"。① 应该说，在胡应麟之前的许多史家已意识到这一点，反复强调史家要做到"不虚美，不隐恶""善恶必书"，即正反两方面均需书写，方才能被称之为直笔。而曲笔即包括历史事实夸大其词的虚美，也包括采取回避不书的隐恶（善），"用真实包裹着的历史谎言"在中国传统史家看来当属曲笔。刘知幾更强调史家要有"爱而知其丑，憎而知其善"②的理性态度来著史，批评"是以美者因其美而美之，虽有其恶，不加毁也；恶者因其恶而恶之，虽有其美，不加誉也"③的作史态度，其蕴含要克服自己主观爱憎，以公心态度著史的理念于其中，只不过他"直书、曲笔"论更偏重于编纂方法，未将此作为史家内在的修养理论明确提出来。公的本义是"私"的本字"厶"上加个"八"，表示"与私相背"的无私之意，"公心"即是要求史家著史应从公是、公非处着眼，而不能从史家自身上起意。胡应麟在讨论直笔问题时强调重视史家的内心世界，提出以公心约束史家直笔，这比刘知幾单纯讨论直书、曲笔，在理论上更为明确

---

① 参见张耕华：《历史书写中的谎言》，载《廊坊师范学院学报（社会科学版）》，2011（1）。
② 刘知幾：《史通通释》卷十四《惑经》，浦起龙通释，374 页，上海，上海古籍出版社，2009。
③ 刘知幾：《史通通释》卷十三《疑古》，浦起龙通释，353 页，上海，上海古籍出版社，2009。

和深入。

胡应麟强调对具公心而未必能直笔、能直笔又未必是出于公心的二善不尽符的情况要保持清醒的认识。他把公心、直笔二善视为一体，史家应努力做到"直则公，公则直"二善尽符的境界，而仅做到其中的一善是不够的。为此，胡应麟又提出一个"尽"的概念，他说：

> 夫直有未尽则心虽公犹私也，公有未尽则笔虽直犹曲也。其圣人乎？彼子西不害其为公，礼哀公无损其为直。①

史家只有通过尽直笔以申公心，尽公心以行直笔，才能达到"二善"皆备的史家修养最高境界。他特举孔子的两个例子：《论语·宪问》记载，有人问孔子子西是怎样人时，孔子回答说："彼哉！彼哉！"虽然孔子并未对子西进行明确评价，但其"言彼人者无足称也"。胡应麟认为孔子言彼能尽直笔不害其为公。又《论语·述而》记载"陈司败问：'昭公知礼乎？'孔子曰：'知礼。'孔子退，揖巫马期而进之曰：'吾闻君子不党，君子亦党乎？君取于吴，为同姓，谓之吴孟子。君而知礼，孰不知礼？'巫马期以告。子曰：'丘也幸，苟有过，人必知之。'"鲁昭公从吴国娶同姓女为夫人，为掩人耳目称其为吴孟子。按周礼同姓不婚，昭公娶同姓女，是违礼的行为。孔子从"为尊者讳"角度不得不为鲁昭公有所袒护，而说其知礼，在胡应麟看来这是"直在其中矣"。应该说，胡应麟认为孔子能做到二善尽符的境界，同样是其尊经崇圣的态度使然，即用经学的观念来观照史学。对"礼昭公"之事，刘知幾则从史学的实录角度得出相反的评价，认为这是孔子"斯验世人之饰智矜愚，爱憎由己者多矣"②。也正由

---

① 胡应麟：《少室山房笔丛》卷十三《史书占毕一》，128 页，上海，上海书店出版社，2009。不同版本的《少室山房笔丛》有"礼哀公""礼昭公"两种不同写法。明万历刻本，清广雅书局刻本，以及以二者为底本的中华书局上海编辑所出版的 1958 年断句本，上海书店出版社 2001 年、2009 年标点本，均书之为"礼哀公"；而上海古籍出版社影印文渊阁四库全书本为"礼昭公"。

② 刘知幾：《史通通释》卷十三《疑古》，浦起龙通释，354 页，上海，上海古籍出版社，2009。

于此，胡应麟对刘知幾疑古惑经进行激烈批评，视其为"名教之首诛"①。但作为史学评论家，胡应麟从史学角度，以"尽"的要求来审视经，也需面对与刘知幾同样的问题。如他对孔子"谓臧孙不仁三、不智三，然春秋世远出文仲下者夫子亟称也，而以文仲之贤而弗为少讳"这种为贤者讳而违反"尽"的要求的做法提出了怀疑，称其"噫！未可浅近论也"②。从胡应麟所论可知，能做到二善尽符是极难的，只有圣人才能为之。然而他却希望史家能够通过主观的努力，尽可能克服自己的私心以达到二善尽符的境界。"尽"即是衡量能否做到公心和直笔的标准，也是努力做到二善尽符的方法。胡应麟对公心和直笔"尽"的要求，与章学诚的"尽其天而不益以人，虽未能至，苟允知之，亦足以称著述者之心术矣"③的史德要求已非常相近了。

胡应麟深知学问不易、作史之难，既有史料收集选取之难，又有褒贬与夺之难，还有史家知识、素养的不一。正因此，他主张对待前人的著述，应该本着一种"务成曩美，毋薄前修"的宽容的、客观的态度，而不应该去苛求前人、任意贬损。他说：

> 读书大患在好诋诃昔人，夫智者千虑必有一失，昔人所见岂必皆长？第文字烟埃，纪籍渊薮，引用出处时或参商，意义重轻各有权度，加以鲁鱼亥豕，讹谬万端，凡遇此类，当博稽典故，细绎旨归，统会殊文，厘正脱简，务成曩美，毋薄前修，力求弗合，各申己见可也。今偶睹一斑便为奇货，恐后视今犹今视昔矣。④

在此，胡应麟认为前人的见识有其短处、著述有其弊端，这都是正常和必然的，问题是后人对于他们的著述所持的态度。胡应麟强调后人对待

---

① 胡应麟：《少室山房笔丛》卷十三《史书占毕一》，133 页，上海，上海书店出版社，2009。

② 胡应麟：《少室山房笔丛》卷十三《史书占毕一》，136 页，上海，上海书店出版社，2009。

③ 章学诚：《文史通义校注》卷三《史德》，叶瑛校注，220 页，北京，中华书局，1994。

④ 胡应麟：《少室山房笔丛》卷三十九《华阳博议下》，409 页，上海，上海书店出版社，2009。

前人的著述，应该既要本着一种求实的态度，去"博稽典故，细绎旨归，统会殊文，厘正脱简"；还要有一种宽容的态度，要"务成曩美，毋薄前修"。对前人多一些同情，才能多一分理解，评价才有可能趋于客观、公正，这也是胡应麟"公心"论的一种体现。

究竟应该如何去"务成曩美，毋薄前修"呢？胡应麟主张评史应该从大处着眼，要有一个全面的评价。他认为评诗应该从诗人的全部创作实践出发，同样的道理，评史也应该要"举其全，挈其大，齐其本，揣其末"，认为只有这样，才"可与言古人矣"。① 比如对陈寿与《三国志》的评价，胡应麟从史家品质角度将《三国志》列入"小人之史"类，从史文简繁角度则认为其"简而可"，有否定有肯定。同时，胡应麟还强调应该从史家撰述的具体情况去考量其历史著述，以求得对其史著的客观、公正的评价。针对人们对于《三国志》帝魏和批评诸葛亮"将略非其所长"的指责，胡应麟指出这些人的批评，"皆不详核传文之颠末，且不知寿之所处何时，而托撏片言以藉口者也"②。认为这样的批评是有失公正的。他认为陈寿既是蜀汉的遗民，也是西晋的史臣，他怎么能"抗节首阳，不食晋粟，作蜀汉先朝之史以彰直笔，而死生利害一置无心"呢？他帝魏是为西晋争正统。至于批评诸葛亮"将略非其所长"，胡应麟认为，其实《三国志》的《诸葛亮传》是所有传文中最为"联篇累牍，极其揄扬而弗能自己"的一篇，不但叙事具体，而且饱含激情。他指出，人们只是抓住"将略非其所长"一语，而对"全文漠然不考，又往往不省其著作之时，讳避之体，而讥弹一辙，不惟上负前人叙述之素心，而贻累武乡之盛德"。③ 胡应麟的"务成曩美，毋薄前修"论与后来章学诚的"论古必恕"论已非常相近。

胡应麟说"少而好史，占毕之暇，有概于心，辄书片褚投筐中，旷

---

① 胡应麟：《少室山房笔丛》卷十三《史书占毕一》，130 页，上海，上海书店出版社，2009。

② 胡应麟：《少室山房集》卷九十八《陈寿》，文渊阁四库全书本。

③ 胡应麟：《少室山房集》卷九十八《陈寿》，文渊阁四库全书本。

日弥月，骚骚数十百条"①，其《少室山房笔丛》本是结集其读书时心得笔记而成，内容较为庞杂，从而缺乏《史通》和《文史通义》那样严密的思想体系和理论构建。关于以往史家素质与史书优劣的论述，有些并不完全与事实相符。但因是其读书心得，也常常能产生思想火花。胡应麟明确以"公心"和"直笔"之"二善"作为史家的重要修养提出来，在史学史上是有重要意义的，其一，它突出了史学主体的品质修养问题，认为这是决定史书优劣高下的关键，拓展了史家修养理论的广度和深度；其二，作为"明代对《史通》进行理论研究的最杰出的代表"，胡应麟对刘知幾的"一些具体的史学理论观点的批评，往往能切中要点，发论有据"。② 在史家修养方面继承和发展了刘知幾的"三长"论，并对其直书理论背后所体现的史德理论由隐而显，明晰了刘知幾诸多未尽之意。同时"二善"说也成为清代章学诚"史德"说的前导，因而是中国古代史家修养理论的一个重要环节。

四、章学诚的"史德"说：史家修养理论的总结

章学诚所处的乾嘉时代，是考据之风大盛的时代。如果说当年顾炎武为批判明末空疏学风，提倡经世致用的考据实学，那么这个时期的考据学所追求的"训诂明而后义理明"，已抛弃了这种经世致用之旨。同时，这一时期的宋学尽管相对微弱，但作为官方的统治学说，仍然以空谈性命道德为务。章学诚继承了浙东史学开山鼻祖黄宗羲的"言性命必究于史"的治学宗旨，特撰《文史通义》，力矫二者之弊，并易"'经学即理学'为'史学即理学'"③，认为史学与经学同样能有明道以经世的作用。其"史德"论不仅是对前人关于史家修养理论的总结，同样也有矫正

---

① 胡应麟：《少室山房笔丛》卷十三《史书占毕引》，126 页，上海，上海书店出版社，2009。

② 王嘉川：《胡应麟论刘知几》，载《史学月刊》，2006(4)。

③ 余英时：《论戴震与章学诚》，4 页，北京，生活·读书·新知三联书店，2012。

考据史学与义理史学之弊的意味。

《文史通义》专立《史德》一篇，对这一史家修养理论作了系统阐发。章学诚说：

> 才、学、识三者，得一不易，而兼三尤难，千古多文人而少良史，职是故也。昔者刘氏子玄，盖以是说谓足尽其理矣。虽然，史所贵者义也，而所具者事也，所凭者文也。孟子曰："其事则齐桓、晋文，其文则史，义则夫子自谓窃取之矣。"非识无以断其义，非才无以善其文，非学无以练其事，三者固各有所近也，其中固有似之而非者也。记诵以为学也，辞采以为才也，击断以为识也，非良史之才、学、识也。虽刘氏之所谓才、学、识，犹未足以尽其理也。夫刘氏以谓有学无识，如愚估（贾）操金，不解贸化。推此说以证刘氏之指，不过欲于记诵之间，知所决择，以成文理耳。故曰：古人史取成家，退处士而进奸雄，排死节而饰主阙，亦曰一家之道然也。此犹文士之识，非史识也。能具史识者，必知史德。①

章学诚赞同刘知幾的"史才需有三长，世无其人，故史才少"的观点，认为才、学、识"三长"确实是史家一种很高的修养，人们难以兼备，所以才会"千古多文人而少良史"。他进一步把史家修养理论中的才、学、识与史著中的文、事、义联系起来，认为有识才能断其义，有才才能善其文，有学才能练其事。在三者之中突出了史识的重要性，明确了史学主体对史著内容所起的主观能动作用。但章氏又认为，三者"其中固有似之而非者也"，那种以记诵为学、以辞采为才、以击断为识（按刘咸炘的说法，分别对应为近世之史考、沈萧以下之陋史、宋人之史论），就不是良史之才、学、识。同时认为刘知幾的"三长"，其"犹未足以尽其理也"。刘知幾认为："古者刊定一史，纂成一家，体统各殊，指归咸别。夫《尚书》之教也，以疏通知远为主；《春秋》之义也，以惩恶劝善为先。《史记》则退处士而进奸雄，《汉书》则仰忠臣而饰主阙。斯并曩时得失之

① 章学诚：《文史通义校注》卷三《史德》，叶瑛校注，219页，北京，中华书局，1994。

列，良史是非之准，作者言之详矣。"①明确以"纂成一家"作为判断良史
的标准。章学诚则认为此乃是"一家之道然""不过欲于记诵之间，知所
决择以成文理耳"。章学诚所说的文理，即是"古人著为文章，皆本于中
之所见，初非好为炳炳烺烺，如锦工绣女之矜夸采色已也。富贵公子，
虽醉梦中，不能作寒酸求乞语；疾痛患难之人，虽置之丝竹华宴之场，
不能易其呻吟而作欢笑。此声之所以肖其心，而文之所以不能彼此相
易，各自成家者也"②。一言蔽之，文理是作者由各自发自内心的心得
体会，而彼此不能相易。章学诚认为刘知幾的史识是文士之见识的文
理，并非史家之识。而能具史之识者，必知史德，不明史德则无以论史
识。如前文所说，刘氏所论的"史识"其实已包含了"史德"的内容，只是
未标以独立的"史德"之名目而已。章氏误解了刘氏史识论的含义，特撰
《史德》篇强调史德是史识之不可缺少的组成部分，用以标明他与刘氏在
史识论上的区别。章学诚之所以有这样的误解，是因二人史识论的含义
不同所致。刘知幾本人未对"史识"进行明确论述，实际上他的史德论
（即直书论）、史识论是体现在其才、学论之中的，即历史编纂上的见
识；而章学诚的史识论更多的是体现在对历史见识上，才使他认为刘知
幾史识为文士之见识。因此，他认为刘知幾"史家三长"论还不是一种全
面的史家修养论。

故而章学诚进一步说道：

> 德者何？谓著书者之心术也。夫秽史者所以自秽，谤书者所以
> 自谤，素行为人所羞，文辞何足取重。魏收之矫诬，沈约之阴恶，
> 读其书者，先不信其人，而患未至于甚也。所患夫心术者，谓其有
> 君子之心，而所养未底于粹也。夫有君子之心，而所养未粹，大贤
> 以下，所不能免也。此而犹患于心术，自非夫子之《春秋》，不足以

---

① 刘知幾：《史通通释》卷二十《忤时》，浦起龙通释，555～556 页，上海，上海古籍出
版社，2009。

② 章学诚：《文史通义校注》卷三《文理》，叶瑛校注，287 页，北京，中华书局，1994。

当也。①

"史德"就是"著述者之心术"。史家心术可分为两种情况：一是心术之邪正，一是心术修养之程度。章学诚认为"夫秽史者所以自秽，谤书者所以自谤"，如魏收、沈约之徒，读其书者先不信其人。著史者道德品质之高低，人们易于判断，其"素行为人所羞，文辞何足取重"，也很自然地不会轻信他们歪曲事实的记载。史家心术之邪正是很容易区分的，并不足患，所患者为心术虽正而"所养未粹"者，这也是章学诚"史德"论所强调的重心之所在。因为作为修史者，即使是有着"君子之心"的人，他的修养也很难达到纯粹的地步，只有像孔子这样的圣人"心术"才养得纯粹，才真正具备"史德"。"史德"修养虽难，但也应是每个"欲为良史者"的追求。

章学诚接着说：

> 盖欲为良史者，当慎辨于天人之际，尽其天而不益以人也。尽其天而不益以人，虽未能至，苟允知之，亦足以称著述者之心术矣。而文史之儒，竟言才、学、识，而不知辨心术以议史德，呜呼可哉！②

在章学诚看来，议史德就必须辨心术，就应该要"慎辨于天人之际，尽其天而不益以人也"。此句话的意旨为何，学者们见解有所不同。何炳松认为"天"相当于西方史学中的"客观主义"，"人"则相当于"主观主义"，即认为要尊重客观事实，而不掺杂着自己的主观偏见，后人多从此说。③饶展雄、高国抗认为"天""人"都是指人的主观思想、观点、情绪而言，所谓"尽其天而不益以人"，并不是说写史不能掺进主观成分，

---

① 章学诚：《文史通义校注》卷三《史德》，叶瑛校注，219～220 页，北京，中华书局，1994。
② 章学诚：《文史通义校注》卷三《史德》，叶瑛校注，220 页，北京，中华书局，1994。
③ 见何炳松为《章实斋年谱》所作的序。施丁也认为"天人之际"，即是指史家的主观与史实的客观之间的关系，以客观主义的态度尊重史实，而不能将主观的成分掺杂到客观史实中去。参见施丁：《章学诚的史学思想》，载《史学史研究》，1981(3)。

而是说不能掺进"违理以自用""旧性以自咨"的主观情绪。① 章益国则认为是指史家要发扬个人的"天性"，不能屈从"他人"，也不能滑向过度"主观"。② 我们认为，用近代西方科学实证主义史学概念"客观主义"与"主观主义"来解释"天""人"，恐不符合章学诚的原意。从其后对"史德"的论述来看，重点是论史家在表述历史事实时如何主观自律的问题，并未论什么客观主义，饶展雄、高国抗和章益国的解释更能体现其意旨。不过饶展雄、高国抗最后又把"史德"解释为史家的封建伦理道德，而章益国则认为"史德"是史家"自我—授权"过程中的科学良心，二者可能均对章学诚的"史德"论过度解读了。章学诚的名教观念还很浓厚，他所谓的"史德"不能没有封建伦理道德的成分。余英时先生认为，"盖章氏的天人之辩并非针对着历史知识之真伪问题而发。我们必须知道，他的话是站在中国传统史学的伦理层面上说的"③，但这不是其史德所论之重心，他"所强调的史德，不是道德家的说教，而是极重要的写史方法论"④。某种程度上说，章学诚的史德论确实和章益国所论"贯彻主体性、避免主观性"的科学良心相接近。

章学诚清楚地认识到在历史撰述过程中，史家的主观因素起到决定性的作用，历史撰述要想完全做到"尽其天而不益以人"，实际上是不可能的。然而他却希望人们辨心术以培育史德：

> 夫史所载者事也，事必藉文而传，故良史莫不工文，而不知文又患于为事役也。盖事不能无得失是非，一有得失是非，则出入予夺相奋摩矣。奋摩不已，而气积焉。事不能无盛衰消息，一有盛衰消息，则往复凭吊主流连矣。流连不已，而情深焉。凡文不足以动人，所以动人者，气也。凡文不足以入人，所以入人者，情也。气积而文昌，情深而文挚；气昌而情挚，天下之至文也。然而其中有

① 饶展雄、高国抗：《章学诚"史德"论辨析》，载《暨南学报（哲学社会科学版）》，1983(2)。

② 章益国：《章学诚"史德"说新解》，载《学术月刊》，2007(12)。

③ 余英时：《论戴震与章学诚》，257 页，北京，生活·读书·新知三联书店，2012。

④ 杜维运：《中国史学史》第 3 册，886 页，北京，商务印书馆，2010。

天有人，不可不辨也。气得阳刚，而情合阴柔。人丽阴阳之间，不能离焉者也。气合于理，天也；气能违理以自用，人也。情本于性，天也；情能汩性以自恣，人也。史之义出于天，而史之文，不能不藉人力以成之。人有阴阳之患，而史文即忤于大道之公，其所感召者微也。夫文非气不立，而气贵于平。人之气，燕居莫不平也。因事主感，而气失则宕，气失则激，气失则骄，毗于阳矣。夫文非情不深，而情贵于正。人之情，虚置无不正也。因事生感，而情失则流，情失则溺，情失则偏，毗于阴矣。阴阳伏沴之患，乘于血气而入于心知，其中默运潜移，似公而实逞于私，似天而实蔽于人，发为文辞，至于害义而违道，其人犹不自知也。故曰心术不可不慎也。[①]

章学诚认为，凡欲借著书立说以传之不朽的人，主观上莫不有扬善而恶恶、褒正而嫉邪之心。史家所载之史事，必藉文辞而流传。史事不能无是非得失、盛衰消息，而史家取舍定夺之间，就会气积而情深。如果气和情达不到激活状态，人也就没有创作动力，"文非气不立""文非情不深"。"气得阳刚而情合阴柔"，史家处在二者之间不能相离，气和情都是文赖以存在的基础，是史家著史时不可或缺的。而文章能否引人入胜，正是取决于史家个人内在气情是否真挚，"天下之至文"的取得，正是"气积而文昌，情深而文挚，气昌而情挚"的缘故。章学诚看到"史之文，不能不藉人力以成之"，即历史事实的呈现不得不通过史家的主观表述来完成。而作为具有是非善恶之心的人，其撰写史著时就会"因事主感、因事生感"，不可能没有自己主观的见解和情感倾向。其文气可能会有或宕、或激、或骄之弊而失去平和，其情就会有或流、或溺、或偏之弊而失去平正。这样阴阳发生了变化而不和，就会产生了"伏沴之患"。史家在不知不觉中"气就会违理以自用、情汩性以自恣"，这样撰写出来的著作"似公而实逞于私，似天而实蔽于人"。因此，如果一味地

---

① 章学诚：《文史通义校注》卷三《史德》，叶瑛校注，220页，北京，中华书局，1994。

任由气、情泛滥不加节制，就会"害义而违道"。可以说，章学诚认识到史家主体在历史编纂过程中的主观能动作用，但这种主观能动作用又不能不存在一个"度"的问题。这个"度"就是史家主观的是非善恶之心与所其追求的历史客观真实之间产生的内在张力。如何把握这个"度"的问题呢？那就要史家在编纂过程中加强内在的自律意识，使所生之气"合于理"，而不能"违理以自用"；所发之情"本于性"，而不能"汩性以自恣"。保持这种张力不仅不会"害义而违道"，而且还会通过史家主观努力达到大道之公，能最大限度地反映历史真实。因此，他提出史家对天人不可不辨，心术不可不慎。

章学诚通过论述气、情与理、性关系，将天和人作了区分。"理""气""性""情"（包括下文所论的"敬""恕"）诸概念早在先秦诸子就有所论及，下逮至宋明诸儒又将其发扬光大，成为理学家们所论心性道德之学形上、形下之范畴，使它们具有了思辨色彩。而作为浙东史学的殿军，章学诚宗陆王而兼取朱学之长①，其"理气""性情"观更接近王学。而"王阳明的理气说，不像朱熹那样，直接具有宇宙论的意义，他主要说明主体观念和事物关系的"②，只不过章学诚把"理""气""性""情"等概念引入到史家修养中来，淡化了其旧有道德内涵，探讨了它们对史家撰史的影响。出于这种认识，他对后人泥于司马迁的"发愤著书"之说提出批评，认为司马迁"所云'发愤著书'，不过叙述穷愁而假以为辞耳"，"其文之所以至者，皆抗怀于三代之英，而经纬乎天人之际者"，并非是"谤主"，只是"读者之心自不平耳"。而"不学无识者流"一方面谓其诽君谤主，另一方面又不妨尊其为文辞之宗师，从而造成大义不明，史家心

---

① 章学诚对浙东学术的渊源有详尽论述："浙东之学，虽出姿源，然自三袁之流，多宗江西陆氏，而通经服古，绝不空言德性，故不悖于朱子之教。至阳明王子，揭孟子之良知，复与朱子抵牾。蕺山刘氏，本良知而发明慎独，与朱子不合，亦不相抵也。黎洲黄氏，出蕺山刘氏之门，而开万氏兄弟经史之学，以至全氏祖望辈尚存其意，宗陆而不悖于朱者也。"见《文史通义校注》卷五《浙东学术》，叶瑛校注，523页，北京，中华书局，1994。

② 蒙培元：《理学范畴系统》，23页，北京，人民出版社，1989。

术不正的状况。因此，要"惧其似之而非，故贵平日有所养也"①。章学诚认为"气贵于平，而情贵于正"，如果史家能做到气平、情正，则气就会合于理、情就会本于性，阴阳就会相合而符合天道。

如何做到"气平""情正"这种修养功夫呢？章学诚说"盖言心术者贵在养也"，为此他又提出了"临文主敬"和"论古必恕"两个重要命题。虽然二者在《文德》篇提出，但正如学者指出，"其中所论，全然是史学问题"②，实可与史德篇相互发明。

"恕"本义是以自己的心推想别人的心，后又引申为原谅、宽容之意。"恕是待人接物处说，只是推己心之所以真实者以及人物而已。"③章学诚认为，"恕非宽仁之谓者"，并不是毫无无原则的宽容，而是"能为古人设身而处地也"，"论古必恕"的核心是"知人论世"。"知人论世"说早在《孟子·万章下》就已提出："颂其诗，读其书，不知其人可乎？是以论其世也。是尚友也。"朱熹注云："论其世，论其当世行事之迹也。言既观其言，则不可不知其为人之实，是以又考其行也。"④万季野对此也作过详细论述："因其世以考其事，核其言而平心以察之，则其人之本末可八九得矣。然言之发或有所由，事之端或有所起，而其流或有所激，则非他书不能具也。"⑤章学诚在前人所论基础上又有所发展，他说：

> 不知古人之世，不可妄论古人文辞也。知其世矣，不知古人之身处，亦不可以遽论其文也。身之所处，固有荣辱隐显、屈伸忧乐之不齐，而言之有所为而言者，虽有子不知夫子之所谓，况生千古以后乎？圣门之论恕也，"己所不欲，勿施于人"，其道大矣。今则

<hr />

① 以上引自章学诚：《文史通义校注》卷三《史德》，叶瑛校注，221～222页，北京，中华书局，1994。

② 王记录：《中国史学思想通史·清代卷》，361页，合肥，黄山书社，2002。

③ 陈淳：《北溪字义》，35页，北京，中华书局，1983。

④ 朱熹：《四书章句集注》，329页，北京，中华书局，1983。

⑤ 方苞：《望溪文集》卷十二《万季野先生墓表》，四部备要本。

第为文人，论古必先设身，以是为文德之恕而已尔。①

古人立言，有时是有针对性地有感而发，如果站在今人的角度去理解古人，或拘泥于其文辞表面之意，都可能会流于皮相认识。"不能设身处境，而论前人之得失，则其说未易得当也。"②因此，在理解古人之前，要对其所处时代，个人所处位置、经历，以及"言之有所为而言者"等情况有所认识。论古必先"设身处地"，即为古人设身处地，将心比心，才有可能理解古人。对古人的错误也"但明其理而不必过责其人，且于称谓之间，稍存严敬，是亦足以平人之心"③。他在《文德》篇举出了陈寿、习凿齿、司马光与朱熹的正统观的例子。陈寿的《三国志》采用以魏为正统而传吴、蜀的做法，习凿齿作《汉晋春秋》改为以蜀为正统；司马光的《资治通鉴》主陈寿之说，朱熹的《通鉴纲目》又起而正之，改为以蜀为正统。后人多讥陈寿与司马光，认为二者不知正统之所在，以至于"肆口而骂詈"。章学诚则认为，"是非之心，人皆有之"，"陈氏生于西晋，司马生于北宋，苟黜曹魏之禅让，将置君父于何地？而习与朱子，则固江东南渡之人也，惟恐中原之争天统也。诸贤易地则皆然，未必识逊今之学究也"，并非是后人所认为的"习氏与朱子之识力，偏居于优也"。如果不对前人所处境况有所认识，仅站在自己的立场上，根据自己的主观好恶、个人情感而得出的结论，当然会有偏颇。

"敬"作为方法论范畴，是理学中个人内在道德修养的重要方法。朱熹说："主敬之说，先贤之意盖以学者不知持守，身心散漫，无缘见得义理分明，故欲先且习为端庄严肃，不至放肆怠惰，庶几心定理明耳。"④陈淳说："所谓敬者无他，只是此心常存在这里，不走作，不散

---

① 章学诚：《文史通义校注》卷三《文德》，叶瑛校注，278～279 页，北京，中华书局，1994。

② 章学诚：《文史通义新编新注》外篇二《刘忠介公年谱叙》，仓修良编注，537 页，杭州，浙江古籍出版社，2005。

③ 章学诚：《文史通义新编新注》外篇一《与孙渊如观察论学十规》，仓修良编注，398 页，杭州，浙江古籍出版社，2005。

④ 《朱熹集》卷五十九《答方子实》，成都，四川教育出版社，1996。

漫，常凭地惺惺，便是敬。"①"主敬"才能心思不散漫、放肆怠惰，专心于心中（道德）之理，敬是提高道德自主、自律的内省功夫，是自我主体愈加得到肯定心理认识。章学诚也明确提出"敬非修德之谓者，气摄而不纵，纵必不能中节也"②。"恕"如果说是评论者对他人及其著作所应取的态度，那么"敬"则是强调评论者对自己的自主、自律的内省功夫：

> 夫诸贤论心论气，未即孔、孟之旨，及乎天人、性命之微也。然文繁而不可杀，语变而各有当。要其大旨则临文主敬，一言以蔽之矣。主敬则心平，而气有所摄，自能变化从容以合度也。夫史有三长，才、学、识也。古文辞而不由史出，是饮食不本于稼穑也。夫识生于心也，才出于气也。学也者，凝心以养气，炼识而成其才者也。心虚难恃，气浮易弛。主敬者，随时检摄于心气之间，而谨防其一往不收之流弊也。夫缉熙敬止，圣人所以成始而成终也，其为义也广矣。今为临文，检其心气，以是为文德之敬而已尔。③

章学诚的"临文主敬"，主要是通过养气和修德以"心平而气有所摄"，在这种状态下进行创作，自能变化从容以合法度。"心平贵于养也"，随时检摄自己的内心之气的内省功夫是史家必备之修养，也是一种不断磨炼的修养功夫。

章学诚突破了以往仅停留在道德层面来论史家修养的局限，把理学家们的心性道德之学中的"理""气""性""情""恕""敬"等范畴引入史家修养理论，并对其内涵加以改造并给予新的诠释，淡化了其中道德修养因素。其从"辨心术""慎心术""养心术"角度倡导史德，提倡史家主体的"诚意正心"，使其史家修养理论内涵丰富，也更具思辨和哲理色彩。当然章学诚并非是认为史家道德修养不重要，他认同孔子的"有德必有言"的说法，认为"道德不修，学问无以自立，根本蹶而枝叶萎"④，其史德

---

① 陈淳：《北溪字义》，35 页，北京，中华书局，1983。

② 章学诚：《文史通义校注》卷三《文德》，叶瑛校注，278 页，北京，中华书局，1994。

③ 章学诚：《文史通义校注》卷三《文德》，叶瑛校注，279 页，北京，中华书局，1994。

④ 章学诚：《文史通义校注》卷四《黠陋》，叶瑛校注，429 页，北京，中华书局，1994。

论也包含有道德修养因素在其中。而章学诚看到史德修养并非仅仅是道德修养那样简单，即使具备才学识"三长"和道德品质优秀的人，如不辨心术，其"发为文辞"就有可能"似公而实逞于私，似天而实蔽于人"，也未必能写出信史。而作者和读者可能对此"犹不自知也"，以至于"害义而违道"，其危害甚烈。章学诚看到史家在历史撰述过程中，史家主体性作用是必不可少的，这种包含史家个人主观因素的主体性可能会损害历史编纂之"真"，因而强调从主体自律方面来从事史学活动。而这些恰恰是近代西方史学理论才重视和讨论的话题。章学诚的"史德"论，内涵要比以往史德理论要丰富得多、具体得多、明确得多，他强调作史者要修养心术，培育史德，并将"慎辨于天人之际，尽其天而不益以人"作为良史的标准，突出了其在史学主体修养中的重要地位，更是对中国古代史家修养论的发展和总结。后来梁启超将史家之"德"与史家之"才学识"并立，并把史德放在四长之首，成为史家修养重要理论范畴。

第十一讲 "六经皆史"：明清史学的经史关系论

经学与史学是中国古代两大显学，相互之间因缘颇深。一方面，经学作为主流学术与官方意识形态，对于史学与史学思想的发展具有指导作用，即所谓以经解史；另一方面，史学则为经学观念提供史实论证，即所谓以史证经。前者属于史学的范围，后者则属于经学的范围。正是这种非同寻常的因缘，经史关系自然也就成了历代学者们津津乐道的问题。"六经皆史"作为经史关系论的重要命题，形成于明清时期，然而重视对于经史关系的探讨，则是由来已久。

一、明清以前的经史因缘

中国经学兴起于西汉，然而经学元典"六经"则产生于先秦，"六经"具有亦经亦史的特点。汉代经学兴起以后，一方面不同时代的经学之于史学与史学思想的发展产生了重要影响，另一方面各时代经学的变化也必然促成史学与史学思想的变化。

(一)先秦"六经"的亦经亦史特点

从学术发展史而言，经学与史学皆起源于先秦，并且有着共同的渊源。由于孔子创立儒学，整理"六经"，后世才得以据此为经典，训释传记，从而逐渐形成经学；而经过孔子整理的"六经"，作为上古三代时期的"先王政典"，具有亦经亦史的特点。因此，中国古代的经史因缘，至少需要追溯到孔子整理"六经"的春秋时代。

　　作为后世儒家经典专称的"经"，在先秦时期它的含义有一个演变和发展过程。"经"字最早见于周代金文，其本义按照《说文解字》的说法，是"经，织从丝也"①，清人段玉裁注曰"织之从丝谓之经。必先有经，而后有纬"②，是指编织的纵丝，因而只不过是一个普通的古老纺织工艺的概念。春秋战国时期，"经"开始用来指称官府和诸子百家的基本典籍，如《释名·释典艺》所谓"经，径也，常典也"。像《墨子》的《经》(上、下)《经说》(上、下)，《管子》的《经言》《解》等。作为典籍的"经"，在这一时期并不局限于只是对儒家经典的指称。不过，在这一时期能够得到普遍尊崇的经典，还属《诗》《书》《礼》《乐》《易》《春秋》。把这六部经典并称为"六经"，始见于战国文献《庄子·天运》③。此外，像《庄子·天下》《商君书·农战》和《荀子·儒效》等篇亦有记载。近年出土的荆门郭店楚墓竹简，称此"六经"为"六德"，而且排序如同《庄子·天运》④，更是打消了人们对于战国时期是否存在"六经"的疑虑。但是，在《庄子》一书看来，"六经"只是有关古圣先贤的经籍，是诸家皆称引的天下道术⑤。

　　"六经"后来之所以逐渐演变成为儒家学派的基本经典，追根求源，还是与孔子对它的整理和传习有着密切的关系，正如周予同所说，"六经""无疑经过孔子整理，也因此而成为儒家学派的'经典'"⑥。关于孔子与"六经"的关系，最早作出明确记载的，当属《史记》的《孔子世家》和《太史公自序》。按照司马迁的说法，孔子编次了《尚书》，删订了《诗经》，编定或修订了《礼》《乐》，作了《周易》的一部分，因鲁史而编写了《春秋》。对于这一说法，周予同认为"值得人们重视"，又指出它"显然

---

　　① "从丝"二字原文脱，清人段玉裁据《太平御览》卷八二六补。
　　② 段玉裁：《说文解字注》，644页，上海，上海古籍出版社，1981。
　　③ 《庄子·天运》说："孔子谓老聃曰：'丘治《诗》《书》《礼》《乐》《易》《春秋》六经，自以为久矣'。"参见《庄子·天运》，新编诸子集成本，536页，北京，中华书局，2018。
　　④ 参见荆门市博物馆编：《郭店楚墓竹简·六德释文注释》，187页，北京，文物出版社，1998。
　　⑤ 《庄子·天下》说："《诗》以道志，《书》以道事，《礼》以道行，《乐》以道和，《易》以道阴阳，《春秋》以道名分，其数散于天下而设于中国者，百家之学时或称而道之。"参见《庄子·天下》，新编诸子集成本，1071页，北京，中华书局，2018。
　　⑥ 朱维铮编：《周予同经学史论著选集》，802页，上海，上海人民出版社，1996。

受到董仲舒的影响。因而后来的经学家，并不都以为他的说法可信"①。清季以来，甚至出现了根本对立的观点，有认为"六经"皆为孔子所作，亦有认为"六经"与孔子无关。② 对此，我们的看法是："六经"绝非一时一人之作，这从"六经"所反映的具体内容便可了然；"六经"是经过孔子整理过的上古三代历史文化典籍，孔子以"六经"作为教材教授弟子③，出于教学的需要而对古老的"六经"传本有所删编，是完全合乎情理的；如果没有孔子对古老的"六经"传本的整理，也就不可能有我们今天所谓的儒家学派的"六经"经典和经学了。

先秦时期的"史"字出现很早，最初的含义是指史官，赋予其史籍之义则是较晚的事情。白寿彝先生说："从用以称史官的'史'，到用以称历史记载的'史'，不知要经过多少年代。"④不过，我们这里的关注点并不是古人什么时候赋予了"史"字以史籍的含义，而是先秦时期的史籍究竟从什么时候开始有了，最初的史籍又有哪些，它们与经籍有何关系？从逻辑上说，有了史官，便有了历史记录。《尚书·多士》说："惟殷先人，有册有典。"这里所谓"册""典"，便是商代史官记录下的历史文献资料。实际上在春秋以前，由于学在官府，大凡典章故事和礼法度数，皆为官司所守，而这些内容，无不都是一种历史记录，像左史倚相"能读三坟、五典、八索、九丘"⑤，申叔时所谓"故志、训典"⑥等，这些典籍虽然不足考，却恐怕都是春秋以前史官留下的重要史料。

不过，史官们留下的历史记载，从严格意义上讲还不能完全等同于

---

① 朱维铮编：《周予同经学史论著选集》，796页，上海，上海人民出版社，1996。

② 前者代表人物如皮锡瑞，参见其著《经学历史》，1～2页，北京，中华书局，1959；后者代表人物如钱玄同，参见其著《答顾颉刚先生书》，《古史辨》第1册，69～70页，上海，上海古籍出版社，1982。

③ 《史记》不但记载了孔子删编"六经"，而且认为孔子是以其作为开办私学的教材的，如《史记·孔子世家》说："孔子以诗书礼乐教，弟子盖三千焉，身通六艺者七十有二人。"见《史记》卷四十七《孔子世家》，1938页，北京，中华书局，1959。

④ 白寿彝：《中国史学史》第1册，6页，上海，上海人民出版社，1986。

⑤ 《左传·昭公十二年》，《十三经注疏》本，2064页，上海，上海古籍出版社，1997。

⑥ 《国语·楚语上》，韦昭注本，355页，上海，上海古籍出版社，2015。

史籍。金毓黻先生按照章学诚的记注与撰述两分法，将先秦历史记载分为史料和史籍两类，肯定先秦"史官所掌，属于史料之类，即章氏所谓记注也"①，而先秦史籍则始于《尚书》和《春秋》："故榷论吾国古代之史籍，应自《尚书》《春秋》二书始。"并认为"六经"之为史，是有着史著与史料之分的："是故谓《尚书》《春秋》为史，可也。谓《易》《诗》《礼》《乐》为史，不可也。谓《易》《诗》《礼》《乐》为史料，可也。径谓为史著，不可也。"②刘家和先生在肯定金氏观点的基础上进一步认为，"六经"当中的《周易》"固可以视为史料，然其意义恐有甚于作为史料者在，即《易》之思想适与中国传统史学之通变思想相通，甚至若和符节"③。实际上，"六经"中不仅仅只是《尚书》和《春秋》是史，"六经"中其他诸经也不仅仅只是具有重要的史料价值，"六经"对于后世史学的影响，主要还是表现为对史学思想的影响，"应当从历史意识上、从史学思想上来理解这个问题"④。如《周易》的天人观与通变思想、《尚书》的历史借鉴思想、《诗经》的天命王权思想、"三礼"的改制思想和《春秋》的史义与史法等，其实对于传统史学与史学思想都有巨大的影响。

在"六经"之后问世的《竹书纪年》《世本》《左传》《战国策》和《国语》等，则是战国时期撰成的、流传于后世的重要的先秦史籍。其中的《左传》和《国语》与六经有着密切的关系，《左传》一般被认为是左丘明所著的解释《春秋》的著作，为《春秋》三传之一；而《国语》则被称作是《春秋》外传。⑤ 唐代史评家刘知幾曾将古史流派分为《尚书》《春秋》《左传》《国语》《史记》和《汉书》六家⑥，史书的六个家派竟然有四个同于经传。

---

① 金毓黻：《中国史学史》，310 页，北京，商务印书馆，2003。
② 金毓黻：《中国史学史》，28、311 页，北京，商务印书馆，2003。
③ 刘家和：《史学经学与思想》，78 页，北京，北京师范大学出版社，2005。
④ 吴怀祺：《中国史学思想史》，15 页，合肥，安徽人民出版社，1996。
⑤ 《国语》的《春秋外传》之名，始见于《汉书·律历志》所引刘歆《三统历谱》，说明这是西汉所传的一个古说。不过，学术界对此有不同的看法，认为《左传》和《国语》都是独立的史书，并非为解释《春秋》而作。
⑥ 刘知幾：《史通通释》卷一《六家》，浦起龙通释，1 页，上海，上海古籍出版社，2009。

综上所述可知，先秦时期是一个经史未分的时代。先秦的经籍与史籍，皆须溯源到经过孔子整理而成的"六经"。"六经"不单是先秦时期重要的儒家典籍，作为"先王之政典"、上古三代的历史文献，它们也或为史料，或为史籍；而随着后来"六经"地位的提高，它们内蕴的思想更是对后世史学思想产生了巨大的影响。

(二)汉代经史分离与史学的崇经意识

西汉初年，儒家"六经"被称作"六艺"。思想家贾谊在《新书·六术》中说："是故内本六法，外体六行，以与《诗》《书》《易》《春秋》《礼》《乐》六者之术，以为大义，谓之六艺。"司马谈的《论六家要指》则说："夫儒者以六艺为法，六艺经传以千万数。"董仲舒在所上《天人三策》中也说："愚以为诸不在六艺之科、孔子之术者，皆绝其道，勿使并进。"他们所谓"六艺"，当然都是指孔子整理的属于孔子和儒家之术的"六经"经典。不过由于秦火的缘故，《乐经》已经散佚，汉代"六经"（或"六艺"）有名无实，于是便有了《诗》《书》《礼》《易》《春秋》"五经"的说法。[①] 汉武帝建元五年设置的经学博士，便称作"五经博士"。《史记·儒林列传》对这五经博士的学术系统作了叙述："今上（汉武帝）即位，赵绾、王臧之属明儒学，而上亦乡之。于是招方正贤良文学之士。自是以后，言《诗》于鲁则申培公，于齐则辕固生，于燕则韩太傅；言《尚书》，自济南伏生；言《礼》，自鲁高堂生；言《易》，自淄川田生；言《春秋》，于齐鲁自胡毋生，于赵自董仲舒。"

纵观汉代经学的发展，西汉时期最受尊显的莫过于属于今文经学系统的董仲舒的《春秋》公羊学，汉武帝"独尊儒术"，其实就是"独尊"公羊学。西汉末年经学家刘歆提出立《左传》《古文尚书》《毛诗》等古文经，于

---

① 今人王葆玹认为汉初"六艺"和"五经"旨义不同，"六艺"是指"诗""书""礼""乐""易""春秋"六种学科或学术；而"五经"则是指《诗》《书》《礼》《易》《春秋》五部儒家经典，所以陆贾《新语·道基》才说后圣"定五经，明六艺"，参见王葆玹：《今古文经学新论》第一章《六艺五经系统的形成》，52～57页，北京，中国社会科学出版社，1997。

是发端了中国经学史上的今古文之争。① 东汉以后，一方面尽管今文经学依然被立于学官，古文经学却在民间和学者中间大行其道，盛极一时，出现了贾逵、许慎、马融等一大批古文经学大家。另一方面，今古文学派之间的斗争不断，而这种争斗的结果则表现为一种学术思想方法的趋同性，今文家开始打破师法、家法的藩篱，出现了像东汉末年何休这样的研习古文的公羊学集大成者；而古文家也注意吸收今文学，从而出现了像东汉末年郑玄"括囊大典，网罗众家"②、融合今古文的"郑学小一统"的经学新局面。

汉代经学对于汉代史学影响很大，经史之间存在着密切的关系。首先从汉代的学术分类来看。据《汉书·艺文志》可知，汉代史籍在目录分类上尚未形成独立的部类，而是主要依附于经书"六艺略"的《春秋》经下。汉代目录学上出现的"史附于经"的现象，究其原因，主要是因为秦火之后，先秦史籍大量被焚毁，以至于数量太少而不能形成独立的部类。而《汉志》之所以会"史附于经"，却不是将其附于其他部类之下，这主要是由经史之间的密切关系所决定的。一方面，先秦时期，经史同源、亦经亦史、经史相兼是一种普遍存在的现象。另一方面，汉代虽然经史开始出现分离，然而汉代史学的崇经意识非常浓厚。

其次从汉代史家的经学态度来看。汉代随着《史记》《汉书》等史著的问世，司马迁写《史记》提出要成史家"一家之言"，说明已经在学术实践中开始了经史的分离过程。不过，司马迁作史，却又明确提出要"正《易

---

① 汉代今古文学派之间的斗争主要有四次：第一次是西汉末年刘歆争立《左传》《古文尚书》《毛诗》等古文经，为今文博士和执政大臣所责让，而王莽当政托古改制，古文经得以立学官，古文学派取得暂时的胜利；第二次是东汉建元初年，光武帝诏论立古文经，古文家陈元与今文家范升辩难，光武帝采纳陈元的建议立古文，后迫于舆论而作罢，古文经仍为私学；第三次是汉章帝时期，章帝好古文，于建初四年在白虎观讲议五经异同，今文博士李育以《公羊》义难古文家贾逵，汉章帝让诸儒各选高材生受《左传》《公羊传》《穀梁传》《古文尚书》《毛诗》，古文经学取得了一定的胜利；第四次是东汉末年古文家郑玄与今文家何休争论《公羊》与《左传》孰优孰劣的问题，郑玄博通今古，何休感叹道："康成入吾室，操吾矛，以伐我乎！"（《后汉书·郑玄列传》）郑学由此确立了在汉末经学中的优势地位。

② 《后汉书》卷三十五《郑玄列传》，1213 页，北京，中华书局，1965。

传》，继《春秋》，本《诗》《书》《礼》《乐》之际"①，以"继《春秋》"为其撰述旨趣，以"六经"来统帅其史著；同时他的评判史实与选取史料的原则还是"折中于夫子"②"考信于六艺"③。东汉史家班固更是具有浓厚的崇经意识，他的"史公三失"论，直斥司马迁"论大道则先黄老而后六经""是非颇缪于圣人"④；《汉书》撰述奉行的一个基本原则便是"旁贯五经"⑤。这一切，都体现了班固史学的正宗主义史学思想倾向。

最后从汉代经学家对于汉代史学与史学思想的影响来看。汉武帝独尊"公羊学"，因而汉代经学的标志性人物当属董仲舒。董仲舒虽然没有写过专门的史著，然而他的"见之于行事"之作——《春秋繁露》，其中蕴含的历史思想却是非常丰富的。纵观董仲舒的历史思想，他的天人感应理论、"三统"历史变易学说和"大一统"理论，对于有汉一代史学思潮的发展、演变及其走向，都有着重要的影响。西汉末年的刘向、刘歆父子不但是杰出的经学家，也是杰出的史学家，他们辨章学术，考镜源流，整理古文献，是中国目录学、文献学的开山鼻祖；刘歆作《三统历谱·世经》，以五行相生来解说古史，其所提出的古史系统以及内蕴的历史思想，对于班固以后中国正统史学的确立和发展有着重要的影响。

(三)魏晋南北朝玄学的兴起与史学的玄化倾向

魏晋南北朝时期，经学出现了明显的变化，那就是一方面，从汉末郑玄之学到魏晋王肃之学，再到东晋郑玄之学的复兴，依然承继了汉代训诂经学的传统；另一方面，曹魏正始年间出现了以何晏、王弼为代表的玄学，这种玄学经学重在义理，不拘章句，表现出了反传统的风貌，并作为一种学术思潮流播于世。郑玄是博通今古文经的经学通家，"郑学小一统"于东汉后期至曹魏时期。随着魏晋政权的嬗变，出现了反郑玄之学的王肃之学，并且很快成为西晋占统治地位的经学学派。从治经

---

① 《史记》卷一百三十《太史公自序》，3296 页，北京，中华书局，1959。
② 《史记》卷四十七《孔子世家》，1947 页，北京，中华书局，1959。
③ 《史记》卷六十一《伯夷列传》，2121 页，北京，中华书局，1959。
④ 《汉书》卷六十二《司马迁传》，2737～2738 页，北京，中华书局，1962。
⑤ 《汉书》卷一百下《叙传》，4235 页，北京，中华书局，1962。

路数来讲，其实王肃也是一位兼采今古文的经学通家，与郑玄颇为相似。王学与郑学之间的斗争，不是经学观点与治经方法之争，清代今文经学家皮锡瑞就说，王肃驳斥郑学，往往"或以今文说驳郑之古文，或以古文说驳郑之今文"①。也就是说，王肃并没有开辟出一条经学新路子来。王学与郑学之间的斗争，具有鲜明的政治色彩。王学作为司马氏集团的思想工具，它代替郑玄之学，是政治上司马氏势力代替曹魏势力在经学思想上的一种反映。也正因此，东晋以后，随着政权的南渡，郑学又重新取得了对王学的胜利。不过，魏晋时期的王郑经学之争在学术思想史上还是有意义的，这"主要在于动摇了郑玄在人们心中的至上权威，使人们对旧的章句之学发生怀疑，从而为玄学经学的顺利成长创造了独立思考、自由竞争的思想环境"②。相对于郑、王等传统章句训诂经学，玄学经学是一种义理经学，"其特征是用老庄思想解释儒经，并且只把儒经作为一种凭借，重点不在疏通经义，而在发挥注释者自身的见解。这样，它就与郑王的训诂经学有了根本性的差别，使经学发生划时代的变化"③。南北朝时期，皮锡瑞的《经学历史》一书将其称作"经学分立的时代"。从总体上看，北朝经学受汉末郑玄之学影响较大，重视章句训诂，而不尚玄谈；而南朝经学不拘守一家，善谈玄理，且还深受佛学的影响。对于南北朝经学的不同风格，《北史·儒林传》有一个概述："南人约简，得其英华；北学深芜，穷其枝叶。"当然，我们不应该将南北朝经学的差异性绝对化。其实在北学中不但有习郑学、有习王学，也有讲王弼《易》注的；同样，南学中不但重玄、重佛，也有兼习郑、王之学的，只是南北学的主要倾向不同罢了。

魏晋南北朝时期史学的发展，与这一时期经学的发展和变化、特别是玄学经学的兴起和发展是有着密切关系的。首先是重视人物品评和历史评论。重视人物品评，是魏晋玄谈特点之一。而这一时代经学风气，

① 皮锡瑞：《经学历史》五《经学中衰时代》，155页，北京，中华书局，1959。
② 任继愈主编：《中国哲学发展史（魏晋南北朝卷）》，627页，北京，人民出版社，1988。
③ 任继愈主编：《中国哲学发展史（魏晋南北朝卷）》，628页，北京，人民出版社，1988。

也深深地影响到了史学领域。在魏晋南北朝的历史撰述中，陈寿《三国志》的人物品评颇具代表性，几乎涉及所记载的每一个历史人物，以局量才识和风度容貌为视角。应该说这样的人物品评有轻历史评价的倾向，但它毕竟是对人事作用的一种肯定，还是有一定的进步意义的。历史评论的玄化倾向，则是魏晋南北朝史著所反映出的又一特点，其中以袁宏的《后汉纪》最具代表。袁宏既是一位玄学化的史学家，也是一位颇具史识的玄学家，援玄入史、玄儒合一，是其学术思想与方法的基本特征。

其次是与南北朝经学分立相一致的南北朝史学风格的迥异。"南人约简，得其英华；北学深芜，穷其枝叶"，反映在史学上，南朝以范晔《后汉书》、沈约《宋书》、萧子显《南齐书》等为代表，从他们所著史书的序、论、赞来看，确实体现了南方玄学经学"清通简要""得其英华"的特点，反映了史家的一种历史洞察力；反观北朝史学，以北朝史家魏收所撰《魏书》为代表，则表现出明显的记事分散、烦琐，历史评论只是就事论事，缺乏全局观、发展观、联系性和思辨性，反映了北学"渊综广博""穷其枝叶"的特点。

(四)唐代经史之学的总结与疑古惑经思潮

唐初经学的显著特点是总结与统一，其标志则是孔颖达等人编定《五经正义》。隋朝经学的代表性人物是人称"二刘"的刘焯和刘炫，他们的经学不拘一家之说，对于南学和北学作了某些折中，对唐代群经正义有重要影响。清人皮锡瑞说："隋之二刘，冠冕一代。唐人作疏，《诗》《书》皆本二刘。"①唐初，经学家陆德明著《经典释文》，对唐初以前的经学汉学系统作了初步总结，奏出了隋唐统一经学的先声。此后，唐太宗先是诏命颜师古考定"五经"，完成了关于"五经"的文字统一工作；数年后又诏命孔颖达等人撰修《五经正义》，从而最终完成了对"五经"经义的统一疏解。由于《五经正义》坚守的解经原则是"注不驳经，疏不破注"，因而在它宣告"五经"经义实现历史性统一的同时，也就意味着儒学的被禁锢和走向僵化。一些经学家意识到了经学发展的危机，于是大胆地站

---

① 皮锡瑞：《经学历史》七《经学统一时代》，196 页，北京，中华书局，1959。

出来疑经惑传，从而掀起了一股疑经之风。经学家王元感撰写《尚书纠缪》《春秋振滞》《礼记绳愆》三书，对传统经说的怀疑和纠缪。经史学家刘知幾是这一时期疑古惑经的重要代表人物，他在《史通》这部史评著作中专辟《疑古》《惑经》二篇，从史学立场对于经书进行质疑。唐中叶后，更是出现了经学家啖助、赵匡、陆淳等人为代表的《春秋》学派，对《春秋》传注提出批评，而直接以己意去取"三传"，倡导以经为本、舍传求经的经学之风，开宋学经学风气之先。与此同时，宋学"四书"系统也由唐中后期的韩愈、李翱先发其端。韩愈的"道统说"推本《大学》、尊崇《孟子》，其弟子李翱承继师说，着重表彰《中庸》《大学》《论语》《孟子》和《易传》，宣扬"复性"之说，他们实为宋学的开路先锋。

隋唐时期的经史关系，首先表现在经史总结过程中出现的经史兼通现象。伴随着唐初经学的总结与统一，史学也迎来了大总结。如果说经学总结的标志是《五经正义》的颁行的话，那么唐初史学总结的标志则是"唐八史"——《梁书》《陈书》《北周书》《北齐书》《隋书》《晋书》《南史》《北史》和杰出的史评专著刘知幾《史通》的问世。在初唐经史同步大总结的过程中，"从事经学总结与史学总结的学术精英中不少是经史兼通。陆德明撰《经典释文》，是对'汉学'系统地初步总结，走出了隋唐时代统一经学的先声。陆氏是隋唐间经学家，又是经史学家。孔颖达受诏与颜师古等撰定《五经正义》，标志经学的汉学系统的统一，对封建社会后半期的思想学术和文化，具有极其重大的影响。颜师古是名儒颜子推之孙，唐初著名经学家、史学家，自己考订《五经正本》为底本与孔颖达撰成《五经正义》。他还是研究《汉书》的专家，有《汉书注》传世，对两汉以来经学史亦十分熟悉"[1]。而著名史评家、《史通》的撰述者刘知幾，则是唐前期疑古惑经的经学代表人物。

其次表现在疑古惑经思潮对于经史之学的影响。唐代疑古惑经前期代表人物刘知幾，站在史学家的立场对经书进行质疑。《史通》中的《疑古》篇疑《尚书》《论语》，《惑经》篇则批《春秋经》。《疑古》篇多以近古历

---

[1] 许凌云：《经史关系略论》，见《经史因缘》，6 页，济南，齐鲁书社，2002。

史的经验来推测上古历史，由此对《尚书》《论语》等经书的历史记载提出怀疑，如对《尚书·尧典》称颂尧"克明俊德""比屋可封"提出怀疑，认为《论语》称颂周德是"虚为其说"，等等。《惑经》篇提出《春秋》"十二未谕"和"五虚美"不符合史书的"实录直书"标准。这些质疑显然都是源于刘知幾的史学立场。刘知幾的以史疑经，促使人们从史学角度对经书的内容进行反思，同时也在一定程度上反映了唐代史学地位的提高。唐中后期新《春秋》学派的疑古惑经则是站在经学的立场。他们反对将《春秋》看作史书，强调经史之间的区分，然而他们以褒贬之义质疑《春秋》"三传"的做法，在客观上对史学的发展产生了影响，中唐以后史学出现的重视褒贬、强调资政，史学求道倾向愈加明显的倾向，在一定程度上是受到了新《春秋》学派的影响。

（五）宋代理学的兴起与史学的义理化倾向

宋明时代的经学，出现了一个主要以"性与天道"为中心范畴的学派——理学，成为南宋以后中国封建社会后期的统治思想。宋明理学的主要流派有程朱理学和陆王心学，前者是客观唯心主义，后者为主观唯心主义。宋明理学的解经，在内容上重视探寻经书的"性""理"奥秘，在方法上重视将传统佛、道思想纳入其中，由此形成了别具一格的具有高度哲理性、思辨性特点的新的经学。与宋明理学的兴盛相对应，宋元史学的发展也进入了中国史学发展史上的黄金时代。在这一时期，出现了一批史学的鸿篇巨制，在传统史书体裁发展的基础上又产生了一系列新的史书体裁，重视会通、通识的史学思想得到提倡，等等。这种经史并行发展的状况，一方面是社会现实影响的结果，正是社会现实的矛盾，驱动着理学家和史学家们的学术研究，同时也因此决定着他们学术研究的价值取向或思想走向；另一方面，我们也应该看到这一时期理学与史学之间的相互影响对于经史之学发展所产生的作用，这一时期大凡重要的史学家像欧阳修、司马光等人，本身都是理学家或理学中人，反之，像理学的集大成人物朱熹，也是颇有建树的史学家，这充分反映了这一时期经史之学的相互影响。

从史学对于理学发展的影响来讲，主要表现为史学思想中的历史观本身就是时代哲学的重要组成部分，因而它会直接影响到理学思想体系的形成。理学的求理，理学家要证明封建等级秩序是永恒不变的，封建纲常名教是天理的体现，就必须要从历史当中求得说明和验证，否则就不可能有说服力，也就不可能为人们所接受。换句话说，"史学的理学化是理学发展的需要"①。吴怀祺先生曾经以二程理学与朱熹理学作比较，说明史学义理化对于理学体系构建的重要性，他说："二程奠定理学的根基，却不是理学的集大成者，一个十分重要的原因，是他们论历史兴衰之'理'，却对史学的价值认识不足，至少是在史学的领域内没有做什么工作，这影响到二程对理学的建构。朱熹成为理学的集大成者，不但因为他能集理学诸家之说，熔铸成朱学的基本的内容，而且还在于他十分重视史学，努力把包括史学在内的各个学术门类，纳入他的理学的体系中去。他在史学方面所作的工作，一个很重要的方面是使史学'会归理之纯粹'"②。

　　具体到宋明理学对于史学的影响，主要表现在对史学思想的指导上。一是贯通意识。理学的"求理"思维特征之一是通天通地，贯古贯今，这种思维特征对于史学的影响，则表现为一种"通识"意识。如胡宏的《皇王大纪》、苏辙的《古史》等著作，论及宇宙的运动、生命的起源和社会的产生与发展，他们通过贯通天地来对这些问题作出思考；又如司马光的《资治通鉴》和《稽古录》、郑樵的《通志》等，都是在"通识"意识指导下而写成的名著。二是历史划分。理学的中心范畴是天理，这也成为历史阶段划分的标准。理学家们将历史划分为三代以前和三代以后（或先王和后王）两个阶段，三代以前天理流行，三代以后则人欲横流；三代以前以道治天下，三代以后则以法把持天下。理学家们的历史观对于这一时期的史学有重要影响，司马光等人就明显地表现出了一种对于三代的推崇。三是历史盛衰观。理学家们强调从天理的角度来总结历史的兴衰，这种理学思想同样影响了宋代史学家的历史意识，如司马光就认

---

　　① 许凌云：《经史关系略论》，见《经史因缘》，9 页，济南，齐鲁书社，2002。
　　② 吴怀祺：《中国史学思想史》，214 页，合肥，安徽人民出版社，1996。

为，维护纲常名分的等级制度，是使"上下相保而国家治安"的根本办法。这一时期的各种史书论赞，大多都是以天理为标准来评论历史事件和历史人物功过的。四是正统论。理学家讲儒学要讲道统，讲史学则讲正统。朱熹的《资治通鉴纲目》就是一部讲究正统的史著。这种理学中人的道统、正统观念，对于这一时期的史学是有很大影响的。如范祖禹的《唐鉴》，就援引"公在乾侯"例而不以武则天为正统。五是提倡《春秋》褒贬书法。如欧阳修的《新五代史》、朱熹的《资治通鉴纲目》和范祖禹的《唐鉴》等，既是史学著作，又是言理的著作，非常重视运用《春秋》书法褒贬史事。

二、明清时期的"六经皆史"说

"六经皆史"说是明清时期学术史、经学史与史学史上一个重要命题。从明代王阳明的"五经亦史"说，到王世贞的"六经，史之言理者"、李贽的"六经皆史"说，再到清代章学诚的"六经皆史"说，直至晚清龚自珍的"六经者，周室之宗子也"和章太炎的"夷六艺于古史"论，人们通过对"六经皆史"命题的阐述，关于经史关系的认识也随之而不断地得到深入。

（一）明代的"六经皆史"说

"六经皆史"说的提出与初步阐发，开始于明代。然而，从学术思想渊源而言，学界一般认为隋朝思想家王通是最早提出"以经为史"的人①。

---

① 也有一些学者不同意这一说法，如钱钟书就认为"以经为史"说与先秦道家有关系，他说："《庄子·天运》篇记老子曰：'夫六经，先王之陈迹也，岂其所以迹哉'；《天道》篇记，桓公读圣人之书，轮扁谓书乃古人糟粕，道之精微，不可得传。《三国志·荀彧传》注引何劭为《荀粲传》，记粲谓：'孔子言性与天道，不可得闻，六籍虽存，固圣人之糠秕'云云。是则以六经为存迹之书，乃道家之常言，六经皆史之旨，实肇端于此。"（见钱钟书：《谈艺录》，266页，北京，中华书局，1984）周予同则认为："古代'经'、'史'不分，隋朝王通也不能说是'以经为史'的最早者。如果上溯的话，孔子即曾说过：'《春秋》其文则史，其义则丘窃取之矣！'那么，孔子就是以《春秋》为史了。"（见朱维铮编：《周予同经学史论著选集》，716页，上海，上海人民出版社，1996）我们认为，先秦道家和孔子的"以经为史"，是经史未分时代的一种说法，与经史已分时代隋朝王通的"三经亦史"说及其以后的"五经亦史""六经皆史"说，所谈论的经史关系还不是一个概念。

王通说："昔圣人述史三焉：其述《书》也，帝王之制备矣，故索焉而皆获；其述《诗》也，兴衰之由显，故究焉而皆得；其述《春秋》也，邪正之迹明，故考焉而皆当。此三者，同出于史而不可杂也，故圣人分焉。"①在此，王通提出了"六经"中的《尚书》《诗经》《春秋》"同出于史"的观点。在王通看来，《尚书》《诗经》和《春秋》"三经"的立意有别于其他经书，圣人分此三经以述史，旨在"备帝王之制""显兴衰之由"和"明邪正之迹"。应该说，王通的"三经亦史"说可能在形式上对后来明清时期"六经皆史"命题的提出有着启发作用。

明代心学家王阳明在批判与继承宋儒经史关系论的基础上，明确提出了"五经亦史"的观点，成为中国古代学术史上"六经皆史"说最早的系统阐述者之一。王阳明一方面从"心即理""心理无二"的心学观点出发，反对宋代理学家们将"理"看作超然之物、绝对观念；另一方面又继承了宋儒从理事、道器的哲理高度探讨经史关系的传统。王阳明认为，经史之间的关系，"以事言谓之史，以道言谓之经。事即道，道即史，《春秋》亦经，五经亦史。《易》是包牺氏之史，《书》是尧舜以下史，《礼》《乐》是三代史，其事同，其道同，安有所谓异？"又说："'五经'亦只是史。史以明善恶，示训戒。善可为训者，特存其迹以示法；恶可为戒者，存其戒而削其事以杜其奸。"②从这两段话可以清楚地看到王阳明经史关系论的基本内涵，其一是不仅提出了"五经亦史"的经史命题，而且还从理事、道器合一的哲理高度对"五经亦史"说作出了理论论证；其二是从"事即道，道即史"的经史观出发，而肯定存史的目的即在于存"道"，在于"明善恶，示训戒"。因此，王阳明"五经亦史"的理论意义，是肯定了经史、事道之相同、无异和合一的关系。值得注意的是，王阳明的"五经亦史"说，其实已经具有了"六经皆史"的含义。上述王阳明"五经亦史"观点的提出，是在与弟子徐爱的问答中作出表述的。弟子徐爱说"先儒论六经，以《春秋》为史。史专记事，恐与五经事体终或稍

---

① 王通：《文中子中说》卷一《王道》，阮逸注，2页，南京，凤凰出版社，2017。

② 《王阳明全集》卷一《传习录》上，10页，上海，上海古籍出版社，1992。

异"，此话语意思是说，先儒谈论"六经"，往往是将其中的《春秋》视为史书。因此，王阳明才有了"《春秋》亦经，五经亦史"的作答。在这样一种语境中，所谓的"五经"，显然是不包含《春秋》的。因此，如果合已经被视为史书的《春秋》而言，王阳明的"五经亦史"说，其实就是"六经亦史"说。

王阳明之后的明儒，显然是受到王阳明的影响，似乎都热衷于讨论经史关系问题，注重阐发"六经皆史"的命题，其中最具代表性的学者有王世贞、李贽等人。王世贞认为："天地间无非史而已。六经，史之言理者也；编年、本纪、志、表、书、世家、列传，史之正文也；叙、记、碑、铭、述，史之变文也。"①这就是说，所谓经书，其实也就是史书之一种。王世贞还继承了王阳明的理事、道器合一说，认为史中含道，道依赖史而得以相传。他说："史不传则道没，史即传而道亦系之而传。"②王世贞甚至将史的作用看得比经还大，他说："经载道者也，史纪事者也。以纪事之书较之载道之书，孰要？人必曰经为载道之书，则要者属经，如是遂将去史弗务。嗟乎！智愈智，愚愈愚，智人之所以为智，愚人之所以为愚，其皆出于此乎？"在王世贞看来，造成"愚愈愚"局面的原因，就在于世人重经轻史，所以他大声疾呼"史学在今日倍急于经，而不可以一日而去者也"，"君子贵读史"。③ 王世贞的"贵史"论，不但与宋儒过分荣经有明显的不同，而且对于晚明以来学风的转移和重史思潮的出现也是有一定影响的。

李贽是一个被称为具有"异端"思想的学者，他评价历史事件与历史人物不以孔子和儒家的是非为是非，而是"一切断以己意"④。他曾作《经史相为表里》一文，对经史关系作出论述："经、史一物也。史而不经，则为秽史矣，何以垂戒鉴乎？经而不史，则为说白话矣，何以彰事实乎？故《春秋》一经，春秋一时之史也。《诗经》《书经》，二帝三王以来

①　王世贞：《弇州山人四部稿》卷一百一十四，明万历刻本。
②　王世贞：《纲鉴会纂·序》，见《纲鉴会纂》，万历刊本。
③　王世贞：《纲鉴会纂·序》，见《纲鉴会纂》，万历刊本。
④　梅国祯：《藏书·序》，见《李贽文集》第2卷，北京，社会科学文献出版社，2000。

之史也。而《易经》则又示人以经之所自出，史之所从来，为道屡迁，变易匪常，不可以一定执也。故谓'六经'皆史可也。"①在此，李贽一方面以理事合说经史，肯定史以经明理、经以史彰事，二者是统一的关系；另一方面，李贽则明确提出了"六经皆史"的说法，这在中国古代学术史上至少在字面上还是第一次。李贽提出"六经皆史"说，其主旨是利用王学此说的积极因素，进一步在思想领域反对程朱理学，挑战程朱理学的正统与权威。

（二）章学诚的"六经皆史"说

对于"六经皆史"命题作出最系统阐述的，要数清代史评家章学诚。关于章学诚"六经皆史"说的提出及其理论价值，学术界的认识与评价存在着很大的分歧，褒之者认为"六经皆史"说是章学诚的一种创见，它将"六经""从神圣的宝座拉下来"，在思想上有进步意义②；贬之者认为"六经皆史"说并非章学诚首倡，甚至他关于此说的表述也没有王阳明"清楚明白"③；也有学者中肯地提出"六经皆史"说的发明权不是章学诚，不过他却赋予这一命题"以充实的内容和系统理论"④。之所以会出现各种分歧，这既有研究者主观的学术素养与思想认识上的差异，也与章氏该命题本身内容繁复、概念的内含与外延全书不统一有一定的关系。

其实关于章学诚并非"六经皆史"说的首倡者学界已经形成共识，问题的关键是：章学诚究竟有没有赋予此命题以新的含义？他重提并且着力系统阐发这一命题的真正目的究竟何在？这才是需要史界同人应该加以关注和作出回答的。

要了解章氏"六经皆史"说的基本内涵，须着重把握章氏有关论述的三个要点。第一，古代"无经史之别"，后世史学源于《春秋》。章学诚认

---

① 李贽：《焚书》卷五《经史相为表里》，见《李贽文集》第1卷，201～203页，北京，社会科学文献出版社，2000。

② 侯外庐：《中国早期启蒙思想史》，509页，北京，人民出版社，1956。

③ 参见喻博文：《两则史料辨证》，载《学术月刊》，1981(5)。

④ 仓修良、叶建华：《章学诚评传》，158页，南京，南京大学出版社，1996。

为，古代"无经史之别，六艺皆掌之史官，不特《尚书》与《春秋》也"①。又说："三代以前，《诗》《书》六艺，未尝不以教人，非如后世尊奉六经，别为儒学一门，而专称为载道之书者。"②这就清楚地告诉人们，所谓视"六经"为专门的载道之书，那是后世儒者所为，其实在三代以前，经史没有区别，"六经"就是由史官执掌的教人行事之书。这就将儒家"六经"还原了它的本来面目。章学诚认为，后世经史分途，后世之史学则源于《春秋》。《章氏遗书补遗·上朱大司马论文》说："盖六艺之教通于后世有三：《春秋》流为史学；官礼诸记，流为诸子；论议诗教，流为辞章辞命。其他《乐》亡而入于《诗》《礼》；《书》亡而入于《春秋》。《易》学亦入官礼，而诸子家言，源委自可考也。"又说："叙事实出史学，其源本于《春秋》比事属辞，左史班陈，家学源源，甚于汉廷经师之授受。马曰：好学深思，心知其意；班曰：纬六经，缀道纲，函雅故，通古今者。《春秋》家学，递相祖述，虽沈约、魏收之徒，去之甚远；而别识心裁，时有得其仿佛。"由此可知，史学属于《春秋》家学。

第二，"六经皆先王之政典"，是"切人事"的学问。《文史通义》开篇即说："古人未尝离事而言理，六经皆先王之政典也。"《校雠通义·原道》解释说："后世文字，必溯源于六艺。六艺非孔氏之书，乃《周官》之旧典也。《易》掌太卜，《书》藏外史，《礼》在宗伯，《乐》隶司乐，《诗》领于太师，《春秋》存乎国史。夫子自谓述而不作，明乎官司失守，而师弟子之传业，于是判焉。"《文史通义·经解上》也说："古之所谓经，乃三代盛时，典章法度，见于政教行事之实，而非圣人有意作为文字以传后世。"这些论述都明确指出，"六经"不过是记载三代盛世时期政典史事之书，而非孔子留于后人的载道之书。章学诚又认为，三代的学术并没有将后世所谓"六经"当作经书来看待，而只是将这些"先王之政典"当作"切人事"之史来看，"三代学术，知有史而不知有经，切人事也"③。认

① 《章学诚遗书》卷十三《论修史籍考要略》，116 页，北京，文物出版社，1985。
② 章学诚：《文史通义校注》卷二《原道中》，叶瑛校注，132 页，北京，中华书局，1994。
③ 章学诚：《文史通义校注》卷五《浙东学术》，叶瑛校注，523 页，北京，中华书局，1994。

为三代时期虽然有"经"书，但它不过是诸子书的一种分类，"诸子著书，往往自分经传，如撰辑《管子》者之分别经言，墨子亦有《经》篇，韩非则有《储说》经传，盖亦因时立义，自以其说相经纬耳"①，与后世儒家所遵奉的经书的含义是不同的。

第三，"道不离器"，"六经皆器也"。章学诚"六经皆史"说的哲理基础则是他的"道不离器"说。《文史通义·原道中》说："《易》曰：'形而上者谓之道，形而下者谓之器。'道不离器，犹影不离形。后世服夫子之教者自六经，以谓六经载道之书也，而不知六经皆器也。"这段话清楚地表明，"道不离器""道器合一"是事物的普遍法则，因此，"六经"不仅只是"著理"的载"道"之书，而且也是"未尝离事"的"器"，是道与器、理与事的统一。这就从形上与形下两个层面对于"六经"的本质作出了回答。

那么，章学诚着力阐发"六经皆史"说这一命题的真正目的究竟何在？我们认为主要也有三个方面。第一，章学诚的"六经皆史"说是为阐发其经世致用史学思想提供理论依据的。章学诚治史，是以经世致用为目的的，他说："史学所以经世，故非空言著述也。"②众所周知，章学诚所处的乾嘉时代，是考据之风大盛的时代。如果说当年顾炎武为宣扬经世致用的学风而提倡考据实学，那么这个时期的考据学则完全是一种脱离现实、逃避现实的学术，人们埋头于故纸堆，与现实隔膜。同时，这一时期的宋学尽管相对微弱，却仍然还是以空谈性命道理为务。毫无疑问，清初所提倡的那种经世致用学风到了这一时期已经丧失殆尽。章学诚在这样一种特定的历史时代而大倡"六经皆史"说，就是要将斗争的锋芒直指向空谈性命的宋学和务求考索的汉学。章学诚肯定"六经皆史"，其实就是要从源头上去论证史学的经世致用性。在章学诚看来，既然六经是"切人事"的，"皆先王得位行道，经纬世宙之迹，而非托于空言"③的政典，后人学习经书，就应该要弘扬这种"经世"的学风，继

---

① 章学诚：《文史通义校注》卷一《经解上》，叶瑛校注，94 页，北京，中华书局，1994。
② 章学诚：《文史通义校注》卷五《浙东学术》，叶瑛校注，524 页，北京，中华书局，1994。
③ 章学诚：《文史通义校注》卷一《易教上》，叶瑛校注，3 页，北京，中华书局，1994。

承这种"经世"的精神，而不应该将经学变成一种只是空谈义理，或是专务考索的学术，那样，就完全偏离了经学的本意。

第二，章学诚"六经皆史"说具有扩大史学视野与把握史学思潮的价值。章学诚所谓"六经皆史"之"史"，当然是具有史料含义的。因为章学诚明确认为"六经"是先王的政教典章，是历史的记录，是"切人事"的文献。肯定"六经"是史料，它的史学意义是重大的：人们因此可以将"六经"当作先王时期的重要史料来看待，以对先王时期的各种社会政治制度作出研究，从而有助于我们对于先王时期历史的认识；经史合一，从而扩大了人们的史料收集和历史研究范围，有助于人们对于历史的全面了解和正确解读。此外，"六经"都注重阐发历史观点，而正是这种历史观点给了史学及其史学思想的发展以极大的影响。正如吴怀祺先生所说，"六经"是史："这主要不是从历史编纂学上说，也不是着重从史料学上说，应当从历史意识上、从史学思想上来理解这个问题。中国的史学思想的主要思潮，溯源探流，都可以追寻到《六经》那里。《六经》的每一部经书中不是孤立地、简单地阐述一种见解，反映一种历史意识；情况比较复杂，但每一部经书，相对地说，比较集中地表达一种历史见解，一种史学观点。"①

第三，章学诚的"六经皆史"说还蕴含了一种史学变革的精神。章氏重视学术"流变"，倡导史学创新与著作精神，他认为三代以上之史与三代以下之史存在着明显的不同："三代以上，记注有成法，而撰述无定名。三代以下，撰述有定名，而记注无成法。"②"撰述欲其圆而神，记注欲其方以智。"③这里所谓"记注"，指的是以保存史料为务之史书，它追求"方以智"，有一定之成规；所谓"撰述"，则是指依据记注而撰成的史学著作，它没有固定的名称，重视"圆而神"。章氏认为"六经皆史"，如"《尚书》无定法，而《春秋》有成例"④，他们都很好地体现了史书的

---

① 吴怀祺：《中国史学思想史》，15 页，合肥，安徽人民出版社，1996。
② 章学诚：《文史通义校注》卷一《书教上》，叶瑛校注，30 页，北京，中华书局，1994。
③ 章学诚：《文史通义校注》卷一《书教下》，叶瑛校注，49 页，北京，中华书局，1994。
④ 章学诚：《文史通义校注》卷一《书教下》，叶瑛校注，49 页，北京，中华书局，1994。

"圆而神""方以智"的精神。然而三代以下"继《春秋》而有作"之史，只有司马迁"近于圆而神"、班固"近于方以智"，其他皆失去了史学的创新精神："纪传行之千有余年，学者相承，殆如夏葛冬裘，渴饮饥食，无更易矣。然无别识心裁，可以传世行远之具，而斤斤如守科举之程式，不敢稍变；如治胥吏之簿书，繁不可删。以云方智，则冗复疏舛，难为典据；以云圆神，则芜滥浩瀚，不可诵识。盖族史但知求全于纪表志传之成规，而书为体例所拘，但欲方圆求备，不知纪传原本《春秋》，《春秋》原合《尚书》之初意也。"①由此来看，章氏提倡"六经皆史"说，就是要在复古的旗帜下，复史学固有的讲求通变、提倡"圆而神""方以智"的精神。

如果我们将章学诚的"六经皆史"说与王阳明以来的"六经皆史"说作一比较便不难看出，他们谈论的命题相同，提出的道器合一、理事合一、经史合一的观点也相近，似乎看不出之间有什么区别。然而，正如吴怀祺先生所说的，"张氏学术与王氏的心学则是貌似而心异"②的。王氏"五经亦史"说是从心学角度肯定五经皆"吾心之记籍"③；他的道器合一、经史合一，只是为了论证"六经"与史同具于吾心罢了。从目的论而言，章氏与王氏的经史之学可谓是有天壤之别的。至于王世贞所谓"六经，史之言理者也"，是从区分典籍立论的；他提出的"贵史"论对于扭转当时的荣经空疏学风有一定的积极意义，但却是以经载道、史纪事二分经史孰重立论的。而李贽虽然最早说出"六经皆史"一语，然而他的目的只是要否定儒学权威，所以他说"《六经》《语》《孟》，非其史官过为褒崇之词，则其臣子极为赞美之语"④。由此可见，王、李二人的"六经皆史"说与章学诚的"六经皆史"说之旨趣可谓是风马牛不相及的。

那么，章学诚的"六经皆史"说是否如有的学者所言，是将经学从神

① 章学诚：《文史通义校注》卷一《书教下》，叶瑛校注，51 页，北京，中华书局，1994。
② 吴怀祺：《中国史学思想史》，296 页，合肥，安徽人民出版社，1996。
③ 《王阳明全集》卷七《稽山书院尊经阁记》，255 页，上海，上海古籍出版社，1992。
④ 李贽：《焚书》卷三《童心说》，见《李贽文集》第 1 卷，93 页，北京，社会科学文献出版社，2000。

圣宝座上拉了下来？从以上叙述我们其实不难看出，章学诚的"六经皆史"说从根本上说是服务于经世致用这样一个学术思想主题的，他认为古代经书都是治理国家、切于民生日用的典籍，因而也就是史，这种"切人事"的经书是一切著述的根本精神所在，后世史书出自《春秋》，理应承继经书"切人事"的传统。同时，章氏认为经书切于人事的著述精神反映在其编纂上，则以"圆而神""方以智"为旨趣，而这种撰述旨趣在后来的史著中除去《史记》和《汉书》之外，都已经不具有了。章学诚提倡"六经皆史"，也是希望后世史学撰述能够继承这一古代经学撰述的优良传统，重视学术流变，从而赋予学术永恒的生命力。由此可见，章学诚的"六经皆史"说根本不存在什么贬低"经"的意思。

（三）晚清时期的"六经皆史"说

到了鸦片战争以后的晚清时期，也就是近代时期[1]，"六经皆史"说更是纷纷扰扰。大致说来，以康有为、廖平为代表的今文家普遍否定"六经皆史"说，而以章太炎、刘师培为代表的古文家则重视阐发"六经皆史"说。而龚自珍虽然属于今文家，却是"六经皆史"说的积极倡导者。

晚清今文家普遍借助谈经学而论政治改制，故而他们要把孔子整理"六经"说成是托古改制的需要，"六经"并非上古三代的历史。因此，他们普遍反对"以经为史"的主张。康有为认为，"六经"所述之史，都是孔子为了救世改制而假托出来的，都是茫昧无稽的；被后人深信不疑的先秦典籍《尚书》中的许多篇章，如《尧典》《皋陶谟》《益稷》《禹贡》《洪范》等，其实也都是孔子所作。只有秦汉以后的中国历史，才是可信的信史。康氏说："六经以前，无复书记，夏殷无征，周籍已去，共和以前，不可年识，秦汉以后，乃得详记。"[2]孔子之所以要作"六经"以托古改制，是因为人们总是喜欢"荣古而虐今，贱今而贵远"，要想对乱世作出改革，"非托之古，无以说人"[3]；而孔子所托之古，也就是所谓的尧舜

---

① 这里所谓晚清，是指 1840 年鸦片战争到 1911 年清朝灭亡；近代则是指 1840 年鸦片战争到 1919 年五四运动，二者在时间上大致吻合。

② 康有为：《孔子改制考》，1 页，北京，中华书局，1958。

③ 康有为：《孔子改制考》，48 页，北京，中华书局，1958。

盛世，其实是孔子的一种理想或虚构，并非历史的真实。也就是说，孔子是出于救世而改制、出于改制而托古、出于托古而制作"六经"以编造古史。于是乎，孔子这位长期以来一直被儒家后学奉为"述而不作""信而好古"的古代文献保存者，却成了"六经"的制作者，先秦古史的缔造者，托古改制的"万世教主"。

与康有为同时代的今文家廖平，也在所撰《古学考》《知圣篇》《孔经哲学发微》《五变记笺述》等文中，对经史之别作了极力分辨。廖平认为，经有笔削，史为实录。他以《春秋》为例说："《春秋》有笔有削，史所有而削之为'削'，史所无而加之为'笔'。"①又说："《春秋》有笔削。凡涉笔削，皆不可以史说之。"②认为经为空言，史为实事。他说："经为孔子所空言，垂法万世。故凡往古之旧史，草昧侏离，不可为训。"廖平主张将"六艺"与"六经"分说，认为"六艺"是孔子以前的旧史，而"六经"则完全不同，它是孔子创造的新经；"六艺"之史认为历史愈古愈野蛮，"六经"之经认为历史愈古愈文明。③又说："六经立言非述旧，空文非古史，则以哲理说六经所依托之帝王、周公，皆化为云烟，与子虚乌有成一例矣。"④因此，在廖平看来，经与史是不同的，"六经"是孔子为了"空言垂教"而创造出来的。

由上可见，今文家康有为、廖平的"六经"之论，显然不是去具体阐述"六经"与史之间的关系，恰恰相反，他们是要从根本上否定"六经"之史的价值，认为二者完全是两物，要对经史作出区分。因此，他们的论述，已经超出了我们的论题范围。

说到"六经皆史"说在晚清的发展，我们不得不提及龚自珍和章太炎。龚自珍的"六经皆史"说，一是提出"六经"乃"周史之宗子"的观点。龚自珍说：

---

① 廖平：《知圣篇》，见《廖平选集（上）》，201 页，成都，巴蜀书社，1998。
② 廖平：《古学考》，见《廖平选集（上）》，140 页，成都，巴蜀书社，1998。
③ 廖平：《孔经哲学发微》，见《廖平选集（上）》，303 页，成都，巴蜀书社，1998。
④ 廖平：《孔经哲学发微》，见《廖平选集（上）》，305 页，成都，巴蜀书社，1998。

> 夫六经者，周史之宗子也。《易》也者，卜筮之史也；《书》也者，记言之史也；《春秋》也者，记动之史也；《风》也者，史所采于民，而编之竹帛，付之司乐者也。《雅》《颂》也者，史所采于士大夫也。《礼》也者，一代之律令，史职藏之故府，而时以诏王者也。[①]

二是提出诸子乃"周史之小宗"说。这与"六经者，周史之宗子也"相对应。龚自珍说：

> 诸子也者，周史之小宗也。故夫道家者流，言称辛甲、老聃；墨家者流，言称尹佚；辛甲、尹佚官皆史，聃实为柱下史。若道家，若农家，若杂家，若阴阳家，若兵，若术数，若方技，其言皆称神农、黄帝。神农、黄帝之书，又周史所职藏，所谓三皇、五帝之书者是也。[②]

从上述两段论述可知，龚自珍"六经皆史"论的思想内涵，一方面表现出了与前贤章学诚"六经皆史"论的不同：第一，章学诚论"六经皆史"，考查的是六经本身的属性，肯定了"六经"的史料价值和史书性质；而龚自珍则注重考察了"六经"创作的文化背景，认为它们皆出自于古代的史官，是从源头上肯定了"六经皆史"说。第二，龚自珍不但视"六经"为史，而且将诸子学也纳入史的范围，甚至认为"史之外无有语言焉，史之外无有文字焉，史之外无人伦品目焉"[③]，将中国古代的一切学问都囊括在史学的范围之内，这是对前人"六经皆史"说的新发展。另一方面又有其相一致的地方，那就是他们倡导"六经皆史"说的学术旨趣，是要强调经学与史学的经世致用价值。章学诚的"六经皆史"说，针对的是当时汉学与宋学的空疏学风，认为"六经"与史学一样，是一种不录空言的

---

① 龚自珍：《古史钩沉论二》，见《龚自珍全集》第一辑，王佩诤校，21页，上海，上海古籍出版社，1999。

② 龚自珍：《古史钩沉论二》，见《龚自珍全集》第一辑，王佩诤校，21页，上海，上海古籍出版社，1999。

③ 龚自珍：《古史钩沉论二》，见《龚自珍全集》第一辑，王佩诤校，21页，上海，上海古籍出版社，1999。

"切人事"的实学，体现了一种经世致用学术意识；龚自珍倡"六经皆史"说，强调史学为一切学问之源，其中蕴含着治国安邦的"大道"，希望人们"研诸经，讨诸史，揆诸时务"①，更是彰显其经世致用的学术旨趣。

章太炎关于"六经皆史"说的代表性观点，则是提出了"夷六艺于古史"论。章太炎推崇章学诚"六经皆史"说，而他的"夷六艺于古史"论又赋予了传统"六经皆史"说以新意。1904年刊行的《訄书》修订本，其中的《清儒》②篇集中讨论了"六经皆史"论题。章太炎说："六艺，史也。上古以史为天官，其记录有近于神化。"接着，章氏援引日人姊崎正治《宗教学概论》的论述，将中国"六艺"与犹太《旧约》之《列王纪略》《民数纪略》，日本忌部氏所掌古记录，以及印度的《富兰那》等纪年书相比较，而得出"此则古史多出神官，中外一也。人言六经皆史，未知古史皆经也"的结论。针对清儒关于六艺之论，章太炎对清儒所谓"以经术明治乱""以阴阳断人事""以宗教蔽六艺"的做法明确加以反对，认为这是"夸诞""怪妄"；而主张"断之人道，夷六艺于古史"，即是要将六经历史文献化，"以此综贯，则可以明进化；以此裂分，则可以审因革"。

章太炎"夷六艺于古史"论的新意，其一是与章学诚视"六经"为"先王之政典"有区别。章太炎"夷六艺于古史"论的提出，显然是受到章学诚"六经皆史"说的影响，他们的共同之处是都承认"六经"乃上古三代之史。但是，章学诚视"六经"为先王政典，这种先王政典，当然是有德有位的人用以"纲维天下"的，自然就具有浓厚的权威主义色彩；而章太炎只是视"六经"为古代历史文献，这种历史文献的史料价值，是用以了解历史文明进化与制度因革的。其二是章太炎视"六经皆史"说为古文家说。从学术史上看，人们并没有将"六经皆史"说当作古文家独有的学说，这显然是章氏一家之言，正如钱玄同所说的："或谓'《六经》皆史'系古文说，这是完全错误的。刘歆诸人何尝说过什么'《六经》皆史'！为

---

① 龚自珍：《对策》，见《龚自珍全集》第一辑，王佩诤校，114页，上海，上海古籍出版社，1999。

② 参见章太炎：《訄书》重订本，见《章太炎全集（三）》，152~160页，上海，上海人民出版社，2018。

此说者，殆因章太炎师亦云'《六经》皆史'之故。其实是今文学者的龚定庵与古文学者的章太炎师皆采用此章实斋之新说而已。"①不过章太炎确实是将"六经皆史"说视为古文家言的，以此作为自己学说的重要思想，来对抗近代今文家宣扬的"孔子作六经以托古改制"说。章太炎甚至还以因为持"六经皆史"说的缘故，而认为"龚自珍不可纯称'今文'"。② 而从章太炎阐发"六经皆史"说的上述旨趣可知，他的"夷六艺于古史"论显然也不是在讨论经与史的尊卑问题。

与章太炎并称为"二叔"③的古文家刘师培，也非常重视"六经皆史"的阐发。朱维铮称赞刘师培的"古学出于史官"论，是"远眺章学诚的'六经皆史'说，追承章太炎的'诸子出于王官'说"④。针对晚清今文家所持守的孔子作"六经"以托古改制的观点，刘师培则坚持孔子于"六经"是"述而不作"，"孔子以前久有六经，孔子之于六经也，述而不作"⑤。因此，"六经"并非为孔子因改制需要而作。认为孔子"述而不作"的"六经"不但早已存在，而且均为先王时期的典籍，具有史籍属性。刘师培说："六经均先王旧典，先王用之以垂型，后儒赖之以考古。"⑥这就是说，"六经"不但是先王赖以垂范后世的典籍，也是后人赖以探究古史的史料。刘师培说他自己研究"六经"，就是要依据"六经"来"考古代之史实，以证中国典制之起源，观人群进化之次第"⑦。这三句话意味深长，"考古代之史实"，是泛泛而论"六经"之于古史所具有的史料价值；"证中国

---

① 钱玄同：《〈左氏春秋考证〉书后》，见《钱玄同文集》第 4 卷，305～306 页，北京，中国人民大学出版社，1999。

② 支伟成：《清代朴学大师列传》书首之《章太炎先生论订书》，3 页，长沙，岳麓书社，1998。

③ 章太炎字枚叔，刘师培字申叔，故时人称其为"二叔"。二人皆为晚清著名学者、古文经学家。

④ 朱维铮：《刘师培辛亥前文选·导言》，上海，中西书局，2012。

⑤ 刘师培：《汉代古文学辩诬》，见《仪征刘申叔遗书》第 10 册，4195 页，扬州，广陵书社，2014。

⑥ 刘师培：《汉代古文学辩诬》，见《仪征刘申叔遗书》第 10 册，4194 页，扬州，广陵书社，2014。

⑦ 刘师培：《论孔子无改制之事》，见《仪征刘申叔遗书》第 10 册，4298 页，扬州，广陵书社，2014。

典制之起源"，则是突出"六经"之于典制史的史料价值；"观人群进化之次第"，是强调刘氏将"六经"作为历史研究的材料，要以进化论来作为指导思想。

刘师培所撰《中学历史教科书》，作为 20 世纪初年新史学的代表作，对其"六经皆史"观作了具体贯彻。该书撰写于 1905 年至 1906 年间，共二册，第一册为原始社会到殷周时期的历史，第二册为西周时期的历史。首先，取材大量来自经书，特别是第二册反映西周历史，"所取裁以六经为最多"。之所以如此，在刘氏看来，"六经皆西周之史书，西周之大政大事以及典章礼俗，大致附见于六经之中"①。不仅如此，该书还不分经史子集，皆广泛加以征引，甚至"于征引中国典籍外，复参考西籍，兼及宗教、社会之书"②。由此可见其引证史料之广博。其次，西周历史取材"又以三礼为最"。刘氏认为，"六经"当中的《周礼》《仪礼》和《礼记》是研究西周典章制度的基本材料，"欲考西周典章制度，非此三书未由"③。最后，以叙人群进化为撰述宗旨。该书撰述"复参考西籍"，主要是各类具有进化观的西学著作。刘氏说："西国史书多区分时代，而所作文明史复多分析事类……所编各课，咸以时代区先后，即偶涉制度文物于分类之中，亦隐寓分时之意，庶观者易于了然。"④体现了该书的进化思想与学术分类意识。

综上所述，从龚自珍到章太炎、刘师培，关于"六经皆史"说的阐发，确实呈现出一些不同于前代的新特点：首先是时代学术背景不同。过去人们阐发"六经皆史"，是以经学处于统治意识形态的地位，史学的发展在一定程度上要受到经学的羁绊为其背景的，虽然人们谈论"六经

---

① 刘师培：《中学历史教科书》第 2 册《序例》，见《仪征刘申叔遗书》第 14 册，6413 页，扬州，广陵书社，2014。
② 刘师培：《中学历史教科书》第 1 册《凡例》，见《仪征刘申叔遗书》第 14 册，6304 页，扬州，广陵书社，2014。
③ 刘师培：《中学历史教科书》第 2 册《序例》，见《仪征刘申叔遗书》第 14 册，6413 页，扬州，广陵书社，2014。
④ 刘师培：《中学历史教科书》第 1 册《凡例》，见《仪征刘申叔遗书》第 14 册，6303 页，扬州，广陵书社，2014。

皆史"的目的不在于经史的尊卑问题，但在现实中经学是具有神圣不可侵犯的权威的；而近代人们阐发"六经皆史"，则是在传统经学日益衰落，史学逐渐摆脱经学的羁绊并日益受到人们的重视为其背景的，经与史在社会上受到人们的关注程度正发生着反向变化。其次，过去人们阐发"六经皆史"，主要是从道器关系上肯定二者的一致性，或者是从经世致用角度提倡实学以纠正虚浮学风。近代人们阐发"六经皆史"，一方面是出于经世致用的需要，只是这种经世致用具有浓厚的进化论思想和改革与革命的色彩；另一方面又实实在在地反映了近代经学向史学的转向，即开启了经学的史学化过程，章太炎肯定"六经"的文献性质，刘师培强调"六经"乃"后儒赖之以考古"的思想，就明显蕴含了他们期望铸经学为史学的企图。

第十二讲　晚清经世致用史学思潮

　　1840 年鸦片战争以后的晚清，随着清朝统治的衰落和外国资本主义的入侵，"中国一步一步地变成了一个半殖民地半封建的社会"①。时代巨变与民族危机的强烈刺激，使得传统史学经世致用思想在这一时期得到发扬。为了抵御外侮和巩固边防，晚清史学掀起了外国史地、边疆史地研究的热潮，以及推动政治变革的维新史学的兴起，经世致用史学与救亡图存紧密结合在一起，晚清经世致用史学思潮②因此具有了近代含义。

一、晚清经世致用史学思潮形成的背景

　　晚清经世致用史学思潮的形成，既有现实社会政治因素，也有学术思想传承因素。从学术思想传承因素而言，晚清经世致用史学思潮与清初实学思潮、特别是乾嘉后期常州学派和章学诚经世致用史学思想具有一脉相传性；从现实社会政治而言，则与清王朝的腐朽和外国资本主义的侵略造成严重的民族危机密切相关。

(一)经世致用学术思想的传承

　　清代经世致用学术思潮最早兴起于清初。明清易鼎这一"天崩地解"

---

　　① 毛泽东：《中国革命和中国共产党》，见《毛泽东选集》第 2 卷，626 页，北京，人民出版社，1991。

　　② 这里所谓晚清的时间概念，是指 19 世纪中后期；晚清经世致用史学思潮，以 19 世纪中后期边疆史地研究、外国史地研究和维新史学为研究对象。20 世纪初的"新史学"思潮在时间上也属于晚清，也是一种经世致用史学思潮，因另有专题加以论述，故不包含在其中。

的历史巨变，深深刺痛了清初士大夫的心灵，他们经过深刻的历史反思，对宋明理学脱离现实的空疏学风进行了批判，积极倡导经世致用的新学风，由此开启了清初实学思潮，黄宗羲、顾炎武、王夫之即是其中的代表人物。黄宗羲继承了宋代以来浙东学术"言性命者必究于史"①的尊经重史传统，"穷经""究史"以经世致用；顾炎武强调"文须有益于天下"②，为学当"以明道也，以救世也"，治史在于"引古酬今"③；王夫之强调历史的借鉴作用，"述往以为来者师"④。

　　然而，清初的经世致用实学思潮并没有延续下去。到了乾嘉时期，随着清初实学主张的考据实证风气的流行，以及康乾时期"右文"政策的推行、社会的稳定与繁荣、大兴文字狱等，考据学蔚然成风。乾嘉考据学从学术研究来讲，其在名物考证、章句注疏、声韵训诂和校勘辑佚等方面，为整理古代经典作出了重要贡献；而从学术思想来讲，正是乾嘉汉学的兴起，引领人们对宋学的怀疑之风，才最终导致了宋明空疏理学的衰落。然而，乾嘉考据学没有领会和把握清初实学经世致用的精神实质，学术研究只是局限于对于古代经典的考据、注疏、章句、训诂和辑佚等狭窄的范围之中，却并不关心现实的社会政治，缺乏清初实学人士的爱国热情。其结果，他们的学术研究只能是为考据而考据，走向了狭隘、烦琐和僵化的死胡同，无法肩负起时代赋予士人的历史使命。

　　乾嘉后期，在考据学笼罩着整个学术界的局面下，一部分具有忧患意识的士人开始起来打破这种风气。他们或从经学上以汉学崇汉疑宋的逻辑出发，进而提倡盛行于西汉时期的今文经学，企图通过今文经学擅长微言大义和援经议政的特点，来关注和议论现实政治，寄希望于对现实政治有所补救，常州学派正是在这样一种背景之下崛起的清代今文学

---

　　① 章学诚：《文史通义校注》卷五《浙东学术》，叶瑛校注，523页，北京，中华书局，1994。
　　② 顾炎武：《日知录》卷十九《文须有益于天下》，见《顾炎武全集》第19册，739页，上海，上海古籍出版社，2011。
　　③ 顾炎武：《亭林文集》卷四《与人书》，见《顾炎武全集》第21册，141页，上海，上海古籍出版社，2011。
　　④ 王夫之：《读通鉴论》卷六《光武》，135页，北京，中华书局，1975。

派。常州今文学派主要代表人物有庄存与、刘逢禄和宋翔凤等人。庄存与汉宋兼采，同时又倡导今文经学，是清代今文经学开风气之先的学者；刘逢禄是常州今文学派的真正奠基人，他治经专守今文，并且继承了汉代今文学家推崇《公羊传》而反对《左传》的传统，重视申明董仲舒、何休等公羊先师的学术旨义，注重社会的政治变革；宋翔凤于今文经学重视于对《论语》的研究，可谓另辟蹊径，同时也崇《公羊》而贬《左传》，重视阐发经文微言大义，关注社会现实。

或从史学上倡导经世致用，章学诚是其中的代表人物。在乾嘉考据学兴起的时代，乾嘉考证史学的主要特点是对史籍的考实，包括文字、史事、义例等。但也不能因此得出乾嘉考证史学完全不重视经世致用的结论。以王鸣盛、钱大昕和赵翼三大考史家而论，王、钱的史学考证主要是为了对历代正史去疑指瑕、纠谬勘误，表现出汉学为考证而考证的特点。但是，赵翼的史学考证，除去对史事、文字和义例的纠谬勘误之外，还特别重视议论，评点历代政治、制度、风俗等关乎治乱兴衰的问题，具有明显的经世致用色彩。稍晚于赵翼的章学诚，其史学理论的经世致用色彩更加明显。章学诚说：“史学所以经世，故非空言著述也。”[1]章学诚之所以大力倡导“六经皆史”说，肯定“六经”“皆先王之政典”[2]，是“切人事”的学术，其目的就是要人们不要把“六经”或经学当作空谈义理，或者专务考索之学，是要从源头上去论证史学的经世致用价值。

到了鸦片战争前后，以龚自珍、魏源为代表，将经世致用思想推向了新的高度。一方面，他们“以经术为治术”[3]。龚自珍是鸦片战争前夕一代公羊大家，他推崇《公羊》“三世”学说和殷革损益思想，却又不拘泥于今文“家法”，而以是否能经世作为取舍标准，如他对今文家的天人感应说、谶纬之说都是持否定甚至批判态度的；他注重发挥今文经学援经

---

① 章学诚：《文史通义校注》卷三《浙东学术》，叶瑛校注，524 页，北京，中华书局，1994。

② 章学诚：《文史通义校注》卷一《易教上》，叶瑛校注，1 页，北京，中华书局，1994。

③ 魏源：《默觚上·学篇九》，见《魏源集》上册，24 页，北京，中华书局，1976。

议政的传统，抨击现实腐朽的政治，认为这是"大乱将起的衰世"，积极倡言社会变革。魏源是与龚自珍同时代的今文家，他推崇今文经学讲究微言大义和通经致用，强调变法以救弊。他批评汉学"以诂训音声蔽小学，以名物器服蔽三《礼》，以象数蔽《易》，以鸟兽草木蔽《诗》，毕生治经，无一言益己，无一事可验诸治者乎？"①；宋学也是"上不足制国用，外不足靖疆圉，下不足苏民困"②的无用之学。另一方面，他们都重视史学的致用功能。龚自珍认为"欲知大道，必先为史"③。史书中包含了天下山川形势，人心风俗，地方物产以及军事、政法、文化等内容，是民族文化的传统，维系宗族的纽带，更是治理国家的宝典，有着崇高的社会价值。魏源更是撰写了晚清第一部系统研究外国史地的名著《海国图志》，提出了"师夷长技以制夷"的思想。龚、魏二人学术志趣相投，时人称为"龚魏"。

（二）挽救民族危机的现实需要

晚清民族危机萌生于康乾盛世。在封建史家笔下，清朝康乾时期是一个盛世时代，政治统治稳定，社会经济发展，人民安居乐业。然而近代中华民族危机的根子，却是在康乾后期埋下的。18世纪60年代，英国开始了工业革命，至19世纪三四十年代工业革命完成。这场持续百年之久的工业革命，是以机器的发明、使用和制造为中心，以机器操作代替手工劳动作为开始的标志，以机器制造机器作为完成的标志。英国工业革命不但使英国很快步入近代工业化强国，而且还推动了法、美、德以及俄、日等国的技术革新，从而推动了世界主要资本主义国家的工业化。而英国百年工业革命，正是从乾隆中后期开始的，至道光时期得以完成。

相较于西方以英国为首的主要资本主义国家的工业革命和工业化运动，乾嘉、嘉道时期的清朝，一方面商品经济较之前有了明显的发展，

---

① 魏源：《默觚上·学篇九》，见《魏源集》上册，24页，北京，中华书局，1976。
② 魏源：《默觚下·治篇一》，见《魏源集》上册，36页，北京，中华书局，1976。
③ 龚自珍：《尊史》，见《龚自珍全集》，王佩净校，81页，上海，上海古籍出版社，1999。

主要表现：一是农产品的商品化有了提高，出现了民营手工工场，其中尤以绵织业和丝织业最为明显，像松江、佛山、上海等成为棉纺织业中心，苏州、杭州、南京等成为丝织业中心。二是社会分工有了发展，在许多手工业门类中都产生了程度不同的专业化的细致分工，如从纺织业中分离出轧花、纺纱、织布、印染等专业化生产；许多城镇也因产销某种特定商品而闻名，如景德镇瓷器、苏杭丝绸等。三是促进了金融业的发展，如典当、钱庄、票号等金融行业得到发展。另一方面，清代社会依然以自给自足自然经济占主导，社会生产的主要形式依旧是以男耕女织为主，生产工具依然原始落后，主要生产资料——土地依然高度集中在少数人手里。

与这种自给自足占主导的社会经济状况相对应，这一时期的政治统治却日益腐朽，社会危机不断加深。早在乾隆时期，官员腐败风气已经严重，乾隆帝宠臣和珅肆意聚敛即是一典型事例。嘉庆四年抄没和珅家产，得白银八亿两，而乾隆年间朝廷每年税收不过七千万两，故有"和珅跌倒，嘉庆吃饱"之说，由此可见官员贪腐严重程度之一斑。嘉道年间，官员贪腐现象更是日益加重，嘉庆皇帝就说："诸直省大吏宴会酒食，率以嘱首县，首县复敛于诸州县。率皆朘小民之脂膏，供大吏之娱乐。辗转苛派，受害仍在吾民。"[①]所谓"三年清知府，十万雪花银"，虽然出自吴敬梓的小说《儒林外史》，却是对这一时期吏治腐败的一种真实写照。

吏治腐败加上土地兼并激烈，嘉道时期百姓生活困苦，社会矛盾激化，出现了各族人民的反抗斗争。其中有广大佃农的抗租斗争，这与土地高度集中、租佃矛盾紧张有着密切的关系。我们从这一时期地方官屡屡发布镇压佃农的法令，便可看出租佃双方矛盾尖锐、斗争激烈之一斑。如嘉庆时湖南巴陵知府发布禁令："田主控告刁佃欠租踞庄，如系积年惯欠及丰年抗欠、并借贷积欠，即查照原有进庄银两抵偿，其余欠

---

① 《清史稿》卷三百三十九《郑源鹴传》，11077 页，北京，中华书局，1976。

仍即追比，勒令出庄。"①禁令体现了地方官对于田主利益的极力维护，也反映出佃农踞庄抗租现象的普遍性。有少数民族人民的起义，以湘黔苗民起义为代表。苗民起义爆发于乾隆六十年，起因是清政府"改土归流"后，满汉官僚地主和商人大肆兼并苗民土地，加上清朝官吏对苗民实行残暴的统治，苗民苦不堪言，只能奋起反抗。这次起义声势浩大，苗民领袖提出"逐客民、复故地"②的口号，这里所谓"客民"，即是指侵占苗民土地的满汉地主和高利贷者。反抗斗争从乾隆六十年一直持续到嘉庆十一年，前后十二年，最终被镇压。还有秘密会社起义，实为农民利用秘密组织所进行的起义，以白莲教起义规模最大。白莲教组织成立于乾隆时期，嘉庆元年，白莲教起义首先在湖北、四川爆发，随后波及陕甘豫等地，形成声势浩大的一场大规模的农民起义，直到嘉庆九年，持续九年之久的大起义才最终被镇压。嘉庆年间，白莲教支派天理教的起义也在豫冀鲁等地兴起。嘉庆十八年，林清率领的京畿附近的天理教起义军直接进攻清朝皇宫，一度攻入皇宫，激战隆宗门一带，终因寡不敌众而失败，至今在隆宗门匾额上还保存着一支当年起义军射出的箭头，由此可见清廷的虚弱。

对于嘉道年间社会矛盾的激化和封建统治的衰败，以龚自珍、魏源为代表的时代思想家，以其敏锐的社会观察力作出了清醒的认识。

龚自珍尽管对当时西方的资本主义发展情况还不了解，也没有亲眼看见中国鸦片战争的失败并被迫签订丧权辱国的《南京条约》③，却已经以其敏锐的政治眼光看到了封建"衰世"的到来。在《乙丙之际箸议》中，龚自珍对"衰世"作了深刻的刻画：

> 衰世者，文类治世，名类治世，声音笑貌类治世。黑白杂而五色可废也，似治世之太素；宫羽淆而五声可铄也，似治世之希声；道路荒而畔岸墮也，似治世之荡荡便便；人心混混而无口过也，似

---

① 杜贵墀：《巴陵县志》卷五十二，清华大学图书馆馆藏本。
② 魏源：《圣武记》卷七《乾隆湖贵征苗记》，314页，北京，中华书局，1984。
③ 龚自珍逝世于1841年。

治世之不议。左无才相，右无才史，阃无才将，庠序无才士，陇无才民，廛无才工，衢无才商，抑巷无才偷，市无才驵，薮泽无才盗，则非但鶒君子也，抑小人甚鶒。当彼其世也，而才士与才民出，则百不才督之、缚之，以至于戮之。戮之非刀、非锯、非水火；文亦戮之，名亦戮之，声音笑貌亦戮之。戮之权不告于君，不告于大夫，不宣于司市，君大夫亦不任受。其法亦不及于要领，徒戮其心，戮其能忧心、能愤心、能思虑心、能作为心、能有廉耻心、能无渣滓心。又非一日而戮之，乃以渐，或三岁而戮之，十年而戮之，百年而戮之。才者自度将见戮，则蚤夜号以求治，求治而不得，悖悍者则蚤夜号以求乱。夫悖且悍，且暗然咚然以思世之一便己，才不可问矣，向之伦聒有辞矣。然而起视其世，乱亦竟不远矣。①

作为一名具有强烈忧患意识的思想家，龚自珍一方面对封建官吏只顾贪污中饱，不顾国家前途和人民的疾苦，以及不知廉耻，献媚图荣成为风尚等吏治腐败现象作了淋漓尽致的揭露。在龚自珍看来，当时的社会已经是一个全身长满了疥癣的病体，尽管周身痛痒难忍，却已是无药可救。而当时的社会风气，则是整个国家的"官吏士民，狼艰狈蹶，不士、不农、不工、不商之人，十将五六；又或飧烟草，习邪教，取诛戮，或冻绥以死，终不肯治一寸之丝、一粒之饭以益人"②。很显然，这是一个已经到了崩溃边缘的大乱将起的"衰世"。"衰世"之论的提出，"既是龚自珍对当时社会形势的性质判断，又是他批判各种痈疽、黑暗的基点。'衰世'这一概念，是龚自珍对近代社会史、政治史、文化史研究所作的贡献，一经出现，就为同时代人和后代人们所首肯，影响深远"③。另一方面，龚自珍又为救治这样一个衰世社会而积极寻求良方。他通过

---

① 龚自珍：《乙丙之际箸议第九》，见《龚自珍全集》，王佩净校，6～7 页，上海，上海古籍出版社，1999。

② 龚自珍：《西域置行省议》，见《龚自珍全集》，王佩净校，106 页，上海，上海古籍出版社，1999。

③ 陈铭：《龚自珍评传》，132～133 页，南京，南京大学出版社，1998。

反思历史，总结历代治乱兴衰经验，而提出挽救社会危机的唯一办法就是改革。他说："一祖之法无不敝，千夫之议无不靡，与其赠来者以劲改革，孰若自改革？抑思我祖所以兴，岂非革前代之败耶？前代所以兴，又非革前代之败耶？何莽然其不一姓也？天何必不乐一姓耶？鬼何必不享一姓耶？奋之，奋之！"[①]在此，龚自珍饱含激情地叙说了改革对于革除弊政、兴旺国家的重要性。

魏源生于乾隆禅位之年，成长与嘉道年间，对清朝的逐渐衰败有切身感受，对龚自珍关于时局所作出的大乱将起的"衰世"的判断深有同感。魏源于鸦片战争前夕的1835年至1839年间撰写的《默觚》一书，集中体现了他的政治思想。该书的《治篇》对中国历史上的王朝兴衰有很多议论，对于嘉道年间的政局衰败有深刻认识。魏源认为"荒者乱之萌也"，道光年间的时局存在"六荒"："堂陛玩愒，其一荒也；政令丛琐，其二荒也；物力耗匮，其三荒也；人材嵬茶，其四荒也；谣俗浇酗，其五荒也；边场弛警，其六荒也；大荒之萌未有不由此六荒也。"[②]将此"六荒"与道光年间的时局相对照，确实是一一吻合的。也正因为荒为乱之萌，魏源进而警告统治者易姓亡国的危险已经来临："稽其籍，陈其器，考其数，诹诸百执事之人，卮何以漏？根何以蠹？高岸何以谷？荃茅何以苃？堂询诸庭，庭询诸户，户询诸国门，国门询诸郊野，郊野问诸四荒，无相复者；及其复之，则已非子、姬之氏矣。"[③]1842年撰成的《圣武记》一书，通过记述清朝开国、平定三藩、统一战争，以及之后的苗民、白莲教、天理教等起义，反映了清朝由盛转衰的整个过程。魏源认为，清朝"国家极盛于乾隆之六十年"，而经过乾隆之后特别是嘉道年间连续不断的大规模的农民起义的爆发与震撼，清朝逐渐衰败，以致面临"川壅必溃"[④]的局面。如果说《默觚下·治篇》是魏源关于时局的

---

① 龚自珍：《乙丙之际箸议第七》，见《龚自珍全集》，王佩诤校，6页，上海，上海古籍出版社，1999。
② 魏源：《默觚下·治篇十一》，见《魏源集》上册，65～66页，北京，中华书局，1976。
③ 魏源：《默觚下·治篇十一》，见《魏源集》上册，65页，北京，中华书局，1976。
④ 魏源：《圣武记》卷九《嘉庆川湖陕靖寇记》，375～421页，北京，中华书局，1984。

政论式的衰世论，那么《圣武记》则是从史实角度对反映了清朝衰世的到来。

清政府的衰败，为西方列强的侵略提供了机会。1840 年鸦片战争的爆发和战败之后《南京条约》的签订，中国开始沦为半殖民地半封建社会；1860 年第二次鸦片战争的失败和一系列不平等条约的签订，加速了中国半殖民地半封建化程度；1894 年中日甲午战争和战败之后签订的《马关条约》，中国半殖民地半封建化程度进一步加深；1900 年八国联军入侵和战败之后《辛丑条约》的签订，标志着中国半殖民地半封建社会正式形成。随着近代中国民族危机的不断加深，救亡图存从此成为时代的主题。19 世纪中叶以后的晚清史学，也必须要服务于救亡图存的时代主题，具有近代色彩的经世致用史学思潮由此兴起。

二、巩固边防与边疆史地的研究

19 世纪中期以后边疆史地学的兴起，与边疆地区的危机是紧密相连的。早在乾嘉时期，沙俄与英国就开始觊觎我国西北地区，西北边疆地区的危机已经萌生。这一时期的有识之士已经开始关注于西北史地的研究，如祁韵士就撰写了《西陲总统事略》《西陲要略》《藩部要略》《西域释地》等有关西北史地的著作，奠定了其西域舆地研究的基础。嘉道年间的徐松、龚自珍等人，也都非常关注西北史地。徐松的《西域水道记》一书，将西域水道归结为十一个水系，在详细记载各条河流情况的同时，对于河流流经地区的建置沿革、重要史实、典章制度、民族变迁、城邑村庄、卡伦军台、厂矿牧场、屯田游牧、日晷经纬、名胜古迹等，都作出了详细考证。龚自珍曾经撰写了《西域置行省议》《御试安边绥远疏》和《上镇守吐鲁番领队大臣宝公书》等文，一方面对清朝前中期巩固边防的举措给予很高的评价；另一方面则提出了应该改变过去对新疆所采取的"羁縻"政策，加强对西北地区统治的一些合理建议，如建议改新疆为行省，迁徙内地之民定居屯田，加强民族之间的和睦，等等。龚自珍这一加强塞方的建议，被后来的历史证明是非常有远见卓识的。期间龚自珍还撰写了《蒙古图志》一书，虽然此书后来遭火烧毁而未成，但从留存的《拟进上〈蒙古图志〉表文》可知，龚自珍对于西北塞外风土人情、山川河流及宗教民族等，都是颇为了解的，可见他对西北形势是非常关注的。

鸦片战争以后，随着一系列不平等条约的签订，边疆地区危机不断加深，一批具有爱国主义情怀的史家开始关注于边疆史地的研究，取得了一批研究成果，姚莹的《康輶纪行》、张穆的《蒙古游牧记》和何秋涛的《朔方备乘》便是其中的代表。

(一)姚莹与《康輶纪行》

姚莹(1785—1852)，安徽桐城人。曾亲身参加鸦片战争时期的反侵略战争，后来于1844年至1846年间先后入川"效用"、两度入藏"抚谕"，《康輶纪行》一书即为期间所作札记汇编而成。1846年初成十二卷，原名《康卫纪行》；1848年厘为十六卷刊行。书名的由来，姚莹在《自叙》中作了说明："乾隆中考定，察木多又名喀木，其地曰康，非《新唐书》'南依葱岭、九姓分王'之康国也。使车止此，故名吾书，纪其实焉。"该书记述的内容，姚莹自谓有"六端"："一、乍雅使事始末；二、剌麻及诸异教源流；三、外夷山川形势风土；四、入藏诸路道里远近；五、泛论古今学术事实；六、沿途感触杂撰诗文。"[①]

该书所记内容大体可以分为三个方面。一是关于西藏历史、地理、宗教、政治与戍守等的记述。这部分记述，为全书分量最重者。如卷三的《前后藏事始末》《诸路进藏道里》《西藏疆理》等篇，卷五的《西藏外部落》《西藏大番僧》《西藏僧、俗官名》《西藏戍兵》等篇，卷七的《西藏门户》等篇，卷八的《达赖世派》《班禅世派》《前藏四大寺》等篇，卷九的《前藏三十一城》《〈西藏赋〉言疆域》等篇，都是关于西藏的具体记述。此外，还有一些记述散见于其他篇目当中。姚莹如此详细记述西藏史地，考察西藏的历史与现状，旨在揭露英国觊觎西藏的野心，期望清政府能重视

---

① 姚莹：《康輶纪行·自叙》，北京，中华书局，2014。

西藏防务，以有效抗击英国的侵略。

二是关于外国史地与政治的记述。《康輶纪行》虽以记述西藏为主，却很重视"外夷山川形势风土"。所记"外夷"，除去对于广大亚洲国家有简略记述之外，重点记述的"外夷"则是俄、英、法等西方国家以及与西藏接壤的印度，显然与西藏地区的防卫有着密切的关系。其中关于俄罗斯的记述有卷十《俄罗斯方域》以及卷十二《海国古今异名》等；关于英国的记述有卷十二《英吉利》《英吉利幅员不过中国一省》等；关于法国的记述有卷十二《佛兰西》等；关于印度的记述有卷十《痕都斯坦即中印度》《莫卧尔即北印度》以及卷十二《海国古今异名》等。从相关记述来看，姚莹对于"外夷"已经有了比较详细的了解，其中尤以对构成西藏威胁最大的英国了解最详。如认为英国是一个以航海贸易立国的国家：英人"急功尚利，以海舶商贾为业，海中有利之区，咸欲争之。贸易者遍海内"；肯定英人技艺先进：英人"俗贪而悍，尚奢嗜酒，惟技艺灵巧"；对英国政治制度也有描述："国中有大事，王及官民俱至巴厘满衙门公议乃行，大事则三年始一会议。设有用兵和战之事，虽国王裁夺，亦必由巴厘满议允。"①

三是关于强调了解"夷情"的重要性。姚莹指出，外国人普遍重视了解中国与世界，"观英吉利、普鲁社、耶马尼之留心中国文字，日本、安南、缅甸、暹罗之讲求记载，是彼外夷者，方孜孜勤求世务"。像西人英、德等国就很重视翻译中国古籍，记述中国史地，西传雕版印刷术等中国技术。而东方各国如日本，"考求天下各国，诸事皆甚留神"；安南"凡海上游过之峡路皆载之"；缅甸"亦甚知外国情事"，等等。相反，中国人却并不关心"夷情"，"骄傲自足，轻慢各种蛮夷，不加考究"。对于这种现象，姚莹十分担忧，他说："若坐井观天，视四裔如魑魅，暗昧无知，怀柔乏术，坐致侵陵，曾不知所忧虑，可乎？甚矣，拘迂之见误天下国家也！"姚莹非常赞赏林则徐重视了解"夷情"的做法，认为"惟林总督行事全与相反，署中尝有善译之人，又指点洋商、通事、引水二

---

① 姚莹：《康輶纪行》卷十二《英吉利》，316～318 页，北京，中华书局，2014。

三十位官府四处探听，按日呈递……林系聪明好人，不辞辛苦，观其知会英吉利国王第二封信，即其学问长进之效验"①。姚莹不但希望国人重视了解当下的"夷情"，而且还要研究中国古代以来有关"夷情"的历史文献。他认为像历代正史中的"外夷列传"，以及自法显《佛国记》至魏源《海国图志》等数十种记述域外史地的专著，都是时人了解"夷情"所必须要潜心研究的。②姚莹醉心于研究"夷情"，故而感叹道："余于外夷之事不敢惮烦，今老矣，愿有志君子，为中国一雪此言也。"③他多么希望时人能成为他口中的"有志君子"啊！

(二)张穆与《蒙古游牧记》

张穆(1805—1849)，山西平定人。曾因乡试与监考官发生冲突，被处以不准再应考，从此放弃仕途。作为布衣学者，生当晚清衰世，张穆关心时局变化，对外国势力对边疆地区的渗透有着清醒的认识。他一生专心于西北边疆史地研究，《蒙古游牧记》即是其"致力十年，稿草屡易"而成的代表作。

清代西北史地研究的创始人当属祁韵士，张穆的西北史地研究应该是从参与编校前贤的西北史地著作开始的。祁韵士关于西北史地的著述，有多部著作都在生前未及付梓，是经过后人编校、刊定之后出版的，这其中便有张穆的心血。如祁韵士的《西陲要略》《西域释地》二书于1836年刊刻，即是由张穆"力鼎体例"而成，书末署为"张瀛暹覆审"，瀛暹为张穆初名；又如祁韵士的《藩部要略》《藩部世系表》刊刻于1846年，书末署为"平定张穆覆校"。由此可见，祁韵士这些西北史地著作能够得以问世，张穆是有重要贡献的。张穆表彰前贤著述可谓尽心尽力，诚如何秋涛所言，"先生一介寒士，而以流通古籍、杨挖前贤自任，其

---

① 姚莹：《康輶纪行》卷十二《外夷留心中国文字》，325～326页，北京，中华书局，2014。

② 参见姚莹：《康輶纪行》卷九《华人著外夷地理书》，250～251页，北京，中华书局，2014。

③ 姚莹：《康輶纪行》卷十二《外夷留心中国文字》，327页，北京，中华书局，2014。

于师友著述，表章尤不遗余力"①。

校勘祁韵士的西北史地著作，不但对张穆关注西北史地有重要影响，而且还直接启发了张穆西北史地著作《蒙古游牧记》的写作。关于张穆《蒙古游牧记》的撰述起因，祁韵士之子祁寯藻在《〈藩部要略〉后记》中说，《藩部要略》成书后，"平定张石州（张穆）复为校补讹脱，乃墨诸版。石州又以先大夫之创为各传也，先辨其地界方向，译出山水地名以为提纲。而是编疆域未具，读者眩之。爰以《会典》《一统志》为本，旁采各书，别纂为《蒙古游牧记》若干卷，它日卒业，将附梓以行"②。由此可见，张穆本意是要为祁韵士的《藩部要略》一书编撰一个地理纲要，旨在方便阅读，却因此成就了《蒙古游牧记》一书。在《蒙古游牧记序》中，祁寯藻对张穆的撰述起因作了重申，并对该书的撰述过程作了交代："今《要略》，编年书也。穆请为地志，以错综而发明之。余亟怂恿，俾就其事。杀青未竟，而石州疾，卒以其稿属何愿船（何秋涛）比部整理。愿船为补其未备。又十年，始克成编。"③这段话说了两件事，一则张穆的《蒙古游牧记》乃错综祁韵士《藩部要略》，改编年为地志而成；一则张穆《蒙古游牧记》"杀青未竟"，乃何秋涛用了十年时间辑补而成。张穆去世后，该书"末四卷尚未排比"，何秋涛辑补的即是后四卷内容。张穆何以会错综祁韵士的《藩部要略》而成《蒙古游牧记》一书，他本人在《自序》中有具体说明：

> 内地各行省、府、厅、州、县皆有志乘，所以辨方纪事，考古镜今。至于本朝新辟之土，东则有吉林、卜魁，西则有金川、卫藏，南则有台湾、澎湖，莫不各有纂述，以明封畛，而彰盛烈。独内外蒙古，隶版图且二百余载而未有专书。钦定《一统志》《会典》虽

---

① 何秋涛：《夃斋文集·序》，见张穆《夃斋文集》卷首，《续修四库全书》第 1532 册，237页，上海，上海古籍出版社，2002。

② 祁寯藻：《藩部要略》卷后，见《续修四库全书》第 740 册，521 页，上海，上海古籍出版社，1996。

③ 祁寯藻：《蒙古游牧记·序》，见张穆《蒙古游牧记》卷首，《续修四库全书》第 731 册，上海，上海古籍出版社，1996。

亦兼及藩部，而卷帙重大，流传匪易，学古之士尚多懵其方隅，疲于考索。①

由此可见，如果说校订《藩部要略》而错综之是张穆《蒙古游牧记》撰述的直接起因，那么长期留心西北史地、有志弥补清朝独于内外蒙古没有志书的缺憾，则是该书撰述的根本动因。

关于《蒙古游牧记》的编撰方法与记述内容，张穆在《自序》中作如是说：

> 今之所述，因其部落而分纪之。首叙封爵、功勋，尊宠命也；继陈山川、城堡，志形胜也；终言会盟、贡道，贵朝宗也。详于四至、八到以及前代建置，所以缀古通今，稽史籍，明边防，成一家之言也。②

从《自序》可知，《蒙古游牧记》记述内容涉及内外蒙古各部的历史地理、与清朝政府的交往、方域与建置沿革等，而撰述目的则是为了"稽史籍，明边防"，经世致用的意图非常明确，"它在表述方法上是由今溯古、由地理而兼及相关史事，反映出作者在撰述思想上具有时代感和历史感相结合的特点"③。对张穆撰成《蒙古游牧记》有"怂恿"之功的祁寯藻，给予该书很高的评价，他说："海内博学异才之士，尝不乏矣。然其著述卓然不朽者，厥有二端：陈古义之书，则贵乎实事求是；论今事之书，则贵乎经世致用。二者不可兼得，而张子石州《蒙古游牧记》独能兼之。"又说："是书之成，读史者得实事求是之资，临政者收经世致用之益，岂非不朽之盛业哉！"④祁寯藻肯定《蒙古游牧记》是一部学术上实

---

① 张穆：《蒙古游牧记·自序》，见《㐊斋文集》卷三，《续修四库全书》第1532册，279~280页，上海，上海古籍出版社，2002。
② 张穆：《蒙古游牧记·自序》，见《㐊斋文集》卷三，《续修四库全书》第1532册，280页，上海，上海古籍出版社，2002。
③ 瞿林东：《中国史学史纲》，750页，北京，北京出版社，1999。
④ 祁寯藻：《蒙古游牧记·序》，见张穆：《蒙古游牧记》卷首，《续修四库全书》第731册，上海，上海古籍出版社，1996。

事求是、资政上经世致用的"卓然不朽"之史著，评价很高，却名副其实。从学术上实事求是而言，该书"结构则详而有体也，征引则赡而不秽也，考订则精而不浮、确而有据也。拟诸古人地志，当与郦亭之笺《水经》、赞皇之志《郡县》并驾齐驱，乐史、祝穆以下无论已"①。从资政经世致用而言，蒙古地区与清朝的兴起、发展有着密切的关系，张穆自谓其《蒙古游牧记》的撰述，旨在"辨方纪事，考古镜今""稽史籍，明边防"，正是出于经世致用的需要。

（三）何秋涛与《朔方备乘》

何秋涛（1824—1862），福建光泽人。与张穆相友善，张穆的《蒙古游牧记》便是经过他的整理补辑后刊行于世的。何秋涛对中俄关系特别关注，曾撰《北徼汇编》，关注沙俄史地以及中俄边疆情况，1858 年扩写成《朔方备乘》一书。

何秋涛之所以重视考察中俄边疆，是基于沙俄侵略中国北部和西北部历史的担忧。清朝学者关注沙俄问题始于清初，此时沙俄不断侵扰黑龙江流域和贝加尔湖以东地区，康熙帝经过两次雅克萨战役之后，签订中俄《尼布楚条约》，边疆地区才暂时得以安宁。正因此，清朝学者开始关注中俄边疆问题，张鹏翮的《奉使俄罗斯日记》、钱良择的《出塞日记》、徐元文的《俄罗斯疆界碑记》等，便是在这种背景之下产生的早期关于中俄边疆史地著作。鸦片战争后，沙俄加紧了对于中国东北和西北地区的蚕食，中俄边疆问题再次受到近代有志之士的关注。林则徐被遣戍伊犁时，曾将沿途所闻所见所思撰成《荷戈纪程》一书，对西北史地作出了详细考察，并预言说："终为中国患者，其俄罗斯乎？吾老矣，君等当见之！"②林则徐之后，何秋涛也开始关注中俄边疆史地。他看到中俄边疆史地如此重要，时人却没有相关著作，于是编纂了《北徼汇编》六卷。他在谈到该书编纂动机时说："益究心经世之务，尝谓俄罗斯地居

---

　　①　祁寯藻：《蒙古游牧记·序》，见张穆：《蒙古游牧记》卷首，《续修四库全书》第 731 册，上海，上海古籍出版社，1996。

　　②　李元度：《国朝先正事略》卷二十五《林文忠公事略》，4 页，台北，台湾文海出版社，1966。

北徼，与我朝边卡相近，而诸家论述未有专书，乃采官私载籍，为《北徼汇编》六卷。"①这段话明确何氏之所以要编纂该书，是出于"经世之务"的社会责任。《北徼汇编》编纂于1858年，就在同年，何秋涛又将此书增益为八十卷，进呈朝廷，咸丰帝认为"此书于制度沿革、山川形势，考据详明，具见学有根柢"，特赐名《朔方备乘》。②

《朔方备乘》包括卷首十二卷、正文六十八卷，以及凡例、目录一卷。卷首主要是抄录"圣训""钦定书"中的相关内容；正文部分类别较多，有述略、考、传、纪事始末、记、考订诸书、辨证诸书、表、图说等。按照作者自己的说法，该书取材主要有四个部分："一曰本钦定之书，以正传讹；二曰据历代正史，以证古迹；三曰汇中外舆图，以订山川；四曰搜稗官外纪，以资考核。""备用之处"主要有八个方面："一曰宣圣德以服远人，二曰述武功以著韬略，三曰明曲直以示威信，四曰志险要以昭边禁，五曰列中国镇戍以固封圉，六曰详遐荒地理以备出奇，七曰征前事以具法戒，八曰集夷务以烛情伪。"③

《朔方备乘》的记述内容非常丰富，中心则是系统考察中俄边疆地区的历史与现状，《凡例》对此多有论说。如关于中俄交往历史："康熙年间设界碑于额尔古纳河、格尔必齐河诸地，此北徼界碑之始；钦命大臣至尼布楚会议，定约七条，此北徼条例之始；雍正年间，设喀伦于呼伦贝尔及楚库河诸地，此北徼喀伦之始。皆宜详考，以备掌故。"关于中俄接壤之中国北部重镇："东海诸部，今属吉林省；索伦诸部，今属黑龙江省；喀部，今为漠北雄藩；准部，今属新疆全境；以及乌梁海之附于游牧哈萨克之关系边防，皆接壤俄国之要地也。"关于中俄边界形势：

---

① 黄彭年：《刑部员外郎何君墓表》，见缪荃孙编：《续碑传集》卷二十，709页，上海，上海人民出版社，2019。

② 何秋涛：《朔方备乘》卷首《上谕》，《续修四库全书》第740册，587页，上海，上海古籍出版社，1996。

③ 何秋涛：《朔方备乘·凡例》，《续修四库全书》第740册，589页，上海，上海古籍出版社，1996。

"自古言形势者，于朔漠多未详备，盖疆域狭，故记载略也。钦惟我朝，天弧远震，版章式廓。北方镇戍，东起库叶岛，西至伊犁，皆入版图，表里山河，控扼边塞。允宜胪列形胜，以昭中国边备至俄罗斯情形，古今不同，亦附论焉。"①等等。从该书具体记述内容来看，集中反映中俄边疆史地的篇章很多，如《北徼界碑考》《北徼条例考》《北徼喀伦考》《北徼形势考》《俄罗斯馆考》《俄罗斯学考》《雅克萨城考》《尼布楚城考》《波罗的等路疆域考》《锡伯利等路疆域考》《艮维窝集考》《库叶附近诸岛考》《北徼山脉考》《艮维诸水考》《乌孙部族考》《俄罗斯互市始末》《俄罗斯进呈书籍记》《俄罗斯丛记》等，所记内容涉及俄罗斯历史地理、中俄分界、中俄交往、北部接壤重镇等。

《朔方备乘》为鸦片战争后研究中俄边疆史地的集大成之作。何秋涛如此重视中俄边界史地研究，是出于防范俄罗斯对于北部边疆的蚕食、肩负起"经世之务"的需要。诚如白寿彝先生所说："何秋涛于咸丰初年着重记载这些史实，正是为了昭示历史的鉴戒……何秋涛的记载正表明中国是正义者、受威胁者，唤起人们警惕俄罗斯挑起新的纠纷。同时，书中对中俄在经济上、文化上的友好往来也如实记载，反映了历史家全面的观点，史料价值很高。"②不幸的是，何秋涛对北部边疆的担忧，在第二次鸦片战争之后成为现实，中国东北和西北大量国土被沙俄割让去。

三、"师夷长技"与外国史地的研究

1840 年鸦片战争的炮声，打破了中国长期的封闭状态，也警醒了一部分先进的中国人。面对清政府的腐败无能和外国资本主义的船舰利

---

① 何秋涛：《朔方备乘·凡例》，《续修四库全书》第 740 册，589～593 页，上海，上海古籍出版社，1996。

② 白寿彝：《中国史学史教本》，365 页，北京，北京师范大学出版社，2000。

炮，一些先进的中国人出于"师夷长技"的自觉，开始有了认识世界的冲动，由此产生了一批研究外国史地的史著，魏源的《海国图志》和徐继畲的《瀛寰志略》堪为代表。

(一)魏源与《海国图志》

魏源(1794—1857)，湖南南邵阳人。魏源年少龚自珍两岁，龚自珍于 1841 年去世，魏源则亲身经历了鸦片战争，在第二次鸦片战争期间去世。因此，魏源不但对时局的衰败有深刻认识，而且还目睹了外国资本主义的侵略。第一次鸦片战争时，魏源居住在扬州，目睹了英国的野蛮侵略与清政府的腐败无能。他曾经作为两江总督裕谦的幕僚，参与了浙东的抗英斗争。对于鸦片战争的失败，魏源满怀义愤，在《南京条约》签订的同月，他撰成《圣武记》一书。如前所述，《圣武记》是一部反映清朝历史盛衰的史著。该书的资料收集工作早已开始，而撰述成书则是在鸦片战争时。魏源之所以在此时抓紧完成该书的撰写，旨在通过重温清朝的历史，希望当时的清朝统治者能够像清初的统治者那样振作武功，以抵御外国的侵略。也正因此，诚如白寿彝先生所说的，该书"由于明确地从历史的反思中为当前御侮斗争提供经验教训，因而就具有近代史学的意义"[1]。

1842 年《南京条约》签订以后，魏源又撰写了《道光洋艘征抚记》上、下篇。该长文记事起于 1838 年，止于 1851 年，所记内容包括鸦片战争和《南京条约》签订的过程，以及鸦片战争前后的时局与外交等，主旨思想是阐述了鸦片贸易对于中国的危害性，肯定了禁烟运动的正义性；揭露了琦善、耆英等人的昏庸误国，肯定了林则徐、邓廷桢等人的主战主张与行动，歌颂了三元里人民的抗英斗争。在长文的结尾，魏源有感于鸦片战争的失败，而提出了自己的反侵略战争思想。一是要善守。魏源认为时人关于鸦片战争的议论"非战即款，非款即战，从未有专议守者何哉?"指出"不议守而专款，是浪款也""不择地而守，是浪守也"。他建议要"择地利，守内河，坚垣垒，练精卒，备火攻，设奇伏，如林(则

---

[1]　白寿彝：《中国史学史教本》，352 页，北京，北京师范大学出版社，2000。

徐)、邓(廷桢)之守虎门、厦门，先为不可胜以待敌之可胜，则能以守为战，以守为款"。二是要"转外国之长技为中国之长技"。魏源"师夷长技以制夷"的思想，其实在这篇长文中已经作出了最初的表述。他认为如果善守的话，"可省出犒夷数千百万金，为购洋礮洋艘，练水战火战之用，尽收外国之羽翼为中国之羽翼，尽转外国之长技为中国之长技，富国强兵，不在一举乎?"在此，魏源已经将"尽转外国之长技为中国之长技"，作为富国强兵的重要手段。三是要汲取教训。鸦片战争虽然失败了，对于清政府而言，最重要的是要能从事件中汲取教训。魏源说："时乎时乎，惟太上能先时，惟智者能不失时；又其次者，过时而悔，悔而能改，亦可补过于来时。"①在魏源看来，鸦片战争的失败失去了"太上"的机会，尽管如此，只要能"过时而悔，悔而能改"，还是能够抓住将来的时机的，这是对清朝统治者的劝勉。

1842 年年底，魏源还完成了《海国图志》的初稿撰写工作。该书的编撰，最初是受林则徐的嘱托。1841 年 6 月，魏源前往京口(今镇江)拜见林则徐，林则徐将《四洲志》等资料交给魏源，嘱咐他编撰《海国图志》。1842 年年底初成五十卷，后来几经扩充，至 1852 年增为一百卷，这是中国近代第一部系统研究外国历史的史著。关于《海国图志》的编撰，魏源在《原叙》②中首先回答了该书"何所据"的问题。魏源说："《海国图志》六十卷，何所据? 一据前两广总督林尚书所译西夷之《四洲志》，再据历代史志及明以来岛志，及近日夷图、夷语，钩稽贯串，创榛辟莽，前驱先路。"③很显然，《海国图志》是魏源在《四洲志》的基础上，结合历代史志、明代以来的岛志，特别是当时所见西人图录、著述等，所撰成的一部系统反映外国史地的著作。接着回答了该书"何以作"的问题。魏源说："是书何以作? 曰：为以夷攻夷而作，为以夷款夷而作，

---

① 以上均见魏源：《道光洋艘征抚记》，见《魏源集》上册，168～206 页，北京，中华书局，1976。

② 《原叙》为道光二十七年(1847 年)《海国图志》增括为六十卷本时所作。

③ 魏源：《海国图志·原叙》，长沙，岳麓书社，1998。

为师夷长技以制夷而作。"①与 1842 年写成的《道光洋艘征抚记》提出的"尽转外国之长技为中国之长技"相比，《原叙》提出的"师夷长技以制夷"的思想，实为《海国图志》一书的中心旨趣。

《海国图志》对于如何"师夷长技以制夷"，提出了作者自己的见解。其一，"欲制外夷者，必先悉夷情始"。魏源认为，鸦片战争中国的失败，原因之一是中国人不了解西方情况。当时的清朝统治者，"苟有议翻夷书、刺夷事者，则必曰多事。（原注：嘉庆间，广东有将汉字夷字对音刊成一书者，甚便于华人之译字，而粤吏禁之）则一旦有事，即或询英夷国都与俄罗斯国都相去远近，或询英夷何路可通回部……以通市二百年之国，竟莫知其方向，莫悉其离合，尚可谓留心边事者乎？"②相反，英国等"外夷"却非常重视搜集中国情报，英国人"建英华书院，延华人为师，教汉文汉语，刊中国经史子集图经地志，更无语言文字之隔，故洞悉中国情形虚实。而中国反无一人了彼情伪，无一事师彼长技，喟矣哉！"③与中国形成鲜明对比。《孙子兵法》所谓"知彼知己，百战不殆"，对敌情一无所知，其实已经注定了战争的必然失败。正因此，魏源强调："欲制外夷者，必先悉夷情始；欲悉夷情者，必先立译馆翻夷书始；欲造就边才者，必先用留心边事之督抚始。"④魏源不但强调"悉夷情"的重要性，而且指出了如何做才能真正"悉夷情"。其二，何为"师夷长技"、如何"师夷长技"？通过鸦片战争，魏源看到了西方列强先进的武器和技术，认为这是中国鸦片战争失败的重要原因，因此需要"师夷长技"。具体来讲，魏源认为"夷之长技三：一、战舰，二、火器，三、养兵、练兵之法"⑤。魏源说："广东互市二百年，始则奇技淫巧受之；继则邪教毒烟受之，独于行军利器则不一师其长技。"认为中国人接

---

① 魏源：《海国图志·原叙》，长沙，岳麓书社，1998。
② 魏源：《海国图志》卷二《筹海篇三》，26 页，长沙，岳麓书社，1998。
③ 魏源：《海国图志》卷九《暹罗东南属国今为英吉利新嘉坡沿革》，449 页，长沙，岳麓书社，1998。
④ 魏源：《海国图志》卷二《筹海篇三》，26 页，长沙，岳麓书社，1998。
⑤ 魏源：《海国图志》卷二《筹海篇三》，26 页，长沙，岳麓书社，1998。

受了西方的奇技淫巧，也接受了西方的邪教、鸦片，唯独对于行军利器却没学到。魏源进一步指出，"西夷长技"还不只是船坚炮利，更有养兵、练兵之法，他们对待士兵"赡之厚故选之精，练之勤故御之整"①。为了学习"西夷长技"，魏源还提出了发展民用工业的主张，他说："沿海商民有自愿仿设厂局以造船械，或自用，或出售者听之。"而且"凡有益民用者"，诸如量天尺、千里镜、龙尾车、风锯、水锯、火轮机、火轮舟、自来火、自转碓、千斤秤等，"皆可于此造之"②。当然，"师夷长技"还必须要重用有"长技"的人才。为此，魏源建议改革科举制度："今宜于闽、粤二省武试，增水师一科。有能造西洋战舰、火轮舟，造飞炮、火箭、水雷、奇器者，为科甲出身；能驾驶飓涛，能熟风云沙线，能枪炮有准的者，为行伍出身。皆由水师提督考取，会同总督拔取送京验试，分发沿海水师教习技艺。"③毫无疑问，《海国图志》不仅是一部系统研究外国史地的史著，所提出的"师夷长技以制夷"的口号，更是"成为近代先进的中国人向西方寻找真理的起点"④。

（二）徐继畬与《瀛寰志略》

徐继畬（1795—1873），山西五台人。鸦片战争期间，在闽、粤沿海任职，对涉外事务多有接触。《瀛寰志略》撰成于1848年，为其任职于广东布政使、福建布政使期间，是鸦片战争刺激下的产物。该书向人们展示了一幅真实的世界图画，代表了鸦片战争后中国人认识世界的最高水平。徐继畬为撰成此书，可谓煞费苦心。当时的中国人缺乏对于世界地理的了解，也没有描述世界地理的基本资料，为了搜求到相关资料，徐继畬结识了美国传教士雅裨理、英国领事李太郭等人，向他们了解外国史地概况、借阅外国史地资料。《自序》说他很珍惜这些资料："荟萃采择，得片纸亦存录勿弃，每晤泰西人，辄披册子考证之，于域外诸国地形时势，稍稍得其涯略，乃依图立说，采诸书之可信者，衍之为篇，

---

① 魏源：《海国图志》卷二《筹海篇三》，27、31页，长沙，岳麓书社，1998。
② 魏源：《海国图志》卷二《筹海篇三》，32、30页，长沙，岳麓书社，1998。
③ 魏源：《海国图志》卷二《筹海篇三》，29页，长沙，岳麓书社，1998。
④ 白寿彝：《中国史学史教本》，356页，北京，北京师范大学出版社，2000。

久之积成卷帙。每得一书，或有新闻，辄窜得增补，稿凡数十易。自癸卯至今，五阅寒暑，公事之余，惟以此为消遣，未尝一日缀也。"①正是如此数年不辍地殚精竭虑、孜孜以求去搜求外国史地资料，徐继畬最终成就了这部介绍外国史地的名著。

该书记述的对象包括地球知识以及亚洲、欧洲、非洲、美洲各国史地，以欧美国家为主。首先，肯定欧人"长于制器"。徐继畬说，欧人"性情缜密，善于运思，长于制器，金木之工，精巧不可思议，运用水火犹为奇妙。火器创自中国，彼土仿而为之，益加精妙，铸造之工、施放之敏，殆所独擅。造舟尤极奥妙，篷索器具，无一不精，测量海道，处处志其浅深，不失尺寸，越七万里而通于中土，非偶然也"。欧人之所以能"越七万里而通于中国"，是因为他们有着先进的"制器"。徐继畬进一步认为，欧人得以纵横四海，也是得力于"制器"，如"火炮之法创于中国，欧罗巴人不习也"。然而自从这种技术传入欧洲之后，欧人"诸国讲求练习，尽得其妙，又变通其法，创为鸟枪，用以攻敌，百战百胜，以巨舰涉海巡行，西辟亚墨利加全土，东得印度、南洋诸岛国，声势遂纵横于四海"②。徐继畬特别提到英法等国"长于制器"，如说英国擅长器械制造，"枪、炮、刀、剑、钟表以及日用各项器皿之工，约三十万人"，又说其国尤重军工器械，"兵船大小六百余只，火轮船百余只……专恃枪炮，不工技击，刀剑之外无别械"③；说法国"其人心思精敏，工于制器，自来火之枪、火轮之车船，大半皆其所创"④。

其次，揭露了欧人殖民历史。徐继畬叙述了欧人向东方进行殖民的历史过程，先是"明弘治八年，欧罗巴之葡萄牙航海至印度西南界之孟买，开凿海港，建立城邑，市舶通行，以此致富"。后来到了"康熙七年，英吉利在东印度之孟加拉，买地建馆，筑炮台，造屋七十所，帆樯

---

① 徐继畬：《瀛寰志略·自序》，上海，上海书店出版社，2001。
② 徐继畬：《瀛寰志略》卷四《欧罗巴》，112～113、106～107 页，上海，上海书店出版社，2001。
③ 徐继畬：《瀛寰志略》卷七《英吉利国》，235、237 页，上海，上海书店出版社，2001。
④ 徐继畬：《瀛寰志略》卷七《佛郎西国》，206 页，上海，上海书店出版社，2001。

云集，百货流通，埠头日益富盛"。随着对印度殖民势力的扩大，"英吉利渐于各海口建立炮台，调设兵戎，养精蓄锐，待时而动。迨孟加拉一发难端，遂以全力进攻，诸蛮部连鸡栖桀，等于拉朽折枯，于是五印度诸部，夷灭者十八九，哀哉！英人自得五印度榷税养兵，日益富强"。①从徐继畬的记载可以看出，葡萄牙、英国等西方殖民主义者正是通过不断向东方进行殖民，从而得以聚敛财富和走向富强的。徐继畬特别指出英国之所以能富甲天下、称雄世界，也是殖民掠夺的结果。他说："英吉利本国境土止三大岛，其藩属埠头皆在数千万里之外。"又说："其骤致富强，纵横于数万里外者，由于西得亚墨利加，东得印度诸部也。"这就是说，英国虽然是一个岛国，然而其势力却是在"数千万里之外"，在世界各地有着众多的藩属国和通商口岸。而英国之所以能纵横于数万里之外，是因为其"商船四海之中无处不到"，"盖四海之内，其帆樯无所不到，凡有土有人之处，无不睥睨相度，思朘削其精华"。正是对世界各地的殖民活动，通过"遍设埠头，帆樯云集，百货流通，富饶遂为西国之最"②。西国之最，当然也就是世界之最；而英国的富饶与强大，都是殖民掠夺的结果。

此外，《瀛寰志略》还对欧美的政治制度作了描述。如描述英国："英国之制，相二人，一专司国内之政，一专司外国之务……都城有公会所，内分两所，一曰爵房、一曰乡绅房。爵房者，有爵位贵人及西教师处之；乡绅房者，由庶民推择有才识学术者处之。国有大事，王谕相，相告爵房众公议，参以条例，决其可否，复转告乡绅房，必乡绅大众允诺而后行，否则寝其事勿论。"③这是对英国议会制度议事过程的描述。又如法国："国有大政，如刑赏、征伐之类则令公所筹议，事关税饷则令公局筹办，相无权，宣传王命而已。"④对法国"筹议"制度作了描

---

① 徐继畬：《瀛寰志略》卷三《五印度》，63、76 页，上海，上海书店出版社，2001。

② 徐继畬：《瀛寰志略》卷七《英吉利国》，236～237、232 页，上海，上海书店出版社，2001。

③ 徐继畬：《瀛寰志略》卷七《英吉利国》，235 页，上海，上海书店出版社，2001。

④ 徐继畬：《瀛寰志略》卷七《佛郎西国》，209～210 页，上海，上海书店出版社，2001。

述。再如美国，徐继畬对华盛顿开创的美国总统任期制度大为赞赏。这种制度规定总统任期四年，四年任期满后，可以"集部众议之，众皆曰贤，则再留四年（自注：八年之后，不准再留）"。徐继畬认为，华盛顿"不僭位号，不传子孙，而创为推举之法，几于天下为公……可不谓人杰矣哉"①。

毫无疑问，《瀛寰志略》已经对资本主义国家一些重要现象有了全新的认识，对于当时人们了解西方与世界大有裨益。

四、变法图强与维新史学的兴起

19 世纪后期，随着维新运动的广泛开展，晚清史学也开始转向宣传资产阶级政治维新。晚清维新史学的主要特点，是通过记述西方历史、介绍西方资本主义政治制度，以为晚清中国寻找政治出路，王韬、黄遵宪便是其中的代表。

（一）王韬与《法国志略》

王韬(1828—1897)，江苏甫里（今甪直）人，晚清史学家、早期维新思想家。1862 年因上书太平军以"通贼"论，被迫逃往香港，从此开始接受西方资产阶级思想。1867 年漫游西欧，眼界大开，坚定维新变法主张，成为早期维新派人士。1879 年东渡日本考察。王韬主要史学著作有《法国志略》《普法战争》《扶桑游记》，以及政论集《弢园文录外编》等。其中《普法战争》记述 1870—1871 年普法战争事，成书于战事刚结束之时，为近代中国人记述外国战争第一部著作。该书大体属于资料汇编性质，但对于中国人了解普法战争有重要史料价值。《扶桑游记》乃王韬游历日本之时所作日记，《自序》说："日所游历，悉纪于篇，并汇录

---

① 徐继畬：《瀛寰志略》卷九《北亚墨利加米利坚合众国》，277 页，上海，上海书店出版社，2001。

所作诗文附焉。"①当然还记述了与日本友人谈论世界局势的内容。《弢园文录外编》为王韬晚年对之前在《循环日报》上发表的政论文章编辑而成的，该文集反映了王韬的政治思想和变法主张。

最能代表王韬史学成就的，当属《法国志略》一书。该书初撰于1871年，凡十四卷。1890年重订补充后，成二十四卷。王韬为何要撰写《法国志略》一书，按照他自己的说法，主要原因有三：一是介绍法国的富强。王韬说："法兰西素以文明称，制度文明之备、宫室文物之美，诸国莫能及焉。拿破仑出，更定法律，其精审为欧洲冠。"②又说："两经法都，览其宫室之雄丽，廛市之殷阗，人民之富庶，兵甲之盛强，未尝不叹其外观之赫耀也。"③王韬陶醉于法国的富强，《序言》对巴黎城的雄伟绮丽与繁华作了详细描绘："王居殿巍峨，层楼复阁，连甍相望，文彩辉煌，雕琢精丽，称欧土第一。城外离宫别苑数十处，街衢环匝，列肆密如蜂房，楼屋至七八层，峻丽无比。"④《序言》还对近代中国与泰西各国之间存在的巨大差距感到担忧："方今泰西诸国，智术日开，穷性尽理，务以富强其国。而我民人固陋自安，曾不知天壤间有瑰伟绝特之事，则人何以自奋，国何以自立！"⑤二是以法国历史兴衰作借鉴。法国是欧洲千年强国，普法战争被后起的普鲁士打败，这种历史盛衰之变，具有重要的殷鉴价值。王韬说："法在欧洲为千余年自立之国，喜选事，善用兵，欧洲全局视之为安危。列强于会盟征伐诸大端，无不遣使集议于其都，而法为之执牛耳，其国威兵力，足以慑人，盖积渐使之然矣。盛极而衰，此其变也。日中则昃，月盈则魄，此理之常，法奈何不悟哉！"⑥对于法国之所以会极盛而衰，王韬作出了自己的解说。他认为在法国富强的背后，其实潜藏着危机："及徐而察其风俗之侈靡，习

---

①　王韬：《扶桑游记·自序》，小方壶斋舆地丛抄本。
②　王韬：《法国志略·凡例》，光绪庚寅仲春淞隐庐刊本。
③　王韬：《法国志略·原叙》，光绪庚寅仲春淞隐庐刊本。
④　王韬：《法国志略·序言》，光绪庚寅仲春淞隐庐刊本。
⑤　王韬：《法国志略·序言》，光绪庚寅仲春淞隐庐刊本。
⑥　王韬：《法国志略·原叙》，光绪庚寅仲春淞隐庐刊本。

尚之夸诈，官吏之骄惰，上下之猜忌，亦未尝不虑其国不可以为国，而初不料一蹶不振如是之速也！"①又说国都巴黎之人"锦衣玉食，穷极奢侈"，"豪爽自喜，终日歌舞无戚容。无论贵贱，衣服皆华靡，不吝惜费用"②。除去奢靡之风很盛之外，王韬认为教会势力过大也是国势衰弱重要原因之一。他说："法通中国三百余年，于泰西诸国为独先，名流硕彦接踵而来，无非借天算格致以阴行其主教，其势几至上动帝王，下交卿相，有明之季，靡然成风，实足为人心学术之隐忧，流弊至今，亦缓通商而急传教，中外龃龉，率由此起。即其国政权，亦半为主教所把持。"③在王韬看来，"缓通商而急传教"，这是法国交往的特点；而"其势几至上动帝王"，足见教会势力之强大。此外，穷兵黩武的外交政策，也是导致法国衰弱的重要因素。王韬说："拿破仑第一、第三穷兵黩武，窃位逊位，以至身为俘虏，两代如出一辙，尤足以为后世殷鉴。"④三是于欧美列强独法国没有史志。王韬说，"欧洲各国，素无史职"，不如中国重视历史记述。然英美尚有史志，法国则阙如。"近时英人慕维廉译《英吉利志》，美人裨治文译《联邦志略》，即以其国之人，译其国之史。谈源略者，皆以先睹为快。而法志仍复阙如，亦一憾事。幸冈君千仞、高君二桥为先路之导，余得以踵事增华，藉成是书，是则余之深幸也夫。"⑤这段话包含两层含义：其一，王韬之所以要撰写《法国志略》，是因为英美皆有史志，而"法志仍复阙如"；其二，《法国志略》的撰成，是以日人冈千仞、高二桥所撰写的相关法国史志为基础的。对于王韬《法国志略》的资料来源，《凡例》第一条有一个更加详细的说明："余撰《法国志略》取资于日本冈千仞之《法兰西志》，冈本监辅之《万国史记》，而益以西国近事汇编，不足则复取近时之日报，并采辑泰西述撰有关于法

---

① 王韬：《法国志略·原叙》，光绪庚寅仲春淞隐庐刊本。
② 王韬：《法国志略·序言》，光绪庚寅仲春淞隐庐刊本。
③ 王韬：《法国志略·原叙》，光绪庚寅仲春淞隐庐刊本。
④ 王韬：《法国志略·凡例》，光绪庚寅仲春淞隐庐刊本。
⑤ 王韬：《法国志略·凡例》，光绪庚寅仲春淞隐庐刊本。

事者，以此成书。"①

《法国志略》记述的内容大致分为两个部分：一至十四卷主要记述史事，其中一至十卷为事目编年，从开国纪元开始，记述了法国的兴衰史；十一至十四卷为纪事本末体，主要记述了"法英姻盟和战纪""法英助土攻俄记""法奥战和始末""法援墨西哥""夺地安南""日本启衅""进攻高丽""法征阿洲"等诸事，涉及法国和欧洲、亚洲、美洲一些国家的军政外交大事。十五至二十四卷为专题记述，其中十五卷"摭遗"和十八卷"广述"分别记述难以成为专篇的军政大事和社会风俗；其他各卷记述内容相当于纪传体的书志，主要有名号、统系、职官、国用、税务、国债、银肆、商务、国会、民数、礼俗、学校、学术、教会、兵籍、车路、邮政、刑律、水利，以及疆域、首都、地方都邑等。

王韬是具有维新思想的史学家，《法国志略》除了继承魏源《海国图志》、徐继畬《瀛寰志略》等早期外国史地撰述重视"师夷长技"的思想之外，开始意识到仅仅依靠"师夷长技"，并不能解决中国的出路。王韬说："使徒恃西人之舟坚炮利，器巧算精，而不师其上下一心，严尚简便之处，则尤未可与权。"②这就是说，除去"制器"之外，关键还在于实行"上下一心"的政治制度和重视商业贸易的经济经济政策。

《法国志略》视商业贸易为富国根本。前述法国衰败其中一个重要原因，即是"缓通商而急传教"。相反，王韬认为英国的强盛则是得益于商业贸易。在政论集《弢园文录外编》中，王韬专辟"英重通商"一目，说英国"民间贸易转输，远至数万里以外，以贱征贵，以贵征贱，取利于异邦，而纳税于本国，国富兵强，率由乎此"③。《法国志略》所列税务、银肆、商务等志目，对欧洲各国发展资本主义的商业贸易作了论述。如认为"欧洲诸邦之立国，皆以商贾为本"，其税务"贸易船只但科入口而不征出口，以入口则贩他国之货以售我，是耗损我也；出口则载我国之

---

① 王韬：《法国志略·凡例》，光绪庚寅仲春淞隐庐刊本。
② 王韬：《弢园文录外编》卷二《变法自强下》，60页，沈阳，辽宁人民出版社，1994。
③ 王韬：《弢园文录外编》卷四《英重通商》，159页，沈阳，辽宁人民出版社，1994。

物以鬻人，是饶益我也"。税务成了鼓励海外贸易和增加国家收入的重要手段。银行可以"通有无，济缓急，便取携，盛贸易"。海外贸易是欧洲各国富强的主要途径，"欧洲列国皆习航海之术，积资为雄以致富强，四民中尤以通商为急务。故问其国之富，则数船以对"①。

王韬所谓"上下一心"的政治制度，即是君民共主的君主立宪制度。这一思想不但体现在《法国志略》中，也反映在《普法战纪》《弢园文录外编》等著述当中。如《普法战纪》卷首《凡例》即说："泰西诸邦立国有三等：曰君为主，如昔之法兰西和今之俄罗斯、奥地里、普鲁士是也；曰民为主，如今之法兰西及瑞士等国是也；曰君民共为主，如英吉利、荷兰、以大利、西班牙、葡萄牙、日耳曼列邦皆是。"而在这三种政治制度中，王韬既反对君主制，也反对民主制，而主张君民共主，即君主立宪体制。该书卷十二就说："盖按上天下泽之义，莫如立王，而维民为邦本之言，则莫如君民共主"，"国家一切政事，必当以君民共主为先"。《弢园文录外编》重申了这一思想，对三种不同政体作了进一步评论，肯定君民共主的合理性，认为"惟君民共治，上下相通，民隐得以上达，君惠亦得以下逮，都俞吁咈，犹有中国三代之遗意焉"②。

《法国志略》对于欧洲政治制度作了更加系统的介绍与评述。首先，对君主专制制度的批判。王韬认为，法国波旁王朝至路易十四是一个极端专制的君主，他"常曰政府则我也，我则政府也。好用兵，构怨邻国，争战不息，诛求苛急，人民涂炭"③，又说"路易十四骄贪无厌，剥夺民产，与诸国为仇"。接续路易十四做法王的路易十五，同样是一个昏庸腐朽的君主："逮路易十五立，奢侈败度，淫荡成风，举朝相率轻儇，不以政事为念，以是国用益穷，赋课愈重。"④又说："自法王路易十五废议会，厚课民税，擅制国律，凡百政权，惟王意所欲为。"⑤王韬认

---

① 皆参见王韬：《法国志略》卷十六《广志上》，光绪庚寅仲春淞隐庐刊本。
② 王韬：《弢园文录外编》卷一《重民下》，35 页，沈阳，辽宁人民出版社，1994。
③ 王韬：《法国志略》卷五《路易十四殂》，光绪庚寅仲春淞隐庐刊本。
④ 王韬：《法国志略》卷五《路易十六新政》，光绪庚寅仲春淞隐庐刊本。
⑤ 王韬：《法国志略》卷五《开议会》，光绪庚寅仲春淞隐庐刊本。

为，路易十六成为法国历史上唯一被处死的国王，而"路易十六之殃，其在斯乎！"即是在路易十四、路易十五时期埋下的祸根。对此王韬评论道："顾及其祸之由来，不能和众而得民心。自恃居民之上，而好恶不与民同，怨之所及，足以亡身。故厉王监谤，卒流于彘。法之失政，履霜坚冰，非一朝夕矣，路易至是，遂受其殃。法人弑王，而叛党旋覆；英人弑王，而高门士亦随灭。不独天道好还，而亦可以观世变矣。然则为人君者，其可逞欲而妄为哉！"①从上可知，王韬对波旁王朝专制统治是持批判态度的。其次，对议会制度的肯定。前已述及，王韬反对君主专制与民主共和，而主张君主立宪制度。君主立宪制度的主要特征是议会制度，《法国志略》专辟《志国会》一节，对法国国会制度加以推崇。王韬说"法国政治，其权不归统领而归国会，分为上下两议院"，对法国上下两院人数、议员任期、推举方法、议事情况等，都作了详细介绍。对于这样一种议会制度，王韬评论道："国会之设，惟其有公而无私，故民无不服也。欧洲诸国，类无不如是，即有雄才大略之主，崛起于其间，亦不能少有所更易新制、变乱旧章也。偶或强行于一时，亦必反正于后日。拿破仑一朝，即可援为殷鉴。夫如是则上下相安，君臣共治，用克垂之于久远，而不至于苛虐殃民，贪暴失众。"②在王韬看来，国会制度的好处，主要体现在它是议会民主制，法律制度不能随意被更改或破坏，君臣民共同治理国家，因而政治稳定。

（二）黄遵宪与《日本国志》

黄遵宪（1848—1905），广东嘉应（今梅州市）人，晚清维新人士。1877 年被清政府任命为清朝首任驻日公使参赞，历时五年。在日期间，黄遵宪悉心研究日本明治维新，希望从中找到解决中国问题的办法，于1879 年着手撰写《日本国志》一书。1882 年初稿完成时，被调任驻美国旧金山总领事，因事务繁忙暂停了修订工作。1885 年回国后，"闭门发箧，重事编纂"，于 1887 年撰成此书，1890 年正式付刊。《日本国志》

---

① 王韬：《法国志略》卷五后论，光绪庚寅仲春淞隐庐刊本。
② 王韬：《法国志略》卷十六《志国会》，光绪庚寅仲春淞隐庐刊本。

全书四十卷，取名为"志"，是该书编纂具有志书性质，内容分为十二个"志"，包括：国统、邻交、天文、地理、职官、食货、兵、刑法、学术、礼俗、物产、工艺。

黄遵宪编纂《日本国志》，首先是基于外交官的使命感。黄遵宪说："《周礼》小行人之职，使适四方，以其万民之利害为一书，礼俗政事教治刑禁之顺逆为一书，以反命于王。其春官之外史氏，则掌四方之志。"①黄遵宪是驻日公使参赞，他自比参赞职守与古代外史氏、小行人职守相仿，"窃伏自念今之参赞官，即古之小行人、外史氏之职也"，认为作为出使日本的参赞，有义务与古代小行人、外史氏一样，"掌四方之志"，将出使之国情况著为一书"以反命于王"。很显然，黄遵宪是将撰写《日本国志》，作为其出使日本义不容辞的责任。其次是不满于中国人对日本的无知。清朝长期闭关锁国，养成了不关心"外情"的习惯。鸦片战争前后，虽然有了林则徐、魏源等先进人士开始"睁眼看世界"，对西方与世界有了更多的了解，然而却对近邻日本知之甚少。徐继畬的《瀛寰志略》虽然有关于日本的记述，却对日本岛国基本地理并不清楚；魏源《海国图志》有关日本的记述，主要是抄录《瀛寰志略》。对于这种现象，黄遵宪感到极度不满，他说："昔契丹主有言：我于宋国之事，纤悉皆知；而宋人视我国事如隔十重云雾。以余观日本士夫类能读中国之书，考中国之事。而中国士夫好谈古义，足以自封，于外事不屑措意，无论泰西，即日本与我仅隔一衣带水，击柝相闻，朝发可以夕至，亦视之若海外三神山，可望而不可即。"②认为中国人只是"好谈古义"，却不屑"外事"，连近邻日本都知之甚少。认为这种眼光向内、故步自封的做法，是导致近代中国落后的重要原因。再次是对日本军事威胁的警觉。1868 年明治维新后，伴随着日本国力的不断提升，对外侵略的野心也不断扩大，矛头直指中国和朝鲜。1874 年日本侵略中国台湾，迫使清政府签订《台事专约》，承认日本侵略是保民义举，赔付日本白银 50 万

---

① 黄遵宪：《日本国志·叙》，天津，天津人民出版社，2005。
② 黄遵宪：《日本国志·叙》，天津，天津人民出版社，2005。

两。1879 年，日本强占琉球。与此同时，1875 年日本制造"江华岛"事件，迫使朝鲜签订《江华条约》，否定朝鲜为中国附属国，开始染指朝鲜。这一系列的侵略活动，暴露了日本觊觎中国和朝鲜的野心。黄遵宪警觉到"日本维新以来，颇汲汲于武事"①，指出日本"颇有以小生巨，遂霸天下之志"②。《日本国志》的"兵志"有六卷之多，可见黄氏对此重视之一斑。最后是对明治维新认知的改变。《日本国志》的撰述原则"略古详今"，故而关于日本历史的记述，重在明治维新以来。黄遵宪之所以重视记述明治维新以来的日本，与其对于明治维新认知的改变有着密切关系。对于这场维新运动，当时的中国知识界并没有一个正确的认识，有的视其为普通的改朝换代，有的视其为如赵武灵王改革。③ 黄遵宪最初对于日本明治维新的认识，也是深受"旧学家"的影响，对明治维新之事"微言刺讥，咨嗟太息"，甚至作诗加以讥讽。"及阅历日深，闻见日拓，颇悉穷变通久之理，乃信其改从西法，革故取新，卓然能自树立，故所作《日本国志》序论，往往与诗意相乖背。久而游美洲，见欧人，其政治学术，竟与日本无大异。今年日本已开议院矣，进步之速，为古今万国所未有"④，正是由于认识到了明治维新给予日本带来了"古今万国所未有"的巨变，黄遵宪觉得有必要将日本明治维新的成功经验介绍给国人。

综观《日本国志》的记述内容，在对日本进行全面介绍的同时，重点介绍日本明治维新，同时追本溯源论及西方资本主义发展情况。《日本国志》"为类十二"，即是从十二个方面系统介绍日本。其中《国统志》三卷具有总纲作用，是对日本政治制度演进的总论述。在《国统志》中，黄遵宪将日本政治制度的发展总结为四个阶段："一在外戚擅权，移太政于关白""一在将门擅权，变郡县为封建""一在处士衡议，变封建为郡

---

① 黄遵宪：《日本国志》卷二十一《兵志一》，534 页，天津，天津人民出版社，2005。
② 黄遵宪：《日本国志》卷十《地理志一》，211 页，天津，天津人民出版社，2005。
③ 参见陈其元：《日本近事记》、金安清：《东倭考》，小方壶斋舆地丛抄本。
④ 钱仲联：《人境庐诗草笺注》附录一，1095 页，上海，上海古籍出版社，1981。

县""一在庶人议政，倡国主为共和"。① 期中第四个阶段即是明治维新
时期。黄遵宪在历史记述上奉行"详今略古，详近略远"②的原则，对于
前三个时期的历史简单叙述，对于明治维新时期则详细记述，甚至到了
逐年逐月进行记载的程度，旨在详细介绍日本明治维新后走向近代化的
历程。在《国统志》中，黄遵宪对日本明治维新后实行君主立宪制度十分
推崇。他说："立宪政体，盖谓仿泰西制，设立国法，使官民上下分权
立限，同受制于法律中也。"他认为日本君主立宪制的实行是"势"所必
然："维新之始，收拾人心，既有万机决于公论之诏，士民之杰出者执
此以为口实，争欲分朝权以伸民气，促开过会，势也。而政权所属，上
不能专制于朝廷，次不能委寄于臣隶，又不得不采泰西上下议院之法，
以渐变君民共主之局，又势也。"③

《日本国志》的其他志，则是对日本社会的全面介绍，重点依然是明
治维新时期。如《邻交志》，分上下篇，分别叙述日本与中国、日本与西
方各国的外交演变情况，主旨思想是肯定日本"中古以还，瞻仰中华"，
而有"礼义君子之名"；近代以后学习西方，文明开化，得以能"与诸大
争衡"，由此得出结论：日本"向使闭关谢绝，至今仍一洪荒草昧未开之
国耳，则信乎交邻之果有大益也"④。这里说的是日本，其实是在告诫
国人闭关锁国的危害。如《天文志》与《地理志》，此二志记述相对比较简
略。《天文志》记述了日本历法演进过程：从使用中国历法到中西兼用到
专用西历。对于日本专用西历，黄遵宪不以为然，认为中国农历对日本
更为适合。《地理志》主要介绍日本地理位置、地形地貌和郡县设置情
况。值得注意的是，黄遵宪意识到国土狭小、资源匮乏，会助长日本向
往扩张的野心。如《职官志》，记述了日本职官制度的发展与演变，重点
记述明治维新以来的职官改革情况。黄遵宪说："维新以来，设官分职
废置纷纭，若各官省所隶之局，因革损益随时变更，尤不可胜载。今专

① 黄遵宪：《日本国志》卷三《国统志三》，87～93 页，天津，天津人民出版社，2005。
② 黄遵宪：《日本国志·凡例》，7 页，天津，天津人民出版社，2005。
③ 黄遵宪：《日本国志》卷三《国统志》，83、86 页，天津，天津人民出版社，2005。
④ 黄遵宪：《日本国志》卷四《交邻志上一》，95 页，天津，天津人民出版社，2005。

就明治十四年冬现有之官分条胪举，其仿照西法、为旧制所无者特加详焉。"①其用意在为中国改革官职提供借鉴。如《食货志》，记述了日本"审户口""核租税""筹国计""考国债""权货币""稽商务"之六种理财之道。黄遵宪肯定了日本明治维新以来，重视向西方学习，积极实行"殖物产、兴商务"，"凡有可以拓商业、揽利权之法，皆依仿采择"②的经济发展策略。如《兵志》，主要介绍了日本兵制和陆军、海军建设情况，重点记述明治维新以来的兵制改革。日本明治维新以来重视武备，积极借鉴西方进行兵制改革。黄遵宪说："日本维新以来，颇汲汲于武事，而其兵制多取法于德，陆军则取法于佛（法），海军则取法于英。"③如《刑法志》，主要是翻译日本《治罪法》和《刑法》而成。日本法律是学习方法的结果，黄遵宪介绍日本法律，其实也就是介绍了西方法律。他指出了中西法律观念不同，中国人重德轻刑，西方人崇尚刑法；肯定西方法律的精密与公平公正原则，"余观欧美大小诸国，无论君主、君民共主，一言以蔽之曰：以法治国而已矣"④。如《学术志》，记述了汉学、西学、文字和学制四方面内容。其中汉学与文字与中国相关，而西学、学制与西方相关。黄遵宪详细记载了日本明治维新以来学习西方的过程，肯定其引进西学，进行学制改革，开启了日本近代西式教育。如《物产志》，除去介绍日本主要物产之外，重点记述明治维新以来进行的"殖产兴业"改革，诸如"广开农、商、工诸学校以教人"，"开博览共进之会，以争奇竞美"⑤，等等，旨在保护本国物产。如《工艺志》，主要介绍日本工艺发展情况。黄遵宪认为，近代工业的发展离不开工艺的进步，西方各国普遍"崇尚工艺，专门之学布于寰区"⑥，认为日本明治维新以后，也普遍重视工艺，设立专门学校培养工艺人才，鼓励技术发明与技术革

---

① 黄遵宪：《日本国志》卷十四《职官志二》，352 页，天津，天津人民出版社，2005。
② 黄遵宪：《日本国志》卷二十《食货志六》，497、499 页，天津，天津人民出版社，2005。
③ 黄遵宪：《日本国志》卷二十一《兵制一》，534 页，天津，天津人民出版社，2005。
④ 黄遵宪：《日本国志》卷二十七《刑法志一》，654 页，天津，天津人民出版社，2005。
⑤ 黄遵宪：《日本国志》卷三十八《物产志一》，917 页，天津，天津人民出版社，2005。
⑥ 黄遵宪：《日本国志》卷四十《工艺志》，986 页，天津，天津人民出版社，2005。

新，由此促进了日本工业发展。

综上所述，黄遵宪《日本国志》对日本历史与社会作了全方位的记述，肯定了日本明治维新以来积极学习西方所取得的重要成就，同时也意识到国力强大之后的日本，因其土地狭小、重视武备，而有了向外展拓的野心。《日本国志》堪为近代中国记述日本最为详尽的著作，薛福成称其为"奇作"，并说"他日者家置一编，验日本之兴衰，以卜公度（黄遵宪字公度）之言之当否可也"[1]。黄遵宪的担忧，薛福成的验卜，随着数年之后甲午战争的爆发和中国的战败，不幸成为事实。

---

① 薛福成：《日本国志·序》，见黄遵宪：《日本国志》，天津，天津人民出版社，2005。

第十三讲　20世纪初"新史学"思潮

　　戊戌变法失败以后的19世纪末20世纪初，中华民族危机空前加深。与此同时，思想解放潮流也势不可当，当时的思想界掀起了一股积极输入西方新思想，运用西方新思想来分析与解决中国社会问题的潮流。20世纪初年的"新史学"思潮，便是在这样一种背景下兴起的。"新史学"的倡导者们积极传播西方近代史学理论与方法，对传统旧史学展开猛烈的批判，呼吁建立适应时代需要的"新史学"。

一、"新史学"思潮的兴起

　　20世纪初"新史学"思潮的兴起，是从大量译介西方史学著作，传播西方近代史学理论与方法开始的。"新史学"的倡导者们通过运用西方史学理论与方法，对传统史学进行批判，提出"新史学"的构想，掀起了一场规模宏大的"新史学"思潮。

（一）传播西方近代史学理论与方法

　　西学东渐由来已久，鸦片战争之后，中国人传播西学的步伐加快了。到了19世纪末20世纪初，随着戊戌变法的失败和《辛丑条约》的签订，中华民族危机进一步加深，在此背景下，一批近代有志之士开始走向革命道路。与此同时，思想界掀起了更大规模的传播西方新思想以解决中国出路的思潮。梁启超说："戊戌政变，继以庚子拳祸，清室衰微益暴露。青年学子，相率求学海外，而日本以接境故，赴者尤众。壬寅、癸卯间，译述之业特盛，定期出版之杂志不下数十种。日本每一新书出,译者动数家。新思想之输入,如火如荼矣。"①"译述之业特盛",反映了当时学术界译介西方著作十分活跃。梁启超特别指出对于日本著作的译介,这是 20 世纪初传播西方近代史学的一个重要现象。梁启超解释了其中的原因,是因为"日本以接境故"。当然,中日一衣带水,中国与日本比邻是一个因素;然而更为重要的则是日本明治维新以后全面学习西方,开始走向富强的道路。如果说黄遵宪《日本国志》问世之前的中国人还并不真正、也不愿意去了解日本的话,那么经过甲午战败和《马关条约》的签订,中国人已经开始自觉去认知自己的近邻日本了。黄遵宪便是最早的觉醒者之一,而为《日本国志》作序(时间在 1894 年甲午战前)的薛福成,也在序文中表达了对黄遵宪日本观的推崇,以及对日本"百务并修,气象一新,慕效西方,罔遗余力"②的肯定。也就是说,明治维新以后的日本"脱亚入欧",实现了国家的富强,同时从制度到思想全面西化,这是 20 世纪初中国人传播包括近代史学理论与方法在内的西方新思想,主要通过日本得以进行的重要原因。

20 世纪初年国人最早译介的日本近代史学理论著作,当属留日学生汪荣宝,他于 1902 年在留日学生创办的《译书汇编》"历史"专栏上,发表了译介的《史学概论》一书。汪荣宝自称该书"以坪井九马山《史学研究法》为粉本,复参以浮田和民、久米邦武诸氏之著述及其他杂志论文辑译而成,所采皆最近史学界之界说,与本邦从来之习惯大异其趣,绍介于吾同嗜者,以为他日新史学界之先河"③。这段话有两层含义,其一是交代译介资料来源;其二是意识到日本史学理论与方法已经与当时的中国旧史学"大异其趣"了。汪荣宝编译《史学概论》时,所依据的"粉本"坪井九马山的《史学研究法》,其实是 1903 年才正式出版,汪氏依据的应该是讲义印本。由此可见,当时的留日学生对于译介日本近代史学理论与方法的心情迫切之一斑。坪井九马山早年留学日本,深受兰克学

---

① 梁启超:《清代学术概论》,88~89 页,北京,东方出版社,1996。
② 薛福成:《日本国志·序》,见黄遵宪:《日本国志》,天津,天津人民出版社,2005。
③ 汪荣宝:《史学概论·编者识》,载《译书汇编》,1902 年第 9 期。

派史学观点的影响，被学者誉为"日本近代史学理论的奠基者"①。

汪氏提到的参考著述者之一浮田和民，则是一位对于 20 世纪初"新史学"影响更大的日本史家。浮田和民的《史学原论》(亦译《史学通论》)，是一部更为系统介绍西方史学理论与方法的著作。该书问世之后，受到留日学生的追捧，被竞相译介，在 1902 年至 1903 年间，先后出现了六个译本：(1)侯士绾译《新史学》，1903 年 2 月上海文明书局代印发行；(2)李浩生译《史学通论》，1903 年 2 月杭州合众译书局发行；(3)罗大维译《史学通论》，1903 年 10 月进化译社发行；(4)《史学原论》，1902 年 11 月东新译社同人编译；(5)刘崇杰译《史学原论》，1903 年 2 月作为"闽学会丛书"之一由闽学会出版；(6)杨毓麟译《史学原论》，1903 年 2 月湖南编译社发行。其中，前三种已于 1903 年印行，后三种仅见于当时书刊出版广告。浮田和民是近代日本著名的政治学家和历史学家，20 世纪初年就出版了《帝国主义之理想》《日本帝国主义》《西洋上古史》和《史学原论》等著作。其中《史学原论》一书，成书于 1897 年。② 该书的基本内容包括历史的特质、范围、定义、价值，历史与国家、地理、人种，历史上之大势，以及历史研究法等。该书对中国史学的影响，其实在上述六种译介著作出现之前就已经开始了。如梁启超早在 1899 年于《清议报》第 27 册上发表《英雄与时势》一文，即是取材于《史学原论》第三章《历史上之价值》："两者都介绍了加莱尔的英雄造时势的观点和马哥来时势造英雄的观点，又都得出了'时势能造英雄，英雄能造时势'的结论，甚至用语和例证也完全相同，前者受后者的影响是十分明显的。"③而章太炎在 1902 年 7 月《新民丛报》上与梁启超讨论史学与史书编纂等问题时，也特别提到了浮田和民《史学原论》一书"于修史有益"④。由此可见，在留日学生争先译介该书之前，梁启超、章太炎等人已经阅

---

① 严绍璗：《日本中国学史》第 1 卷，244 页，南昌，江西人民出版社，1991。
② 据俞旦初考证，1897 年成书的只是讲义，参见俞旦初：《二十世纪初年中国的新史学思潮初考》，载《史学史研究》，1982(3)。
③ 蒋俊：《梁启超早期史学思想与浮田和民的〈史学通论〉》，载《文史哲》，1993(5)。
④ 章太炎：《章太炎来简》，载《新民丛报》，1902 年第 13 号。

读过该书，并且受到该书的启发和影响。当然，大量译介著作出现以后，浮田和民的史学理论与方法对 20 世纪初中国史学产生了更大范围的影响。毫无疑问，作为一部讲述史学理论与方法的著作，《史学原论》对近代中国"新史学"的兴起产生了重大影响。

19 世纪末 20 世纪初译介的西方史学著作，主要是输入西方文明史学思想，以对法国基佐《欧洲文明史》和英国巴克尔的《英国文明史》的译介为代表。基佐的《欧洲文明史》撰写于 1828 年，全书共 14 讲。该书认为，文明包含人类社会的发展和人的自身的发展两个方面，而《欧洲文明史》只是从社会的角度来展示文明。该书的主要内容，包括欧洲文明的起源与发展，欧洲文明的多元性特征，法国在欧洲文明中的中心地位，英国革命对于欧洲文明进程的影响等，是研究欧洲历史与文明的重要著作。《欧洲文明史》书成之后，在西方史学界影响很大。梁启超说："基氏为文明史学家第一人。此书在欧洲，其声价几与孟德斯鸠之《万法精理》、卢梭之《民约论》相埒。近世作者，大率取材于彼者居多。"[①]日本明治维新之后，开始大量译介西方近代史学著作，《欧洲文明史》自然受到关注。1877 年日本就出现了永峰秀树的译介本，以后又出现多种译本。而中国人关于该书的最早译介，则是 1900 年由留日学生从日文转译而来的。[②] 1902 年，广智书局刊印日人杉山藤次郎编纂、署名"中国广东青年"译述的《泰西政治学者列传》一书，其中的《基率特传》不但对基佐生平与学术作了叙述，而且也包含了对《欧洲文明史》的评述，认为"有历史而无史理学，则国家治乱兴废之原因，文明进步之本故，不可得而知"，"基率特氏者，实为史理学之嚆矢"，肯定了《欧洲文明史》的"史理"价值。

巴克尔所著《英国文明史》共二卷，20 世纪初传入中国后可谓风靡一时，一时间出现了四种不同的译本：(1)1903 年南洋公学译书院刊印

---

① 梁启超：《东籍月旦》，载《新民丛报》，1902 年第 11 号。

② 据 1900 年留日学生所办《译书汇编》第 2 期，载基佐《欧洲文明史》"已译待印"，译介者为尼骚。

的《英国文明史》；（2）1903年《政艺通报》新书广告所刊印的《文明史论》，系为日文译本转译；（3）1904年王建祖所译《英国文明史》，见于作新出版社出版的《美国留学报告》中"留学生著述"报道；（4）1906年至1907年魏易所译的《文明史》，由清末学部主办的《学部官报》连载。其中转译自日本的《文明史论》，为日本学者辰巳小次郎所译，日本原书名为《文明要论》。《文明要论》的译介只是节译，却增加了一些原书没有的内容，并且大体反映了原书主要史学思想。有学者认为1898年康有为所著《日本书目志》，其中所列无作者姓名的《文明要论》一书，即为巴克尔《英国文明史》的日译本《文明要论》。这就是说，该日译本在此时即已经为中国人所知。[①]《英国文明史》问世之后，在欧洲流行很广，"近日耳曼、法兰西亦已有译本，其书行世，可望致昌盛也"。在当时的中国人的认识中，巴克尔的《英国文明史》甚至优于于基佐的《欧洲文明史》，"邈克尔总论二卷，已倍于基率特《文明史》全书……而至于史理，则以基率特为嚆矢，邈克尔次之；若比较其议论之高下优劣，则又非同日而论，邈克尔应处以高度，基率特应处以低度也"[②]，肯定了《英国文明史》的"议论"价值。从对于20世纪初"新史学"的影响而言，诚如学者所言："20世纪初年中国出现的新史学思潮中，强调要注意文明史的研究，反对'君史'，重视'民史'，要讨论历史中的因果关系，求得历史发展的'公理'或'公例'，开始提到历史和科学的关系问题，这些显然是直接或间接地受有巴克尔文明史学思想的影响。"[③]

（二）大力宣传"新史学"思想

20世纪初"新史学"思想的宣传，包含了对传统旧史学的批判和对资产阶级"新史学"的构想两个方面。在这个过程中，涌现出了一批具有资产阶级"新史学"思想的史家。

首先是对传统旧史学的批判。邓实在《史学通论》中指出，中国传统

---

① 李孝迁：《巴克尔及其〈英国文明史〉在中国的传播和影响》，载《史学月刊》，2004(8)。

② ［日］杉山藤次郎编，"中国广东青年"述译：《泰西政治学者列传》，17页，上海，广智书局，1902。

③ 俞旦初：《二十世纪初年的中国新史学思潮初考》，载《史学史研究》，1982(3)。

史学乃"专制政治史"。他认为"史者叙述一群一族进化之现象者也，非为陈人塑偶也，非为一姓之家谱也，盖史必有史之精神也。异哉！中国三千年而无一精神史也，其所有则朝史耳，非国史耳；君史耳，而非民史；贵族史耳，而非社会。统而言之，则一历朝之专制政治史耳"①，指出这种专制政治史是君史而非民史，而所谓君史，乃"一代之君，即一代之史也"，这种君史"其脑坏中所有仅一帝王也，舍帝王以外无日月，舍帝王以外无风云"②。在邓实看来，这种专制政治史、君史否定了其他史的存在，其实就是无史："史岂若是邪？中国果有史邪？呜呼！中国无史矣。非无史，无史家也；非无史家，无史识也。司马氏父子而后，中国之史盖中绝矣。虽然其先固未尝无史。"③邓实认为司马迁以前中国有史，而司马迁以下则中国无史，因为"史在朝廷"，他说："自班固《汉书》以下，神州震旦之内，虽朝朝有史，其与无民离而为二。史自史，民自民矣。虽然此亦非汉以下十数氏史家之过也。夫三代以上，史在草野，人人有作史之权，故朝野记述，君民互见。三代而下，史在朝廷。"认为中国这种无史的局面"几三千年也"。④ 之所以如此，是朝廷掌握史权所致。

"新史学"史家对"君史"的流弊作了揭示。1902年《新民丛报》转载了《天南新报》发表的《私史》一文，其中就对君史的流弊作如是说："唯君权极盛，专制政体之国则不然。要其史家亦不知史之关系，与史之原因结果为何如，然以慑于专制，或睹前代之覆车，界疑似于当朝之陋辙，则顾忌焉。深文焉，屈笔削以为迁就，于是史之地唯知有朝廷，史之人唯有君主，略举其兴亡强弱沿革之由，以为一朝之实录，把数百年事务作一人一家之谱系，而为之一切英雄之运动，社会之经练，国民之组织，教派之源流，泯泯然，莫莫然，毫不关涉。"⑤认为传统史学之所

---

① 邓实：《史学通论一》，载《政艺通报》，1902年第12期。
② 邓实：《史学通论三》，载《政艺通报》，1902年第12期。
③ 邓实：《史学通论一》，载《政艺通报》，1902年第12期。
④ 邓实：《民史总叙》，载《广益丛报》，1905年第62/63/64期合本。
⑤ 《私史》，载《新民丛报》1902年第19期，转引自《星架坡天南新报》。

以会造成"史之地唯知有朝廷，史之人唯有君主"的现象，从根本上说是君主专制统治所致。

马叙伦则认同邓实的三代以上有史、三代以下无史的观点，他说："是故三代以上无史之名，而有史之实；三代以下，有史之名，而亡史之实。六经皆古人之史，《春秋》《易》《诗》《书》《礼》《乐》各有专门，各抱绝艺，籴三王之精心，为百代之掌故，故政体也，教育也，学术也，皆于世界有绝大之关系。秦汉以来，法家大张，禁纲日酷，唯司马一书独拔荆棘……班、范而下，史体全非，表也，志也，名为经世大学，而实剽袭一代之文牍也。本纪也，列传也，名为全部通史，而实一家一氏之谱牒也，史学之不亡也几何。"①马叙伦所谓"三代以上无史之名"，是指三代之史乃"六经"所记，有经名而无史名，然而"六经"却是真正之史，它包含了"百代之掌故"。认为三代以下虽有史之名，却无史之实，只有司马迁《史记》例外。之所以如此，因为三代以下之史只是"一家一氏之谱牒"。

曾鲲化曾作《中国历史出世辞》一文，一方面批评过往的中国其实是无史，"其尚得曰中国有历史乎？何配谭有中国历史乎？余一人朕天子之世系谱车载斗量，而中国历代社会文明史归无何有之乡；飞将军大元帅之相斫书汗牛充栋，而中国历代国民进步史在乌有子之数。举空间、时间所有之奇耻巨憾，畴甚于斯？"另一方面肯定所谓历史，应该是"记录过去现在人群所表现于社会之生活运动，及其起源、发达、变迁之大势，而纪念国民之美德，指点批判帝王官吏之罪恶，使后人龟鉴之，圭臬之，而损益，而调剂，而破坏，而改造，而进化者"②。他曾以"横阳翼天氏"署名，在由东新译社出版的《中国历史》③"总叙"第一章"历史之要质"中，对以"二十四史"和《资治通鉴》为代表的传统史学批评道："所

① 马叙伦：《史学总论》，载《新世界学报》，1902年第1期。
② 曾鲲化：《中国历史出世辞》，载《政艺通报》，1903年第9期。
③ 《中国历史》发行时间署为孔子纪元2455年3月24日，俞旦初考证该时间当在1903年，参见俞旦初：《二十世纪初期中国的新史学思潮初考》第10注文，载《史学史研究》，1982(3)。

谓二十四史、《资治通鉴》等书，皆数千年王家年谱、军人战纪，非我国民全部历代竞争进化之国史也。今欲振国民精神，则必先破坏有史以来之万种腐败范围，别树光华雄美之新历史旗帜，以为我国民族主义之先锋。"曾鲲化直接将传统史学说成是"王家年谱、军人战纪"。

汪荣宝的《史学概论》则对传统史学的单一道德教化属性作了批判，他说："古昔学者受治于君相威权之下，言论思想不得自由，又困于儒学之流弊，以崇尚古代，畏惧先哲，为人间惟一之美行。一切学问，皆束缚于旧例故格之形式。其所谓历史者，不过撮录自国数千年之故实，以之应用于劝善惩恶之教育。"①汪荣宝认为，君主专制加儒学流弊，致使传统史家将史学当作了劝善惩恶的工具。汪荣宝强调，历史是社会"陈迹"，应该包括政治、法律、总结、学校技能等社会内容。他说："历史者，记录过去、现在、人间社会之陈迹也。人间社会为最复杂之现象，故历史有种种之方面，若政治，若法律，若宗教者，若产业，若学校技能，无一非人间社会之产物，即无一非历史之要素。"②

值得注意的是，"新史学"史家批判传统史学，其批判矛头主要是对准以"二十四史"为代表的历代正史，而对于历代野史、杂史则没有一概否定。邓实从史之公、私的角度出发，为野史正名，他说："故霸者私其天下于一家者也，而并私其史于一家。私其史于一家之朝廷，则朝廷尊；朝廷尊，则草野之文贱矣。草野之文贱，号为正史则传，号为野史则废"③。在此，邓实将"草野之文"视为野史，指出在专制时代属于"草野之文"的野史没有得到重视，其实是肯定了野史之史的价值。陈黻宸则发出"明堂太室之留传，不若野史之所详为可贵"④的感叹。史家们在批判正史"宗旨既非，焉有信史"⑤的过程中，尤其强调野史的翔实可

① 汪荣宝：《史学概论》，载《译书汇编》，1902年第9期。
② 汪荣宝：《史学概论》，载《译书汇编》，1902年第9期。
③ 邓实：《史学通论三》，载《政艺通报》，1902年第12期。
④ 陈黻宸：《京师大学堂中国史讲义·社会之原理》，见《陈黻宸集》下册，683页，北京，中华书局，1995。
⑤ 马叙伦：《史学总论》，载《新世学报》，1902年第1期。

信，甚至提出了以野史材料著成中国史的构想，如刘师培《新史篇》所论："今中国之史，阨于建祸，无三百年，傥能仿所南修北史之例，而参以野史之见闻，则信史之成，必有计日可待者。"①

其次是对"新史学"的构建。"新史学"史家在批判传统史学的同时，也对"新史学"的构建提出了自己的方案。综观"新史学"史家对"新史学"的构想，主要体现了以下思想。

第一，以进化史观为指导。晚清时期，西方学术思想纷纷传入，其中对于近代史学影响最大者莫过于进化史观。19世纪中叶，英国生物学家达尔文的《物种起源》创立生物进化理论，后英国社会学家斯宾塞将进化论引入人类社会领域，创立社会达尔文主义学说。19世纪末严复翻译《天演论》，宣扬"物竞天择、适者生存""优胜劣汰"进化思想，这与彼时国人寻求救亡图存的理论需求相契合，对于包括史学在内的近代中国学术思想界产生了巨大反响。20世纪初年，"新史学"史家普遍重视宣扬进化史观。邓实以进化的观点，将古往今来的中国史学分为三个时期："余谓史亦有三等：上世一等为神权时代史，曰神史；中世一等为君权时代史，曰君史；近世一等为民权时代史，曰民史。"②认为神史乃"人群进化之初期也，必渡过神权时代政体之一阶段。中国前古之民敬天、尊祖、拜神，其天性也。故其史亦好言天道、鬼神、灾异、卜筮梦之事"③，君史则是"舍帝王以外无日月，舍帝王以外无风云"④，至于民史，则"民史之为物，中国未尝有也"⑤。邓实划分史学分期的依据是时代政体，这在一定程度上揭示了史学发展与社会性质之间的内在关系。汪荣宝则说："抑人间社会者，进化之物也。进化无极，历史亦无尽。"⑥肯定社会历史发展具有不断进化的特点，既然进化没有极限，历

① 刘师培：《新史篇》，见《刘师培辛亥前文选》，171页，上海，中西书局，2012。
② 邓实：《史学通论二》，载《政艺通报》，1902年第12期。
③ 邓实：《史学通论二》，载《政艺通报》，1902年第12期。
④ 邓实：《史学通论三》，载《政艺通报》，1902年第12期。
⑤ 邓实：《史学通论四》，载《政艺通报》，1902年第12期。
⑥ 汪荣宝：《史学概论》，载《译书汇编》，1902年第9期。

史书写也就没有穷尽。汪氏所谓历史，指的是记录的历史。又说："史学者，研究社会之分子之动作之发展之科学也。"①这里所谓"社会之分子"指人，"之动作"指人的实践活动，"之发展"，汪氏认为："发展者，谓一物之内部所含之力，自伸自炼而生种种之变态者也。历史上所谓沿革变迁推移等种种之名词，皆示其发展之一端而已。此发展之名词，于史学上占最重之位置，不可不察也。"②很显然，这种发展的观点，即是进化的观点。汪氏明确指出："夫社会之知识，常随世运至健行，由蒙到明，不容有一息之退步，吾人眼前所睹生物之显象，亦无不然。此谓自然力之制裁，苟反戾此自然力者，则其物皆已朽废而为历史之锈，史学之必要即在去其锈而发其荧，以速吾人之进步者也。"③"不容有一息退步"，即是肯定社会进化的绝对性与必然性；而史学正是要以进化观念为指导，服务于人类社会进化之需要。

第二，以民史为记述对象。"新史学"史家普遍认为中国古代没有真正的历史记述，因为所谓的历史记述，不过是帝王家谱、军人战纪。在"新史学"史家们看来，真正的历史记述，应该涵盖社会各方面和社会人群的历史，即是民史。前已述及，邓实认为中国过去的历史只是"一姓一家之谱"的"专制政治史"，而非人群进化全史，"若所谓学术史、种族史、贵族史、风俗史、技艺史、财业史、外交史，则遍寻乙库数十万卷充栋之著作而无一焉也"④。而西方历史则是"纪民事"之史，在他们的历史记述中，"农者，农史；工者，工史；商者，商史；学者，学史，而有一人即有一史，有一事即有一史，盖白人之政体也，以民为主体"。而像这样的民史，中国却未出现，"旷千载而不见于神州之世矣"。邓实进而对民史的记述内容作了解说，认为"凡为史十有二，曰种族史；曰言语文字史；曰风俗史；曰宗教史；曰学术史；曰教育史；曰地理史；曰户口史；曰实业史；曰人物史；曰民政史；曰交通史。无几成一家之

---

① 汪荣宝：《史学概论》，载《译书汇编》，1902 年第 9 期。
② 汪荣宝：《史学概论》，载《译书汇编》，1902 年第 9 期。
③ 汪荣宝：《史学概论》，载《译书汇编》，1902 年第 9 期。
④ 邓实：《史学通论一》，载《政艺通报》，1902 年第 12 期。

私言，为吾黄民张目以毋背孔孟氏民贵君轻之旨，以期复孔氏布衣修史之权"①。邓实指出民史的最大特点，是叙述人群进化："夫世界之日进文明也，非一二人之进，而一群之进也。非一小群之进，而一大群之进也……历史者，其一大群之现象影响也。既往之文明现象，惟历史能留之，未来之文明影响，惟历史能胎之。夫民者何？群物也。以群生，以群强，以群昌。群之中必有其内群之经营者焉，其经营之成绩，则历史之材料也……是故舍人群不能成历史，舍历史亦不能造人群。"②汪荣宝说："人间社会为最复杂之现象，故历史有种种之方面，若政治，若法律，若宗教者，若产业，若学校技能，无一非人间社会之产物，即无一非历史之要素。"③这就是说，历史记述应该包含社会政治、法律、产业、学校技能诸多方面，是对社会作出整体反映。汪氏又说，历史是人的历史，"史学的目的物"是"社会之分子"，他说："史学之目的物，故其生存不可不为共同之团体，又不可不于团体之中而各为其一体。团体，谓之社会，其一体，谓之分子。凡不成社会之人间，与生存与社会之中而不为其分子者，皆非史学之目的物也。"④这里所谓"社会之分子"，自然绝不仅仅只是帝王将相，乃指一切社会之人。陈黻宸也肯定西方历史记述"于民事独详"的特点，他说："我观于东西邻之史，于民事独详……平民之事，纤悉必闻于上。是故民之犯罪者、自杀者、废疾者、婚嫁者、生者、死者、病者、有业者、无业者，每年必为平均分数，而以其所调查者，比而较之。比较既精，而于民人社会之进退，国家政治之良否，折薪破理，划然遽解，斯所谓弥沦一代之巨作矣。"正是由于西方"于民之好恶情伪尤悉"，从而使得他们的历史记述"得资以扩其见闻，垂为典籍"⑤。陈氏认为史学是一门科学，同时又涵盖了一切科学。他说："读史者而兼及法律学、教育学、心理学、伦理学、物理

---

① 邓实：《民史总叙》，载《广益丛报》，1905年第62/63/64期合刊。
② 邓实：《史学通论四》，载《政艺通报》，1902年第12期。
③ 汪荣宝：《史学概论》，载《译书汇编》，1902年第9期。
④ 汪荣宝：《史学概论》，载《译书汇编》，1902年第9期。
⑤ 陈黻宸：《独史》，载《新世纪学报》，1902年第2期。

学、舆地学、兵政学、财政学、数术学、农工商学者，史家之分法也。读史而首重视政治学、社会学者，史家之总法也，是固不可与不解科学者道矣。盖史一科学也，而史学又合一切科学而自为一科者也。"①这显然是就史学乃人群各方面活动之反映而言的。

第三，重构新型经史关系。近代经史之学出现了重大变化，一方面居于传统学术之首的经学走向衰落，逐渐向史学转向；另一方面史学逐渐摆脱经学的束缚，并由传统史学转向近代史学。在这样一种背景下，20 世纪初的"新史学"史家，自然也会关注经史关系的新变化，积极参与到新型经史关系的构建当中，马叙伦、章太炎当为其中的代表。马叙伦是化经为史的积极提倡者。1903 年，他发表《史界大同说》一文，对"六经皆史"说作了集中阐发。一方面，该文详细阐明了"六经"的史料价值：《尚书》记"唐虞夏商周秦禅让、征伐及夫君臣奏封"；《诗》记"朝廷社会之讴歌"；《易》记"阴阳造化而推人事变迁"；《春秋》记"列国之大事而寓以治法"；《礼》记"朝廷、郡国、乡里之行政"；《官礼》记"朝廷、官制及行政"。另一方面，尝试将"六经"分别纳入到现代历史学科分类之中："夫记禅让、征伐及夫君臣奏封者，此后世记录之滥觞，可谓近于政治史而不能谓为完全政治史也。记朝廷社会之讴歌者，此音乐之专门，而学术史之支流也。记阴阳造化而推人事变迁者，与其所谓为宗教史，则吾宁谓为学术史，然亦不过学术史中之哲学史一部分耳。记列国之大事而寓以治法者，此名家专著，可以谓一氏作而不能与夫四部分之列者也。记朝廷、郡国、乡里之行政与夫记官制、行政者，庶其政治史矣。然以今泰西文明国之政治史相比较，则《礼》与《官礼》犹似完而实多缺憾者也。由此言之中国古代仅有不完全之政治史、学术史，而无宗教史、教育史，然二者非无史也，附史于政治史耳。"②章太炎于 1904 年刊行《訄书》重订本，该书的《清儒》篇集中讨论了"六经皆史"的问题，核

① 陈黻宸：《京师大学堂中国史讲义·读史总论》，见《陈黻宸集》下册，677 页，北京，中华书局，1995。

② 马叙伦：《史界大同说》，载《政艺通报》，1903 年第 15 期。

心主张是"夷六艺于古史"。此论的新意，一是与章学诚视"六经"为"先王之政典"有区别。章学诚视"六经"为先王政典，这种先王政典当然是有德有位的人用以"纲维天下"的，自然就具有浓厚的权威主义色彩；而章太炎只是视"六经"为古代历史文献，这种历史文献的史料价值，是用以了解历史文明进化与制度因革的，"以此综贯，则可以明进化；以此裂分，则可以审因革"。二是视"六经皆史"说为古文家说。从学术史上看，人们并没有将"六经皆史"说当作古文家独有的学说，这显然是章氏一家之言，正如钱玄同所说："或谓'《六经》皆史'系古文说，这是完全错误的。刘歆诸人何尝说过什么'《六经》皆史'！为此说者，殆因章太炎师亦云'《六经》皆史'之故。其实是今文学者的龚定庵与古文学者的章太炎师皆采用此章实斋之新说而已。"[①]章太炎将"六经皆史"说视为古文家言，以此作为自己学说的重要思想，旨在对抗康有为等今文家宣扬的"孔子作六经以托古改制"说。章氏"夷六艺于古史"论的思想本质，是肯定"六经"的历史文献性质，由此铸造经学为史学。

二、梁启超与"新史学"思潮

梁启超是20世纪初"新史学"的旗手。1901年和1902年，梁启超先后发表《中国史叙论》和《新史学》二文，对中国传统史学进行了系统批判，对近代"新史学"提出了自己的构想，标志着20世纪初"新史学"思潮的正式兴起。

早在1901年，梁启超在《清议报》上发表《中国史叙论》一文，集中谈论了史之界说、中国史之范围、中国史之命名、地势、人种、纪年和时代之区分等八个问题，所提出的史学观点可谓别开生面，对20世纪初"新史学"思潮的兴起产生了很大的影响。其一，认为传统与近代历史

---

① 钱玄同：《〈左氏春秋考证〉书后》，见《钱玄同文集》第4卷，306页，北京，中国人民大学出版社，1999。

记述不同。梁启超认为历史记述是发展的，传统史家与近代史家的历史记述存在着很大的不同，一则，"前者史家不过记载事实，近世史家必说明其事实之关系与其原因结果"；二则，"前者史家不过记述人间一二有权力者兴亡隆替之事，虽名为史，实不过一人一家之谱牒。近世史家，必探察人间全体之运动进步，即国民全部之经历，及其相互之关系"①。梁氏所谓近世史家的历史记述特点，也就是"新史学"的历史记述特点。其二，提出了新的历史划分方法。该文将整个中国历史划分为"上世史""中世史"和"近世史"三大阶段，亦即"中国之中国""亚洲之中国"和"世界之中国"，"封建""帝制"和"立宪"之相互对应的三大阶段。梁氏新历史划分方法显然是借鉴了近代西方史学，他说："中国二十四史，以一朝为一史。"之所以如此，是因为史家脑中"只见有君主，不见有国民也"。西方则不然，"西人之著世界史，常分为上世史、中世史、近世史等名"②。其三，肯定地理环境对历史发展的影响。该文"地势"一节，首先对中国地势区块以及山川河流作了详尽的描述，接着指出"地理与历史最有紧切之关系，是读史者所最当留意也。高原适于牧业，平原适于农业，海滨河渠适于商业，寒带之民擅长战争，温带之民能生文明。凡此皆地理历史之公例也"。由此观点出发，进而对中国地理之于中国历史之具体影响作了详细阐述，如论文明起源："中国何以能占世界文明五祖之一，则以黄河、扬子江之二大川横于温带、灌于平原故也。"论南北何以常有分治："则长江为之天堑，而黄河沿岸与扬子江沿岸之民族各各发生也。"论政权何以起于北则强、起于南则弱："以寒带之人常悍烈，温带之人常文弱也。"论游牧民族何以常能入主中原："以其长于猎牧之地，常与天气及野兽战，仅得生存，故其性好战狠斗。又惯游牧，逐水草而居，故不喜土著而好侵略。"论中国之民何以会长期受制于专制统治："亦以地太大，团体太散，交通不便，联结甚难。"论古

---

① 梁启超：《中国史叙论》，见《饮冰室合集·文集》第 3 册，461 页，北京，中华书局，2015。

② 梁启超：《中国史叙论》，见《饮冰室合集·文集》第 3 册，471 页，北京，中华书局，2015。

代中国何以不向外征讨："则以平原膏腴，足以自给。"①如此等等。其四，对民族起源问题的认识。梁启超认为，在西方人眼里，中国人属于蒙古人种，然而中国境内民族不下数十种之多，"而最著明有关系者，盖六种"：分别为苗族、汉族、图伯特族、蒙古族、匈奴族和通古斯族。认为中国古代民族并非单一血缘，而是长期混合而成。以汉族为例，虽然"无一不祖黄帝"，然而江南民族与河北民族"性质习俗"就颇为不同，黄河、长江"其文明各自发达，不相承袭"，瓯闽两粤文明也"有独立之姿"。虽然民族起源不同，却都属于中华民族大家庭，故而梁启超说："号称四万万同胞，谁曰不宜。"②

　　1902年，梁启超写成《新史学》。该文是在《中国史叙论》的基础上，对史学基本理论问题所作的进一步阐发。《新史学》是一篇号召史界革命的檄文，也是要求以进化史观为指导建立近代新史学体系的宣言书。

　　首先，对过往两千年中国之旧史学各种积弊作出清算。《新史学》开篇立意，充分肯定史学的地位与作用："史学者学问之最博大而最切要者也，国民之明镜也，爱国心之源泉也。"认为欧洲各国社会文明进步，史学居功至伟："今日欧洲民族主义所以发达，列国所以日进文明，史学之功居其半焉。"认为中国自古以来就是一个重史的国家："于今日泰西通行诸学科中，为中国所固有者，惟史学。"③既然如此，为何近代中国却落后了？梁启超认为与传统史学的陈腐落后有密切关系。

　　《新史学》通过总结旧史学的弊病，提出了旧史学有"四弊""二病"。这"四弊"，其一是"知有朝廷而不知有国家"。梁启超说："吾党常言，二十四史非史也，二十四姓家谱而已。其言似稍过当，然按之作史者之精神，其实际固不诬也。吾国史家，以为天下者君主一人之天下，故其

---

　　① 梁启超：《中国史叙论》，见《饮冰室合集·文集》第3册，464～465页，北京，中华书局，2015。

　　② 梁启超：《中国史叙论》，见《饮冰室合集·文集》第3册，465～467页，北京，中华书局，2015。

　　③ 梁启超：《新史学》，见《饮冰室合集·文集》第4册，751页，北京，中华书局，2015。

为史也，不过叙某朝以何而得之，以何而治之，以何而失之而已，舍此则非所闻也……盖从来作史者，皆为朝廷上之君臣而作，曾无有一书为国民而作者也，其大蔽在不知朝廷与国家之分别，以为舍朝廷外无国家。"①在梁启超看来，"朝廷之上君臣"并不能代表国家，国家乃国民之国家，"二十四史"只是一部记述朝廷君臣之史，而不是书写国民之史。其二是"知有个人而不知有群体"。梁启超说："中国之史，则本纪、列传，一篇一篇，如海岸之石，乱堆错落。质而言之，则合无数之墓志铭而成者耳。夫所贵乎史者，贵能叙一群人相交涉、相竞争、相团结之道，能叙一群人所以休养生息、同体进化之状。"②认为中国历代正史只是"合无数之墓志铭而成者"，而不是"叙一群人"进化之历史。其三是"知有陈述而不知有今务"。"今务"是什么？是指历史记述的经世责任。梁启超说："凡著书贵宗旨，作史者将为若干之陈死人作纪念碑耶？为若干之过去事作歌舞剧耶？殆非也。将使今世之人鉴之裁之，以为经世之用也。"为了达到史学经世的作用，历史记述必须要"愈近世而记载愈详"，而不能"舍朝廷外无可记载"。③ 其四是"知有事实而不知有理想"。梁启超说："史之精神维何？曰：理想是已。夫大群之中有小群，大时代之中有小时代，而群与群之相际，时代与时代之相续，其间有消息焉。有原理焉，作史者苟能勘破之，知其以若彼之因，故生若此之果，鉴既往之大例，示将来之风潮，然后其书乃有益于世界。"梁启超认为"史同于人，亦有精神"，将理想看作是史学的精神所在。认为中国传统史学虽然有"汗牛充栋之史书，皆如蜡人院之偶像，毫无生气，读之徒费脑力。是中国之史，非益民智之具，而耗民智之具也"④。

---

① 梁启超：《新史学》，见《饮冰室合集·文集》第 4 册，753 页，北京，中华书局，2015。

② 梁启超：《新史学》，见《饮冰室合集·文集》第 4 册，753 页，北京，中华书局，2015。

③ 梁启超：《新史学》，见《饮冰室合集·文集》第 4 册，753～754 页，北京，中华书局，2015。

④ 梁启超：《新史学》，见《饮冰室合集·文集》第 4 册，754 页，北京，中华书局，2015。

梁启超认为"四弊"又"复生二病",这"二病"其一是"能铺叙而不能别裁"。所谓"铺叙",是指传统史学大量的历史记述内容毫无意义,如"某日日食也,某日地震也,某日册封皇子也,某日某大臣死也,某日有某诏书也。满纸填塞,皆此等'邻猫生子'之事实,往往有读尽一卷而无一语有入脑之价值者"。即使如《资治通鉴》这样被认为"别择最称精善"之书,"觉其有用者,亦不过十之二三耳"。造成这样历史记述的原因,梁氏认为是史家不懂得"别裁"。而这样"铺叙"的后果,则是历史记述的繁杂而无法尽读,更谈不上"足用"。梁启超无不感叹地说:"人寿几何,何以堪此!故吾中国史学知识之不能普及,皆由无一善别裁之良史故也。"①认为这是造成中国史学知识无法普及的原因所在。其二是"能因袭而不能创作"。梁启超认为中国学术奉行"述而不作"主义,缺乏创作思想,故而"《史记》以后,而二十一部皆刻画《史记》;《通典》以后,而八部皆摹仿《通典》;何其奴隶性至于此甚耶!"在传统史学中,梁启超认为"稍有创作之才者,惟六人",他们分别是司马迁、杜佑、郑樵、司马光、袁枢和黄宗羲。说司马迁"其书亦常有国民思想,如项羽而列诸本纪,孔子、陈涉而列诸世家,儒林、游侠、刺客、货殖而为之列传,皆有深意存焉。其为立传者,大率皆于时代极有关系之人也"。杜佑《通典》"不纪事而纪制度。制度于国民全体之关系,有重于事焉者也"。郑樵史识"卓绝千古",所撰《通志·二十略》"以论断为主,以记述为辅,实为中国史界放一光明也"。司马光《资治通鉴》"亦天地一大文也,其结构之宏伟,其取材之丰赡,使后世有欲著通史者,势不能不据为蓝本,而至今卒未有能逾之者焉"。袁枢于创立纪事本末体有功,当今西人历史记述"大率皆纪事本末之体也"。黄宗羲著《明儒学案》,这是"史家未曾有之盛业也",可谓于历史记述别开生面,"中国数千年惟有政治史,而其他一无所闻。梨洲乃创为学史之格,使后人能师其意,则中国文学史可作也,中国种族史可作也,中国财富史可作也,中国宗教史可作

---

① 梁启超:《新史学》,见《饮冰室合集·文集》第4册,755页,北京,中华书局,2015。

也。诸类此者，其数何限！"然而，除此之外，传统史学只是"公等碌碌，因人成事"，毫无生气，毫无思想。①

由此"四弊""二病"，给读者带来了三个恶果，其一是"难读"。传统史籍浩如烟海，毕其一生也难以穷尽。其二是"难别择"。传统历史记述多为"满纸填塞"的无意义之铺陈，就算通读该读之书，也很难从中选择出"有用"的东西，故而是"徒枉费时日脑力"。其三是"无感触"。读遍史书，却难以从中受益，因为所读之史"无有足以激厉其爱国之心，团结其合群之力，以应今日之时势而立于万国者"②。

其次，提出"新史学"构想。梁启超关于"新史学"的构想，主要表现在如下三个方面。第一，"历史者，叙述进化之现象"。梁启超说："宇宙间之现象有二种：一曰为循环之状者，二曰为进化之状者。何谓循环？其进化有一定之时期，及期则周而复始，如四时之变迁、天体之运行是也。何谓进化？其变化有一定之次序，生长焉，发达焉，如生物界及人间世之现象是也。循环者，去而复来者也，止而不进者也；凡学问之属于此类者，谓之'天然学'。进化者，往而不返者也，进而无极者也；凡学问之属于此类者，谓之'历史学'。"梁启超认为宇宙万物存在着两种现象：循环与进化。四时、天体等为循环运行，生物与人类为进化发展。从学术分类而言，前者为"天然学"，后者为"历史学"。梁启超进而说道："就天然界以观察宇宙，则见其一成不变，万古不易，故其体为完全，其象如一圆圈；就历史界以观察宇宙，则见其生长而不已，进步而不知所终，故其体为不完全，且其进步又非为一直线，或尺进而寸退，或大涨而小落，其象如一螺线。"③梁启超认为，以"天然界"视角观察宇宙，其发展轨迹如圆圈；以"历史界"视角观察宇宙，其发展轨迹既

---

① 梁启超：《新史学》，见《饮冰室合集·文集》第 4 册，755～756 页，北京，中华书局，2015。

② 梁启超：《新史学》，见《饮冰室合集·文集》第 4 册，756 页，北京，中华书局，2015。

③ 梁启超：《新史学》，见《饮冰室合集·文集》第 4 册，757 页，北京，中华书局，2015。

不是圆圈，也不是简单的直线，而是一条"螺线"，既肯定历史发展的螺旋式特点，这已经揭示出了历史发展的本质特点。以此关照古代历史观，梁启超认为孟子宣扬的"一治一乱"的观点，实际上是"误会历史真相之言也。苟治乱相嬗无已时，则历史之象当为循环，与天然等，而历史学将不能成立"。认为公羊家的"三统"和"三世"说，其中"三统者，循环之象也，所谓三王之道若循环，周而复始是也"，而"三世者，进化之象也，所谓据乱、升平、太平，与世渐进是也"。梁启超明确认为"三世则历史之情状也，三统则非历史之情状也"，肯定公羊"三世"说是一种主张进化的历史学说，并进而说道："吾中国所以数千年无良史者，以其于进化之现象，见之未明也。"[①]

第二，"历史者，叙述人群进化之现象"。梁启超认为，历史学说叙述的进化，并非单个人的进化，而是人群的进化。梁启超说："欲求进化之迹，必于人群。使人人析而独立，则进化终不可期，而历史终不可起。盖人类进化云者，一群之进也，非一人之进也。如以一人也，则今人必无以远过于古人。语其体魄，则四肢五官，古犹今也；质点血轮，古犹今也。语其性灵，则古代周、孔、柏（柏拉图）、阿（阿里士多德）之智识能力，必不让于今人，举世所同认矣。然往往有周、孔、柏、阿所不能知之理，不能行之事，而今日乳臭小儿知之能之者，何也？无他，食群之福，享群之利，借群力之相接相较、相争相师、相摩相荡、相维相系、相传相嬗，而智慧进焉，而才力进焉，而道德进焉。进也者，人格之群，非寻常之个人也。"[②]这段话表达了三层含义，其一，历史所叙述之进化，乃"一群之进也，非一人之进也"；其二，如果论个人进化，则无论从体魄、质点血轮、性灵等，"今人必无以远过于古人"；其三，今日乳臭小儿之所以能够做到古代"周、孔、柏、阿所不能知之理，不能行之事"，是借助了今人群体进化之力。

---

①　梁启超：《新史学》，见《饮冰室合集·文集》第 4 册，758 页，北京，中华书局，2015。

②　梁启超：《新史学》，见《饮冰室合集·文集》第 4 册，759 页，北京，中华书局，2015。

第三，"历史者，叙述人群进化之现象而求得其公例公理者也"。梁启超认为，历史研究的目的，是要寻求一种理性的认识，这就将历史认识上升到了哲学层面。梁氏从历史哲学出发，认为历史学是一种主客观相结合的学术。他说："凡学问必有客观、主观二界。客观者，谓所研究之事物也；主观者，谓能研究此事物之心灵也。"对照历史学，"史学之客体，则过去现在之事实是也；其主体，则作史、读史者心识中所怀之哲理是也"，二者是一个有机整体，"有客观而无主观，则其史有魄无魂，谓之非史焉可也"。同样，如果"偏于主观而略于客观者，则虽有佳书，亦不过为一家言，不得谓之为史"。梁氏将历史哲学与"良史"问题结合起来，他说："是故善为史者，必研究人群进化之现象，而求其公理公例之所在，于是有所谓历史哲学者出焉。历史与历史哲学虽殊科，要之，苟无哲学之理想者，必不能为良史，有断然矣。"①还将历史哲学与史学功能问题结合起来。他明确指出："夫所以必求其公理公例者，非欲以为理论之美观而已，将以施诸实用焉，将以贻诸来者焉。历史者，以过去之进化，导未来之进化者也……而史家所以尽此义务之道，即求得前此进化之公理公例，而使后人循其理、率其例以增幸福于无疆也。"②梁启超批评旧史学"知有一局部之史，而不知自有人类以来全体之史也"，认为"新史学"则重视从人类总背景中去求得人群进化之真相，故而会"通古今文野之界而观察之。内自乡邑之法团，外至五洲之全局；上自穹古之石史，下至昨今之新闻，何一而非客观所当取材者。综是焉以求其公理公例，虽未克完备，而所得必已多矣"③。批评旧史学"徒知有史学，而不知史学与他学之关系也"，认为"新史学"重视史学与其他学科之间的关系："夫地理学也，地质学也，人种学也，人类学也，言

---

① 梁启超：《新史学》，见《饮冰室合集·文集》第 4 册，760 页，北京，中华书局，2015。

② 梁启超：《新史学》，见《饮冰室合集·文集》第 4 册，761 页，北京，中华书局，2015。

③ 梁启超：《新史学》，见《饮冰室合集·文集》第 4 册，760 页，北京，中华书局，2015。梁氏解释所谓"法团"，是指"民间之结集而成一人格之团体者"，亦称"法人"；所谓"石史"，是指"地质学家从地底僵石中考求人物进化之迹"。

语学也，群学也，政治学也，宗教学也，法律学也，平准学也（即日本所谓经济学），皆与史学有直接之关系；其他如哲学范围所属之伦理学、心理学、论理学、文章学，及天然科学范围所属之天文学、物质学、化学、生理学，其理论亦常与史学有间接之关系，何一而非主观所当凭藉者。取诸学之公理公例而参伍钩距之，虽未尽适用，而所得又必多矣。"①肯定史学与其他学科之间的关系，即是要用多学科视野来研究中国历史。

此外，梁启超在该文的"历史与人种之关系""论正统""论书法""论纪年"等篇中，也提出了一些"新史学"的具体构想。如在"历史与人种之关系"篇中，梁启超认为，历史叙人群进化，其实就是"叙人种之发达与其竞争而已"，道理很简单，因为"历史生于人群，而人之所以能群，必其于内焉有所结，于外焉有所排，是即种界之所由起也"。该篇特别对欧罗巴人种的文明史作了详细叙述。② 如"论正统"篇，梁启超认为，如果按照传统正统观，中国历史没有一个朝代是正统，因为这些朝代的建立者或者是夷狄，或者是篡夺，或者是盗贼。因此，论正统的关键应该在国民而非国君，他说："统也者，在国非在君也，在众人非在一人也。舍国而求诸君，舍众人而求诸一人，必无统之可言，更无正之可言。"③ 如"论书法"，梁启超反对旧史学效仿《春秋》褒贬书法，认为史书书法"当如布尔特奇之《英雄传》，以悲壮淋漓之笔，写古人之性行事业，使百世之下，闻其风者，赞叹舞蹈，顽廉懦立，刺激其精神血泪，以养成活气之人物"，"当如吉朋之《罗马史》，以伟大高尚之理想，褒贬一民族全体之性质，若者为优，若者为劣，某时代以何原因而获强盛，某时代

---

① 梁启超：《新史学》，见《饮冰室合集·文集》第4册，760～761页，北京，中华书局，2015。

② 梁启超：《新史学》，见《饮冰室合集·文集》第4册，761页，北京，中华书局，2015。

③ 梁启超：《新史学》，见《饮冰室合集·文集》第4册，775页，北京，中华书局，2015。

以何原因而致衰亡"①。如"论纪年"，梁启超反对旧史学帝王纪年之法，而主张采取孔子生年纪年法，认为这样的纪年法有四个好处：一是"符号简，记忆易"，二是"不必依附民贼，纷争正闰"，三是"使人起尊崇教主之念，爱国思想亦油然而生"，四是"用之甚便"。② 应该说，后三篇都是针对旧史学而提出的"新史学"历史编纂构想。

毫无疑问，在《新史学》一文中，梁氏批判旧史学的激烈言辞多有偏颇失当之处，具体论断也过于武断，明显带有一种感情色彩，而且断然将"新史学"与"旧史学"截然对立起来，这种割裂古今的做法也并非一种科学的方法（梁氏后来对此也有察觉，并且作了修正和补充）。梁启超以进化史观作为新史学指导思想，然而在将优胜劣败的生物进化原理直接运用到人类历史发展的解释当中时，并没有区别自然与人类社会的公理公例的不同，没有触及人的物质生产活动同人类进化之间的关系，这说明其运用进化论尚有生吞活剥之嫌。然而，梁启超通过发表《新史学》，高举史界革命、新史学的大旗，大力宣扬进化史观，猛烈抨击封建史学，从历史理论、历史编纂、史学性质和史学功用等多方面勾画出新史学的总体面貌与特征，对于近代中国史学的转型，起到了开山辟路的作用。学者认为《新史学》的发表，"标志了中国古典史学的终结，标志中国史学开始走上近代化的历程"③。

三、"新史学"历史教科书的编纂

20世纪初，历史撰述的一个重要现象是重视历史教科书的编纂，出版了一批历史教科书。新式历史教科书的编纂，与清末废除科举、实

---

① 梁启超：《新史学》，见《饮冰室合集·文集》第4册，779页，北京，中华书局，2015。
② 梁启超：《新史学》，见《饮冰室合集·文集》第4册，782页，北京，中华书局，2015。
③ 刘新成主编：《历史学百年》，8页，北京，北京出版社，1999。

行新式学堂教育有着密切的关系，更与"新史学"思潮的兴起密不可分。俞旦初说："二十世纪初年，在新史学思潮的影响和推动下，一些学者纷纷提出新的修史方案，发表自己独特的史例，有些且着手重新编写中国历史的工作。"又说："所谓重新编写中国历史，主要是编写历史教科书，以适应新兴学校和社会教育的需要。"这批历史教科书的编纂，反过来"又进一步给新史学思潮增添了光彩"①。在20世纪初编纂的历史教科书中，夏曾佑的《中国古代史》和刘师培的《中国历史教科书》最受推崇。

(一)夏曾佑与《中国古代史》

夏曾佑(1865—1924)，字遂卿，一作穗卿，浙江杭州人。夏氏好学深思，兴趣广泛。可能是受到同乡前辈龚自珍、邵懿辰的影响，好谈今文学。1891年，夏曾佑在北京结识了维新人士梁启超、谭嗣同，遂成为终身挚友。梁启超追忆当时情景时说："启超屡游京师，渐交当世士大夫，而其讲学最契之友，曰夏曾佑、谭嗣同。"②他们相聚在一起，一方面关心国家与民族前途，积极宣传维新思想，投身维新活动；另一方面在学术上则彻夜长谈，相互切磋辩难，砥砺学术。此时的梁启超对于夏曾佑的学识见地是颇为钦佩的，他后来回忆说："十次有九次我被穗卿屈服，我们总得到意见一致。"又说："穗卿是我少年做学问最有力的一位导师。"③在戊戌变法前，夏曾佑积极参与维新变法的宣传活动。1896年，他与梁启超、汪康年一同发起，在上海创办《时务报》；1897年，他与严复等人创办《国闻报》；其间他还被孙宝琦创办的育才馆聘为教员。值得注意的是，夏曾佑与严复交往并成为至交，对其经由今文学的朴素进化论进而服膺西方资产阶级进化论，是有着重要影响作用的。严复曾经翻译了《天演论》《群学肆言》《原富》《社会通诠》和《法意》等一批西方学术名著，夏曾佑不但通读了这些著作，并且还为其中一些著作写

---

① 俞旦初：《二十世纪初年中国的新史学思潮初考(续)》，载《史学史研究》，1982(4)。
② 梁启超：《清代学术概论》，76页，北京，东方出版社，1996。
③ 梁启超：《亡友夏穗卿先生》，载《东方杂志》，1924年第21卷第9号。

了书序或按语，由此可以说，正是严复，使得夏曾佑有了接触和了解西学、接受西方进化论的机会。同时，严复在翻译其中一些著作时，也是与夏曾佑有着相互切磋的。据夏循埍所撰《夏穗卿传略》记载，严复在译作《天演论》《原富》等书时，常"与先生反复商榷而成篇"①。正是这种相互切磋，加深了夏曾佑对于西学和西方进化论的理解。

夏曾佑撰述的《中国古代史》，最初名为《最新中学中国历史教科书》，简称《中国历史教科书》，1933 年再版时改名为《中国古代史》。该书原计划写作五册，实际完成三册，至隋代为止。第一册初版于 1904 年，第二、第三册初版于 1906 年。《中国古代史》是夏曾佑留下的唯一一部著作，而正是这部著作，确定了夏曾佑作为近代中国"新史学"重要开创者的历史地位，人们赞誉该书为近代中国"第一部有名的新式通史"②。

首先，《中国古代史》以关心民族前途与命运为撰述旨趣。夏曾佑将自己对国家与民族前途的关心融入自己的历史撰述当中，希望借助对历史的探讨，来观察民族的前途和命运。该书序文中说：

> 智莫大于知来，来何以能知，据往事以为推而已矣。故史学者，人所不可无之学也……洎乎今日，学科日侈，日不暇给，既无日力以读全史，而运会所遭，人事将变，目前所食之果，非一一于古人证其因，即无以知前途之夷险，又不能不亟读史，若是者将奈之何哉？是必有一书焉，文简于古人，而理富于往籍，其足以供社会之需乎！③

众所周知，戊戌变法失败后的中国，可谓是危机重重，险象环生。作为一位忧国忧民的经史学家，夏曾佑希望通过撰述一部"文简于古人，而理富于往籍"的史书，让人们认识到虽然眼下命运多舛，却也正处在一

---

① 夏循埍：《夏穗卿传略》，载《史学年报》，1940 年第 3 卷第 2 期。
② 齐思和：《近百年来中国史学的发展》，载《燕京社会科学》，1949 年第 2 卷。
③ 夏曾佑：《中国古代史·自叙》，石家庄，河北教育出版社，2000。

个转化的关头，要让"识者知其运之将转矣，又未始无无穷之望也"①，以此鼓舞人们的信心。

其次，《中国古代史》重视运用进化史观来解说中国历史。《中国古代史》最突出的特点，即是采用进化史观来解说中国的历史。夏曾佑青年即习今文学，后来又受到康有为《孔子改制考》等今文学著作的影响，今文公羊学的朴素进化观早已被他所接受。后来居京时期，又接触了大量西方资产阶级进化论思想。正因此，他以"进化论的思想，以为本书的骨架，实是当然的事"②。综观《中国古代史》一书进化史观的具体表现：一是以世运之说，将中国历史的进化过程分为三个大时期，肯定近代中国处于"更化之期"。该书以自草昧以至周末为上古之世，自秦至唐为中古之世，自宋至今为近古之世。每一个大时期，又分为若干阶段，上古之世分为两个阶段，由世界之初至西周为传疑时期，春秋战国为化成之期，中国的文化是在这个时期造成的；中古之世有三个阶段，自由秦至三国为极盛之期，自魏晋至隋为中衰期，唐室一代为复盛时期；近古之世分为两个阶段，五季宋元明为退化之期，清朝261年历史为更化之期，所谓"更化"，是指历史出现转机，"将转入他局"。二是在具体历史评述上体现了进化的思想。如关于伏羲、神农时代的历史，认为伏羲时代历史已经离开渔猎社会而进入游牧社会，婚姻关系上已经由乱婚进入"嫁娶"时代；神农时代的历史已经由游牧社会进入耕稼社会，也就是农业时代。夏曾佑明确指出，中国上古历史的这种进化，乃"万国各族所必历"，所不同的只是"为时有迟速"。又如在第一章之"古今世变之大概"一节中关于清朝261年更化期历史的评述，夏曾佑认为它的前半段历史，是学问、政治集秦以来之大成；而后半段历史，则无论世局还是人心，皆开秦以来所未有，"此盖处秦人成局之已穷，而将转入他局"。三是明确以西方进化论之核心观点——优胜劣败来解说历史与社会的发展。夏曾佑说："循夫优胜劣败之理，服从强权，遂为世界之公例，威

---

① 夏曾佑：《中国古代史》，13页，石家庄，河北教育出版社，2000。
② 朱维铮编：《周予同经学史论著选集》，532页，上海，上海人民出版社，1996。

力所及，举世风靡，弱肉强食，视为公义。于是有具智、仁、勇者出，发明一种反抗强权之学说，以扶弱而抑强，此宗教之所兴，而人之所以异于禽兽也。"①在此，夏曾佑以为宗教可以反抗强权，其认识显然是不正确的，但他强调优胜劣败、弱肉强食乃世界之公例，希望发明一种学说以抵抗帝国主义的强权，其拯救危局之用心是好的。

最后，《中国古代史》历史编纂上呈现的"新史学"特征。首先从史书体裁而言。该书采用章节体裁，全书由篇、章、节组成；每册正文之前皆有《序》《凡例》或者按语；所作的注文，旨在交待引用材料的来源。其次从通史撰述来讲。与中国传统史学"通史"含义不同，传统"通史"是与"断代史"相对应的"贯通古今"的历史撰述，而夏曾佑的《中国古代史》则是接受了西方史学的影响，其"通史"是相对于"专史"而言的，是对政治、经济、学术、宗教等内容的贯通。如关于宗教方面，该书具体叙述了孔子以前的原始宗教、秦汉的方士、汉代道教的产生与佛教的输入情况；又如学术及其与宗教的关系，该书对老、孔、墨三家之"道"，周、秦之际的学派，西汉今文学与方士的关系，东汉古文学与方术的分离等问题，都设立了专题来进行讨论。这样一种新型的通史撰述，一般认为是经由西方传入日本，再由日本传入中国的。周予同对于夏曾佑《中国古代史》所受到的学术思想影响作了这样的总结："夏氏《中国古代史》一书，在内容或本质方面是中国经今文学与西洋进化论思想的糅合……在形式或体裁方面，实受日本东洋史编著者的影响。"②这一说法是很有见地的。

《中国古代史》出版时，就受到当时出版界的高度评价，认为该书"叙述古今，以十三经、二十四史为主，而纬以群籍。其体裁则兼用编年、纪事二体。其宗旨则在发明今日社会之原，故于宗教、政治、学术、风俗，古今嬗变之所以然，志之独详。此为从前编中国历史教科书

---

① 夏曾佑：《中国古代史》，404 页，石家庄，河北教育出版社，2000。
② 朱维铮编：《周予同经学史论著选集》，534～535 页，上海，上海人民出版社，1996。

所未有而为本篇之特色"①。从史料来源、史书体裁、撰述旨趣诸方面揭示了该书的编撰特色。陈登原先生认为该书的主要优点有五个方面：一是未把"经说"当作史料，二是不曾轻信伪书，三是不曾株守前人的成见，四是不曾无选择地引书，五是能用综合的方法治史。② 今人俞旦初说："据我初步考察，20世纪初年编写的新的中国历史书，能够历久而不衰，一直被史学界所推崇并流行五十年以上者，唯独有夏曾佑的这一种，说明它影响的深远，并有它发生影响的主客观原因。"③

（二）刘师培与《中国历史教科书》

刘师培（1884—1919），又名光汉，字申叔，号左庵，江苏仪征人。作为晚清史学家兼经学家，刘师培的历史观明显打上了经学思想的印记，他从传统经学"攘夷""民本"思想中，找寻出时代需要的民族、民主观念。

首先，阐发民族思想。刘师培曾作《攘书》，他解释书名说："攘字即攘夷之攘。"认为"自孔子言裔不谋夏，夷不乱华，而华夷之防，百世垂为定则"④。在刘师培看来，无论是今文经还是古文经，"区析华戎"都是它们的共同大义，如在《春秋》"三传"中，今文《公羊传》和《穀梁传》攘夷"粹言尤多"，而古文《左传》"亦首言华戎之界"。⑤ 从经学发展史来看，西汉经学重视"辨别内外"，旨在"振大汉之天声，伸攘夷之大义"⑥。宋元之世，先是宋代理学家"以古经有攘夷之义也，于是引伸之，光大之，上竞于朝，下争于野"，以"倡内夏外夷说"，接着是元朝"汉族守其遗训者，卒成明太祖光复之勋"。⑦ 针对清朝满族统治及其民

---

① 新广告介绍，载《东方杂志》，1905年第3卷第7期。
② 陈登原：《夏曾佑著〈中国古代史〉》，载《图书评论》，1934年第2卷第11期。
③ 俞旦初：《二十世纪初年中国的新史学思潮初考（续）》，载《史学史研究》，1982(4)。
④ 刘师培：《攘书》，见《仪征刘申叔遗书》第5册，1839、1844页，扬州，广陵书社，2014。
⑤ 刘师培：《读左札记》，见《仪征刘申叔遗书》第2册，820～831页，扬州，广陵书社，2014。
⑥ 刘师培：《两汉学术发微论》，见《仪征刘申叔遗书》第4册，1558页，扬州，广陵书社，2014。
⑦ 刘师培：《中国民族志》，见《仪征刘申叔遗书》第5册，1814～1815页，扬州，广陵书社，2014。

族压迫政策，刘师培鼓动汉族复仇，而他复仇之说的出典，依然是儒家经说："复仇之说，则今文、古文二家均持其义。今文《公羊》说有百十复仇之语，古文《周礼》说则以复仇之义不过五世，五世之外，施之于己则无义，施之于彼则无罪。立说虽殊，然私仇犹复，况于公仇。"由此得出结论："故复仇以百世为限，满洲之仇不可忘；即以五世为限，满洲之仇亦不可不复。"①

其次，从古经中揭示出中国古代所谓的民主思想。刘师培认为，早期君民关系的出现和国家的产生，其中就蕴含着一种民主意识。他说："上古初民，纷扰不可终日，宁乃相约公戴一人为长，后遂为君主之名。"又说："国家者，由民人团体结合力而成者也。君为民立，无人民则无国家，此古今之通义，而万世不易之理也。""一己之力，不足于去人人之国之害，遂以人人之力共去人人之国之害，其事半功倍，实天下之至便。是民约之成立，皆由于人民自利之谋。"②这就是说，君主的产生和国家的形成，其实都是人民的约定；而这种约定，有时是有利于人民自身利益的。只是后来随着君权的加强，阻止了人民的政议与进言，民约精神遭到了破坏。在此，刘师培表达了对于民主政治的向往。刘师培又认为，古代家庭伦理也体现了一种民主意识。他说："盖伦理之生，由于人与人相接"，"与人相接，以我之所欲所恶推之于彼，彼亦以所欲所恶推之于我，各行其恕，自相让而不相争，相爱而不相害，天下所以在絜矩之道也。"③在刘师培看来，所谓父为子纲、夫为妻纲的家庭伦理观念的出现，致使早先家庭伦理民主意识遭到破坏，那都是君主专制主义加强的结果。在此，刘师培已经意识到了家庭伦理民主意识之于国家社会伦理民主意识之间的关系，表达了希望重建一个理性和民主社会的愿望。

刘师培于近代史学贡献最大者，莫过于《中国历史教科书》的撰述。

---

① 刘师培：《普告汉人》，见《民报》合订本《天讨》专号，28～29页，北京，科学出版社，1957。

② 刘师培：《中国民约精义》，见《仪征刘申叔遗书》第4册，1665、1702页，扬州，广陵书社，2014。

③ 刘师培：《攘书》，见《仪征刘申叔遗书》第5册，1878页，扬州，广陵书社，2014。

该书撰述于 1905 年至 1906 年间，共分三册，第一册为原始社会到殷周时期的历史，第二、三册为西周时期的历史。它是 20 世纪初"新史学"的代表作之一，系统反映了刘师培的"新史学"思想。具体思想内涵分述如下。

第一，对中国旧史学叙述内容进行批判，提出了关于历史教科书的叙述对象。刘师培认为："读中国史书有二难：上古之史多荒渺，而记事互相歧；后世之史咸浩繁，而记事多相袭。中国廿四史，既不合于教科，《通鉴》《通典》《通考》亦卷帙繁多。"又说旧史学的叙事特点是详于君臣、事迹和后代，而略于人民、典制和古代："中国史书之叙事，详于君臣而略于人民，详于事迹而略于典制，详于后代而略于古代。"认为这样一种历史叙述，体现了重视君臣与事迹、忽视人民与典制的特点。指出他所编写的《中国历史教科书》，"用意则与旧史稍殊"，叙事主要涵盖了五个方面，即"一、历代政体之异同。二、种族分合之始末。三、制度改革之大纲。四、社会进化之阶级。五、学术进退之大势"[①]。《中国历史教科书》正是按照这样一个目标去努力实践的，该书涉的内容包括上古到西周的田制、官制、兵制、礼制、刑法、学术、风俗、学校、文字、商业、农器、工艺、宫室、衣服、饮食等社会各方面的演化过程，正如有学者指出的："总体上看，教科书既非单纯之政治史，亦非军事史，而近乎内容宽泛的殷周文明史。……视野之开阔，在晚清时期中国史教科书中首屈一指，理应给予高度评价。"[②]

第二，强调要以进化论作为观察和研究历史的指导思想。在 20 世纪初的中国，刘师培堪称汲取西学最迅速、最广泛的学者，大凡西方和日本有关社会学、政治学、哲学和法学等各种书籍，像西方达尔文的《物种由来》、赫胥黎的《天演论》、斯宾塞的《社会学原理》、甄克思的《社会通诠》、鲁索的《民约论》、孟德斯鸠的《法意》等，日本人岸本能武

---

① 刘师培：《中国历史教科书》第 1 册《凡例》，见《仪征刘申叔遗书》第 14 册，6303～6304 页，扬州，广陵书社，2014。

② 李洪岩、仲伟民：《刘师培史学思想综论》，载《近代史研究》，1994(3)。

太的《社会学》、白河氏的《支那文明论说》等，都普遍加以涉猎，并在所著各种书籍中广泛加以引用。《中国历史教科书》是刘师培运用西方社会学的进化观点来研究中国历史的代表之作。在该书《凡例》中，刘师培明确指出：

> 西国史书多区分时代，而所作文明史复多分析事类。盖区分时代近于中史编年体；而分析事类则近于中国"三通"体也。今所编各课，咸以时代区先后，即偶涉制度文物于分类之中，亦隐寓分时之意，庶观者易于了然。[①]

这就是说，他要以西方社会进化的观点来揭示中国社会历史的演进与典章制度的演变。《中国历史教科书》试图以甄克思《社会通诠》关于图腾社会到宗法社会的一般描述，来具体勾勒中国上古时期历史的进化过程。该书将上古图腾社会分为三个阶段：伏羲之世的渔猎时代、神农之世的游牧耕稼并行时代、夏禹之世以耕稼为主的时代。并具体分析了图腾社会的社会组织结构，认为耕稼时代以前的历史是母系社会，人们"知有母不知有父，血乳相续，咸以女不以男"；到了虞夏时代，"由女统易为男统"，家族制度由此形成；伴随着家族制度的形成，自然也就出现了重视宗子的宗法制度和世袭制度，而"世袭制度之起原，亦即君主政体之起原也"，这种君主政体"萌芽于唐虞，至夏殷而渐备"[②]。此外，教科书还对所涉及的上古至西周的官制、礼制、田制、兵制、商业、学校、文字、工艺、风俗、饮食、宫室等的进化历程都作了具体论述，向人们展现了一幅上古至西周社会全面进化的图景。

第三，提出了新史学的史料观。《中国历史教科书》的编写，参考和征引的史料非常丰富，按照刘师培本人的说法，"所采取书计数百种"[③]。

---

① 刘师培：《中国历史教科书》第 1 册《凡例》，见《仪征刘申叔遗书》第 14 册，6303 页，扬州，广陵书社，2014。

② 刘师培：《中国历史教科书》第 1 册，见《仪征刘申叔遗书》第 14 册，6356～6358 页，扬州，广陵书社，2014。

③ 刘师培：《中国历史教科书》第 1 册《凡例》，见《仪征刘申叔遗书》第 14 册，6304 页，扬州，广陵书社，2014。

教科书征引的资料如此丰富，是与刘师培的新史料观所分不开的。具体而言，其新史料观主要表现在两个方面。其一是不分经史子集，皆广泛加以征引。在刘师培看来，旧史学以叙述王朝政治为中心，而新史学重视人民、社会、典制、民族的历史，这就要求新史学撰述必须重视发掘新史料，举凡经史子集，都应该被加以征引。同时，作为宗古文经的史学家，刘师培本来就肯定"六经皆史"的说法，视孔子为史学家。正因此，刘师培能够充分认识到经史子集特别是经书的史料价值和考史功能，故而教科书在叙述西周历史时，"取裁以六经为最多，又以三礼为最"①。刘师培甚至关注到中国古代文献之外的各种文物的史料价值，他曾专门研究过古代的石刻和镂金，自觉地将古代各种文物作为史料来加以运用。其二是重视参考和征引西人典籍。刘师培说："今日治史，不专赖中国典籍。西人作中国史者，详述太古事迹，颇足补中史之遗。今所编各课，于征引中国典籍外，复参考西籍兼及宗教社会之书，庶人群进化之理可以稍明。"②在《中国历史教科书》一书中，刘师培便参考并征引了大量西方社会学、政治学、哲学和法学等方面的著作，包括甄克思的《社会通诠》、赫胥黎的《天演论》、鲁索的《民约论》、孟德斯鸠的《法意》和日人白河氏的《支那文明论说》等。这些西人著作，直接影响了刘师培关于中国古史的史实解说与体系构建。

由上可知，在20世纪初年"新史学"思潮背景下，资产阶级"新史学"史家积极宣传西方资产阶级近代史学理论与方法，在批判传统史学的同时，积极构建"新史学"理论体系。"新史学"以进化史观为指导，对历史研究对象、史书编纂方法等，都提出了全新的理论，对传统史学向近代"新史学"的转向作出了巨大的贡献。

---

① 刘师培：《中国历史教科书》第2册《序例》，见《仪征刘申叔遗书》第14册，6413页，扬州，广陵书社，2014。
② 刘师培：《中国历史教科书》第1册《凡例》，见《仪征刘申叔遗书》第14册，6304页，扬州，广陵书社，2014。

第十四讲　近代新历史考据学的理论与方法

　　20世纪20年代，中国出现了一股重视历史考据的思潮。白寿彝先生认为这股历史考据思潮"在史料考订上的成绩，继承了乾嘉考据学的传统，而又大大发展了这个传统，是远非乾嘉考据学所能比的。我们可以称之为新考据学"①，明示了新历史考据学与乾嘉考据学之间所存在的继承与发展的关系。新历史考据学兴起于"五四"以后，与晚清以来至民国初期社会危机、近代以科学主义和进化论思想为主要特征的西方学术思想的传入，以及19世纪末20世纪初新史料大发现等时代背景密不可分。新历史考据学的主要特征是以科学思想为指导，以考据服从于历史研究为目的，尊崇史学求真而不刻意于致用，高度重视史料。新历史考据学把考据学从经学传统中解放出来，不但形成了独具特色的考据学理论与方法，而且大大拓展了历史学研究的领域。毫无疑问，新历史考据学为中国现代历史学科的形成与发展作出了重要贡献。

一、新历史考据学的兴起

　　考据本身是中国传统学术的重要组成部分，在史学中也占有重要地位。不过因为近代学术分科体制的变化，关于考据学的学科归属有一个

---

　　① 白寿彝：《史学概论》，299页，银川，宁夏人民出版社，1983；另见《谈谈近代中国的史学》，见《中国史学史论集》，北京，中华书局，1999。

重要变化。近代中国引入了西方的学科体系，而废置了传统的经、史、子、集的四部分类法。传统四部分类法是一种目录学分类方法，和近代从西方引进的基于研究对象"范畴"的学科划分并不相同。从中国传统学术的角度而言，关于文字和文献的考据起源很早，汉代经学确立后，"小学"就被归属于经学。中国古代的考据虽然发源很早、成就也很大，但是主要是针对文字和文献本身的考据，针对文字和文献所记述的历史内容的考据要晚很久才发展起来。这也是考据长期属于经学而不属于史学的重要原因。对古人而言，最重要的文献是经学文献，因此关于经学文献的考据自然是最重要的。这种情况到宋代发生了一些变化，宋儒重整经学义理而以史学为支撑，像朱熹等人越来越注意到一些经书的史学性质，这样就开始把考据的范围从经学义理扩展到历史内容。但是考据学虽然在宋明时代一直存续，却都不能作为当时史学上的重要内容，更不能构成史学的根基。这种情况到清代有了重大转变，出现了乾嘉考据学的兴起。考据学在近代经历了时代变迁与各种因素的影响，不但发生了理论与方法的重大变化，并且在新的学科体制中主要被归于历史学学科。这是中国历史考据学演变的一个粗略历史线索。如果要探讨新历史考据学的兴起还需要做一些时代聚焦。

近代的新历史考据学大体是在 20 世纪 20 年代兴起的，这显然并非历史的偶然。"五四"时代的社会、文化与思想特征无疑是新历史考据学兴起的重要背景。大略而言，新历史考据学的兴起主要有以下几个方面的原因。

第一，乾嘉传统作为重要的历史依据和发展基础影响了新历史考据学的兴起。胡适曾总结"过去三百年"的学术传统为新学术奠定的基础，说："我便把过去三百年——那汉学复兴为最佳代表的国学研究时期——的成绩，做个总结。他们的成绩可以分为三方面：第一是'整理古书'；第二是训诂，也就是一种合乎科学的归纳法，来找出古辞、古字的原始意义；第三是逐渐发展出来的一种中国的'高级批判学'（Higher Criticism），换言之便是版本校勘学，以确定古籍的真伪。"①新

---

① 胡适英文口述、唐德刚译注：《胡适口述自传》，见欧阳哲生编：《胡适文集》第 1 册，372 页，北京，北京大学出版社，1998。

历史考据学确是在继承传统学术的基础上发展起来的。像新历史考据学的代表人物陈垣便说过："从前重考证，服膺嘉定钱氏；事变后，颇趋实用，推尊昆山顾氏。"①陈垣也重视赵翼的考据学，他在教授史源学时即明确提出过"教科书本年拟用赵翼《廿二史札记》。参考书即用《廿二史札记》所引之书"②。新历史考据学的兴起与乾嘉传统有重要关系，这是一个明显的事实。但需要注意的是，在时代与学科体系发生剧烈变化的大背景中，还要看到考据学本身嬗变的历史线索。

需要注意的一个问题是，乾嘉时代的考据学并非完全是因为清朝的专制统治而造成的。所以陈寅恪说："有清一代经学号称极盛，而史学则远不逮宋人……屡起文字之狱，株连惨酷，学者有所畏避，因而不敢致力于史，是固然矣。然清室所最忌讳者，不过东北一隅之地、晚明初清数十年间之载记耳，其他历代数千岁之史事，即有所忌讳，亦非甚违碍者，何以三百年间史学之不振如是，是必别有其故，未可以为悉由当世人主摧毁压抑之所致也。"实际上，清代乾嘉时期的考据学出现了一个重要变化，即"清代之经学与史学俱为考据之学"。但是乾嘉考据学仍然以经学为重点，而史学在很多方面则不及宋代。陈寅恪分析认为：

> 治其学者亦并号为朴学之徒，所差异者，史学之材料大都完整而较备具，其解释亦有所限制，非可人执一说，无从判决其当否也；经学则不然，其材料往往残阙而又寡少，其解释尤不确定。以谨愿之人而治经学，则但能依据文句，各别解释，而不能综合贯通，成一有系统之论述；以夸诞之人而治经学，则不甘以片段之论述为满足，因其材料残阙寡少及解释无定之故，转可利用一二细微疑似之单证，以附会其广泛难征之结论，其论既出之后，固不能犁然有当于人心，而人亦不易标举反证，以相话难。譬诸图画鬼物，苟形态略具，则能事已毕，其真状之果肖似与否，画者与观者两皆

---

① 《陈垣史学论著选》，624 页，上海，上海人民出版社，1981。

② 陈垣：《史源学实习课程说明》，见陈垣著、陈智超编：《史源学实习及清代史学考证法》，1 页，北京，商务印书馆，2014。

　　不知也。往昔经学盛时，为其学者可不读唐以后书，以求速效，声
誉既易致，而利禄亦随之，于是一世才智之士能为考据之学者，群
舍史学而趋于经学之一途。其谨愿者既止于解释文句，而不能讨论
问题；其夸诞者又流于奇诡悠谬，而不可究诘。虽有研治史学之
人，大抵于宦成以后，休退之时，始以余力肆及，殆视为文儒老病
销愁送日之具，当时史学地位之卑下若此，由今思之，诚可哀矣。
此清代经学发展过甚，所以转致史学之不振也。①

　　清代之朴学已经包含了经学和史学这两大领域，但学者较多趋向于治经
而相对轻视治史，则是由于经学与史学的材料状况与社会地位造成的。
史学的材料相较而言"大都完整而较备具"，因此难以提出惊动学界的观
点；而经学材料"往往残阙而又寡少"，其解释的不确定性使得学者容易
提出有影响力的观点。二者治学的成效不仅有显著区别，其社会收益也
大为不同，导致"往昔经学盛时，为其学者可不读唐以后书，以求速效，
声誉既易致，而利禄亦随之"。经学可以速成而获得利禄，自然受到追
捧；反观史学，"大抵于宦成以后，休退之时，始以余力肆及，殆视为
文儒老病销愁送日之具"。也就是说，一般在已经获得利禄之后，学者
才会涉猎史学领域。从当时的著述情况来看，这一说法确有道理。因
此，从乾嘉考据学到新历史考据学，实际上存在一个从经学到史学的转
向问题。这一转向的存在本身，也就天然的划定出了两种不同的考据
学。特别是在胡适等新式人物看来，传统考据学有很多"严重的缺
点"②。具体而言，胡适认为主要包括三个方面：一是"研究的范围太狭
窄了"；二是"太注重功力而忽略了理解"；三是"缺乏参考比较的材
料"。③回过头来说，突破了旧问题自然会形成新的学术形态，而这一

---

　　①　陈寅恪：《陈垣元西域人华化考序》，见《金明馆丛稿二编》，169～179页，北京，生
活·读书·新知三联书店，2001。

　　②　胡适英文口述、唐德刚译注：《胡适口述自传》，见欧阳哲生编：《胡适文集》第1册，
373～374页，北京，北京大学出版社，1998。

　　③　胡适：《〈国学季刊〉发刊宣言》，见欧阳哲生编：《胡适文集》第3册，7～9页，北京，
北京大学出版社，1998。

转向的背景仍在于学术分科的变化。

考据学出现从经学到史学转向，早在乾嘉时期就已经显露出苗头。钱大昕认为要正确审视道学诸儒关于经尊而史卑的说法，明确反对"经精而史粗也，经正而史杂"的观念，认为"经以明伦，虚灵元妙之论，似精实非精也。经以致用，迂阔刻深之谈，似正实非正也"①。钱大昕、王鸣盛和赵翼等人都重视史学的考据，以之为实学。因此，从中国史学的内部发展演变而言，从乾嘉到近代乃是考据学自身发展理路的一种展开。但是考据学的这种由经到史的拓展与转向，并不是传统学术自然发展的结果。乾嘉考据学只是提供了基础，新历史考据学的兴起有其更重要的历史背景。

第二，政治与社会危机是新历史考据学兴起的重要牵引力量。晚清边疆危机已经让龚自珍和魏源等学者看到琐碎考据不能应对新的时代问题，典型者如边疆史地的研究，就代表了传统学术超脱既有范围而寻求社会价值的一种发展动向。与列强的接触，使得华南、华北与西北边疆变得重要而具有政治敏感，自然成为新的学术关注领域。社会变革需要相应的思想与学术作为引领与支撑，这成为中国近代学术走向的重要依据。1901 年，梁启超发表《中国史叙论》，次年又发表《新史学》。这两篇文章代表了当时中国学界对传统史学进行批判的鲜明态度，也反映了建立新的史学形态的迫切希望。梁启超倡导进行"史学革命"，希望能够改变长期形成的关注帝王将相的传统史学，进而把更为广阔的社会生活置于历史考察范围，从中去求得公理。以此为重要标志，中国史学开始在西方学科划分的意义上要求进行整顿，而这一整顿的重要出发点即是基于近代持续不断的政治和社会危机。

20 世纪初"新史学"思潮的史学革命倡议，与之后兴起的五四运动，都处在相同的社会与文化变革潮流之中，成为 20 世纪 20 年代新历史考据学兴起的重要背景。当社会和开明思想界都已经提出较为明确的思想

---

① 钱大昕：《廿二史札记·序》，见赵翼：《廿二史札记校证》下册，王树民校证，885～886 页，北京，中华书局，1984。

主张来拯救民族危机，那么下一步的任务，自然是按新的思想主张进行实际而具体的研究，并通过新的研究支持和探索更为进步的思想主张。虽然五四运动远不是中国社会思想探索的终点，此后的思想探索依旧兴盛，但此时已经有不少学者尤其是具备深厚学养的学者对进行新型研究跃跃欲试了。因此，新历史考据学的重要学者们虽然重视"求真"而并不张扬"致用"，但其研究往往与时政背景相关，这在当时的政治与社会背景中很好理解。可以说，近代政治与社会现实是传统考据学嬗变的重要引导，是新历史考据学兴起的重要外因。

第三，以科学主义和进化论思想为重要特征的西方学术思想的传入是新历史考据学兴起的重要原因与形塑力量。西方列强用坚船利炮敲开了中国的大门，给中国造成深重的民族危机。在危难中"开眼看世界"的中国人逐渐将注意力集中到了西方文明所具备的科学与民主上。"五四"时代的学术界迅速出现了指导思想的转变。余英时敏锐地注意到了胡适在中国学界崛起的背景，他说："1917 年的中国学术思想界当然不能说是'时无英雄'。事实上，中国近代思想史上影响最大的几位人物如严复、康有为、章炳麟、梁启超等那时都还健在。其中年龄最高的严复是六十五岁（依照中国算法），年龄最小的梁启超只有四十五岁。但以思想影响而言，他们显然都已进入"功成身退"的阶段，不再活跃在第一线了。"[①]早期以经学名世的严复、康有为、章炳麟、梁启超等人虽在壮年，但学术界的指导思想已经迅速转变到了西学的方面。胡适等一批从西方学成归来的学者很快便吸引了学术界乃至社会的注意力，成为新的学术指导思想的传播者。

当时中国学术界所推崇的西方思想主要有两个互相联系的突出方面，即科学与进化论。科学在西方实际上起源于古希腊，是古希腊的哲学家为了哲学需要而开创的。这种传统意义上的"科学"，在伽利略、笛卡尔之后越来越向着以实证观察和实验方法为特征的方向发展。这是当

---

① 余英时：《中国近代思想史上的胡适》，见《中国思想传统的现代诠释》，520～521 页，台北，联经出版公司，1995。

时中国思想界所普遍向往的科学模型，实际上是以自然科学为典范。但是有一个问题需要注意，古希腊哲学开创的传统的"科学"概念并非在近代就销声匿迹了。实际上，当时中国史学界所推崇的兰克，作为"近代史学之父"，他所使用的"科学"概念更接近于传统科学概念，主要是指具有专门研究方法的一门系统学问。这就与自然科学式的"科学"有一定距离。在中国，像胡适这样提倡"实验主义"的考据方式是有一个自然科学式的理想背景存在的。像陈垣这样更偏向传统也更纯粹的历史考据学家，虽然也受到自然科学的重要影响，但他们对科学的理解可能会更宽泛一些。

陈垣早年谈论新旧历史考据学的划分问题时，曾提出过一个重要观点，即认为不能以是否科学来划分新旧考据学。也就是说，传统的"旧考据"也有科学性。① 这就是说，如果要以是否科学为标准来评判考据学本身，其实是无法划分出一条新旧界限的。当然，以是否科学为标准来划分新旧考据学固然有所偏颇，但这种思路本身却代表了近代以来从西方传入的科学主义的思维方式。陈垣指出了在考据学的历史考察中这种思路有所偏差，但是包括陈垣在内的 20 世纪 20 年代的重要史学家，尤其是历史考据学家，却几乎都受到了西来科学观念的重要影响。虽然当时的不同学者、不同语境的"科学"有所不同，但又都具备一个共同的思想特征，那就是进化论。

进化论思想在西方也不是近代才有的观念。恩格斯指出："在希腊哲学的多种多样的形式中，几乎可以发现以后的所有看法的胚胎、萌芽。因此，理论自然科学要想追溯它的今天的各种一般原理的形成史和发展史，也不得不回到希腊人那里去。"② 古希腊早期的哲学家阿那克西曼德已经提出人是由鱼进化而来的。但是古希腊哲学家用以证明自己观点的科学方法还很有限。到实证科学兴起以后，达尔文等人用归纳和推

① 陈垣：《论科学的考据与旧考据的不同一文审查意见》，见《陈垣学术论文集》第 2 集，471～472 页，北京，中华书局，1982。

② 恩格斯：《自然辩证法》，45 页，北京，人民出版社，2018。

理的方法真正形成了进化论。进化论的提出和发展，本身就有一个从假设到求证的过程，反映了实证科学的研究方式。进化论"整个改变了国人对于历史的观念"①。

新历史考据学和当时的众多学术思潮与流派一样，都以进化论为人类社会发展的公理，而希望以实证的方式来进行研究。像胡适、王国维与傅斯年等人有留学经历，所受西学影响自不待言，而即使像陈垣这样自学成名的学者也有早年学习西医的西方科学背景。这种直接或间接地科学影响，是新历史考据学兴起和形成自身形态的重要原因。因此，有学者强调新历史考据学的形成主要是受历史观变革推动的，而这种变革的历史观主要即是科学思想和进化史观等。②

第四，新史料的大量发现是新历史考据学兴起的时代机缘与材料条件。考据学以文献材料为研究对象，因此，当时大量出现的新材料为新历史考据学的兴起提供了重要的机遇与条件。陈寅恪说："一时代之学术，必有其新材料与新问题。取用此材料，以研求问题，则为此时代学术之新潮流。治学之士，得预于此潮流者，谓之预流（借用佛教初果之名）。其未得预者，谓之未入流。此古今学术史之通义，非彼闭门造车之徒，所能同喻者也。"③陈寅恪明确指出"新材料"与"新问题"是"学术之新潮流"兴起的必要条件，这是"古今学术史之通义"。他这番话是针对陈垣学术所发，也就是把当时陈垣所代表的新历史考据学放在整体学术发展历史的背景中进行考察，认为这种当时正在兴起的新学术是一种以新材料为基础的新潮流。他甚至从反面批评不能利用新材料进而研究新问题的学术是"闭门造车"，更突出了"新材料"对于学术研究的重大意义。陈寅恪这里的说法主要是针对敦煌材料而言，不仅如此，实际上当时还有殷墟甲骨文、敦煌文书、汉晋木简和明清内库档案相继被发现的时代背景。此外，还有诸多青铜器、文物和包括梵文、回鹘文与西夏文

---

① 顾颉刚：《当代中国史学》，3 页，上海，上海古籍出版社，2002。
② 参见陈其泰：《新历史考证学与史观指导》，载《中国史研究》，2012(2)。
③ 陈寅恪：《陈垣元西域人华化考序》，见《金明馆丛稿二编》，266 页，北京，生活·读书·新知三联书店，2001。

在内的少数民族史料也被发掘出来。众多新史料为历史考据学提供了传世文献之外的众多研究对象，仅仅是材料的整理工作已经不得不推进考据学的进一步发展了。需要注意的是，此时的新历史考据学更多是受前述三方面影响而兴起，新材料提供的是锦上添花的促进作用，虽然对新历史考据的规模与成就有重大贡献，但是从形态与指导思想的角度而言，前三个因素的作用更大。如果将新历史考据学放到 20 世纪初期的整个史学思潮中去考察，还会看到众多史料的大发现不仅仅是出于一定的巧合，在一定程度上还受到了梁启超所代表的拓展史学领域主张和胡适所代表的科学方法主张的促进。这种超越了传统史学观念的史学注意力，在梁启超和胡适之前实际上就已经开始在学术界萌生，对材料的发现与受重视起到了作用。

二、新历史考据学的理论与方法

新历史考据学既受到学术内在发展走向的驱动，又受到时代政治、思想与文化的影响，形成了自身较为独特的理论与方法。史学上所说的"新历史考据学"，本身就是通过与传统时代的考据学的比较而提出的。因此，这里所归纳的新历史考据学的理论与方法也需要同传统的考据学相比较。

第一，新历史考据学以科学为指导思想，突破了传统考据以经学为指导思想的局面。顾颉刚认为民国成立以后的史学与之前有很大不同，他说："过去的乾嘉汉学，诚然已具有科学精神，但是终不免为经学观念所范围，同时其方法还嫌传统，不能算是严格的科学方法。要到'五四'运动以后，西洋的科学的治史方法才算真正输入，于是中国才有科学的史学可言。在这方面，表现得最明显的，是考古学上的贡献；甲骨文和金文经过科学的洗礼，再加上考古学上的其他发现，便使古代文化的真相暴露了出来。此外如新的考据论文，多能揭发各时代历史的真相，而史料的整理，也比从前要有系统得多。这都是科学方法之赐。"①
这个意见点出了新、旧历史考据学的重要理论特征。乾嘉考据因为"实
事求是"的主张而具备一定的科学精神，但是从其指导思想的角度而言，
显然是以传统经学为指导的。梁启超谓其所见"最近世"之学术状况，
"晚近学界对于孔子而试挑战者颇不乏人：若孔子之为教主与非教主也，
孔子在三千年来学界之功罪也，孔子与六家九流之优劣比较也，孔子与
泰西今古尊哲之优劣比较有。莽然并起为学界一大问题"②。孔子在传
统经学中被推为"圣人"，对孔子的反思与历史性研究带有反经学而接近
历史学研究的性质。论"孔子之为教主与非教主"尚有今、古文论争的气
息，而论孔子之功罪在传统时代则是大逆不道的，堪称新时代之风气，
至于孔子与西方哲学家的比较则显然是作为一种西学传入的学术反映。
从梁启超所描述的情况，实际上反映了经学的衰落。钱穆更直接指出经
学发展到康有为、廖平等人时，"盖经学之至于是已坠地而且尽"③。经
学在乾嘉时代之后已丧失了学术活力，而之后君主专制的终结更取消了
经学作为统治思想的社会地位，这无疑是对包括考据学在内的传统学术
的一种解放。小学原本被认为属于经学，用于研究儒家经典文献。当经
学的地位被取消后，考据便比乾嘉时代获得了更大的自由，得以研究一
切学者所期望研究的对象。求得社会进化公理的旨趣促进了社会史的研
究，新文学运动促进了小说、戏曲等的研究。这些研究都不可避免地涉
及对历史文献的考据。因此，从一定意义上来说，新历史考据学的兴起
与当时历史研究的视野扩展有重要关系。历史研究的视野扩展之后，在
从文献考据到史籍编纂的整个过程中，都不可能再以传统经学为指导思
想了。这时科学就作为时代所提供的指导思想自然对新历史考据学产生
了重要影响。

---

　　① 顾颉刚：《当代中国史学》，2～3 页，上海，上海古籍出版社，2002。
　　② 梁启超：《论中国学术思想变迁之大势》，见《饮冰室合集·文集》第 3 册，675 页，北
京，中华书局，2015。
　　③ 钱穆：《经学与史学》，见杜维运、黄进兴编：《中国史学史论文选集(一)》，136 页，
台北，华世出版社，1976。

新历史考据学的重要学者一般都自觉以科学为自身治学的指导思想，而且这里的科学一般都是以自然科学为参考的。梁启超不仅倡导新史学，而且后来也推崇科学的治史方法，由此撰写过不少作品，反映了新历史考据学时代的一种重要理论性史学主张。他认为："近百年来欧美史学之进步，则彼辈能用科学的方法以审查史料，实其发轫也。"①这一观点觉察到了 19 世纪兰克等人掀起的实证史学的浪潮。兰克注重史料批判，建立起了一套史料方法，开端了近现代史学的科学化道路。梁启超在史学上偏重理论与思想，反映了当时的主流史学观念。胡适则不仅提出了理论，而且有"考据癖"，身体力行地进行了用科学方法来考据的实践。在胡适的年代，欧美的科学主义史学越发向着自然科学的方向发展，胡适对此非常了解并且刻意朝此方向用力，他陈述当时的一种社会状况，说："这三十年来，有一个名词在国内几乎做到了无上尊严的地位；无论懂与不懂的人，无论守旧和维新的人，都不敢公然对它表示轻视或戏侮的态度。那个名词就是'科学'。这样几乎全国一致的崇信，究竟有无价值，那是另一个问题。我们至少可以说，自从中国讲变法维新以来，没有一个自命为新人物的人敢公然毁谤'科学'的。"②胡适那个时代的中国人文学者未必能够真正完全洞悉科学，但至少科学被很多学者视作治学的必须。胡适提倡科学，因而倡导与科学关系密切的杜威的"实验主义"，进而提倡其"历史的方法"与"实验的方法"。③ 正因为此，胡适在"科学与玄学"的论战中驳斥玄学派而力主科学，他也身体力行地用把科学作为研究方法来实践。他在《中国哲学史大纲》中自述称："哲学史有三个目的：一是明变，二是求因，三是评判。但是哲学史先须做了一番根本功夫，方才可达到这三个目的。这个根本功夫，叫做述学。

---

① 梁启超：《中国历史研究法》，119 页，北京，东方出版社，1996。
② 胡适：《科学与人生观序》，见张君劢、丁文江等：《科学与人生观》，2～3 页，上海，上海亚东图书馆，1923。
③ 葛懋春、李兴芝编：《胡适哲学思想资料选》上册，181～182 页，上海，华东师范大学出版社，1981；又见欧阳哲生编：《胡适文集》第 2 册，279～280 页，北京，北京大学出版社，1998。

述学是用正确的手段，科学的方法，精密的心思，从所有的史料里面，求出各位哲学家的一生行事、思想渊源沿革和学说的真面目。"①胡适以"述学"为哲学史研究的"根本功夫"，这个根本功夫即是以"科学的方法"考证史料，从而获得关于哲学家的历史"真面目"。这种审定史料的方法正与欧洲的科学主义史学观念相类似，都将史料作为历史学加以实证观察并进而进行归纳和推理的对象。从方法论的角度而言，这正是在模仿自然科学的做法。自然科学通过实证观察研究对象，对材料进行归纳和演绎的推理，从而求得"真理"与"规律"。而历史学家显然不能直接观察实际发生的客观历史，从而只能把史料作为了研究对象。这是自然科学研究模式的一种翻版。所以胡适强调说："研究欧洲学术史的人知道科学方法不是专讲方法论的哲学家所发明的，是实验室里的科学家所发明的，不是亚里士多德（Aristotle），倍根（Bacon），弥尔（Mill）一般人提倡出来的，是格利赖（Galileo），牛敦（Newton），勃里斯来（Priestley）一般人实地试行出来的。"②即使是没有去欧美留学研习科学主义方法的陈垣，也非常推崇科学，其研究实际上也颇具科学眼光。陈垣自谦道："余今不业医，然极得医学之益，非只身体少病而已。近二十年学问，皆用医学方法也。有人谓我懂科学方法，其实我何尝懂科学方法，不过用这些医学方法参用乾嘉清儒考证方法而已。"③陈垣谦称不懂"科学方法"，只是说没有专门学习过当时史学领域流行的科学方法，实则科学方法普遍蕴含于一切科学乃至现代学科中，因此"医学方法"实则就是科学方法，并且被陈垣迁移到了考据学研究中。胡适对哲学史的"科学研究"，后来被他归纳为著名的"大胆的假设，小心的求证"之主张，④ 并用以指导"整理国故"。而陈垣带着现代科学精神的考据，则更为直接地

① 胡适：《中国哲学史大纲》，7页，上海，上海古籍出版社，1997。

② 胡适：《清代学者的治学方法》，见欧阳哲生编：《胡适文集》第2册，282页，北京，北京大学出版社，1998。

③ 陈智超：《陈垣早年著作初探》，见《陈垣教授百一十周年纪念文集》，129页，广州，暨南大学出版社，1994。

④ 胡适：《清代学者的治学方法》，见欧阳哲生编：《胡适文集》第2册，302页，北京，北京大学出版社，1998。

用于历史考据学的建设。其他新历史考据学大家也都同样深受科学精神鼓舞而推崇科学方法，力图建立起科学的历史考据方法。

第二，新历史考据学高度重视考证，自觉以之为史学根基，使之成为历史研究的关键所在。胡厚宣晚年追忆民国史学，曾有文章发表于《书品》，其中提到："当时北京有所谓京派，讲切实，重证据，为新朴学，新考据。京派主要在北大，北大以胡适为翘楚，他常谈少谈政治多读书，拿证据来。"①所谓"京派"并不一定能完全对应新历史考据学，但这种说法大体反映了新历史考据学重视考据的"新朴学"特点。在传统的乾嘉学术中，考据是主要的形态。如果从整个传统史学形态和现代史学形态来看的话，这是一种单调甚至不甚完整的史学。中国传统史学重视史籍的编纂，现代史学也同样有这样的要求。史籍的编纂往往以较为系统的历史过程探讨为目的，而考史学则往往形成的是札记式的著述。前者可以蕴含与阐发义理，而后者则难以达到这样的史学功用。虽然乾嘉考据学也并非不重视义理，但问题是考据家往往认为义理可以通过考据而自明，典型者如戴震说："故训明则古经明，古经明则贤人圣人之义理明，而我心之所同然者乃因之而明。贤人圣人之理义非它，存乎典章制度者是也。"②宋儒直阐义理的路径在乾嘉考据学看来是空疏而失当的，因此作为手段的考据有反客为主的趋向。经学考据的这种观点延伸到史学考据方面，就造成史学本身的缺失。如果从考据的角度来看，乾嘉时期的考证地位非常高，但是这是以整个史学的形态缺失和编纂低潮为代价的。这种单调的考据所从事的工作，在研究类型上偏向于文献研究而弱化了历史研究，在历史研究中偏向细节研究而弱化了系统研究，实际上无法真正支撑起史学。正因为如此，所以陈寅恪认为清代的史学不及宋代。到了清末社会危机出现，考据学也不能真正提供有思想指导意义的系统理论，因此导致了今文经学和通论研究的兴起。

---

① 转引自胡振宇：《胡厚宣先生治学与史语所的传统》，见杜正胜、王汎森编：《新学术之路》，665页，台北，"中研院"历史语言研究所，1998。
② 《戴震集》卷十一《题惠定宇先生授经图》，214页，上海，上海古籍出版社，2009。

现实社会危机的压力和进化论的传入，使得通论性研究兴起。如果史家要求得社会演进的公理以此探索国家、民族的发展道路，就势必要搁置细节而纵论古今或贯通某一领域。梁启超的研究颇有代表性。像他的《论中国学术思想变迁之大势》就在有限的篇幅内阐发了跨越时代的学术发展形势，将中国传统学术分为"胚胎时代""全盛时代""儒学统一时代""老学时代""佛学时代"及至"近世之学术"的不同阶段，并且这种阶段论又带有理论归纳的类型论特征。这类研究兴起的重要原因即是梁启超所代表的早期"新史学"的学术对传统学术的一种反思。梁启超说："吾不患外国学术思想之不输入，吾惟患本国学术思想之不发明。"[1]这里所谓的"学术思想之不发明"，便是与着眼于细节的传统学术风格直接相关的，要发明学术思想，就需要通论性的研究。梁启超的这种通论型作品在二十年代之前不仅多见，而且可以算作是史学的主流，甚至成了当时引领潮流的"学术美德"[2]。但是当胡适完成了将严复式的依附于经学的进化论变革为"科学进化论"的学术"进化"之后，科学主义史学方法便又将考据带回到了史学舞台的中心。

取代梁启超式的通论性研究而起的，便是新历史考据学。当然，作为一种新学术，新历史考据学也表现出"贯通认识"的特征。[3] 但因其推崇科学并且更具时代科学精神，自然就使得考据在历史研究中的地位获得了提升。在自然科学中，研究对象都是可以直接实证观察的，而历史学只能通过史料来了解作为研究对象的客观历史。因此史料便居于自然科学中的研究对象的位置，替代无法直接接触的客观对象而成为实证"观察"的对象。这样一来，科学主义历史学所要施诸的种种科学方法便都集中到了史料上来。通论性研究虽然能够较快地对重大历史问题作出说明从而起到现实作用，但是其研究类型决定了其不可能汇聚大量史料

---

① 梁启超：《论中国学术思想变迁之大势》，见《饮冰室合集·文集》第 3 册，579 页，北京，中华书局，2015。

② 王晴佳：《美德、角色、风气：清末到五四学术思想变迁的一个新视角》，载《社会科学研究》，2020(3)。

③ 陈其泰：《新历史考证学的学术路向及其宝贵启示》，载《天津社会科学》，2014(5)。

细致地进行考据，中西史学都是如此。无论是中国还是西方，要汇聚史料来详细整理，就只能缩小研究范围。可以说，要阐发大的规律就需要牺牲考据，要聚焦史料就必然重视考据。

虽然聚焦史料的思想路径不同，但在形式上新历史考据学给人一种回归乾嘉学术的感觉。这里需要说明，新历史考据学重视考证的原因与乾嘉考据学并不相同。乾嘉考据学的考证本身就可以作为目的而存在，其考证的重要性更多是文献学上的；而新历史考据学的考证则必须服从历史研究的目的，不管新历史考据学家的工作如何细致精密，他们都并没有把研究停留在考据本身的意思，而是希望通过考据来整理材料，进而了解各个领域的历史真相。所以顾颉刚说："研究历史，第一步工作是审查史料。有了正确的史料做基础，方可希望有正确的历史著作出现。"①可见新历史考据学家认为考据之"审查史料"是"正确的历史著作"的基础，但并不是其本身。傅斯年也说："北宋的欧阳修一面修《五代史》，纯粹不是客观的史学，一面却作《集古录》，下手研究直接材料，是近代史学的真功夫。"②在他看来，欧阳修的历史编纂因为史料审查不当而"不是客观的史学"，而所谓"客观的史学"要以"近代史学的真功夫"为基础，亦即以史料的考据为基础。陈寅恪还对考据提出了一种有趣的"同情"说，称："凡著中国哲学史者，其对于古人之学说，应具了解之同情，方可下笔。盖古人著书立说，皆有所为而发。故其所处之环境，所受之背景，非完全明了，则其学说不易评论，而古代哲学家去今数千年，其时代之真相，极难推知。吾人今日可依据之材料，仅为当时所遗存最小之一部，欲藉此残余断片，以窥测其全部结构，必须备艺术家欣赏古代绘画雕刻之眼光及精神，然后古人立说之用意与对象，始可以真

---

① 顾颉刚：《战国秦汉间人的造伪与辨伪》，见《汉代学术史略》附录，141 页，北京，东方出版社，1996。

② 傅斯年：《历史语言研究所工作之旨趣》，见欧阳哲生主编：《傅斯年全集》第 3 卷，4 页，长沙，湖南教育出版社，2003。

了解。"①这种考据观念认为史料仅仅是"当时所遗存最小之一部",因此要了解"古人立说之用意与对象"还需要以一种历史的"同情"来加以理解。这种观点与19世纪欧洲史学中兰克和狄尔泰等人的方法相近。

总体而言,在新历史考据学的研究蓝图中,考证是整个史学大厦应当夯实的基础,但考证本身却不能成为史学大厦。所以梁启超说:"凡此皆以经学考证之法,移以治史,只能谓之考证学,殆不可谓之史学。"②可见,考据学与史学的界限是清晰的。实际上,考证在历史研究中一般就是作为一个"打地基"的关键环节而存在。为了科学地进行"实证"研究,考证就成为历史研究科学性的最基本要求和最核心领域。自然科学中的研究方法的科学性,实际上在历史学中就主要由考证工作来承担和表现了。因此,从实质上来说,新历史考据学的考证是以明确的近代科学思想和科学主义信念为支撑的。"清代的'朴学'确有'科学'的精神"③,却只是局限在传统经学观念中的并不明确的科学精神,并不能夸大其治学手段的科学表现。

第三,新历史考据学崇尚"求真",而"致用"学风则有所改变。自然科学最重要的价值即是求真,一旦致用则开始转为技术。自然科学的价值取向和形态特征,因为史学上的科学主义态度而对史学产生重要影响。因为新历史考据学者普遍尊崇科学,因此在价值观方面偏向求真而非致用。这在当时的历史背景中,可以说是新历史考据学的一个重要理论特征。

中国传统的经史之学都强调经世致用,经学重视义理的阐发,经学指导下的史学也要蕴含"史义"从而成为建构或证明经学的手段,这种情况在宋代的义理化经史之学中表现得非常明显。清代学风从学术理路上来说是对宋学的一种扭转,价值观上也同样出现变化,"实事求是"的观

①　陈寅恪:《冯友兰中国哲学史上册审查报告》,见《金明馆丛稿二编》,279页,北京,生活·读书·新知三联书店,2001。

②　梁启超:《清代学术概论》,50页,北京,东方出版社,1996。

③　胡适:《清代学者的治学方法》,见欧阳哲生编:《胡适文集》第2册,302页,北京,北京大学出版社,1998。

念被发扬光大。钱大昕言："惟有实事求是，护惜古人之苦心，可与海内共白"[①]；王鸣盛也要"以校订之役，穿穴故纸堆中，实事求是，庶几启导后人"[②]。从后来的科学视角而言，乾嘉考据学家因为强调求真求实而具有科学精神，这是胡适、陈垣等新历史考据家盛赞乾嘉学术科学性的原因。

近代的社会危机，确实造成细碎考据无法及时提供应对方案的情况。因此，当时的社会情况是驱使史学走向"致用"的，梁启超式的通论性研究便是在这个背景下兴起的。在康有为、梁启超、廖平和章太炎等人由经而史的学术转向中，考据是为提出新义理、新观念而服务的，因此求真屈从于致用。中国传统学术和西方思想原本缺乏历史渊源，但是近代学者为了致用不得不去寻找嫁接的桥梁和依据。章太炎从传统经学中发掘出"信史"传统进行嫁接，用古文学路径接引现代史学；廖平会通今、古文学，用《春秋》学历史哲学式地贯通古今中西历史，多有主观专断；康有为更假借"考据"为维新变法的政治变革制造历史证据，是典型的以史料填充观点。这种"致用"虽出自时代需求，但以科学眼光审视，则不能不说偏离了真正的学术研究。因此钱穆说："康廖之弊颇似西汉，其意皆欲本世用奴经术。"[③]

这种风气到了新历史考据学兴起时又为之一变。新历史考据学用科学眼光纠正"致用"的偏差，自然会转向科学的求真理念。新历史考据学家大都尊崇求真而不会刻意要求致用。胡适先生在论述"墨家名学"时谈到他的科学观，说："科学的目的只是要寻出种种正确之故，要把这些'故'列为'法则'（如科学的律令及许多根据于经验的常识），使人依了做去可得期望的效果。"[④]这种说法与自然科学的研究方法如出一辙，都是

---

① 钱大昕：《廿二史考异·序》，见《嘉定钱大昕全集》第 2 册，南京，江苏古籍出版社，1997。

② 王鸣盛：《十七史商榷·序》，上海，上海古籍出版社，2013。

③ 钱穆：《经学与史学》，见杜维运、黄进兴编：《中国史学史论文选集（一）》，136 页，台北，华世出版社，1976。

④ 胡适：《中国哲学史大纲》，149 页，上海，上海古籍出版社，1997。

就真而言，并不谈及用。自然科学的研究要从事实的观察入手，通过大量事实的归纳来发现"法则"，也就是要从事从事实到规律的研究。这样的研究都只是关于"真"，事实的真实与规律的真理本身都不以致用为目的。受到胡适重要影响的傅斯年，更明确主张把这种科学求真理念赋予史学，他说："史学的对象是史料，不是文词，不是伦理，不是神学，并且不是社会学。史学的工作是整理史料，不是作艺术的建设，不是做疏通的事业，不是去扶持或推倒这个运动，或那个主义。"①傅斯年希望把历史学建设成像自然科学的学科，因此希望把史学的研究聚焦于史料，而不使之从属于某项致用的"运动"或"主义"，更不希望史学本身成为不同"运动"或"主义"的工具。他还明确说："使用史料时第一要注意的事，是我们但要问某种史料给我们多少知识，这只是有多少可信，一件史料的价值便以这一层为断，此外断断不可把我们的主观价值论放进去。"②这种观念与欧洲的科学主义史学观念极为相近，都希望保持客观冷静的立场，能够用材料说话，从而避免主观偏向。抛开当时的学界争竞的实际情形不谈，傅斯年至少在理论上明确了求真重于致用的史学基本原则。所以他在为毛子水《国故和科学的精神》一文所作的识语中坚定地声称："国故是材料，不是主义。"这就与当时"国粹派"的立场发生了显著的对立。究其原因，正是因为新历史考据学的理论是以求真为本位的。顾颉刚还对求真作了历史考察，认为："我们该得知道，所谓'历史观念'，在现在看来虽是很平常的一种心理，但其发展的艰难却远过于我们的想象。'致用观念'在石器时代已有了，否则人类就不会制造出这些器具。这个观念从此发达下去，成就了今日的精致和奇伟的物质文明。但历史观念超出现实，它的利益不是一般人所能了解，所以非文化

---

① 傅斯年：《史学方法导论》，见欧阳哲生编：《傅斯年全集》第 2 卷，308 页，长沙，湖南教育出版社，2003。

② 傅斯年：《中国古代文学史讲义》，见欧阳哲生编：《傅斯年全集》第 2 卷，42 页，长沙，湖南教育出版社，2003。

开展到了相当程度，决不会存在于人们的头脑里。"①顾颉刚所说的"历史观念"便指一种存留历史真实的观念，因而与"致用观念"不同。他认为"致用观念"带来了物质文明的发展，而"历史观念"的利益是超现实、超功利的因而有待"非文化开展到了相当程度"才能为人所了解。在当时的时代思潮中，这个"非文化"主要是就科学的发展而言。西方科学的求真带来致用技术的发展，而在进化论的观念中科学本身又要发展到近现代才真正被发扬。所以在当时受西方科学影响的新历史考据学家眼中，求真的价值难以被认识，因此在发扬科学的过程中就要重视求真。

王国维作为亦新亦旧的特殊人物，尤其突出求真而反对附加于学术之上的价值判断与现实偏向，他郑重宣称："学之义不明于天下久矣。今之言学者，有新旧之争，有中西之争，有有用之学与无用之学之争。余正告天下曰：学无新旧也，无中西也，无有用无用也。凡立此名者，均不学之徒。即学焉，而未尝知学者也。"而他所阐发的"学之义"的核心在于："凡事物必尽其真，而道理必求其是，此科学之所有事也。而欲求知识之真，与道理之是者，不可不知事物道理之所以存在之由、与其变迁之故，此史学之所有事也。若夫知识、道理之不能表以议论，而但可表以情感者，与夫不能求诸实地，而但可求诸想象者，此则文学之所有事。古今东西之为学，均不能出此三者。"这种学术观将科学、史学和文学视为三种基本学科，以科学为基础，也就是以求真为基础。而其关于史学的定位实际上是由科学求真延伸而来的求因果与趋势之真，一旦涉及"不能求诸实地，而但可求诸想象者"，皆被王国维打入文学范畴，而与史学无关。更重要的是，所有这些学问，学者也只是求其真，求真则自然致用，所以他说："事物无大小，无远近，苟思之得其真，纪之得其实，极其会归，皆有裨于人类之生存福祉。"②

很显然，历史研究完全做到价值中立而保持客观是不大可能的。尤

---

① 顾颉刚：《战国秦汉间人的造伪与辨伪》，见《汉代学术史略》附录，142 页，北京，东方出版社，1996。

② 王国维：《国学丛刊序》，见《观堂集林（外二种）》下卷四，877 页，石家庄，河北教育出版社，2001。

其在政治与社会剧烈变动之际，有益于当时的学问往往需要着眼于现实社会问题。法国的年鉴学派提倡"问题史学"，陈垣也指出要做"有意义的史学"，都是科学的史学要自觉从理论上指导实践所进行的方向。但这并不是说当时新历史考据学的观点是虚妄的，他们重视"求真"的理论从史学研究的实践角度来说是可以成立的，是为了求得历史真实而尽量摆脱功利与主观束缚的一种必需的方式，直到今天仍然是大多数史学家所坚持的立场。这种"求真"又并不是与"致用"完全割裂，从而导致史学失去时代价值与思想活力。一种自主的史学研究，总是既要坚持求真的本位，又兼顾时代需要，新历史考据学只是在二者之间有所偏重而已。

第四，新历史考据学高度重视史料，其新的史学理论与科学方法主要围绕史料展开，这是其呈现出考据学形态的关键原因，也是其理论和方法的重要特点。如前所述，新历史考据学的新的史学理论的基础，就在于效仿自然科学而在历史学上运用科学方法。因为历史学中史料取代了自然科学的研究对象而被用实证方法加以研究，并且这一研究首先指向"求真"而不是"致用"，所以史料在史学中就成为具有相对独立价值与核心价值的研究对象，继而也就成为科学方法所施诸的领域。在反思历史学的发展过程时，郭沫若曾经说："我们要说殷墟的发现是新史学的开端，王国维的业绩是新史学的开山，那样评价是不算过分的。"①这种观点具有代表性，指出了史料的新发现本身对于史学所具有的重要作用。王国维的"二重证据法"正是基于新史料的发现而提出的。

王国维指出历史研究的一个基本困境，他说："研究中国古史为最纠纷之问题，上古之事，传说与史实混而不分，史实之中固不免有所缘饰，与传说无异；而传说中亦往往有史实为之素地。二者不易区别。此世界各国之所同也。""传说"与"史实"不分是古史研究的一个普遍现象，其症结则在于材料，而王国维认为其解决途径也在于材料，他说："至于近世乃知孔安国本《尚书》之伪，纪年之不可信，而疑古之过，乃并

---

① 郭沫若：《古代研究的自我批判》，见《郭沫若全集·历史编》第 2 卷，6 页，北京，人民出版社，1982。

尧、舜、禹之人物而亦疑之。其于怀疑之态度及批评之精神，不无可取，然惜于古史材料未尝为充分之处理也。吾辈生于今日，幸于纸上之材料外更得地下之新材料，由此种材料，我辈固得据以补正纸上之材料，亦得证明古书之某部分全为实录；即百家不雅驯之言，亦不无表示一面之事实。此二重证据法，惟在今日始得为之。虽古书之未得证明者，不能加以否定；而其已得证明者，不能不加以肯定，可断言也。"①王国维回顾传统学术肯定其"疑古"的精神，但认为其对"古史材料"并未充分处理。新历史考据学的起点便在于对史料的充分处理。用"地下之新材料"来补正"纸上之材料"，是王国维考据方法的基本出发点与显著特点。顾颉刚也有类似思路，他以疑古著称，同样要求首先在史料层面上区分历史与传说，认为："凡是没有史料做基础的历史，当然只得收容许多传说。"②因此他对古史的考辨便是基于在史料层面对古书的记载产生了怀疑和批判。按新历史考据学的思路，围绕史料展开研究，则"古书"所载便不仅可以怀疑和批判，还可以据新史料而加以判断和实证。宋代虽然已经开始出现历史考据的风气，也出现了金石学用金石材料与史传对比研究的明确意识，但那时的方法并不能充分处理史料，甚至程朱等人为了阐发经学义理还会从义理角度加以臆测。而乾嘉考据学虽然不满宋儒之治学方式，但其关于史料的方法论意识却受到经学观念左右。只有到了王国维等人所代表的新历史考据学，才真正把史料作为历史研究的核心对象，用科学意识和求真精神来加以研究，摆脱了传统学术的崇古尊圣思想。

王国维的思想意识与研究实践纵贯中西，其二重证据法立足于传统学术根基。在新历史考据学中与之不同的另一种类型即是胡适所代表的从科学出发的研究。胡适在研究哲学史时明确提出要做到"述学"，须有具体的步骤和方法，其注意力主要就放在了史料上，即："第一步须搜

---

① 王国维：《古史新证》，见谢维扬、房鑫亮主编：《王国维全集》第 11 卷，241 页，杭州，浙江教育出版社，2009。

② 顾颉刚：《战国秦汉间人的造伪与辨伪》，见《汉代学术史略》附录，144 页，北京，东方出版社，1996。

集史料。第二步须审定史料的真假。第三步须把一切不可信的史料全行除去不用。第四步须把可靠的史料仔细整理一番：先把本子校勘完好，次把字句解释明白，最后又把各家的书贯串领会，使一家一家的学说，都成有条理有统系的哲学。"①这种"科学方法"的使用，使得胡适的《中国哲学史大纲》非常重视史料，全书中对材料的审定与分析占了很大比重，以至于考据的文字占了约三分之一的篇幅。蔡元培敏锐地觉察到了这种史学研究方法的价值，盛赞道："我们对于一个哲学家，若是不能考实他生存的时代，便不能知道他思想的来源；若不能辨别他遗著的真伪，便不能揭出他实在的主义；若不能知道他所用辩证的方法，便不能发见他有无矛盾的议论。适之先生这《大纲》中此三部分的研究，差不多占了全书三分之一，不但可以表示个人的苦心，并且为后来的学者开无数法门。"②蔡元培指出材料对于哲学史研究的基础性价值，因此认为胡适创造了新的研究方式而"开无数法门"。这些"法门"显然都是针对史料的法门。陈寅恪高度重视史料，力图拓展史料范围并辨明不同史料性质，像其对史论的看法就颇有见地，他说："史论者，治史者皆认为无关史学而且有害者也；然史论之作者，或有意或无意，其发为言论之时，即已印入作者及其时代之环境背景，实无异于今日新闻纸之社论时评，若善用之，皆有助于考史。故苏子瞻之史论，北宋之政论也；胡致堂之史论，南宋之政论也；王船山之史论，明末之政论也。今日取诸人论史之文，与旧史互证，当日政治社会情势，益可藉此增加了解，此所谓废物利用，盖不仅能供习文者之摹拟练习而已也。"③当时中西史学一般都以一手材料与二手材料、直接材料与间接材料区分史料，史论也纳入此种范围之内，而陈寅恪则别出心裁，却据传统史学之遗存形式专门以史论"与旧史互证"，足见其对史料之深思熟虑。新历史考据学确实为

---

① 胡适：《中国哲学史大纲》，22～23 页，上海，上海古籍出版社，1997。

② 蔡元培：《中国哲学史大纲序》，见胡适：《中国哲学史大纲》，2 页，上海，上海古籍出版社，1997。

③ 陈寅恪：《冯友兰中国哲学史上册审查报告》，见《金明馆丛稿二编》，280～281 页，北京，生活·读书·新知三联书店，2001。

当时的历史学研究开辟了很多研究方法，不仅有王国维的"二重证据法"、胡适的实验主义方法和陈寅恪的各种史料方法，还有陈垣的史源学与校勘等方法、顾颉刚在"古史辨"研究中的方法等。所有这些方法都是以史料为中心的。

第五，新历史考据学高度重视理论与方法，这是其在新时代学术背景下形成的重要特征。一提及考据学，提及重视史料，人们往往会感觉这类研究与理论关系不大，甚至认为考据与理论是对立的。从中西近代史学发展的主流来说，这种观点确实是很成问题的。虽然在中国和西方都有学者沉迷考据甚而刻意疏远理论，其佼佼者也可以跻身当时的高水平研究之列；但从一个较长时间来看，离开了自觉的理论与方法论意识，这一类的研究并不能引领时代史学的发展，可以作为某个史学浪潮的延续而存在，但从来无缘史学变革的先锋位置。新历史考据学能够成为一种重要思潮甚而成为史学研究的一种新趋势，是以其领军人物自觉的理论反思和方法论意识为基础的。

陈垣从目录学入手，在史学方面通过自学而成一家之学，如果是沉溺于散乱的材料，这种成就是难以想象的。实际上陈垣治学始终都保持着自觉的方法论意识，故而白寿彝先生指出到陈垣才开始了中国的文献整理工作的"条理化""系统化"[1]。陈垣"自言少年治学并未得到什么大师指引，只是由《书目答问》入手，自《书目答问》而《四库提要》，以此为阶梯而去读他所要读的书。他研究任何题目，必先罗列必须要读的数目；他教学生也是从目录开始，如《史学名著评论》《佛教史籍概论》等课都是。他自己治学从目录入手而走上成功之路，所以教学生也要他们由目录入手，希望每个人都有把钥匙"[2]。陈垣自己治学重视"钥匙"，教学也重视"钥匙"，学术上的钥匙即是要有方法论。在传统时代，书籍难得，因此古人往往是求得何种书便读何种书，传统的考据因而往往以札

---

① 白寿彝主编：《史学概论》，323 页，宁夏，宁夏人民出版社，1983。
② 牟润孙：《励耘书屋问学回忆——陈援庵先生诞生百年纪念感言》，见陈智超编：《励耘书屋问学记：史学家陈垣的治学》，73 页，北京，生活·读书·新知三联书店，2006。

记的形式出现。这种著述形式有其时代特征，因而也难以形成近代以来学术上的方法论意识。陈垣早年学医，浸染自然科学重视方法的研究精神，因而研治史学也注重方法，从目录学的线索入手，进而在校勘过程中探求通例，从而归纳出可供重复利用的方法。陈垣的考据学，不是不重视方法，而是"从不空谈史学方法，只教人追寻史源，比对史书，其用意即在于使学生通过实践去了解治历史的各种途径与方法"①。

陈垣治学皆有注重方法论的宗旨。他研习史讳，则进行理论总结，所著《史讳举例》，并非像传统的考据学家那样就目见资料进行整理，而是首先重视史讳研究的史学理论价值，再从方法论的角度希望为史学研究作出理性和方法的贡献，所以他说："民国以前，凡文字上不得直书当代君主或所尊之名，必须用其他方法以避之，是之谓避讳。避讳为中国特有之风俗，其俗起于周，成于秦，盛于唐宋，其历史垂二千年。其流弊足以淆乱古文书，然反而利用之，则可以解释古文书之疑滞，辨别古文书之真伪及时代，识者便焉。盖讳字各朝不同，不啻为时代之标志，前乎此或后乎此，均不能有是，是与欧洲古代之纹章相类，偶有同者，亦可以法识之。研究避讳而能应用之于校勘学及考古学者，谓之避讳学。避讳学亦史学中一辅助科学也。"如果仅仅就材料而言，史讳研究就是处理大量零星而散乱的材料；提升一步而求其例则具有了归纳方法意识；再将此通例置于中西比较视域中，则将其上升到了历史研究辅助学科的高度。因此陈垣著《史讳举例》并不是从传统的考据学立场出发，而是要为现代历史研究提供具有理论意义和实践价值的"辅助学科"。该书充满了史学理论关怀，具体组织也深具方法论意识："为例八十有二，为卷八：第一避讳所用之方法；第二避讳之种类；第三避讳改史实；第四因避讳而生之讹异；第五避讳学应注意之事项；第六不讲避讳学之贻误；第七避讳学之利用；第八历朝讳例，凡八万余言。意欲为避讳史作

① 牟润孙：《励耘书屋问学回忆——陈援庵先生诞生百年纪念感言》，见陈智超编：《励耘书屋问学记：史学家陈垣的治学》，74 页，北京，生活·读书·新知三联书店，2006。

一总结束,而使考史者多一门路一钥匙也。"①这部作品作为考史之"一门路""一钥匙",对大量材料分类编排而求得其通例,并非就史料而考史料,而是进行了一项理论性的"总结束"。

陈垣的考据学理论与方法论之一大特色即在于围绕史学研究实践展开。《史讳举例》是为了方便史学研究,其研究与教授《史源学》课程,也是高度重视实践,要通过实习来传授自己总结的理论与方法。他从理论高度对史源学进行定位,称:"历史研究法的史源学大概分四项:一见闻,二传说,三记载,四遗迹。"也就是把史源学定位为历史研究法,因为"空言不能举例,讲授不便,贵乎实习"。② 他讲授《中国史学名著评论》课程也有相类的以实践为重心的理论导向,故称:"取史学上有名之著作,而加以批评。每书举作者之略历,史料之来源,编纂之体制,板书之异同,以及后人对此书之批评等等,意味学者读史之先导。"③该课程通过条理化的体例来进行表述,而使之为"学者读史之先导",服务于史学实践。

傅斯年治学往往给人一种只注重史料而不甚重视理论的印象,似乎他开创"史料学派"就是埋首于史料而不顾理论。这种印象实际上并不准确,忽视了傅斯年重视理论与方法的一面。自兰克开辟近代史学之后,绝少有一种史学思潮可以在没有理论主张、没有方法论的前提下而开宗立派。在近代专业史学形成之后,没有理论和方法论往往就是业余的标志,专业尚且谈不上,又遑论学派?从个人经历而言,傅斯年是新文化运动中受到时代思潮深刻影响的进步学生,之后赴欧洲求学达八年之久,并且期间主修科学。以至于他归国后也一度教授心理学,回归历史学还要晚一些。在主持史语所工作期间,他也做了很多超出传统文献整理的工作,比如像推动殷墟考古。很难想象这样一个人物会完全埋首于

---

① 陈垣:《史讳举例·序》,北京,中华书局,2016。

② 陈垣:《史源学实习课程说明》,见陈垣著、陈智超编:《史源学实习及清代史学考证法》,1~2 页,北京,商务印书馆,2014。

③ 陈垣:《中国史学名著评论课程说明》,见陈垣著、陈智超编:《中国史学名著评论》,1 页,北京,商务印书馆,2014。

故纸堆而抛弃理论。实际上，如果没有强烈的科学观念、理论关怀与方法论意识，傅斯年很难缔造一个影响深远的学派。

自然科学特重方法，更精确地说，是重视实证方法。傅斯年所创办的历史语言研究所，一开始名为语言历史研究所，将"语言"（philology）①置于"历史"（history）之前。这种冠名方式反映了傅斯年的一个思维前提：语言学（philology）是文艺复兴以来兴起的人文学科的普遍性研究方法，反映实证研究的特征，而历史学（history）则是一个学科。这意味着傅斯年认为普遍性的方法要重于具体学科。当然后来的改名则更确定了研究的基本学科属性。因为对实证研究的重视，傅斯年即使在新历史考据学家中也以关注史料为突出特色。但需要注意到其对史料的关注是与历史研究的科学方法相结合的，实际上是基于一种以史料为中心的实证史学理论。在《历史语言研究所工作之旨趣》这篇史料学派的"宣言"中，他说："历史学不是著史；著史每多多少少带点古世中世的意味，且每取伦理家的手段，作文章家的本事。近代的历史学只是史料学，利用自然科学供给我们的一切工具，整理一切可逢着的史料，所以近代史学所达到的范域，自地质学以至目下新闻纸，而史学外的达尔文论，正是历史方法之大成。"这里很明确的宣称"历史方法"所对应的是包括了从古到今、从自然科学到社会资料的广阔范围的"一切可逢着的史料"。这段话中并不是只有史料这一个重点，还有"方法"之另一个重点。而这篇"宣言"中所说的"历史方法"并非是某些具体的方法，而是历史研究的一种"方法论"。简言之，这种方法论的理论根基是用科学方法进行研究从而把历史学推进为科学。所以该文明确对传统史学与科学史学作了对比，称："照着司马子长的旧公式，去写纪表书传，是化石的史学。能利用各地各时的直接材料，大如地方志书，小如私人的日记，远如石器时代的发掘，近如某个洋行的贸易册，去把史事无论巨者或细者，单者或综合者，条理出来，是科学的本事。科学研究中的题目是事实之汇

---

① 史语所使用的"语言学"是文艺复兴以来人文主义者所普遍使用的"philology"，而非作为学科的"语言学"（linguistics）。

集，因事实之研究而更产生别个题目。所以有些从前世传来的题目经过若干时期，不是被解决了，乃是被解散了，因为新的事实证明了旧来问题不成问题，这样的问题不管它困了多少年的学者，一经为后来发现的事实所不许之后，自然失了它的成为问题的地位。破坏了遗传的问题，解决了事实逼出来的问题，这学问自然进步。"①旧的史学被称为"化石的史学"，而"进步"到当时的史学则是科学的史学。史学之科学性，即在于其研究方法能够用"科学的本事"来"利用各地各时的直接材料"。在这个史学研究过程中，史料本身是基础但不是全部。史料能够提供"事实"，而历史学还要解决"事实逼出来的问题"。因此，认为傅斯年仅仅关注史料是片面的，他实际上是在一个宏大的理论视野中审视史料的重要性，并据此要求依据他认为科学的方法进行研究。

总而言之，新历史考据学是一种与传统考据学既有联系又有显著区别的史学形式，二者的思想背景、学科属性与研究范围都有重要区别。新历史考据学受时代科学思潮影响而具有自身特征，其理论与方法意识是传统考据学所不具备的。在传统考据学中，典型者如赵翼，甚至因为归纳史例的理论与方法意识而影响到其考据实践，表现出一种"理论"与考据相妨害的倾向。虽然理论与考据的张力始终存在，但 20 世纪的史学理论已经趋于成熟，因此新历史考据学的理论与方法反而促进了其实践，使得其超越了传统考据学。

三、新历史考据学的史学贡献

新历史考据学具有鲜明的特点，既发扬和发展了乾嘉考据学的合理传统，又彰显了新的科学精神和史学理论，其理论和方法在当时世界史学界都占有一席之地，堪为当时中国史学乃至中国史学在世界史学界的

---

① 傅斯年：《历史语言研究所工作之旨趣》，见欧阳哲生主编：《傅斯年全集》第 3 卷，3 页，长沙，湖南教育出版社，2003。

一面重要旗帜，这与其在世界范围内争夺"汉学"正统的明确学术关怀和民族自强精神密不可分。在此种精神支撑下，新历史考据学确乎作出了重要的史学贡献。

第一，新历史考据学真正把考据学从经学传统中解放了出来，从而为史学乃至整个人文学科的发展提供了现代性基础。新历史考据学家都因为坚持科学观念而持历史进化论。西方近代科学的一个重要观念基础即是进化论，达尔文在讲"生物进化论"时实际上非常谨慎，并未得出历史的"进步"的结论，其所使用的"进化"（evolution）一词的含义基本保持在拉丁语本义的事物展开的含义，仅用来指生物学上从发育未成熟到发育成熟的发展（development）。[①] 之后社会科学领域借用了这样的含义，并经由斯宾塞（Herbert Spencer）等人的理论发展而愈发显现出现代社会所熟悉的"进步"含义。但是，在当时西方学界整体忽视这一进化论观念转变的背景下，胡适等人非常迫切地引入了斯宾塞意义上的进化论。后来有一些学者对当时作为中国近代史学奠基者的胡适等人引入西方观念的轻率有所批评。关于这一点，应当看到其重要历史背景和积极时代价值，不能因为胡适等人缺乏对当时西方科学尤其是进化论的全面审查而否定其思想贡献。实际上，在当时，并不单单是中国学术界没有充分注意到生物进化论向社会进化论发展的历史过程，西方和日本基本上也是如此，这并不能成为胡适等人理论与方法论有重大缺陷的理由。如果再考虑到中国当时的社会思想状况，可知严复在《天演论》中已经通过他自己的阐发把"物竞天择，适者生存"的观念深植于社会历史领域，无论是在西方还是在中国，并没有给新历史考据学乃至当时整个的新史学提供对进化论予以充分反思和科学建构的契机。更重要的是，这种科学进化论的引入和确立，确实完成了对以经学为尊的传统学术体系的瓦解，这是以考据学为基础的现代人文学科得以建立的必要前提。

传统经学一般持历史退步论或历史循环论，虽然在宋代开始出现了

---

① ［英］雷蒙德·威廉斯：《关键词》，刘建基译，157～158页，北京，生活·读书·新知三联书店，2005。

一些历史进步论，但在近代以前，统治整个学术与社会思想的仍然是历史退步论与历史循环论。这种传统历史观已经成为束缚中国思想与社会的枷锁，而传统的考据学正是以此历史观为指导的，甚至有意无意地在论证此种历史观。新历史考据学坚持进化论，不仅打破了传统考据学的历史观前提，而且通过实证的方式提供了对进化论的支持。这不仅反映在顾颉刚、傅斯年等新历史考据学家的历史研究所抱有的思想倾向方面，更反映在新历史考据学家对史学方法本身的观念方面。傅斯年称"凡能直接研究材料，便进步"[①]；"凡一种学问能扩张它研究的材料便进步，不能的便退步"[②]，这是将一种进化论的态度引入了史学方法论。无疑，新历史考据学家的此类努力成就了历史考据学的现代化。只有当历史考据学本身现代化之后，以实证方式进行研究的现代史学乃至整个人文学科才得以真正形成。

第二，新历史考据学的理论与方法促进了现代历史学科的建立。新历史考据学实现了现代转型之后，其整个理论立场与方法论指向都发生了重大的从文献到历史的转向，这种转向中的理论与方法直接促进了现代历史学科的建立。因此，有学者认为新历史考据学派使历史学成了近代意义上的独立学科。[③] 陈寅恪、傅斯年等新历史考据学家关注的西方的考据学，是指向文艺复兴以来用以考查版本、探明史事的 philology。传统的考据学聚焦于文字和文献本身，并不一定要关注文字与文献背后的历史事实，但新历史考据学家完成了从文献学到史学的现代转变。陈寅恪说："以中国今日之考据学，已足辨别古书之真伪。然真伪者，不过相对问题，而最要在能审定伪材料之时代及作者而利用之。"[④]可见，他不仅关注文献的辨伪问题，更关注审查材料而用以揭示历史面目。这

---

① 傅斯年：《历史语言研究所工作之旨趣》，见欧阳哲生编：《傅斯年全集》第 3 卷，5 页，长沙，湖南教育出版社，2003。

② 傅斯年：《历史语言研究所工作之旨趣》，见欧阳哲生编：《傅斯年全集》第 3 卷，6 页，长沙，湖南教育出版社，2003。

③ 侯云灏：《20 世纪前半期的新历史考证学生及其历史地位》，载《求是学刊》，2001(6)。

④ 陈寅恪：《冯友兰中国哲学史上册审查报告》，见《金明馆丛稿二编》，280 页，北京，生活·读书·新知三联书店，2001。

就是一个明确的从文献学到史学的学术旨趣转向。西方史学的近代化甚至现代史学的发展，背后都有这样一个深层次的从文献到历史的认识论根基，中国史学的近代化实际上也有赖于此。在欧洲长期留学的傅斯年更直接注意到西方史学与考据学的紧密关系，准确地指出"历史学和语言学在欧洲都是很近才发达的"①。因此，他始终将历史研究和语言学研究结合在一起，实际上就是要求以考据学为历史学的根基。

新历史考据学的学术主要指向历史，这是附属于经学的考据学转而支持起现代史学的关键。像王国维对甲骨文的研究并不是仅仅停留在对文字和文献本身的研究层面，而是要通过文字与文献的考据来认识古史。因此王国维的"二重证据法"是历史研究法而不仅仅是文献的考据方法，其运用领域是对殷商历史的研究。他的《殷卜辞中所见先公先王考》和《殷卜辞中所见先公先王续考》两篇文章不局限于零散的甲骨文材料，而是在明确的历史关怀中系统探讨了商王的世系，并且与《史记》等传世文献进行对照，一方面依据新的出土材料探明了传世文献所未载与误载的商王世系，另一方面又证实了《史记》记载的大体可信。这两篇文章的研究"不仅为王国维一生学问的最大成功，亦为近代学术史上的一大盛事"②。顾颉刚从现代史学的角度指出："甲骨文字的研究，自从王国维先生以后，产生了一个划时代的变革，这个变革便决定了甲骨文字这新史料在史学研究上的地位，使已茫昧的商代历史呈现了新的光明，更使以后研究殷商史的人不得不以甲骨文字为唯一可靠的史料。"③在具体的历史研究成就之外，王国维的由文字入手为历史研究服务的治学路径，也可谓为中国现代历史学科的建立提供了重要支持与示范。陈垣的《元也里可温教考》开辟了宗教史研究的重要领域与途径。他的研究从"也里可温之解诂"入手，直探历史事实，"此书之目的，在专以汉文史料，证

---

① 傅斯年：《历史语言研究所工作之旨趣》，见欧阳哲生主编：《傅斯年全集》第3卷，3页，长沙，湖南教育出版社，2003。

② 袁英光：《王国维》，见《中国史学家评传（下）》，1220页，郑州，中州古籍出版社，1985。

③ 顾颉刚：《当代中国史学》，102页，上海，上海古籍出版社，2002。

明元代基督教之情形。先认定元史之也里可温为基督教，然后搜集关于也里可温之史料，分类说明之，以为研究元代基督教史者之助。"①可见，陈垣的研究虽大有功于考据学，但其研究旨趣却立足于现代史学。新历史考据学的成果多有此类特征，是中国现代历史学科建立与发展的重要力量。

胡适高度重视从理论上阐明现代历史学的与历史考据学的关系，他说："历史不是一件人人能做的事；历史学家须要有两种必不可少的能力：一是精密的功力，一是高远的想像。没有精密的功力，不能做搜求和评判史料的工夫；没有高远的想像力，不能构造历史的系统。况且中国这么大，历史这么长，材料这么多，除了分功合作之外，更无他种方法可以达到这个大目的。但我们又觉得，国故的材料太纷繁了，若不先做一番历史的整理工夫，初学的人实在无从下手，无从入门。"②所谓"历史不是一件人人能做的事"实际上点出了历史学的专业门槛，这种专业意识正是现代史学形成的重要基础。胡适所说的"历史不是一件人人能做的事"，是指"搜求和评判史料的工夫"，亦即一种历史考据的功夫。他把历史考据看成是研究的基础，要求"先做一番历史的整理工夫"。而他又把这种整理看成是历史学研究的局部，在此之外要求用"高远的想像"去"构造历史的系统"。可见，他的历史研究的方法论是以历史考据为基础的现代史学方法论，对中国现代历史学科建设影响深远。

第三，新历史考据学开辟了历史学研究的诸多新领域。因为摆脱了传统经学的束缚而以现代科学立场来重建史学，因此新历史考据学极大地扩展了史学的研究领域。在文献学方面，陈垣通过史源学、校勘学、年代学与避讳学等多方面的研究与整理，拓展了历史文献学的理论方法以及所涉猎的研究范围；陈寅恪等人也通过比较方法等的运用为此作出了重要贡献。在古史研究方面，王国维等人通过甲骨文和金文考据，为

---

① 陈垣：《元也里可温教考》，见《陈垣学术论文集》第1集，2页，北京，中华书局，1982。

② 胡适：《〈国学季刊〉发刊宣言》，见欧阳哲生编：《胡适文集》第3册，15页，北京，北京大学出版社，1998。

商周史的研究开辟了新的局面，学者得以掌握大量古来缺乏整理甚至缺乏认识的早期资料，为古史从怀疑走向考信的深化提供了基础，更为从传说到政治、宗教与文化研究的领域扩展作出了重大贡献；顾颉刚通过"古史辨"运动对早期文献与历史进行了辨明，打破了圣王崇拜与民族一元论等根深蒂固的传统观念，用考据解放了古史观念。在宗教史与中外交流史研究方面，王国维使用敦煌文书探讨了摩尼教在唐宋时期的流行情况；胡适对佛教尤其是禅宗的历史流变乃至中外交流进行了大量基于史料考据的研究；陈垣对也里可温教、佛教和摩尼教等多种宗教都从史源学的立场出发进行了精深考据；陈寅恪因为关注民族文化史的研究，大量使用新材料，因而也在宗教史与中外交流史领域多有涉猎。在历史地理方面，顾颉刚发起了"禹贡学会"并出版《禹贡》专门刊物，使得中国历史地理学得以开辟，为现代史学提供了重要的基础与研究领域。在语言学方面，傅斯年发起的"历史语言研究所"在古音学、比较语言学等方面作出了多种贡献；其他新历史考据学家也往往通过语言的训诂与比较来进行研究，既使得多种少数民族语言与文字进入历史学研究的视野，也使得关于古代史的研究发展出了更广阔的领域。此外，在关于中国历史的多个领域，新历史考据学都作出了重要的开创性贡献，使得传统史学对政治的较为单一的关注转为现代史学对社会与文化的全方位关注。

　　新历史考据学的多方面研究不但大大扩展了历史学的领域，而且还形成了较为系统的关于史学研究领域与研究方法的理论观点。胡适说："我们理想中的国学研究，至少有这样的一个系统：中国文化史：（一）民族史；（二）语言文字史；（三）宗教史；（四）政治史；（五）国际交通史；（六）思想学术史；（七）宗教史；（八）文艺史；（九）风俗史；（十）制度史。这是一个总系统。"①这个"国学研究"实际上是"中国文化史"的研究，其门类是现代史学意义上的，涉及了多种传统史学所不重视而现代史学所关注的领域。能够从理论上明确提出研究体系，一方面说明当时

---

　　① 胡适：《〈国学季刊〉发刊宣言》，见欧阳哲生编：《胡适文集》第 3 册，15 页，北京，北京大学出版社，1998。

史学理论意识的成熟，另一方面也反映了新史学在领域拓展方面的突飞猛进，而新历史考据学在这两方面都居于重要地位。

　　总而言之，20 世纪 20 年代兴起的新历史考据学是中国史学走向现代化过程中出现的重要史学思潮与现象。其自身既发扬了乾嘉考据学的优良传统，又自觉运用科学观念与现代史学理论加以指导，从而实现了中国的历史考据学在现代的重生，并通过这一重大变革有力促进了中国现代历史学科的建立与发展，从而为中国现代历史学科作出了重要史学贡献。

第十五讲　民国时期中国马克思主义史学理论的发展

20 世纪中国史学最突出的成就是中国马克思主义史学的建立与发展。自五四运动时期马克思主义传入以后，一些史家开始自觉运用马克思主义的理论与方法进行史学研究，马克思主义史学由此产生。民国时期的中国马克思主义史学，作为中国马克思主义史学发展的第一个重要阶段，在构建中国马克思主义史学理论与方法，运用马克思主义唯物史观研究中国社会与历史、探索解决中国革命实践等诸多问题上，都取得了重大成就。以下就民国时期中国马克思主义史学理论的发展过程与主要特色作出论述。

一、中国马克思主义史学理论的发展过程

民国时期中国马克思主义史学理论的发展，大致经历了唯物史观的传播与中国马克思主义史学理论的产生、社会史大论战与中国马克思主义史学理论的发展、民族危机的加深与中国马克思主义史学理论的新发展三个阶段。

(一)唯物史观的传播与中国马克思主义史学理论的产生

俄国十月革命的爆发和五四运动的兴起，推动了中国唯物史观的传播。1917 年十月革命"由于发生在情况和中国相同(封建压迫严重)或近

似（经济文化落后）的俄国，而对中国人民具有特殊的吸引力"①。1919年巴黎和会上中国外交的失败，进一步打破了中国先进分子对欧美民主主义的幻想，促使了他们把学习的目光转向苏俄、转向马列主义。在这样一种时代背景下，一些先进的知识分子为了寻求救亡之路，纷纷走上了宣传马克思主义的道路，特别是对马克思主义唯物史观进行了广泛的传播。自五四运动前后到大革命失败期间，李大钊、李达、蔡和森、瞿秋白等人成为早期传播马克思主义唯物史观的重要代表。他们积极著书立说，初步构建起了中国马克思主义史学理论体系。

李大钊是中国共产主义运动的先驱，也是最早传播马克思主义、将马克思主义引入中国史学领域的学者。李大钊于1919年发表的《我的马克思主义观》，1920年发表的《由经济上解释中国近代思想变动的原因》《唯物史观在现代史学上的价值》等文章，对马克思主义理论进行了介绍。从1920年起，李大钊在北京大学、朝阳大学、北京女子师范大学、北京师范大学、中国大学等高校讲授唯物史观、史学思想史、史学要论等课程。1924年5月，商务印书馆出版了李大钊的《史学要论》，这是我国第一部马克思主义史学理论专著。作为中国马克思主义史学的开拓者和奠基人，李大钊对中国马克思主义史学理论的构建所作出的贡献，主要表现在如下几个方面。

第一，系统阐释了马克思主义唯物史观的基本原理。李大钊将马克思主义唯物史观的基本原理概括为两点："其一是关于人类文化的经验［济］的说明；其二即社会组织进化论。其一是说人类社会生产关系的总和，构成社会经济的构造。这是社会的基础构造。一切社会上政治的、法制的、伦理的、哲学的，简单说，凡是精神上的构造，都是随着经济的构造变化而变化……其二是说生产力与社会组织有密切的关系。生产力一有变动，社会组织必须随着他变动。"②肯定上层建筑随着经济构造

---

① 中共中央党史研究室编：《中国共产党的九十年》，16页，北京，党建读物出版社，2016。

② 李大钊：《我的马克思主义观》，见《李大钊全集》第3卷，14页，北京，人民出版社，2013。

的变化而变化，社会关系随着生产力的变化而变化，这是马克思主义唯物史观两条基本原理。李大钊在此所阐述的，即是马克思主义唯物史观的基本原理：生产力决定生产关系，经济基础决定上层建筑，其本质是从经济因素上来认识和解说社会历史。李大钊关于马克思主义唯物史观的另一重要认识，是肯定阶级竞争。李大钊认为："历史的唯物论者，既把种种社会现象不同的原因，总约为经济的原因，更依社会学上竞争的法则，认许多组成历史明显的社会事实，只是那直接，间接，或多，或少，各殊异阶级间团体竞争所表现的结果。他们所以牵入这竞争中的缘故，全由于他们自己特殊经济上的动机。"①这就是说，唯物史观视社会现象背后的原因为经济原因，并通过"殊异"阶级间的竞争表现出来。这种"殊异"的阶级，就是"经济上利害相反的阶级，就是有土地或资本等生产手段的有产阶级，与没有土地或资本等生产手段的无产阶级的区别；一方是压服他人，掠夺他人的，一方是受人压服，被人掠夺的"②。

　　第二，将唯物史观与唯心史观的本质区别作了阐述。李大钊批判亚里士多德、莱辛、康德、黑格尔等人关于历史解释的唯心理论，指出"这些唯心的解释的企图，都一一的失败了"。认为历史解释的出路在于唯物的方法，这种方法"不求其原因于心的势力，而求之于物的势力，因为心的变动常是为物的环境所支配"③。指出唯物史观与唯心史观的区别在于："一则寻社会情状的原因于社会本身以外，把人当作一只无帆、无楫、无罗盘针的弃舟，漂流于茫茫无涯的荒海中，一则于人类本身的性质内求达到较善的社会情状的推进力与指导力；一则给人以怯懦无能的人生观，一则给人以奋发有为的人生观。这全因为一则看社会上的一切活动与（变）迁全为天意所存；一则看社会上的一切活动和变迁全

---

　　①　李大钊：《我的马克思主义观》，见《李大钊全集》第 3 卷，15 页，北京，人民出版社，2013。

　　②　李大钊：《我的马克思主义观》，见《李大钊全集》第 3 卷，17 页，北京，人民出版社，2013。

　　③　李大钊：《唯物史观在现代史学上的价值》，见《李大钊全集》第 3 卷，277 页，北京，人民出版社，2013。

为人力所造，这种人类本身具有的动力可以在人类的需要中和那赖以满足需要的方法中认识出来。"①这就是说，唯物史观肯定物质和人力因素的决定作用。

第三，将唯物史观与中国历史研究相结合。李大钊从唯物史观角度对东西方经济思想的不同作出了比较论述，认为："西方的经济思想，其要点在于应欲与从欲，在于适用与足用；东方的经济思想，其要点在于无欲与寡欲，在于节用与俭用。这亦似是因为受了自然环境的影响才有这样的不同。自然的赍与啬，故人间的欲望奢，欲望奢则必竭力以求应欲而尽用；自然的赍与丰，故人间的欲望小，欲望小则必竭力以求寡欲而节用。这是东西洋经济思想不同的特点。"②由此出发，他对中国古代经济思想展开了简要论述。李大钊主张从经济变动来看思想变动，他说："凡一时代，经济上若发生了变动，思想上也必发生变动。换句话说，就是经济的变动，是思想变动的重要原因。现在只把中国现代思想变动的原因，由经济上解释解释。"③据此，李大钊对中国古代以来特别是近代以来的思想变动，从经济变动的视角作出了阐述。

第四，构建马克思主义史学理论基本框架。首先，论述了"什么是历史"。李大钊对"历史"和"历史记录"作了区分，认为各类史籍只是历史记录，我们所研究历史的是客观的历史，它"是人类生活的行程，是人类生活的联续，是人类生活的变迁，是人类生活的传演，是有生命的东西，是活的东西，是进步的东西，是发展的东西，是周流变动的东西"④。其次，论述了史学研究的对象和目的。李大钊认为史学的研究对象，是"整个的人类生活，即是社会的变革，即是在不断的变革中的人类生活及为其产物的文化。换一句话说，历史学就是研究社会的变革

---

① 李大钊：《唯物史观在现代史学上的价值》，见《李大钊全集》第 3 卷，279 页，北京，人民出版社，2013。
② 李大钊：《中国古代经济思想之特点》，见《李大钊全集》第 3 卷，286 页，北京，人民出版社，2013。
③ 李大钊：《由经济上解释中国近代思想变动的原因》，见《李大钊全集》第 3 卷，185 页，北京，人民出版社，2013。
④ 李大钊：《史学要论》，见《李大钊全集》第 4 卷，518 页，北京，人民出版社，2013。

的学问。即是研究在不断的变革中的人生及其产物的文化的学问"①，肯定史学研究的对象乃为社会变革、人类生活及其产物——文化。而史学研究的目的，"本在专取历史的事实而整理之，记述之，嗣又更进一步，而为一般关于史的事实之理论的研究，于已有的记述历史以外，建立历史的一般理论"②。也就是说，历史学要在记述整理历史事实的基础上，探究历史发展的规律，总结出历史理论。再次，论述了史学的价值。一是"能陶炼吾人以科学的态度"。科学的态度有尊疑和重据两个要点，"以此态度求学，则真理可明；以此态度作事，则功业可就。史学的影响于人生态度，其力有若此者"③。二是能够激发爱国情感。李大钊说："吾人浏览史乘，读到英雄豪杰为国家为民族舍身效命以为牺牲的地方……在历史上留下可歌可泣的悲剧、壮剧。我们后世读史者不觉对之感奋兴起，自然而然的发生一种敬仰心，引起'有为者亦若是'的情绪，愿为社会先驱的决心亦于是乎油然而起了。这是由史学的研究引出来的'舜人亦人'感奋兴起的情绪。"④肯定了史学的教育功能。

对于李大钊传播唯物史观的贡献与地位，时人作如是评说："李先生是研究历史最有成绩的人，也是唯物史观最彻底最先倡导的人；今日中国辩证法，唯物论，唯物史观的思想这样澎湃，可说都是先生证其基，导其先河；先生可谓先知先觉，其思想之影响及重要可以知矣。""总之，李先生是近五十年中国思想史上第一流的思想家。他的思想之深切，一贯，远非他人所比及。一方面破坏旧思想，一方面建设有体系的新思想……先生虽然早死，而先生之学说思想日益发展而广大。"⑤

除李大钊之外，这一时期李达、蔡和森、瞿秋白等人也为中国马克思主义史学的发展作出了卓越的贡献。李达是中国最早宣传马克思主义

---

① 李大钊：《史学要论》，见《李大钊全集》第 4 卷，527 页，北京，人民出版社，2013。
② 李大钊：《史学要论》，见《李大钊全集》第 4 卷，528 页，北京，人民出版社，2013。
③ 李大钊：《史学要论》，见《李大钊全集》第 4 卷，565～566 页，北京，人民出版社，2013。
④ 李大钊：《史学要论》，见《李大钊全集》第 4 卷，568 页，北京，人民出版社，2013。
⑤ 郭湛波：《近五十年中国思想史》，151、162～163 页，北平，人文书店，1936。

学者之一。他曾翻译《唯物史观解说》《马克思经济学说》等著作，发表了《什么是社会主义》《社会主义的目的》《马克思还原》《无政府主义之剖析》《讨论社会主义质梁任公》等多篇文章，在与反马克思主义思潮作斗争，进一步宣传了马克思社会主义理论。李达的代表作《现代社会学》是系统阐述唯物史观与科学社会主义的著作，是"中国人自己写的最早的一部联系中国革命实际系统论述唯物史观的专著"①。此书在 1926 年由现代丛书社出版之后，曾多次重印，影响甚广。其中《帝国主义与中国》《世界革命与国民革命》《国民革命之归趋》等章节揭示了帝国主义的真面目，论证了中国革命的动力、对象、领导权等关键问题，成为当时中国人民认识社会、改造社会的重要理论依据。

蔡和森是早期卓越的无产阶级革命家，也是中国马克思主义史学的奠基人之一。1924 年，蔡和森撰写了《社会进化论》一书，这是中国第一部运用马克思主义唯物史观写成的社会发展史著作。该书肯定了物质生产是社会发展的终极动力，认为"人类进化的主要动因有二：一是生产，一是生殖。前者为一切生活手段的生产，如衣食住等目的物及一切必要的工具皆是"。对国家的实质及其与阶级斗争的关系作了揭示，指出"国家是由于控制阶级争斗的需要产生的；但他的内部又产生一些阶级斗争。照普遍的定律说，国家乃是在经济地位上占据优势的阶级的机械，这个阶级借着国家的设立又成为政治上的支配阶级，并且由此又造成一些掠夺被压迫阶级的新工具"，肯定私有财产对于社会进化的重要影响，"私有财产不仅使政治组织变化，而且使主权的性质根本变化……有产阶级居于支配和统治的地位；而无产阶级完全居于被压制的地位"②。该书"是以恩格斯的《家庭、私有制和国家的起源》为蓝本，将《共产党宣言》《资本论》《社会主义从空想到科学的发展》《财产及其起源》《劳动在从猿到人转变过程中的作用》等著作中的重要观点汇集进来，结

① 江明：《展读遗篇泪满襟——记李达和吕振羽的交往》，载《文献》，1981(4)。
② 蔡和森：《社会进化论》，见《蔡和森文集》(上)，463、631、635 页，北京，人民出版社，2013。

合中国的历史和现实，运用马克思主义唯物史观阐释了原始社会的发展规律，并引用大量中国史料，证实马克思主义唯物史观具有普遍性，在中国也同样适用。这是马克思主义唯物史观在中国民族化、通俗化的最早尝试"[①]。

瞿秋白早在 1923 年就于上海大学讲授《辩证唯物主义和历史唯物主义》课程。1923 至 1924 年间，先后撰写了《社会哲学概论》《现代社会科学》和《社会科学概论》三部重要著作，对马克思主义辩证唯物主义和历史唯物主义作出了系统论述。其一，论述了唯物论与唯心论问题。瞿秋白肯定唯物论是科学，唯心论是根源于万物有灵论的迷信，唯心论之所以能够流行，一是科学智识进步缓慢，无法"面面俱到的夺取万物有灵论"；一是"万物有灵论的观念，渐渐形成有系统的宗教信仰"。[②] 其二，肯定物质第一性、精神第二性。瞿秋白认为："有无精神之物质，而不能有无物质之精神。物质于未发生精神以前早已存在。""精神不能外乎物质而存在；物质却能外乎精神而存在，物质先于精神。"[③]其三，肯定生产力决定生产关系，经济基础决定上层建筑。瞿秋白说："生产力状态是社会的实质，社会的基础"，"社会变易的根本必定是生产力之发展"，"生产力状态变，经济关系也就变。"[④]肯定经济基础是社会发展的决定因素："经济的流变可以生出政治、法律、道德、宗教、哲学等，可是亦能消灭政治、法律、道德、宗教、哲学等；经济的流变能生长社会制度、风俗、艺术、科学，更能变更社会制度、风俗、艺术、科学。"同时上层建筑对于经济基础也有反作用："政治、思想等当然能返其影

①　张杰：《蔡和森对中国马克思主义史学的奠基性理论贡献》，载《史学理论研究》，2018(3)。

②　瞿秋白：《社会哲学概论》，见《瞿秋白文集》第 2 卷，312 页，北京，人民出版社，2013。

③　瞿秋白：《现代社会学》，见《瞿秋白文集》第 2 卷，434、435 页，北京，人民出版社，2013。

④　瞿秋白：《社会科学概论》，见《瞿秋白文集》第 2 卷，545、545、546 页，北京，人民出版社，2013。

响于经济。"①瞿秋白关于马克思主义辩证唯物主义和历史唯物主义的论述所形成的哲学思想和历史学思想，对中国马克思主义哲学和历史学的形成和发展作出了重要贡献。

综上所述，以李大钊、李达、蔡和森、瞿秋白等人为代表的早期的中国马克思主义学者，通过积极传播和宣传马克思主义，自觉以唯物史观作指导来研究社会和历史，为中国马克思主义史学理论的形成作出了开拓性的贡献，为中国马克思主义史学理论的发展奠定了坚实的基础。

(二)社会史大论战与中国马克思主义史学理论的初步发展

1927年大革命失败，促使人们开始反思中国社会的性质以及中国革命的对象、任务、前途等一系列问题。为了回答这些问题，先后兴起了关于中国社会性质、中国社会史和中国农村社会性质诸问题的大讨论，即所谓三次大论战。其中关于中国社会性质问题的论战，是大革命失败后中国共产党急需认清中国社会性质，进而确定革命路线的历史背景下展开的。在论战过程中，马克思主义学者集中而又充分地阐明了"半殖民地半封建社会"这一概念，使得人们对中国社会性质以及中国革命有了进一步的认识，为中国共产党反帝反封建的革命纲领的确定提供了历史理论的支撑。关于中国农村社会性质问题的论战发生于20世纪30年代中期，是中国社会性质问题论战的继续和深入。在论战过程中，马克思主义学者集中阐明了中国经济是半殖民地性的半封建经济，这既是中国共产党反帝反封建斗争的理论总结，同时又捍卫了中国共产党关于土地革命的理论。而关于中国社会史问题大论战，则是对中国史学影响最为深刻的论战。

中国社会史问题论战是紧随着中国社会性质问题的论战兴起的，持续的时间自1928年至20世纪30年代，其中1932年至1933年形成高潮，1934年至1935年有中国农村社会性质的论战，1935年以后转入低潮，一些马克思主义史家仍在继续探讨论战的相关问题。对于中国社会

---

① 瞿秋白：《社会科学概论》，见《瞿秋白文集》第2卷，583、584页，北京，人民出版社，2013。

性质问题的争论，必然会关系到对于中国社会历史发展过程的探究。中国社会史大论战的本质，即是要解决马克思主义社会发展规律论是不是具有普遍性，以及怎样运用马克思主义史学理论来解决中国历史和现实问题。参加论战的学者政治立场与思想观点十分复杂，其中反马克思主义阵营的主要流派有：陶希圣为代表的新生命派①，李季、严灵峰、任曙等为代表的托派，以及与社会民主党有关的王礼锡、胡秋原等人；属于马克思主义阵营的主要有：王学文为代表的新思潮派②，中共直接领导的"中国社会科学家联盟"，以及站在马克思主义立场上积极参与或直接影响论战的马克思主义史学家郭沫若、吕振羽、翦伯赞、何干之等人。论战讨论的问题，主要集中在亚细亚生产方式的含义、中国历史上有无亚细亚生产方式、中国历史上有无奴隶社会阶段、中国封建社会有什么特征、中国封建社会的发生发展及其没落情况如何等方面。反马克思主义流派在各个论战问题上对马克思主义进行挑战："综观他们这些五花八门的'历史见解'，根本目的在于：第一，否认中国历史上存在过奴隶制社会，从而否认马克思主义是普遍真理；第二，否认鸦片战争前的中国社会是封建社会，从而否认西方殖民主义对中国的入侵；第三，否认鸦片战争后的中国社会是半殖民地半封建社会，从而否定近百年来、特别是中国共产党成立以来中国人民反帝反封建革命斗争的必要性。"③中国马克思主义史学家则运用马克思主义唯物史观研究中国的社会形态，解释中国历史发展进程，探索中国历史发展规律，有力地驳斥了中国"国情特殊论"，论证了中国半殖民地半封建的性质，从根本上肯定了中国进行反帝反封建斗争、争取民族独立的必要性。

中国社会史大论战使中国马克思主义史学得到了空前发展，形成了一支坚持马克思主义史学立场的史学研究队伍，涌现出了一批具有开拓性的马克思主义史学名著，郭沫若、吕振羽、翦伯赞、何干之即是其中

---

① 因出版《新生命》杂志而得名。
② 因主编《新潮流》杂志而得名。
③ 白寿彝主编：《中国史学史教本》，442页，北京，北京师范大学出版社，2000。

的杰出代表。

郭沫若的《中国古代社会研究》一书，无疑是这次大论战中影响力最大的马克思主义史学著作。该书出版于 1930 年 3 月，虽然此时郭沫若正流亡日本未直接参与论战，并且此书编纂缘起是否与社会史论战有关尚存在争议，但是不可否认的是，《中国古代社会研究》的确影响到了中国社会史大论战的方向。《中国古代社会研究》是中国第一部运用马克思主义的唯物史观来系统阐释中国古代社会的历史著作，它以恩格斯的《家庭、私有制和国家的起源》为理论依据，结合《易》《书》《诗经》等纸上材料和甲骨卜辞、金文等地下材料，从生产工具和生产关系入手研究中国古代社会，将中国从远古到近代的历史划分为原始公社制、奴隶制、封建制、资本制四种社会形态，具体而言，"大抵在西周以前就是所谓亚细亚的原始共产社会，西周是与希腊、罗马的奴隶时代相当，东周以后，特别是秦以后，才真正地进入封建时代"[1]。尽管这一说法有欠妥之处，作者自己在后来也不断予以修正，但郭沫若采用新材料和新的研究方法，运用马克思主义经济社会形态理论分析中国古代社会，确认了中国历史的发展具有规律可循，"中国人不是神，也不是猴子，中国人所组成的社会不应该有甚么不同"[2]，证实了马克思所揭示的人类社会发展的普遍规律符合中国历史的发展。《中国古代社会研究》在马克思主义史学发展史上具有里程碑式的地位，"是中国史学史上第一部试图以马克思主义解释中国历史发展全过程的著作"[3]。

吕振羽是中国社会史论战的重要参与者，在论战中先后撰写了《史前期中国社会研究》《殷周时代的中国社会》和《中国政治思想史》等论著，首次提出了殷商奴隶说、西周封建说，开创了运用马克思主义理论研究中国古代思想史的先河，并对中国古代社会史的研究作出了突出贡献。《史前期中国社会研究》于 1934 年由北平人文书店出版，是吕振羽专门

① 《郭沫若全集·历史编》第 1 卷，153～154 页，北京，人民出版社，1982。
② 《郭沫若全集·历史编》第 1 卷，6 页，北京，人民出版社，1982。
③ 白寿彝主编：《中国史学史教本》，433～434 页，北京，北京师范大学出版社，2000。

为社会史论战撰写的。该书依据马克思主义历史唯物主义的基本原理和方法，利用风俗学、神话学以及当时所出土的地下文物作相互印证，对文献中全部上古神话传说作了科学的系统考察，对史前历史作了系统的论证，发现传说中所说的"茹草饮水""未有宫室"同恩格斯所说的原始人群时代的特点相合，"民知其母，不知其父"同母系氏族社会的特点相合，在母系氏族社会之后，还经历了一个父系氏族社会发展阶段，基本厘清了中国史前历史的发展脉络。此外吕振羽还考证了神话传说所反映出来的区域和有关文物出土地区的大致的一致性；有关神农氏和尧舜禹神话所指明的时代和仰韶期文物所指明的时代的大致的一致性，从而确认神话传说反映出来的社会历史有可靠的地下考古文物为基础。这使他对整个古代社会发展规律的揭示有了不可动摇的意义，初步完成了对史前社会研究的探索工作。①

《殷周时代的中国社会》于 1935 年由上海不二书店出版，该书最突出的贡献是创立了殷商奴隶制社会论和西周封建说。在摩尔根《古代社会》、恩格斯《家庭、私有制和国家的起源》等著作中一般认为铁器是文明国家产生的条件之一，但吕振羽通过分析中国历史地理的特点，指出中国的土地气候自古以来适合发展农业，认为殷代虽没有铁器，但也可以发展成奴隶制社会，"殷代的青铜器所代表的生产力，曾创造出存在于社会内部的不劳而食的阶级，易言之，它曾完成了使社会内部的阶级最初的大分裂的历史任务，而充任了国家出现的主要因素，把中国社会推进到文明的时代"，认定殷代已进入奴隶制社会。吕振羽还从社会结构、财产性质、意识形态等各个方面论证了周代已从奴隶制社会进入了封建制社会。吕振羽的《史前期中国社会研究》和《殷周时代的中国社会》是对中国史研究的重大突破，"用马克思主义理论和历史事实澄清了 20世纪 30 年代中国社会史论战中有关中国历史上奴隶制社会和封建社会学说中一些错误观点，在学术上首创殷商奴隶社会论和西周封建说学说体系。这一学说体系，后来经作者不断丰富和其学术铺陈阐发，影响着

---

①　参见吴泽、朱政惠：《吕振羽史学研究》，载《历史教学问题》，1987(1)。

几代学人，推动着中国古代史研究的深入开展"①。

《中国政治思想史》完成于1936年，1937年由上海黎明书局初版发行。《中国政治思想史》仿照马克思著、考茨基编《剩余价值学说史》体例编纂，将中国古代思想史按照中国社会经济形态发展规律依次分为"种族国家的奴隶制时代""初期封建领主集团的政治意识的演化""初期封建制度发育成熟时代之政治思想的各流派""初期封建制矛盾发展时代之政治思想的各流派""专制的封建时代初期政治思想的各流派及其演变""在矛盾斗争扩大期中之各派政治思想""地主经济复兴时代之各派政治思想""封建主义末期政治思想的各派""专制的封建主义崩溃期之各派政治思想"，系统地论述了从先秦到鸦片战争时期各个重要发展时期的思想流派及思想家的政治思想，突破了以往研究思想史以形式主义划分社会思想流派的方式，而是从各种社会思想存在的根基之阶级角度进行分析，开创了运用马克思主义理论研究中国思想史的先河。

参加中国社会史论战的马克思主义史家还有翦伯赞、何干之等人。翦伯赞在20世纪30年代初陆续发表了《中国农村社会之本质及其历史发展阶段之划分》《前封建时期之中国农村社会》《关于"亚细亚的生产方法"问题》《关于历史发展中之奴隶所有者社会问题》等论文，围绕着中国农村社会问题、亚细亚生产方式、中国奴隶制社会问题进行了探讨。1938年翦伯赞撰写了《历史哲学教程》，这是继李大钊《史学要论》后又一部重要的马克思主义史学理论专著。该书系统地阐发了唯物史观的基本理论和研究方法，批判性地总结了社会史论战中对中国历史形式发展之各种不同的见解，在马克思主义理论发展史上无疑具有重要的地位。何干之在1934年出版的《中国经济读本》是他参与社会史论战的第一部著作，是运用马克思主义唯物史观理论进行经济分析研究中国社会的杰出代表作品。此后何干之又出版了《中国社会性质问题论战》（上海生活书店，1937年）和《中国社会史问题论战》（上海生活书店，1937年），客观总结了两大论战的基本情况，并运用马克思主义观点对两大论战进行

---

① 桂遵义：《马克思主义史学在中国》，185页，北京，人民出版社，2020。

了学术分析。

　　除去中国社会史大论战外，这一时期马克思主义史学理论的发展也还体现在历史研究的其他领域。比如，华岗于 1931 年由上海春耕书店初版的《中国大革命史》，是其以历史事件亲历者的身份对 1925—1927年的大革命进行记述的一部著作，该书"以革命史观来诠释近代以来的中国历史，建立了以革命为分析模式的中国近代史研究体系，将中国革命史的研究向前推进了一大步，对中国马克思主义史学发展有着重要的意义"①。李平心于 1933 年由光明书局出版的《中国近代史》，则是以马克思主义唯物史观为指导研究中国近代史的第一部学术著作。该书重视运用历史学与社会学相结合的方法，认为"我们研究中国史的主要任务，乃是要考察中国社会在全人类历史之一般的进展过程中特有的发展路线，同时要解释中国历史上许多重大事变——如民族的分合斗争，社会形态的转变交替，各阶级的分化战斗，各种文化制度与意识形态的递嬗变化等等——发生的原因与其成果，说明中国文化与世界文化的交汇影响"。而"中国近代史的主要的任务，就是要说明国际资本主义侵入中国以来，中国社会、经济、政治所引起的重大变化，中国民族的殖民地化的过程，以及在此过程中所发生的社会阶级之分化与中国革命发展的起落"②。这些革命史、近代史等领域的史学研究，反映了马克思主义唯物史观理论广泛适用于中国历史研究，适应于解说人类历史的普遍发展规律。正如吕振羽在 1940 年总结 1928 年以来中国马克思主义史学的发展概况时所讲："从五四运动前后开端，一九二八年开始系统展开的新史学研究，在中国社会史部门中是比较有成绩的：批判了各种各样的假科学的史学理论，较正确地评估了中国社会发展的诸阶段，出版了几部应用或试图应用马克思主义观点、方法写成的原始社会史、奴隶制度史、初期封建社会史、近世史，尤其是革命史等；虽然由于主观和客观

　　① 吴汉全：《中国马克思主义学术史概论(1919—1949)》，689 页，长春，吉林人民出版社，2010。

　　② 李平心：《中国近代史·绪论》，见《平心文集》第 1 卷，107、108 页，上海，华东师范大学出版社，1985。

条件的限制，还有不少缺点，特别是还没有完成一部较正确的中国通史，但把中国社会发展过程的具体面目系统地初步整理出来，这一工作，为新史学初步打下了基础。"①

(三)民族危机的加深与中国马克思主义史学理论的进一步发展

1937 年抗日战争全面爆发后，在民族危机空前严重的形势下，中国人民争取民族独立和国家解放的意识不断得到加强。当时延安是中国共产党抗日根据地的革命中心，吸引了一批马克思主义史学家前往延安；还有"一些革命的史学家来到大西南，他们以国民政府的文化工作委员会(文工会)作为合法的活动阵地，并以重庆为中心，在西南地区形成了一支掌握马克思主义世界观与方法论的史家队伍"②。马克思主义史家一方面自觉地宣传马克思主义唯物史观，另一方面积极通过史学研究以指导或影响现实革命斗争。抗战胜利后，延安的史学家转战南北，仍然继续着中国历史的研究与编著；重庆的史学家向上海、南京、香港等地转移，积极投入反对内战的民主运动中，共同为建设中国马克思主义史学作出了许多富有独创性的实践和贡献。③

1. 抗战时期延安地区马克思主义史家群体的史学理论成就

延安地区马克思主义史家群体的主要代表人物有吕振羽、范文澜、何干之、尹达、杨松、吴玉章、叶蠖生、陈伯达、金灿然、杨绍萱等，他们的历史研究坚持以马克思主义和毛泽东思想作指导，研究的重点侧重于中国近现代史、中国革命史、中共党史和民族史等领域，取得了一大批优秀的学术成果，为当时的抗日战争和解放战争提供了理论支持。

第一，中国近现代史研究。1941 年毛泽东在《改造我们的学习》中对忽视中国近代历史的研究现象作出了尖锐批评，他指出："对于自己的历史一点不懂，或懂得甚少，不以为耻，反以为荣。特别重要的是中国共产党的历史和鸦片战争以来的中国近百年史，真正懂得的很少，近

---

① 吕振羽：《中国社会史诸问题》，见《吕振羽全集》第 6 卷，252 页，北京，人民出版社，2014。
② 侯外庐：《韧的追求》，123 页，北京，三联书店，1985。
③ 桂遵义：《马克思主义史学在中国》，227～228 页，人民出版社，2020。

百年的经济史，近百年的政治史，近百年的军事史，近百年的文化史，简直还没有人认真动手去研究。"认为"对于近百年的中国史，应聚集人材，分工合作地去做，克服无组织的状态。应先作经济史、政治史、军事史、文化史几个部门的分析的研究，然后才有可能作综合的研究"。①在毛泽东的直接影响下，延安的马克思主义史学家们围绕着中国近代史的若干重大问题，并紧密结合现实革命斗争进行了深入的探讨阐释，取得了一批具有重要学术价值、重大现实意义的研究成果。其中，范文澜的《中国近代史（上编）》（1946 年初版）是当时中国近代史研究的集大成之作，奠定了中国近代史研究的政治史研究范式。该书以马克思主义理论为指导，以革命史范式论述了从鸦片战争到义和团运动的社会变迁，分析了中国沦为半殖民地半封建社会的原因，阐释了毛泽东在《中国革命和中国共产党》一文提出的"两个过程"说，即"帝国主义和中国封建主义相结合，把中国变为半殖民地和殖民地的过程，也就是中国人民反抗帝国主义及其走狗的过程"。该书还认为"中国近百年史就是人民反抗投降派及其主人帝国主义的斗争史"，突出了人民群众的反抗斗争和反帝爱国精神，强调了史学为现实革命斗争服务的精神。

第二，中国革命史研究。张闻天主持编写的《中国现代革命运动史》，是这一时期中国近现代革命史的代表作。该书早在 1936 年即有油印本出版，1937 年末由延安解放社正式出版，之后又多次再版。《中国现代革命运动》是中国马克思史学家研究中国革命史的开拓之作，其运用马克思主义唯物史观系统考察了中国近代以来的社会变革运动，较为完备地论述了革命运动中的重要事件，"理出了中国革命史研究的基本线索：太平天国运动—戊戌变法—义和团运动—辛亥革命—五四运动—中国共产党诞生—中国工人运动发展—国共合作—一九二五至二七年大革命。这条中国革命史的基本线索在理论上和现实上有其重大意义。它是中国马克思主义的革命史研究中首次形成的比较系统、完整的

---

① 毛泽东：《改造我们的学习》，见《毛泽东选集》第 3 卷，798～799 页，北京，人民出版社，1991。

科学体系"①。这条中国革命史基本线索的梳理，"标志着马克思主义的中国革命史研究体系初步建立起来，这条基本线索反映了马克思主义历史唯物主义的理论原理，反映了无产阶级的立场、观点，即以阶级斗争为主线，以颂扬中国人民大众，特别是工人、农民群众的革命运动为主，肯定了资产阶级的革命活动的历史进步性，也批判资产阶级妥协、背叛革命的反动性"②。鼓舞了当时人民的革命运动，推动了中国近现代革命史研究的深入。

第三，中共党史研究。为了中国革命实践和党的建设的需要，早在大革命期间就兴起了对中国党史的研究。蔡和森是中国共产党党史研究的开拓者，他于1926年写成的《中国共产党史的发展》是最早研究中国共产党党史的专著，次年写成的《党的机会主义史》一书则是第一部研究党内思想、路线斗争的专史著作。瞿秋白于1930年撰成的《中国共产党历史概论》，也是其深入系统研究中共党史的代表论著。这些早期党史论著研究深入、论断精当，同时保存了宝贵的党史文献材料，为以后中共党史的研究奠定了良好的基础。延安马克思主义史学对中共党史的研究是为了配合"整风运动"学习，在毛泽东的带领下，中共中央对中共党史资料第一次进行了全面系统的整理，编辑了《六大以来—党内秘密文件》《六大以前—党的历史材料》和《两条路线》三部文集。《六大以来—党内秘密文件》由中央书记处承担，毛泽东主持，胡乔木、王首道协编，1941年12月出版，该书收录了1928年6月至1941年11月的中央文件557份；《六大以前—党的历史材料》是由中央办公厅编辑，收录了1922年3月至1928年6月各类历史文献199篇。两部书共计136万字。中央书记处编辑的《两条路线》于1943年10月出版，收集了从中国共产党成立到1943年重要文献137篇。③这三部文集的出版，为以后学习和研究中国共产党的历史保存了珍贵的历史资料，为中共党史的研究作出了

---

① 桂遵义：《马克思主义史学在中国》，363～364页，北京，人民出版社，2020。
② 桂遵义：《马克思主义史学在中国》，364页，北京，人民出版社，2020。
③ 张剑平：《中国马克思主义史学研究》，257页，北京，人民出版社，2009。

重要贡献。值得注意的是，1942 年 3 月 30 日毛泽东在中共中央学习组发表《如何研究中共党史》演说，对中共党史研究的必要性、研究对象、研究方法、发展阶段的分期问题以及对待党史研究的态度等，都进行了详细了论述。毛泽东认为研究党的历史是必需的："如果不把党的历史搞清楚，不把党在历史上所走的路搞清楚，便不能把事情办得更好。"研究党的历史就是坚持以马克思主义的理论和方法作为最根本的方法来研究整个党的发展过程，通过考察党的斗争目标、打击对象、政治路线等因素来进行党的发展阶段的分期，同时不能忽略对党成立以前的辛亥革命和五四运动的材料的研究，强调了中共党史研究应该以中国为中心。《如何研究中共党史》为建设中共党史的研究体系奠定了理论基础。

此外，延安史家关于中国民族史研究，也是一个不容忽视的史学成果。刘春编著了一部运用马克思列宁主义民族学理论撰写成的回族研究专著，依据丰富的历史资料对回族的历史进行了详细介绍，着力阐述了中国共产党人对回族问题的正确认识及民族政策，推动了马克思主义民族问题的具体实践。

2. 抗战时期重庆地区马克思主义史家群体的史学理论成就

重庆作为抗战时期民国政府的战时首都及陪都，是中国抗战时期大后方的政治、军事、经济、文化中心，也是抗日民族统一战线的政治舞台。重庆独特的地位汇聚了全国各地的大量知识分子，其中也包括一些马克思主义史学家。重庆地区马克思主义史家群体人数众多，日后并称为"五老"的马克思主义史家中，郭沫若、吕振羽（1941 年 3 月以后到延安）、翦伯赞、侯外庐等四人都在重庆，加上杜国庠、华岗、胡绳、嵇文甫、赵纪彬、吴泽等人，是一支史学研究的重要力量。他们的史学研究主要集中在以下两个方面。

第一，思想史研究。思想史是重庆马克思史学群体开辟的一个新的研究领域。郭沫若、侯外庐等在思想史领域建树颇多，影响深远。郭沫若对思想史的研究侧重于先秦思想史，最早用马克思主义理论探讨中国思想史的著作是《中国古代社会研究》第一章《周易的时代背景与精神生产》，这章内容主要是论述了《周易》时代的社会生活及《易传》中辩证观念。日本发动侵华战争后，国内一些学者乘机掀起了一股"屈原否定论"高潮，企图以此来淡化和抹杀由屈原及其作品而积淀下来的中华民族爱国传统。1942年，郭沫若就写成《屈原》一书，同年编成历史剧《屈原》，对屈原的生平、作品及艺术形象等进行了严密的考证和研究，驳斥了"屈原否定论"，对屈原的爱国思想和革命精神作了精辟的阐述。郭沫若的屈原研究呼唤爱国主义，为抵抗日本侵略产生了积极的影响。郭沫若的屈原研究还推动了其对先秦诸子思想的深入研究，而其研究先秦诸子思想的代表作则是《青铜时代》和《十批判书》（分别于1945年由重庆文艺出版社和群益出版社出版），前者偏重于考证，而后者偏重于批评。郭沫若认为，这两部书"把古代社会的机构和它的转变，以及转变过程在意识形态上的反映，可靠整理出了一个比较完整的轮廓"①。《青铜时代》和《十批判书》全面考证和评论了先秦儒、墨、道、法、名、阴阳诸家的学说和思想，并对各家内部派别进行了深入探讨，还对各家进行了分期研究，可谓自称体系。

侯外庐对中国思想史的研究作出了突出贡献。1934年侯外庐完成了《中国古代社会与老子》，此书可以称为其研究中国思想史的开山之作，但也透露出了侯外庐研究方向从社会史向思想史转变的趋势。1944年，侯外庐出版了《中国古代思想学说史》一书，其治学重点基本上转到思想史领域。次年又出版了《中国近世思想学说史》。这两部著作的相继问世，奠定了其在中国思想学术史研究领域的地位，也成为他后来主编《中国思想通史》的基础。《中国古代思想学说史》的论述范围集中在先秦时期，叙述了先前时期主要思想流派和思想家的理论学说，试图用马克思主义观点来深入探究先秦思想学说史。在分析思想史的变迁和思想家的理论过程中，细致而详实地阐释了思想观念产生和变化的社会根源。《中国近世思想学说史》则是对明末清初至民国初年约三百年中国思想史的总结，全书共分三编：第一编，十七世纪中国学术之新气象，论述了

---

① 郭沫若：《十批判书·后记》，见《郭沫若全集·历史编》第2卷，487页，北京，人民出版社，1982。

王夫之、黄宗羲、顾炎武、颜元、傅山、李顺、朱之瑜、唐甄的思想；第二编，十八世纪的汉学运动，论述了戴震、章学诚、汪中、焦循、阮元的学术思想；第三编，中国十九世纪思想活动之巨变，论述了龚自珍、康有为、谭嗣同、章太炎、王国维的思想。该书是试图用马克思主义观点、方法草创研究另一个重大变革时期——明清之际思想发展途径的一种研究方法。[①]

吕振羽则对中国政治思想史的研究有开创之功。1937 年，吕振羽出版了《中国政治思想史》一书，是为中国第一部运用马克思主义理论论述中国政治思想和哲学思想的力作。吕振羽对何为"政治思想"作了阐释，认为："它并不是和经济思想相对立的东西，毋宁是人类各别阶级的阶级斗争思想的集中表现，而为其行为指导的原理。所以政治思想史，本质上系同于社会思想史，只有其范围大小的差异。"[②]在具体论述上，该书"首先把中国史全部过程划分为各个阶段，各个阶段又划分为其发展过程的各个时期；从各个社会阶段和时期的阶级阶层的构成上及其相互关系的变化上去论究政治思想的各流派，又把每个派别中各思想家的思想，作为其自己的一个体系去论究"。吕振羽对于研究中国政治思想史的目的有着非常明确的认识，他说："深入地开展对民族文化思想之史的研究，把研究的结果提供到实践上去，对中国马克思主义者来说是必要的课题。"[③]

另外，杜国庠在先秦诸子哲学思想研究方面取得了卓越的成就，特别是对墨子、公孙龙、荀子等有深入独到的见解，侯外庐曾评价说："他对公孙龙哲学思想规定为'多元的客观唯心主义'，这一结论，我想是确乎难移的断案；他对公孙龙的'坚白离'和《墨经》的'坚白攫'的对立

①　于文善：《抗战时期重庆马克思主义史学研究》，130 页，北京，中国社会科学出版社，2013。

②　吕振羽：《中国政治思想史》，见《吕振羽全集》第 4 卷，34 页，北京，人民出版社，2014。

③　吕振羽：《中国政治思想史·初版序》，见《吕振羽全集》第 4 卷，北京，人民出版社，2014。

学说认为是战国时代唯心主义和唯物主义的两条路线斗争的重要方面，我想是卓越的发展；他对《墨经》的认识论和逻辑学上的珍贵遗产的诠解与评价，我想是功力很深的独创；他对荀子《成相篇》认为是文学上别创的风格以及其中有对其哲学思想总结的作用，我想论断是正确的；他对中国古代中世纪唯物主义者的一系列论断，我认为他为中国唯物主义发展史的编写开辟了一个新的途径。"①嵇文甫是运用马克思主义唯物史观建设马克思主义史学的先驱者和奠基者之一，他在中国思想史的研究中，尤其是先秦诸子思想和晚明思想史研究方面取得了重要的研究成就。早年撰成《先秦诸子政治社会思想述要》(1932 年初版)，1943 年又撰成《晚明思想史》，在中国思想史研究领域占有重要的地位。

第二，古代社会史研究。这一时期的马克思主义史学家郭沫若、吕振羽、翦伯赞、侯外庐、吴泽等，继续在古代社会史领域进行研究。"他们以生产方式、社会结构、社会形态为核心，从社会经济的角度对中国古代社会史进行探讨，奠定了马克思主义史学古代社会史研究的模式。"②其中，郭沫若于 20 世纪 40 年代撰写的《由周代农事诗论到周代社会》《古代研究的自我批判》等，论证了殷代是奴隶社会，确立了西周奴隶社会说，基本形成了战国封建论。侯外庐于抗战后期撰写的《中国古典社会史论》(1947 年上海新知书店再版，更名为《中国古代社会史》，1955 年由人民出版社修订再版时定名为《中国古代社会史论》)，体现了其社会史研究成就。该书在王国维、郭沫若先秦社会研究的基础上，运用亚细亚生产方式的理论，指出殷代社会是奴隶社会的初级阶段，西周初年中国进入奴隶社会。吕振羽先后发表了《关于中国社会史诸问题》《亚细亚生产方式和所谓中国社会的"停滞性"问题》《中国社会史上的奴隶制问题》等文章，探讨了中国古代社会史的诸多重要问题。

抗战时期延安、重庆两地马克思主义史家历史研究的一个突出贡

---

① 《杜国庠文集·先秦诸子思想概要》，13 页，北京，人民出版社，1962。
② 于文善：《抗战时期重庆马克思主义史学研究》，87 页，北京，中国社会科学出版社，2013。

献，则是撰述了一批颇有影响的通史著作，主要有华岗的《社会发展史纲》(1940年)、吕振羽的《简明中国通史》上册(1941年)、范文澜的《中国通史简编》(1942年)、邓初民的《中国社会史教程》(1942年)、翦伯赞的《中国史纲》第一卷(1943年)、吴泽的《中国历史简编》(1945年)等。这些通史著作的编撰，标志着中国马克思主义史学家对中国悠久历史有了发言权，建立了马克思主义唯物史观指导下的中国通史体系，影响了此后中国通史的编纂和研究。

抗战胜利之后，中国社会主要矛盾发生变化，然而中国马克思主义史学群体的历史研究，则继续以马克思主义唯物史观作指导，在抗战史学研究的基础上进一步加以推进。纵观这一时期的马克思主义史家的历史研究成果，其中中国通史方面，翦伯赞于1946年出版了《中国史纲》第二卷，与第一卷一样，该书显示了翦伯赞中国通史研究的世界史视野，重视传世文献与考古材料的结合；吕振羽于1948年完成了《简明中国通史》下册的撰写工作，作者在序、跋中提出了关于编纂中国通史的一些基本原则。中国思想史方面，侯外庐等人主编的《中国思想通史》第一卷于1947年由新知书店出版，全卷内容分为《中国古代思想绪论》《孔墨显学》和《战国百家并鸣之学》三篇。作者在初版序中指出，该书"一方面要全般地说明中国思想在世界文化中所扮演的角色，有时不能不做对称比较的研究；他方面更要具体指出中国思想发展的特别传统与其运行的特别路向，以期掘发出我国数千年来智识宝藏的真面目，进而凭借这一遗产，以为所应批判地接受与发扬之明鉴"。专史方面，胡绳的《帝国主义与中国政治》(1949年三联书店初版)，堪为这一时期中国马克思主义专史的代表作。作者在初版序言中说明了该书的主旨思想是阐明"帝国主义侵略者怎样在中国寻找和制造他们的政治工具，他们从中国统治者与中国人民中遇到了怎样的不同的待遇，并且说明一切政治改良主义者对于帝国主义者的幻想曾怎样地损害了中国人民的革命事业"。中国民族史方面，1947年由大连大众书店出版了吕振羽的《中国民族简史》，这是马克思主义指导下的我国第一部民族史专著。《中国民族简史》运用马克思主义历史唯物论观点对汉族、满族、蒙古族、回族、藏族等民族历史发展情况进行了详细介绍，精辟深入地分析指出中国是个统一的多民族国家，有力地批判了大汉族主义，维护了民族团结，对党的民族政策的制订起了重要作用。

从抗战到新中国建立之前这段时期的中国马克思主义史学，在我国马克思主义史学发展过程中具有重要的地位，在整个马克思主义史学发展谱系中起着承上启下的作用。这一时期中国马克思主义史学摆脱了创立伊始时期的稚嫩，在历史研究中运用马克思主义理论的基本观点探索解决了一系列中国的实际问题，构建起了相对完整的马克思主义史学理论体系，在历史研究上取得了诸多突破性成果，有力地推进了马克思主义史学的发展。

二、中国马克思主义史学理论的基本特征

自五四运动前后马克思主义唯物史观传入之后，中国马克思主义史学理论得到了迅速的发展，马克思主义史家成为民国时期最有影响的中国史学流派，马克思主义唯物史观也自然成为这一时期最有影响的史学理论。纵观民国时期中国马克思主义史学理论的发展壮大，一是理论本身的科学性因素，二是强烈的实践性因素。民国时期的中国马克思主义史家以科学性为基础，将马克思主义史学理论与中国社会与革命实践紧密结合，为中国民主革命斗争实践提供了重要的理论支持。

（一）中国马克思主义史学理论的科学性特征

首先，马克思主义唯物史观是科学的历史观。唯物史观是马克思恩格斯对人类社会历史发展规律的深刻总结，是马克思主义认识世界和改造世界的根本观点。唯物史观的一系列论断突破了唯心史观的认识局限，从经济上探寻历史发展的根本原因，强调人民群众在历史发展中的作用，揭示了人类社会历史的发展规律及其本质，是迄今为止最为科学的历史观。民国时期中国马克思主义史家运用唯物史观指导历史研究，分析历史和社会发展问题，构建起中国马克思主义史学的重要理论框

架，使历史学成了一门科学。具体来讲，民国时期中国马克思主义史家运用唯物史观，对于中国历史与社会作出的科学的认识，构建起马克思主义科学的史学理论，主要体现在以下几个方面。

第一，整体、联系地而非片面、割裂地把握历史。马克思主义唯物史观看待历史，肯定历史的本质即是社会，社会是存在着互相联系的各种方面的。李大钊说："马克思述他的历史观，常把历史和社会关联在一起，纵着看人间的变迁，便是历史，横着看人间的现在，便是社会。"[1]他以马克思主义唯物史观作指导来认识与研究历史，认为"历史就是人类的生活并为其产物的文化……把人类的生活整个的纵着去看，便是历史，横着去看，便是社会。历史和社会，同其内容，同其实质，只是观察的方面不同罢了"[2]。既然历史是社会的综合，研究历史就必须要有整体而联系的观点，李大钊说："历史既是整个的人类生活，既是整个的社会的变革，那么凡是社会生活所表现的各体相，均为历史的内容所涵括。因为文化是一个整个的。不容片片段段的割裂。文化生活的各体态、各方面，都有相互结附的关系，不得一部分一部分的割裂着看，亦不得以一部分的生活为历史内容的全体。"[3]又说："从前把历史认作只是过去的政治，把政治的内容亦只解作宪法的和外交的关系。这种的历史观，只能看出一部分的真理而未能窥其全体……人类的社会生活，是种种互有关联、互与影响的活动，故人类的历史，应该是包含一切社会生活现象，广大的活动。政治的历史，不过是这个广大的活动的一方面，是社会生活的一部分，不是社会生活的全体。以政治概括社会生活，乃是以一部分概括全体，陷于很大的谬误了。"[4]这就是说，历史研究应该包括构成社会的经济、政治、文化、外交、军事等各个方面，

① 李大钊：《史学要论》，见《李大钊全集》第 4 卷，519～520 页，北京，人民出版社，2013。
② 李大钊：《史学要论》，见《李大钊全集》第 4 卷，519 页，北京，人民出版社，2013。
③ 李大钊：《史学要论》，见《李大钊全集》第 4 卷，520 页，北京，人民出版社，2013。
④ 李大钊：《唯物史观在现代史学上的价值》，见《李大钊全集》第 3 卷，275 页，北京，人民出版社，2013。

即是要用整体而联系的观点来研究历史，这与过往非马克思主义史家单单从社会的上层说明社会的变动，而枉顾社会经济基础的作用，甚至"只认政治为历史"的历史观是完全不同的。

第二，肯定历史的发展呈现螺旋循环中的进步性特点。关于历史的变易及其规律，古往今来的史家发表过各种不同的历史变易观，其中历史循环论最为流行，认为历史的变易只是简单的盛衰之变，循环往复。民国时期马克思主义史家运用唯物史观观察历史的古今之变，提出了螺旋式发展的观点。李大钊说："社会进化，是循环的，历史的演进……人类历史演进，一盛之后，有一衰，一衰之后，尚可复盛，一起之后，有一落，一落之后，尚可复起，而且一盛一衰、一起一落之中，已经含着进步，如螺旋式的循环。"[1]肯定历史发展是在盛衰循环变易之中呈螺旋式的上升趋势。又说："因为人类的生活并为其产物的文化，是进步的，发展的，常常变动的，所以换一句话，亦可以说历史就是社会的变革。"[2]肯定历史是通过社会变革而不断向前发展的。翦伯赞则从唯物辩证法角度肯定历史具有进步性特点，他说："一切文化民族都经过无阶级的氏族社会，同时又由此而转入阶级社会——即古代的、封建的及近代布尔乔亚的社会……但是历史的倾向，又显示了一切文化的民族在将来都要转变为无阶级的社会主义社会。阶级社会是对历史的第一个否定，因为它否定了无阶级社会；然而社会主义社会又要否定阶级社会，这便是历史之否定之否定。但是这种作为否定之否定的社会主义并不是原始的氏族社会之复归，而是更高级的无阶级的共有的社会经济形态之建立。"[3]翦伯赞阐述了他的历史进步观，认为人类历史社会是一个由低级到高级的自然发展过程，生产力和生产关系、经济基础和上层建筑的矛盾运动，阶级划分和阶级斗争，都对社会历史进步产生重要影响。明确指出社会主义不是原始氏族社会的"复归"，而是一种更高级的社会经

---

①　李大钊：《今与古》，见《李大钊全集》第 4 卷，13 页，北京，人民出版社，2013。
②　李大钊：《史学要论》，见《李大钊全集》第 4 卷，519 页，北京，人民出版社，2013。
③　翦伯赞：《历史哲学教程》，88 页，石家庄，河北教育出版社，2000。

济形态。

第三，揭示了物质生产力在社会历史发展中的决定性作用。李大钊就明确指出："马克思的唯物史观，是历史观的一种。他以为社会上、历史上种种现象之所以发生，其原动力皆在于经济，所以以经济为主点，可以解释此种现象。"[①]李达也认为："社会生活之历程，即物质生产的历史……所谓精神文化，皆由物质生产关系中产生，随生产力发达而发达。随生产关系之变迁而变迁。社会之进步，亦即生产力之进步。"[②]蔡和森则肯定"人类进化的主要动因有二：一是生产，一是生殖。前者为一切生活手段的生产，如衣食住等目的物及一切必要的工具皆是；后者为人类自身的生产，简言之即为传种。人类生活于一定时期与一定地域的各种社会组织，莫不为这两种生产所规定所限定"[③]，指出物质生产、人自身的繁殖是社会发展、人类进化的根本原因。翦伯赞同样也强调了经济因素在历史发展中的主导作用，他指出"史的唯物论者以为人类历史发展的基础是物质生活的生产以及这生产的诸条件——物质生产力。而作为物质生产力之推动力的，又是人类在实践生活上的斗争。因之，某一时代的社会经济的结构，就形成了历史的真正的基础。而作为该时代的法律、政治乃至宗教、哲学，以及一切观念等上层建筑，归根到底，都只是由这个基础来说明。这样，观念论就从它的最后的隐蔽所历史科学中驱除出来了。人们才开始不用意识解释存在了"[④]，肯定经济基础才是历史发展的真正的基础，决定着上层建筑的构建。

第四，运用马克思主义五种社会形态理论解说中国历史。郭沫若的《中国古代社会研究》一书，"主要从分析生产工具和生产关系入手，揭示了中国从远古到近代的社会经历过原始共产制、奴隶制、封建制和资本制集中生产方式的更替，从而在中国史学发展史上第一次以生产力与

---

① 李大钊：《史学与哲学》，见《李大钊全集》第 4 卷，201 页，北京，人民出版社，2013。

② 《李达文集》第 1 卷，243 页，上海，上海人民出版社，1980。

③ 《蔡和森文集》，463 页，北京，人民出版社，2013。

④ 翦伯赞：《历史哲学教程》，128 页，石家庄，河北教育出版社，2000。

生产关系的发展阐明了中国历史演进的规律性"①。该书最有影响力的一个观点，即是论证了中国历史上是存在着奴隶制的，并且肯定奴隶制是由原始公社制转化而来，其后又会转化为封建制。这样一个社会形态观，对三十年代的史学界起到了震撼的作用。邓初民的《社会史简明教程》（1940 年）被视为继蔡和森《社会进化史》之后，又一部马克思主义社会发展史著作。在该书《自序》中，邓初民阐明了其叙述社会进化史的基本方法："在竖的分期，是把社会进化分为原始共产社会、古代社会、封建社会、资本主义社会、社会主义社会各阶段，而叙述了由原始社会到社会主义时代的全系列；在横的内容，是把人类的主要社会生活分为经济的、政治的、精神的，由社会的经济结构进而考察政治的形式、精神的意识形态，以探求各个社会阶段的特征。"②在此，邓初民不但按照五种社会形态理论对社会发展的历史作了解说，而且以马克思主义唯物史观之经济基础决定上层建筑的观点来探讨各个社会阶段的特征。范文澜的《中国通史简编》对鸦片战争以前中国历史作了系统叙述，肯定中国古代历史经历了原始公社时代、奴隶占有制时代和封建时代；鸦片战争前，随着清朝封建统治的停滞，中国历史进入西洋资本主义侵略的时代。全书以此为历史划分依据，对中国古代历史进行了论述。范文澜不但依据马克思主义五种社会形态理论对中国古代历史作了三阶段划分，而且指出了在同一历史阶段中社会发展的程度与情形又是不尽相同的。以秦汉以后的封建社会为例，秦汉是封建国家建立的时代，隋唐是封建制度发展的时代，宋代是封建制度进一步发展的时代，明朝为封建制度更高发展时代，清朝是封建制度衰落的时代。

第五，肯定人民群众是历史的真正创造者。马克思主义唯物史观传入中国以前，中国的历史学出现了形形色色的历史决定论，如天命史观、君王史观、英雄史观，等等。随着马克思主义的传入和传播，"人

---

① 吴汉全：《中国马克思主义学术史概论（1919—1949）》，663 页，长春，吉林人民出版社，2010 年。

② 邓初民：《社会史简明教程·自序》，上海，生活书店，1940。

民群众是历史的创造者"这一唯物史观的基本观点，被民国时期马克思主义史家所普遍接受和积极传播。李大钊就明确指出："我们要晓得一切过去的历史，都是靠我们本身具有的人力创造出来的，不是那个伟人、圣人给我们造的，亦不是上帝赐予我们，将来的历史，亦还是如此。"①李大钊肯定过去的历史以及将来的历史，都是我们"人力创造"的，否定了伟人、圣人的英雄史观，也否定了"上帝赐予"的天命史观。在《史学要论》中，李大钊进一步阐明了唯物史观关于社会发展动因的认识，即："社会生活的动因，不在'赫赫''皇矣'的天神，不在'天亶''天纵'的圣哲，乃在社会的生存的本身。一个智识的发见，技术的发明，乃至把是等发见发明致之于实用，都是像我们一样的社会上的人人劳作的结果。这种生活技术的进步，变动了社会的全生活，改进了历史的阶段。这种历史观，导引我们在历史中发见了我们的世界，发见了我们的自己，使我们自觉我们自己的权威，知道过去的历史，就是我们这样的人人共同造出来的，现在乃至将来的历史，亦还是如此。"②在此，李大钊再次对天命史观、英雄史观作了批判，进一步宣扬了人民群众创造历史的唯物史观。翦伯赞在 1939 年《历史哲学教程》再版代序中，特别以"群众、领袖与历史"为题，对唯物史观关于人民群众是历史的创造者、群众与领袖的关系以及领袖的历史作用诸问题，专门作了补充论述，并说这是他再版"唯一想补充的一点"，而之所以要强调这个补充，自然与当时不少人对抗战中人民群众的重要作用认识不清有着密切的关系。翦伯赞说："旧的唯物论的理论最主要的缺点之一，就是没有把握群众行动的规律及其对历史的创造作用。史的唯物论者他不仅承认群众对历史的创造作用，并且从其生活诸条件上研究领导群众行动的规律。"又说："历史是被群众、被革命的劳动阶级及被压迫民族的广大人民所创造，这就是科学社会主义者的见解。"翦伯赞还具体论述了群众与领袖的关系

---

① 李大钊：《唯物史观在现代史学上的价值》，见《李大钊全集》第 3 卷，280 页，北京，人民出版社，2013。

② 李大钊：《史学要论》，见《李大钊全集》第 4 卷，568 页，北京，人民出版社，2013。

以及领袖的历史作用问题，他说："群众之所以能成为一个推动历史的伟大力量，主要的，固然是被决定于当时的社会经济的关系，但对正这一历史发展之客观的倾向使群众能够形成一个统一的行动，阶级行动或民族行动，这便是需要一个革命的政党或革命的领导人物……同时，一个历史行动的领导政党或领导人物，他之所以变为有力量，也就是因为他代表着群众的要求，获得了群众的爱戴，象征着群众力量的总体。"①

其次，中国马克思主义史学以求真为理念。中国传统史学也讲究求真，然而这种求真既重史实之真，又重道义之真，重视宣扬天命王权思想，也重视维护纲常名教，因而具有二重性特征。近代资产阶级史学虽然重视史料与历史考证，却否定唯物史观，只是流于一种方法论的求真，却不能真正揭示历史发展的真相与规律。与以往传统史学、资产阶级史学的求真有着本质的区别，马克思主义史学的求真是以唯物史观作指导的，因而能够真正揭示社会发展的本质及其规律。

综观民国时期马克思主义史学的求真理念，一是肯定历史学的主要目的在于求真。李大钊在《史学要论》中对历史的客观存在性作了详细论述，他说："历史这样东西，是人类生活的行程，是人类生活的联续，是人类生活的变迁，是人类生活的传演，是有生命的东西，是活的东西，是进步的东西，是发展的东西，是周流变动的东西。"既然历史"是人类生活的行程"，是真实的客观存在，那么历史学的主要目的就应该是求真。李大钊指出：所谓历史记录，"原是现实发生的各个情形的记述，故其本来的性质，不在就某种事实或对象而为一般的研究，明其性质，究其理法，而在就一一实际的情形，详其颠末，明其来历"。又说："史学的主要目的，本在专取历史的事实而整理之。"②肯定史学或历史记录的本质就是要详细记述历史的"实际的情形"，要"专取历史的事实而整理之，记述之"。很显然，史学的第一要义便是求史实之真。翦伯

① 翦伯赞：《历史哲学教程》，9、20～21 页，石家庄，河北教育出版社，2000。
② 李大钊：《史学要论》，见《李大钊全集》第 4 卷，518、526、528 页，北京，人民出版社，2013。

赞在批判实用主义否定历史的客观性时指出："历史首先是现实的人类生活之发展。而这种历史的实在性，是离开人类意识而客观地存在着的，不是人类的主观观念决定他的发展倾向，而是他的发展倾向决定人类的主观观念。"①这是从哲学的高度肯定了历史的客观实在性。既然历史具有客观实在性，历史研究就必须要以探求历史的客观实在性为目的，这样的历史学才是科学的历史学。翦伯赞说："历史是具体的科学，要承认客观的事实。不能以主观的爱憎涂改历史的事实。"②华岗在谈到历史学的科学性问题时，提出了保持历史的客观性就是科学的历史的观点。他说："我们所需要的是真实的过去，即真实的历史，而不是伪造和歪曲的历史。"认为伪造和歪曲的历史，是不可能很好地指导革命的实践的，也就自然影响了史学的实践性与革命性的功能。道理很简单，如果历史事实不真实，是歪曲和捏造的，"那么前提既经落空或错谬，论据必然丧失客观真理的意义，要想不把事情弄糟，已经很少可能，哪里还谈得到鼓舞和推动解放斗争呢？"③

值得注意的是，马克思主义史学的求真，不仅仅是要求得一个个片段史事的真，更是要求得一个个真实背后的综合的、关联性的东西，直言之即是要探寻历史背后的因果关联，求得历史发展变化之理。马克思就曾指出："研究须充分地占有材料，分析它的各种发展形式，探寻这些形式的内在联系。"④前述李大钊认为历史研究应该要在"整理事实"的基础上"理解事实"，而"理解事实"的目的，即是要"寻出它的进步的真理。"李大钊还直接把"寻求普遍的理法"当作史学要义之一，他说："今日历史的研究，不仅以考证确定零零碎碎的事实为毕乃能事，必须进一步，不把人事看作片片段段的东西，要把人事看作一个整个的，互为因

---

① 翦伯赞：《历史哲学教程》，246 页，石家庄，河北教育出版社，2000。
② 翦伯赞：《中国史论集》，见《翦伯赞全集》第 3 卷，394 页，石家庄，河北教育出版社，2008。
③ 华岗：《中国历史的翻案》，3、5 页，上海，作家书屋，1946。
④ 马克思：《资本论》第 1 卷《〈资本论〉第二版跋》，见《马克思恩格斯选集》第 2 卷，北京，人民出版社，2012。

果，互有连锁的东西去考察他。于全般的历史事实的中间，寻求一个普遍的理法，以明事实与事实间的相互的影响与感应。在这种研究中，有时亦需要考证或确定片片段段的事实，但这只是为了全般事实中寻求普遍理法的手段，不能说这便是史学的目的。"①翦伯赞对于历史发展的关联性问题有着深刻的见解，在《历史哲学教程》中，他从怎样理解历史的关联性、历史发展中诸阶段的相续性、历史发展之外在诸矛盾及其影响作用、客观条件与主观创造之辩证的统一、从历史的关联性认识历史之全面的发展诸方面，对历史的关联性问题作了系统阐述，由此他得出结论："一切离开这一历史原理而研究历史的人们，他们终其身只是在机械论的泥沼中翻来复去。充其量，也只能捉住一些历史的片段，不能把握历史的全面，只能把一些死的材料机械的嵌镶，决不能从其变动中，看出历史的生动性。"②

二是重视历史学的实证功夫。马克思主义史学肯定历史求真的重要性，而历史求真的重要方法即是实证，即是要建立在扎实的史料的搜集与整理基础上，力图通过史料去还原真实、客观的历史。民国时期马克思主义史学自产生伊始，就高度重视史料的搜集、整理与运用。李大钊就说，史学的要义之一，即是"就实际发生的事件，一一寻究其证据，以明人事发展进化的真相，是历史的研究的特色"③。又说："我们研究历史的任务是：一、整理事实，寻找它的真确的证据。二、理解事实，寻出它的进步的真理。"④这就是说，"寻究其证据""真确的证据"才是探究历史客观实在性的首要条件。翦伯赞也强调历史研究搜集史料的重要性，他说："为了要使中国的历史获得更具体、更正确之说明，我们必须从中国的文献中，进行史料之广泛地搜求，从正史中，从正史以外之

---

① 李大钊：《史学要论》，见《李大钊全集》第 4 卷，531 页，北京，人民出版社，2013。
② 翦伯赞：《历史哲学教程》，114 页，石家庄，河北教育出版社，2000。
③ 李大钊：《史学要论》，见《李大钊全集》第 4 卷，531 页，北京，人民出版社，2013。
④ 李大钊：《史学概论》，见《李大钊全集》第 4 卷，466 页，北京，人民出版社，2013。

诸史中，从史部以外之群书中，去发掘史料提炼史料。"①他接受章学诚"六经皆史"的说法，提倡史料搜集的范围，他说："用历史学的眼光看，不仅史部诸书才是史料，一切史部以外的文献，都含有史料。章实斋曰：'六经皆史'，此说甚是；但仍不足以概括史料的范围。我们若更广义地说，则何只'六经皆史'，'诸子亦史'，'诸诗集、文集、词选、曲录、传奇、小说亦史'，乃至政府档案、私人信札、碑铭、墓志、道书、佛典、契约账簿、杂志报纸、传单广告以及一切文字的记录，无一不是史料。"②翦伯赞视一切文字记录为史料，无疑将文献史料的搜集与运用范围大大扩展了。吕振羽也意识到史料的重要性，他指出："没有充分的材料，便不能说明历史活的具体的内容。"③

　　民国时期马克思主义史家重视史料的搜集与运用，一方面是马克思主义唯物史观的基本要求，另一方面也与19世纪末20世纪新史料大发现，史学界普遍重视新史料的运用也有密切的关系。19世纪末20世纪初的新史料大发现，包括殷墟甲骨文、敦煌遗书、秦汉简牍和明清档案等的新史料发掘和整理。民国时期的马克思主义史家非常重视这些新材料的研究，特别是殷墟甲骨文的发现，像郭沫若通过对甲骨文的搜集、整理、考释，而著述成了《卜辞通纂》；他的《中国古代社会研究》利用甲骨文和金文等史料来探寻中国历史的开端，是研究中国古代历史的经典著作。范文澜的《中国通史简编》资料丰富，取材广泛，引用了多种史料，包括甲骨金文、经传诸子、小说笔记、诗文词曲、道书佛典等等，这是该书成为影响甚广的中国通史著作的重要原因之一。

　　当然，充分占有史料只是前提和基础，要正确地运用史料，还必须要对已有的史料进行审慎的考证。郭沫若就非常重视史料的考证工作，

---

　　①　翦伯赞：《中国史论集》，见《翦伯赞全集》第3卷，298页，石家庄，河北教育出版社，2008。

　　②　翦伯赞：《中国史论集》，见《翦伯赞全集》第3卷，296页，石家庄，河北教育出版社，2008。

　　③　吕振羽：《中国民族解放运动史教程》，见《吕振羽全集》第2卷，290页，北京，人民出版社，2014。

他说："无论作任何研究，材料的检讨是最必要的基础阶段。材料不够固然大成问题，而材料的真伪或时代性如未规定清楚，那比缺乏材料还要更加危险。因为材料缺乏，顶多得不出结论而已，而材料不正确便会得出错误的结论。这样的结论比没有更要有害。"①在郭沫若看来，研究历史使用伪材料比缺乏材料更加危险。尹达也特别强调历史学家必须注意史料本身的可靠程度，他说："如果想正确地把握社会的本质，必须依据正确的史料，必须正确地分析史料本身的可靠程度，才可能得到有相当安定性的结论。"②吕振羽也指出："若是不注重历史材料的真伪，无条件的去应用，则依此所作出的结论，仍不过是观念的结论，不可能依以认识历史自身的规律和复现其本来面貌。"③可见，中国马克思主义史学家们特别重视史料的考证，肯定史料的真伪直接影响对历史发展的认识。

三是强调史观与史料的统一性。一些学者将马克思主义史学归为史观派或者唯物史观派，与史料派、考证派等相区别，认为马克思主义史学只重视理论，而不重视史料、轻视考证，这种观点并不符合马克思主义史学理论的实际情况。恩格斯就说："即使只是在一个单独的历史实例上发展唯物主义的观点，也是一项要求多年冷静钻研的科学工作，因为很明显，在这里只说空话是无济于事的，只有靠大量的、批判地审查过的、充分地掌握了的历史资料，才能解决这样的任务。"④由此可见，马克思主义创始人非常强调充分占有历史资料，对于探寻社会发展规律和形成唯物史观的重要意义，肯定了史观与史料的统一性。

民国时期马克思主义史家非常重视并高度关注史料与史观之间的密切关系。如前所述，李大钊以"专取历史的事实而整理之"作为史学的主要目的，然而这只是史学主要目的的第一层含义，李大钊又说："嗣又

① 郭沫若：《十批判书》，2页，上海，群益出版社，1947。
② 《尹达史学论著选集》，339页，北京，人民出版社，1989。
③ 吕振羽：《史前期中国社会研究》，369页，石家庄，河北教育出版社，2000。
④ 恩格斯：《卡尔·马克思〈政治经济学批判〉》，见《马克思恩格斯选集》第2卷，118页，北京，人民出版社，2012。

更进一步，而为一般关于史的事实之理论的研究，于已有的记述历史以外，建立历史的一般理论。严正一点说，就是建立历史科学。"①李大钊认为，历史研究不仅要求得史实，还必须要对"事实"作出"理论的研究"，只有这样才能建立起历史理论，历史学才能成为历史科学；而李大钊所谓"事实之理论"，当然就是马克思主义唯物史观。郭沫若也认为："研究历史，和研究任何学问一样，是不允许轻率从事的。掌握正确的科学的历史观点非常必要，这是先决问题。但有了正确的历史观点，假使没有丰富的正确的材料，材料的时代性不明确，那也是得不出正确的结论。"②在此，郭沫若一方面讲到了历史观点与正确材料对于历史研究的重要性，另一方面讲到了二者的统一性与密不可分性。翦伯赞的《历史哲学教程》针对当时学术界出现的"以论带史"的观点，提出了自己关于史与论，亦即史料与观点之关系的看法，他说："通过这个口号，我们反击了资产阶级的'唯史料论''史料即史学'等等的谬论，从原则上扭转了那种轻视马克思列宁主义、毛泽东著作的资产阶级历史学的倾向。但是这个口号带有很大的片面性，在我个人看来，甚至可以说是错误的。因为'以论带史'的提法，意味着研究历史要从理论或概念出发，不从具体史实出发。这和马克思主义经典著作上的提法是不符合的……正确的提法应该是观点与材料统一。"因为"从马克思到毛泽东的思想，都只能是研究的指导思想，不是研究的出发点。研究的出发点不是原则而是特定的具体事实"。翦伯赞进而阐明了观点与材料如何统一的问题，他说："要做到观点与材料的统一，应该是把史料融解在理论之中，或者说把理论体现在史料之中，而不是在其外。"最后，翦伯赞还具体论述了马克思主义史学对待史料问题的态度，他说："我们要站在无产阶级的立场，用唯物论的观点和辩证唯物主义与历史唯物主义的方法来对待史料。这就是我们和资产阶级在对待史料问题上的区别。"③综上所述可

---

① 李大钊：《史学要论》，见《李大钊全集》第 4 卷，528 页，北京，人民出版社，2013。

② 郭沫若：《中国古代社会研究·引言》，2 页，北京，人民出版社，1954。

③ 翦伯赞：《历史哲学教程》，373～374、377、378 页，石家庄，河北教育出版社，2000。

知，民国时期马克思主义史家充分肯定了观点与史料的统一性。

(二)中国马克思主义史学理论的实践性特征

中国马克思主义史学坚持以唯物史观为指导，在"科学性"的基础上重视于"实践性"。民国时期中国马克思主义史学理论的发展过程，是这一时期中国社会与革命的实践是紧密结合在一起的。这种高度重视史学实践性的特点，将中国传统史学的经世致用功能发展到了一个新的阶段。具体来讲，民国时期中国马克思主义史学理论的实践性特征，主要表现在以下两个方面。

首先，对于历史学的实践性特征有着深刻的理论认识。中国传统史学理论即有重视史学的实践性特征，仅从史学资政层面而言，即表现出强烈的垂训功能。如《尚书·召诰》所谓"我不可不鉴于有夏，亦不可不监于有殷"，《诗经·大雅·荡》所谓"殷鉴不远，在夏后氏之后"，司马迁所谓"居今之世，志古之道，所以自镜也"①，《旧唐书·魏徵传》所记唐太宗称"以史为镜，可以知兴替"，以及唐代史评家刘知幾所言"史之为用，其利甚博，乃生人之急务，为国家之要道"②，等等，无不体现了史学的实践性特征。马克思主义史学同样具有强烈的实践性特征。马克思主义的诞生，本来就是以欧洲资本主义迅速发展，独立工人运动需要科学的理论作指导为背景的，具有很强的实践性的特点。作为马克思主义理论的重要组成部分，马克思主义史学与史学理论自然也具有浓厚的实践性的特点。马克思主义创始人从来都认为历史学是一门具有很强的实践性特点的理论科学，恩格斯就说："无论历史的结局如何，人们总是通过每个人追求他们自己的、自觉预期的目的来创造他们的历史，而这许多按不同方向活动的愿望及其对外部世界的各种各样作用的合力，就是历史。"③自俄国十月革命后，民国时期中国马克思主义史学理

---

① 《史记》卷十八《高祖功臣侯者年表序》，北京，中华书局，1959。
② 刘知幾：《史通通释》卷十一《史官建置》，浦起龙通释，281页，上海，上海古籍出版社，2009。
③ 恩格斯：《路德维希·费尔巴哈和德国古典哲学的终结》，见《马克思恩格斯选集》第4卷，248页，北京，人民出版社，1995。

论得到了迅速的发展，这一时期的马克思主义史家对于马克思主义史学理论的实践性特点，普遍都具有深刻的认识。换言之，民国时期马克思主义史学理论即是在实践中逐渐构建起来的。

前述李大钊就认为历史是人类生活的"行程""联续""变迁"和"传演"，是"活的历史"，故而"历史学就是研究社会的变革的学问，即是研究在不断的变革中的人生及为其产物的文化的学问"。而历史理论与历史记述的研究对象"原非异物"，它"适应记述史的个人史、氏族史、社团史、国民史、民族史、人类史，亦分为个人经历论、氏族经历论、社团经历论、国民经历论、民族经历论、人类经历论等"①。在此认识基础上，李大钊肯定马克思主义史学的实践性特点，认为这是一门"于人生有用"的科学，他说："历史学是研究人类生活及其产物的文化的学问，自然与人生有密切的关系。史学既能成为一种学问，一种知识，自然亦要于人生有用才是。"②

翦伯赞在《历史哲学教程》一书中，专门对"历史的实践性"问题从历史哲学的角度作出了系统阐述。他说："历史科学最基本的任务，就是从那作为人类总体的生活相续的实践活动中，亦即历史上各种对立的阶级关系之相互代起的具体的历史事实中，抽象出一个历史发展的法则，以这一法则，去说明人类在其过去所经历之历史的生活实践的总体，并指明人类向前发展之历史的合法则的前程。"这就是说，历史科学研究是要从过往历史的实践中总结出历史发展的基本法则。在翦伯赞看来，马克思主义唯物史观便是这样一种重视对历史实践进行总结，进而发现历史发展规律的史学理论。他说："史的唯物主义者彻底地指出作为历史出发的诸前提，不是抽象的原则，或永恒不变的理性，更不是'神的预启'，而是现实的诸前提。这些前提包括真实的人类的存在以及他们的行为，他们生存的物质诸条件。历史不是'美的个性之姿态'的表现，而

① 李大钊：《史学要论》，见《李大钊全集》第 4 卷，527、535～536 页，北京，人民出版社，2013。

② 李大钊：《史学要论》，见《李大钊全集》第 4 卷，565 页，北京，人民出版社，2013。

是人类实践生活之发展。一切历史的研究，必须从这些基础的实在的东西在历史发展中的变化上去加以全面的考察。"①这就指明了马克思主义唯物史观研究历史的基本方法，凸显了马克思主义史学理论的实践性特点。翦伯赞还对历史与现实之间的关系作了论述，他说："历史绝不是抽象的概念或形式的范畴的产物，恰恰相反，它是人类社会发展的最规律最具体的现实。我们欲了解人类社会发展的规律，不当求之于抽象的概念和范畴，而当求之于历史。"②肯定历史即是人类社会发展规律的现实。又说："我们研究历史，不是为了宣扬我们的祖先，而是为了启示我们正在被压抑中的活着的人类；不是为了说明历史而研究历史，反之，而是为了改变历史而研究历史。"③翦伯赞将"改变历史"作为研究历史的目的，旨在强调史学的经世致用功能。

吕振羽也注重强调历史学的实践性品格，认为"历史是人类生活的实践过程。历史科学的研究，也是充满着实践的内容的"④。吕振羽肯定历史与现实具有统一性，他说："历史并不是一种学究的工作，而是一种和实践不能分离的理论的探究。我们在严重的当前情势下，为着解决现实，不能不彻底的正确无误的把握现实，所以我们应该从历史的追究上来把握现阶段，确证现阶段之唯一的动向；现阶段不是能和过去历史的诸阶段相对立，而能把它截断下来的。但是那些提倡先探明历史再来解决实际问题的议论，却包藏着一个绝大的骗局。我们已经把握着现实，我们只须从历史的探究上来更强调现实的动向；我们要积极地去探究历史，但我们要更积极地去解决现实，这而且有其不可分离的统一性。"⑤这就是说，研究历史不但要从现实出发，而且要以现实为目的，积极服务于现实。

---

① 翦伯赞：《历史哲学教程》，118、124 页，石家庄，河北教育出版社，2000。
② 翦伯赞：《历史哲学教程》，36 页，石家庄，河北教育出版社，2000。
③ 翦伯赞：《历史哲学教程》，38 页，石家庄，河北教育出版社，2000。
④ 吕振羽：《中国民族解放运动史教程》，见《吕振羽全集》第 2 卷，290 页，北京，人民出版社，2014。
⑤ 吕振羽：《史学新论》，见《吕振羽全集》第 8 卷，246～247 页，北京，人民出版社，2014。

其次，强调马克思主义史学必须为现实社会和革命事业服务。民国时期中国马克思主义史学的产生和发展过程，是与民国社会变迁和中国革命事业紧密联系在一起的。

五四运动的爆发、中国共产党的成立以及第一次国内革命战争时期，是民国时期中国马克思主义史学理论的产生时期。俄国十月革命的爆发和五四运动的兴起，推动了马克思主义和马克思主义唯物史观在中国的传播。李大钊、李达、蔡和森、瞿秋白等一批先进的中国人为寻求救亡图存的道路，积极宣传马克思主义，传播马克思主义唯物史观，为中国马克思主义史学理论的构建作出了卓越的贡献。这一时期马克思主义史家，自觉以唯物史观作指导，他们不但用唯物史观解释中国历史与社会，而且自觉总结中国革命的历史经验，将马克思主义史学与中国社会历史与革命事业紧密结合。他们以唯物史观解说中国历史，肯定物质生产或经济因素对于社会发展与变动的决定性作用，重视探讨生产力与生产关系、经济基础与上层建筑之间的关系，对社会发展的动因作出了符合马克思主义唯物史观的科学的解释。与此同时，他们大多都是中国共产党的早期领导人，他们的史学研究往往成为其革命事业的重要组成部分。如蔡和森就非常重视以唯物史观对中国社会与革命进行理论分析。他认为鸦片战争是中国近代史的开端，是中国社会进入半殖民地半封建社会的开始，"自鸦片战争，英法联军，八国联军及中日战争等役以来，中国已被国际帝国主义夷为半殖民地，人人知道他实际上已不是独立国了！"①他认为伴随着中国社会性质的变化，中国革命进入民族民主主义革命阶段；指出随着农民阶级、资产阶级领导的革命的失败，无产阶级及其政党中国共产党必然地成为中国革命的领导力量，他说："从各阶级的势力分析来看，中国革命之所以尚未成功，即在缺乏领导阶级，亦即是缺乏有很好组织、很好政策的阶级势力，而只有无产阶级

---

① 蔡和森：《中国国际地位与承认苏维埃俄罗斯》，见《蔡和森文集（上）》，116 页，北京，人民出版社，2013。

可领导这革命。"①再如瞿秋白，早在 1920 年至 1922 年在苏联考察期间，他就撰文向中国人民介绍国际共产主义运动和苏俄革命的历史。1923年回国以后，一方面继续撰文介绍苏俄革命和世界革命情况，另一方面积极宣传马克思主义唯物史观。在第一次国内革命战争时期，瞿秋白撰写了《帝国主义侵略中国之各种方式》《中国资产阶级的发展》《自民权主义至社会主义》《五四纪念与民族革命运动》等一批论文，对帝国主义的侵略、中国近代社会性质、中国革命的性质以及中国革命运动等，作了深入的理论阐述和历史记录。

大革命失败之后的第二次国内革命战争时期，中国史学界开展了著名的关于中国社会性质、中国社会史和中国农村社会性质的三次大论战。马克思主义史家以各种形式积极参加这次大论战的起因，其实也是出于解决中国革命的需要，表现出鲜明的实践性特征。大革命的失败，使得马克思主义史家认识到中国革命的复杂性和艰巨性，从而重视对于中国社会性质的探讨。其实关于中国社会的性质问题，早期马克思主义史家李大钊、蔡和森、瞿秋白等人已经作了初步阐述，只是由于革命运动的蓬勃开展，这一理论探讨尚未深入。而大革命的失败，促使马克思主义史家更加高度重视于这一问题的探讨，他们需要明确中国社会性质，弄清中国革命的历史前提和条件，进而对党的领导、革命政权、土地革命、武装斗争等理论问题作出解答，用以指导当时的革命实践。纵观三次大论战，讨论的中心问题就是中国社会性质问题，马克思主义史家从中国近代以来社会与经济的变动入手，对"半殖民地半封建"概念作出了集中的阐发，从解决中国社会性质到论述中国革命性质，进而强调无产阶级与中国共产党领导权等，为这一时期的中国革命在理论上作出了解说。其中，马克思主义史家关于中国社会史的讨论，实际上是将社会性质问题的讨论延伸到中国社会历史当中去，旨在解决中国历史发展规律问题。而研究历史上的中国，当然又是为着现实中的中国，马克思

---

① 蔡和森：《中国共产党史的发展（提纲）》，见《蔡和森文集（下）》，799 页，北京，人民出版社，2013。

主义史家根据马克思主义五种社会形态理论阐述中国社会历史发展规律，不但揭示了过往中国社会发展规律，而且说明了当时中国的社会性质与革命性质，从而为中国共产党领导中国革命的必然性提供了理论论证。

抗日战争爆发后，民族危机空前严重。在这一历史背景下，马克思主义史家不约而同地都将历史研究的方向转移到反对帝国主义侵略和维护民族独立上来。如前所述，翦伯赞早在 1939 年为其《历史哲学教程》的再版代序中，就对人民群众史观作了特别补充论述。之所以如此，既源于经典作家理论，也源于抗战时期中国和世界人民反对帝国主义、殖民主义的伟大革命实践，他说："现在，在世界各地，在亚细亚、欧罗巴、阿非利加，到处都展开了战争与革命。殖民地奴隶与无产阶级的鲜血，刷红了资本主义的世界。在中国与西班牙反法西斯侵略斗争的大旗下，几百万人的英勇牺牲，几千万人的争斗动员，几万万人的走向反法西斯侵略斗争的战场。这种壮烈而伟大的历史行动，标示了人类历史走向新阶段的象征。这一方面，固然是世界史自身发展的规律已经达到了一个突变的时代；然而同时，也说明了群众在历史创造中的作用之伟大，说明作为群众领袖者的个人在历史创造中的重要。"① 而翦伯赞肯定人民群众伟大历史作用的马克思主义历史观点，对当时中国人民既是一种肯定，也是一种鼓舞。吕振羽在抗战初期就写了大量时事政论，"这些文章注意从国际形势发展的大局来看中国的抗日战争，从国内民众动员、统一战线发展、军事形势变动展望抗战前景，表达对日寇践踏中华大地的无限愤慨和赤诚爱国之心"②。1941 年吕振羽的《简明中国通史》上册出版之际，正值抗日战争相持阶段，蒋介石国民党对日妥协、对内搞反共摩擦之时，故而他旗帜鲜明地标明该书的撰述目的，即是"以宣传爱国主义，坚持团结抗战，反对妥协投降为主要任务"③。该书倾注

---

① 翦伯赞：《历史哲学教程》，9 页，石家庄，河北教育出版社，2000。
② 《吕振羽全集》第 1 卷前言，8 页，北京，人民出版社，2014。
③ 吕振羽：《简明中国通史》后记，见《吕振羽全集》第 5 卷，北京，人民出版社，2014。

了吕振羽的爱国情怀，他说：中国"是世界上最大国家之一，在亚洲是第一大国。这种辽阔广大国土的形成，也经历了一个矛盾发展的久远过程，是中华民族的祖先长期间无数英勇、勤劳、艰苦的斗争所开辟的。"又说："中国今日是地大、物博、人众的国家。这地大、物博、人众的优越条件，是通过了中华各民族祖先数千年数万年的斗争而逐渐获得的。这是我们祖宗留给我国各民族人民共有的遗产。"①这种维护国家独立与领土完整的反对外来侵略的思想，对于当时中国人民团结一心抵御外侮、保家卫国起到了鼓舞作用。范文澜在 1941 年写成的《中国通史简编》上册的《绪言》中，对于研究中国历史对于现实的作用作了详细说明，他说："我们要了解整个人类社会的前途，我们必须了解人类社会过去的历史；我们要了解中华民族的前途，我们必须了解中华民族过去的历史；我们要了解中华民族与整个人类社会共同的前途，我们必须了解这两个历史的共同性与其特殊性。只有真正了解了共同性与特殊性，才能真正把握社会发展的基本法则，顺利地推动社会向一定目标前进。"②这就是说，撰写中国过往的历史，是为了今天和未来中华民族的前途。郭沫若在抗战时期也积极将其历史研究与革命事业相结合，他 1944 年撰写的《甲申三百年祭》，"是为了一方面揭露反动统治者的腐败，一方面以李自成所领导的农民起义从胜利走向失败的史实为一面历史的镜子，提醒革命者在胜利的关头不要'纷纷然，昏昏然'，骄傲起来。毛泽东称这篇文章是大有益于中国人民的史论"③。抗日战争胜利后，国民党继续实行反共反人民的反动政策，并和美帝国主义勾结，发动内战。适应新时期革命斗争的需要，争取民主、反对独裁成为这一时期中国马克思主义史家史学研究的目的和任务。

综上所述，民国时期中国马克思主义史家的历史研究高度重视历史

---

① 吕振羽：《简明中国通史》，见《吕振羽全集》第 5 卷，13、15 页，北京，人民出版社，2014。

② 范文澜：《中国通史简编·绪言》，北京，人民出版社，1964。

③ 白寿彝：《中国史学史教程》，435 页，北京，北京师范大学出版社，2000。

学的科学性，他们的历史研究以迄今为止最先进的唯物史观作指导，以求真实证为其理念，对于建立科学的历史学作出了重要贡献。与此同时，中国马克思主义史家高度重视历史学的实践性，他们满怀爱国主义的情怀，从历史中寻求中华民族生存的力量和精神，以史学积极服务于民主革命的伟大事业，为民主革命的胜利作出了重大贡献。

主要参考文献

一、六经经传与先秦著作

《周易》，《十三经注疏》本，上海，上海古籍出版社，1997。

《尚书》，《十三经注疏》本，上海，上海古籍出版社，1997。

《诗经》，《十三经注疏》本，上海，上海古籍出版社，1997。

《礼记》，《十三经注疏》本，上海，上海古籍出版社，1997。

《左传》，《十三经注疏》本，上海，上海古籍出版社，1997。

《公羊传》，《十三经注疏》本，上海，上海古籍出版社，1997。

《穀梁传》，《十三经注疏》本，上海，上海古籍出版社，1997。

《老子》，新编诸子集成本，北京，中华书局，2018。

《帛书老子》，新编诸子集成本，北京，中华书局，2018。

《论语》，新编诸子集成本，北京，中华书局，2018。

《墨子》，新编诸子集成本，北京，中华书局，2018。

《庄子》，新编诸子集成本，北京，中华书局，2018。

《孟子》，新编诸子集成本，北京，中华书局，2018。

《荀子》，新编诸子集成本，北京，中华书局，2018。

《吕氏春秋》，新编诸子集成本，北京，中华书局，2018。

《国语》，韦昭注本，上海，上海古籍出版社，1995。

二、历代典籍

二十四史点校本，北京，中华书局。

陆贾：《新语》，新编诸子集成本，北京，中华书局，2018。

贾谊：《贾谊集》，王洲明、徐超校注，北京，人民文学出版社，

1996。

刘安：《淮南鸿烈》，新编诸子集成本，北京，中华书局，2018。

董仲舒：《春秋繁露》，新编诸子集成本，北京，中华书局，2018。

扬雄：《法言》，新编诸子集成本，北京，中华书局，2018。

班固：《白虎通》，新编诸子集成本，北京，中华书局，2018。

王充：《论衡》，新编诸子集成本，北京，中华书局，2018。

何休解诂、徐彦疏：《春秋公羊传注疏》，上海，上海古籍出版社，2014。

荀悦：《汉纪》，北京，中华书局，2002。

王弼：《周易注》，楼宇烈校释，北京，中华书局，2011。

阮籍：《阮籍集》，上海，上海古籍出版社，1978。

嵇康：《嵇康集》，戴明扬校注，北京，人民文学出版社，1962。

袁宏：《后汉纪》，北京，中华书局，2002。

刘勰：《文心雕龙》，王志彬译注，北京，中华书局，2012。

陆德明：《经典释文》，北京，中华书局，1983。

魏徵等：《群书治要》，北京，中华书局，1985。

刘知幾：《史通》，浦起龙通释，上海，上海古籍出版社，2009。

吴兢：《贞观政要》，上海，上海古籍出版社，1978。

杜佑：《通典》，北京，中华书局，1988。

韩愈：《韩昌黎文集》，马其昶校注，上海，上海古籍出版社，1986。

柳宗元：《柳宗元集》，北京，中华书局，1979。

王钦若等编：《册府元龟》，北京，中华书局，1960。

欧阳修：《欧阳修全集》，北京，中国书店，1986。

邵雍：《皇极经世》，文渊阁四库全书本。

宋敏求编：《唐大诏令集》，北京，商务印书馆，2008。

司马光：《资治通鉴》，北京，中华书局，1956。

司马光：《稽古录》，北京，北京师范大学，1988。

司马光：《温公易说》，上海，上海古籍出版社，1987。

司马光：《司马温公文集》，四部丛刊本。

司马光：《司马文正公传家集》，文渊阁四库全书本。

张载：《张载集》，北京，中华书局，1978。

王安石：《王文公文集》，上海，上海古籍出版社，1974。

程颢、程颐：《二程遗书》，上海，上海古籍出版社，1992。

程颢、程颐：《伊川易传》，文渊阁四库全书本。

程颢、程颐：《二程集》，北京，中华书局，1981。

苏轼：《苏轼文集》，北京，中华书局，1986。

范祖禹：《唐鉴》，西安，三秦出版社，2003。

吴缜：《新唐书纠谬》，四部丛刊本。

刘羲仲：《通鉴问疑》，江苏广陵古籍刻印社，1990。

胡宏：《皇王大纪》，上海，上海古籍出版社，1989。

郑樵：《通志》，北京，中华书局，1987。

郑樵：《夹漈遗稿》，文渊阁四库全书本。

杨万里：《诚斋集》，文渊阁四库全书本。

朱熹：《资治通鉴纲目》，文渊阁四库全书本。

朱熹：《四书章句集注》，新编诸子集成本，北京，中华书局，2018。

朱熹：《四书或问》，上海，上海古籍出版社，2001。

朱熹：《朱熹集》，成都，四川教育出版社，1996。

陈振孙：《直斋书录解题》，上海，上海古籍出版社，1987。

王应麟：《困学纪闻》，上海，上海古籍出版社，2008。

王应麟：《玉海》，江苏广陵古籍刻印社，1985。

黎靖德编：《朱子语类》，长沙，岳麓书社，1997。

马端临：《文献通考》，北京，中华书局，2011。

许衡：《鲁斋遗书》，文渊阁四库全书本。

揭傒斯：《揭文安公文粹》，北京，中华书局，1985。

苏天爵编：《元文类》，台北，台湾商务印书馆，1986。

苏天爵：《滋溪文稿》，北京，中华书局，1997。

王阳明：《王阳明全集》，上海，上海古籍出版社，1992。

王世贞：《弇州山人四部稿》，明万历刻本。

王世贞：《纲鉴会纂》，明万历刻本。

李贽：《李贽文集》，北京，社会科学文献出版社，2000。

胡应麟：《少室山房笔丛》，上海，上海书店出版社，2009。

胡应麟：《少室山房集》，文渊阁四库全书本。

谢肇淛：《五杂俎》，北京，中华书局，1959。

刘宗周：《刘子全书》，清道光刻本。

黄宗羲：《明儒学案》，北京，中华书局，1985。

黄宗羲：《宋元学案》，北京，中华书局，1986。

黄宗羲：《黄宗羲全集》，杭州，浙江古籍出版社，2012。

钱澄之：《田间易学》，合肥，黄山书社，1998。

顾炎武：《日知录》，长沙，岳麓书社，1994。

顾炎武：《顾炎武全集》，上海，上海古籍出版社，2011。

王夫之：《读通鉴论》，北京，中华书局，1998。

王夫之：《宋论》，北京，中华书局，2008。

王夫之：《船山全书》，长沙，岳麓书社，2011。

全祖望：《全祖望集》，朱铸禹汇校集注，上海，上海古籍出版社，2000。

王鸣盛：《十七史商榷》，上海，上海古籍出版社，2013。

王鸣盛：《西庄始存稿》，上海，上海古籍出版社，1995。

纪昀总纂：《四库全书总目提要》，石家庄，河北人民出版社，2000。

钱大昕：《廿二史考异》，上海，上海古籍出版社，2004。

钱大昕：《潜研堂文集》，上海，上海古籍出版社，1989。

钱大昕：《嘉定钱大昕全集》，南京，江苏古籍出版社，1997。

赵翼：《廿二史札记》，王树民校证，北京，中华书局，1984。

赵翼：《陔馀丛考》，北京，商务印书馆，1957。

段玉裁：《说文解字注》，上海，上海古籍出版社，1981。

章学诚：《文史通义》，叶瑛校注，北京，中华书局，1994。

章学诚：《章学诚遗书》，北京，文物出版社，1982。

汪中：《述学》，北京，中华书局，2014。

江藩：《国朝汉学师承记》，北京，中华书局，1983。

阮元：《皇清经解》，台北，艺文印书馆，1965。

龚自珍：《龚自珍全集》，王佩诤校，上海，上海古籍出版社，1999。

姚莹：《康輶纪行》，北京，中华书局，2014。

祁寯藻：《藩部要略》，上海，上海古籍出版社，1996。

魏源：《圣武记》，北京，中华书局，1984。

魏源：《海国图志》，长沙，岳麓书社，1998。

魏源：《魏源集》，北京，中华书局，1976。

徐继畲：《瀛环志略》，上海，上海书店出版社，2001。

张穆：《蒙古游牧记》，上海，上海古籍出版社，1996。

张穆：《𦬊斋文集》，上海，上海古籍出版社，2002。

李元度：《国朝先正事略》，台北，台湾文海出版社，1966。

何秋涛：《续修四库全书》，上海，上海古籍出版社，1996。

王韬：《扶桑游记》，小方壶斋舆地丛抄本。

王韬：《法国志略》，光绪庚寅仲春淞隐庐刊本。

王韬：《弢园文录外编》，沈阳，辽宁人民出版社，1994。

黄遵宪：《日本国志》，上海，上海古籍出版社，2001。

皮锡瑞：《经学通论》，北京，中华书局，1954。

皮锡瑞：《经学历史》，北京，中华书局，2008。

廖平：《廖平选集》，成都，巴蜀书社，1998。

康有为：《孔子改制考》，北京，中华书局，1958。

康有为：《新学伪经考》，北京，中华书局，1959。

康有为：《康有为学术著作选》，北京，中华书局，1988。

陈黻宸：《陈黻宸集》，北京，中华书局，1995。

夏曾佑：《中国古代史》，石家庄，河北教育出版社，2000。

章太炎：《章太炎全集》，上海，上海人民出版社，1982—1986。

章太炎：《太炎文录初编》，上海，上海书店出版社，1990。

梁启超：《梁启超论清学史二种》，朱维铮校注，上海，复旦大学出版社，1985。

梁启超：《中国近三百年学术史》，北京，东方出版社，1996。

梁启超：《清代学术概论》，北京，东方出版社，1996。

梁启超：《中国历史研究法》，北京，东方出版社，1996。

梁启超：《饮冰室合集》，北京，中华书局，2015。

王国维：《王国维全集》，杭州，浙江教育出版社，2009。

刘师培：《仪征刘申叔遗书》，扬州，广陵书局，2014。

三、现当代著作（按出版时间先后排序）

郭湛波：《近五十年中国思想史》，北平，人文书店，1936。

邓初民：《社会史简明教程》，上海，生活书店，1940。

郭沫若：《中国古代社会研究》，北京，人民出版社，1954。

侯外庐：《中国早期启蒙思想史》，北京，人民出版社1956。

范文澜：《文心雕龙注》，北京，人民出版社，1958。

冯友兰：《中国哲学史》，北京，中华书局，1961。

杜国庠：《杜国庠文集》，北京，人民出版社，1962。

徐复观：《两汉思想史》，台北，台湾学生书局，1979。

陈寅恪：《金明馆丛稿二编》，上海，上海古籍出版社，1980。

李达：《李达文集》，上海，上海人民出版社，1980。

陈垣著、吴泽主编：《陈垣史学论著选》，上海，上海人民出版社，1981。

周振甫：《文心雕龙注释》，北京，人民文学出版社，1981。

顾颉刚编：《古史辨》，上海，上海古籍出版社，1982。

郭沫若：《郭沫若全集·历史编》，北京，人民出版社，1982。

蒋伯潜：《十三经概论》，上海，上海古籍出版社，1983。

任继愈主编：《中国哲学发展史（先秦）》，北京，人民出版社，1983。

周予同著、朱维铮编：《周予同经学史论著选集》，上海，上海人民出版社，1983。

李平心：《平心文集》，上海，华东师范大学出版社，1985。

侯外庐：《韧的追求》，北京，生活·读书·新知三联书店，1985。

张振佩：《史通笺注》，贵阳，贵州人民出版社，1985。

白寿彝：《中国史学史》，上海，上海人民出版社，1986。

张岱年：《中国古代哲学概念范畴要论》，北京，中国社会科学出版社，1987。

任继愈主编：《中国哲学发展史（魏晋南北朝）》，北京，人民出版社，1988。

张志哲：《中国史籍概论》，杭州，江苏古籍出版社，1988。

白寿彝主编：《中国通史》，上海，上海人民出版社，1989。

尹达：《尹达史学论著选集》，北京，人民出版社，1989。

蒙培元：《理学范畴系统》，北京，人民出版社，1989。

刘泽华主编：《中国古代政治思想史》，天津，南开大学出版社，1992。

白寿彝：《白寿彝史学论集》，北京，北京师范大学出版社，1994。

冯天瑜：《中华元典精神》，上海，上海人民出版社，1994。

许凌云：《刘知几评传》，南京，南京大学出版社，1994。

张大可：《司马迁评传》，南京，南京大学出版社，1994。

朱伯崑：《易学哲学史》，北京，华夏出版社，1995。

余英时：《中国思想传统的现代诠释》，台北，联经出版事业公司，1995。

刘家和：《古代中国与世界——一个古史研究者的思考》，武汉，武汉出版社，1995。

陈桐生：《史记与今古文经学》，西安，陕西人民教育出版社，1995。

顾颉刚：《汉代学术史略》，北京，东方出版社，1996。

饶宗颐：《中国史学上之正统论》，上海，上海远东出版社，1996。

嵇文甫：《晚明思想史论》，北京，东方出版社，1996。

仓修良、叶建华：《章学诚评传》，南京，南京大学出版社，1996。

侯外庐等：《宋明理学史》，北京，人民出版社，1997。

钱穆：《中国近三百年学术史》，北京，商务印书馆，1997。

周一良：《魏晋南北朝史论集》，北京，北京大学出版社，1997。

吴怀祺：《郑樵评传》，南宁，广西教育出版社，1997。

郑万耕：《易学源流》，沈阳，沈阳出版社，1997。

王葆玹：《今古文经学新论》，北京，中国社会科学出版社，1997。

张立文：《朱熹评传》，南京，南京大学出版社，1998。

黄进德：《欧阳修评传》，南京，南京大学出版社，1998。

李昌宪：《司马光评传》，南京，南京大学出版社，1998。

徐有富：《郑樵评传》，南京，南京大学出版社，1998。

陈铭：《龚自珍评传》，南京，南京大学出版社，1998。

胡适著、欧阳哲生编：《胡适文集》，北京，北京大学出版社，1998。

白寿彝：《中国史学史论集》，北京，中华书局，1999。

杨翼骧：《中国史学史资料编年》，天津，南开大学出版社，1999。

瞿林东：《中国史学史纲》，北京，北京出版社，1999。

刘新成主编：《历史学百年》，北京，北京出版社，1999。

翦伯赞：《历史哲学教程》，石家庄，河北教育出版社，2000。

白寿彝：《中国史学史教本》，北京，北京师范大学出版社，2000。

汤志钧：《近代经学与政治》，北京，中华书局，2000。

余英时：《论戴震与章学诚》，北京，生活·读书·新知三联书店，2000。

逯耀东：《魏晋史学的思想与社会基础》，台北，东大图书公司，2000。

钱茂伟：《明代史学编年考》，北京，中国文联出版社，2000。

陈寅恪：《金明馆丛稿二编》，北京，生活·读书·新知三联书店，2001。

陈鼓应、白奚：《老子评传》，南京，南京大学出版社，2001。

吴雁南等：《中国经学史》，福州，福建人民出版社，2001。

许兆昌：《周代史官文化》，长春，吉林大学出版社，2001。

范文澜：《范文澜全集》，石家庄，河北教育出版社，2002。

顾颉刚：《当代中国史学》，上海，上海古籍出版社，2002。

姜义华：《章炳麟评传》，南京，南京大学出版社，2002。

萧萐父、许苏民：《王夫之评传》，南京，南京大学出版社，2002。

朱维铮：《中国经学史十讲》，上海，复旦大学出版社，2002。

许凌云：《经史因缘》，济南，齐鲁书社，2002。

汪高鑫：《中国史学思想通史·秦汉卷》，合肥，黄山书社，2002。

王记录：《中国史学思想通史·清代卷》，合肥，黄山书社，2002。

徐定宝：《黄宗羲评传》，南京，南京大学出版社，2002。

赵兴勤：《赵翼评传》，南京，南京大学出版社，2002。

金毓黻：《中国史学史》，北京，商务印书馆，2003。

傅斯年：《傅斯年全集》，长沙，湖南教育出版社，2003。

吴怀祺：《易学与史学》，北京，中国书店，2004。

许凌云：《儒家伦理与中国史学》，济南，齐鲁书社，2004。

郭峰：《杜佑评传》，南京，南京大学出版社，2004。

蒙文通：《中国史学史》，上海，上海人民出版社，2005。

刘家和：《史学经学与思想》，北京，北京师范大学出版社，2005。

蒋广学：《梁启超评传》，南京，南京大学出版社，2005。

杨庆中：《周易经传研究》，北京，商务印书馆，2005。

杨艳秋：《明代史学探研》，北京，人民出版社，2005。

许苏民：《顾炎武评传》，南京，南京大学出版社，2006。

张祥浩：《王守仁评传》，南京，南京大学出版社，2006。

翦伯赞：《翦伯赞全集》，石家庄，河北教育出版社，2008。

庞朴：《中国文化十一讲》，北京，中华书局，2008。

张剑平：《中国马克思主义史学研究》，北京，人民出版社，2009。

吴汉全：《中国马克思主义学术史概论(1919—1949)》，长春，吉林人民出版社，2010。

杜维运：《中国史学史》，北京，商务印书馆，2011。

吴怀祺：《中国史学思想通论·总论卷/历史思维卷》，福州，福建人民出版社，2011。

汪高鑫：《中国史学思想通论·经史关系论卷》，福州，福建人民出版社，2011。

余英时：《论戴震与章学诚》，北京，生活·读书·新知三联书店，2012。

蔡和森：《蔡和森文集》，北京，人民出版社，2013。

李大钊：《李大钊全集》，北京，人民出版社，2013。

瞿秋白：《瞿秋白文集》，北京，人民出版社，2013。

吕振羽：《吕振羽全集》，北京，人民出版社，2014。

杨伯峻编著：《春秋左传注（修订本）》，北京，中华书局，2016。

吴怀祺：《中国史学思想史》，北京，商务印书馆，2016。

中共中央党史研究室编：《中国共产党的九十年》，北京，党建读物出版社，2016。

汪高鑫：《中国经史关系史》，合肥，黄山书社，2017。

桂遵义：《马克思主义史学在中国》，北京，人民出版社，2020。

后　记

讲述中国史学思想发展史，可以是历时性的纵向讲述，也可以是专题式的横向讲述，前者有助于梳理出中国史学思想发展的全过程，后者则有助于就中国史学思想发展史中的重要问题进行深入探讨。《中国史学思想史十五讲》结合了两种讲述方式，在整体框架上按照时间顺序标列论题，论题的具体论述则会打破时间界限，旨在使论述具有完整性；在具体结构上全书则由十五个具体论题组成，旨在对中国史学思想发展史的基本内容作出系统反映。

《中国史学思想史十五讲》选取的十五个论题，依次为"五经"的历史观与史学观、先秦诸子与私家史著的历史观、易学视域下的汉代史学思想、"究天人之际"：传统史学的整体思维、"通古今之变"：传统史学的通变思维、"成一家之言"：传统史学的创新思维、求真与求道：传统史学的二重性思维、史鉴与资政：传统史学的经世致用理念、传统历史编纂学的理论与实践、"才学识德"：传统史学的史家修养论、"六经皆史"：明清史学的经史关系论、晚清经世致用史学思潮、20世纪初"新史学"思潮、近代新历史考据学的理论与方法和民国时期中国马克思主义史学理论的发展。这十五个论题大致包含了自远古至近代中国史学思想发展史的基本内容，通过专题式的深入探讨，旨在揭示中国史学思想史的具体内涵和史学思想呈现出的民族特征，进而推进对于中国史学史和中国史学思想史的深入研究。

《中国史学思想史十五讲》的撰写，对学术界的相关研究成果多有吸取。邓锐副教授参与了第十四讲初稿的撰写工作，在读博士生方美美参与了第十五讲资料搜集工作、王松参与了部分书稿校对工作。在此一并致谢。

感谢北京师范大学出版社对该书出版给予的大力支持，感谢刘东明编审、王婧凝编辑为本教程的编写、校对和出版付出的辛劳。

《中国史学思想史十五讲》讲述的内容虽然是我多年从事中国史学思想史的一些体会，由于学识素养的局限性，标列的论题不一定能涵盖中国史学思想史的主要内容，具体论题的论述也只能是作为自己的一家言，不足或错误之处敬请专家学者批评指正。

汪高鑫

2021 年 10 月记于京师园寓居

图书在版编目（CIP）数据

中国史学思想史十五讲/汪高鑫著. —北京：北京师范
大学出版社，2023.3
（京师史学讲堂）
ISBN 978-7-303-28946-2

Ⅰ. ①中… Ⅱ. ①汪… Ⅲ. ①史学思想－思想史－中
国－文集 Ⅳ. ①K092-53

中国国家版本馆 CIP 数据核字（2023）第 037333 号

图 书 意 见 反 馈　gaozhifk@bnupg.com　010 - 58805079
营 销 中 心 电 话　010-58807651
北师大出版社高等教育分社微信公众号　　新外大街拾玖号

ZHONGGUO SHIXUE SIXIANGSHI SHIWUJIANG

出版发行：北京师范大学出版社 www.bnup.com
　　　　　北京市西城区新街口外大街 12-3 号
　　　　　邮政编码：100088
印　　刷：北京溢漾印刷有限公司
经　　销：全国新华书店
开　　本：730 mm ×980 mm　1/16
印　　张：33.5
字　　数：511 千字
版　　次：2023 年 3 月第 1 版
印　　次：2023 年 3 月第 1 次印刷
定　　价：98.00 元

策划编辑：刘东明　　　　　　责任编辑：赵雯婧　　王婧凝
美术编辑：李向昕　　　　　　装帧设计：李向昕
责任校对：段立超　　　　　　责任印制：马　洁